Geheimdienste in der Weltgeschichte

Spionage und verdeckte Aktionen von der Antike bis zur Gegenwart

Herausgegeben von
Wolfgang Krieger

Verlag C.H.Beck München

Die Beiträge von Christopher Allmand, Loch K. Johnson und Ernest R. May wurden aus dem Englischen von Rita Seuß (Berlin) ins Deutsche übertragen. Frau Miriam Krieger (London) hat aus dem Englischen den Beitrag von Shlomo Shpiro, Frau Dr. Florence Gauzy (Marburg) aus dem Französischen den Beitrag von Maurice Vaïsse übersetzt. Der hebräische Beitrag von Yigal Sheffy wurde von Herrn Dr. Christian Wiese (Erfurt) übersetzt.

Satz: Fotosatz Janß, Pfungstadt
Druck und Bindung: Ebner & Spiegel, Ulm
Gedruckt auf alterungsbeständigem, säurefreiem Papier
(hergestellt aus chlorfrei gebleichtem Zellstoff)
Printed in Germany
ISBN 3 406 50248 2

www.beck.de

Inhalt

Wolfgang Krieger

Einleitung

Das geflügelte Wort von Francis Bacon «Wissen ist Macht» gilt in besonderer Weise für Geheimdienste. Seit der Antike glaubt man, dass politische Herrschaft neben der Verteidigung gegen äußere Feinde, der Konfliktregelung im Inneren und einem Steuersystem eine systematische Beschaffung und Auswertung von Informationen braucht. Deshalb finden wir das «zweitälteste Gewerbe» in Monarchien, Oligarchien, Demokratien und Diktaturen. Wir treffen es in Stadtstaaten, in mittelalterlichen Personenverbandstaaten, in frühmodernen Territorialstaaten sowie in den bürokratisch verwalteten Staaten der Moderne. Ob Staaten klein sind oder ob es sich um Großreiche mit einer Vielzahl von politischen Einheiten und Ethnien handelt: In jeder Herrschaftsform ist es wichtig, die wirklichen und die potentiellen Gegner einschätzen zu können. Ja, sogar für den Umgang mit Verbündeten braucht man ein derartiges «Herrschaftswissen», denn Staaten haben bekanntlich «keine Freunde, sondern nur Interessen», wie Lord Palmerston wusste.

Geheimdienste befassen sich allerdings nur mit Teilbereichen dessen, was wir pauschal als Regierungswissen bezeichnen können. Bei ihnen geht es in erster Linie um Wissen, das von anderen Herrschern oder Staaten in besonderer Weise geheim gehalten wird. Geheimdienstliches Wissen, so können wir zunächst einmal definieren, ist also ein besonders schwer zu beschaffender Teil des Regierungswissens. Geheime Informationen über andere Herrscher und Staaten lassen sich oft nur durch Diebstahl, Vertrauensbruch, durch Verrat gewinnen, manchmal nur mittels physischer Gewalt. Hierin liegt ein wichtiger Grund, warum sich die geheimdienstliche Tätigkeit zu erheblichen Teilen abseits der öffentlichen Politik, in früheren Epochen sogar weitestgehend im Verborgenen abspielte. Von Bedeutung ist auch der Wunsch, andere Herrscher oder Staaten darüber im Unklaren zu lassen, wie viel man selbst weiß (oder nicht weiß). So kann selbst das Nichtwissen zum Herrschaftswissen gerechnet werden, solange der andere nicht sicher sein kann, wie groß die Unwissenheit seines Gegenübers tatsächlich ist.

Damit kommen wir zu einer zweiten Eigenschaft des geheimdienstlichen Wissens, seine Interpretationsbedürftigkeit. Die Informationen eines Geheimdienstes sind zumeist sehr unvollständig und deshalb in hohem Maße interpretationsbedürftig. Diese Interpretation gelingt nur, wenn man den jeweiligen Kontext versteht. Deshalb erfordert geheimdienstliche Analyse einen großer Fundus von Kontextwissen, das überwiegend aus «offenen Quellen» bezogen werden kann, beispielsweise aus Presse, Fachpublikationen, aus wissenschaftlicher und technischer Literatur, deren Sammlung und Auswertung gleichwohl mit großem Aufwand verbunden ist, wenn man nach Perfektion strebt.

Nach der Beschaffung und Analyse von Informationen spielt drittens die Anwendung des gewonnenen Wissens eine wichtige Rolle. Es reicht nicht, eine geheime Information zu beschaffen und zutreffend zu interpretieren. Sie muss darüber hinaus dem Entscheidungsträger, also einem politischen oder militärischen Führer, rechtzeitig überbracht werden, und sie muss für diesen verwertbar sein. Beispielsweise muss ein gegnerischer Angriffsplan rechtzeitig erkannt und der eigenen Führung übermittelt werden. Zugleich muss eine solche Meldung möglichst alle wichtigen Elemente nennen, die für eine Vereitelung oder Abwehr eines Angriffes notwendig sind. Nur zu melden, «der Gegner wird nächste Woche angreifen», ist weit weniger nützlich als ein Geheimdienstbericht, der zusätzlich geographische Angaben und solche über die Stärke von militärischen Einheiten, über Bewaffnung, geplante Taktik, Nachschub, Kommunikations- und Befehlsstränge enthält.

Neben die Beschaffung, Analyse und Verwertung bestimmter Arten von Regierungswissen tritt ein zweiter Tätigkeitsbereich, den wir als verdeckte Aktionen bezeichnen wollen. Das gemeinsame Kennzeichen ist hier, dass mittels geheimdienstlicher Tätigkeit aktiv und direkt in die inneren Belange eines gegnerischen Herrschaftsbereiches – manchmal sogar eines Freundes – eingegriffen wird, um Veränderungen herbeizuführen. Dabei kann es um die gezielte Verbreitung von falschen Informationen gehen, welche entweder in den gegnerischen Herrschaftsapparat eingeführt werden – beispielsweise in seinen Hof, seine Regierung, seinen militärischen Stab –, oder um Falschinformationen, die in der Öffentlichkeit des Gegners ausgestreut werden, um seine Elite, seine Volksvertreter, seine Marktplätze, seine Medien oder seine Soldaten zu verunsichern. In beiden Fällen zielt man darauf ab, die Effizienz und Legitimität der jeweiligen Führung zu untergraben, ihr einen Kurswechsel aufzuzwingen oder sie zu Fall zu bringen. Im sozialwissenschaftlichen Vokabular könnte man von einer Verhaltensmodifikation sprechen, die mit verdeckter Falschinformation, aber auch durch Begünstigung, Bestechung und Erpressung wichtiger Einzelpersonen oder Gruppen herbeigeführt wird. Heimliche Geld-, Waren- und Waffenlieferungen können ebenfalls im Spiel sein.

Zu den verdeckten Aktionen gehört das direkte Eingreifen in politische oder militärische Vorgänge, wobei entweder eigenes oder gedungenes Personal zum Einsatz kommt. Durch quasi-militärische Kommando-Unternehmen werden beispielsweise gegnerische Führer oder Organisationen ausgeschaltet. Aber auch der Einsatz von Partisanen oder eine durch maskierte, bewaffnete Kräfte durchgeführte Militäraktion kann in diese Kategorie gehören.

Kennzeichnend für verdeckte Aktionen ist es, dass der Auftraggeber sein Eingreifen nicht sichtbar machen will, ja dass er es im Falle des Gelingens oder aber des Misslingens sogar ableugnet, der Auftraggeber gewesen zu sein und dafür öffentliche Ressourcen verwendet zu haben. Im US-amerikanischen Geheimdienstjargon des Kalten Krieges sprach man von «plausible denial». Eine verdeckte Aktion musste so angelegt und ausgeführt werden, dass der Präsident als Staats- und Regierungschef, aber auch als oberster militärischer Befehlshaber, plausibel abstreiten konnte, die Planung und Ausführung gutgeheißen oder gar befohlen zu haben. Diese Prinzip ist uralt. Es reicht weit hinter die englische Königin Elisabeth I. zurück, die gerne öffentlich beteuerte, mit den Piratenakten ihrer Korsaren gegen spanische Silberschiffe nichts zu tun zu haben. Typischerweise kommt bei verdeckten Aktionen kein reguläres Militär zum Einsatz, und falls es doch geschieht, wird man alles versuchen, diesen Umstand zu verheimlichen. Das hat den Vorteil, dass man sich nicht an völkerrechtliche Normen halten muss und dass man dem Gegner keinen offiziellen Kriegsgrund, keine öffentlich plausible Rechtfertigung für einen Gegenschlag in die Hand gibt.

Selbstverständlich hat sich im Laufe der Geschichte die geheimdienstliche Tätigkeit stark gewandelt. Geheimdienstliches Wissen wurde auf sehr unterschiedliche Weise gesammelt und verwaltet. Verdeckte Aktionen nahmen sehr unterschiedliche Formen an. Die Gründe liegen zum einen in der Geschichte der Staatsgewalt (Wolfgang Reinhard), also in den Varianten und Veränderungen dessen, was wir als Politik bezeichnen. Zum anderen haben sich die Werkzeuge, Techniken und Normen derart stark verändert, dass man bezweifeln mag, ob diachrone Vergleiche überhaupt zulässig sind. In Hinblick auf technische Mittel sind sie es gewiss nicht. Ein Feldspion bei Alexander dem Großen von Makedonien ist mit der heutigen satelliten- und computergestützten Aufklärung der USA kaum auf einen Nenner zu bringen. Doch die Grundprinzipien der Politik – manchmal sogar des Militärischen – in den hochdifferenzierten Staaten der Antike sind denen der heutigen Politik durchaus ähnlich. Deshalb sind die antiken Theoretiker der Politik und ihre Nachfolger in der vorindustriellen Zeit für uns noch heute von Bedeutung geblieben. Vor allem aber gibt es im Verhalten der Menschen weitaus weniger Veränderungen als in seiner materiellen Umwelt. Und diese menschlichen Eigenschaften, insbesondere die schlechten wie Machtgier, Habsucht, Neid, Missgunst, Lüge und Untreue, macht sich die geheimdienstliche Tätigkeit in hohem Maß zunutze.

Hinzuzufügen ist, dass geheimdienstliches Wissen, ja sogar verdeckte Operationen, nicht nur im staatlichen Bereich anzutreffen sind. Selbst wenn wir stillschweigend darüber hinwegsehen, dass die Begriffe Staat oder Politik über die Jahrtausende hinweg nur mit großen Einschränkungen verwendet werden können, weil die Unterscheidung zwischen «öffentlich» und «privat» jeweils eine völlig andere war, so ist eine ausgedehnte geheimdienstliche Tätigkeit in privaten Bereichen zu konstatieren. Familienverbände oder ethnische Gruppen setzen derartige Instrumente ein, um ihre Macht zu vergrößern oder zu behaupten. Das gleiche gilt für Wirtschaftsunternehmungen aller Art. Jeder Produzent, jeder Händler muss sich über die Marktverhältnisse informieren, muss die Preise, Konditionen, Konkurrenten, Handelswege, Lagermöglichkeiten und Zahlungsabläufe kennen – um nur einige Faktoren zu nennen –, und er wird zumindest einen Teil dieser Informationen auf verdecktem Weg beschaffen. Mit verdeckten Aktionen nimmt man Einfluss auf Konkurrenten und ihren Aktionsbereich, um Vorteile aller Art zu erwirken. In der Geschichte des Wirtschaftens dürften sich die Interessen und Absichten eines phönizischen oder altindischen Kaufmannes von denen eines heutigen Ölkonzerns oder eines Softwareherstellers nicht grundlegend unterscheiden.

Doch im vorliegenden Band soll es vorrangig um die geheimdienstliche Tätigkeit von Staaten oder ihren vormodernen Entsprechungen gehen. Dabei soll der Schwerpunkt bei Auslands- und militärischen Nachrichtendiensten liegen, die in der Regel von den Institutionen der inneren Kontrolle deutlich getrennt sind, auch wenn sich gewisse Bereiche überlappen oder wenn sie unter einem organisatorischen Dach existierten, wie es beispielsweise in der Sowjetunion und in der DDR der Fall war. Inländische Nachrichtendienste sind zumeist eng mit dem Polizei- und Justizapparat verwoben und stellen damit einen eigenen großen Komplex der Staatsgewalt dar, der in grundlegend anderer Weise zu untersuchen wäre als die äußere Sicherheit.

Bei unserer Suche nach geheimdienstlicher Tätigkeit, die sich «nach außen» richtet, soll es nicht darauf ankommen, ob ein Herrscher, ein Militärführer oder ein Staat tatsächlich über einen bürokratisierten Geheimdienst im heutigen Verständnis des Wortes verfügte. Es empfiehlt sich deshalb, von geheimdienstlicher Tätigkeit zu sprechen statt von Geheimdiensten im modernen Wortsinn, bei denen wir vorschnell an riesige Verwaltungsgebäude denken wie «die Lublianka» des KGB oder «Langley» der CIA und «Pullach» des BND – und somit an eine hochdifferenzierte Bürokratie, an gigantische Kommunikationsanlagen sowie an viele Tausend, ja zehn und hundert Tausende von Mitarbeitern. Mit einem derartig gegenwartsbezogenen Instrumentarium würden wir über weite historische Zeiträume hinweg kaum einschlägige

Geheimdienstapparate finden, nicht zuletzt deswegen, weil die historischen Quellen zur Geheimdienstgeschichte vor dem 19. Jahrhundert äußerst spärlich fließen, ja zu großen Teilen schlichtweg nicht vorhanden sind. (Ohne Quellen lässt sich Geschichte nun einmal nicht schreiben.) Wenn man allerdings die Organisationsfragen in den Hintergrund treten lässt und danach fragt, wo es geheimdienstliche Tätigkeit gegeben hat oder wo diese zu vermuten ist, wo also ein Herrscher, ein politischer oder militärischer Führer, ein Staat, ein politisches System schwerlich ohne geheimdienstliche Tätigkeit auskommen konnte, dann eröffnet sich eine reiche Palette von historischen Beispielen, die sich mit großem intellektuellen Gewinn bearbeiten lassen.

Dabei ist zu berücksichtigen, dass vormoderne Regierungen nur teilweise auf rationale Informations- und Entscheidungsverfahren gegründet waren, wie sie der hier skizzierte Begriff von geheimdienstlicher Tätigkeit nahelegt. Was uns heute als rationale Informationswege und Entscheidungsverfahren erscheint, womöglich als allein «sinnvoller» Ablauf für politisches oder militärisches Handeln, konkurrierte in vormoderner Zeit mit Ahnenkulten, Naturkräften, dem Wirken der Götter sowie mit religiösen Eingebungen, Überzeugungen und Heilserwartungen. Der Stellenwert des rationalen geheimdienstlichen «Wissens» veränderte sich also mit den umgebenden Formen von Wissen und Glauben. Ihre Grenzen sind jedoch fließender, als die heutigen Begriffe «rational» oder «modern» erwarten lassen. Mancher heutige Politiker befragt noch die Astrologen. Horoskope werden fleißig gelesen. Kurzum, auch unser heutiges öffentliches Leben stützt sich nicht vollständig auf rationale Verfahren. Zu Hochmut gegenüber unseren vormodernen Ahnen gibt es weniger Anlass, als man gemeinhin denkt.

Nach dieser Klärung einiger Begriffe wenden wir uns den praktischen Fragen der Geheimdienstgeschichte zu. Wie und wo finden wir die Spuren geheimdienstlicher Aktivitäten in der vormodernen Zeit? Zwar gab es in einigen vormodernen Staaten, beispielsweise im Alten China, bereits ein hohes Maß an Bürokratisierung, doch in den meisten vormodernen Staaten haben wir es eher mit mehr oder weniger großen Netzwerken von Spionen zu tun, deren genaue Zahl oder Zuordnungsverhältnis sich nur in Ausnahmefällen präzise feststellen lässt. Bis etwa 1900 war geheimdienstliche Tätigkeit vor allem der politischen Zentrale, dem Militär, der Diplomatie, den Post- und Zensurbehörden, den Kolonialverwaltungen sowie den mit Außenhandel befassten Stellen zugeordnet. Was unter dem Deckmantel anderer Ämter und Behörden stattfand, muss deshalb mittels inhaltlicher Fragen aufgespürt und als geheimdienstliche Tätigkeit identifiziert werden. Zu prüfen ist: Welche Informationen wurden für einen Herrscher, einen Staat beschafft? Wie wurden sie ausgewertet? Wer hatte Zugang zu ihnen? Wie wurden politische, militärische oder wirtschaftliche Entscheidungen durch derartige Informationen beeinflusst?

Für diese und viele weitere Fragen gibt es eine weithin scharfsinnige, aber in ihrem Umfang erstaunlich kleine Fachliteratur.[1] Doch Historiker ziehen es vor, allgemeine Aspekte des menschlichen Zusammenlebens an konkreten Beispielen aufzuzeigen. Deshalb wurde bei der Auswahl der nachfolgenden Beiträge darauf geachtet, möglichst viele unterschiedliche Aspekte geheimdienstlicher Tätigkeit zur Darstellung zu bringen, aber zugleich den Blick auf die großen Fragen zu richten.

Was über die geheimdienstliche Tätigkeit bei Alexander dem Großen, bei Hannibal, bei der Niederlage Frankreichs im Jahr 1940 und beim Überraschungsangriff auf Israel im Jahr 1973 zu grundsätzlichen Problemen der militärischen Aufklärung gesagt wird, ist ohne Zweifel für viele andere militärische Situationen gültig. Stets kommt es darauf an, auf der Basis gewisser militärischer Indikatoren, die man nur unvollständig kennt, auf die Absichten und die Taktik des Gegners zu schließen, um diesen im günstigsten Fall zu besiegen oder um wenigstens eigene Kräfte zu schonen und eine Niederlage abzuwehren.

Von der antiken Kryptographie zur Entschlüsselung der deutschen militärischen Schlüssel (ENIGMA) im Zweiten Weltkrieg lässt sich leicht eine gedankliche Brücke schlagen. Die sichere Übermittlung von Nachrichten sowie der Versuch, die Verschlüsselung anderer Akteure zu knacken, spielen eine unvermindert große Rolle, auch wenn die moderne Elektronik stets neue, noch komplexere Schlüsselverfahren bereitstellt.

Am Beispiel des Alten China sowie Altindiens lässt sich besonders schön aufzeigen, wie der Dialog zwischen Staatsdenken und politischer Praxis jenes konzeptionelle Grundgerüst schuf, auf dem die Nachrichtendienste in bürokratischen Territorialstaaten gediehen. Diese Gedanken finden ein deutlich erkennbares Echo, wenn US-amerikanische Politiker nach den Terrorangriffen vom 11. September 2001 über eine Neukonzipierung ihrer Nachrichtendienste im Kontext des gesamten Sicherheitsapparates nachdenken. Auch die stets problematische Abgrenzung zwischen Nachrichtendiensten für die äußere und die innere Sicherheit reicht bis zu ihren historischen Anfängen zurück.

Die Vermischung geheimdienstlicher Tätigkeit mit der regulären Diplomatie lässt sich besonders schön am Beispiel der Römischen Kurie aufzeigen, die zugleich die älteste moderne Staatsbürokratie ist, – dadurch das moderne Gesandtschaftswesen nachhaltig prägte – und dennoch kein typischer staatlicher Akteur war. Trotz seiner vor 1870 noch großen Ländereien in Mittelitalien war das Papsttum eine Art von NGO, wie wir jetzt sagen würden, ein non-governmental actor. Seine Gläubigen und seine Amtsträger überall in der Welt empfanden eine starke Loyalität für Rom, die sie oftmals der Treue zu ihrem Landesherrn vorzogen, indem sie zu Agenten des Papstes wurden.

Loyalität ist ein Stichwort, das unzertrennlich zur Geschichte der Geheimdienste gehört, und kaum ein Beispiel könnte einleuchtender sein als der Hundertjährige Krieg, aus dem Frankreich und England als zwei separate Nationalstaaten mit separaten nationalen Loyalitäten hervorgingen. Wenn massive Zweifel an der Loyalität der Bevölkerung aufkommen, ist es nicht mehr weit zur Spionage-Hysterie. Ohne sie hätte das sowjetische KGB samt seiner Vorläufer und Paralleleinrichtungen nicht zu einer beherrschenden Institution des sowjetischen Herrschaftssystem werden können. Vergleichbares gilt für das ostdeutsche Ministerium für Staatssicherheit, die Stasi. Und doch konnte es 1989 bis 1991 äußeren Einflüssen, dem alten Menschheitstraum von Freiheit und Gerechtigkeit gelingen, die bis auf die Zähne bewaffneten kommunistischen Staaten samt ihren gigantischen Geheimdiensten zum Einsturz zu bringen. Ein vermeintlicher Großerfolg wie der DDR-Spion Guillaume, der bis ins Innere des Bundeskanzleramtes vordrang, erweist sich bei näherem Hinsehen als politischer Flop.

Zu reden ist auch über die zahllosen Fehlentscheidungen, missglückten Operationen und sonstigen Fehlschläge der Geheimdienste. Das französische Vorgehen gegen die Umweltschutzorganisation Greenpeace (Rainbow Warrior) gehört hierher. Ob der 11. September ein «intelligence failure» war, ob er den US-Auslandsgeheimdiensten oder in noch größerem Ausmaß den Einwanderungs- und Polizeibehörden anzulasten ist, kann heute noch nicht eindeutig beurteilt werden. Die militärischen Überraschungsangriffe von Hannibal bis Pearl Harbor und zum Yom Kippur-Krieg werden stets durch grobe Fehleinschätzungen des Gegners möglich. Dabei ist erstaunlich, dass nur selten ein wirklicher Informationsmangel herrscht. Typischerweise verkennt man Überraschungsangriffe, weil man sie dem Gegner nicht zutraut. Man wird zum Opfer der eigenen ethnischen oder kulturellen Überheblichkeit. Allerdings war der deutsche Überraschungsangriff auf die Sowjetunion am 22. Juni 1941 nur möglich, weil Stalin seinem eigenen Geheimdienst misstraute. Seine Paranoia ging so weit, dass er Hitler mehr glaubte als den eigenen Leuten.

Die Probleme beim Aufbau von Geheimdiensten und bei ihrer Eingliederung in neue staatliche Strukturen lassen sich von Richelieus Frankreich über das Bismarckreich bis zum jungen Staat Israel aufzeigen. Auch der westdeutsche Bundesnachrichtendienst war eine weitgehend neue Schöpfung, die unter ihrem ersten Behördenchef allerlei Verwerfungen produzierte, ehe der Weg zu einem «normalen» Auslandsnachrichtendienst, normal für einen modernen liberal-demokratischen Rechtsstaat, gefunden wurde.

Zwei weitere Beiträge befassen sich schließlich mit verdeckten Aktionen, genauer gesagt mit Kommando-Aktionen von Geheimdiensten. Nach 1945 griffen die USA in erheblichem Umfang zu diesem Mittel, um vor allem Staaten der Dritten Welt dem drohenden oder vermeintlichen Zugriff der Sowjetunion zu entziehen. Wahlbeeinflussung, Waffenlieferungen, manipulierte Handelsbeziehungen und Pressebeeinflussung gehörten zum geheimdienstlichen Arsenal. Einen Sonderfall von verdeckter Aktion stellt die Festnahme des Kriegsverbrechers Eichmann durch den israelischen Geheimdienst Mossad dar. Dieser Erfolg wurde zwar umgehend publik gemacht, doch den genauen Ablauf kennt man erst seit kurzem.

Im historischen Rückblick sehen wir in der Ergreifung Eichmanns nicht nur einen höchst ungewöhnlichen Geheimdiensteinsatz, sondern auch ein Modell für die Zukunft. Indem sich nämlich die UNO in den 1990er Jahren auf den Weg machte, ein Völkerstrafrecht und einen internationalen Strafgerichtshof zu schaffen, musste sie wissen, dass Polizeikräfte nicht ausreichen würden, um hohe Politiker, Beamte und Militärs zu verhaften, denen wegen Völkermordes und anderer Delikte der Prozess gemacht werden sollte. Wer sonst als die Geheimdienste soll die Gesuchten aufspüren und herbeischaffen? Zudem werden Geheimdienste mehr und mehr mit dem internationalen Abwehrkampf gegen Terrorismus und gegen die Proliferation von Massenvernichtungswaffen befasst. Es wäre deshalb gut denkbar, dass sie wegen dieser Aufgaben endlich aus der Schmuddelecke der Außen- und Sicherheitspolitik heraustreten werden, in der sie seit Beginn des modernen Völkerrechtes und der neuzeitlichen Staatenwelt ihr Dasein fristen.

Hier kommen wir zu einem Aspekt der Geheimdienstgeschichte, der eine Besonderheit in der Geschichte der Staatsgewalt darstellt. Im Unterschied zu den klassischen Staatsaufgaben – Justiz, Militär und Staatskasse – wird die geheimdienstliche Tätigkeit weithin für amoralisch, zwielichtig, unrechtmäßig gehalten. Man mag protestieren, dass in liberalen Demokratien auch hier das Rechtsstaatsprinzip gilt, dessen Einhaltung durch parlamentarische Kontrollgremien, Gerichte und Rechnungshöfe scharf überwacht wird. Doch irgendwie bleibt ein moralischer Vorbehalt. Er richtet sich zunächst auf den menschlichen Faktor, den Spion, den Verräter. Seine Psychologie, seine Motive beschäftigen uns. Warum stellen sich Menschen als Spione zur Verfügung, wohl wissend, dass sie oft genug ihren Status, ihr Eigentum, ihre Gesundheit oder gar ihr Leben und das Leben ihrer Familie, ihrer Freunde riskieren? Was bringt den Verräter dazu, seine privilegierte Stellung als Geheimnisträger zu missbrauchen? Die klassischen Motive von Spionage und Verrat – Abenteuerlust, Geldgier, Erpressung, Liebe – sind im Lauf der Geschichte sehr ähnlich geblieben. Doch für viele Spione bildet die

Vorstellung von der gerechten politischen Sache das entscheidende Motiv. Sie würden sich nicht in Gefahr begeben ohne die Überzeugung, für ein gerechtes Ziel zu kämpfen, gegen eine Diktatur oder Fremdherrschaft. Somit hat die Spionage neben ihrer schändlichen auch eine heroische Dimension.

Totalitäre Systeme benutzen ihre Geheimdienste als innenpolitische Repressionsinstrumente – von der kleinen Bespitzelung im Alltag bis hin zu gigantischen Netzwerken der Arbeits-, Straf- und Vernichtungslager. Aber auch im alten Rom, in der Republik Venedig oder im Russland der Zaren finden sich Spitzelnetzwerke und Terrormaßnahmen. Erst die modernen liberalen Demokratien halten ihre Bevölkerungen grundsätzlich für vertrauenswürdig und sehen allenfalls kleine Minderheiten als staatsgefährdend an. Erst sie trennen mehr oder weniger säuberlich ihre Geheimdienste von den Polizeiorganen.

Im modernen Verständnis bemisst sich die Legitimität von Spionage erstens an der Bedrohung, zweitens an der auftraggebenden politischen Autorität und drittens an den eingesetzten Mitteln. Zwar gibt es im Völkerrecht noch keine Regelungen für Geheimdienstagenten, die vergleichbar wären mit dem Status von Soldaten einer legitimen Staatsgewalt. Aber das Völkerrecht ist hier gleichwohl nicht stumm geblieben. So darf die Einführung der Militärattachés seit den 1860er Jahren als eine begrenzte Legalisierung von Spionage gelten, weil der Austausch militärischer Informationen eine friedensstiftende Wirkung hat. In der modernen Sicherheitspolitik klassifizieren wir diesen Austausch als «vertrauensbildende Maßnahme». Einen weiteren Schritt in diese Richtung stellen die seit den 1970er Jahren geschlossenen Rüstungskontrollverträge dar. Erstmals sah der 1972 unterzeichnete amerikanisch-sowjetische SALT-I-Vertrag zur Begrenzung der Nuklearrüstung die gegenseitige Verifikation mittels Spionagesatelliten vor. Damit wurde zumindest diese eine Spionagemethode ausdrücklich im Völkerrecht legitimiert. In der Spätphase des Kalten Krieges und nach seinem Ende entstand eine Vielzahl sogenannter Verifikationsregime, die auf technischen Spionagemitteln beruhen, ja sogar «Inspektionen vor Ort» durch Geheimdienst- und Militärexperten vorsehen. Zur Bekämpfung des internationalen Terrorismus hat jüngst der UNO-Sicherheitsrat den Austausch von diesbezüglichen Geheimdienstinformationen ausdrücklich gefordert.[2] Mitte der 1990er Jahre musste die UNO eingestehen, dass ihre Friedenstruppen des Schutzes nachrichtendienstlicher Mittel bedürfen. Gegenüber Spionen hat sich, außer in Kriegszeiten, eine gewisse außerrechtliche Toleranz längst eingebürgert. Sie werden oftmals zwischen den Staaten ausgetauscht oder, in minderen Fällen, einfach des Landes verwiesen.

Zusammenfassend können wir feststellen, dass Spionage insbesondere dann für vertretbar gehalten wird, wenn sie der Bekämpfung eines tyrannischen Gegners dient oder zur Abwehr eines militärischen Angriffes erfolgt. Dabei ist allerdings fallweise abzuwägen, wie realistisch die Gefahr eines Angriffes sein muss, um einen bestimmten geheimdienstlichen Aufwand oder einen einzelnen Auftrag zu rechtfertigen. Im liberalen Verfassungsstaat suchen die Parlamente den Rechtsgrundsatz von der Verhältnismäßigkeit der Mittel anzumahnen. Doch in einer Welt vielfältiger Gefahren, insbesondere durch terroristische Bedrohungen, dürfte es kaum ausbleiben, dass die Geheimdienste und ihre politischen Auftraggeber immer wieder zur Paranoia neigen und die Grenzlinien von Recht und Moral zumindest streifen, wenn nicht sogar überschreiten.

Aus diesem Dilemma rührt der bereits bei Montesquieu zu findende und oft zitierte Spruch, es dürften sich nur «wahre Gentlemen» in dieses Metier begeben. Davon ist allerdings in den riesigen Bürosilos der heutigen Geheimdienste nichts mehr zu spüren. Einer der großen britischen Geheimdienste wird bereits zum zweiten Mal von einer Frau geführt. Im Internet wirbt er neues Personal ganz lässig mit dem Hinweis auf seine «Kultur der Anrede mit Vornamen» («first name culture»). Im weltweiten Kampf gegen vielerlei Terrorismen suchen die US-Geheimdienste neuerdings intensiv nach «ethnischen» Amerikanern, gemeint sind vor allem Abkömmlinge muslimischer Einwanderer mit «exotischen» Sprachkenntnissen. Auch in dieser Hinsicht sind zumindest die westlichen Geheimdienste im Zeitalter der egalitären Demokratie angekommen.

Nun bleibt noch jene lästige Frage, mit denen britische Doktorväter (und -mütter) ihre eifrigen Historiker-Eleven so gerne quälen: «So what?» – Ist dieses Thema eigentlich wichtig? Spielt geheimdienstliche Tätigkeit eine große Rolle in der Geschichte? Und wenn ja, warum wird sie von den Historikern so wenig beachtet?

Wie sich leicht feststellen lässt, gibt es nur wenige Geheimdiensthistoriker. Immerhin wächst seit bald drei Jahrzehnten in der angelsächsischen Welt die Zahl von Arbeiten über die Funkentschlüsselung im Zweiten Weltkrieg (Stichwort ENIGMA) – mit der Wirkung, dass bestimmte Abschnitte dieses Krieges neu geschrieben werden mussten. In Deutschland brachte die Offenlegung großer Aktenbestände des MfS eine ansehnliche Reihe von Studien hervor, die zwar überwiegend von den innerstaatlichen Aktivitäten der Stasi handeln, aber auch ein weitgehend neues Licht auf die Unterwanderung der «alten» Bundesrepublik werfen. In Israel, Frankreich und einigen anderen Ländern gibt es ebenfalls kleine Zirkel von Geheimdiensthistorikern. Doch jenseits dieser Zirkel bleibt die Geheimdiensthistorie ein weithin unbeackertes Feld. Um es am deutschen Beispiel zu demonstrieren: Die maßgebliche Gesamtdarstellung der NS-Geheimdienste ist immer noch die Oxforder

Dissertation eines New Yorker Privatgelehrten aus dem Jahr 1974.[3] Zur Weimarer Republik gibt es nur verstreute Studien, desgleichen zum Ersten Weltkrieg und zum Kaiserreich. Über den Kalten Krieg ist auf diesem Feld kaum etwas erschienen, wenn man vom Sonderfall der Stasi-Historie absieht. Übrigens gibt es auch in der deutschen Politikwissenschaft kaum jemanden, der sich im Zusammenhang mit dem Teilfach Internationale Beziehungen um den Faktor Auslandsnachrichtendienste kümmert. Anders sieht es im angelsächsischen Bereich, insbesondere in den USA aus, wo es seit längerem eine umfängliche Fachliteratur gibt – insbesondere zur CIA – und übrigens auch zahlreiche universitäre Lehrveranstaltungen.[4]

Könnte es sein, dass es so wenig Forschung gibt, weil der Gegenstand zu unbedeutend ist? Für diese Annahme spricht wenig. Obgleich die öffentlich zugänglichen Quellen keinen umfassenden Einblick erlauben, darf man vermuten, dass beispielsweise die Kryptanalyse und das Abhören mit technischen Mitteln nach 1945 nicht abnahmen, sondern quantitativ stark anstiegen. Doch warum taucht dieser Faktor in den Geschichtsbüchern zum Kalten Krieg kaum auf? Warum werden nicht wenigstens entsprechende Fragen gestellt? Vielleicht liegt zumindest ein partieller Grund darin, dass akademische Historiker nicht gerne zum Gespött von Geheimdienst-«Insidern» werden möchten. Was sich die Forscher mühsam aus Zeitungen, Parlamentsvorlagen, Justizberichten und Memoiren zusammenklauben müssen, dürfen die «Insider» zwar nicht öffentlich schreiben oder sagen, aber sie können den unwiderlegbaren Vorwurf äußern, die Forscher befänden sich auf dem Holzweg, verstünden von der Sache nichts.

Wo sich allerdings die Historiker zurückhalten (müssen oder wollen), bleibt das Feld jenen phantasievollen Sachbuchautoren und Journalisten überlassen, die aus einigen gerichtsnotorischen Spionagefällen, anderen tatsächlichen oder vermeintlichen Geheimdienstpannen und bloßen Gerüchten allerlei Stimmungsbilder entwerfen, mit denen sie auf die Öffentlichkeit einwirken. Deshalb ist zu hoffen, dass die Geheimdienste von ihrem hohen Ross herabsteigen und zumindest ihre Akten zu abgeschlossenen historischen Vorgängen der Forschung zugänglich machen. Im liberal-demokratischen Rechtsstaat sollte eine derartige Offenlegung selbstverständlich sein. Dass sie es nicht ist, kostet die Geheimdienste mehr öffentliches Vertrauen, als ihnen klar zu sein scheint.

Sachkundigen Lesern werden bestimmt viele weitere Themen der Geheimdienstgeschichte einfallen, nicht zuletzt solche, die an Bedeutung die hier gewählten übertreffen. Ihnen sei in Erinnerung gerufen, dass dieser Band weder eine systematisch-chronologische Gesamtgeschichte der Spionage noch ein Lexikon oder Handbuch werden durfte. Es sollte vielmehr ein bunter Strauss von Beispielen und Perspektiven zusammenkommen, gleichermaßen vergnüglich zu lesen und instruktiv im Hinblick auf das, was in der Forschung noch zu leisten ist.

Dem Herausgeber bleibt die angenehme Aufgabe, seinen Autoren herzlich zu danken. Die meisten von ihnen sehen sich selbst keineswegs als Geheimdiensthistoriker, sondern als Spezialisten für bestimmte Epochen, Regionen, übergreifende Fragen oder historische Persönlichkeiten. Umso mühevoller war es für sie, über einen derart schwierigen Gegenstand zu schreiben. Den Militär- und Diplomatiehistorikern fiel die Sache vergleichsweise leichter. Dank gebührt schließlich dem Verlag C. H. Beck, insbesondere Herrn Dr. Stefan von der Lahr, für die großartige verlegerische Betreuung.

Jakob Seibert

Der Geheimdienst Alexanders des Großen (336–323 v. Chr.)

Im Jahr 336 wurde der 20-jährige Alexander König der Makedonen. Er konnte ein mächtiges Reich übernehmen, das erst durch seinen Vater Philipp II. geschaffen worden war. Durch eine energische, zielstrebige Politik war es ihm gelungen, die außenpolitische Gefährdung durch die Völker des Balkans zu beseitigen und im Inneren seinen Herrschaftsanspruch gegen die Gaufürsten durchzusetzen. Ebenso hatte er die Grenzen des Reiches erweitert durch Einbeziehung der wichtigen Seestädte und durch die Expansion nach Thrakien mit Gewinnung der Goldbergwerke des Pangaion, die ihm die Finanzierung seiner vielen Kriege ermöglichten. Schließlich war er durch Intervention in die Geschicke der griechischen Staaten, zunächst in Thessalien, dann in Mittelgriechenland Mitglied der Delphischen Amphiktyonie (346) und nach dem Sieg in der Schlacht bei Chaironeia mit der Vereinigung aller Griechen im Korinthischen Bund (338), dem sich nur Sparta verweigerte, Hegemon der Griechen geworden. Der Konflikt des expansiven Herrschers mit dem Perserreich war unausweichlich. Die Krise im Haus der Achämeniden mit der Ermordung zweier Könige innerhalb von zwei Jahren (338–336) beschleunigte diese Entwicklung. Als Philipp ermordet wurde, operierte bereits ein makedonisches Heer in Kleinasien.

Nach der Herrschaftsübernahme ging Alexander rücksichtslos gegen innenpolitische Gegner vor. Potentielle Thronprätendenten ließ er beseitigen. Ebenso festigte er seine Machtstellung in Thessalien und im Korinthischen Bund, wo sich ebenfalls Auflösungstendenzen bereits bemerkbar machten. Die Sicherung der immer gefährdeten Nordgrenze Makedoniens wollte er durch eine Expansion bis zur Donau erreichen. So kam es, dass er erst im Jahr 334 den Krieg gegen den Perserkönig Dareios III. wiederaufnehmen konnte. Innerhalb von zehn Jahren gelang ihm die Unterwerfung des riesigen Perserreiches. Es war ein Kriegszug über tausende von Meilen durch Kleinasien (Türkei), dann entlang der Küste von Phoinikien (Libanon) mit einem Abstecher nach Ägypten, von dort wieder zurück nach Syrien und weiter nach Mesopotamien (Irak) bis ins Zentrum persischer Macht mit der Eroberung der Hauptstädte Babylon, Susa, Persepolis und Ekbatana (Hamadan).

Das persische Heer wurde in drei gewaltigen Landschlachten besiegt: am Granikos im Jahr 334, in der Strandebene von Issos im Jahr 333 und bei Gaugamela im Jahr 331. Schließlich brachten seine eigenen Leute den glücklosen Perserkönig Dareios III. um (330 v. Chr.). Viele Makedonen sahen damit den Krieg als beendet an. Doch der rastlose junge König wollte das gesamte Perserreich unterwerfen. Weiter ging es nach Osten mit langjährigen, hartnäckigen und bisweilen verlustreichen Kämpfen in Baktrien (Afghanistan) und Sogdien (Turkmenistan/Usbekistan/Tadschikistan). Hier ereigneten sich auch die großen persönlichen Krisen, die Hinrichtung des Philotas und Ermordung von dessen Vater Parmenion (330 v. Chr.) als angebliche Attentäter, die Ermordung seines Freundes Kleitos im Vollrausch und die Beseitigung seines Hofhistoriographen Kallisthenes im Rahmen der sogenannten Pagenverschwörung. Dann folgte der Vorstoß in das Fünfstromland Indien (Pakistan), wo sich der indische König Poros am Hydaspes-Fluss nach einer gewaltigen Schlacht den Makedonen ergeben musste. Der Wunsch Alexanders, über die Grenzen Indiens hinaus in die Ganges-Länder zu marschieren, scheiterte am entschiedenen Widerstand seiner Makedonen. Mit der Rückkehr nach Babylon im Jahr 324 wollte sich Alexander aber nicht zur Ruhe setzen. Er hatte noch große Pläne. Doch eine Krankheit raffte den König völlig unerwartet im Sommer 323 dahin.

Ohne ausreichende Informationen über die Nachbarn, über Freunde wie Feinde im Inneren und Äußeren, hätten diese Unternehmungen nie so erfolgreich durchgeführt werden können. Wer sich auf die Suche nach den Informanten, dem «Geheimdienst» Alexanders macht, muss sich mit den Besonderheiten der antiken Quellen vertraut machen.[1] Es lassen sich nur wenige Hinweise finden, nicht nur weil es der eigentliche Zweck eines Geheimdienstes ist, im Verborgenen zu wirken, sondern weil die Verfasser der antiken Quellen an diesen Vorgängen nicht interessiert waren, auch wenn sie darüber hätten berichten können. Wenn sie überhaupt Angaben machen, dann beschränken sie sich auf «der König erfuhr» oder «es wurde dem König gemeldet». Wie die Information beschafft wurde, wer sie übermittelte, wer sie am Hof des Königs auf ihre Richtigkeit prüfte und dann dem König vorlegte, all dies verschweigen die antiken Historiker. Ihre Berichterstattung ist ausschließlich auf die Person des Herrschers fixiert: Er macht alles, er ordnet alles und er befiehlt alles. Nur gelegentlich treten seine Helfer in Erscheinung. Der moderne Historiker muss versuchen, die wenigen Hinweise in den Quellen zum Sprechen zu bringen. Dabei muss er immer mit der Möglichkeit rechnen, dass bereits antike Historiker «Spionagegeschichten» erfanden, um ihre Berichterstattung interessanter zu gestalten. Bei aller Freude über den Fund eines Hinweises auf «Geheimdiensttätigkeit» darf man die kritische Überprüfung der Nachricht nicht vernachlässigen.

Wie auch heute, sind grundsätzlich zwei Wege der Informationsbeschaffung zu unterscheiden: die «offene» Nachrichtenbeschaffung, etwa durch Gesandte, Gastfreunde («proxenoi»), Händler und Reisende, und die «verdeckte» Beschaffung durch Spione, Kundschafter, Spitzel, insgesamt die Kategorie von Menschen, welche die Gegenseite als Verräter bezeichnete, wenn sie entdeckt wurden. Nach dieser zweiten Sparte soll ausschließlich im folgenden gesucht werden.

Militärische Aufklärung

Für die Vorbereitung und Ausführung des Krieges gegen den Perserkönig waren umfangreiche Informationen notwendig.[2] Wie groß war das Perserheer, wo standen die Truppen, wie waren sie bewaffnet, von wem wurden sie befehligt? Diese Informationen konnten nur vor Ort und möglichst verborgen vor den wachsamen Augen des Feindes beschafft werden.[3] Im Heer Alexanders wurden diese Nachrichten durch Feindbeobachter geliefert, die in einer eigenen Truppe, den sogenannten «Vorläufern» («prodromoi»), organisiert waren und möglichst unbemerkt operieren sollten. Sie werden allerdings nur gelegentlich in den Quellen eigens erwähnt, mit ihrem ständigen Einsatz ist hingegen zu rechnen. So sind sie bereits bei der ersten Begegnung der feindlichen Heere am Granikos bezeugt.

Die antiken Quellen vermitteln nun den Eindruck, als hätten die Kundschafter Alexanders die Bewegungen des Perserheeres in den Wochen vor der Schlacht bei Issos (November 333) genau beobachtet. So wird gemeldet, Dareios sei gerade aus Babylon aufgebrochen, dann, er habe den Euphrat noch nicht überschritten. Eine weitere Nachricht besagte, Dareios stehe in fünf Tagen in Kilikien, schließlich, er sei nur noch wenige Tage entfernt, und dann, er lagere in Sochoi, einem Ort, der zwei Tage von den Assyrischen Toren entfernt sei. Durch diese Meldungen entsteht der Eindruck, als sei der Feind schon weit im eigenen Land ständig beobachtet und durch eine Kundschafterkette der eigenen Truppe gemeldet worden. Doch dann marschierten die beiden Heere aneinander vorbei, ohne voneinander Kenntnis zu haben. Als Alexander schließlich die Nachricht erhielt, der Feind stehe in seinem Rücken, ließ er sie erst durch Kundschafter verifizieren. So kam es, dass bei Issos die Heere mit «verkehrten Fronten» kämpften. Tatsächlich hatte die Feindaufklärung Alexanders versagt. Die anscheinend exakten Meldungen erwiesen sich als falsch. Im Falle einer Niederlage wäre Alexander der Rückweg abgeschnitten gewesen.

Es war natürlich sehr schwierig, den Feind aus der Ferne zu beobachten und dann auch noch die richtigen Schlüsse aus den Beobachtungen zu ziehen. Schließlich mussten die Kundschafter sich davor hüten, zu nahe am Gegner zu operieren. Deshalb verwundert es nicht, dass Alexander ihren Meldungen bisweilen keinen Glauben schenken konnte oder dass sich tatsächlich ihre Meldung als irrig erwies. Vor Gaugamela (Oktober 331) meldeten die Kundschafter, Dareios rücke mit seinem Heer an. Alexander reagierte sofort und stellte sein Heer auf. Dann zeigte es sich aber, dass sie sich getäuscht hatten, es handelte sich nur um die Vorhut.

Natürlich ließ auch Dareios die Makedonen beobachten. Vor Gaugamela wurden persische Kundschafter von den Makedonen aufgegriffen. Sie wurden ausgefragt und verrieten, Dareios habe am Tigris Stellung bezogen und wolle Alexander dort am Übergang hindern. Sein Heer sei wesentlich größer als das bei Issos. Alexander setzte seinen Marsch fort, um Dareios möglichst bald am Tigris zur Schlacht zu stellen. Es zeigte sich dann aber, dass weder Dareios noch eine Heeresabteilung dort stationiert waren. Demnach müssen die persischen Kundschafter dem Feind gezielt eine Fehlinformation überbracht haben. Dareios wollte Alexander offenbar vom Weitermarsch abbringen und ihn zu einer Routenänderung das Euphrattal abwärts in Richtung Babylon verleiten.

Die Schwierigkeit, sichere Aussagen über die Absichten des Feindes zu machen, erwies sich an den Meldungen, die Alexander in Persepolis und auf seinem Marsch nach Ekbatana (Frühjahr 330) über Dareios erreichten. Auf dem Vormarsch nach Ekbatana wurde berichtet, Dareios wolle ihm in einer Schlacht entgegentreten, da er die Skythen und Kadusier als Helfer erwarte. Deshalb ließ Alexander den Tross zurück und rückte mit dem kampfbereiten Heer in Richtung Medien vor. Doch als er in diesem Gebiet schließlich eintraf, stellte es sich heraus, dass Dareios überhaupt kein kampfbereites Heer hatte, auch seine Bundesgenossen nicht eingetroffen waren. Der Perserkönig war vielmehr aus Ekbatana in den Osten geflohen. Die erste konkrete und zutreffende Nachricht wurde dann von Bisthanes, einem Perser überbracht, der auf die Seite Alexanders übertrat. Auch im folgenden stammten die zutreffenden Nachrichten jeweils von den «Überläufern» beziehungsweise aus persischer Sicht von Verrätern, die das Lager des Dareios verließen.

Überläufer – Kriegsgefangene

Überläufer waren eine übliche Informationsquelle. Freilich war Vorsicht bei ihnen geboten, denn ihre Absichten waren nicht uneigennützig. Sie warben um eine günstige Aufnahme oder fungierten aber auch häufig als getarnte Spione. Durch den baldigen Übertritt führender Perser nach dem Sieg in der Schlacht am Granikos, so zum Beispiel des Burgkommandanten von Sardes, Mithrenes, konnte Alexander aus erster Hand wichtige Informationen erhalten. Die antiken Historiker bescheinigen den Persern allerdings, dass sie sich gegenüber ihrem König zur Verschwiegenheit verpflichtet hatten und diesen Eid auch hielten. Die Geheimnisse des Königs bewahrten sie mit bewunderungswürdiger Treue. Keine Drohung und kein Versprechen könne ihnen eine Silbe entlocken. Der Bruch dieses Versprechens wurde mit dem Tod bestraft. So beklagte Alexander, als er vor Gaza lagerte (332) diesen Umstand, der verhinderte, dass er trotz aller Nachforschungen keine genaueren Informationen über den Aufenthaltsort des Königs und über seine Pläne hatte.

Eine nützliche Informationsquelle konnten hochrangige Kriegsgefangene sein, da nur sie an den Beratungen des Kriegsrates beteiligt waren. Dass Alexander diese Gruppe gezielt in diesem Sinne benutzen wollte, geht aus der Tatsache hervor, dass er seinen Jugendfreund Laomedon aus Mitylene, der neben Griechisch auch das Persische beherrschte, zum Beauftragten für die Kriegsgefangenen machte. Das Los von Kriegsgefangenen war in der Antike beklagenswert. Gewöhnlich wurden sie in die Sklaverei verkauft. Dafür benötigte man aber kaum einen Mann, der auch die Sprache der Besiegten beherrschte. Da eigens auf seine Zweisprachigkeit in diesem Zusammenhang verwiesen wird, hatte er wohl eine spezielle Aufgabe zu erfüllen. Er sollte sie wohl verhören und eventuell zum Übertritt ins Lager der Makedonen bewegen.

Gegenspionage

Ein erfolgreicher Mordanschlag auf Alexander hätte den Perserkönig von allen Sorgen befreit. Denn ohne ihren König hätten die Makedonen kaum den Krieg weitergeführt. Für Dareios bot sich durch die aus Makedonien geflüchteten Gegner Alexanders die Möglichkeit, Kontakte zu anderen Makedonen aufzunehmen, die ebenfalls Gegner Alexanders und zur Mitarbeit bereit waren. Eine solche «Zielperson» war Alexander der «Lynkeste». Er gehörte einem der bedeutendsten makedonischen Fürstenhäuser an und hielt sich in der Umgebung des Königs auf. Seine Vergangenheit ließ seine Kooperation glaubhaft erscheinen. Alexanders Brüder waren wegen angeblicher Beteiligung an der Ermordung Philipps getötet worden. Er selbst verdankte sein Überleben nur dem Umstand, dass er sich sofort in der Öffentlichkeit zu Alexander als dem neuen König bekannt hatte und außerdem ein Schwiegersohn des mächtigen Antipater war.

Im Winter 334/33 wurde das Vorhaben ausgeführt. Dareios sandte einen Perser namens Sisenes aus, um Alexander den Lynkesten mit 1000 Talenten Gold zum Mord an Alexander anzustiften und ihm den Thron der Makedonen in Aussicht zu stellen. Sisenes hatte einige Zeit am Hof

Philipps in Makedonien gelebt, sprach deshalb Makedonisch und bot somit die besten Voraussetzungen für die Kontaktaufnahme. Sein Reiseziel war offiziell der Satrap Atizyes von Phrygien. Er wurde aber von Parmenion, dem alten Mitstreiter Philipps und bewährten Feldherrn, abgefangen und soll sein eigentliches Vorhaben ausgeplaudert haben. Ob dies so ohne allen Nachdruck, das heißt ohne Folter geschehen ist, mag bezweifelt werden. Er wurde von Parmenion an Alexander überstellt und nach seinem erneuten Geständnis hingerichtet.

Um aber die eigentliche Gefahr zu beseitigen, wurde eine «geheimdienstreife» Inszenierung vorgenommen. Ein Makedone, dem der König besonders vertraute – es war Amphoteros, der Bruder des Krateros – wurde zusammen mit Einheimischen aus der Stadt Perge/Pamphylien (Südtürkei), die als Führer dienten, in einheimischem Gewand, damit er nicht als Makedone erkannt werde, zu Parmenion geschickt. Alexander vermied es auch, ihm schriftliche Befehle mitzugeben, damit nur ja nichts in falsche Hände kommen könnte. Der Befehl zur Gefangennahme Alexanders des Lynkesten wurde mündlich überbracht. Damit war das Vorhaben des Dareios gescheitert.

Der Historiker muss aber auch mit der Möglichkeit rechnen, dass eine solche Geschichte einfach erfunden worden ist, weil sie das Interesse des Lesers wecken und ihn packen konnte. Der römische Historiker Curtius Rufus überlieferte in seiner «Alexandergeschichte» eine andere Version. Im makedonischen Heer habe sich ein Perser namens Sisenes aufgehalten, der einst von dem Satrapen von Ägypten zu Philipp geschickt und von diesem durch Geschenke zum Bleiben bewogen worden war. Er nahm am Feldzug teil und zählte angeblich zu den treuesten Freunden Alexanders. Diesem sei von einem Soldaten aus Kreta ein Brief überbracht worden mit einem Siegel, das ihm nicht bekannt war. Der Brief stammte tatsächlich von Nabarzanes, einem Feldherrn des Dareios, und forderte den Sisenes auf, sich seiner Abstammung zu erinnern und eine Tat zu vollbringen, die ihm beim Großkönig große Ehre einbringen werde. Unausgesprochen war dies eine Aufforderung zum Mord an Alexander. Sisenes, im Bewusstsein seiner Schuldlosigkeit, versuchte mehrmals, dem König den Brief zu zeigen, fand dafür aber keine günstige Gelegenheit. Dies erregte aber dann tatsächlich einen dringenden Tatverdacht gegen ihn. Denn der Brief war vor der Zustellung abgefangen, das Siegel erbrochen, der Inhalt gelesen und dann mit einem unbekannten Siegel verschlossen worden, um die Treue des Persers auf die Probe zu stellen. Weil er aber mehrere Tage zögerte, galt er als überführt und wurde beseitigt, wohl auf Befehl des Königs.

Sisenes begegnet uns einmal als Überbringer des Mordauftrages, einmal als potentieller Mörder. Da es sich kaum um zwei verschiedene Personen gehandelt haben dürfte, sind jedenfalls die näheren Umstände des Mordkomplotts umstritten. Nur eine Version kann zutreffen, entweder war Sisenes ständig im Lager Alexanders oder er wurde als Bote des Perserkönigs beschäftigt. Es handelt sich offenbar um dieselbe Affäre, aber in unterschiedlichen, sich teilweise widersprechenden Versionen. Es bleiben somit erhebliche Zweifel an der Glaubwürdigkeit bestehen.

Gezielte Falschinformation?

Über die Unzuverlässigkeit der antiken Quellen hinaus besteht natürlich die Möglichkeit, dass man bewusst Fehlinformationen in die Welt setzte, um Irritationen oder sogar Fehlplanungen beim Feind auszulösen. Dies könnte beim Leibarzt Alexanders der Fall gewesen sein. Prinzipiell war der Leibarzt neben dem Mundschenk die geeignetste Person für einen Anschlag auf das Leben des Königs. Und dies soll Dareios über den Arzt Alexanders, Philippos, versucht haben. Bei einer schweren Erkrankung Alexanders nach einem Bad im eiskalten Kydnos-Fluß/ Kilikien (333 v. Chr.) verordnete Philippos ihm eine Medizin – alle andern Ärzte hatten den König bereits aufgegeben –, als ein Brief des Parmenion beim König eintraf und ihn vor dem Arzt warnte. Er habe erfahren, Philippos sei vom Perserkönig bestochen, um Alexander zu vergiften. Doch Alexander vertraute seinem Arzt und zeigte ihm den Brief, während er selbst den Heiltrank zu sich nahm. Alexanders Vertrauen war berechtigt, er wurde geheilt, der Brief war eine Falschmeldung. Es wird nicht klar, woher Parmenion seine Information hatte. Doch die Geschichte erweist sich auch aus einem anderen Grund als eine Erfindung. Denn Parmenion weilte selbst im Lager und brauchte deshalb dem König nicht zu schreiben, wenn er ihm etwas mitteilen wollte. Es dürfte sich um eine Dublette zu dem Lynkesten-Verrat handeln, eine immer wiederkehrende Methode antiker Geschichtsschreiber, eine Episode wegen ihrer Attraktivität ein zweites Mal zu bringen.

Inlandsgeheimdienst

In den antiken Quellen wird ein «Geheimdienst» Alexanders zur Kontrolle und Überwachung innenpolitischer Gegner nicht bezeugt. Dennoch begründen allgemeine Hinweise, welche die Verbreitung solcher Institutionen in antiken Gemeinschaften belegen, und vereinzelte Ereignisse im Leben Alexanders, die sich nur als Aktionen eines solchen Überwachungsdienstes deuten lassen, die Annahme, dass bereits Philipp nach persischem Vorbild einen Geheimdienst zur Kontrolle innenpolitischer Gegner eingerichtet hatte, den Alexander dann für sein Heerlager im Feindesland übernahm.

Unter den herrschaftsstabilisierenden Maßnahmen führt Aristoteles, der Lehrer Alexanders, in seiner «Politik» die Einrichtung von Überwachungsorganen der jeweiligen Gegner an, und zwar ebenso in demokratischen und oligarchischen Herrschaften wie in Tyrannenregimen und Königsherrschaften, wo man sie am ehesten erwartet hätte. Den Namen dieser «Spitzelorganisation» überliefert er für die Tyrannen von Syrakus. Es waren die «Otakusten» (Horcher). Eine vergleichbare Institution hatte auch der Großkönig in seinem Reich, die sog. «Augen und Ohren» des Königs, die neben der Kontrolle der Satrapen und Kommandeure die Funktion der Bespitzelung der Bevölkerung hatten. In einem Handbuch des Aineias Taktikus (Mitte 4. Jh. v. Chr.) mit praktischen Anleitungen für den Fall einer Belagerung wird der Überwachung der eigenen Bürger, aber auch der Abwehr möglicher Spione große Bedeutung zugemessen. Die hier beschriebene Situation einer belagerten Stadt ist in vielen Punkten mit einem Heerlager im Feindesland vergleichbar. Es mussten natürlich alle Ein- und Ausgänge genauestens bewacht und die Personen strengstens kontrolliert werden. Alle Briefe sollten einer Aufsichtsbehörde vorgelegt werden. Alle Fremden in einer Stadt mussten ebenfalls den Behörden gemeldet werden. Es wäre verwunderlich, wenn die zeitgenössischen Hinweise auf Überwachung und Kontrolle der eigenen Bürger Philipp II. nicht zur Schaffung einer derartigen Institution veranlasst hätten, zumal gerade im makedonischen Königshaus Attentate auf den Herrscher nicht selten waren. Aus der Geschichte Alexanders werden einige Ereignisse bezeugt, welche die Existenz einer solchen Organisation nahelegen.

Briefzensur[4]

Die Sisenes-Version des Curtius Rufus setzt eine Kontrolle der eingehenden Briefe im Lager Alexanders voraus, was im Feindesland durchaus angebracht war und im Handbuch des Aineias auch empfohlen wurde. Diese Annahme bestätigt ein weiterer Fall. Kurz vor der Schlacht bei Gaugamela (331) wurde ein Brief des Dareios an die Soldaten Alexanders abgefangen, in dem die Griechen aufgefordert wurden, Alexander entweder zu töten oder zu verraten. Alexander wollte den Brief veröffentlichen, da er den Griechen vertraute, doch Parmenion riet davon ab. Denn solche Aufforderungen, gepaart mit entsprechenden Belohnungen, konnten immer wieder auf fruchtbaren Boden fallen.

Auch in der Philotas-Affäre wird deutlich, dass die Post zensiert wurde, denn Alexander verlas einen abgefangenen Brief des Parmenion an seine Söhne Nikanor und Philotas, der allerdings auf den ersten Blick einen Verdacht nicht bestätigen konnte. Der König interpretierte jedoch den Inhalt anders. Er sei für den Nichteingeweihten unverdächtig, von dem in das Komplott Eingeweihten aber werde er verstanden. Mit solchen Tricks musste man in der Tat rechnen. Aineias Taktikus gibt verschiedene Tipps zur Geheimhaltung und Verschlüsselung von Botschaften. Eine einfache Methode war die Vereinbarung der Verschwörer, dass in einem ansonsten harmlosen Schreiben nur ein bestimmter Buchstabe in jedem Wort, zum Beispiel der Dritte, für die eigentliche Nachricht wichtig war, die sich aus der Zusammensetzung dieser Buchstaben ergab. Der Erfindungsreichtum der Alten hatte verschiedene Methoden der Geheimhaltung und Kodierung von Nachrichten entwickelt, um dem Feind die Entzifferung zu erschweren oder gar unmöglich zu machen.

Selbstverständlich konnte ein Brief, nachdem er einmal geöffnet worden war, nicht mehr verschlossen und weitergeleitet werden. Im Fal! des Parmenion hätten seine Söhne sofort am Siegel erkennen können, dass der Brief geöffnet worden war. Die Möglichkeit, wie im Fall des Sisenes ein unbekanntes Siegel zu verwenden, war in diesem Fall ausgeschlossen. Um unerkannt an der Briefzensur vorbei Geheimbotschaften zu versenden, musste der offizielle Weg vermieden werden. Auch für solche Fälle bietet Aineias Taktikus mehrere Vorschläge, etwa die Nachricht auf dünne Bleiblättchen einzuritzen und diese in der Schuhsohle zu verbergen oder sie gar zusammengerollt als Ohrringe von einer Frau überbringen zu lassen.

Die Ermordung des alten und bewährten Generals Parmenion im Zusammenhang mit der Hinrichtung seines Sohnes Philotas löste die Zensur der Heimatpost der Soldaten aus. Alexander bot den Soldaten an, ihre Briefe in die Heimat durch seine Boten befördern zu lassen, mit der Absicht, sie zu überprüfen. So lernte er die Stimmung in der Truppe kennen und musste feststellen, dass einigen der Kriegsdienst lästig war. Die Querulanten ließ er aussondern und zu einer eigenen Einheit zusammenfassen, um zu verhindern, dass ihre Stimmung sich auf die übrigen übertrug. Außerdem wurden sie bei besonders gefährlichen Unternehmungen eingesetzt. Die Kontrolle der Briefe dürfte wohl durch die Hofkanzlei geschehen sei, die dem Griechen Eumenes von Kardia unterstellt war. Auslöser für diese Aktion war, dass Alexander «erfahren hatte», einige Soldaten hätten freimütig den Tod Parmenions beklagt. Dies war ihm offenbar hinterbracht worden. Vielleicht durch seine Spitzel? Darauf könnte eine andere Episode hinweisen.

Die beste Möglichkeit, die geheimen Gedanken und Ansichten seiner Feldherrn und Mitstreiter zu erfahren, bot sich durch Belauschen beim trauten Tête-à-Tête. Viele Makedonen hatten eine Hetäre als Begleiterin, die sich zur Überwachung bestens eignete. So benutzte Alexander die Geliebte des Philotas, Antigone, als Informantin. Ihr gegenüber prahlte Philotas, dass das «Jüngelchen» Alexander alles seinem Vater Parmenion und ihm zu verdanken habe. Die Geliebte erzählte solche Sprüche ihrer Freundin weiter, die sie dem Krateros berichtete, der sie zu sich kommen ließ und sie heimlich (!) zum König führte. Alexander ordnete an, sie solle sich verhalten wie bisher, aber alles ihm persönlich melden. Warum erzählte die Antigone die Prahlereien ihres Liebhabers weiter? Es waren tatsächlich keine Geheimnisse oder Majestätsbeleidigungen. Haben wir hier vielleicht einen Hinweis auf ein ausgeklügeltes Überwachungssystem?

Die Stimmung im Heer

Für den König war es nicht nur wichtig, von seinen Informanten Hinweise auf potentielle Attentäter zu erhalten, sondern ebenso aufschlussreich waren Hinweise auf die Stimmung in der Truppe. Der Wunsch vieler Makedonen, in die Heimat zurückzukehren, nachdem der Perserkönig Dareios tot war, war ihm nicht unbekannt. Die Aussonderung der durch die Briefzensur entdeckten unzufriedenen Makedonen in ein Strafbataillon und deren Einsatz bei «Himmelfahrtkommandos» hatte zwar zu einer gewissen Beruhigung in der Truppe geführt, aber nicht verhindert, dass es insgeheim unter der Oberfläche weiter brodelte. Der König hatte mit seinem rigiden Vorgehen nur erreicht, dass ihm die Stimmung an der «Basis» verborgen blieb. Dazu mag auch beigetragen haben, dass seine engsten Freunde, die entsprechende Informationen hätten weitergeben müssen, ihn davor abschirmten. Am Hyphasis in Indien (325 v. Chr.) brach nach beschwerlichen Märschen während des Monsunregens durch das Fünfstromland der Unmut der Soldaten offen aus. Sie verweigerten den Weitermarsch, als Alexander die fernen Ganges-Gebiete unterwerfen wollte. Der König wurde von dieser Weigerung offensichtlich überrascht und reagierte verärgert und mit Unverständnis. Sie könnten ja nach Hause gehen, er werde weitermarschieren, lautete seine Antwort. Drei Tage blieb er schmollend in seinem Zelt und hoffte auf einen Stimmungsumschwung im Lager. Endlich gab er nach. Er ließ Opfer darbringen, die ungünstig ausfielen. Damit konnte er unter Wahrung seines Gesichts den Soldaten nachgeben.

Doch das Misstrauen saß tief. Als Alexander nach der Rückkehr aus Indien die Schulden seiner Soldaten tilgen wollte und deshalb im Lager Listen auflegen ließ, in die sie die Beträge einsetzen sollten, machten nur wenige davon Gebrauch. Sie befürchteten nämlich, der König wolle nur herausfinden, wer mit seinem Sold nicht auskomme und wer einen allzu aufwendigen Lebensstil gepflegt habe. Als ihm die wahren Gründe für ihr Verhalten bekannt wurden, habe er ihr Misstrauen getadelt und sie von seiner Aufrichtigkeit überzeugt. Der Vorfall zeigt freilich, dass sich die Soldaten überwacht und kontrolliert fühlten.

Dennoch scheint Alexander die wahre Stimmung in seinem Heer, das sich durch die Aufnahme barbarischer Truppen als Siegermacht getroffen fühlte, nicht erkannt zu haben. Denn als er einen Großteil der Makedonen in Opis (324 v. Chr.) in die Heimat entlassen wollte, kam ihre Abneigung über die neuen Moden – persische Kleidung und Einreihung barbarischer Truppen – offen in Schmähungen zum Ausbruch. Alexander war auch von dieser Reaktion überrascht und ließ die größten Schreier abführen und auf der Stelle hinrichten. Die Soldaten mussten nachgeben und den König um Vergebung bitten. Schließlich war er zur großen Versöhnungsgeste mit dem Gebet von Opis bereit.

Der Vorgang beweist, dass selbst ein ausgeklügeltes Überwachungssystem sich in der richtigen Einschätzung der Stimmungslage täuschen kann, zumal die ständige Kontrolle die Menschen misstrauisch macht – eine Beobachtung, die bereits Xenophon für das Perserreich als Folge der ständigen Bespitzelung durch die «Augen und Ohren» des Großkönigs machte – und zur Verschwiegenheit zwingt, so dass ihre wahre Gesinnung verborgen bleibt. Ein Vergleich mit Ereignissen unserer jüngsten Vergangenheit macht diese Einschätzung verständlich.

Trotz der schwierigen Quellenlage lässt sich also zeigen, dass es im Reich Alexanders Einrichtungen gegeben hat, welche die innere Opposition durch Briefzensur und Lauscher beobachten und zugleich die für den Feldzug gegen den Perserkönig nötigen Informationen durch spezielle Aufklärungsabteilungen beschaffen konnten. Nicht immer war die Arbeit dieser «Geheimdienstabteilungen» von Erfolg gekrönt. Aber gerade den Misserfolgen verdankt der moderne Historiker bisweilen den Einblick in einen Bereich, der die antiken Historiker wenig oder gar nicht interessierte.

Pedro Barceló

Hannibals Geheimdienst

Die Erkundung unbekannter Länder und das Sammeln von Nachrichten über ihre Bewohner war den Karthagern, die sich als seefahrendes Volk auf fremdem Boden behaupten mussten, seit jeher vertraut. Wesentliche Vorhaben ihrer Überseepolitik wären ohne Planung und Aufklärung undenkbar gewesen. Punische Seeleute befuhren die wichtigsten Routen des Mittelmeers, durchquerten die Meerenge von Gibraltar und wagten sich bis zum Atlantik hinaus. Sie erforschten abgelegene Küstenregionen, untersuchten die wirtschaftlichen Perspektiven ihrer Zielgebiete und trugen so ein beträchtliches logistisches Wissen zusammen. Ihre Expansionspolitik (Kriegszüge, Handelsfahrten, Koloniegründungen) beruhte auf der Auswertung dieser gesammelten Informationen.[1] Davon zeugt etwa die Schlacht von Alalia (um 530 v. Chr.), als es den verbündeten Karthagern und Etruskern gelang, die Griechen aus Korsika zu vertreiben (Herodot I 163–167), oder das Eingreifen in Sizilien 410/9 v. Chr. in der Folge des von den Karthagern genau beobachteten athenischen Fiaskos vor Syrakus, das ihnen die Gelegenheit verschaffte, sich auf Sizilien festzusetzen (Diodor XIII 44, 1).

All dies lässt sich nur durch ein gut eingespieltes Nachrichtenwesen erklären. Als besonders aufschlußreich erweist sich die Analyse des 2. römisch-karthagischen Krieges, weil wir hier deutlicher als sonst den Stellenwert des Geheimdienstes für die sachgerechte Einschätzung der wechselvollen Ereignisse erkennen können. Zwar hat die römisch beeinflusste historiographische Tradition diesen Konflikt als ein Ringen zwischen halbwegs gleich starken Kontrahenten dargestellt (Livius XXI 1), doch dies ist reichlich übertrieben. Karthago war Rom an Ressourcen, an der Zahl seiner Bevölkerung und durch seine geopolitische Lage deutlich unterlegen. Wenn dennoch die erste Kriegsphase für Rom ungünstig verlief, so war dies vor allem ein Verdienst der strategischen Fähigkeiten des Feldherrn Hannibal, der über einen reibungslos und professionell funktionierenden militärischen Apparat verfügte. Ohne dies und den gezielten Einsatz der vorhandenen Hilfsmittel hätte Hannibal die größte Militärmacht seiner Zeit niemals in ihren Grundfesten erschüttern können. Bemerkenswert ist dabei, mit welcher Intensität vielfältige Methoden geheimdienstlicher Tätigkeit – Einschleusen von Agenten, Verbreiten von Desinformation, Feindaufklärung, Abwerbung von Bundesgenossen oder Täuschung – eingesetzt wurden. Es ging meist darum, den Gegner über die eigenen Absichten im Unklaren zu lassen und ihn durch eine nachrichtendienstlich begleitete psychologische Kriegsführung entscheidend zu schwächen. Dies lässt sich bereits vor Ausbruch der militärischen Konfrontation beobachten.

Den Krieg gegen Rom eröffnete Hannibal schon einige Wochen vor seinem legendären Italienzug. Noch während der Monate im Winterlager nahm er Kurs auf die Straße von Gibraltar. Der offizielle Anlass seines Besuches in Gades (Cádiz) war die Einlösung eines Gelübdes, und die Darbringung eines Opfers im Heiligtum des Gottes Melkart, um seinen Beistand für die bevorstehenden Unternehmungen zu erbitten (Liv. XXI 21, 9). Wir besitzen einige Münzemissionen, die eine Identifikation der Barkiden (Hamilkar, Hasdrubal, Hannibal) mit der besagten Gottheit belegen. Der im phönikisch-karthagischen Kulturkreis verehrte Melkart war schon länger mit dem griechischen Herakles gleichgesetzt worden. Bereits Alexander der Große hatte sich seiner bedient, um seinem Persienfeldzug eine besondere kultische Weihe zu verleihen. Unter den zwölf Taten des Herakles ließ sich eine in besonderer Weise gegen die Römer einsetzen. Als Herakles die Rinder des von ihm besiegten Geryon durch Hispanien und Gallien über die Alpen bis nach Italien trieb, versuchte der auf dem Aventin hausende Riese Cacus die Herde zu stehlen. Herakles jedoch war aufmerksam, ergriff den Cacus und erwürgte ihn. Diese Episode aus dem Bereich der Mythologie war allseits bekannt. Sie eignete sich zur Veranschaulichung des römisch-karthagischen Konfliktes.[2] Was war vorausgegangen?

In der Auseinandersetzung zwischen Hannibal und der Stadt Sagunt, die gegen benachbarte karthagische Verbündete vorgegangen war, ergriff Rom die Partei der Saguntiner (Polybios III 15; Liv. XXI 6). Noch ehe der Streit zwischen Karthago und Rom eskalierte, hatten Agenten beider Seiten versucht, auf die Entscheidungsträger Einfluss zu nehmen, um den Konflikt in ihrem Sinne zu lösen. Die Verhärtung der jeweiligen Positionen ließ keinen Kompromiss zu. Die Belagerung und Eroberung Sagunts durch Hannibal Ende Dezember des Jahres 219 v. Chr. war der *casus belli* für die Römer, die ohnehin das Vordringen der Karthager in Hispanien stets mit Vorbehalten betrachtet hatten. Ein von den Römern unterstellter Bruch eines Vertrags, nach dem Sagunt zum römischen Einflussbereich gehört haben soll und als Verbündeter Roms Anspruch auf dessen Schutz hätte, diente als Vorwand für die Kriegserklärung.[3] Hannibal reagierte mit umfangreichen Kriegsvorbereitungen und mit einem aktuellen politischen Aufruf. Die Beobachtung der nachfolgenden Ereignisse lässt erkennen, dass ein Befreiungsprogramm im Zentrum seines Appells stand. Die Attraktivität des von Hannibal unterbreiteten Angebotes sollte dazu führen, dass sich im Verlauf der militärischen Auseinandersetzung namhafte Gemeinwesen seinem Kampf anschlossen:

Capua (216 v. Chr.), Makedonien (215 v. Chr.), Syrakus (215 v. Chr.), Tarent (213 v. Chr.) sowie die meisten der in Italien und Sizilien liegenden griechischen Städte (Liv. XXII 61, 12). Hannibal rief dazu auf, die Fesseln der Römer abzuschütteln.[4] Das Feindbild, das er von ihnen entwarf und erfolgreich verbreitete, zeigte Wirkung. Man kann sich vorstellen, wieviel Energie und Sorgfalt er für das Gelingen seiner Propagandaoffensive aufgewendet haben wird, wie viele Gesandtschaften nach allen Richtungen abgeschickt worden sind, wie gründlich der Boden für eine Parteinahme zugunsten Hannibals durch die Überzeugungsarbeit seiner Agenten vorbereitet gewesen sein muß, um die gewünschten Ergebnisse zu erzielen. Die Quellen berichten kaum von solchen geheimdienstlichen Aktivitäten, sie liefern höchstens Indizien, die das Ausmaß der Untergrundarbeit ahnen lassen: Gesandtschaften an die Völker Italiens und Siziliens, Austeilen von Geschenken, um Verbündete zu gewinnen, Infiltration von Agenten usw.

Schon vor Ausbruch des Krieges standen sich Karthager und Römer höchst misstrauisch gegenüber. Letztere unterhielten Spione in Hispanien, um über Absichten und Truppenbewegungen des Gegners auf dem laufenden zu sein. Sagunt und Marseille dürften hierbei eine wichtige Rolle gespielt haben.[5] Auf der anderen Seite wusste Hannibal über die Stimmung in Italien gut Bescheid. Die genaue Beobachtung der feindlichen Kriegsmaschinerie gehörte zu den Prioritäten seiner geheimdienstlichen Tätigkeit. Informationen über Ausrüstung, Zahl und Moral der Legionen, sowie die Kenntnis der Stimmungslage der römischen Bundesgenossen bildeten eine wichtige Grundlage seines Handelns. Folgerichtig zog Hannibal aus der Beobachtung der militärischen Aktionen der Römer wertvolle Lehren. Seit geraumer Zeit unterrichteten ihn Kundschafter über die Operationen der Römer gegen die Keltenstämme Oberitaliens, die für die stark infanterielastigen römischen Heere ungünstig ausgingen. So verstärkte er seine Kavallerie und machte sie zu seiner wirksamsten Waffe. Die künftigen Ereignisse sollten ihm recht geben.

Ein eindrucksvolles Beispiel nachrichtendienstlicher Tätigkeit war sein Aufmarsch durch Hispanien und Gallien, der die Römer zunächst verwirrte und zu Fehlreaktionen verleitete. Die eingeschlagene Route des karthagischen Heeres entlang der hispanischen Ostküste ließ nicht erkennen, dass Italien das eigentliche Ziel war. Man konnte annehmen, dass Hannibal, wie in der Vergangenheit bereits geschehen, den iberischen Stämmen an der Peripherie der Halbinsel die Macht Karthagos vorführen wollte.[6] Erst nach Überschreitung der Pyrenäen begann den Römern Hannibals Plan allmählich klar zu werden. Sie dachten einstweilen noch nicht daran, in Italien Krieg führen zu müssen und bereiteten sich vielmehr auf eine Konfrontation in Nordafrika und Hispanien vor (Polyb. III 15, 16; Liv. XXI 51). Über solche Absichten war Hannibal durch sein Spionagenetz gut informiert, was ihn zusätzlich bestärkt haben dürfte, seinen verwegenen Italienzug auszuführen. Die Desinformation des Gegners ging Hand in Hand mit der Verfolgung der strategischen Planung: der ausgedehnte Aufenthalt in Nordhispanien suggerierte den Römern einen regional begrenzten Vorstoß, und ehe sie sich versahen, konnte Hannibal durch Eilmärsche die Alpenpässe vor Einbruch des Winters erreichen.[7]

Während Hannibal 218 v.Chr. über ein beträchtliches Kriegspotential verfügte, das er geschlossen einsetzen konnte, zersplitterten die Römer aus Unkenntnis der feindlichen Pläne unnötigerweise ihre Kräfte. Eine Armee befand sich im Süden Italiens bzw. auf Sizilien, bereit für den Abtransport nach Karthago, eine andere war unterwegs nach Hispanien und eine weitere sammelte sich in Oberitalien, um als operative Reserve verfügbar zu sein (Liv. XXI 17). Sie konnten sich damit trösten, dass Hannibal durch seinen Weitermarsch durch Gallien seine Versorgungslinien gefährlich ausdünnte, falls es ihm wirklich gelang, in Italien einzufallen. Dazwischen aber lagen die Alpen und so wiegten sich die Römer in trügerischer Sicherheit. Sie ahnten damals noch nicht, dass Hannibal längst entschlossen war, auch die Herausforderung der Natur anzunehmen und zu diesem Zweck die nötigen Vorkehrungen traf. Um den reibungslosen Transport und die Versorgung einer umfangreichen, kampfstarken Armee über eine lange Strecke zu ermöglichen, musste alles gründlich und geräuschlos vorbereitet werden.[8] Gewaltige Pionierleistungen waren zu bewältigen, wozu es einer eingespielten Logistik bedurfte. Waffen- und Lebensmitteldepots galt es unterwegs anzulegen. Der Marsch durch teils feindliche Gebiete war zu sichern. Karthagische Gesandte mussten durch Geldzahlungen oder Gewaltandrohung das Wohlwollen oder wenigsten die Neutralität der Anrainervölker erreichen. Mit den Feinden der Römer, den oberitalischen Kelten, mussten Absprachen getroffen werden, um die gemeinsamen antirömischen Aktivitäten zu koordinieren (Polyb. III 34).

Hannibals Alpenübergang war eine Tat, die an die militärischen Leistungen Alexanders, besonders an seinen Zug durch den Hindukusch, erinnerte. Sie wurde schon im Altertum mit Hochachtung registriert und bald sponnen sich Legenden um sie (Polyb. III 47–56; Liv. XXI 31–38). Die Fakten sind viel nüchterner. Dank der vortrefflichen Vorsorge im Verbund mit einem gut funktionierenden Aufklärungsdienst gelang es rasch, das karthagische Heer nach Italien zu führen. Seine Verluste waren nicht dramatisch und das war vor allem der gründlichen Vorbereitung der Operation zuzuschreiben. Etwa fünf Wochen benötigte Hannibals Heer, um die Strecke vom Rhonetal bis zur Poebene zu bewältigen.

Doch die Auseinandersetzung fand nicht nur auf den Schlachtfeldern statt. Die Schwächung und Demoralisierung des Gegners war von Anfang an ein integraler Bestandteil von Hannibals Kriegführung. Er hatte eine äußerst komplexe politische Initiative ins Leben gerufen, um alle Romgegner unter einem gemeinsamen Dach zu vereinen. Dass die Wucht dieser massiven Propagandaoffensive keineswegs ungehört verhallte, beweist die Reaktion des Quintus Fabius Pictor. Er vertrat den Standpunkt, dass Rom ausschließlich gerechte Kriege zum Schutz der eigenen Bundesgenossen führen würde und daher den Karthagern moralisch überlegen sei. Aus diesem Grunde ist die römische Geschichtstradition von einem bisweilen bis zur Unkenntlichkeit verzerrten Hannibalbild bestimmt, das durch die verlorengegangene karthagofreundliche Überlieferung nur schwer zu revidieren ist. Alles, was sich unter diesem Klischee subsumieren ließ, wurde aufgeboten und Hannibal und seinen Truppen angelastet (Liv. XXIII 5, 11 ff.). Mit der Dämonisierung ihrer Gegner wollten die Römer ihre eigenen Bundesgenossen, deren Treue zu Rom durch die spektakulären militärischen Erfolge Hannibals auf eine harte Probe gestellt wurde, bei der Stange halten. Daher prangerte die römische Kriegspropaganda den Wortbruch der Karthager in der Saguntaffäre an und betonte gleichzeitig die eigene Vertragstreue. Mit der immer wieder vorgebrachten ironischen Formel von der *fides punica* bekommt dieses Geschichtsbild den Charakter einer klassisch gewordenen Beschwörung. Tatsächlich war die römische Beschwichtigungsstrategie nach dem Fall Sagunts besonders gefordert. Schließlich hatten die Römer der quälend langen Belagerung (fast neun Monate) ihrer saguntinischen Bundesgenossen tatenlos zugesehen. Um von diesem eklatanten Fall unterlassener Hilfeleistung abzulenken, beschuldigen sie die Karthager der *perfidia* und verbreiteten das Bild einer tiefgreifenden Zerrissenheit innerhalb des karthagischen Lagers. Die Zuspitzung dieser Situation hat Livius in einem höchst dramatischen Monolog eingefangen, als er den führenden karthagischen Politiker Hanno vor dem Rat von Karthago folgende Worte sagen lässt: «Diesen jungen Mann (Hannibal) aber hasse ich und verabscheue ich wie eine Furie und Fackel eines solchen Krieges. Ich meine, man müsse ihn nicht nur als Sühne für den Vertragsbruch ausliefern, sondern auch, wenn es niemand verlangt, an die äußersten Küsten des Meeres und der Länder schicken. Man müßte ihn an einen Ort bringen, woher uns weder sein Name noch sein Ruf erreichen kann. Dann könnte er den Bestand des Staates in seiner Ruhe nicht mehr stören. Ich stelle also den Antrag, sofort Gesandte nach Rom zu schicken, die dem Senat Genugtuung leisten. Andere Boten sollen Hannibal melden, er möge sein Heer von Sagunt abziehen. Hannibal selbst soll man vertragsgemäß den Römern ausliefern» (Liv. XXI 10, 11–13).

Die Szene ist frei erfunden. Ihre Aussage ist ebenfalls unhistorisch. Dass innenpolitische Rivalitäten bis zum Landesverrat gehen konnten, denn nichts anderes hätte die Auslieferung Hannibals bedeutet, ist eine groteske Verdrehung der Realität. Mit der Evozierung von zwei verfeindeten Parteien innerhalb Karthagos entwarf die römische Kriegspropaganda eine geschickt gesponnene Legende über die Frage der Kriegsschuld, die damit Hannibal allein zugeschrieben werden konnte. Wenn, wie die romfreundlichen Autoren berichten, die Stimmung in Karthago geteilt war, so war damit erwiesen, dass ein signifikanter Teil der karthagischen Bürgerschaft wie die Römer selbst dachte und, um die Krise zu entschärfen, sogar bereit war, den eigentlichen Kriegstreiber, nämlich Hannibal, auszuliefern. Aus derartigen Äußerungen spricht unverblümt die römische Kriegspropaganda. Die tatsächliche Situation war anders. Das belegt die unvoreingenommene Darstellung der Ereignisse bei Polybios III 21 sowie der weitere Fortgang des Konfliktes, in dessen Verlauf Hannibal fast zwei Jahrzehnte lang die bedingungslose Unterstützung seiner Heimatstadt erhielt und zwar bis zum bitteren Ende.[9]

Es ist in erster Linie die Analyse der römischen Reaktionen auf die von den Karthagern eingeleiteten Aktionen, die uns Aufschlüsse über die Tragweite der nachrichtendienstlichen Tätigkeit Hannibals gestattet. Nur in seltenen Fällen können wir sie unmittelbar nachzeichnen. Hierzu gehören vor allem Vorgänge, die auf dem Gipfel der karthagischen Machtentfaltung in Italien beobachtet werden können und die von unseren Gewährsleuten eher beiläufig erwähnt werden. Es fällt auf, dass Hannibal bei seinen ersten militärischen Auseinandersetzungen mit relativer Leichtigkeit Fallen stellen und Kriegslisten anwenden konnte, auf die seine Gegenspieler immer wieder hereinfielen. So geschah es erstmals bei der Schlacht an der Trebia (218 v. Chr.). Der karthagische Feldherr war von der im römischen Hauptquartier vorherrschenden Stimmungslage in Kenntnis gesetzt und warf seinem Gegenüber, dem römischen General Tiberius Sempronius Longus, einen Köder hin. Er wusste, dass Longus begierig war, sich mit den Karthagern zu messen, und noch innerhalb seiner bald auslaufenden Amtszeit einen Sieg erringen wollte. So versuchte Hannibal, ihn zu einem unbesonnenen Vorgehen zu verleiten. Aus dem Bericht des Polybios III 69–74 erfahren wir, wie Hannibal die für einen Kampf unvorbereiteten römischen Verbände aus ihrem befestigten Lager herauslockte, auf dem Schlachtfeld einen Hinterhalt legte, ihnen aus allen Richtungen zusetzte und sie schließlich aufrieb.[10]

Wie gut Hannibals Lagebeurteilung aufgrund seines ausgezeichnet arbeitenden Meldewesens war, zeigt sich anlässlich seines nächsten Kampfes gegen den Consul des Jahres 217 v.Chr., Gaius Flaminius (Polyb. III 80–81; Liv. XXII 3–8). Auch damals beschloss er, aus seiner

Verwegenheit und Ruhmsucht Kapital zu schlagen. Am Trasimenischen See lief das Heer des Flaminius den Karthagern direkt in die Falle, 15 000 Männer, darunter Flaminius selbst, fielen in der Schlacht, ebenso viele kamen in Gefangenschaft. Es war ein gewaltiger Sieg, der dank einer geschickten psychologischen Taktik zustande kam. Hannibal hatte einen Vorstoß nach Rom vorgetäuscht und Flaminius war ihm überstürzt gefolgt. Dabei vergaß er, die elementarsten Vorsichtsmaßnahmen zu ergreifen. Das besiegelte seinen Untergang. Ohne ein funktionierendes Informationsnetz, das Hannibal mit Berichten aus dem römischen Hauptquartier versorgte und Auskünfte über die Beschaffenheit des Geländes und die Zusammensetzung und Ausrüstung der feindlichen Truppen lieferte, wäre ein derartiger Sieg nicht möglich gewesen.[11]

Diese erstaunlichen Erfolge, die auf fremdem Terrain erzielt wurden, lassen sich nur begreifen, wenn im Stab des Hannibal ein militärischer Abschirm- und Spionagedienst gewirkt hat, der mit den Techniken der Feindaufklärung bestens vertraut war. Späher, Kundschafter und angeworbene Agenten sammelten und werteten Informationen aus und agitierten für die karthagische Sache, indem sie versuchten, die Völker Italiens für Hannibal einzunehmen (Liv. XXII 13, 2). Eine Schlüsselrolle kam der Instrumentalisierung der italischen Kriegsgefangenen zu, die ohne Lösegeldforderungen nach Hause geschickt wurden, damit sie dort als Wortführer Hannibals auftraten. Mit dieser Maßnahme verband Hannibal die Hoffnung, das italische Bundesgenossensystem Roms aufzubrechen. Hervorragende Beispiele dafür sind die von Hannibal vornehm behandelten, aus der Gefangenschaft entlassenen campanischen (Liv. XXII 13, 2–4) bzw. tarentinischen (XXIII 13, 1–2) Adligen, die sich revanchierten und als seine Agenten den Abfall ihrer jeweiligen Heimatstädte Capua und Tarent von Rom vorbereiten halfen.

Natürlich gab es auch Misserfolge, etwa als im Jahre 217 v. Chr. beim Übergang über den Volturnus, unweit von Teanum die karthagische Armee, von den Truppen des Quintus Fabius Maximus bedrängt, in eine Sackgasse geriet, aus der sie sich nur mit größter Mühe befreien konnte (Polyb. III 93–95). Hannibal konnte diese Überrumpelung jedoch bald wettmachen, nicht zuletzt dank der Arbeit seines Spionagedienstes, der ihm über die Uneinigkeit zwischen Fabius Maximus und Marcus Minucius Rufus Bericht erstattete, was er wiederum für seine Pläne instrumentalisieren konnte. Bekanntlich brach Streit über die Art der Kriegführung zwischen den unterschiedlich veranlagten römischen Befehlshabern aus, den Hannibal sorgfältig registrierte (Liv. XXII 28). Eigene Spione, Überläufer und Kriegsgefangene versorgten ihn mit genauen Angaben über Truppenstärke und Stimmung des Gegners und so holte er in Gerunium zum richtigen Zeitpunkt zu einem Gegenschlag aus – der noch erfolgreicher gewesen wäre, wenn nicht im letzten Augenblick die in die Falle geratenen Truppen des Diktators Minucius Hilfe von Fabius Maximus erhalten hätten (Polyb. III 104 f.). Das führte dazu, dass beide Befehlshaber ihre Meinungsverschiedenheiten beilegten. Die Unstimmigkeiten innerhalb des römischen Lagers hatte Hannibal selbst angeheizt, als er bei der Verwüstung Campaniens sorgsam darauf achtete, dass die dortigen Besitzungen des Fabius Maximus keinen Schaden nahmen, womit er seinen römischen Gegenspieler ins Zwielicht setzen wollte (Liv. XXII 23).[12]

Um den Nachschub zu sichern und die Fortführung der militärischen Operationen zu koordinieren, pflegte Hannibal regelmäßige Kontakte mit Südhispanien, mit Karthago und seinen wichtigsten Verbündeten. Dazu bedurfte es eines Stabs von Meldern, schnelle Schiffe und Agenten. Unzählige Boten waren ständig unterwegs, um Informationen zu sammeln und Order zu übermitteln. Auch die Römer unterhielten ein ähnliches Nachrichtensystem. Beide Seiten versuchten in das jeweils andere System einzubrechen, um einen Kenntnisvorsprung zu erlangen und damit gegnerische Aktionen zu entschärfen. Wo dies etwa durch Abfangen von Boten oder Streuung von Desinformation gelang, lassen sich unmittelbare Wirkungen auf die Kriegführung erkennen. So etwa, als es den Römern vom zweiten Kriegsjahr an glückte, sich in Nordhispanien festzusetzen und damit die Versorgungslinien der Karthager empfindlich zu treffen. Dadurch zwangen sie Hannibal, die Verbindung zwischen Iberien und Italien auf dem Seeweg aufrechtzuerhalten, und hier besaßen die Römer die Oberhand. Im Gegenzug konnte Hannibal, je tiefer er nach Italien eindrang und je mehr Gelände er besetzte, das Kommunikationssystem der Römer beträchtlich stören, d. h., er gewann die Initiative und zwang den Römern dadurch die Bedingungen der künftigen Kriegführung auf.

Unmittelbar vor der Schlacht bei Cannae (216 v. Chr.) forderte Hannibal von seinem Heer ein Dankopfer an die mit den Karthagern verbündeten Götter, da es offenbar ihrem Wirken zu danken war, dass die Feinde auf ein für sie ungünstiges Terrain gelockt wurden (Polyb. III 111, 3.10). Im Jahre 214 v. Chr. veranstaltete Hannibal am Averner See, gelegen in Zentralitalien, unweit von Baiae, ein pompöses Kultfest zu Ehren von Melkart, zu dem zahlreiche italische Völkerschaften eingeladen waren und das offenbar der Stärkung der mittlerweile festgefügten antirömischen Allianz diente, die unter die Ägide Hannibals, Melkarts und der Gottheiten der betroffenen Bundesgenossen gestellt wurde (Liv. XXIV 12,4).[13]

Wie diese Einblendungen verdeutlichen, maß Hannibal der Religion als Bindeglied zwischen seinen disparaten Bündnispartnern eine besondere Bedeutung zu. Es ist verständlich, wenn die Römer in die gleiche Kerbe schlugen und ihrerseits Gegenprogramme entwarfen. Zwei Beispiele seien erwähnt. In der für Rom äußerst kritischen Lage nach der Niederlage am Trasimenischen See eröffnete der Diktator Quintus Fabius Maximus seine Amtstätigkeit mit der Besänftigung der offenbar mit Rom unzufriedenen Götter. In diesem Zusammenhang sind die am Herculestempel vollzogenen religiösen Handlungen hervorzuheben, denen offenbar die Absicht zugrunde lag, die Wirksamkeit der karthagischen Inanspruchnahme dieses Gottes zu entkräften.[14] Erforscht man die Ursachen dieser religiösen Beflissenheit, so wäre die naheliegende Erklärung, die bisherige Erfolglosigkeit der römischen Waffen nun endlich durch verstärkte Kultaktivitäten zu beenden. Doch die Frage ist erlaubt, ob sie nicht auch eine Antwort auf die bestechende karthagische Kriegführung geben wollte. Hatte es das Barkidengeschlecht vermocht, durch Inanspruchnahme des Melkartkultes sich wirksam nach außen hin zu präsentieren, so versuchten die römischen Scipionen ebenfalls, als Abkömmlinge und Auserwählte der Götter zu gelten (Liv. XXVI 19). Im Jahre 205 v. Chr. verkündeten die Sibyllinischen Bücher, dass Hannibal nur dann aus Italien vertrieben und besiegt werden könne, wenn man den Kult der Großen Mutter von Pessinus (Mater Magna) in Rom feierlich einführe. Zum Empfang der Göttin wurde Publius Scipio Nasica auserkoren, der Cousin des Publius Scipio Africanus, des Gegenspielers von Hannibal (Liv. XXIX 14). Die Barkiden und die Scipionen lieferten sich im Stile der rivalisierenden hellenistischen Herrscherfamilien durch die Instrumentalisierung der Religionspolitik einen erbitterten Wettbewerb um Popularität, Akzeptanz und Vorrang.

Die überaus spärlichen Zeugnisse, die uns Einblicke in die von Hannibal eingeleiteten Bemühungen gestatten, den Krieg gegen Rom auch mit anderen als militärischen Mitteln zu führen, werden von der Menge der Auskünfte erdrückt, die uns die römische Position erklären wollen. Daher sollen nun einige der römischen Rechtfertigungsstrategien beleuchtet werden, um anhand ihrer kritischen Würdigung weiteres Belegmaterial für die Rekonstruktion der römisch-karthagischen Propagandaschlacht zu gewinnen. Besonders aufschlussreich sind die Vorgänge um Cannae. Ihre Hauptzüge lauten wie folgt: Der zahlenmäßig weit überlegenen Masse frontal angreifender römischer Truppen begegnete Hannibal mit einer flexiblen Taktik, die sich durch Beweglichkeit und Ausnützung des Geländes auszeichnete. Obwohl den ungeheuren römischen Verlusten nur vergleichsweise geringe Einbußen auf karthagischer Seite gegenüberstanden, wagte es Hannibal nicht, die Gunst des Augenblicks auszunützen. Indem er jedoch Rom verschonte, verschenkte er den fast schon errungenen Sieg. So oder ähnlich klingt die Quintessenz, die sich aus den vorhandenen Stellungnahmen entnehmen lässt (Liv. XXII 44–61).[15] Die Frage ist, ob sich dies alles genauso zugetragen hat, wie unsere antiken Gewährsleute nahelegen. Jedenfalls gibt es nicht eine, sondern vielmehr zwei mögliche Lesarten hinsichtlich der hier zur Debatte stehenden Ereignisse und deren Folgen. Die vorherrschende Ansicht sieht in Cannae einen überwältigenden Sieg Hannibals, der letztlich durch seine Unentschlossenheit nachträglich verspielt wurde. Hannibal, so lautet der häufig erhobene Vorwurf, hätte nach dem römischen Debakel den Krieg durch die Einnahme Roms beenden können. Dass er sich dazu nicht aufraffen konnte, so wird gefolgert, erweist ihn als einen zwar militärisch fähigen, aber letztlich mit politischer Blindheit geschlagenen Troupier. Darüber hinaus lässt die Größe der Niederlage die Gloriole Roms heller erstrahlen, es erscheint als ein Gemeinwesen sui generis, das selbst derartige Schläge nicht nur verkraftet, sondern sogar ins Gegenteil verkehren kann.

Die andere, der historischen Realität wohl näher kommende Lesart muss die Tragweite von Cannae nüchterner beurteilen. Zwar konnte sich Hannibal auf dem Schlachtfeld behaupten und einen glänzenden taktischen Sieg davontragen, aber die sicherlich bittere Niederlage des römischen Heeres wurde mit beträchtlichen eigenen Verlusten erkauft. Sie waren größer als ein rein numerischer Vergleich zwischen den Potentialen beider Gegner verdeutlichen kann. Die karthagische Armee war nach dem gewaltigen Zusammenprall mit den in Cannae bezwungenen Legionen geschwächt. Eine offensive Kriegführung alten Stils konnte sich Hannibal danach nicht mehr leisten. Dass er es vermied, nach Rom zu gehen, ist einerseits ein Hinweis auf die verminderte Schlagkraft seines Militärpotentials, andererseits eine Folge der Auswertung seiner nachrichtendienstlichen Informationen, die ihm die Aussichtslosigkeit eines derartigen Unterfangens verdeutlicht haben dürften. Die Suche nach politischen Lösungen, die Hannibal nach Cannae energisch betrieb, ist kein Beleg für seine staatsmännische Unbeholfenheit, sondern zeugt genau vom Gegenteil. Die Situation war ihm aufgezwungen worden, und er versuchte die beste Lösung zu finden.[16] Die Gewinnung neuer Bundesgenossen verschaffte ihm eine nötige Atempause (Liv. XXII 61). Die Römer wurden dadurch gezwungen, ihr bald nach Cannae frisch formiertes Heer zu teilen und an mehreren Fronten gleichzeitig zu kämpfen. Spätestens von diesem Zeitpunkt an trugen die Karthager die Last des Krieges nicht mehr allein. Die von Hannibal von Anfang an konsequent betriebene ideologische Kriegführung gegen Rom, gepaart mit einer intensiven geheimdienstlichen Tätigkeit trug nun reiche Früchte. Sie erlaubte ihm die Verwirklichung seines politisch-militärischen Credos: die Fortsetzung des Krieges auf italischem Boden. Dies hatte zur Folge, dass Nordafrika von den Schrecken des Krieges verschont blieb. Für Hannibal, der als Knabe Zeuge der Belagerung Karthagos durch die aufständischen Söldner gewesen war, bedeutete dies zu erreichen mehr als die bloße Erfüllung eines strategischen Planes.[17]

Eine Meisterleistung seines Geheimdienstes war die Herbeiführung eines politischen Seitenwechsels in Syrakus, das bislang treu zu den Römern gestanden hatte. Nach dem Tode des Königs Hieron ergriff sein Enkel Hieronymos die Macht. Hannibal, der die Entwicklung in Syrakus sorgsam registrierte, tat alles, um dem neuen Regenten die Vorzüge eines Bündnisses mit Karthago schmackhaft zu machen. Entscheidend wurde die Aussendung der Brüder Hippokrates und Epikydes, zwei Syrakusaner, die das karthagische Bürgerrecht besaßen und im Heer des Hannibals dienten, nach Syrakus, wo sie als Agenten des karthagischen Feldherren wirkten. Sie hatten maßgeblichen Anteil am Zustandekommen einer Allianz mit Karthago (Polyb. VII 2).

Eine vergleichbare Konstellation führte zum Abfall Tarents von Rom. Erbittert über die grausame Behandlung ihrer als Geiseln in Rom festgehaltenen Landsleute nahm eine Gruppe von tarentinischen Adligen unter Führung von Niko und Philemenus Verbindung mit Hannibal auf. Indem sie die in Tarent stationierte römische Besatzung hinters Licht führten, bereiteten Hannibals Agenten in aller Heimlichkeit die Übergabe der Stadt an die Karthager vor, was auch gelang (Liv. XXV 7–10).

Diese Beispiele verdeutlichen, welch hoher Stellenwert der ideologischen und diplomatischen Flankierung des zweiten römisch-karthagischen Krieges zukam, wie sehr sie seinen Verlauf und seine nachträgliche Deutung mitbestimmte und welche wichtige Rolle die nachrichtendienstliche Tätigkeit dabei spielte. Den Anfang hatte Hannibal gemacht. Als nach der Einnahme Sagunts die römische Kriegserklärung bevorstand, beeilte er sich das Konzept einer antirömischen Allianz zu entwerfen, das er durch unablässige Wiederholungen und breit gestreute Offerten nach allen Seiten hin abrundete und von Beginn an als politischen Rahmen seiner Militärstrategie begriff.[18] Wohin ein propagandistisch gänzlich unzureichend vorbereiteter Kriegsplan führen konnte, hatte die Pyrrhosexpedition (280–272 v. Chr.) offenbart. Obwohl er auf die Unterstützung einer schlagkräftigen Armee zurückgreifen konnte, vermochte der König von Epirus sich kaum länger als ein paar Jahre in Italien bzw. Sizilien zu halten. Seine Unternehmung glich einem Raubzug. Dies alles hatte Hannibal genau verfolgen können. Er zog daraus wertvolle Lehren. Die politische und ideologische Absicherung seiner Expedition beschränkte sich nicht auf die Mobilisierung der Westphönikier und Griechen sowie der traditionell romfeindlich eingestellten Kelten, sondern zielte ebenfalls auf die *amici et socii populi Romani*, die – empfänglich für die unablässig verkündete Befreiungsideologie – zum Abfall von Rom animiert werden sollten. Nach den siegreichen Gefechten an der Trebia, am Trasimenischen See und bei Cannae entließ

Hannibal die gefangengenommenen Italiker und ließ sie in ihren jeweiligen Herkunftsorten verkünden, dass er nur gegen Rom Krieg führe. Erst als seine großangelegte Kriegskoalition wegen der ungeheuren Machtressourcen Roms nach und nach zerbrach (Syrakus, Capua, Tarent, Makedonien), wurde Hannibals Stellung in Italien unhaltbar.

Es ist kein Zufall, dass die für Hannibal ungünstig verlaufende letzte Phase des Krieges mit einer Reihe von nachrichtendienstlichen Fehlleistungen zusammenfällt. Als erster Rückschlag erwies sich die Wiedergewinnung der Stadt Capua durch die Römer (211 v.Chr.). Doch ebenso schmerzlich wie der Verlust dieses zentralen Stützpunktes waren die Umstände, unter denen er zustande kam. Hannibals Hoffnung, den römischen Belagerungsring um Capua zu sprengen, gründete auf einem großangelegten Täuschungsmanöver. Er führte einen Scheinangriff auf Rom aus in der Erwartung, dass die Legionen, die vor Capua standen, sich an seine Fersen heften würden. Doch die römischen Verbände blieben auf ihren Posten. Sie unterließen die Verfolgung Hannibals, der unverrichteter Dinge seinen Plan aufgeben musste. Nichts hatte Hannibal unversucht gelassen. So etwa befahl er im Kampf um Capua eigenen, in römische Tracht gekleideten Soldaten, die Latein sprachen, ins gegnerische Lager einzumarschieren, um die Ordnung der feindlichen Linien zu stören (Liv. XXVI 6). Anders als bei den Kämpfen an der Trebia, am Trasimenischen See oder bei Gerunium, die der römischen Führung aus Hektik verlorengegangen waren, errieten die römischen Kommandeure dieses Mal die Absichten der Karthager und ließen sich nicht aus der Reserve locken (Polyb. IX 3–7; Liv. XXVI 5–12). Die Ereignisse um Capua stellen einen Musterfall in der Anwendung geheimdienstlicher Methoden dar: Streuung von Gerüchten, gezielte Desinformationen, Feindaufklärung und Täuschungsmanöver bestimmten den Verlauf des erbitterten Ringens, das durch nachrichtendienstliche Aktionen mitentschieden wurde.[19]

Der Einnahme Capuas folgt der Geniestreich des Publius Cornelius Scipio in Hispanien (210 v. Chr.). Gestützt auf ein effektives Informationsnetz, nutzte er die Unachtsamkeit des Gegners, der es versäumt hatte, entsprechende Vorkehrungen im Bereich der Feindaufklärung zu treffen, um an der Spitze eines schlagkräftigen Truppenverbandes das karthagische Hauptquartier in Carthago Nova (Cartagena) zu besetzen (Polyb. X 8–20). Zum Zeitpunkt des Angriffes war die in drei Verbände aufgeteilte karthagische Armee in weit entfernten Regionen stationiert (Tajomündung, Gades und Carpetanien) und Cartagena verfügte nur über eine unzureichend ausgestattete Besatzung. Scipios handstreichartige Eroberung von Cartagena versetzte den Karthagern einen doppelten Schlag, weil ihnen neben dem nachrichtendienstlichen Fiasko ein unersetzliches Faustpfand verlorenging. Denn die als Geiseln in Cartagena weilenden Vertreter der iberischen Stämme kamen nun unter römische Obhut und bewirkten ein Revirement im Verhalten der Iberer gegenüber Karthago.[20]

Ein fehlgeschlagener Fall gezielter Desinformation scheint sich bei den Kämpfen um Tarent ereignet zu haben, wenn der Bericht unserer Quellen zutrifft. Demnach spielte Hannibal Fabius Maximus einen gefälschten Brief in die Hände, der ihm die Übergabe der Stadt Metapont in Aussicht stellte. Die Karthager verfolgten die Absicht, die Truppen des Fabius Maximus aus Tarent abziehen zu lassen und in eine Falle zu locken, doch die Täuschung verfing nicht und Tarent wurde schließlich von den Römern erobert (Liv. XXVII 16, 10–16).

Das wohl folgenreichste nachrichtendienstliche Debakel erlitt Hannibal während des Jahres 207 v. Chr., als er seine Kriegsanstrengungen auf dem italischen Kriegsschauplatz intensivieren wollte. Scipios Erfolge in Hispanien drohten seine Versorgungsbasis zu sprengen. Um den Zerfall der hispanischen Besitzungen Karthagos zu kompensieren, entschloss sich Hannibal, der in Süditalien operierte, aber zu schwach war, um einen Durchbruch zu erzielen, alles auf eine Karte zu setzen. Er beließ in Südhispanien genügend Truppen, um Scipio aufzuhalten und beorderte seinen Bruder Hasdrubal mit einem Heer von etwa 30 000 Mann nach Italien, um dort die Entscheidung zu erzwingen. Von der Vereinigung beider Heere erhoffte sich Hannibal die Wende des Krieges. Tatsächlich hätte den Römern, wäre die Zusammenführung beider karthagischer Armeen gelungen, eine schwer lösbare Aufgabe bevorgestanden. Doch trotz aller Bemühungen kam es nicht zu der von Hannibal ersehnten Vereinigung. Das wachsame Nachrichtensystem der Römer vermochte sämtliche karthagische Initiativen zu vereiteln: die ausgesandten Boten konnten abgefangen werden, die von den Römern verhängte Nachrichtensperre versetzte der Strategie Hannibals einen schweren Schlag (Liv. XXVII 43). Als besonders effizient erwies sich das Täuschungsmanöver des Gaius Claudius Nero, der einen Teil seiner Truppen aus der Umgebung Hannibals und von diesem unbemerkt abzog und nach Norden in Marsch setzen ließ, um zusammen mit Marcus Livius Salinator in einer Blitzaktion das karthagische Entsatzheer des Hasdrubal zu vernichten (Liv. XXVII 44–50).[21]

Hannibals Geheimdienst kam vor und während des Krieges eine Schlüsselfunktion zu. Allein die geographische Zerstreuung der Kriegsschauplätze machte einen sorgfältigen Umgang mit Nachrichten unerlässlich. Die Aufrechterhaltung der Logistik und des Kommunikationssystems zwischen den unterschiedlichen Fronten war ausschlaggebend für die Durchführung der militärischen Aktionen. Ferner galt es feindliche Truppenbewegungen, Ort und Zeit der bevorstehenden Militäreinsätze im voraus zu erkunden und adäquate Antworten darauf zu geben.

Gleichzeitig ging es darum, durch Ablenkungsmanöver den Gegner möglichst lang über die eigenen Absichten zu täuschen. Schließlich erwies es sich als dringend nötig, das römische Bundesgenossensystem aufzubrechen und selbst neue Alliierte zu gewinnen, Schrecken zu verbreiten und den am Konflikt Beteiligten die Überzeugung von der eigenen Unüberwindbarkeit einzuflößen. Dies alles setzte Hannibal geschickt in Szene, um dem durch die Wirkung seines plötzlichen Einfalls in Italien verwirrten Gegner zuzusetzen. Rückblickend betrachtet waren die geheimdienstlichen Aktivitäten der Karthager in der ersten Kriegsphase äußerst erfolgreich. Doch je länger der Krieg dauerte und klar wurde, dass Rom militärisch nicht zu bezwingen war, um so deutlicher schwächte sich die Wirksamkeit des karthagischen Nachrichtendienstes bei gleichzeitiger Zunahme der römischen Erfolge ab. Bei der Bewertung der Haltbarkeit des römischen Bundesgenossensystems sowie bei der Beurteilung des römischen Durchhaltewillens unterlief Hannibal eine Fehleinschätzung. Selbst nach solchen Katastrophen wie Cannae zeigte Rom keinen Defätismus. Spätestens ab diesem Zeitpunkt muss ihm die Tragweite seines Irrtums klar geworden sein. Hannibal scheiterte weniger am eigenen Unvermögen oder an der Planung seiner ambitionierten Unternehmung als an der Größe der Aufgabe. Dass es aber eine Zeitlang so aussah, als würde er doch Erfolg haben können, war das Verdienst seines Wagemutes, seiner militärischen Fähigkeiten und nicht zuletzt seines Nachrichtendienstes.

Wolfgang Kuhoff

Kryptographie und geheime Nachrichtenübermittlung in griechisch-römischer Zeit

Als während der mesopotamischen Frühzeit in den dortigen Stadtstaaten die ersten Schriftzeichen entwickelt wurden, entsprach dieser Vorgang der Aufzeichnung von Geheimnissen, denn es wurden vor allem Einzelheiten festgehalten, die dem Überblick über die wirtschaftliche Situation galten. Sie war für Personen gedacht, die mit der Sicherstellung, Aufbewahrung und Verteilung der Lebensmittelvorräte betraut waren. Der Stadtregierung diente diese Maßnahme zur Aufrechterhaltung der inneren Stabilität. Als später der Gebrauch der Schrift über den Verwaltungsbereich selbstverständlich wurde, verloren Benutzung und Verständnis der Schriftzeichen ihren exklusiven Charakter. Die komplizierte Keilschrift blieb aufgrund des vornehmlichen Schreibmaterials, der gebrannten Tontafeln, gleichwohl einer Verwendung durch schriftkundige Menschen vorbehalten, zu denen neben den Staatsbeamten die Kaufleute zählten.[1] Auch in Ägypten begann die Schriftform der Hieroglyphen exklusiv. Die in der griechischen Welt gebräuchliche Bezeichnung «Heilige Zeichen» versinnbildlicht den Ursprung im sakralen Bereich als Aufzeichnung durch die Priesterschaft. Dass sich im Nilland für den täglichen Gebrauch eine Schreibschrift entwickelte, deren Benutzer merklich zahlreicher waren, teilt Herodot in seiner Darstellung der ägyptischen Kultur und Geschichte mit. Er bezeichnet sie als «dem Volke zugehörig», sie erwuchs allerdings aus einer Vorstufe, der hieratischen Schrift. Nach dieser Popularisierung konnte von einer geheimen Verwendung keine Rede mehr sein.[2]

Die Kryptographie in der griechischen Welt

Die Griechen übernahmen ihre eigene Schrift von den semitischen Phöniziern. Dieses Volk der Händler und Seefahrer, Künstler und Philosophen benutzte das gegenüber Keilschrift und Hieroglyphen wesentlich einfachere System von Buchstaben, die Einzellaute ausdrücken. Der recht umfängliche Alphabetisierungsgrad der Bevölkerung äußerte sich beispielsweise in der Sitte, Steininschriften unterschiedlichen Inhalts, etwa auf Grabdenkmälern, zu schaffen. Daher mussten umgekehrt Personen, die anderen Menschen zuzustellende Nachrichten geheimhalten wollten, entsprechende Mittel finden. Diese Notwendigkeit betraf nicht nur Einzelheiten im Kult- und Handelswesen, wo mit der Stenographie ein probates Mittel vorhanden war, Texte für Fremde unzugänglich zu machen.[3]

Für die Aufrechterhaltung staatlicher und militärischer Macht kam es auf zuverlässige Übermittlung vielfach lebenswichtiger Nachrichten an. Deshalb überwiegt dieser Bereich in der literarischen Überlieferung. Diese konzentriert sich zudem auf die in Sparta geübte Form der Verschlüsselung. Dabei wurde die Schrift zur Geheimhaltung nicht substantiell verändert, nur die Buchstaben wurden verunklärt. Dies geschah auf eine in der griechisch-römischen Antike einzigartige Weise, die Aufsehen erregte und zum Synonym für die staatliche Gewalt in Sparta wurde. Es geht um einen Holzstab, griechisch Skytale. Dieser Begriff bezeichnete ursprünglich einen Stab oder Stock, der für unterschiedliche Zwecke in der Landwirtschaft und sogar für Maschinen im Belagerungswesen benutzt wurde. Selbst die Keule des Gottes Herakles und der Stock, den Staatsboten mit sich führten, wurden so benannt.[4]

Die spartanische Skytale: Funktion, Geschichte und Symbolkraft

Die Benutzung eines Holzstabes zur Übermittlung staatlicher Nachrichten in Sparta verengte die Wortbedeutung «Skytale» auf diesen Zweck. Antike Historiker und Lexikographen überliefern mehr oder minder präzise Beschreibungen der Funktion. Auffälligerweise stammen die ausführlichsten erst aus der römischen Zeit. Plutarchos liefert eine in seiner Lebensbeschreibung des spartanischen Feldherrn Lysander, der den Peloponnesischen Krieg gegen Athen im Jahre 404 v. Chr. durch den Sieg von Aigospotamoi an den Dardanellen entschied. Die zweite gibt der römische Lexikograph Aulus Gellius in seinem Kompendium *Noctes Atticae* (Athenische Nächte). Plutarch berichtet zur Zeit nach dem Kriegsende, als sich Lysander in Westkleinasien gegenüber den von athenischer Herrschaft befreiten Städten wie ein Tyrann aufspielte und so Spartas Ansehen schädigte: «Die Ephoren gerieten darüber in großen Zorn ... und schickten ihm eine Skytale mit dem Befehl heimzukehren. Mit dieser Skytale hat es folgende Bewandtnis: Wenn die Ephoren einen Feldherrn aussenden, so lassen sie zwei Rundhölzer von vollkommen gleicher Länge und Dicke herstellen, so dass sie mit den Schnittflächen genau aneinanderpassen. Das eine behalten sie, das andere geben sie dem Auszusendenden mit. Ein solches Holz nennen sie Skytale. Wenn sie eine geheime Mitteilung übermitteln wollen, so lassen sie einen langen Lederstreifen wie einen Riemen herstellen und wickeln ihn ohne

Zwischenraum um die bei ihnen befindliche Skytale, so dass die Oberfläche rundherum überall von diesem Streifen bedeckt ist. Anschließend schreiben sie ihre Mitteilung auf den Streifen, so wie er aufgewickelt ist. Danach nehmen sie ihn ab und senden ihn ohne Holz an den Feldherrn. Wenn dieser ihn bekommen hat, kann er zunächst nichts entziffern, weil die Buchstaben zusammenhanglos keinen Sinn ergeben. Erst wenn er den Streifen so um den Stab wickelt, dass die gleichen Windungen zustandekommen wie zuvor bei den Ephoren und sie sich zusammenschließen, kann er den richtigen Text erkennen. Die Mitteilung selbst wird wie der Holzstab Skytale genannt, so wie häufig das Gemessene nach dem Messenden bezeichnet wird.»[5]

Plutarch liefert seinen Lesern im ausgehenden 1. Jahrhundert n. Chr. diese Beschreibung, weil der spartanische Staat schon rund 300 Jahre zuvor in das Römische Reich integriert worden war. Daher musste er den Fachbegriff «Skytale» erläutern. Die meisten anderen Erwähnungen sind weit weniger präzise.[6] Gellius lebte im 2. nachchristlichen Jahrhundert in Rom und fügte in seinem nach dem Orte der Niederschrift, Athen, benannten Werke zahlreiche Themen mit Zitaten früherer Schriftsteller aus Geschichtsschreibung, Philosophie, Literatur, Grammatik und Etymologie zusammen. Die Erklärung der Skytale bildet den Mittelpunkt im Abschnitt über die Geheimhaltung schriftlicher Nachrichten in der klassischen Antike. Er folgt Plutarchs Erläuterung und beschließt seine eigene mit den Sätzen: «Die Abwicklung des Streifens ließ auf der ganzen Länge nur Bruchstücke von Buchstaben zurück und teilte den Inhalt in unverständliche Einzelteile auf. Fiel die Nachricht auf dem Streifen tatsächlich in die Hände von Feinden, so konnten diese damit überhaupt nichts anfangen. Sobald jedoch der vorgesehene Empfänger die Mitteilung erhielt, wickelte er den Streifen von oben nach unten auf seinem Stabe in der bekannten Weise auf, so dass sich die Schrift wieder passend zusammenfügte und er den Text leicht und unverstümmelt lesen konnte.»[7]

Gellius unterstreicht vor allem, dass ein Verlust des beschriebenen Streifens an die Feinde diesen keine Erkenntnismöglichkeit bot. Außerdem überliefert er, dass die Buchstaben auf den Streifenspiralen diese übergreifend geschrieben wurden, damit bei einfachem Ausrollen nur Bruchstücke erkennbar waren. Gleichwohl machte schon die Niederschrift ohne Überschreitung der Spiralen als Kodierung Unbefugten das Textverständnis unmöglich. Grundlegende Bedingung für die Kommunikation war freilich, dass die zwei Holzstäbe von Absender und Empfänger gleich dick und lang sein mussten, da die Botschaft sonst von letzterem nicht gelesen werden konnte. Dabei sagen die Autoren jedoch nicht, ob alle spartanischen Feldherren und Garnisonskommandanten Stäbe von exakt gleicher Art mitbekamen oder ob diese unterschiedlich dick und lang waren, damit jede Nachricht nur einem einzigen Empfänger verständlich sein konnte. Gellius benennt überdies im Gegensatz zu Plutarch nicht die Beamten (*magistratus*), welche die Anordnungen an die von ihnen beauftragten Kommandeure versandten. Es waren die fünf Ephoren (Aufseher), die jedes Jahr neugewählt wurden, welche die oberste Exekutive bildeten und an politischer Macht sogar die beiden normalerweise lebenslang nebeneinander amtierenden Könige übertrafen.[8] Die Wichtigkeit der Verschlüsselung von Staatsdepeschen bewirkte, dass die Skytale das Funktionieren des Spartanischen Staates symbolisieren konnte. Gebraucht wurde sie vor allem während der Zeit, als Sparta über sein ursprüngliches Territorium hinaus für einige Jahrzehnte griechische Vormacht war.[9]

Der Dichter Pindar spricht in der ersten Hälfte des 5. Jahrhunderts v. Chr. in einem der olympischen Siegeslieder (Olympiaka Epiníkia) einen seiner Schüler mit den Worten an, er sei «der richtige Bote, weil die Skytale der Musen eine schöne Oberfläche hat». Nach dieser Aussage war ein Botenstab schon bekannt, als die lakedämonische Metropole noch nicht über die Peloponnes hinausgegriffen hatte. Der Dichter Archilochos von Paros spielt schon im 7. Jahrhundert in einem Werkfragment auf die Skytale an, doch ist seine Angabe nicht im Original überliefert. Weiterhin soll der im 3. Jahrhundert in Alexandria an der Bibliothek der Ptolemäerkönige, dem Museion, wirkende Apollonios von Rhodos in einem Buch über Archilochos die Skytale angesprochen haben. Diesen Hinweis gibt der aus dem ägyptischen Naukratis stammende Grammatiker Athenaios, der im frühen 3. Jahrhundert n. Chr. das Kompendium «Gastmahl der Gelehrten» (Deipnosophistai) verfasste, wobei er den früheren Dichter Achaios von Eretria einer falschen Terminologie zeiht. Dieses Werk ist wie die Attischen Nächte des Gellius ein Kompendium damaligen Wissens aus den Werken älterer Autoren. Athenaios spricht außerdem davon, dass der im späten 3. Jahrhundert v. Chr. am Museion tätige Bibliothekar Aristophanes von Byzantion sogar ein ganzes Werk über die spartanische Skytale verfasst habe. Leider sind beide Schriften nicht erhalten, sonst könnte man vor allem aus letztgenannter viele historische Beispiele erfahren, wann und unter welchen Umständen sich die verschlüsselte Nachrichtenmitteilung in Sparta bewährte.[10]

Dass die Skytale auch in Athen bekannt war, zeigen zwei Angaben des Dichters Aristophanes um 410 v. Chr. In der Komödie «Lysistrata» schildert er die Begegnung eines spartanischen Herolds mit einem Mitglied des geschäftsführenden Ausschusses der athenischen Volksversammlung, der Prytanen, wobei Sondierungen für einen Friedensschluss geführt werden. Der Bote sagt, er trage eine Skytale mit sich, doch auch der Athener behauptet dies. Die ironischen Umstände deuten an, dass nicht ein Holzstab, sondern ein erigierter Penis gemeint ist, denn anschließend tauschen beide Männer Erfahrungen aus, welche den Ehestreik ihrer Frauen betreffen, die auf beiden kriegführenden Seiten den Frieden erzwingen wollen. In der Komödie «Die Vögel» erwähnt Aristophanes unter den Dingen, welche die Athener den Spartanern nachäfften, auch die Skytale. Der zeitgleiche Komödiendichter Nikophron gibt in einem Fragment aus den «Frauen der Aphrodite» an, das Beschreibmaterial zur Umwicklung des Holzstabes sei weißgegerbtes Leder gewesen.[11]

Am häufigsten wird die Skytale in Geschichtswerken genannt, besonders der Hellenika des Xenophon, die der athenische, aber spartafreundliche Autor um 350 v. Chr. vollendete. An drei Stellen spricht er von ihr. Die erste betrifft die Verschwörung eines Spartiaten, Angehöriger der Gruppe der Vollbürger, namens Kinadon im Jahre 398. Dieser wurde von den Ephoren mit einem Scheinauftrag, der für die Skytale geschrieben war, aus Sparta hinausgeschickt und sollte in einem Grenzorte einige Männer sowie eine Frau in Gewahrsam nehmen, die dort den aus der Hauptstadt kommenden Männern den Kopf zu verdrehen pflegte. Schließlich wurde der Verschwörer mitsamt seinen Mitwissern aber selbst verhaftet.[12] Die zweite Erwähnung gilt einer Volksversammlung in Sparta nach der Einnahme der böotischen Hauptstadt Theben durch eine lakedaimonische Heeresabteilung 382. In einer fingierten Rede meint der Anführer der thebanischen Spartafreunde, jetzt bedürfe es nur noch einer kleinen Skytale, um die ganze Herrschaft über Theben auszuüben. Diese Aussage drückt die spartanische Vormachtposition in der griechischen Welt des frühen 4. Jahrhunderts symbolhaft durch den Holzstab und die um ihn gewickelten Nachrichten aus.[13] Die dritte Notiz schließlich bezeugt, dass im diplomatischen Verkehr mit Städten, die dem Peloponnesischen Bund angehörten oder sonstige Verbündete waren, Mitteilungen und Anordnungen mittels der Skytale weitergegeben wurden. Die Empfänger dürften die dortigen eigenen Gesandten gewesen sein.[14]

Plutarch nennt die Skytale auch außerhalb der Vita Lysanders, doch tangiert diesen die nächste Stelle noch einmal. Sie behandelt den Tod des Alkibiades, der in der 2. Hälfte des Peloponnesischen Krieges mehrfach athenischer Feldherr gewesen war. Die Ephoren erteilten Lysander 404 den Auftrag, ihn ermorden zu lassen; dessen persische Verbündete führten die Tat aus. Zum Jahre 401 meldet Plutarch, dem in Kleinasien stehenden Söldnerführer Klearchos sei mittels einer Skytale befohlen worden, mit seinen Soldaten dem persischen Prinzen Kyros zu Hilfe zu kommen, der einen Feldzug gegen seinen Bruder, Großkönig Artaxerxes II., vorbereitete. Schließlich berichtet er für 396, dem spartanischen König Agesilaos II., der in Kleinasien gegen die Perser kämpfte, sei von den

Ephoren auch das Kommando über die Flotte übertragen worden. Kurz danach habe man ihn ebenso über den Ausbruch des Krieges gegen Theben und Athen informiert, woraufhin er in die Heimat zurückgekehrt sei.[15] Zuletzt kommt beim griechischen Historiker Diodoros aus Sizilien, der im späten 1. Jahrhundert v. Chr. eine Universalgeschichte (Bibliotheke) verfasste, Lysander ins Spiel. Er berichtet, dieser habe 404 nach dem entscheidenden Siege über die Athener das erbeutete Geld in Säcke abfüllen lassen, um diese nach Sparta zu schicken. Damit nichts gestohlen werde, seien in die Säcke Skytalestreifen gelegt worden, auf denen der jeweilige Wert angegeben war.[16]

Das «staatstragende» Nachrichtenmittel Spartas erscheint auch im Geschichtswerk des Thukydides und in der Vita des Pausanias beim römischen Biographen Cornelius Nepos. Beide berichten, der Sieger in der Schlacht von Plataiai gegen die Perser 479, die der Invasion des griechischen Mutterlandes ein Ende setzte, habe sich allmählich seiner Heimat entfremdet und sei nur aufgrund einer Drohung der Ephoren mit der Todesstrafe nach Sparta zurückgekehrt, wo er später doch ums Leben kam.[17] Die Skytale wird auch vom christlichen Autor Clemens von Alexandria um 200, in einem Briefgedicht des Ausonius aus dem späten 4. Jahrhundert sowie in fünf lexikographischen Werken, sämtlich aus Konstantinopel, erwähnt. Ausonius, Dichter und Politiker, beschreibt dem Adressaten kurz die Funktionsweise, und im übertragenen Sinne hat schon Cicero in einem Brief vom 3. Mai 49 v. Chr. den griechischen Begriff «lakonische Skytale» verwandt, um eine kurze Nachricht des Marcus Antonius an ihn zu charakterisieren: Damit spielte er auf den wenigstens teilweise kryptischen Inhalt an.[18]

Die Skytale nennen weiterhin zwei Autoren von Sprichwörter-Sammlungen des 2. Jahrhunderts n. Chr., Diogenianus und Apostolus: Beide sprechen von der «düsteren Skytale».[19] Um 500 ging der Lexikograph Hesychios auf sie ein, und noch später nahm der Patriarch von Konstantinopel, Photios, der 858–867 und 877–886 amtierte, das Wort Skytale in sein Lexikon auf. In dem ebendort um 1000 entstandenen anonymen Lexikon der «Suda» findet sich sogar eine ausführliche Beschreibung. Im 12. Jahrhundert endlich führte der Grammatiker Johannes Tzetzes das Wort in den Chiliaden an, einer Sammlung seiner Briefe mit Kommentar in Versen; um dieselbe Zeit erwähnte auch ein etymologisches Sammelwerk, das Etymologicum Magnum, den Begriff.[20]

Die Darstellung über die Skytale lässt sich passend mit dem Text im Suda-Lexikon abschließen: «Skytale. Lakedaimonischer Brief. Die Skytale war ein besonders gerader Holzstab. Zwei Skytalen waren bei den Lakedaimoniern vorhanden. Die eine besaßen die Ephoren der Lakedaimonier, die zweite wurde dem von ihnen ausgesandten Feldherrn mitgegeben. Sobald diesem eine Nachricht geschickt werden sollte, nahmen sie einen weißen Streifen, wickelten ihn um die Skytale und schrieben auf ihn. Den abgewickelten Streifen gaben sie einem Boten mit. Sie taten dies, damit die Boten keine mündliche Nachricht verraten konnten. Wenn der Feldherr den Streifen erhielt, wickelte er ihn sofort auf seine eigene Skytale und erkannte sogleich das Geschriebene. Er las nun den Brief, der allein durch das Holz zu einem solchen wurde. Dioskorides schreibt in seinem Werke über die Gebräuche, dass in Sparta die Geldverleiher eine Skytale teilten, wobei zwei Zeugen anwesend waren: Man schrieb nun auf beide Stäbe die Schuldsumme, und einen davon erhielt einer der Zeugen, den anderen behielt der Verleiher für sich. Die Skytale wurde auch anderswo verwendet, wie Aristoteles im 42. Buch der Staatsverfassung von Ithaka schreibt». Die letztgenannte Aussage bleibt allerdings ebenso wie eine Notiz des Aristoteles-Schülers Theophrastes über den Gebrauch einer Skytale bei Prozessen in Sparta unklar.

Von den historischen Personen, die in der literarischen Überlieferung zusammen mit der Skytale genannt werden, sind die meisten tragische Helden. Deren teilweise dramatisches Ende konnte gut dafür benutzt werden, das trotz vieler Widrigkeiten lange Bestehen des Staates Sparta zu demonstrieren. Im beständigen Kampf um Gewinnung, Vergrößerung und Erhaltung der Macht spielte die reibungslose Nachrichtenübermittlung eine bedeutsame Rolle. Dieser Tatsache trugen die Schriftsteller Rechnung. Entstanden ist die Skytale aus dem Botenstab, ihre neue Funktion aber wurde erst nach und nach außerhalb Spartas bekannt, so dass sich nur Autoren in hellenistischer und späterer Zeit, als die lakedaimonische Metropole längst ihre frühere Bedeutung eingebüßt hatte, zu Beschreibungen veranlasst sahen.[21]

Verschlüsselung und Geheimschrift: Das Zeugnis des Aineias Taktikos

Die Geheimhaltung staatlicher und privater Nachrichten außerhalb Spartas behandelt das Werk des mit einem Kunstnamen versehenen Militärschriftstellers Aineias Taktikos, der in sein Buch «Wie man sich vor Belagerungen schützen muss» um 360 v. Chr. auch einen Abschnitt «Über geheime Briefe» aufnahm. Außerdem führt Aulus Gellius zwei weitere Formen der Beförderung verborgener Botschaften aus der griechischen Geschichte an. Die erste bezieht sich auf den Ionischen Aufstand gegen die Perser (500–494) und findet sich auch in Herodots Geschichtswerk. Der griechische Politiker Histiaios habe vom persischen Hofe aus seinem Schwiegersohn Aristagoras, dem Tyrannen von Milet, eine Nachricht dergestalt zugesandt, dass einem Sklaven die Haare geschnitten, der Kopf mit der Mitteilung beschrieben und nach erneutem Haarwuchs Mann und Botschaft abgesandt worden seien. Diese Übermittlungsart war so langwierig wie unpraktikabel und ist zweifellos als Kuriosität überliefert worden. Besser nachzuvollziehen ist das Schreiben auf einer Holztafel, die anschließend mit Wachs beschichtet wurde, so dass darauf ein normaler Text niedergeschrieben werden konnte. Der Empfänger verfuhr zum Lesen umgekehrt und konnte seinerseits eine Mitteilung auf dieselbe Weise übersenden. Als tatsächliches Beispiel nennt Herodot den ehemaligen spartanischen König Demaratos, der aus dem Exil am persischen Hofe eine solche versteckte Botschaft in die Heimat schickte, um seine Landsleute vor dem drohenden Angriff des Großkönigs Xerxes 481 v. Chr. zu warnen.[22]

Aineias Taktikos widmet sich, allerdings ohne deutliche Unterscheidung, auch wirklichen Geheimschriften. So spricht er von der unmerklichen Markierung von Buchstaben in einem unverfänglichen Text, der dem Empfänger zugesandt wurde, so dass dieser daraus die eigentliche Botschaft zusammenstellen konnte. Daneben steht das Verstecken geheimer Nachrichten in den Sandalen des Boten, der zugleich eine normale Mitteilung offen bei sich trug. Kurios mutet das Verbergen von Nachrichten in den Ohrringen von Frauen, in Hundehalsbändern, unter der Tunika und einem Übergewand auf den Schultern sowie bei Belagerungen von Städten im Brustpanzer von Überläufern an. Tatsächlich praktiziert wurde im Krieg die Übermittlung von Botschaften zwischen entfernt postierten Soldaten durch das Abschießen von Pfeilen, an denen die Nachricht angebracht war, auf feste Zielpunkte. Polybios fügt in seinem Geschichtswerk aus dem 2. Jahrhundert v. Chr. die Benutzung optischer Zeichen mittels Fackeln hinzu. Zwischen zwei Signalstationen wurden Botschaften so ausgetauscht, dass die Buchstaben des Alphabets auf einer Codetafel in fünf Kolumnen und ebensoviel Reihen angeordnet waren; der jeweilige Signalgeber gab durch die Zahl der Fackeln in der rechten Hand die Kolumne, durch die in der linken die Reihe an, um die Buchstaben zu definieren. Dies war freilich ein langwieriges Verfahren.[23]

Die meisten Angaben des Aineias befassen sich mit der Weitergabe geheimzuhaltender Texte, nicht aber mit deren Verschlüsselung. Eine solche war auch nicht die Methode, Nachrichten mit einer leimigen Tinte auf eine luftgefüllte Blase zu schreiben, woraufhin diese luftleer in eine Flasche gesteckt und erneut aufgeblasen wurde, damit sie sich an das Glas anschmiegte. Anschließend füllte man die Flasche mit Öl, das Schreibstoff und Meldung unsichtbar machte. Auch konnte eine Holztafel beschrieben und danach mit weißer Farbe überstrichen werden, so dass die Schrift verschwand. Der Empfänger musste die Farbe mit Wasser oder Öl ablösen, um den Text lesen zu können. Dieses Verfahren ähnelt dem von Herodot berichteten des Demaratos. Bizarr mutet es an, einen Spielstein, ein Holzbrett oder eine hölzerne Scheibe mit soviel Löchern, wie das Alphabet Buchstaben hat, sowie zusätzlichen zu versehen und dann eine Botschaft mittels Durchziehen eines Fadens durch die Löcher zu verschlüsseln, so dass der Adressat beim Abwickeln die Nachricht rückwärts entziffern konnte. Diese Verschlüsselung wird nicht der Kryptographie, sondern der Steganographie zugerechnet, weil sie nicht mit realen Zeichen arbeitet. Am Ende nennt Aineias Taktikos noch eine wirkliche, einfache Geheimschrift. Sie ersetzte in den einzelnen Worten eines Textes die Vokale durch eine entsprechend verabredete Zahl von Punkten oder andere Zeichen. Am Schluss steht die Kennzeichnung einzelner Buchstaben innerhalb eines unverfänglichen langen Textes mittels eingestanzter kleiner Löcher über oder unter ihnen, so dass eine Geheimnachricht zustandekam. Hiermit schließt die Überlieferung zu Erstellung und Übermittlung geheimer Nachrichten in der griechischen Welt. Dass Aineias nicht die spartanische Skytale erwähnt, erscheint allerdings auffällig.[24]

Kryptographie in der römischen Welt

Für römische Verschlüsselungen geheimer Nachrichten liegen nur drei literarische Angaben von Gellius und dem Biographen der ersten zwölf Kaiser, Sueton, vor. Sie beziehen sich alle auf politische Korrespondenz. Gellius berichtet, Caesar habe in seinen Briefen an Caius Oppius und Cornelius Balbus, seine Sachwalter in Rom, einzelstehende Buchstaben eingefügt, die aber nacheinander gelesen keinen Sinn ergaben. Da die Buchstaben jedoch gemäß einer Absprache zwischen den drei Briefpartnern anstelle anderer eingesetzt wurden, konnte der Geheimtext durch die Substitution der richtigen aufgelöst werden. Sueton erweitert dies durch die Angabe, Caesar habe generell jeden Buchstaben durch den jeweils dritten im Alphabet folgenden ersetzt. Dass diese Verschlüsselungsart Furore machte, erweist der Hinweis des Gellius, der Philologe (*grammaticus*) M. Valerius Probus habe eigens eine Untersuchung mit dem Titel *De occulta litterarum significatione in epistularum C. Caesaris scriptura* verfasst.[25] Eine kurze Notiz des Redners C. Iulius Victor aus dem 4. Jahrhundert n. Chr. überliefert allgemein, dass Caesar, Cicero und Augustus für ihre Korrespondenz Geheimschrift benutzten.[26]

Der Nachfolger Caesars, sein Adoptivsohn Augustus, benutzte nicht dieselbe Methode, da diese zwischenzeitlich wohl bekanntgeworden war. Er setzte in ähnlicher Weise für jeden Buchstaben bloß den jeweils nächsten ein. Hiervon leitet sich nach dem lateinischen Alphabet die Redensart «Jemandem ein X für ein U vormachen» ab. Für das X selbst wurde ein doppeltes A benutzt. Von der Verschlüsselungsmethode des

Augustus berichten Sueton, der Historiker Cassius Dio im frühen 3. sowie der Bischof und Universalgelehrte Isidor von Sevilla im 7. Jahrhundert. Dio nennt als Nachrichtenempfänger den Feldherrn und Schwiegersohn Agrippa wie den politischen Ratgeber Maecenas, während Isidor einen ungenannten Sohn des Augustus als Adressaten einer diesbezüglichen Unterweisung anführt. Demgegenüber war das Verfahren Ciceros, in seiner Korrespondenz wichtige Personen seiner Zeit mit Decknamen zu bezeichnen, eine einfache Möglichkeit, Nachrichten zu verunklären.[27]

Andere Formen der Nachrichtenverschlüsselung waren das Weglassen der Vokale oder deren Ersetzung durch die jeweils folgenden Konsonanten, die Ersetzung des ersten durch den letzten, des zweiten durch den vorletzten, des dritten durch den vorvorletzten Buchstaben des Alphabetes und entsprechend weiter, sowie die Benutzung der mit Buchstaben ausgedrückten griechischen Zahlen als Ersatz für die ersteren bei kurzen Worten, wobei sie zusammengezählt und durch die Angabe der Gesamtsumme dargestellt wurden. Darüber hinaus konnte man bei langen Texten innerhalb von drei Neunergruppen an Buchstaben deren Reihenfolge umtauschen. Außerdem wurden die lateinischen Buchstaben systematisch durch die griechischen, aber wiederum in Form von Zahlen ersetzt. Schließlich wurden in einem letzten Schritt die bekannten Buchstaben kryptisch gegen gänzlich neu erfundene umgetauscht. Isidor von Sevilla berichtet von einem der im späten 1. Jahrhundert v. Chr. tätigen römischen Politiker namens Brutus folgendes: «Man benutzte auch untereinander alte Buchstabenzeichen, damit man wechselseitig alles denkbar Geheime, was man umgekehrt durch die Schrift kennzeichnen wollte, schreiben konnte. Dafür ist Brutus Zeuge, der mit diesen Buchstaben das, was er im Sinne hatte, ausdrückte, während andere Leute nicht wussten, was diese Buchstaben für sich bedeuten sollten». Gebraucht wurden die letztgenannten Formen der Geheimschrift vornehmlich im religiösen und magischen Umfeld; dies zeigen als Zaubermittel verwendete Papyri, Amulette und Gemmen. In diesem Zusammenhang galt freilich nicht die sonst unabdingbare Voraussetzung, dass Absender und Empfänger die jeweiligen Verschlüsselungsregeln kannten, um sich zu verständigen. Bei den als Zauber benutzten Gegenständen brauchte nur der Schreiber die Geheimschrift zu kennen, da allein er mit den Göttern kommunizierte.[28]

Geheime Nachrichtenübermittlung in der römischen Kaiserzeit

Eine militärische Form der Übermittlung geheimer Botschaften ist aus dem Jahre 43 v. Chr. überliefert. Während der Belagerung der oberitalischen Stadt *Mutina* durch die Truppen des Marcus Antonius ließen die Befehlshaber des Entsatzheeres, Aulus Hirtius und Caesars Adoptivsohn Octavianus, dem eingeschlossenen Kommandeur Decimus Brutus durch Taucher im Fluss Po Nachrichten zukommen, die auf dünne, zusammengerollte Bleitäfelchen geschrieben waren. Daraus entwickelte sich eine wechselseitige Korrespondenz.[29] In der Kaiserzeit war das Überbringen von Mitteilungen vom Aufenthaltsort der Herrscher an unterschiedlichste Adressaten von elementarer Bedeutung für das Funktionieren des Staates. Gut bekannt ist der *cursus publicus*, die Staatspost, mit der besonders dringende Mitteilungen befördert wurden. Dieser Kurierdienst mit seinem System von Stationen, die in regelmäßigem Abstand an den großen Überlandstraßen dem Pferdewechsel und der Rast dienten, war eines der Markenzeichen des römischen Staatswesens zwischen Augustus und der Völkerwanderungszeit. Überbringer vertraulicher Mitteilungen waren in der hohen Kaiserzeit vornehmlich die *frumentarii*, ein Korps nach Rom abkommandierter Legionssoldaten, und in der Spätantike die *agentes in rebus*. Beide gelten als fast berufsmäßige Geheimpolizei.[30]

Die Angehörigen beider Einheiten beförderten die *sacrae litterae*, die administrativen und militärischen Anordnungen der Kaiser, während umgekehrt Mitteilungen der Provinzstatthalter und Militärkommandeure von ihnen weitergeleitet wurden. Besonders wichtige Briefe wurden durch reitende Kuriere transportiert, die *veredarii*. Die normale Korrespondenz wurde sicherlich nicht verschlüsselt; darüber hinaus wurden viele Botschaften mündlich übermittelt. Inschriftlich dokumentiert ist etwa die Überbringung von Petitionen aus Provinzen an den Kaiser. Für die Bürgerkriege der Jahre 68, 217 und 238 lässt sich am ehesten an eine Verschlüsselung von Nachrichten denken. *Frumentarii* wie *agentes in rebus* wurden auch mit geheimer Berichterstattung über verdächtig gewordene Staatsbeamte und Offiziere oder mit der Verhaftung und sogar Ermordung derselben betraut. Dann waren schriftliche Botschaften dafür gedacht, Anhänger der Verdächtigen zum Abfall zu bewegen. Besonders gravierend waren versuchte Mordanschläge auf Rivalen um die Kaisermacht in den Jahren 193–197 oder die Hinrichtung des Caesars Gallus in *Pula*, die dessen Onkel, Kaiser Constantius II., 354 anordnete. Von einem besonderen Ereignis berichtet der Historiker Ammianus Marcellinus als Augenzeuge für 359. Römische Kundschafter brachten eine dreifach gesicherte Botschaft mit, die eine Gesandtschaft zum persischen Großkönig Shapur II. in die Heimat geschickt hatte. Sie war in Geheimschrift geschrieben und enthielt einen verunklärten Text; überdies war sie im Innern einer Schwertscheide befördert worden. Ammianus erwähnt in seinen *Res Gestae* einige brisante Nachrichten politisch-militärischen Inhalts, was seiner langjährigen Tätigkeit als Stabsoffizier zuzuschreiben ist.[31]

Zusammenfassung

In der griechisch-römischen Antike begegnen wir mithin vielfältigen Möglichkeiten der Verschlüsselung von schriftlichen Nachrichten sowie deren Versendungsformen. Beiden galt ein Interesse der Schriftsteller, was besonders die Aussagen des Aineias Taktikos zeigen. Bei Inschriften auf Steinen, magischen Gegenständen oder Papyri sieht man kompliziertere Verfahren der Kryptographie, darunter die Geheimschrift mit eigenständigen, nur den Eingeweihten bekannten Buchstaben. Deren Gebrauch war freilich nicht alltäglich, so dass der direkte Nachweis lückenhaft ausfällt. Zaubersprüche müssen vollends als Besonderheit angesehen werden, doch demonstrieren Papyri und magische Gemmen ihre weite Verbreitung in Ägypten. Weil etliche Methoden geheimer Nachrichtenübermittlung dokumentiert sind, wurden sie alle irgendwann bekannt. Dies trifft besonders auf die spartanische Skytale zu, die überall geradezu mit Ehrfurcht behandelt wurde und als Inbegriff von Funktionsfähigkeit und Dauer des lakedaimonischen Staates galt. Sämtliche Möglichkeiten der Verschlüsselung und der Weitergabe ihr unterzogener Nachrichten, wie intensiv sie auch verwandt wurden, dürften ihren Benutzern in vielfältigen Situationen gute Dienste geleistet und daher den angestrebten Zweck zumindest für gewisse Zeit erfüllt haben.

Helwig Schmidt-Glintzer

Spionage im Alten China

Lehren vom Vorauswissen

Der Wunsch, sich zu orientieren über zu erwartende Ereignisse, und die Absicht, das Schicksal zu beeinflussen oder doch rechtzeitig zu kennen, sind in den ältesten Zeugnissen der Kulturen auf dem Boden Chinas belegt. Hierzu gehören Orakelbefragung, Sterndeutung und unmittelbarer Kontakt zu den Ahnen und Göttern. Früh artikulierte und bis zum Agnostizismus reichende Skepsis gegenüber der Zuverlässigkeit und Verlässlichkeit göttlicher Vorzeichen legte es jedoch nahe, dass der Mensch sich durch eigene Wahrnehmung Vorauswissen verschaffe insbesondere dort, wo es um die Pläne anderer geht. Dort, wo Verlässlichkeit und Vertrauen, aus der älteren Adelsethik in den konfuzianischen Tugendkanon übernommene Prinzipien und Grundtugenden, versagen, setzte die Bemühung um eigene Erkenntnisse über die Intentionen anderer, insbesondere rivalisierender Staaten ein. Das Resultat war eine früh ausgebildete Lehre vom Vorauswissen, zu der auch Spionage als Erkenntnisgewinnung gehörte – sowohl gegenüber dem Gegner als auch gegenüber der eigenen Bevölkerung. Die Vorstellungen von der Regelung zwischenmenschlicher Beziehungen wurden hier durch Maximen zur Schadensbegrenzung im Konfliktfall ersetzt, wobei das Mittel der Unaufrichtigkeit bei der Spionage in Kauf genommen wurde. Das Gebot zur Informationsbeschaffung ging so weit, dass es als primitiv und verurteilenswert galt, sich bei militärischen Aktionen nicht der Spionage zur Gewinnung von umfassendem Wissen, insbesondere auch über die Pläne des Gegners zu bedienen.

Planmäßige Informationsbeschaffung über tatsächliche oder mögliche Gegner hat in China seine Anfänge mit den ersten Konflikten zwischen Siedlungs- und Verwandtschaftsverbänden in neolithischer Zeit. So berichtet die spätere Geschichtsschreibung nicht nur vielfältig über Spionage- und Desinformation von Gegnern, sondern weiß selbst von der langen Geheimdiensttradition. Den «Bambusannalen» zufolge soll König Shaokang der Xia-Dynastie im 19. Jahrhundert v. Chr. einen Mann namens Ruai als Spion beauftragt und in der Folge zwei Staaten besiegt haben.[1] Geheimagenten werden auch mit den Wechseln einzelner Dynastien in Verbindung gebracht. Yi Yin, der seither als «erster Spion Chinas» gilt, soll für die Shang bei den Xia als Spion tätig gewesen sein, wie später dann Lü Ya für die Zhou bei den Shang. Auf solche Präzedenzfälle beziehen sich die ansonsten theoretischen Ausführungen über Spionage in den Militärklassikern, deren wichtigstes das im 5. und 4. vorchristlichen Jahrhundert entstandene Werk des Sunzi ist.

In dem dramatischen Bericht über die unhaltbaren Zustände unter Jie, dem letzten Xia-Herrscher, sowie über die Entsendung des Yi Yin als Spion heißt es in dem eklektischen Werk «Frühling und Herbst des Lü Bu We» aus dem späten dritten vorchristlichen Jahrhundert: « [König Tang in dem Land Shang] war betrübt, dass die Welt aus den Fugen war, und wollte den Yi Yin hinschicken, um die Verhältnisse in Xia weiter zu beobachten. Aus Furcht aber, man möge dort dem Yi Yin nicht trauen, schoss Tang selbst zum Schein auf Yi Yin. Yi Yin suchte bei Xia Zuflucht. Nach drei Jahren kam er zurück und berichtete folgendes: ‹Jie ist hörig seiner Geliebten Moxi. Nun ergötzt er sich auch noch an zwei Konkubinen aus Minshan, und er hat kein Mitgefühl mit seinem Volk. Sein Volk hält im Herzen seine Art nicht mehr aus. Fürst und Untertanen sind missgünstig aufeinander. In den Herzen der Untertanen häuft sich Groll. Alle sprechen: ‹Der Himmel will nichts von uns wissen. Die Berufung des Hauses Xia ist zu Ende.›› – Tang sprach zu ihm: ‹Was Du mir von den Verhältnissen im weiten Xia berichtest, ist alles, wie ich es mir gedacht habe.› Da verschwor sich Tang mit Yi Yin, dass sie unter allen Umständen Xia vernichten wollten.

Darauf ging Yi Yin wieder hin, um das weite Land von Xia zu beobachten. Er horchte Moxi aus. Moxi sprach: ‹Heute Nacht hat den Großkönig geträumt, dass im Westen eine Sonne stand und im Osten eine Sonne stand, und dass die beiden Sonnen miteinander gekämpft haben, wobei die westliche Sonne gesiegt und die östliche Sonne nicht gesiegt habe.› Yi Yin ging hin und sagte es Tang.»[2]

Der als Flüchtling getarnte Agent verweilt drei Jahre im Land des Gegners, berichtet dann, späht erneut aus und bedient sich dabei der engsten Vertrauten des Gegners. Dessen Traum nimmt den Ausgang vorweg und ermutigt die Verschworenen, den Feldzug gegen Xia zu beginnen, trotz erheblicher Dürre und damit zusammenhängender Versorgungsprobleme im eigenen Land. Von der Bevölkerung wird König Tang als Befreier empfunden. Die Gestalt des Yi Yin aber, des Spions, wird in den Berichten durchaus in ihrer Ambiguität erfasst, und spätere Autoren haben immer wieder Argumente beigebracht, die moralische Unbedenklichkeit Yi Yins zu begründen. Ähnlich wie Tang entsandte später König Wu einen Spion in das Shang-Reich, und als er Mitteilung von der Zuspitzung der unhaltbaren Verhältnisse dort erhielt, griff er Shang an und siegte. Seit alters galt also, dass Spionage nicht in jedem Falle verwerflich ist, schon gar nicht, wenn sie einem erfolgreichen Machtwechsel vorausgeht. Dies gilt bereits für die Herrscher Tang und

Wu, die nicht als Usurpatoren des Reiches galten, sondern als dessen Erretter von der schlechten Herrschaft des Jie beziehungsweise Zhou.

Früh schon finden wir Belege für vielfältige Methoden der Spionage und der Subversion, die von der Bestechung, dem Einsatz attraktiver Frauen oder von Alkohol, von der Verleumdung des Gegners bis zum politischen Mord reichten. Eine der berühmtesten Agentengestalten ist der Doppelagent Su Qin, der bis in die Gegenwart auf Theaterbühnen und in Filmen, in Comics und in Erzählungen als Protagonist auftritt. Ebenso berühmt ist der Bericht über Prinz Dan von Yan, dessen Demütigungen als Geisel von Qin später Jing Ke durch ein Attentat auf den Qin-Herrscher zu vergelten sucht. Mit List verschafft er sich Zugang zum König von Qin, indem er ihm den Kopf eines Gegners und die Landkarte des erstrebten Landes Dukang überbringt. «Er öffnete die Karte. Als sie ganz aufgerollt war, zeigte sich der Dolch. Da ergriff Ke mit der linken Hand den Ärmel des Königs von Qin, mit der rechten Hand zielte er auf seine Brust und schmähte ihn also: ‹Schon lange habt Ihr Yan nachgestellt; gierig bedrückt Ihr das Land innerhalb der Vier Meere. Nicht weiß man, ob Ihr je genug bekommen werdet. [...] Ich, Ke, will nun für das ganze Land innerhalb der Vier Meere Rache üben. [...] Folgt Ihr meinem Rat, sollt Ihr leben. Wo nicht, seid Ihr des Todes!› – ‹Durch Eure Tat›, sprach der König von Qin, ‹muss ich wohl heut Eurem Rat folgen. Gewährt mir nur, eine Weise zur Zither zu hören, bevor ich sterbe›, und rief eine Kebse, dass sie die Zither schlüge. Die Weise der Zither aber lautete:

Das futterlose Kleid aus dünner Seide,
Ihr könnt reißen es zu Stücken.
Der Wandschirm ist wohl acht Fuß lang.
O sichert Euch in seinem Rücken.
Das Schwert mit radgeformtem Knauf,
nach hinten wendets, ums zu zücken!

Ke verstand nicht die Worte. Der König aber folgte der Weise, drehte sein Schwert nach hinten, zog es heraus, riss sich dann den Ärmel los und sprang über den Wandschirm um zu fliehen. Da zückte Ke den Dolch und warf ihn nach dem König. Der Dolch schnitt ihm ein Ohr ab und fuhr in eine bronzene Säule, dass die Funken sprühten. Gleich wandte sich der König zurück und hieb dem Ke beide Hände ab. Da lehnte sich Ke an eine Säule und lachte. Ausgestreckt sitzend schmähte er also: ‹Leichtsinnig getäuscht wurde ich durch einen Buben. Oh, dass der Staat nicht gerächt, dass meine Tat nicht gelang›!»[3]

Spionage und Formen der politischen Einflussnahme bis hin zur Attentatsdrohung blieben Elemente der politischen Kultur Chinas, auch wenn sie nach der Reichseinigung anderer Begründungsmuster bedurften. Doch besonders zu Zeiten politischer Zersplitterung des Reiches wurde das traditionelle Repertoire, das nicht zuletzt in der Erzählliteratur überliefert wurde, reaktiviert.

Spionage im zwischenstaatlichen Verhältnis der Zhanguo-Zeit

So wichtig Spione sein mochten, in der Regel werden sie nicht allein als kriegsentscheidend betrachtet. Dies wird deutlich an der Schilderung der Schlacht an der Jing-Schlucht im Jahre 205 v. Chr. in Sima Qians «Aufzeichnungen der Historiker» (*Shiji*), bei welcher der im Gefolge des späteren Dynastiegründers Liu Bang kämpfende General Han Xin mit einer kleinen Truppe dem zahlenmäßig überlegenen König von Chao und dessen General Chen Yu gegenüberstand.[4] Gegen den Rat, die Truppen Han Xins in der Schlucht einzukesseln und ihnen den Rückweg abzuschneiden, beharrt der General Chen Yu, in Kenntnis der Überlegenheit seiner Truppen, auf einer offenen Begegnung und lehnt den Einkesselungsplan ab. Han Xin hingegen, von einem Spion in Kenntnis gesetzt und über den Charakter Chen Yus durch seinen Mitstreiter Zhang Er informiert, setzt alles auf eine Karte. Seine schwache Streitmacht lässt er aus der Schlucht heraustreten und die offene Feldschlacht mit der weit überlegenen Armee von Zhao suchen. Auf diese Weise provoziert und leichtsinnig geworden, verlassen die Truppen von Zhao ihre befestigte Stadt, so dass es einer Truppe von zweitausend Reitern, die Han Xin über Nacht in die Hügel um die Befestigung von Zhao gesandt hatte, gelingt, diese von hinten in die verlassene Festung gelangten Reiter die Fahnen von Zhao durch die Fahnen von Han ersetzen zu lassen, was die Zhao-Truppen derart in Verzweiflung geraten lässt, dass sie von den zahlenmäßig schwächeren Truppen Han Xins gefangen genommen werden. Bei dieser Schlacht wird übrigens Chen Yu getötet, während Zhang Er, der als inzwischen zum Feind gewordener früherer enger Freund ihn sehr gut kannte und damit zum Sieg Han Xins beigetragen hatte, mit der Königswürde von Zhao belohnt wird.[5]

Zwietracht säen. Die verschiedenen Spiontypen

Stets geht es um die rechtzeitige Kenntnis von Umständen, um Vorauswissen; so heißt es in dem Kapitel «Einsatz von Spionen» (*Yongjian*) des Militärtraktats von Sunzi: «Vorauswissen kann man sich nicht durch Dämonen und Geister verschaffen, kann man nicht durch Ähnlichkeit mit [anderen] Dingen [erschließen], kann man nicht durch Berechnungen (astrologischer Art) ergründen. Man muss es sich durch Menschen verschaffen, die über die Lage beim Feind Bescheid wissen.»[6]

Sunzi unterscheidet fünf Arten von Geheimagenten. Da sind zunächst die lokalen oder einheimischen Agenten (*yinjian*), V-Männer gewissermaßen. Die andere Gruppe der «internen Agenten» (*neijian*) gewinnt man unter unzufriedenen Mitgliedern der herrschenden Klasse des Gegners, seien es entlassene, zu kurz gekommene, gemaßregelte, geldgierige oder geltungssüchtige Beamte. Eine zentrale Stellung haben die «umgedrehten Agenten» (*fanjian*), Spione des Feindes also, die zu einem Frontwechsel gebracht worden sind oder als Doppelagenten weiter agieren. Ferner gibt es die «todgeweihten Agenten» (*sijian*), die bewusst mit irreführenden Informationen zum Feind geschickt werden, nach ihrer Enttarnung dem Tod geweiht waren und in der Regel nicht mehr zurückkehrten. Die letzte Gruppe bilden die «lebenden Agenten» (*shengjian*), die im Feindgebiet Informationen beschaffen und mit diesen unversehrt in ihr eigenes Land zurückkehren. Mit den Geheimagenten muss, so die Anweisung des Kriegsklassikers, besonders sorgsam umgegangen werden. Großzügigkeit in der Entlohnung und äußerste Diskretion sind ebenso unabdingbar wie die Kardinaltugenden Menschlichkeit (*ren*) und Rechtschaffenheit (*yi*). Auch für den Umgang mit den Nachrichten sowie insbesondere mit unzeitgemäßem Bekanntwerden von Nachrichten werden Regeln aufgestellt.

Von all diesen Typen von Geheimagenten sind die «umgedrehten Geheimagenten» diejenigen, die mit besonderer Großzügigkeit behandelt werden sollen, weil es sich um feindliche Geheimagenten handelt, die, sei es mit ihrem Wissen oder ohne ihr Wissen, gegen den Feind eingesetzt werden. Dieser Gruppe ist in der strategematischen Systematik ein eigenes Strategem vorbehalten, das «Geheimagenten-Strategem», auch bekannt als «Strategem des Zwietrachtsäens».[7] Das Doppelagenten-Strategem einzusetzen bedeutet gleichsam, «die Hand des Feindes nehmen und ihm damit eine Ohrfeige versetzen.»[8] Ein Ziel kann es dabei sein, den Feind zu spalten.

Die Rekrutierung der umgedrehten Agenten bedarf keiner Erläuterung, aber es ist doch bemerkenswert, dass dem Aufspüren feindlicher Agenten und dem «Umdrehen» höchste Priorität eingeräumt wird, auch mit dem Argument, die feindlichen Spione dienten der Erreichung des Ziels aller geheimdienstlicher Tätigkeit am besten, Kenntnisse über den Feind zu erlangen. Zu deren Gewinnung war im Prinzip jedes Mittel recht, ob hohe Bestechung oder Drohung. In manchen Traktaten, die sich mit der Rekrutierung von Spionen beschäftigen, wird Wert gelegt auf die speziellen Fähigkeiten, die für spezifische Einsätze erwartet werden.

Spionage und Spionageabwehr

Besonders beim Militär war man sich der Möglichkeit des Geheimnisverrats bewusst. Dies jedenfalls geht aus einer Vorschrift des Militärstrafrechts hervor, in der es heißt, wer «heimlich mit dem Feind in Verbindung steht, sei es mündlich oder schriftlich, wird enthauptet.»[9] Bei aller Betonung der Nützlichkeit von Spionage war man sich auch der damit verbundenen Gefahren bewusst, und es finden sich immer wieder Stimmen, die darauf hinweisen, dass der Einsatz von Spionen auf Seiten des Auftraggebers ein hohes Maß an Fähigkeiten voraussetzt. «Ohne die Weisheit eines Heiligen», heißt es, «vermag man keine Spione einzusetzen; ohne die Eigenschaften von Menschlichkeit und Rechtlichkeit kann man keine Spione einstellen; ohne Sensibilität und Scharfsinn vermag man den Inhalt der Agentenberichte nicht zu erfassen.» Da der Einsatz militärischer und geheimdienstlicher Mittel immer auch aggressiven und zerstörerischen Kräften Raum geben muss, kommt es entscheidend auf die Fähigkeit der Kontrolle beziehungsweise der Beherrschung dieser Kräfte an. Hohe moralische und intellektuelle Standards sind die Voraussetzung für erfolgreiches Handeln auch in zwischenstaatlichen Konflikten und bei militärischen Operationen. Der Einsatz von Spionen und geheimdienstliche Maßnahmen werden als Mittel zur Erreichung des guten Ziels verstanden und gelten daher keineswegs als moralisch verwerflich. Dies wird dadurch unterstrichen, dass nur der am Gesamtwohl interessierte kluge Beamte, General oder Herrscher Spione erfolgreich wird einsetzen können. In allen Schriften wird die Bedeutung des umfassenden Wissens, der Kenntnis des Gegners und aller Umstände, der hervorragenden Menschenkenntnis hervorgehoben, zu dem das Vorauswissen über die Pläne und Absichten des Gegners hinzutreten muss, sei es ein äußerer Gegner, sei es ein Feind im Inneren.

Zur Gewinnung von Informationen über die Nachbarn ebenso wie über entferntere Länder dienten Gesandtschaftsreisen ebenso wie die Begleitung und Befragung von ins Land kommenden Tributgesandtschaften. Spionage war ein integraler Bestandteil jeder Diplomatie. Aber auch der Grenz- und Küstenhandel brachte nicht nur Waren nach China, sondern auch Informationen, wobei die Kontrolle des Außenhandels ebenso wie der wichtigen Binnenhandelsströme nicht nur der vorbeugenden Gefahrenabwehr, sondern auch den Steuereinnahmeinteressen der Zentralregierung diente, der dabei bestenfalls die Aufrechterhaltung der regionalen Loyalitäten, in vormoderner Zeit aber niemals eine wirklich lückenlose Kontrolle gelang.

Die in den Klassikern niedergelegten Regierungsgrundsätze galten für die zivilisierte, und das hieß eben auch: die befriedete Welt. Sie galten nicht für die Länder außerhalb der Zivilisation. Und weil sie im Kern das Wissen um die richtige Ordnung beinhalteten, durften sie ebenso wenig an die «Barbaren» weitergegeben werden wie die Geschichtswerke, die ja auch über Landeskenntnisse sowie militärische Strategien berichteten. Es handelte sich um Geheimwissen, das nicht weitergegeben werden durfte.[10] Das seit dem Jahre 1006 geltende Verbot der Weitergabe von Büchern galt bis in die Zeit der letzten Dynastie, und selbst in der Gegenwart wird sehr darauf gesehen, welche Werke der breiteren Öffentlichkeit zugänglich werden.[11] Manche Werke galten als derart sicherheitsrelevant, wie etwa Werke über Mathematik und Astrologie, dass sie während der Song-Zeit nicht gedruckt wurden.

Legitimation von Spionage

Die politische Philosophie und die Gesellschaftslehren in China kennen und regeln unter den zwischenmenschlichen Beziehungen zunächst nur solche unter Ungleichen. Die Beziehung zwischen Herrscher und Minister, Mann und Frau, Vater und Sohn, älterem und jüngerem Bruder sowie Freund und Freund bilden die Standard-Beziehungen, die unter dem Begriff der «Fünf Beziehungen» (*wulun*) zusammengefasst werden. Diese *wulun* transzendieren die familiale Ursprungsordnung in zweierlei Hinsicht: sie setzen die Herrscher-Untertan-Beziehung an erste Stelle und proklamieren die Priorität des Staates gegenüber der Familie. Der so konstituierte Konflikt zwischen Staat und Familie hat eine lange Geschichte, der darin zum Ausdruck kommt, dass der Begriff der *wulun* sich erst relativ spät, nämlich erst gegen Ende des ersten nachchristlichen Jahrtausends fest etablieren konnte. Mit dem Begriff der *wulun* wurde die familiale Ursprungsordnung auch in anderer Hinsicht transzendiert, nämlich durch die Freund-Freund-Beziehung.[12]

In diesem Spannungsfeld miteinander in Konflikt stehender Loyalitätsbeziehungen ist die Spionage angesiedelt, die insbesondere dann zu vermuten ist, wenn über Staatsgrenzen hinweg Freundschaften zwischen Individuen gepflogen werden. Spionage ist aber in Form geheimdienstlicher Anstrengungen auch innerhalb eines Territoriums geboten, weil hier Loyalität und Fürsorgepflicht zwischen Vater und Sohn oder innerhalb von Bruderschaften in Konkurrenz zum Loyalitätsanspruch des Gemeinwesens beziehungsweise des Staates geraten können. Zur Befestigung der Loyalitätsbeziehungen zum Staat dienten subtile Formen der Zensur und der Erziehung, aber auch offene Sanktionsdrohungen oder exemplarische Bestrafungen. Eine besondere Form des Zwangs zur Anpassung waren Indoktrinationsformen, die in den «Gehirnwäschen» der Zeit der Kulturrevolution (seit 1966) bizarre Formen annahmen.

Die Spionage war also im Laufe der geschichtlichen Entwicklungen Chinas durchaus unterschiedlich angesehen und begründet worden, doch für die ganze Zeit des alten Reiches war die frühe Rationalisierung und Systematisierung der Spionage als Praxis der Gewinnung von Vorauswissen maßgeblich, eine Systematisierung, die einherging mit den lebhaften geistigen Auseinandersetzungen während der Zeit der Streitenden Reiche (481–221 v. Chr.), die der Gründung des Einheitsreiches unter der Dynastie Qin im dritten vorchristlichen Jahrhundert vorausging.

Im Bereich des Militärischen wurde früh der Satz geprägt: «Ohne Einsatz von Spionen ist eine Niederlage unvermeidlich.» Dies ist einer der Kernsätze der chinesischen Kriegskunst, und er hat seit dem Altertum immer Beachtung gefunden.[13] Ja, es wurde geradezu als Gipfel der Inhumanität angesehen, die vergleichsweise geringen Aufwendungen für Spionage zu scheuen und statt dessen aus Unkenntnis über die Lage des Gegners große Verluste in Kauf zu nehmen. Daher haben auch die Verfasser militärischer Traktate und Handbücher stets auf die Bedeutung geheimdienstlicher Ermittlungen hingewiesen, wie etwa in dem Satz: «Bei jeder Kriegführung gilt: Verwende Spione gegen alles, was fern ist; beobachte das Nahe; handle im Einklang mit den Jahreszeiten; ziehe aus den Kräften des Feindes Vorteil für dich selbst; stärke die Zuversicht und verwirf alles Zweifeln!»

Spionage war also in China seit alters legitimiert, doch wandelte sie sich in ihren Formen, weil das «Alte China», von dem hier die Rede sein soll, im Laufe der knapp dreitausend Jahre, die wir heute gut überblicken, nicht immer das gleiche geblieben ist. Die Praktiken der Geheimdienste und deren organisatorische Verankerung blieben also nicht unberührt von den Veränderungen und insbesondere der Bürokratisierung, die das chinesische Reich in der Zeit um das Jahr 1000 n. Chr. durchmachte. Andererseits sind aber die Grundvorstellungen von der Bedeutung der Spionage bis zum Ende des Kaiserreichs 1911 und zum Teil bis in die Gegenwart lebendig geblieben.

Loyalität, Parteilichkeit und Verrat

Der Umgang mit «sicherheitsrelevanten Kenntnissen» war zunächst und vor allem ein zwischenstaatliches Thema, doch war Spionage zugleich auch ein Thema des Vertrauens und der Loyalität, der Abgrenzung von Innen und Außen sowie der sozialen Schichtung. Kurz, die gesamte soziale Welt war involviert. Daher blieb auch die Auflösung der alten Adelsgesellschaft, die mit der Wirkungszeit des Konfuzius zusammenfällt, nicht ohne Einfluss auf die Ausformulierung der Spionage- und

Listenlehren in den folgenden Jahrhunderten, in denen die grundlegenden staatspolitischen und ethisch-moralischen Lehren Chinas vorgetragen wurden. Von der Tugend der Vertrauenswürdigkeit (*xin*), die auch in den «Gesprächen des Konfuzius» (*Lunyu* I,1) als Tugend von Freunden gefordert wird, war bereits die Rede, und es ist symptomatisch, dass Konfuzius auf diese Tugend ein besonderes Gewicht legt und Listenhaftigkeit verwirft.[14] Allerdings wurde solchen Vertrauensbeziehungen immer auch mit größtem Misstrauen begegnet, weil Loyalität oder gar Gefolgschaft erwartende Machthaber in ihnen Keimzellen der Konspiration vermuteten. Die Literaten der klassischen Zeit hingegen verstanden sich ihrerseits als Ratgeber und gegebenenfalls auch als Kritiker und hätten Freundschaft niemals mit Verrat in Zusammenhang bringen wollen.

Das Miteinander und Gegeneinander, der Einsatz von Listen und gefälschter Rede zur Irreleitung einzelner Akteure, um bestimmte Ziele zu erreichen, insbesondere des Machterhalts oder der Machterweiterung, bildet das narrative Geflecht eines großen Teils der frühen Geschichtsschreibung in China. Diese wird daher zu einer der wichtigsten Quellen für unser Wissen über Ränke und Listen und deren spezifischen Sonderfall, die Spionage. Die fortdauernde Krise des Vergemeinschaftungsgedankens und die zumindest unter den Amtsträgern sich befestigende Überzeugung von der Priorität der Loyalität gegenüber dem Staat führten seit der Song-Zeit (960–1279) dann auch gegenüber dem Einheitsstaat zu einer über die alten Militärklassiker hinausgehenden theoretischen Begründung und Implementierung von Spionage-Regularien und ihrer praktischen Umsetzung ebenso wie zu einem bürokratisierten militärischen Geheimdienst.

Den Feind und sich selbst kennen

Wer seine Feinde kennt und sich selbst,
Wird auch in hundert Schlachten nicht in Gefahr geraten.
Wer den Feind nicht kennt, aber sich selbst,
Wird manchmal gewinnen, manchmal verlieren.
Wer weder sich noch den Feind kennt,
Wird in jeder Schlacht in Gefahr geraten.[15]

Dieser Satz des Sun Zi, jenes Klassikers der Kriegskunst und Vertreters einer als «Strategieschule» (*bingfa*) bekannten Lehrtradition in der Zeit der Streitenden Reiche, spiegelt das Grundverständnis von Spionage in China wider: den Feind kennen und sich selbst. Diese Lehre wiederholt eine der zentralen Gedankenfiguren des klassischen China, nämlich den

Verweis auf Reziprozität und Entsprechungsbeziehungen. Wie die Kenntnis des anderen die Grundlage jeder Freundschaft war, so galt dies auch für den Feind. Freund und Feind zu kennen, was zugleich bedeutete zu wissen, wer der eigene Freund und wer der Feind sei, das war die entscheidende Grundlage für jede weitere Handlungsentscheidung. Ganz in dieser Tradition formulierte auch Mao Zedong in der zentralen Schrift «Analyse der Klassen in der chinesischen Gesellschaft» (*Zhongguo shehui gejieji de fanxi*, März 1926): «Wer sind unsere Feinde, wer sind unsere Freunde? Das ist die entscheidende Frage!»[16]

Die Beantwortung dieser Frage bildete den Ausgangspunkt für die Ermittlung von Vorauswissen als Vorbedingung für erfolgreiches Handeln, das sich nicht nur auf die inneren Gegner bezog, sondern auch im Hinblick auf die äußeren Gegner ausgesprochen wurde. Jede Militäreinheit bedurfte solcher Wissensträger und unterhielt daher Personal für Aufklärung, Geheimdienst und Desinformation des Gegners, zumal als kriegsentscheidend weniger die zahlenmäßige Stärke, sondern mindestens ebenso taktisches und strategisches Denken und der Einsatz von Listen angesehen wurde.

Zur Erlangung von Vorauswissen über den Gegner gehörte die gezielte Desinformation. So konnte man Gefangene entweichen lassen, nachdem man sie zu Zeugen gefälschter Pläne hatte werden lassen, die sie nach ihrer Flucht dem Gegner als vermeintliche Pläne überbringen würden. Ähnlich sollte man sich gegenüber feindlichen Spionen verhalten, die man besser nicht aufdeckte, sondern mit falschen Informationen konfrontierte. Wenn der irregeführte Gegner dann eine erste Niederlage erlitten habe, könne man diese Spione auf die eigene Seite ziehen und «umdrehen». Solche und andere Desinformations- und Täuschungstechniken fanden ihren Niederschlag auch im Repertoire der Guerillataktik.

Die Institutionalisierung der Spionage im bürokratischen China und ihre strafrechtliche Würdigung

Trotz der langen Tradition geheimdienstlicher Kenntnisse und Regelwerke gab es einen institutionalisierten Geheimdienst außerhalb des Militärs, das die Spionage immer schon als Element der Kriegsvorbereitung und der Kriegführung eingesetzt hatte, erst seit dem Ende des ersten nachchristlichen Jahrtausends. Dieser Geheimdienst war dezentral organisiert und verfügte insbesondere in den Grenzregionen über Außendienststellen mit Leitagenten. Daran schlossen sich Netzwerke an mit Gelegenheitsinformanten, V-Leuten und Infiltrationsspionen. Die Informationen wurden zusammengeführt von einigen den Außendienststellen übergeordneten Beamten, die keine eigenen Titel trugen. Der staatlich institutionalisierte geheime Nachrichtendienst, der in China im 11. Jahrhundert eine solche Größe und Komplexität erlangt hatte, wie ihn die Welt zuvor noch nicht gesehen hatte, war offenbar so geheim, dass man noch «aus seiner Bezeichnung ein Geheimnis machte.»[17] Dabei war typisch eine Trennung von zentraler Geheimpolizei und dezentral-lokalem Geheimdienst.

Die bereits im Kodex der Tang-Zeit enthaltenen und später übernommenen, zum Teil dann verschärften Strafandrohungen für gegnerische Spione waren drastisch. Zumeist war die Enthauptung des Täters, in minder schweren Fällen dessen Erdrosselung, vorgesehen. Ehefrau und Kindern drohte die Deportation in weit entfernte Gegenden. Der Verdacht der Spionage galt bereits als erhärtet, wenn Ausländer unerlaubt in China einreisten und Informationen sammelten, Fragen stellten. Allerdings war die Grenze nur schwer gegenüber jenen zu ziehen, die aus reinem Interesse an der chinesischen Kultur und vielleicht sogar aus der Absicht, sich diese Kultur anzueignen, Informationen einholten.[18] Deshalb wurden die gesetzlichen Formulierungen, so spärlich sie auch waren, immer wieder verändert. Immer standen solche Gesetzgebungsmaßnahmen auch im Zusammenhang mit den tatsächlichen Erfordernissen.

Im Song-Staat, der durch eine zunehmende Bürokratisierung gekennzeichnet war, wurden insbesondere unter dem Eindruck der dauernden Auseinandersetzungen mit den nördlichen und nordwestlichen Nachbarn die Kodifizierungen von Strafrechtsbestimmungen hinsichtlich der Spionagetatbestände differenzierter gefasst. Dort wurde auch festgelegt, welche Informationen besonderer Geheimhaltung bedürfen. Verboten war der Besitz gegenwartsbezogener Militärliteratur. Geregelt wurden auch Maßnahmen zur Geheimhaltung von offiziellen Nachrichten, etwa durch die Einführung fest versiegelter Amtsschreiben, und strengstens verboten war die Mitteilung von geheimen Grenzangelegenheiten in Privatbriefen. Die Strafen waren drastisch. Besonders wirksam war die Androhung der Sippenhaftung, aber auch die Praxis besonders grausamer Hinrichtungsmethoden. So mussten gegen das Liao-Reich arbeitende Kundschafter nach ihrer Enttarnung damit rechnen, an einen Pfahl gebunden und von allen Seiten von Bogenschützen so lange beschossen zu werden, «bis die Pfeile so dicht steckten, wie bei einem Igel die Stacheln».[19]

Weil in der Praxis des Kriegshandwerks Informationen eine große, häufig eine entscheidende Rolle spielten, wurde dies auch in den militärstrafrechtlichen Vorschriften berücksichtigt. Zu den in einem Erlass aus dem Jahre 1004 n. Chr. aufgeführten 21 Vergehen oder fahrlässigen Handlungen, die mit dem Tode bestraft wurden, gehörten folgende militärische Vergehen: Wer in der Nacht Lärm machte; wer, als Späher in feindliches Gelände ausgesandt, nicht aufbrach oder nicht wahrheitsgemäß meldete; wer auf Beobachtungsposten die Annäherung des Feindes nicht bemerkte; wer militärische Signale verriet oder in fahrlässiger Weise militärische Befehle bekannt werden ließ.[20] Auch die Verbreitung beunruhigender Gerüchte in der Truppe war unter schwerste Strafe gestellt.[21] Die Truppen durften auf dem Marsch unter Androhung der Bestrafung durch Enthaupten privat nicht über die militärische Lage sprechen.[22] Bemerkenswert dabei ist, dass solche Vorschriften im Zuge der Bürokratisierung des Reiches eher verschärft als gemildert wurden. So wurde man bei versäumter Meldung des Feindes nach dem Song-Recht enthauptet, während dies im Tang-Recht nur bei nachfolgender Niederlage der Fall war, während ansonsten das Strafmaß eine dreijährige Verschickung war.[23]

Geheimhaltung war insbesondere in Kriegszeiten oberstes Gebot, um sich vor dem Gegner keine Blöße zu geben. So beginnt bezeichnenderweise das Militärstrafgesetzbuch der Song-Zeit mit dem Satz: «Wer militärische Angelegenheiten nach außen dringen lässt oder wer Parolen nach außen bekannt werden lässt, wird enthauptet.»[24] Oder: «Wer in irreführender Weise über Aufklärungsergebnisse berichtet oder sich auf andere verlässt oder die Ergebnisse bekannt werden lässt, wird enthauptet.»[25] Ganz allgemein galt die Preisgabe von Staatsangelegenheiten, die geheim bleiben sollten, als schweres Verbrechen. Als solche galten Pläne zu Strafexpeditionen und Überraschungsangriffen gegen andere Staaten oder auch Pläne zur Ergreifung von Hochverrätern im eigenen Land.[26]

Geheimdienst und Öffentlichkeit

Geheimzuhalten waren, wenn auch auf einer etwas minderen Geheimhaltungsstufe, Erkenntnisse aus der Wolken- und Wetterbeobachtung, weil diese als schicksalbestimmende Vorzeichen gedeutet werden konnten, sowie vertrauliche behördliche Schriftstücke und selbstverständlich sämtliche Vorgänge, deren Kenntnisnahme durch das Ausland nicht opportun erschien. Dabei ging es in der Regel nicht um eine reine Konfrontation von König und Volk, sondern um die Instrumentalisierung der öffentlichen Meinung durch die Zwischenschichten. In den «Aufzeichnungen der Historiker» (*Shiji*), dem Geschichtswerk Chinas schlechthin, das aus der Zeit um 100 v. Chr. stammt, wird folgendes berichtet: «König Li prahlte gegenüber dem Herzog von Shao: ‹Ich habe jede Kritik ausgerottet. Niemand wagt mehr, sich zu Wort zu melden.› Darauf antwortete der Herzog von Shao mit einem langen Bericht zur

Lage, der mit den Sätzen begann: ‹Du hinderst sie daran. Doch dem Volk den Mund zu verbieten ist wie das Wasser dämmen zu wollen.›»[27]

Dieser Dialog – der in das Jahr 841 v. Chr. datiert wird, in dem der Herzog mit des Volkes Stimme droht, der Herzog, der wohl beides ist, Tribun des Volkes und Berater des Königs – fügt sich zwanglos in die von Konfuzius dem Volk zugewiesene Rolle. Dort wird das Volk als die Basis bezeichnet, «das Volk ist die Grundlage des Staates» (*minben*).[28] Unklar bleibt des Volkes Stimme deshalb, weil sich die Berater, hier wie dort, früh schon zur Stimme des Volkes machen, was ihnen aber nur bedingt gelingt, weil der Herrscher selbst überall «seine Augen und Ohren» hat, wie noch unter der letzten, der manjurischen Qing-Dynastie, obwohl diese über keinen institutionalisierten Geheimdienst verfügte.[29] Im Vordergrund steht hier die Effizienz des von dem Kangxi-Kaiser (1662–1722) im Jahre 1693 eingeführten Systems von Palastberichten.[30] Wetter, Nahrungsmittelpreise und Unruhen unter der Bevölkerung sind die häufigsten Themen der Sendschreiben jener für eine spezielle unmittelbare Korrespondenz mit dem Kaiser zugelassenen Personengruppe. Dabei ging es um die Kenntnis der eigenen Lage, um die, wie der Gründer der Ming-Dynastie in der Mitte des 14. Jahrhunderts forderte, «umfassende Unterrichtung über die Lage im Reich»,[31] was eine Spionage sowie einen Geheimdienst nach Innen einschloss.

Spionage nach innen und die Besonderheit der Städte

Seine Feinde kennen und sich selbst, ist also die Grundlage für den Erfolg. Daher musste auch nach Innen die Stimmung der Bevölkerung erkundet werden. Dies war besonders wichtig in Kriegszeiten, und entsprechend streng waren die Vorschriften, wonach etwa Beunruhigung der Stimmung der Truppe mit Enthaupten geahndet wurde. Man war sich im Klaren darüber, dass Loyalität keineswegs von allen Teilen der Bevölkerung erwartet werden konnte. Die eigene Bevölkerung ebenso wie ein großer Teil der eigenen Truppen wurden als Unsicherheitsfaktor betrachtet, weil es als selbstverständlich galt, dass ärmere Leute, denen es ums schiere Überleben ging, in erster Linie an ihr Auskommen dachten.[32]

Eine besondere Erschwernis bei der Kontrolle der städtischen Bevölkerung entstand regelmäßig dadurch, dass in Kriegszeiten die Bevölkerung sich in Städte flüchtete und dadurch das Einsickern feindlicher Kräfte oder unzuverlässiger Personen kaum zu verhindern war. Daher wurde in solchen Situationen die polizeiliche Kontrolle besonders intensiv durchgeführt. Hierzu dienten spezielle Aufenthaltsvorschriften sowie Ausweise. Besondere Richtlinien galten der Identifizierung von Spionen.

Zu den prinzipiell Verdächtigen zählten Reisende, Mönche, Wahrsager, Schuhmacher, Schneider, Friseure und andere Berufsgruppen, deren Tätigkeit nicht an einen festen Ort gebunden war. Ein System gegenseitiger Überwachung und Kontrolle (*baojia*) diente seit der (während der Zeit der Song-Dynastie) intensivierten Bürokratisierung des Reiches als das verlässlichste Mittel zur Identifizierung von Spionen. Dabei vertrauten die Behörden auf den Mithaftungsgrundsatz, wonach die Familiengruppe oder die Organisation (zum Beispiel eine Klostergemeinschaft) kollektiv haftete, wenn sie einen Spion gedeckt hatte. Andererseits wurden Techniken entwickelt, dieses System zu unterlaufen, und nur so ist zu erklären, dass es im Kaiserreich immer wieder zu Aufständen und organisierten Unruhen kam, deren Vorbereitung allen Vorsichts- und Kontrollmaßnahmen zum Trotz unbemerkt vonstatten gegangen war. Aus diesem Grund sind uns manche Volksbewegungen aus ihren Aufstandsphasen bekannt, und es herrscht Unklarheit darüber, ob sie gewissermaßen erst aus der Not entstanden waren oder schon lange zuvor als «zivile Selbstorganisation» friedlich und unbemerkt bestanden. Mao Zedong hatte mit seiner Theorie «Über die richtige Behandlung der Widersprüche im Volke» auf den Ungarnaufstand 1956 reagiert und «antagonistische Widersprüche» in China geleugnet, doch angesichts der inneren Diversität und der zahlreichen Minderheiten werden Unruhe und Aufstände eine Gefahr bleiben. Dies gilt insbesondere in den Grenzregionen, in denen sich schon der chinesische Kaiserhof spezieller Beauftragter zur Beobachtung der Verhältnisse versicherte.[33]

«Sich selbst und seine Feinde kennen» kann als Grundprinzip der Spionage- und Nachrichtendienste in China seit der Zeit der Streitenden Reiche gelten, seit jener Zeit, in der politische und insbesondere militärische Auseinandersetzungen unter Einsatz zahlenmäßig größerer Militärverbände stattfanden. Dabei blieb die größte Herausforderung die Bestimmung des «Selbst» gegenüber dem «Anderen», der man unter dem Einfluss des europäischen Nationalstaatsgedankens an der Wende vom 19. zum 20. Jahrhundert mit dem Konzept eines starken chinesischen Nationalstaates entsprechen zu können glaubte. Inzwischen ist aber deutlich geworden, dass diese Herausforderung im chinesischen Vielvölkerreich unter den Bedingungen industrieller und informationeller Modernisierung und der damit einhergehenden sozialen Entflechtungen fortbesteht.

Friedrich Wilhelm

Königsindisch – eine Variante im großen Spiel der Geheimdienste

Das Indienbild des Westens ist heute schärfer konturiert als vor zweihundert Jahren, aber es ist dennoch widersprüchlich geblieben. Die Möglichkeit, buchstäblich über Nacht selber in Indien zu sein, hat zwar den Horizont erweitert, aber vorgefasste Meinungen oft nur erhärtet und neue Vorurteile hervorgebracht. Herder hatte die Inder als sanftmütig beschrieben, Hegel urteilte entgegengesetzt. Für Romantik und Neoromantik wurde Indien zu einem Land, das die Lösung des Weltgeheimnisses versprach. Schon im frühen 20. Jahrhundert zog es viele Sinnsucher nach Indien. Bei manchen Indienreisenden (darunter Hermann Hesse) löste die Konfrontation mit der Wirklichkeit einen Kulturschock aus. Heute haben die Medien und der Massentourismus die Nachtseiten des indischen Lebens bewusst gemacht. Soziales Elend und brachiale Gewalt werden nun überakzentuiert. So ist ein ambivalentes Indienbild entstanden, in dem Esoterik und Existenzkampf eine merkwürdige Mischung ergeben.

Das machtpragmatische Indien

Lange wurde übersehen, dass Indien auch auf dem Gebiet der politischen Wissenschaft schon sehr früh Bahnbrechendes geleistet hat. Bereits in den großen Epen Mahābhārata und Rāmāyaṇa werden politische Lehren und Maximen vorgetragen: als Anleitungen zum Handeln oder als Erklärungen für schon Geschehenes. Das alte Indien brachte auch eigene Traktate der politischen Wissenschaft hervor, deren bedeutendstes über Jahrhunderte nur wenigen Pandits und politischen Beratern im Schaltkreis der Macht bekannt war, nämlich das in Sanskrit verfasste Staatslehrbuch (Arthaśāstra) des Kauṭilya, das erst Anfang des 20. Jahrhunderts ediert und übersetzt wurde, während der darauf basierende Nîtisâra des Kāmandaka schon lange bekannt war.[1] Die indische Tradition nennt Kauṭilya, den legendären Minister des Maurya-Königs Candragupta (nach 320 v. Chr.), als Verfasser, und auch der heutige indische Geheimdienst führt seine Geschichte auf diesen Minister und Staatslehrer zurück. Hingegen sind im Westen viele Forscher zu der Überzeugung gelangt, dass dieses Werk eine Kompilation aus späterer Zeit ist.

Für Kauṭilya ist der politische und materielle Erfolg (artha) das wichtigste der drei Lebensziele, die der Hindu zu verfolgen hat. Die beiden anderen sind dharma (die religiöse Pflicht) und kāma (Liebe und Genuss). Allein der Erfolg zählt für die politisch Handelnden, und dementsprechend sind die Ratschläge dieses Buches frei von allen moralischen Bedenken. Schon früh war in Indien Kauṭilya zum Typ des skrupellosen Ratgebers geworden. Nach Erscheinen des Buches zeigten sich auch viele im Westen bestürzt über soviel schamlose Offenheit und verglichen den Autor mit Machiavelli. Max Weber meinte sogar: «Der wirklich radikale ‹Machiavellismus› im populären Sinn dieses Wortes ist in der indischen Literatur im Arthaśāstra des Kauṭilya .... klassisch vertreten; dagegen ist Machiavellis ‹Principe› harmlos.»

Im Staatsmodell des Kauṭilya ist der Mensch ein animal politicum, das nicht von sich aus ein staatstragendes Wesen ist, sondern ständiger Gängelung und Überwachung bedarf, um kein Störfaktor, sondern ein nützliches Glied der Gemeinschaft zu sein. Jeder Untertan ist ein potentieller Staatsfeind, und Kontrolle ist stets besser als Vertrauen. Nur ein König, der durch seine Geheimagenten über jeden Schritt seiner Untertanen sowie über die Intentionen des Feindes informiert wird und angemessen reagiert, wird seine Macht behalten und ausweiten können.

Das Staatslehrbuch des Kauṭilya ist ein normatives Werk, kein deskriptives, beschreibt also kein real existierendes Staatswesen, sondern zieht aus den politischen Erfahrungen vieler Jahrhunderte die notwendigen Konsequenzen und empfiehlt dem König im Optativ, dass er dies oder das tun möge oder zu unterlassen habe. Wir werden später erörtern, ob sich in der Geschichte reale Belege für Spionage nachweisen lassen.

«Tausendäugig»

Den ältesten Beleg für unser Thema haben wir im ältesten überlieferten Text zu suchen, nämlich im Rigveda (um 1000 v. Chr.), der uns in vedischem Sanskrit verfasste Hymnen an viele verschiedene Götter bewahrt hat. Die durch Lobpreis verherrlichten Götter werden oft mit den Insignien königlicher Macht versehen und als in den Himmel projizierte Großkönige verstanden. Von Varuṇa heißt es, dass er in einem Palast mit tausend Säulen und tausend Toren residiert, und an anderer Stelle wird er als «tausendäugig» (sahasrākṣa) bezeichnet und es wird hervorgehoben, dass er die Wahrheit und Lüge der Menschen erspäht. Auch ein König weiß alles auf Erden oder sollte es wissen, denn nur so kann er seine Macht bewahren und mehren, aber das gelingt ihm nur durch einen perfekt funktionierenden Geheimdienst. Ein Bahuvrîhi-Kompositum des Sanskrit bezeichnet den König treffend als einen, «der Späher als Augen hat» (cāra-cakṣus), und im politischen Traktat des Kāmandaka XIII, 28 heißt es: «Der König, der Späher als Augen hat, ist wach, selbst wenn er schläft.» Der Kontext zeigt, dass Spionage als respektabel galt, weil sie für den Machterhalt der Monarchie unabdingbar war.

Die Späher (epískopoi) in einem Augenzeugenbericht

Zu den ältesten Belegen für Spionage in Indien gehört der Augenzeugenbericht eines Fremden: Am Hof des schon genannten Königs Candragupta Maurya weilt nach 320 v. Chr. der Grieche Megasthenes als Gesandter des Diadochenherrschers Seleukos Nikator in Palibothra, so die griechische Form für Pāṭaliputra (das heutige Patna in Bihar). Sein Bericht, der nur fragmentarisch bei späteren griechischen und danach auch bei römischen Autoren überliefert ist, birgt vieles, was nur auf den ersten Blick anfechtbar erscheint. Anders als die altindische Tradition, die vier Kasten mit den Brahmanen und den Kriegern als die zwei oberen nennt, zählt Megasthenes sieben Gruppen auf: 1. die Philosophen, 2. die Landleute, 3. die Hirten, 4. die Kunsthandwerker, 5. die Krieger, 6. die Späher und 7. die königlichen Ratgeber. Hier sollten wir keinen eklatanten Widerspruch zur Vierkastenordnung der Inder vermuten, denn ein Fremder sieht ein Land mit anderen Augen als der Einheimische und ist mehr geneigt, das allzu Augenfällige zu beschreiben.

Megasthenes schreibt nach der Überlieferung bei Arrian: «Die sechste Klasse der Inder sind die sogenannten Aufseher. Sie überwachen, was im Lande und in den Städten geschieht, und melden dies dem König, sofern die Inder von einem König beherrscht werden, oder den Behörden, soweit sie unabhängig sind. Sie dürfen nichts Falsches melden; und kein Inder wurde je angeklagt, gelogen zu haben.»[2]

Es springt besonders ins Auge, dass die epískopoi («Späher» ist klarer als «Aufseher») als eigene Gruppe genannt werden. Vermutlich wurde Megasthenes am fremden Hof ständig observiert und war sich dessen bewusst. Die generalisierende Aussage am Ende dieses Passus liegt auf der gleichen Ebene wie die Feststellung des Megasthenes, dass es in Indien keine Sklaven gebe. Berichte über fremde Länder neigen mitunter zu Übertreibungen im Guten. Das geschieht aus verschiedenen Gründen. Einer mag darin zu suchen sein, dass man durch das Lob der Fremde die Zustände im eigenen Land kritisiert.

Der Geheimdienst im Staatslehrbuch des Kauṭilya

Kauṭilya unterscheidet je nach Tarnung und Aufgabenbereich verschiedene Typen von Geheimagenten oder Spionen. Wir verwenden die Begriffe wie «Spion», «Geheimagent» «Späher» und so weiter wie auch «Geheimdienst» und «Spionagewesen» als Synonyme und tragen nicht heutige Bedeutungsunterschiede, die etwa zwischen Spion und Kundschafter bestehen, ins klassische Indien. In den hier zitierten Sanskrittexten haben die verschiedenen Bezeichnungen für den Spion keine abwertenden Konnotationen. Differenziert ist der neuzeitliche Gebrauch von «Botschafter» und «Gesandter». Wir übersetzen hier dūta (wörtlich «Bote») durchweg mit «Gesandter».

Kauṭilya gibt dem König Empfehlungen, welche Personen für den Spionagedienst zu rekrutieren sind. In I,19 erfahren wir, dass der König Tag und Nacht, die in je acht Zeitabschnitte unterteilt sind, einen festen Terminplan zu befolgen hat. Tagtäglich soll sich der König um den Geheimdienst kümmern. «Im fünften Teil des Tages soll er die geheimen Mitteilungen der Spione zur Kenntnis nehmen» .... «Im ersten Teil der Nacht sehe er die Geheimagenten» ... «Im siebenten schicke er die Geheimagenten los.» (Auf diese Stelle beruft sich der moderne indische Geheimdienst.)

Es liegt in der Eigenart dieses Staatslehrbuches, dass der König alle politischen Fäden in der Hand hat, auch wenn dies praktisch unmöglich erscheint wie in diesem Falle angesichts der Vielzahl von Geheimagenten und Spionageanlaufstellen.

Eine der Grundregeln im Umgang mit den Geheimagenten muss besonders hervorgehoben werden: «Glaubwürdigkeit besteht bei der gleichen Aussage von Dreien» (I,12,15). Wir sehen hier, dass das Staatslehrbuch sehr wohl mit der Möglichkeit rechnet, dass ein Agent eine falsche Aussage macht, weil er sich irrt oder weil er im Dienst der Gegenspionage steht. Bei wiederholt falschen Aussagen wird sogar die «stille Strafgewalt» angedroht, über die wir noch zu reden haben. Übrigens sieht auch die Rechtsprechung vor, dass erst die Aussage dreier Zeugen beweiskräftig ist.

Zwei Gruppen von Geheimagenten

In Kauṭilya I, 11 und 12 werden zwei Gruppen von Geheimagenten (gūḍhapuruṣa, «Geheimmann») unterschieden: Stationäre, die auch als Anlaufstellen dienen, und Mobile. Folgende fünf Typen gehören zur ersten Gruppe:

1. Der erstgenannte Typ (kāpaṭika) ist nicht sicher zu eruieren. Vielleicht handelt es sich um einen Pilger oder Scholaren. Er soll vom Ratgeber (mantrin) durch Geld und Ehrungen angeworben werden und hat alles «Unheilvolle», das er sieht, zu melden.
2. Der zweite ist ein seinem Gelübde untreu gewordener Bettelmönch, der, mit viel Geld ausgestattet, auf einem zugewiesenen Grundstück Arbeiten ausführt, von deren Erträgen er andere Abtrünnige für den Spionagedienst gewinnt. Diese wiederum sollen in ihren Gruppen neue Agenten anwerben.
3. Hier handelt es sich um einen verarmten Bauern, der auf zugewiesenem Land arbeitet und mit den Erträgen genauso verfährt wie der Bettelmönch.
4. Der vierte ist ein verarmter Händler, dem ein Grundstück für den Handel zugewiesen wird. Er soll mit den Erträgen verfahren wie der Bettelmönch und der Bauer. (Die Aufgaben für den 2., 3. und 4. Typ werden mit denselben Worten formuliert!).
5. Der fünfte ist ein kahler oder Flechten tragender Asket, der sich mit vielen Schülern nahe einer Stadt niederlässt. Er soll Prophezeiungen machen, deren Eintreffen ihm Agenten bestätigen, und damit Vertrauen erwecken.

Die Angehörigen dieser fünf stationären Gruppen verwalten Spionageanlaufstellen und werben ihrerseits in ihrem Umkreis neue Agenten an. Ihre Bezüge sind doppelt so hoch wie die der zweiten Gruppe, die sich aus Wanderagenten zusammensetzt.

Zur zweiten Gruppe gehören vier Typen:

1. Die sattrin: Die Angehörigen dieses Typs sollen Körperzeichen und Omina deuten können und verschiedene Zauberkünste beherrschen. Das Wort wird nach der Bedeutung von sattra («Hinterhalt») meist mit «Hinterhältler» wiedergegeben, doch ist diese Übersetzung zu eng, denn dieser Typ von Spion hat weitgefächerte Aufgaben bis hin zum Auftragsmord. Wir sprechen daher von Sattrin-Agenten.
2. Die Bravi (tīkṣṇa) sind tapfere Männer, die unter Einsatz ihres Lebens gegen Elefanten und Tiger kämpfen würden.
3. Die Giftgeber (rasadâ) sind solche, die ohne Zuneigung zu ihren Verwandten, grausam und indolent sind.
4. Hier werden Frauen des Geheimdienstes genannt: die Wandernonne sowie die verwitwete Brahmanin, die zu den Familien der hohen Würdenträgern Zugang haben.

Die Agenten der zweiten Gruppe, deren (vorgespielte) Heimat, Beruf, Kleidung, Sprache und gute Familie Vertrauen erwecken, soll der König dazu verwenden, die hohen Beamten des Reiches zu überwachen. Hier unterscheidet das Staatslehrbuch eine Observierung des öffentlichen Auftretens der Würdenträger und eine solche ihres Privatlebens. Das öffentliche Auftreten sollen die Bravi beobachten die deren Insignien (wie den Schirm) tragen oder ihre Reittiere und Wagen betreuen, wohingegen die Privatsphäre durch Giftmischer auszuforschen ist, die als Köche, Kellner, Badewärter, Barbiere und so weiter fungieren (und damit den engsten beruflichen Kontakt zu den Auszuspähenden haben).

Bucklige und Zwerge

Um die hohen Beamten auszuspähen, werden (I, 12) noch andere Typen genannt, die in der systematischen Liste der Geheimagenten nicht auftauchen: Bucklige, Zwerge, Angehörige von Dschungelstämmen, Stumme, Taube und Irre; weiterhin Schauspieler, Tänzer, Sänger, Musikanten, Barden, Mimen und (deren) Frauen. Bettlerinnen sollen ihre Beobachtungen den Spionageanlaufstellen berichten. Bucklige, Zwerge und andere dieser Liste, die auch in den Epen vorkommen, gehören gerade auf Grund ihres auffälligen Aussehens und Verhaltens zu den Vertrauenspersonen eines Königs. Sie sind ihm ergeben, weil er sie in seinen Hofstaat aufgenommen hat. Ihr eklatantes Anderssein verhindert, dass sie konspirieren – die ewige Furcht der Monarchen. Für die Würdenträger gelten sie, wie auch die Diener in der Umgebung des Königs, nur als Accessoires der Herrschaft. Um so ungestörter können diese Andersbegabten Beobachtungen machen und diese ihrem Dienstherrn mitteilen. (Auch westliche Höfe hatten ihr lebendes Kuriositätenkabinett mit Kammerzwergen und Sonderlingen – denken wir nur an das Gemälde «Las Meninas» von Velasquez oder an die grotesken Gestalten im Barock.) In Kauṭilya I, 21, 1 ist der König, wenn er sich morgens von seinem Lager erhebt, von bogenbewehrten Amazonen umgeben, im zweiten Hof von Kammerdienern und Eunuchen, im dritten von Buckligen, Zwergen und Angehörigen von Dschungelstämmen und schließlich im vierten von Ratgebern, Verwandten und bewaffneten Türhütern. Diese vier Höfe waren gleichsam Sicherheitscordons, für die allerdings historische Belege nicht zu erbringen sind. Auch der dritte Hof stellte eine Art Schutzzone dar, an der Intrigen von außen abprallen mussten. Wie die Amazonen waren auch die Buckligen und Zwerge durch ihr Äußeres festgelegt und kamen als Usurpatoren nicht in Frage.

Der Obersteuereinnehmer, der Untertanen mit geheimen Einkommen auf dem Lande kontrolliert, soll für diese Aufgabe folgende Personen rekrutieren: (verkappte) Heilige, Asketen, Gaukler, Wahrsager, Astrologen, Ärzte, Verrückte, Bucklige, Stumme, Taube, Blöde, Blinde, sowie verschiedene Händler und Verkäufer (IV, 4). Die eigentliche Agententätigkeit fällt aber den in I, 12 genannten «Hinterhältlern» (sattrin) zu.

Die hier gebrachte Aufzählung hat keine Entsprechung zur Klassifizierung der Spione in I, 11 f., jedoch einige Übereinstimmungen mit den in I, 12 nachträglich aufgezählten Spionen.

Es erstaunt, dass der Typ der Mata Hari in den systematisierten Listen nicht erscheint. Gelegentlich empfiehlt aber Kauṭilya die Verwendung verführerischer Frauen, so zur Ausschaltung von Verbandshäuptlingen, die durch «ganz junge Frauen von höchster Schönheit» betört werden sollen (XI, 1, 34). Der Gesandte soll Frauen und Rauschtrank meiden (I, 16, 21). Nur eine Märchenfigur ist wohl das Giftmädchen, dessen bloße Umarmung den Tod bringen soll (s. u.).

Die Verwendung der Geheimagenten

a) Der Einsatz im eigenen Land

Kapitel I, 10 führt im einzelnen aus, wie Geheimagenten die Loyalität von gerade eingesetzten Ministern durch listige Prüfungen (upadhā) feststellen sollen. Diese Prüfungen werden nach den von uns schon erwähnten drei Lebenszielen dharma (religiöse Pflicht), artha (Erfolg) und kāma (Liebe und Genuß) unterschieden. Hinzu kommt als viertes die Prüfung der Angst.

1. Der König soll seinen Hofkaplan zum Schein entlassen. Dann soll dieser Hofkaplan jedem einzelnen Minister durch Sattrin-Agenten zuflüstern lassen: ‹Dieser König verletzt die religiöse Pflicht. Wir setzen nun einen anderen ein, der fromm ist .... Allen gefällt das, oder wie steht es mit dir?› Wenn er sich weigert, ist er lauter. Dies ist die Dharma-Prüfung.»
2. Der Heerführer, der zum Schein entlassen wurde, soll durch Sattrin-Agenten jeden einzelnen Minister durch verführerische Belohnungen zur Ermordung des Königs mit den Worten anstiften lassen: «‹Allen gefällt das, oder wie steht es mit dir?› Wenn er sich weigert, ist er lauter. Dies ist die Artha-Prüfung.»
3. Eine Wandernonne, die Vertrauen genießt und im Frauengemach angesehen ist, soll jedem einzelnen Minister zuflüstern: «‹Die Hauptgemahlin des Königs begehrt dich und hat Vorbereitungen für eine Begegnung getroffen. Auch wirst du großen materiellen Vorteil haben.› Wenn er sich weigert, ist er lauter. Das ist die Kāma-Prüfung.»
4. Anlässlich eines Festes soll ein Minister alle anderen Minister einladen. Aus (scheinbarer) Beunruhigung darüber soll der König diese gefangensetzen. Ein Kāpaṭika (das ist ein als Schüler verkleideter Agent), der zuvor eingesperrt wurde, soll jedem der Minister, die Geld

und Ehre verloren haben, zuflüstern: «‹Dieser König unternimmt Schlimmes. Lasst uns ihn töten und einen anderen einsetzen.› Wenn er sich weigert, ist er lauter. Das ist die Prüfung mit der Angst.»

Wir wissen nicht, ob in dieser oder in variierter Form Minister geprüft wurden. Da es auch heutzutage Belege dafür gibt, dass Untergebene überprüft werden, sind diese Prüfungen nicht grundsätzlich als Hirngespinste auszuschließen.

Ein besonders heikles Problem stellen die Prinzen dar. Nicht nur die indische Geschichte hat gezeigt, dass die Königssöhne eine besonders große Gefahr für den König darstellen. In Kauṭilya I, 17 werden einige Staatslehrer zu dem Problem zitiert, wie der König mit den Prinzen umgehen soll. Einer vertritt die Ansicht, dass Königssöhne wie Krebse ihre Erzeuger fressen, weshalb die «stille Strafgewalt» (s. u.) besser sei. Dem widerspricht ein anderer, der diese Maßnahme für grausam und eine Vernichtung des Samens der Kriegerkaste hält. Er und andere halten die Verbannung an einem bestimmten Ort für ratsam. Ein anderer empfiehlt, Prinzen durch Vergnügungen abzulenken. Aber Kauṭilyas Empfehlungen zielen darauf ab, durch Sattrin-Agenten dem Prinzen die Gefahren der Vergnügungen vor Augen zu führen. Wer auf Frauen aus ist, soll durch vermeintlich edle Frauen bei einem Stelldichein in einem einsamen Haus erschreckt werden, der dem Trunk ergebene durch gepanschte Getränke, wer das Würfelspiel liebt, durch Falschspieler und der der Jagd Ergebene durch Wegelagerer.

Auch die Justiz muss überwacht werden: In IV,4,6 soll ein Sattrin-Agent zu einem Richter sprechen: «Dieser Angeklagte ist mein Verwandter. Wirke seinem Unglück entgegen und erhalte diese Belohnung.» Geht der Richter darauf ein, soll er wegen Korruption verbannt werden.

Ein geheimer Vorgang ist so singulär, dass Kauṭilya keinen festen Typ vorschreiben will. Da heißt es nur, dass in der Schlacht ein Königs-Double an die Spitze der Streitmacht zu stellen ist (X,3,42) oder dass der Minister nach dem Tode des Königs den Untertanen und Gesandten ein Double zeigen soll, bis ein genehmer Nachfolger gefunden ist (V, 6, 3).

Kapitel I, 13 behandelt die Manipulation der Bevölkerung im eigenen Land. Die wichtigste Zielgruppe der Ausforschung sind die hohen Würdenträger des Reichs. Des weiteren ist die Stadt- und Landbevölkerung zu beobachten. Diese soll durch Geheimagenten auch propagandistisch beeinflusst werden: Zwei Sattrin-Agenten sollen an Plätzen, auf denen viele Menschen zusammenkommen, einen Disput beginnen. Der eine soll die Rolle eines agent provocateur spielen und sagen: «Da heißt es, der König habe alle Vorzüge, aber man sieht keinen Vorzug bei ihm, der die Menschen in der Stadt und auf dem Land mit Strafen und Steuern bedrückt.» Diesem Agenten und jenen, die ihm beipflichten, soll dann der andere Agent widersprechen und sagen, dass die Menschen früher unter dem «Fischzustand» litten (wo die Großen die Kleinen fraßen) und deshalb einen König wählten. «Den sechsten Teil des Getreides und den zehnten Teil der Handelswaren und das Gold machten sie zu seinem Anteil; dadurch gestärkt, bringen die Könige den Untertanen Wohlstand und Sicherheit.» Mit dieser Argumentation wird die Monarchie als ‹Contrat social› dem Volke nahegebracht und aufrührerischen Tendenzen vorgebeugt.

b) Der Einsatz im fremden Land

Kauṭilya I, 14 behandelt die Manipulierbaren im Reich des Grenznachbarn. Es ist nach der Sanskrit-Geometrie der Macht zwangsläufig das Reich des Feindes. Als manipulierbar gelten vier Gruppen von Unzufriedenen: Die Gruppe der Zornigen, der in Angst Lebenden, der Habsüchtigen und der Stolzen. Geheimagenten sollen nun die Angehörigen dieser Gruppen unter Berücksichtigung ihrer individuellen Verfassung aufwiegeln. Zu einem Angehörigen der Gruppe der Erzürnten sollen kahl geschorene oder Flechten tragende Agenten sagen: «Wie ein brunstblinder Elefant, den ein Wahnsinniger lenkt, alles was er erreicht, zertrampelt, so ist dieser König, der für das Lehrbuch blind ist, aufgestanden, um Städter und Landleute zu vernichten. Es ist möglich, ihm zu schaden, indem man einen Gegenelefanten aufstachelt. Zeige deine Wut!» Analog wird die Gruppe der in Angst Lebenden, der Habsüchtigen und der Stolzen angestiftet, zum König des anderen Landes überzulaufen.

Es verblüfft, wie psychologisch geschickt und ihrer Gemütsverfassung gemäß diese vier Gruppen behandelt werden. Die Wut der Zornigen wird gesteigert, um sie zum aktiven Widerstand aufzuhetzen. Den in Angst Lebenden wird noch mehr Angst eingejagt, um sie zum Verlassen ihres Landes zu bewegen. (Für den Widerstand wären sie zu feige!). Den Habsüchtigen wird verdeutlicht, dass sie von ihrem König keine Vorteile erwarten können, aber sehr wohl vom König des Nachbarlandes, der sie herüberziehen möchte. Die Stolzen werden bei ihrer Arier-Ehre gepackt, um sie zur Flucht zu veranlassen. Grundsätzlich gilt es als gute Politik, die Untertanen des Feindes zu sich herüberzuziehen. Auch hierbei sind Geheimagenten als Abwerber tätig.

«Stille Strafgewalt»

Wenn es die Staatsräson erfordert, empfiehlt das Staatslehrbuch des Kauṭilya die «stille Strafgewalt». Im Inland bedeutet sie die Ausschaltung politisch Missliebiger ohne Gerichtsverfahren durch heimliche Ermordung oder durch ihr spurloses Verschwindenlassen in ‹Oubliettes›, um den hier so passenden Ausdruck aus einer ganz anderen Machtsphäre zu gebrauchen. In solchen Fällen sind Geheimagenten (besonders die Bravi und Sattrin-Agenten) unentbehrlich. In Kauṭilya V,1 wird eine ganze Reihe von Möglichkeiten durchgespielt. Beispielsweise werden verräterische Würdenträger vom König zur Audienz gerufen. Begleitet werden sie von Bravi, die verborgene Waffen bei sich tragen. Von den Türhütern zur Rede gestellt, sollen sie sagen, sie seien von den Würdenträgern gedungen worden. Auf diese falsche Aussage hin sollen die Türhüter die Würdenträger töten.

Im Ausland gehört die Ausschaltung der Mächtigen zur Aufgabe des Geheimdienstes. In XIII, 2 werden viele Beispiele genannt, wie der feindliche König ermordet werden kann. Er muss aus seiner Residenz hervorgelockt werden, indem man ihn neugierig macht, etwa auf einen Heiligen, der angeblich vierhundert Jahre alt ist. Geht der König darauf ein, soll ihn ein Agent töten. Ist der König ein Lüstling, sollen ihn Sattrin-Agenten zu einem fingierten Stelldichein verleiten. Geht er darauf ein, sollen ihn «im Hinterhalt versteckte Agenten» umbringen. (An dieser Stelle trifft die etymologische Übersetzung «Hinterhältler» für sattrin zu.).

Zopyros-List

Die geheimdienstlichen Operationen kennen auch eine Variante, die wir nach einer Geschichte bei Herodot «Zopyros-List» nennen. Der Perser Zopyros läuft zu den Babyloniern über, nachdem er sich Nase und Ohren abgeschnitten hat. Als vermeintliches Opfer seiner Landsleute gewinnt er das Vertrauen der Babylonier und verhilft dem Perserkönig Dareios I. zur Eroberung Babylons. Auch Kauṭilya XIII,3, 11 ff. bedient sich dieser List: der König soll einen hohen Beamten zum Schein in Ungnade entlassen. Dieser soll zum Feind überlaufen und einige wertlose Agenten enttarnen. Hat er das volle Vertrauen gewonnen, soll er wichtige Amtsinhaber des feindlichen Staates verdächtigen und ihre Hinrichtung mit den Worten erreichen: «Gewiss steht der und der in enger Verbindung mit deinem Feind.»

Die Aufgabe des Gesandten (dūta)

Kauṭilya (I,16) unterscheidet drei Arten von Gesandten: den Bevollmächtigten, den mit begrenztem Auftrag und den Überbringer von Nachrichten. Der erstere stellt die offiziellen Kontakte zum Nachbarkönig her. Er wird mit Gefolge losgeschickt und soll schon unterwegs das Terrain erkunden, das für Feldschlachten in Betracht kommt. Auch soll er Kontakte zu den Grenzkommandanten (des Gegners) knüpfen, die Größe der Festungen erkunden und Schwachstellen aufspüren. Am fremden Hofe angekommen, soll er dem anderen König seinen (jeweiligen) Auftrag melden und an dessen Verhalten erkennen, ob er freundlich empfangen wird. Ist jener König aber ungnädig, soll der Gesandte ihm folgendes sagen: «Die Könige reden mit dem Mund der Gesandten, du und die anderen: Deshalb reden Gesandte wie sie beauftragt wurden, selbst wenn die Waffen gezückt sind, und man darf sie nicht töten .... Hier handelt es sich um Gesandtenrecht.» Mit diesen Worten erinnert der Gesandte an gültige Rechtsnormen im Verkehr zwischen den Staaten. Trotzdem muss der Gesandte damit rechnen, dass sich der andere König nicht an diese Vorschrift hält. Denn wenn der Gesandte eine unerwünschte Botschaft mitzuteilen hat, rät ihm Kauṭilya an, aus Furcht vor Einkerkerung oder Hinrichtung zu fliehen.

Kauṭilya sagt ganz offen, dass der Gesandte beim Nachbarkönig geheimdienstliche Aufgaben erfüllt. Er informiere sich über die Aktivitäten der Spione und erkunde, wie die Stimmung für den (fremden) Herrscher ist und wo sich die Schwächen der staatstragenden Faktoren befinden (I,16,24). Kāmandaka (XIII,32) nennt zwei Arten von Spionen, die offenen und die verdeckten. Der offene ist der Gesandte. Bereits P. V. Kane[3] zitierte 1946 aus der Encyclopaedia Britannica (s. v. espionage) die unverblümte Feststellung: «An ambassador is often nothing more than an honourable spy acting under the protection of the law of nations.»

Die Besoldung

Kauṭilya V, 3 bringt eine Besoldungsliste, welche die Spione einbezieht. Danach erhält zum Beispiel der Ratgeber des Königs, der Hofkaplan, der Feldmarschall, die Königin-Mutter und die Hauptgemahlin 48 000 paṇas. Die obersten Staatsbeamten, darunter der Obersteuereinnehmer, erhalten 24 000, die Prinzen und Aufseher 12 000, höhere Offiziere 8000, Wahrsager, Astrologen, Barden 1000, Infanteristen, Schreiber 500, Schauspieler 250, Handwerker 120, Diener, Hüter 60. Nachgestellt ist die Besoldung des Geheimdienstes. Die erste Gruppe der Spione erhält 1000, die zweite Gruppe 500, während die Zuträger von Nachrichten 250 paṇas erhalten. Wo sonst in alter Zeit findet sich eine Gehaltsliste, welche die Angehörigen des Geheimdienstes einbezieht?

Geheimagenten in der Sanskrit-Dichtung

Da das Staatslehrbuch des Kauṭilya ein normatives Werk ist, müssen wir fragen, ob seine Lehren befolgt wurden. Das alte Indien hat keine Historiographie wie das alte China, Griechenland oder Rom hervorgebracht. Historische Vorgänge dienten als Stoffe für die Dichtung wie bei Kālidāsa oder wurden in die Mythologie integriert wie in den alten Legenden (Purāṇas). Die beiden großen Epen Indiens, das Mahābhārata und das Rāmāyaṇa, berichten Sagenhaftes. Die politischen und kriegerischen Verwicklungen, welche große Teile der Epen ausfüllen, bieten Gelegenheit, grundsätzliche Probleme der Staatslehre anzugehen. In der Tat finden wir in diesen Epen die ältesten überlieferten Darlegungen über Spione und Gesandte.

Als Kundschafter *und* als Gesandter erscheint im Sanskrit-Epos Rāmāyaṇa der Affe Hanuman. Nachdem Sītā, die Gattin des Königs Rāma, von dem Dämonen Rāvaṇa nach Sri Lanka entführt worden ist, erkundet Hanuman die militärischen Stellungen Rāvaṇas und überbringt diesem die Botschaft, er solle Sītā zurückgeben, sonst würde er mit Krieg überzogen. Der über dieses Ultimatum empörte Rāvaṇa will Hanuman hinrichten lassen, doch wird er aus den eigenen Reihen auf das Gesandtenrecht hingewiesen: Gesandte führen nur den Auftrag ihres Herrn aus; an ihnen darf nicht die Todesstrafe vollzogen werden. Allerdings werden Körperstrafen und Entehrungen (wie das Kahlscheren des Kopfes) für zulässig erklärt. Daraufhin ordnet Rāvaṇa boshaft an, den Schwanz des Affen Hanuman in Brand zu setzen. Der Feuergott Agni rettet schließlich Hanuman.

Eine Schlüsselrolle spielen Geheimagenten im Sanskrit-Drama «Mudrārākṣasa». Der Hauptakteur dieses Stückes ist der legendäre Kauṭilya, der hier unter seinem anderen Namen Cāṇakya erscheint. Cāṇakya will seinen Herrn Candragupta zum ersten König der Maurya-Dynastie machen und zu diesem Zweck den Minister der Gegenpartei auf die Seite Candraguptas ziehen. Es gelingt ihm durch den geschickten Einsatz von Geheimagenten, zu denen auch ein «Giftmädchen» gehört, in dessen Umarmung der König der Gegenpartei den Tod findet. Die Lektüre führt zu der Überzeugung, dass Intrigen allemal erfolgreicher sind als offener Kampf, der zu großen Verlusten führt und dessen Ausgang zweifelhaft ist.

Historische Belege

Wir dürfen vermuten, dass die Großen der indischen Geschichte dieses Drama kannten und dass ihnen ihre Pandits die Lehren Kauṭilyas vermittelten. Gewiss waren die Herrscher sich bewusst, dass sie einen funktionierenden Geheimdienst brauchten, schon deshalb, weil der Gegner einen hatte. Den Gegner zu überlisten, im kalten Krieg die Oberhand zu haben, war die wahre Politik des Erfolges. Um so mehr bedauern wir, dass es uns die Quellen nicht erlauben, den geheimdienstlichen Untergrund historischer Ereignisse konkret zu beschreiben.

Nach 1200 n. Chr. entstehen im Norden des indischen Subkontinents mehrere muslimische Großreiche, über deren Geschichte die Muslime selber genau berichteten. Lesen wir zum Beispiel die Erinnerungen des ersten Mogul-Kaisers Baber (reg. 1526–30), so werden wir über seine Feldzüge minutiös unterrichtet. Informationen überbringen Gesandte oder einfache Boten, die offen agieren und Immunität genießen. Wir lesen in seinem Bericht des Jahres 1526/27: «Mehrmals schon hatte ich Qutb Khan in Atava Briefe überbringen lassen, die Versprechungen und Drohungen enthielten.» Baber entsendet nach seiner eigenen Darstellung also Gesandte, nicht aber Spione oder gar Auftragsmörder. Immerhin schildert er genau, wie er selbst einen Giftanschlag auf seine Person mit knapper Not überlebt hat. Ein gedungener Vorkoster hatte Babers indischen Koch bestochen, Gift ins Essen zu mischen.

Auch in späteren Geschichtsquellen findet sich keine systematische Darstellung des Geheimdienstes. Im Gegenteil: Während Kauṭilya besondere Termine für das Empfangen und Entsenden von Spionen vorsieht, ist davon in dem uns überlieferten Terminplan der Mogul-Kaiser Jahāngīr und Shah Jahān nicht die Rede. Wir erfahren nur, dass im Raum für private Audienzen und im Badebereich besonders vertrauliche Angelegenheiten zu festgesetzten Zeiten besprochen wurden.

Wie steht es nun mit den Hindu-Reichen, die neben den muslimischen Staaten bestehenblieben und diese überdauerten? Als Beispiel erwähnen wir die Dynastien der Rajputen, also der Maharajas von Rajputana (heute Rajasthan), die in immerwährender Fehde liegen. James Tod, der Anfang des 19. Jahrhunderts als britischer Vertreter an den Höfen der Rajputen weilte, hat detaillierte Aufzeichnungen hinterlassen, die das chevalreske Image dieser Fürstenstaaten arg beschädigen. Wir erfahren von Meuchelmorden und von der ständigen Furcht, einem Attentat zum Opfer zu fallen, aber wir hören nichts von einem organisierten Geheimdienst. Man gewinnt den Eindruck, dass die größte Gefahr nicht von gedungenen Mördern drohte, sondern von engen Vertrauten und nächsten Verwandten. Die beste Gelegenheit für ein Attentat boten offensichtlich

Jagdausflüge. So nutzt ein Rajpute das Durcheinander einer Jagd, um sich an einem persönlichen Gegner für eine erlittene Schmach zu rächen. Mit den Worten «Now is the moment to slay the boar» schießt er den Pfeil auf seinen Widersacher statt auf den Eber.[4]

Tempi passati würde man gerne sagen, aber die Geschichte belehrt uns eines schlechteren. Im 20. Jahrhundert werden in Afghanistan mehrere Umsturzversuche unternommen, zwei Könige fallen Attentaten zum Opfer (1919 und 1933). In frischer Erinnerung sind uns noch die Attentate auf Indira Gandhi 1984, die von der eigenen Leibwache ermordet wurde, und auf ihren Sohn Rajiv, der 1991 von einer Bombe getötet wurde, die eine Frau in einem Blumenstrauß versteckt hatte. Dagegen hatte der Mord an der nepalesischen Königsfamilie, den der Kronprinz am 1.6. 2001 in Kathmandu beging, keinen politischen Hintergrund. Hier handelte es sich wohl um «erweiterten Selbstmord.»

Kim und das «große Spiel» (the «Great Game»)

Rudyard Kiplings intensive Indienerfahrung ist eingegangen in seinen berühmten Roman «Kim» (1900). Kipling erzählt die Geschichte von einem halb-irischen Waisenknaben, der in den Basaren von Lahore wie ein indischer Gassenjunge aufwächst. Kim besitzt ein Amulett, aus dem hervorgeht, dass sein Vater Unteroffizier der britischen Armee in Indien war. Als den Briten dieser Umstand bekannt wird, schicken sie ihn auf ihre Schule in Lucknow. Da sie erkennen, dass Kim ein pfiffiger Junge ist, der wie ein Inder spricht und als Inder gelten kann, wird er für den Spionagedienst bestimmt. Er lernt das Kartenzeichnen und wird zum Landmesser ausgebildet, ein hervorragender Tarnberuf, wie der des Pferdehändlers Mahbub, von dem Kim seine ersten Spionageaufträge bekommen hatte. Er kommt nach Simla, in die Sommerhauptstadt des Vizekönigs, die als Spionagezentrum beschrieben wird: «... here are discussed by courtesans the things which are supposed to be profoundest secrets of the India Council; and here gather all the sub-sub-agents of half the native states.» Wir können voraussetzen, dass ein Indienkenner wie Kipling diese Rolle von Simla genau kannte.

Kim fühlt sich heimisch auf diesem exotischen Abenteuerspielplatz. Er ist erfolgreich als Kundschafter, und in der Bergregion des Nordens gelingt ihm sogar ein Coup gegen die russische Infiltration. Er macht seine Sache gut. Ob die Sache gut ist, wird von Kipling in diesem Roman nicht erörtert. Kim ist glücklich, so erfolgreich am «großen Spiel» mitwirken zu können. Er hat Spaß am höheren Indianerspiel in den bunten Basaren Indiens, und man begreift, warum Kipling einmal der boy scout genannt wurde, der nie erwachsen wurde. Kipling versteht es hervorragend, die Sympathie des Lesers auf den jungen Geheimagenten zu lenken und das pittoreske Milieu anschaulich zu schildern.

Mit Kiplings «Kim» haben wir den Boden von Britisch-Indien betreten und gesehen, wie selbstverständlich für Kipling eine Tätigkeit im Geheimdienst ist. Hier steht er ganz in der britischen Tradition, die Intelligence wertfrei als eine Sache der Intelligenz und nicht als eine der Ethikdiskussion betrachtet. Das im Vorder-Himalaya gelegene Simla war Hauptquartier des Intelligence Department der britischen Indienarmee seit 1885, als Generalmajor Sir Charles MacGregor zum Leiter ernannt wurde. Die Hauptaufgabe dieses Spionagezentrums bestand darin, Material über russische Truppenbewegungen in Zentralasien zu sammeln und auszuwerten.

Das «große Spiel» in neuer Besetzung

Verlassen wir nun das Indien der Maharajas, Mogulkaiser und Vizekönige und erlauben uns einen Blick auf Pakistan und Indien, die 1947 als Nachfolgestaaten Britisch-Indiens entstanden. Indien und Pakistan nehmen jetzt als unabhängige Staaten am neuen «großen Spiel» teil, aber ihre Geheimdienste haben, wie wir sehen werden, weit umfassendere Aufgaben:

1. Der pakistanische Geheimdienst (Directorate for Inter-Services Intelligence = ISI) wurde 1948 von dem britischen Generalmajor R. Cawthome begründet, der damals stellvertretender Stabschef in der pakistanischen Armee war. Zu den Aufgaben des ISI gehören: «collection of foreign and domestic intelligence; coordination of intelligence functions of the three military services; surveillance over its cadre, foreigners, the media ...» Das ISI, dessen Zentrale sich in Islamabad befindet, besteht aus mehreren Unterabteilungen, die mit besonderen Aufgaben betraut sind wie dem Joint Counter Intelligence Bureau (JCIB), dem Joint Intelligence/North (JIN), dem Joint Signal Intelligence Bureau (JSIB) und anderen. Das JCIB betreibt unter anderem «intelligence operations in the Middle East, South Asia, China, Afghanistan and the Muslim republics of the former Soviet Union.» Das JIN ist «responsible for Jammu and Kashmir operations», und das JSIB «operates a chain of signals intelligence collection stations along the border with India ....»

2. Der indische Geheimdienst, der sich unter Berufung auf das Staatslehrbuch des Kauṭilya rühmen kann, der älteste der Welt zu sein, besteht aus verschiedenen Büros. Das Central Bureau of Investigation (CBI) ist mit verschiedenen Fragen von Wirtschaftskriminalität und der nationalen Sicherheit betraut. Das Joint Intelligence Committee (JIC) analysiert die «intelligence data» folgender Dienste: Intelligence Bureau (IB), Re-

search and Analysis Wing (RAW), Directorate of Military Intelligence, Directorate of Naval Intelligence, Directorate of Air Intelligence. Das IB betreibt Inlandsüberwachung (Brief- und Telefonverkehr) im Rahmen des «Indian Telegraph Act». Der RAW ist Indiens «foreign intelligence agency» und betrieb «disinformation campaigns, espionage and sabotage against Pakistan and other neighbouring countries.» Das Army Directorate of Military Intelligence führt seine Geschichte auf das Intelligence Department der britischen Indienarmee zurück, das seine Zentrale in Simla hatte. Verschiedene Internet-Seiten, die sich mit Indiens Verteidigung befassen, wurden 1997 unter der Bezeichnung Bharat Rakshak vereinigt. Darüber hinaus gibt es noch andere Dienste: der Economic Intelligence Council entwickelt neue Strategien, um Geldwäsche und andere Wirtschaftsvergehen zu bekämpfen. Das Joint Cipher Bureau befaßt sich mit «cryptology and SIGINT» (signals intelligence).

Somit sind Pakistan und Indien hinreichend ausgestattet mit Geheimdiensten, von deren Existenz heute auf Grund des Internets jedermann wissen kann, wenn auch die Operationen weiterhin geheim bleiben. Gelegentlich werden aber geheime Vorgänge durch die Medien publik gemacht. So berichtete am 25. 12. 2001 «heise online» von einer Meldung der «Times of India»: «Weil der Attentäter, der am 13. Dezember [2001] das indische Parlament überfallen hatte, intensiven E-Mail-Kontakt mit Gesinnungsgenossen gehabt haben soll, will der indische Geheimdienst nun flächendeckend E-Mails nach verdächtigen Schlüsselwörtern scannen.»

Man staunt über den gewaltigen Fortschritt, den die moderne Technik seit den Tagen eines Kauṭilya den Geheimdiensten gebracht hat. Der Mensch indessen hat sich nicht verändert.

Stefan Weiß

Das Papsttum und seine Geheimdiplomatie

Spätestens seit Bismarck auf dem Höhepunkt des Kulturkampfs seinen berühmten Ausspruch prägte «Nach Canossa gehen wir nicht», gilt das mittelalterliche Papsttum als ebenso geheimnisvolle wie beängstigende Institution. Aus der Sicht eines Machtpolitikers ist Canossa in der Tat ein erstaunliches Phänomen. In jener großen Auseinandersetzung des 11. Jahrhunderts, die wir als «Investiturstreit» zu bezeichnen pflegen, stand auf der einen Seite König Heinrich IV. (1056–1106), der mächtigste Herrscher Europas, Herr über riesige Länder und Heere, auf der anderen Papst Gregor VII. (1073–1085), ein Herrscher ohne Heer und ohne Geld, dem alle herkömmlichen Machtmittel fehlten. Gleichwohl war es schließlich Heinrich IV., der 1077 nach Canossa gehen musste. Bei der Suche nach den Gründen liegt es nahe, an die päpstliche Diplomatie zu denken. In der Tat lässt sich zeigen, dass das hoch- und spätmittelalterliche Papsttum eine weitgespannte diplomatische Aktivität entwickelt, es die große Politik ganz Europas beeinflusst hat.

Freilich sind wir über die Tätigkeit eines päpstlichen Diplomaten nur sehr unvollkommen informiert. Wir können zwar oft die Daten seiner Abreise und Rückkehr wie auch einige Stationen seiner Reise ermitteln, über das Wichtigste aber, über seine Unterredungen mit den Königen, Fürsten und Machthabern, mit denen er zusammentraf, ist fast nie etwas bekannt. In aller Regel müssen wir von den Folgen auf die Ursachen rückschließen. Ein Beispiel: Nach seinem Bittgang nach Canossa war es Heinrich IV. gelungen, seine Position in Deutschland wieder zu konsolidieren; im Jahre 1090 war er stark genug, mit einem großen Heer nach Italien zu ziehen, um den Kampf mit Urban II. (1088–1099), dem Nachfolger Gregors VII., wieder aufzunehmen. Anfangs eilte er von Sieg zu Sieg. Rom ging zu ihm über, ein von Heinrich protegierter Gegenpapst nahm seinen Sitz im Lateran. Es schien, als stünde Heinrich vor einem vollen Erfolg. Plötzlich aber wendete sich das Blatt. Zu Beginn des Jahres 1093 verbanden sich mehrere lombardische Städte gegen ihn, sein Sohn Konrad und seine Frau Praxedis gingen zu ihnen über; Konrad trat an die Spitze eines Aufstandes gegen Heinrich, der bald ganz Oberitalien erfasste. Ein großer Teil der Truppen verließ ihn, er musste sich nach Verona zurückziehen. Dort, eingeschlossen von den Aufständischen, verbrachte er die nächsten Jahre, während Urban II. triumphierend in Rom einziehen konnte. Wir wissen nicht, wie es geschehen ist; wir wissen lediglich, dass Urban II. ein geübter Diplomat war, der bereits als Kardinal große Erfahrungen als päpstlicher Gesandter gesammelt hatte.

Diplomatische Aktivitäten freilich haben auch andere Herrscher entwickelt, sie können die besondere Rolle des Papsttums nicht erklären. Es kamen gleichsam strukturelle Elemente hinzu, die einem päpstlichen Diplomaten Vorteile vor dem Gesandten eines laikalen Herrschers verschafften.

Das Entsenden von Gesandtschaften ist ein uraltes Phänomen. Es entstand aus der Notwendigkeit, Nachrichten zu übermitteln und auszutauschen. Auch die Bischöfe von Rom pflegten seit alters her mit ihren Amtsbrüdern durch Gesandte zu verkehren. Auf den großen Konzilien der Spätantike spielten die Vertreter des Papstes eine wichtige Rolle. Als das römische Reich seine Hauptstadt nach Konstantinopel verlegte, sah sich der Papst veranlasst, dort einen ständigen Vertreter zu unterhalten, der nicht selten sein Nachfolger wurde. Auch mit den karolingischen und ottonischen Kaisern des Frühmittelalters hat man den Kontakt durch häufigen Verkehr von Gesandten aufrechterhalten. Doch erst der Investiturstreit führte zu einer grundsätzlichen Neuentwicklung der päpstlichen Diplomatie.

In dem Maße, in dem der Papst seine Befugnisse von einem bloßen Ehrenvorrang zu einer wirklichen Herrschaft über die Kirche ausbauen konnte, gewannen auch seine Gesandten an Bedeutung. Ihr Aufstieg begann um die Mitte des 11. Jahrhunderts, parallel zur Etablierung des Kardinalkollegiums. 1059 erlangten die Kardinäle das alleinige Recht, den neuen Papst zu wählen. Meist war der neugewählte Pontifex ebenfalls Kardinal gewesen. Das Kardinalkollegium entwickelte sich rasch zum wichtigsten Beratergremium des Papstes. Aus den Kardinälen rekrutierten sich seither weitgehend die päpstlichen *legati a latere*, also die Gesandten, die der Papst «von seiner Seite» absandte, Personen, mit denen er beständig umging, die mit seinen geheimsten Plänen und Absichten vertraut waren. Ein päpstlicher Legat war – um mit Gregor VII. zu sprechen – ein *nuntius Sancti Petri*[1] (ein Bote des Heiligen Petrus), das heißt, der Legat war während seiner Legation in gleicher Weise wie der Papst selbst Stellvertreter des Apostelfürsten Petrus. Er verfügte somit über die gesamte päpstliche *plenitudo potestatis* (die Fülle der Gewalt).

Daraus ergab sich eine eigentümliche Erweiterung seiner Kompetenzen. Wenn der Papst beispielsweise einen Legaten zum deutschen König sandte, so war dieser Legat einerseits – wie der Gesandte eines weltlichen Herrschers – der diplomatische Vertreter seines Herrn beim deutschen König, andererseits aber – und hierin unterschied er sich von seinem weltlichen Kollegen – war er der Vorgesetzte des gesamten

Reichsklerus. Jeder deutsche Bischof, jeder Abt, jeder Kleriker war seiner Disziplinargewalt unterstellt. Ja mehr noch: Jeder gläubige Christ, einschließlich des Königs selbst, war in Glaubensfragen der Autorität des Legaten unterworfen.

Ihre Kompetenzen haben die Legaten auf vielfältige Weise ausgeübt. Sie waren oberste Richter in allen kirchlichen Rechtsfragen; sie saßen lokalen Synoden vor; sie verbrieften Rechte und Privilegien. Selbst militärische Aufgaben hatten sie mitunter zu erfüllen. An den Kreuzzügen nahmen regelmäßig päpstliche Legaten teil. Ihnen oblag es in besonderem Maße, die Einheit eines Kreuzheeres, das sich zumeist aus zahlreichen Einzelkontingenten zusammensetzte, zu wahren. Die schärfsten Druckmittel, die einem Legaten zur Verfügung standen, waren die Exkommunikation, der Ausschluss einer Person aus der Gemeinschaft der Gläubigen, und das Interdikt, nämlich das Verbot aller gottesdienstlichen Handlungen innerhalb eines bestimmten Territoriums. Gegen diese Maßnahmen konnte nur beim Papst selbst Einspruch eingelegt werden. Besonders energische Legaten gingen sogar noch weiter. Als Kaiser Heinrich V. (1106–1125) im Jahre 1111 Papst Paschalis II. (1099–1118) gefangengenommen und große Zugeständnisse von ihm erpresst hatte, war es der Kardinallegat Kuno von Praeneste, der auf eigene Verantwortung den Kaiser exkommunizierte.[2]

Im konkreten Einzelfall muss man freilich zwischen Theorie und Praxis unterscheiden. So umfassende Vollmachten die Legaten auch hatten, so war doch ihre Anwendung abhängig von den jeweiligen politischen Zielen des Papstes und der Gesandtschaft. In der Regel haben die Legaten einen sehr maßvollen Gebrauch von ihren Kompetenzen gemacht. Immerhin, schon die Möglichkeit, dass sie unter Umständen auch andere Saiten hätten aufziehen können, dürfte ihnen nicht selten Vorteile verschafft haben.

Aber auch bei der Ermittlung und Sammlung von Nachrichten war den Legaten ihr besonderer Status hilfreich. Jeder mittelalterliche Monarch unterhielt an seinem Hof zahlreiche Kleriker. Sie waren nicht nur als seine Seelsorger anwesend, sie hatten vielfach auch administrative Aufgaben. In der Kanzlei, in der Finanzverwaltung benötigte man schreib- und lateinkundige Personen; solche waren bis weit ins Spätmittelalter hinein nur unter Klerikern zu finden. Auch als Ratgeber in politischen und kirchlichen Angelegenheiten wurden sie benötigt. Diese Hofkleriker waren die geeigneten Ansprechpartner für die päpstlichen Gesandten. Von ihnen konnten die Legaten vertrauliche Informationen erhalten, über sie die päpstlichen Wünsche auch indirekt an den jeweiligen Herrscher herantragen. Hier mag nicht selten die Loyalität zum weltlichen mit der zum geistlichen Herrn in Konflikt geraten sein.

Für uns erkennbar ist diese Form der Diplomatie vor allem in den zeitgenössischen Briefen. Die Kardinäle und auch der Papst selbst unterhielten vielfach eine lebhafte Korrespondenz mit Klerikern in ganz Europa. Die Legaten hatten zudem die Aufgabe, den Papst über ihr Wirken und ihre Erfolge zu informieren. Als Übermittler dienten vor allem die zahlreichen Rompilger. Leider sind diese Briefwechsel größtenteils verloren. Erhalten sind lediglich Bruchstücke. Sie ermöglichen aber doch, wenigsten exemplarisch die Vorgehensweise der päpstlichen Diplomaten zu erkennen.

Ein Beispiel: Abt Wibald von Corvey und Stablo war der vielleicht einflussreichste Ratgeber des staufischen Königs Konrad III. (1138–1152). Er war über die gesamte königliche Korrespondenz informiert und verfasste auch selbst wichtige Schreiben für den König. Er stand zugleich aber auch in engem Kontakt mit der Kurie. Dem Papst Eugen III. (1145–1153) versicherte er seine Dienstbereitschaft. Sobald Konrad Beschlüsse fasse, die den Papst angingen, werde er entweder persönlich oder schriftlich den Papst verständigen. Dieser möge zudem versichert sein, dass er, Wibald, alles tue, um die Handlungen des Königs im kirchlichen Sinne zu beeinflussen.[3] Mit diversen Kardinallegaten stand Wibald in häufigem Briefwechsel. Er ist auch persönlich mit ihnen zusammengetroffen. In älteren Darstellungen wird Wibald gerne als eine Art päpstlicher Geheimagent am Königshof dargestellt.[4] Man sollte aber nicht übersehen, dass beide Seiten Nutzen aus diesem Verhältnis gezogen haben. Abgesehen vom gegenseitigen Informationsaustausch konnte Wibald sich bei Hofe zugunsten der Legaten verwenden. Diese wiederum unterstützten ihn gegen seine Gegner im Reich.

Generell hat sich im Verlaufe des späten 11. und des 12. Jahrhunderts ein Art System der päpstlichen Legationen herausgebildet. Normalerweise bestand eine päpstliche Gesandtschaft aus zwei Kardinälen und einem Gefolge von niederen Klerikern. Gerhoch von Reichersberg, ein angesehener Theologe dieser Zeit, beklagt eindrucksvoll das Auftreten der Gesandten: In seinen jungen Jahre habe er zwei Kardinäle mit neun oder zehn Pferden sich begnügen sehen, sie hätten Frieden und Segen hinterlassen. Jetzt aber sei es anders: «Ist jemandem eine Gesandtschaft aufgetragen, so sammelt er vor allem ein Gefolge, richtet sich einen Hofhalt ein mit Truchsessen, Schenken, Kämmerern und Marschällen. Diese nehmen sich Dienerschaft, und so entsteht ein Zug von vierzig und mehr Pferden, zu dessen Unterhalt kein Fürst und kein Bischof imstande ist. Lässt man es am Geforderten fehlen, so wird Amtsenthebung verhängt bis zur Nachzahlung der Rückstände, und sind die benachbarten Klöster erschöpft, so werden entferntere herangezogen ....».[5] Gerhochs Kritik stieß auf taube Ohren. Gegen Ende des Mittelalters konnte eine Legation weit über hundert Personen umfassen.

Neben den großen Gesandtschaften der Legaten *a latere* gab es noch andere, die geringere Autorität hatten. Der Papst konnte etwa angesehenen Erzbischöfen und Bischöfen den Legatentitel verleihen. Diese waren dann berechtigt innerhalb ihrer Kirchenprovinz beziehungsweise Diözese mit der Autorität eines Legaten aufzutreten. In den Konflikten zwischen den Päpsten und den diversen europäischen Monarchen war es eine oft angewandte Taktik, Bischöfe, die in Opposition zur jeweiligen Reichsgewalt standen, auf solche Weise zu ehren. Schließlich gab es Gesandtschaften, die nicht von Kardinälen, sondern von Klerikern geringeren Ranges geführt wurden. Solche hatten geringere Vollmachten; sie sollten eher Botschaften überbringen, als selbständige Unterhandlungen führen.

Einer der großen Konflikte des 12. Jahrhunderts, der vom Papst wie von seinem Gegner mit diplomatischen Methoden ausgetragen worden ist, war die Affäre um Thomas Becket. Da Beckets Korrespondenz erhalten ist, können wir diesen Fall genauer verfolgen. Im Jahre 1164 hatte Heinrich II., der König von England (1154–1189), auf dem Reichstag von Clarendon versucht, das Verhältnis von Kirche und Königtum gesetzlich zu fixieren. Thomas Becket, der Erzbischof von Canterbury und Primas der englischen Kirche, verweigerte seine Zustimmung zu den Beschlüssen, da sie nach seiner Auffassung gegen das Kirchenrecht verstießen. Der Streit eskalierte; Becket musste ins Exil gehen; beide Seiten wandten sich an den Papst. Für Alexander III. (1159–1181) kam dieser Konflikt höchst ungelegen. Er selbst befand sich im Streit mit Friedrich Barbarossa, und obwohl er inhaltlich mit Becket übereinstimmte, wollte er sich Heinrich II. nicht zum Feind machen. Beckets Abgesandter, den dieser an die Kurie geschickt hatte, schrieb ihm warnend: «Der ganze Hof lobt eure Stärke, die er selbst durchaus nicht hat. Denn sie alle leiden an so großem Kleinmut, dass sie Gott weniger fürchten als die Menschen».[6] Heinrich II. verstand es auf vielfache Weise, auf die päpstlichen Entschlüsse einzuwirken. Er sorgte dafür, dass mit ihm sympathisierende Bischöfe Alexander über die Affäre berichteten. Er selbst sandte mehrfach Gesandtschaften nach Rom. Diese überbrachten den Kardinälen großzügige Geschenke. Dem Papst selbst ließ er mitteilen, die Zahlung des Peterspfennigs, den England der Kurie regelmäßig zu entrichten verpflichtet war, könne sich verzögern.[7] Vor allem hat er auf die Auswahl der Gesandten, die Alexander mehrfach nach England schickte, immer wieder eingewirkt, hat er erreicht, dass ihm wohlgesonnene Legaten geschickt wurden. Die geographische Lage Englands begünstigte ihn. Einmal verbot er einfach, die Insel ohne seinen Willen zu verlassen oder zu betreten. Auch Becket ruhte freilich nicht und bestürmte mit immer neuen Briefen und Gesandten den Papst, er möge dem König widerstehen. Das Ende ist bekannt: Alle Versuche

Alexanders, eine Versöhnung der beiden Kontrahenten herbeizuführen, schlugen fehl. Am 29. Dezember des Jahres 1170 wurde Thomas Becket vor dem Hochalter der Kathedrale von Canterbury von vier Gefolgsleuten Heinrichs II. erschlagen.

Man gewahrt hier, dass Diplomatie auch im Mittelalter keine Einbahnstraße war. In dem Maße, wie die Päpste an Einfluss gewannen, wurde es auch für die europäischen Monarchen attraktiv und notwendig, Gesandte an den päpstlichen Hof zu schicken. Hier erwiesen sie sich als gelehrige Schüler der diplomatischen Methoden der Kurie. In einem Punkt haben sie diese übertroffen: Es ist eine immer wieder erhobene Klage, dass man am päpstlichen Hof für kostbare Geschenke vielleicht nicht alles, aber doch sehr vieles erreichen konnte.

Neue Anforderungen an die kuriale Diplomatie stellte der große Konflikt der Päpste mit dem staufischen Kaiser Friedrich II. Als Gregor XI. im Jahre 1227 den Kaiser exkommunizierte, begann ein Streit, der in bis dahin unerhörter Weise auch um die Vorherrschaft in der öffentlichen Meinung geführt wurde. Beide Seiten rechtfertigten ihre eigenen Handlungen und diffamierten die des Gegners in Rundschreiben, denen sie weitestmögliche Verbreitung zu geben versuchten. Hier erwies sich Gregor als der bei weitem Überlegene. Schon als Kardinal war er der Förderer und Protektor des entstehenden Franziskaner- wie auch des Dominikanerordens gewesen. Mit Recht konnte man von ihm sagen, er habe sie «... in ihren Anfängen gehegt, wie eine Henne ihre Küchlein».[8] Als Papst hat er beide Orden durch zahlreiche Privilegien begünstigt. Mit ihrer Volkstümlichkeit als Prediger und ihrer weiten Verbreitung insbesondere in den Städten boten sie dem Papst eine Schar von Vorkämpfern und Propagandisten, denen der Kaiser nichts gleichwertiges entgegenstellen konnte. Auch als unauffällige Sammler und Überbringer von Nachrichten sind sie von Nutzen gewesen. Friedrich II. hat diese Gefahr durchaus erkannt. Er ließ zahlreiche Bettelmönche aus seinem Reich ausweisen und versuchte, die verbleibenden seiner Kontrolle zu unterstellen. Ob er in der Lage war, diese Maßnahme durchzusetzen, wissen wir freilich nicht.[9]

Daneben sind die herkömmlichen Mittel der Diplomatie keineswegs außer acht gelassen worden. Insbesondere im Deutschen Reich, wo der direkte Einfluss des Kaisers gering war, hat der Papst versucht, durch Gesandte auf die deutschen Fürsten und Bischöfe einzuwirken. Auch hier wurde das Instrumentarium verfeinert. Es sind weniger große Legationen als vielmehr Kleriker geringeren Grades ohne Gefolge ausgesandt worden. Sie konnten sehr viel unauffälliger als die Kardinallegaten agieren. Offenbar hat die Kurie zu diesem Zweck gerne Kleriker entsandt, die selbst aus der jeweiligen Region stammten, mit den örtlichen Verhältnissen also vertraut waren. Ein Zufall der Überlieferung hat uns das Briefbuch eines solchen Gesandten namens Albert Behaim (ca. 1190–1260) erhalten. Er hatte die bescheidene Position eines Dekans von Passau inne. Von 1239 bis 1244 ist er erstmals nach Deutschland entsandt worden. Er konnte hier an bestehende politische Gegensätze anknüpfen. Unterstützt vom bayerischen Herzog Otto II., exkommunizierte Albert den Erzbischof Eberhard von Salzburg und mehrere bayerische Bischöfe, die auf Seiten Friedrichs II. standen. Er musste jedoch die Wandelbarkeit politischer Konstellationen erfahren. Otto II. ging auf die kaiserliche Seite über. Der Kaiser selbst befahl dem bayerischen Herzog, Albert zu vertreiben. Nur durch schleunige Flucht konnte Albert sich retten. Bezeichnenderweise musste er seine Briefe zur Tarnung durch eine Nonne und einen Knaben befördern lassen. In Lyon traf er mit dem Papst zusammen. Von dort aus verhandelte er mit dem Salzburger Oberhirten über dessen Lossprechung von der Exkommunikation und Versöhnung mit dem Papst. Für die Zustände an der Kurie ist bezeichnend, dass Albert ihm riet, er möge die Kapläne des Papstes und die Kardinäle bestechen.[10] 1247 brach er erneut nach Deutschland auf, wohlversehen mit päpstlichen Rundschreiben, für deren Verbreitung er sorgen sollte. Abermals entging er nur knapp seinen Verfolgern. Er fand Zuflucht bei dem Grafen Konrad in Wasserburg (südöstlich von München). Dort belagerte der bayerische Herzog die beiden 119 Tage lang. Kurz vor der Eroberung der Burg gelang es dem Grafen und Albert im Schutze der Nacht zu entkommen. Sie konnten allerdings nicht mehr als das nackte Leben retten. Zu Fuß und verkleidet schlugen sie sich zur Kurie durch. 1250 begleitete Albert den vom Papst neu ernannten Bischof Berthold von Passau, der zugleich auch päpstlicher Legat war, in seine Diözese und unterstützte ihn in den folgenden Jahren bei der Durchsetzung seiner Herrschaft gegen die Anhänger der Staufer. – Man sieht hier, dass die Tätigkeit eines «Geheimagenten» im Mittelalter nicht weniger aufreibend und gefährlich als in der Neuzeit sein konnte.

Mit dem Ende der Staufer waren keineswegs alle Probleme des Papsttums gelöst. Papst Clemens V. (1305–1314) sah sich zu Beginn des 14. Jahrhunderts genötigt, seinen Sitz außerhalb des Kirchenstaates zu nehmen – zuerst in verschiedenen Orten in Frankreich, dann in der Stadt Avignon im Königreich Burgund. Im Kirchenstaat selbst flammten immer wieder Aufstände auf. Sie ließen eine persönliche Anwesenheit des Papstes nicht ratsam erscheinen.

Trotz aller Anstrengungen wurde der kuriale Einfluss im Kirchenstaat in den folgenden Jahrzehnten immer geringer. Erst unter Innozenz VI. (1352–1362) änderte sich das. Im Sommer des Jahres 1353 entsandte er den Kardinal Aegidius Albornoz als seinen Legaten nach Italien. Ihm gelang es in langwierigen Kämpfen, den Kirchenstaat wieder der päpstlichen Herrschaft zu unterwerfen. Innozenz und Albornoz waren auf einen beständigen Austausch von Informationen angewiesen. Es reichte nicht, dass der Papst seinen Legaten über seine Absichten auf dem laufenden hielt und dass umgekehrt der Legat dem Papst über seine Aktionen berichtete. Sowohl der Papst als auch Albornoz handelten in einem Geflecht politischer Beziehungen zwischen den italienischen Städten und den europäischen Höfen, deren Interessen und politische Aktionen ständig Auswirkungen auf die Lage in Italien hatten. Sowohl durch Albornoz' als auch durch Innozenz' Handlungen wurde dieses Geflecht beeinflusst. Beide empfingen Gesandtschaften, sandten selbst welche aus und wechselten Briefe mit europäischen Herrschern.

Der skizzierte Sachverhalt hatte Auswirkungen auf die Korrespondenz zwischen Innozenz und Albornoz. Man kann etwa beobachten, dass fast alle Briefe, welche Innozenz an Adressaten in Italien schickte, zunächst einmal an Albornoz übersandt worden sind;[11] dieser entschied dann, ob und wann er diese Briefe an ihre Adressaten weiterleitete. Wenn der Papst ausnahmsweise einmal direkt ein Schreiben an einen italienischen Adressaten richtete, erhielt Albornoz eine Kopie übersandt. Häufig sind päpstliche Briefe auf Wunsch des Legaten ausgefertigt worden. Wenn der Legat etwa Empfehlungsschreiben an einzelne italienische Städte oder Machthaber benötigte, wurde die päpstliche Kanzlei umgehend tätig und Albornoz erhielt die Schreiben. Ebenso schickte der Papst Kopien von politisch wichtigen Schreiben, die er erhalten hatte, an seinen Legaten.[12]

Um die Kommunikation mit ihren Legaten und dem europäischen Klerus überhaupt aufrechtzuerhalten, haben die Päpste einen eigenen päpstlichen Kurierdienst in Leben gerufen.[13] Etwa 30 bis 40 solcher *cursores* wurden ständig von der päpstlichen Kammer besoldet. Ein solches Amt war ein Vertrauensposten. Die Kuriere mussten einen Diensteid vor dem päpstlichen Kämmerer ablegen; sie unterstanden dann der Befehlsgewalt eines speziellen *magister cursorum*. Briefe wurden ihnen in wasserdichten Taschen aus Wachstuch übergeben. Die Unversehrtheit des Siegels musste von den Empfängern schriftlich bestätigt werden.

Erschwert wurde die Arbeit der Kuriere dadurch, dass mehrere norditalienische Städte von Gegnern des Papstes regiert wurden. Auf ihren Reisen zwischen Avignon und Rom schwebten die Kuriere in der Gefahr, gefangengenommen und ihrer Briefe beraubt zu werden. Die Kurie reagierte darauf, indem sie – hierin europaweit führend – als erste Methoden zur Verschlüsselung ihrer Korrespondenz entwickelte. Erstmals nachweisbar ist die Verwendung von Chiffren unter Papst Johannes XXII. (1316–1334). Er benutzte sie, um mit den Verwaltern der einzelnen Provinzen des Kirchenstaates und mit König Robert von Neapel (d. h. Süditalien), seinem engsten Verbündeten, zu korrespondieren. Auch seine

Legaten scheinen ihre Berichte in verschlüsselter Form übersandt zu haben. Bemerkenswert ist die Schnelligkeit, mit der Johannes seine Informationen erhielt. Über einen zwischen Österreich, Ungarn und Böhmen am 13. Juli 1332 geschlossenen Vertrag lag der Kurie bereits am 3. Sept. 1332 ein verschlüsselter Bericht vor.

Die Systeme der Verschlüsselung mögen aus heutiger Sicht eher primitiv erscheinen. Der zuständige Schreiber ersetzte zunächst die Namen, Titel und Orte in einem Brief durch Decknamen – ein Verfahren, das im militärischen Funkverkehr bis heute üblich ist. Weiterhin ersetzte er alle Vokale in den einzelnen Wörtern durch jeweils einen anderen Buchstaben. Beide Systeme hat man miteinander kombiniert angewandt. Die Auflösung der jeweiligen Chiffre ist in einem sogenannten «Nomenklator» festgehalten worden, der dem Absender und dem Empfänger eines Briefes vorliegen musste. Der schwache Punkt des Systems bestand darin, dass dieser Nomenklator von Unbefugten erbeutet werden konnte. In einem der erhaltenen Schreiben teilt Johannes XXII. dem König von Neapel mit, dem Gegner seien Schriftstücke in die Hände gefallen, welche es diesem ermöglicht hätten, die Geheimschrift zu entschlüsseln; er übersende daher einen neuen Schlüssel.

Es sind leider nur sehr wenige solcher verschlüsselten Briefe erhalten geblieben. Sie waren so geheim, dass der Papst sie nicht auf dem üblichen Weg von der Kanzlei hat ausfertigen lassen wollen. Infolgedessen sind sie auch nicht kopiert worden und nicht ins Archiv gelangt. Johannes XXII. hat vielmehr einen eigenen, ihm besonders vertrauten Notar speziell mit der Abfassung und Entschlüsselung dieser geheimen Briefe beauftragt. Man hat diesen Bernhardus Stephani gar als ersten «Leiter des päpstlichen Geheimdienstes» bezeichnet.[14] Erhalten sind – abgesehen von den wenigen Briefen – lediglich diverse Nomenklatoren, welche die päpstlichen Sekretäre für das Ver- und Entschlüsseln der vertraulichen Korrespondenz benötigten. Diese gestatten es uns, die allmähliche Verfeinerung der geschilderten Systeme zu verfolgen.

Mit dem Ausbruch des «Großen Abendländischen Schismas» (1378–1417) wurde die Situation noch schwieriger, zugleich wurde ein gut funktionierender Nachrichtendienst noch wichtiger. Es gab nun zwei Päpste – einen in Rom, einen in Avignon –, die sich mit allen Mitteln bekämpften. Die europäische Christenheit war in zwei Lager gespalten. Clemens VII., der in Avignon residierende Papst, ließ in dieser Situation das kuriale Chiffrenwesen neu ordnen. Sein aus Parma stammender Sekretär Gabriel de Lavinde ging nun zu einer völligen Verschlüsselung über. Jeder Buchstabe des Alphabets wurde durch einen anderen Buchstaben, ein Zeichen oder eine Ziffer ersetzt. Hinzu kamen sogenannte «Trugzeichen», Zeichen ohne Bedeutung, die in unregelmäßigen Abständen in die Texte eingefügt wurden.

Im 15. Jahrhundert erteilte dann die Kurie dem großen Gelehrten und Humanisten Leon Battista Alberti (1404–1472) den Auftrag, er möge die verschiedenen Chiffriermöglichkeiten untersuchen und für die Kurie die beste herausfinden. Alberti überreichte seine Abhandlung, die älteste über Kryptographie überhaupt, dem päpstlichen Sekretär Leonhard Dathus, der sie dann für die päpstliche Geheimkorrespondenz genutzt haben dürfte.[15] Die von Alberti formulierten Regeln gingen weit über die bislang gebräuchlichen Systeme hinaus. So zog er bereits die Häufigkeit in Betracht, mit der die einzelnen Buchstaben in einem Text durchschnittlich zu erscheinen pflegen. Nach seinem Vorschlag sollten die häufigeren Buchstaben nicht nur mit einem, sondern abwechselnd mit zwei oder gar drei Zeichen wiedergegeben werden.

Wie wir gesehen haben, verfügte das Papsttum spätestens seit dem 14. Jahrhundert beziehungsweise seit der Ansiedlung in Avignon über einen vergleichsweise sehr leistungsfähigen Nachrichtendienst. Über Legaten und Korrespondenten in ganz Europa erhielt der Stellvertreter Petri einen beständigen Strom von Nachrichten. Avignon wurde auf diese Weise zu einem Sammelpunkt von Informationen, mit dem sich kaum eine andere Stadt Europas vergleichen ließ. Hinzu kam, dass im Laufe der Zeit die Vergabe kirchlicher Ämter und Würden in immer größerem Maße an der Kurie konzentriert wurde. Nicht mehr nur die Bistümer und großen Abteien, sondern nahezu alle kirchlichen Ämter waren nur noch mit Hilfe der vom Papst ausgestellten Urkunden, sogenannter «Expektanzen» und «Provisionen», zu erlangen. Damit wirkte der Hof in Avignon gleichsam wie ein Magnet, der ehrgeizige Kleriker aus ganz Europa anzog. Die europäischen Monarchen, die Interesse daran hatten, ihnen vertraute Kleriker wenigstens in den Spitzenpositionen ihrer Kirche zu haben, begannen damit, ständige Vertreter, sogenannte «Prokuratoren», an die Kurie zu entsenden. Diese hatten speziell die kirchlichen Interessen ihrer Auftraggeber an der Kurie zu vertreten. Man darf sie nicht mit den großen Gesandtschaften verwechseln, die auch weiterhin aus allen Ländern der Christenheit in Avignon eintrafen. Solche wurden von hohen Adligen und Kirchenfürsten geführt, kamen mit großem Gefolge, wurden prächtig empfangen und hatten vor allem politische Verhandlungen zu führen. Ihnen galt während ihres Aufenthalts die gesamte Aufmerksamkeit der Hofgesellschaft. Die Prokuratoren hingegen rangierten gesellschaftlich auf weit niedrigerem Niveau. Mit dem Papst selbst hatten sie nur wenig zu tun. Ihr Wirken war damit weitaus unauffälliger als das ihrer vornehmeren Kollegen.

Durch ihre Tätigkeit entwickelten sich die Prokuratoren jedoch zu intimen Kennern der päpstlichen Verwaltung und Bürokratie. Sie wussten, wer am Hofe einflussreich, wer in Ungnade gefallen, wer bestechlich war. Ihre Auftraggeber zogen den Nutzen aus diesen Informationen. Regelmäßig ließen sie sich von ihren Prokuratoren Bericht erstatten, nicht nur über Neuigkeiten, welche die Kurie betrafen, sondern über die gesamte europäische Politik. In größerem Maße erhalten sind die Berichte, welche die Prokuratoren König Jaymes II. (1291–1327) von Aragon einsandten. Sie bieten höchst wertvolle Quellen nicht etwa nur für die kuriale, sondern für die gesamte europäische Geschichte des späten 13. und frühen 14. Jahrhunderts.[16] Übrigens war die Tätigkeit eines Berichterstatters keineswegs ohne Gefahren. Auch die Prokuratoren waren Geistliche. Sie unterstanden somit der päpstlichen Disziplinargewalt. Mitunter bat ein Prokurator den König ausdrücklich, er möge nur ja mit seinen Berichten vorsichtig umgehen und sie nicht in falsche Hände geraten lassen. Papst Johannes XXII. ging mehrfach rücksichtslos gegen ihm missliebige Berichterstatter vor.

Es begann sich hier allmählich eine Zweiteilung des Gesandtenamtes einzuspielen: auf der einen Seite die ständigen Gesandten niederen Ranges, auf der anderen die nur für begrenzte Zeit verweilenden Botschafter hohen Ranges. Diese Zweiteilung sollte sich dann in den folgenden Jahrhunderten in ganz Europa verbreiten.[17]

Mit Hilfe ihrer Diplomaten konnten die hoch- und spätmittelalterlichen Päpste einen erheblichen, mitunter bestimmenden Einfluss auf die europäische Politik ausüben. Indes, auch ein päpstlicher Gesandter konnte keine Wunder vollbringen. Das Maß an Einfluss, den er ausüben konnte, war letztlich von dem Ansehen und der Autorität abhängig, die der Papst selbst als Stellvertreter Petri und Inhaber der Binde- und Lösegewalt genoss.

Christopher Allmand

Spionage und Geheimdienst im Hundertjährigen Krieg

Der englisch-französische Krieg im 14. und 15. Jahrhundert, seit zweihundert Jahren als Hundertjähriger Krieg bekannt, wird häufig als der «große Krieg» des Mittelalters betrachtet. Was als Streit zwischen einem Lehnsherrn (dem König von Frankreich) und einem Vasallen (dem König von England) um Ansprüche auf Besitzungen in Frankreich und die Jurisdiktion über diese Gebiete begann, endete fast eineinhalb Jahrhunderte später als großer Territorialkonflikt. Dieser Krieg ging mit bedeutsamen Veränderungen in der Kriegführung einher, auch mit neuen Taktiken der Kriegführung.[1] Dabei kam der Beschaffung von Informationen zunehmend größere Bedeutung zu. Es überrascht also nicht, dass der Einsatz von Spionen im 14. Jahrhundert zur allgemein akzeptierten Praxis wurde.

Da Spione grundsätzlich im Verborgenen wirkten, sieht sich der Historiker zwei Schwierigkeiten gegenüber: Erstens, und das gilt für alle Zeiten und Orte, sind Spione stets bestrebt, ihre Spuren zu verwischen; zweitens stellt sich die Frage, wen der heutige Historiker in den Chroniken oder Berichten eigentlich zu suchen hat, wenn er sich als «Agentenjäger» betätigen will? Denn ein Spion tarnt sich, seinem Auftrag entsprechend, auf höchst unterschiedliche Art und Weise. Immerhin ist er unter seinem lateinischen Tarnnamen *explorator* leicht aufzuspüren. Für den etymologisch Versierten bleibt er auch unter dem Decknamen *vespilio* nicht lange geheim. Doch auch der einfache *nuntius*, üblicherweise schlicht ein Bote, wurde mitunter zum Spion, denn Boten, die mündliche wie schriftliche Botschaften zwischen Herrschern und Militärbefehlshabern übermittelten, waren oft in einer exzellenten Position, die Vorgänge und Verhältnisse bei Hofe oder in dem Militärlager, das sie aufsuchten, zu beobachten. Sitte und Brauch verlangte jedoch, dass Boten Informationen und Eindrücke, die sie im Zuge ihrer Tätigkeit gewannen, für sich behielten. Die Verschwiegenheit war gleichsam Bestandteil ihres Ehrenkodex, der sie als Boten für beide Seiten überhaupt erst akzeptabel machte. Trotzdem wurde immer wieder Kritik an Boten geäußert, und jene, die gegen das ritterliche Ethos der Ehrbarkeit verstießen, wurden als Spitzel betrachtet, die Informationen ausspähten und an ihre Auftraggeber verrieten. In einer Zeit, da es noch keine ständigen Gesandtschaften gab, wurden Botschafter, die in einer bestimmten

Mission unterwegs waren und nach Ausführung ihres Auftrags wieder in ihr Land zurückkehrten, schnell als Spione verdächtigt. Sie sollten, so die Kritiker, möglichst nie aus den Augen gelassen werden.[2] Man wollte sicher sein, dass diejenigen, denen man freundlicherweise Zutritt zu einem Land, einem Lager oder einem Hof gewährte, diese Gastfreundschaft nicht missbrauchten, wozu sie leicht Gelegenheit hatten.

Auch wenn das Misstrauen gegenüber dem Einsatz von Spionen auf traditionellen Ansichten über die Kriegsführung zu beruhen scheint, waren Äußerungen dieses Misstrauens doch zugleich ein Zeichen dafür, dass die Spionage zunehmend Teil der gängigen Kriegsstrategie wurde. Bald entstanden Schriften über die Anwendung von List und Täuschung. In seinem weitverbreiteten und einflussreichen Werk *L'Arbre des Batailles* (*Der Baum der Schlachten*), das Ende des 14. Jahrhunderts in der Alpenregion im südöstlichen Frankreich entstand, plädierte der Benediktinermönch Honoré Bonet für einen «gerechten» Krieg, der mit «gerechten» Mitteln statt mit List und Täuschung geführt wird. Unzufrieden mit seiner Argumentation, ging Bonet jedoch einen Schritt weiter. Er räumte zwar ein, dass es falsch sei, einem Feind Schaden zuzufügen, mit dem man Verhandlungen führe, und ebenso falsch, einen Waffenstillstand zu brechen, aber er ließ keinen Zweifel daran, dass «ich meinen Feind durch List oder Betrug bezwingen kann, ohne dass es ein Unrecht ist» – und hierzu gehörte auch, die Geheimnisse des Gegners auszuspionieren.[3]

Die im Mittelalter bekannten antiken Vorstellungen von einer erfolgreichen Kriegsführung trugen ebenfalls dazu bei, dass man auf geheime Methoden zurückgriff. Vor allem auf zwei Texte soll hier verwiesen werden. Die *Strategemata* (*Kriegslisten*) des römischen Autors Sextus Julius Frontinus aus dem 1. Jahrhundert n. Chr. bestehen im wesentlichen aus Auszügen von Werken antiker Schriftsteller, vorwiegend Historiker, und handeln von besonderen Kriegssituationen. Die *Epitoma rei militaris* oder *Abriß des Militärwesens* von Flavius Vegetius Renatus aus der Zeit des Niedergangs des Römischen Reichs waren eine Art Handbuch für die Aufstellung von Truppen und deren erfolgreiche Kriegführung. Beide Werke erfreuten sich im Mittelalter großer Beliebtheit, und die *Epitoma rei militaris* wurden zur Zeit des Hundertjährigen Kriegs in mehrere europäische Sprachen übersetzt. Beide betonen die Notwendigkeit, den Sieg zu erringen und dabei alle Mittel einzusetzen, um den Feind zu schlagen. Während Frontinus den Wert der Täuschung als ein legitimes Mittel zum Sieg hervorhob, verwies Vegetius auf die Pflicht des Militärführers, gut informiert und stets bereit zu sein, da es im Krieg doch darum gehe, den Feind mit möglichst geringem Risiko und möglichst geringer Anstrengung zu schlagen. Der Befehlshaber muss stets vorausschauen, er muss dem Feind zuvorkommen und daher dessen Pläne und Absichten zu ergründen suchen. Daraus ergab sich die Notwendigkeit, Spione einzusetzen.[4] Der zunehmende Einsatz von Spionen wird somit auch als Zeichen für einen Mentalitätswandel gewertet – gegenüber dem traditionellen Gottesurteil zwischen den Kriegführenden. Bonet beobachtete, formulierte und befürwortete diesen Wandel, als er schrieb: «Gott tut nicht alles; die Könige müssen sich selbst helfen, wenn Gott ihnen helfen soll.»[5]

Welche Art von Informationen suchten die Spione also zu gewinnen? Wie die Schriften der römischen Autoren lehrten, war es von vorrangiger Bedeutung, präzise und aktuelle Kenntnisse über die Schlagkraft des Gegners zu sammeln: über seine Truppenstärke, die Identität des Heerführers, die Kampfkraft und Einsatzbereitschaft der Truppen, ihre Kampfmoral (die auch davon abhängen konnte, ob die Soldaten für ihre Dienste bezahlt wurden), ihre Stellungen sowie ihre Bewegungen und weiteren Pläne und Absichten.[6] Es war die frühzeitige Kenntnis der Verhältnisse der feindlichen Truppen, die einen Militärführer vertrauensvoll in den Kampf ziehen ließ. Der Spion, den der Anführer der französischen Armbrustschützen im Jahr 1340 zu den Deutschen schickte, sollte den Zustand und die Stärke der deutschen Truppen in Erfahrung bringen. Der burgundische Bote, der 1425 nach England beordert wurde, sollte die Pläne der Engländer für einen möglichen Hollandfeldzug auskundschaften. Und der Mann, der 1447 von den Engländern (vor der geplanten Belagerung der Stadt Fougères in der Bretagne) nach Frankreich geschickt wurde, sollte vor dem Angriff die Örtlichkeit, die Aufstellung der Wachen und den besten Ausgangspunkt für einen Angriff ausforschen.

Im Jahr 1426 überquerte ein weiterer burgundischer Spion den Ärmelkanal, um auszuspähen, wie die militärische Niederlage der Franzosen gegen die in Zeeland befindliche englische Streitmacht in England selbst aufgenommen wurde. Diese Information konnte von großem Nutzen sein. In einer Zeit, in der die Herrscher immer öfter gezwungen waren, zur Finanzierung ihrer Kriege Steuern zu erheben, war es vorteilhaft, ja sogar überlebensnotwendig zu wissen, wie die Bevölkerung im Feindesland auf eine Niederlage oder einen Misserfolg ihrer Truppen reagieren würde. Auf diese Weise konnte der Militärbefehlshaber die Kampfmoral des Feindes besser einschätzen. Noch wichtiger als für die militärischen Führer war es jedoch für die Diplomaten, die öffentliche Meinung des Gegners zu kennen, wenn sie mit der anderen Seite Verhandlungen führten.

Spione wurden unter den verschiedensten Bevölkerungs- und Berufsgruppen angeworben, obwohl der Chronist Jean Froissart keinen Zweifel daran lässt, dass Fremdsprachenkenntnisse bei der Kundschaftertätigkeit von großem Nutzen waren.[7] Eines jedoch liegt auf der Hand:

Spione mussten nicht notwendigerweise Männer sein; nicht selten wurden auch Frauen angeworben. Unter den Männern wurden vorzugsweise Kaufleute beauftragt. Sie standen in unmittelbarem Kontakt zu Reisenden oder reisten selbst, und ihr Beruf verschaffte ihnen eine Tarnung, die es in aller Regel schwer machte, ihnen auf die Schliche zu kommen. Auch Geistliche verfügten als Angehörige einer internationalen Gemeinschaft über ein ganzes Netzwerk von Kontakten, waren in den Augen vieler aber gleichzeitig über alle Vorwürfe erhaben – ganz gewiss, was den Vorwurf der Spionage betraf.

Schon sehr früh im Hundertjährigen Krieg setzten die Franzosen Frauen ein, die von Artois nach Flandern zogen, um die Aktivitäten der Engländer und ihrer Verbündeten in den Niederlanden auszuspähen. Im Jahr 1340 reiste eine solche Frau nach Brügge und Gent, um zu erkunden, wie viele Flamen den englischen König unterstützten und welche Pläne sie hatten. Sie kehrte offenbar erfolgreich von ihrer Mission zurück, denn es existiert ein Dokument, aus dem hervorgeht, dass sie für ihre Dienste bezahlt wurde. Im selben Jahr trat erneut eine Frau eine Spionagereise nach Brügge und Gent an, um die öffentliche Meinung in Calais auszuforschen. Sie berichtete, der Herzog von Brabant, der Graf von Flandern und andere seien bereit, dem englischen König den Treueid zu schwören, und sich auf einen Angriff auf Calais vorbereiteten. Etwa zur selben Zeit berichtete eine dritte Frau im Anschluss an eine Reise nach Brügge und Gent, der König und die Königin von England hielten sich in Gent auf und die Bürger der Stadt hätten den englischen König bereits als ihren Lehnsherr anerkannt und sich mit ihm verbündet.

Aus dem 15. Jahrhundert besitzen wir Zeugnisse über Frauen, die verdächtigt wurden, Spionage betrieben zu haben. 1434 wurde Colette Meno aus der nordfranzösischen Stadt Beauvais (unweit der Grenze des von den Engländern kontrollierten Territoriums) ausgewiesen, da sie im Verdacht stand, eine «espie» zu sein. Kurze Zeit später wurde Marianne Dupuis aus Rouen, dem Zentrum des englischen Herrschaftsgebiets in der Normandie, ausgewiesen, weil sie angeblich mit Anhängern des französischen Königs Karl VII. in Kontakt stand. Über diese beiden Fälle würden wir gern mehr wissen. Wie wurden diese Frauen als Spioninnen angeworben? Wodurch machten sie sich verdächtig? Wie wurden sie behandelt? Welche Behörde war für sie zuständig? Wie angespannt war die militärische und politische Situation zu jenem Zeitpunkt? Wurden diese Spannungen durch den Verdacht verschärft, feindliche Agenten hätten das Gebiet oder die Stadt infiltriert? In beiden Fällen ist es gut möglich, dass durch derartige Umstände das Misstrauen der Behörden geweckt und die Frauen festgenommen und vertrieben wurden. Vielleicht verrieten sie sich selbst durch ihr Reden und Tun.

Es wurden, wie gesagt, häufig Kaufleute angeworben, um militärische, politische und wirtschaftliche Geheimnisse der gegnerischen Seite auszuspähen und etwa auch Auskünfte über die Bewegung von Handels- und Kriegsschiffen zu gewinnen. Dieser Aspekt verweist uns darauf, dass es in Europa bedeutende Zentren der Informationsbeschaffung gab, von denen die Spione angezogen wurden wie die Fliegen vom Honig. In internationalen Handelszentren wie Brügge und Gent wurden wichtige Informationen ausgetauscht. Zur Zeit des englisch-französischen Krieges war jedoch der Hafen von Calais der bedeutendste Umschlagplatz von Informationen. Calais war französisch, bevor die Stadt im Sommer 1347 nach elfmonatiger Belagerung von den Engländern eingenommen wurde. Die lange Belagerungszeit zeigt, wie entschlossen die Franzosen waren, diesen strategisch und wirtschaftlich so enorm wichtigen Hafen zu halten. Bei seinem Besuch in England 1416 bezeichnete Kaiser Sigismund Dover und Calais als die beiden Augen Englands. Diese beiden Häfen besaßen nicht nur eine wirtschaftlich herausragende Bedeutung. Calais, wo zu jener Zeit Kaufleute und Matrosen aus aller Herren Länder zusammenströmten, war für die Engländer ein idealer «Horchposten». Als der englisch-französische Krieg in den nördlichen Regionen Frankreichs ausgetragen wurde, war die geographische Lage des Hafens von ganz besonderer Bedeutung. Englische Verwaltungsbeamte wurden immer wieder darauf hingewiesen, Neuigkeiten, Informationen und Gerüchte, die für den Staat von Nutzen sein konnten, in Calais zu sammeln. Der Ort war gleichsam ein Mekka für Spione und Informanten.

Priester waren zur Informationsbeschaffung geradezu prädestiniert. Die Spaltungen innerhalb des Christentums nach dem großen abendländischen Schisma (1378–1417) machte den französischen Klerus in den Augen der englischen Krone, welche die Loyalität gegenüber dem Papst ablehnte, doppelt suspekt. Zur Zeit des Krieges gegen Frankreich wurden Mitglieder von Bettelorden, die in Oxford, einem großen europäischen Zentrum der Gelehrsamkeit, studierten, mitunter als Spione verdächtigt. Dieselbe Gefahr liefen junge Waliser, die zum Studium nach Oxford kamen, als Anfang des 15. Jahrhunderts zwischen England und Wales angespannte Beziehungen herrschten. Kleriker wurden auch verdächtigt, englische Goldmünzen von hohem Wert zu exportieren und damit die Goldreserven des Landes zu schmälern. Zahlreiche kleinere Klöster, die ihre Mutterhäuser in Frankreich hatten, nahmen Mönche französischer Herkunft bei sich auf, die häufig durch Briefwechsel in Kontakt mit ihrem Heimatland standen. In Zeiten offener Feindseligkeiten, aber auch in Zeiten der Waffenruhe wurden diese Männer als potentielle Bedrohung der inneren Sicherheit wahrgenommen. Ausländische Mönche wurden nicht selten aufgefordert, das Land zu verlassen, oder sie wurden in ihrer Bewegungsfreiheit auf den Umkreis des Klosters eingeschränkt, um zu verhindern, dass sie die Geschehnisse im Land ausspionierten und darüber Bericht erstatteten.

In England wuchs das Misstrauen gegenüber Ausländern besonders in Zeiten der Vorbereitung militärischer Feldzüge. Schließlich war es so gut wie unmöglich, die Bereitstellung von Kriegsschiffen und deren Besatzung, von bewaffneten Soldaten, Pferden, Waffen und Verpflegung in oder unweit von Häfen geheimzuhalten. Nicht selten wurden in solchen Fällen die Häfen für ausländische Kaufleute, Seeleute und andere Besucher gesperrt, aus Furcht, sie könnten wichtige Informationen an den Feind weitergeben. In solchen Zeiten war die Angst vor Spionen und Spionage besonders groß.[8]

Mit dem Krieg wuchs auch etwas, was wir heute das Bewusstsein für die «nationale Sicherheit» nennen würden. Die Furcht vor einer Invasion war in den siebziger und achtziger Jahren des 14. Jahrhunderts in England allgegenwärtig und führte zu Maßnahmen gegen jene, die das kollektive nationale Interesse bedrohten. Das wollen wir durch ein Beispiel belegen. Im Jahr 1380 hatte Geoffrey Broun, nach eigenen Angaben Untertan des Königs von England, im Hafen Harfleur in der Normandie Kontakte mit den Franzosen. Wie war er dorthin gekommen? Aufgrund von geschäftlichen Beziehungen im Handel oder Fischfang? War er in Frankreich eines Verbrechens beschuldigt worden? Hatte er einem Franzosen gegenüber Schulden? Wir wissen es nicht. Vielleicht bot er an, im Gegenzug für seine Freilassung als französischer Spion in England tätig zu sein, womöglich in dem Teil des Landes, aus dem er stammte und den er daher gut kannte. Broun gestand, unweit Winchelsea, einem damals bedeutenden Hafen, von dem aus die englischen Truppen nach Frankreich eingeschifft wurden, von den Franzosen abgesetzt worden zu sein. Er hatte den Auftrag, über die Küstenverteidigung der Engländer so viel wie möglich herauszufinden. Anschließend sollte er sich in Beaulieu, etwa hundert Kilometer weiter westlich, mit seinen französischen Auftraggebern treffen (auf dem Weg dorthin wäre er an dem bedeutenden Hafen Southampton vorbeigekommen), um Bericht zu erstatten. Er wurde als Spion festgenommen (wer ihn verraten hat und wodurch er sich verdächtig gemacht hat, wissen wir nicht) und den Behörden übergeben. Unklar ist auch, was aus ihm wurde, allerdings war zehn Jahre später sein Fall immer noch nicht abgeschlossen. Seine Geschichte gibt uns zwei wichtige Auskünfte: zum einen, dass die Franzosen alles daransetzten, Informationen über die englischen Verteidigungsmaßnahmen zu gewinnen, die erst kurz zuvor ergriffen worden waren; zum anderen, dass sich die Bevölkerung der Küstengebiete aus Furcht vor Angriffen verteidigen musste. Aus uns unbekannten Gründen muss Broun in einer Zeit, in der die Bevölkerung in Angst lebte, Verdacht erregt haben, und dies führte zu seiner Festnahme, zu Verhör und Inhaftierung.[9]

Wodurch wurde einer zum Spion, ja sogar zum Verräter, der dem Feind die Geheimnisse seines eigenen Königs preisgab? Einige Fälle geben uns Auskunft über die Umstände. Wahrscheinlich entschlossen sich nur wenige aus freien Stücken, diese Tätigkeit auszuüben; meist wurden sie durch äußere Gegebenheiten und Ereignisse sowie durch ihre persönliche Veranlagung dazu gezwungen. 1295, also noch vor Beginn des Hundertjährigen Kriegs, erkaufte sich der französische Kriegsgefangene Thomas Turberville in Guyenne im Südwesten Frankreichs seine Freiheit dadurch, dass er sich bereit erklärte, am englischen Königshof – dem Ort, an dem alle wichtigen Entscheidungen getroffen wurden – für die Franzosen zu spionieren. Nach England zurückgekehrt, konnte er glaubhaft machen, dass er seinen Häschern entflohen war. Anfangs glaubte man ihm wohl, aber es dauerte nicht lange (da hatte er bereits einige militärisch wertvolle Informationen nach Paris übermittelt), bis man in England an der Wahrheit seiner Geschichte zweifelte. Als er dessen gewahr wurde, schrieb er seinen französischen Kontaktleuten von dem Verdacht, der auf ihn gefallen war. Ob er ihnen sagen wollte, dass er nicht mehr als Spion tätig sein konnte und sie sich in Zukunft vor Informationen hüten sollten, die nicht von ihm stammten, oder ob er seine Kinder schützen wollte, die er in Frankreich praktisch als Geiseln der Franzosen zurückgelassen hatte, wissen wir nicht. Wenig später wurde er jedenfalls verhaftet und nach einem Gerichtsprozess hingerichtet.[10]

Hier handelt es sich um den Fall eines Mannes, der ein Opfer der Umstände wurde und bereit war, im Austausch für seine Freiheit den König von England zu verraten. Vielleicht ging es ihm darum, das Leben seiner Kinder zu retten, die als Garanten seiner Loyalität zum französischen König in Frankreich geblieben waren. Wir haben bereits den Fall Geoffrey Broun erwähnt, der nach mehr als zwei Jahren Aufenthalt in Frankreich heimlich nach England zurückgebracht wurde, um für die Franzosen zu spionieren. Ging es vielleicht auch ihm um die Wiedererlangung seiner Freiheit im Austausch für Spionage zugunsten der Feinde seines Landes? Nur wenige Jahre nach diesen Geschehnissen empfahl Philippe de Mézières, der Berater des Königs von Frankreich, Gefangene, die in ihre Heimat zurückkehren wollten, als Spione zu benutzen.[11]

Die Geschichte von Jean de Saint-Amand zeigt uns weniger, warum jemand zum Spion wird, als vielmehr, dass es immer wieder Leute gab, die für Geld zu allem bereit waren. Saint-Amand war zwar ein Priester, aber er hatte ein langes «Vorstrafenregister» als Betrüger aufzuweisen. Die zufällige Begegnung mit einem Engländer, der sich als Kaufmann ausgab, in einem Gasthof bei Dol in der Bretagne im Oktober 1367, und die Frage, ob der Kaufmann Schiffe gesehen habe, die unterwegs nach

Sluys in Zeeland waren, führte dazu, dass Saint-Amand mitten in der Nacht zu einer Mühle bei Saint-Malo gebracht wurde. Dort machte er die Bekanntschaft eines Mannes, den der Engländer «my master» nannte. Saint-Amand wurde daraufhin dem englischen Kommandanten der Stadt vorgestellt, der ihm im Laufe des Gesprächs eine großzügige Entlohnung anbot, falls er bereit sei, für ihn zu spionieren. Saint-Amand versprach, sich die Sache durch den Kopf gehen zu lassen; er wollte günstige Bedingungen aushandeln. Man sagte ihm, die Engländer bereiteten einen neuen Feldzug gegen den Nordosten Frankreichs vor (weit entfernt von dem Ort, an dem diese Unterredung stattfand), und betrauten ihn mit der Aufgabe, über den Herzog von Brabant (einen gänzlich unzuverlässigen Verbündeten) Erkundigungen einzuholen und herauszufinden, ob er die Engländer oder die Franzosen zu unterstützen gedenke. Saint-Amand, der aus jenem nordöstlichen Teil Frankreichs stammte, sollte herausfinden, wie groß die Armee des Herzogs von Brabant und wie hoch die Wahrscheinlichkeit sei, dass der Herzog gegen die Engländer ins Feld ziehe. Die Verhandlungen zogen sich über drei Tage hin, und man darf vermuten, dass es dabei hauptsächlich um die Höhe des Entgelts für Saint-Amand ging. Nachdem der Priester eine doppelt so hohe Summe wie ursprünglich angeboten ausgehandelt hatte, erklärte er sich bereit, die gewünschten Informationen zu beschaffen und sie den Engländern entweder in Dinan oder in Paris (womöglich über einen weiteren Agenten) oder an einem anderen möglichst diskreten Ort zukommen zu lassen. Saint-Amand schiffte sich nach Calais ein, wurde aber verhaftet. Die Auskünfte, über die wir verfügen, entstammen seinem Geständnis nach der Verhaftung. Obwohl es seiner Geschichte an Genauigkeit und Details mangelt, wird uns hier ein Mann vor Augen geführt, dem moralische Grundsätzen nichts galten (und dem vielleicht auch die Tatsache, dass er Priester war, nicht mehr viel bedeutete). Womöglich war er an ein unstetes Wanderleben gewöhnt (unklar ist, warum er sich überhaupt in der Bretagne aufhielt, ob er vielleicht zum nahegelegenen Kloster Mont Saint-Michel pilgerte), er pflegte einen aufwendigen Lebensstil und war verlockt vom Geld. Zu Recht darf man sich auch fragen, ob die Begegnung zwischen dem englischen Kaufmann und Saint-Amand in der Bretagne tatsächlich rein zufällig war. Auffällig, wenn nicht sogar verdächtig, ist die Schnelligkeit, mit der er als Spion angeworben wurde. Der Kaufmann war vielleicht etwas anderes, als er zu sein vorgab.[12]

Ebenfalls ungewöhnlich ist die Geschichte eines anderen Franzosen, Jean Fusoris. Im August 1415 verhafteten die französischen Behörden einen Priester unweit von Harfleur, das zu jenem Zeitpunkt von englischen Truppen unter dem Kommando König Heinrichs V. belagert wurde. Bei seiner Durchsuchung fand man zwei Briefe, einen von Richard

Courtenay, dem Bischof von Norwich, der im Gefolge des Königs an der Belagerung von Harfleur teilnahm; der zweite stammte von einem der Bediensteten des Bischofs. Der Brief des Bischofs war an den Priester Jean Fusoris aus Paris gerichtet und erbat Informationen über den Widerstand, mit dem die englischen Truppen in Frankreich zu rechnen hätten. Der Brief seines Bediensteten war an eine namentlich nicht genannte Person gerichtet, die als «Amice» angesprochen wurde und im Haushalt der Tochter des französischen Königs, Catherine, tätig war. Auch dieser Brief erbat Auskünfte über die Pläne des französischen Königs gegen den englischen Angriff. Fusoris wurde verhaftet und des Verrats angeklagt. Genauere Aufschlüsse über diesen Spionagefall erhalten wir, wenn wir die Akten des nachfolgenden Gerichtsprozesses genauer betrachten.

Es ist wirklich eine merkwürdige Geschichte. Fusoris war nicht nur ein hochgebildeter Mann mit akademischen Titeln in Theologie und Medizin, er interessierte sich auch für Astrologie, was zur damaligen Zeit durchaus nichts Ungewöhnliches war. Dieses Interesse teilte er bezeichnenderweise mit Heinrich V. und mit dem Bischof von Norwich. Bei einer diplomatischen Mission Anfang 1414 in Paris stattete der Bischof Fusoris einen Besuch ab und kaufte bei ihm ein Astrolabium, ohne es jedoch zu bezahlen. Einige Zeit später begegneten sich die beiden anlässlich einer neuerlichen diplomatischen Mission des Bischofs wieder. Bei dieser Gelegenheit, so der Vorwurf, gab Fusoris – der in Frankreich einer Minderheit angehörte, die eine friedliche Beilegung der Auseinandersetzungen mit England befürwortete – wichtige Informationen an den Bischof weiter. Sechs Monate später weilte Fusoris als Mitglied einer französischen Gesandtschaft in England, die über einen englischen Angriff auf Frankreich möglichst viel in Erfahrung bringen sollte. Dieser Angriff, das war allgemein bekannt, stand unmittelbar bevor. In Winchester, so später der Vorwurf, kam Fusoris nach Einbruch der Dunkelheit zu einem geheimen Treffen mit dem englischen König zusammen, wo er das Geld erhielt, das ihm Bischof Courtenay noch schuldete, und wo man ihm eine Belohnung in Aussicht stellte, falls der englische Vorstoß nach Frankreich erfolgreich wäre. Die Engländer, so die Schlussfolgerung des Gerichts, benutzten Fusoris sowohl als Sprachrohr wie auch als Spitzel am Hof des französischen Königs.

Die ganze Geschichte klingt eher nach Fiktion als nach Realität: Ein Sympathisant der Engländer wird zweimal von einem Mann aus dem engsten Umkreis des englischen Königs besucht; in England trifft er sich im Schutze der Dunkelheit zu einem Gespräch unter vier Augen mit dem englischen König, wo man ihm eine Belohnung verspricht, falls der Angriff gegen Frankreich erfolgreich ist. Hinzu kommt der unbekannte «Amice», an den der zweite Brief mit der Bitte um Auskünfte gerichtet war. Fusoris, der, wie gesagt, eine friedliche Einigung Frankreichs mit England befürwortete, war höchstwahrscheinlich ein Doppelagent, wenngleich ein ziemlich naiver, da die Besuche, die er von Bischof Courtenay erhielt, ganz gewiss nicht unbemerkt geblieben waren. Er wurde auf Befehl des französischen *grand conseil* verhaftet, sein Fall wurde den kirchlichen Behörden entzogen, die formell die Rechtsprechung hatten. Nach Protesten wurde Fusoris zwar wieder an das kirchliche Gericht überstellt, aber es wurde nie eine überzeugende Anklage gegen ihn erhoben, aufgrund derer er schuldig gesprochen werden konnte. Dies geschah möglicherweise mit Bedacht. Fusoris wurde weder verurteilt noch freigesprochen – vielleicht weil man die Sache gar nicht aufklären wollte.[13]

Neuerdings wurde eine Entdeckung gemacht, die den in einer Londoner Chronik Mitte des 15. Jahrhunderts verzeichneten Vorfall, der den Historikern seit langem bekannt ist, in einem neuen Licht erscheinen lässt. Die Chronik berichtet, dass im Jahr 1429 ein Dieb in einer Straße Londons von mehreren Frauen angegriffen und getötet wurde, als er im Begriff war, das Land zu verlassen. Diese Geschichte klang so ungewöhnlich, dass sie die Phantasie zeitgenössischer Beobachter anregte. Später stellte sich nämlich heraus, dass der Dieb, ein Bretone namens Ivo Caret, die Frau, in deren Haus er Bediensteter gewesen war, ermordet hatte. Darüber hinaus waren er und andere bereits zuvor für schuldig befunden worden, dem Herzog der Bretagne nützliche Informationen beschafft zu haben und auch mit den Feinden Englands in Frankreich und Schottland in Kontakt zu stehen. War all dies bloß eine Verkettung von Zufällen? Unwahrscheinlich. Und vielleicht ist es nicht falsch, Carets tragischen Tod (in den Dokumenten als Tod durch Steinigung beschrieben) mit seiner Spionagetätigkeit (von der zumindest eine der Frauen gewusst haben könnte) in Verbindung zu bringen. Schließlich spionierte er im Auftrag eines Fürsten, der zur selben Zeit, da Jeanne d'Arc den Mut und Kampfgeist ihres Königs und aller Franzosen gegen die Engländer stärkte, an seinem Bündnis mit England nur sehr halbherzig festhielt.[14]

Die Episode verdeutlicht, dass man als Ausländer insbesondere in Kriegszeiten, zu Recht oder zu Unrecht der Verschwörung gegen das Gastland verdächtigt werden konnte. Um diese Ausländer zu schützen, vor allem aber um sie besser überwachen zu können, wurden in England «hosting laws» eingeführt – Gesetze, denen zufolge Kaufleute und andere Besucher aus fremden Ländern bei stadtbekannten Bürgern wohnen mussten («to go to host»), die für das Wohlverhalten der Fremden garantierten, solange diese sich im Land aufhielten. Diese Gesetze spiegeln das Bewusstsein der Behörden für die Notwendigkeit, auf die Tätigkeit von Ausländern ein wachsames Auge zu haben, sowie auch für die Gefahren für Leib und Leben, denen diese Fremden an Ein- und Ausreiseorten (wie zum Beispiel in London) zu einer Zeit ausgesetzt waren, in der es große politische und militärische Spannungen gab.

Der Fall Saint-Amand wirft darüber hinaus die Frage der Entlohnung der Spione für ihre Geheimtätigkeit auf. Die Quellen, aus denen wir größtenteils schöpfen, geben kaum Auskunft über die Bezahlung von Spionen. Sie wurden wahrscheinlich *ad hoc* für ihre Dienste bezahlt und erhielten entsprechend mehr, wenn die gelieferten Informationen besonders wertvoll und nützlich waren. Immerhin gibt es Belege dafür, dass Spione mitunter einen festen Jahreslohn erhielten. In einem Dokument aus Burgund von 1435 ist von fünf oder sechs Spionen die Rede, die gewissermaßen festangestellt in England tätig werden sollten.[15] Beachten wir aber die interessante Meinung von Philippe de Mézières aus dem Jahr 1390 (die sich allerdings auf den Krieg im östlichen Mittelmeer bezog), dass «man für die Bezahlung der Spione mindestens ein Drittel des gesamten Militärbudgets verwenden» müsse.[16] Wir haben keinerlei Anhaltspunkte dafür, dass die finanziellen Aufwendungen für Spione in Frankreich oder England zu jener Zeit derart hoch waren. Allerdings verdienten im Jahr 1370 von Calais aus operierende englische Spione mehr als 70 Pfund – eine beträchtliche Summe, verglichen mit den Aufwendungen für den gesamten königlichen Botendienst im selben Jahr, die 183 Pfund betrugen.[17] Die Bedeutung von Mézières' Äußerung liegt eher in der Tatsache, dass die Regierungen offensichtlich über ausreichend Geldmittel verfügten, um in Kriegszeiten oder wenn sich eine günstige Gelegenheit bot (wie im Falle Saint-Amands), geeignete Personen für Spionagedienste anzuwerben. Anfang des 16. Jahrhunderts verfügte der Gouverneur von Calais über einen Sonderfonds, das sogenannte «spyall money», mit dem er nach eigenem Ermessen Spione bezahlen konnte, die ihm nützliche oder wichtige Nachrichten überbrachten.[18] Dieses Beispiel stützt Mézières' Wertschätzung der Spionage und ihrer Bedeutung in Krieg und Politik.

Oberstes Ziel der Spionagetätigkeit bestand darin, unbemerkt Zugang zum Hof des feindlichen Königs oder Fürsten zu gewinnen, wo die militärischen und politischen Pläne geschmiedet und diskutiert sowie wichtige Entscheidungen getroffen wurden. Hier konnte in Erfahrung gebracht werden, wer den König beriet und wer die bei Hofe einflussreichen Personen waren. Die Geschichte von Jean Fusoris zeigt, wie wichtig solche Kontakte auf höchster Ebene waren, besonders wenn sie geheimgehalten wurden.

Hierzu ein weiteres Beispiel: Im Jahr 1403 heiratete König Heinrich IV. von England in zweiter Ehe Johanna von Navarra, Herzogin der Bretagne. Sie war nie besonders beliebt und hatte in den nachfolgenden

Jahren am Hof von England mit zahlreichen Schwierigkeiten zu kämpfen. In ihrem Gefolge brachte sie eine große Zahl von Bretonen mit, was zu heftigem Unmut führte – teils, weil der Unterhalt dieser Leute kostspielig war, vor allem aber weil englische Schiffe zu jener Zeit unter den Übergriffen der Bretonen sehr zu leiden hatten. Hinzu kam die Angst, sie würden dem Königreich schaden und dem Feind geheime Informationen übermitteln. Dieselbe Angst hegte man im übrigen gegenüber den Walisern, die zu jener Zeit gegen England rebellierten. Die 1404 im Parlament erhobene Forderung, Ausländer vom Hof des Königs grundsätzlich fernzuhalten, da sie Geheimnisse ausspähen konnten, wurde dann wieder 1413 und erneut zwei Jahre später laut, als in einer Petition an den König der Vorwurf erhoben wurde, die Königinmutter hätte nach wie vor Bretonen in ihrem engeren Umkreis, welche «die Geheimnisse des Königreiches belauschten, erfuhren und hörten, um sie an die Bretonen, die größten Feinde Eures Königreichs, zu verraten».[19] Wie wir bereits gesehen haben, war in Kriegszeiten die Angst stets besonders groß, Fremde könnten sich als Spione bei Hofe betätigen.

Dass damals oder später ernsthafte Maßnahmen ergriffen wurden, um die Sicherheit zu erhöhen, wird von einer neueren Entdeckung in Frage gestellt, welche die Aktivitäten von Etienne Fryon am englischen Königshof betreffen. Fryon wurde anscheinend von der burgundischen Regierung als französischer Sekretär (zur Abfassung der französischen Korrespondenzen des englischen Königs Edward IV.) am englischen Königshof eingeschleust. Im Oktober 1480 berichtete er, der französische König Ludwig XI. habe Edward ein Geschenk geschickt (vermutlich um einen guten Eindruck zu machen); der Bote Chester habe Nachricht aus Frankreich gebracht, derzufolge Ludwig noch mehr Schweizer als bisher in seine Dienste aufnehmen wolle; und schließlich: schottische Kriegsschiffe seien im Hafen von Harfleur vor Anker gegangen (die der Bote unterwegs vermutlich mit eigenen Augen gesehen hatte). Bedeutsam für unseren Kontext sind weniger die Nachrichten selbst, die dieser Bericht enthält, sondern die Tatsache, dass deren Verfasser im Dienste des englischen Königs stand und Informationen, die er erhielt, an diesen weitergab, gleichzeitig aber an eine ausländische Macht verriet.[20]

Oben zitierten wir die Ansicht von Philippe de Mézierès über die Notwendigkeit, Spione zu beauftragen und zu bezahlen. Betrachten wir abschließend, was er über die Indienstnahme von Spionen nicht nur, aber vor allem im Krieg zu sagen hat. Ein Fürst, so schrieb er, sollte stets über zuverlässige Spione verfügen, die seine Feinde sowie jene, denen er misstraut, seine Amtsträger und Bediensteten beobachten, da er in Kriegszeiten über seine Feinde stets gut und verlässlich informiert sein müsse. Ein Herrscher sollte Spione haben, die unter seinen Feinden sowie auch unter deren Nachbarn leben. Wenn möglich sollten diese Spione keine

Kenntnis voneinander besitzen, und ihre Identität sollte auch seinen Untertanen unbekannt bleiben, die eines Tages in Gefangenschaft geraten können; auf diese Weise werde jede Möglichkeit der Bestechung von vorneherein ausgeschlossen. Ein Herrscher müsse seine Versprechungen, die er einem Spion gemacht habe, stets buchstabengetreu («à la lectre») erfüllen. Wenn er dies tue, werde er stets genügend Spione zur Verfügung haben und schon bald über die Machenschaften des Feindes bestens informiert sein. Wenn der Feind erkenne, dass nichts, was er tut, geheim bleibt, werde er einen baldigen Friedensschluss anstreben.[21]

Wie reagierte die Gesellschaft auf die zunehmende Spionagetätigkeit jener Zeit? Zwei Hinweise mögen genügen: Den Chroniken über den Krieg sowie auch den Lehrbüchern zur Kriegsführung kann man entnehmen, dass im 14. Jahrhundert Spionage ein allgemein akzeptiertes Mittel war, in Kriegszeiten die Interessen eines Landes zu wahren und zu verteidigen. Selbst die moralischen Vorbehalte einiger Autoren verstummten oder schwächten sich zumindest ab. Doch die Gesetze im Zusammenhang mit Spionage sprechen eine deutliche Sprache. Ein Spion im Dienste einer fremden Macht, der in seinem eigenen Land enttarnt wurde, hatte allen Grund, um sein Leben zu fürchten. Spionage war gleichbedeutend mit Landesverrat, und die Strafe für dieses Vergehen wurde unter dem Einfluss des römischen Rechts immer härter.

Turberville wurde, wie wir gesehen haben, als Verräter («proditor») hingerichtet. Andere hatten mehr Glück, auch wenn der englische Rechtsgelehrte Nicholas Upton im 15. Jahrhundert dafür plädierte, Soldaten, die für den Feind spionierten, zu enthaupten.[22] Dies war das Schicksal dreier Männer (darunter ein Advokat im *Parlement*, des obersten französischen Gerichts), die im März 1437 in Paris enthauptet wurden, weil sie Geheimnisse über Vorkommnisse innerhalb der Stadt an den Feind vor den Stadtmauern verraten hatten; ein vierter, der ebenfalls beteiligt gewesen war, wurde zu lebenslanger Gefängnishaft verurteilt und musste der Hinrichtung seiner Freunde zusehen.[23] Damit sollte sowohl der Schuldige bestraft werden wie auch all jene, insbesondere Soldaten, abgeschreckt werden, die versucht waren, Landesverrat zu begehen. Die Entwicklung der Rechtsprechung gibt uns jedenfalls Aufschluss über die Verbreitung des Bewusstseins für die «nationalen Interessen», die mit allen zur Verfügung stehenden Mitteln und auch durch Abschreckung mittels drakonischer Strafen verteidigt wurden.

Fassen wir zusammen: Als ein Mittel, wichtige Geheimnisse des Feindes zu erfahren, gewann die Spionage insbesondere in Kriegszeiten (aber auch in Zeiten des Friedens) zunehmend an Bedeutung. Es wurden jedoch auch Maßnahmen ergriffen, um die Bemühungen des Feindes zu vereiteln, auf geheimem Wege an Informationen heranzukommen. Als Frankreich und England sich im Hundertjährigen Krieg bekämpften, nahm die Spionagetätigkeit in ihren unterschiedlichen Ausprägungen zu. Diese Uhr sollte nie wieder zurückgestellt werden.

Klaus Malettke

Richelieu und Père Joseph

Mit der systematischen Entfaltung des modernen Staates in der frühen Neuzeit entwickelten die politischen Akteure auch neue Methoden, detaillierte Informationen über die Vorgänge im Innern ihres Landes und über die auswärtigen Mächte zu erlangen. Im Laufe des 17. Jahrhunderts verdichtete sich das Netz diplomatischer Vertretungen in Europa. Doch es gab Unterschiede. So hat die Forschung die alte These widerlegt, das Frankreich des noch minderjährigen Königs Ludwig XIV. (1643–1715) habe Methoden und Instrumentarien der Diplomatie geradezu mustergültig entwickelt.

Ständige französische diplomatische Vertretungen an den wichtigsten europäischen Höfen waren auch zur Zeit des Kardinals Jules Mazarin (1602–1661) keine Selbstverständlichkeit. Noch im Winter 1644/45 verfügte Ludwig XIV. weder bei seinen Verbündeten in Den Haag noch in Stockholm über einen ständigen diplomatischen Vertreter. Das änderte sich erst, als Ludwig XIV. 1661, nach dem Tode Mazarins, die Regierungsgeschäfte übernahm. Während seiner Regierung wurde das Netz diplomatischer Vertretungen ausgebaut, so daß die französischen Interessen durch Residenten und residierende Botschafter an fast allen europäischen Höfen und Zentren politischer Entscheidungen vertreten werden konnten.

Neben den Diplomaten spielten stets auch geheime Emissäre und Agenten mit einem besonderen Auftrag eine bedeutende Rolle auf dem Felde der internationalen Beziehungen. Diese Informanten gehörten nicht zum diplomatischen Personal. Sie handelten stets ohne förmliche Legitimation, allenfalls diente ihnen ein Handschreiben des entsendenden Fürsten oder Ministers als Ersatz. Man findet in diesem – sozusagen in einer «Grauzone» anzusiedelnden – Personenkreis auch «selbsternannte» Agenten und Emissäre, also Glücksritter und Abenteurer, die ihre Dienste anboten, um sich auf diese Weise Karrieren bei einem Fürsten zu eröffnen.

Unter Kardinal Richelieu (1585–1642) erhielt nicht nur das französische Gesandtschaftswesen wichtige Impulse, auch der gesamte Komplex der Informationsbeschaffung und der Beeinflussung der Öffentlichkeit erlangte eine bisher nicht gekannte Bedeutung. Richelieu verfügte schließlich nicht nur über ein gut funktionierendes Netz von geheimen Informanten und Agenten im Innern und im Ausland, sondern auch über Möglichkeiten, um Einfluss auf die in der Öffentlichkeit geführten politischen Debatten und Auseinandersetzungen auszuüben. Unter seinen Akteuren tritt vor allem ein Mann hervor, der sich durch große politische Kompetenz auszeichnete und ein enges Vertrauensverhältnis zu Richelieu hatte: François-Joseph Le Clerc du Tremblay (1577–1638), «le père Joseph» (Pater Joseph).

Mit Gustav II. Adolf (1611–1632) und Wallenstein (1583–1634) gehört Richelieu zu den großen historischen Gestalten, die den Dreißigjährigen Krieg beherrscht haben und in denen sich «die Fragen, Probleme und Gegensätze der Zeit»[1] widerspiegelten. «Richelieu», schreibt Heinrich Lutz, «steht im Schnittpunkt tiefgreifender Veränderungsprozesse: sowohl hinsichtlich der Ausbildung [der absoluten Monarchie] nach innen wie hinsichtlich der Neugestaltung der zwischenstaatlichen Bezüge und des europäischen Staatensystems; das Zurücktreten der kirchlich-konfessionellen, überstaatlichen Kräfte gegenüber dem einzelstaatlichen und säkularisierten Machtanspruch scheint mit seinem Wirken besonders eng verbunden.»[2]

Als jüngster Sproß einer väterlicherseits dem poitevinischen Adel angehörenden Familie am 9. September 1585 im Pariser Pfarrbezirk Saint-Eustache geboren, war Richelieu zunächst für eine militärische Karriere vorgesehen. Doch entschied er sich für die Übernahme des bescheidenen Bistums Luçon in der Vendée, über das die Familie verfügen konnte. Nach dem Ende der theologischen Studien wurde er nach Erteilung des päpstlichen Dispenses am 17. April 1607 im Alter von nur 21 Jahren in Rom zum Bischof von Luçon geweiht.

Schon bald aber war erkennbar, dass Richelieu über die Wahrnehmung seiner Funktionen als Bischof hinaus politische Ambitionen hegte und einen Zugang zum Zentrum der Macht anstrebte. Nach langen Bemühungen und manchen – für ihn zum Teil gefährlichen – Rückschlägen erreichte er schließlich am 29. April 1624 mit der Berufung in den Rat des Königs (Conseil du Roi) sein Ziel. Bei diesem letztlich erfolgreichen Aufstieg in das Amt des Prinzipalministers Ludwigs XIII. (1610–1643) hatten die tatkräftige Unterstützung durch die Königin-Mutter Maria von Medici (1573–1642) – ihr verdankte er bereits die im Jahre 1622 erfolgte Erhebung zum Kardinal – und innen- sowie außenpolitische Entwicklungen eine zentrale Rolle gespielt. Richelieus Aufstieg ins Zentrum der Macht verlief weniger dramatisch als es normalerweise dargestellt wird. Er blieb bis zu seinem Tode am 14. Dezember 1642 fast ständig von gefährlichen Hofintrigen und politischen Komplotten bedroht.

Ludwig XIII. hatte nach dem Tode des Günstlings Albert de Luynes (15. Dezember 1621) erklärt, dass es zukünftig in Frankreich weder einen Konnetabel noch einen Favoriten geben werde. Der Kardinal war sich immer bewusst, dass nicht nur seine politische Position, sondern auch seine ganze Existenz von der Gnade des Königs abhängig war. Dem hat er stets und mit großem Nachdruck Rechnung getragen, denn Ludwig XIII. wünschte, seine Autorität in jeder Hinsicht zu wahren. Er war deshalb nicht bereit, die allein ihm als absolutem Monarchen zukommende Entscheidungskompetenz an eine andere Person zu delegieren. Richelieu hat diese Grundeinstellung des Königs sehr genau beachtet. Der Kardinal und der König stimmten darin überein, die Autorität der Krone zu stärken und gegen jedwede Angriffe entschieden zu verteidigen. Trotz aller im Verhältnis zwischen Ludwig XIII. und Richelieu gelegentlich auftretenden Differenzen ist festzustellen, dass beide in wichtigen Situationen die einmal getroffene Entscheidung vertreten haben. Zu Recht hat man das Ministeriat Richelieus eine «two-headed monarchy»[3] genannt. Diese Regierung der Monarchie durch den König und durch Richelieu war jedoch erst das Resultat einer Phase politischer Auseinandersetzungen und von Konflikten, die Kritiker und Gegner des Kardinals ausgelöst hatten. Dieser zunächst verdeckt, dann offen geführte Machtkampf, bei dem schließlich die Königin-Mutter Maria von Medici als treibende Kraft agierte, endete mit dem bekannten «Tag der Düpierten» (Journée des Dupes, 10.–12.November 1630) zugunsten Richelieus. Bei diesen Auseinandersetzungen und Konflikten ging es nicht nur um kontroverse Positionen in innen- und außenpolitischen Fragen, sondern auch – und in erster Linie – um die Person des Kardinals und um dessen Amtsführung.

Nach seiner Berufung in den Rat des Königs am 29. April 1624 beendete Richelieu die kurze Phase einer akzentuiert katholisch-spanischen Außenpolitik und knüpfte wieder an die politischen Grundkonzeptionen Heinrichs IV. (1589–1610) an. Die französische Außenpolitik wurde seither wieder bestimmt vom Kampf gegen die Habsburger, gegen Spanien zunächst, dann aber gegen das Gesamthaus. Richelieus außenpolitisches Programm basierte aber nicht allein auf machtpolitischen Erwägungen. Es ist vielmehr auch – und nachhaltig – gekennzeichnet durch den ständigen Rekurs auf allgemeine Rechtsprinzipien und durch die Orientierung an konfessionellen Überlegungen sowie an einem «theologisch fundierte[n] Staatsethos»[4]. Richelieu blieb eingebunden im traditionellen Bezugssystem von Staat und Kirche, auch wenn er «die Interessen der französischen Krone nach innen und außen durchaus im Rahmen weitgespannter Konzeptionen von Ordnung, Recht und Frieden verfolgte»[5].

In Anbetracht der vielfältigen Aufgaben, die Richelieu auf allen Feldern der Politik zu erfüllen hatte, kann es nicht überraschen, dass er für sich ein weitgespanntes und gut funktionierendes Informanten- und

Spionagenetz aufbaute. Man kann für dieses Agenten- und Informationsnetz durchaus den Terminus «Geheimdienst» und für den Stab der vom Kardinal versammelten Literaten und Auftragsschreiber die Bezeichnung «Propagandaabteilung» verwenden. Der Aufbau eines eigenen Informantennetzes und eines «Propagandastabes» reichte schon in die Zeit vor Richelieus Berufung in den Rat des Königs zurück.

Schon seit seiner Zeit als Bischof von Luçon war Richelieu erfolgreich bestrebt, möglichst verlässliche Informationen über die Vorgänge am Hof des Königs und der Königin-Mutter sowie über das Geschehen in den Zuständigkeitsbereichen der wichtigsten politischen Akteure in der Monarchie zu sammeln und im Interesse der Realisierung seiner eigenen politischen Ambitionen zu nutzen. Verhältnismäßig früh wurde er dabei tatkräftig von Pater Joseph unterstützt.

Seine Bemühungen um den Ausbau und die Effektivierung des Propaganda- und Geheimdienstwesens während der Jahre seines Ministeriats hatten natürlich erheblich größere Dimensionen. Doch zuvor noch einige Bemerkungen zur Öffentlichkeitsarbeit in dieser Epoche.

Wie neuere Forschungen ergeben haben, waren die Eliten – Militärs, «Beamte», Juristen, Kleriker, Gelehrte, «Literaten» – geradezu hungrig nach Nachrichten und Neuigkeiten aus dem breitgefächerten Bereich der Politik. Sie unterhielten deswegen rege Korrespondenzen. Verbreitet waren handschriftlich vervielfältigte Gazetten, die nicht nur in vertraulichen Zirkeln weitergereicht wurden.

Um die Öffentlichkeit, also insbesondere die Angehörigen der genannten sozialen Gruppen, zu steuern oder zumindest zu beeinflussen, bedienten sich der König, die Mitglieder seines Rates und Richelieu bis 1630 vor allem dreier Arten von Druckerzeugnissen: des Periodikums «Le Mercure français», der gelegentlichen Verbreitung von gedruckten Relationen sowie von Flugschriften, Traktaten und Pamphleten. Der «Mercure français» erschien jährlich und enthielt eine Zusammenfassung aller im Vorjahr publizierten Relationen und offiziellen Dokumente. Dabei handelte es sich – kurz gesagt – um Berichte über – aus Sicht der Krone – wichtige Ereignisse, die in der Regel den Hof, die königliche Familie, die Politik der Minister, militärische Konflikte, Schlachten, Allianz- und Friedensverträge usw. betrafen. Selbstverständlich dienten sämtliche darin enthaltenen Publikationen der Unterstützung der Politik der Krone.

Pater Joseph war von 1624, also seit Beginn des Ministeriats Richelieus, bis zu seinem Tod im Jahre 1638 Leiter des «Mercure français». Unter seiner Direktion wurde das Themenspektrum dieses Periodikums erweitert: es wurden Nachrichten aus ganz Europa berücksichtigt, und man nahm auch Traktate und Flugschriften auf, die die Politik der Regierung propagierten.

Ein Nachteil des «Mercure français» bestand darin, dass die Abstände seines Erscheinens zu groß waren. Deshalb intensivierte Richelieu die Veröffentlichung von Relationen und Berichten (récits) über einzelne – aus seiner Sicht – wichtige Ereignisse, deren Ausarbeitung er von Generälen und später auch von den mit speziellem Auftrag in die Provinzen entsandten Intendanten forderte. Schließlich veranlasste er die Gründung der seit dem 12. Mai 1631 wöchentlich erscheinenden Zeitung «La Gazette», die von Théophraste Renaudot herausgegeben wurde, einer der «Kreaturen» (créatures) des Kardinals. In der «Gazette» erschienen Berichte über diplomatische Verhandlungen, militärische Operationen, Nachrichten über den Hof, Gesetze, Edikte, Ordonnanzen des Königs sowie Auszüge aus Druckerzeugnissen, die in London, Brüssel, Köln, Basel, Lyon und anderen Orten der Vereinigten Niederlande und Deutschlands publiziert worden waren. Außerdem unterhielt Renaudot in Frankreich und im Ausland zahlreiche Informanten und Korrespondenten.

Zu Renaudots «Hauptkorrespondenten» zählten aber Ludwig XIII. und Richelieu. Die Berichte des Königs wurden häufig von diesem selbst abgefasst, von Richelieu redigiert und dann von einem königlichen Sekretär kopiert. Besonders interessant und aufschlußreich ist aber, dass der seit 1626 beim König als Kammersekretär beschäftigte Michel Lucas nicht nur sehr exakt die Handschrift Ludwigs XIII. imitieren konnte, sondern auch von Richelieu abhängig war. Einiges spricht deshalb für die Vermutung, dass manche vom König an Renaudot geleitete Originalbeiträge in Wahrheit von Lucas abgefasst worden waren. Inwieweit das im Auftrag Richelieus und ohne Kenntnis Ludwigs XIII. geschah, lässt sich nicht entscheiden. Unzweifelhaft ist aber, dass diese Zusammenarbeit mit Renaudot bis ins Detail mehr den Interessen des Kardinals als denjenigen des Königs entsprach. In jedem Fall handelte es sich um eine sehr subtil und geschickt gehandhabte Propaganda.

Propagandistischen Zwecken diente auch eine Gruppe von Personen, mit denen Richelieu mehr oder minder enge Beziehungen unterhielt, die zumeist in seinem Auftrag, oft auch mit seiner direkten Beteiligung, Schriften, Traktate, Flugschriften und Pamphlete verfaßten und publizierten, in denen seine Politik propagiert oder gegen Angriffe seiner Gegner verteidigt wurde. Einige der bekanntesten Personen, die entweder für eine gewisse Zeit oder bis zum Ende des Ministeriats Richelieus zu dieser Gruppe gehörten, seien hier genannt: Mathieu de Morgues, Abt von Saint-Germain (Paris), der – nachdem er nach einigen Jahren in Ungnade gefallen war und Frankreich verlassen hatte – zu den entschiedensten Gegnern des Prinzipalministers zählte; Paul Hay du Châtelet; Jean Sirmond, einer der Gründer der «Académie française»; die flammenden Kämpfer für die katholische Sache Jacques Pelletier und Jérémie Ferrier, die vom Calvinismus zum katholischen Glauben konvertiert waren; die Archivare, Juristen und Historiker Pierre Dupuy und Théodore Godefroy, letzterer ein Kenner der komplizierten Verhältnisse im Heiligen Römischen Reich Deutscher Nation, der auch für diplomatische Missionen Verwendung fand. Schließlich gehörten auch – und zwar in besonders herausgehobenen Positionen – Pater Joseph und der Kanoniker von Saint-Germain-l'Auxerrois François Dorval-Langlois de Fancan dazu, der einige ergänzende Angaben zur Person und zu seinem Wirken verdient, weil er nicht nur zu den engsten politischen Gesprächspartnern und Beratern Richelieus zählte, sondern auch geheimdienstlich, ja sogar als Doppelagent tätig war.

Fancan stand seit 1617 in Beziehungen zu Richelieu. In den Jahren 1621 bis Ende 1626 verfasste Fancan zehn bis zwölf gewichtige Schriften bzw. Pamphlete, die – zumindest teilweise – entweder vom Kardinal inspiriert oder direkt von ihm veranlasst worden waren. Erwähnt seien hier nur der «Discours salutaire et avis de la France mourante au roi» (Heilsame Rede und Mitteilung des sterbenden Frankreich an den König) aus dem Jahre 1621, der «Miroir du temps passé, à l'usage du présent» (Spiegel der Vergangenheit, zur Verwendung in der Gegenwart) von 1625 und die beiden gegen die politischen Ambitionen des Hauses Habsburg gerichteten Pamphlete «Discours sur les affaires de la Valteline et des Grisons, dédié au tout-puissant et catholique roi d'Espagne» (Rede über die Affäre des Veltlins und der Graubündener, dem allmächtigen und katholischen König von Spanien gewidmet) von 1625 und «Le Discours salutaire sur l'état présent des affaires d'Allemagne» (Rede über die gegenwärtige Lage in Deutschland) aus dem Jahre 1626. Treffen zeitgenössische Berichte zu, dann gehörte Fancan zu den aktivsten Agenten Richelieus; dieser soll ihn für die Dauer von zwei Jahren mit der Abfassung diplomatischer Depeschen, Memoranden und Instruktionen betraut haben. Der französische Historiker Gabriel Hanotaux sah in ihm den «typischen Geheimagenten, ausgestattet mit Geschicklichkeit, Kühnheit, Kaltblütigkeit, Doppelzüngigkeit und einem ständigen Hang zur Intrige».[6]

Am 4. Juni 1627 wurde Fancan verhaftet und unter der Bewachung von Pater Josephs Bruder, Charles Le Clerc du Tremblay, in die Bastille gebracht. Richelieu warf Fancan vor, gegen die Belagerung der Hugenottenhochburg La Rochelle agitiert zu haben, die am 12. September 1627 begann. Außerdem beschuldigte ihn der Kardinal in seinen «Memoiren», für auswärtige protestantische Mächte spioniert und seine Position, die ihn unverdächtig erscheinen ließ, missbraucht zu haben. Inwieweit diese schweren Anschuldigungen zutrafen, lässt sich nicht zweifelsfrei klären. Gesichert ist, dass man unter den beschlagnahmten Papieren Fancans stark belastendes Material fand. Daraus ging hervor, dass er eine umfangreiche Korrespondenz mit führenden Protestanten in den Vereinigten Niederlanden, in der Schweiz, in Deutschland und in England geführt hat. Der englischen Seite, die die Hugenotten in La Rochelle gegen das Vorgehen Ludwigs XIII. militärisch unterstützte, ließ er Informationen zukommen, die für ihre Aktivitäten nützlich waren. Aus den beschlagnahmten Dokumenten ging weiterhin hervor, dass Fancan entweder vom Erzbischof von Köln oder von dessen Bruder, dem Kurfürsten Maximilian I. von Bayern (1623–1651), – möglicherweise auch von beiden – beachtliche Geldzahlungen erhalten hat. Richelieu war empört, dass Fancan, der zu seinen engsten politischen Mitarbeitern gehörte und den er selbst mit zahlreichen Geheimaufträgen im In- und Ausland betraut hatte, das in ihn gesetzte Vertrauen und seine Position im Zentrum der Macht missbraucht und den Gegnern der Krone und des Prinzipalministers Geheiminformationen beschafft hatte. Fancan musste seine Tage im Dunkel und in der Verschwiegenheit der Bastille beenden; er starb kaum ein Jahr später, 1628.

Im Netz geheimer Informanten und Agenten, das Richelieu aufbaute, spielten die Kapuziner und unter ihnen Pater Joseph eine privilegierte Rolle. Gleich nach dem Beginn seines Ministeriats ließ er diesen, der ihm bereits in den Jahren zuvor mit vielfältigen Informationen äußerst nützliche Dienste geleistet hatte, durch dessen Bruder Charles Le Clerc du Tremblay in seinen engsten Mitarbeiterstab holen. Der Kapuziner verfügte bereits zu jenem Zeitpunkt über eine veritable Armee von Ordensbrüdern, die ihn mit geheimen bzw. vertraulichen Nachrichten aus dem In- und Ausland versorgten. So berichtete z. B. Pater Alexander von Alais über Bayern und die Ordensbrüder Hyacinthe von Casal und Ange von Raconis über die Vorgänge im Reich. Dass die Angehörigen geistlicher Orden, die in den meisten Teilen Europas präsent waren, in der Regel über sehr genaue Informationen, auch über geheime Vorgänge, an den europäischen Höfen verfügten, weil sie als Beichtväter der Fürsten oder auf Grund anderer Funktionen direkten und kontinuierlichen Zugang zur Macht hatten, machten sich alle politischen Hauptakteure jener Zeit zunutze. Die Beauftragung von Ordensgeistlichen mit geheimen Missionen hatte für die Regierenden den Vorteil, dass sie sich als Geistliche unauffälliger bewegen und mit dem Hinweis auf die offiziell deklarierte Wahrnehmung von Aufgaben ihres jeweiligen Ordens von ihren geheimen Aufträgen ablenken konnten. Diesen Vorteil boten aber auch Fernkaufleute und Reisende. Es überrascht deshalb nicht, dass Richelieu auch Angehörige dieses Personenkreises quasi systematisch aufforderte, ihm über ihre jeweiligen Beobachtungen sowie über die während ihrer Reisen gesammelten Informationen detaillierte Berichte zu liefern. Nicht zu Unrecht hat Michel Carmona, einer der modernen Biographen Richelieus, den Prinzipalminister als «den bestinformierten Mann auf dem Planeten»[7] bezeichnet.

Die «graue Eminenz» Richelieus, François-Joseph Le Clerc du Tremblay, kurz «le père Joseph» genannt, wurde am 4. November 1577 in Paris geboren. Väterlicherseits entstammte er einer zum Amtsadel (noblesse de robe) gehörenden Familie. Sein Vater Jean Le Clerc du Tremblay war Kanzler des Herzogs Hercule-François d'Alençon (1554–1584), des vierten Sohns König Heinrichs II. (1547–1559), und «Erster Präsident der Eingabenkammer am Pariser Parlament» (Premier Président des Requêtes au Parlement de Paris); er hatte also ein sehr hohes Amt in der höchsten französischen Gerichtsbarkeit inne. Während Pater Joseph über seinen Vater einer hervorragenden Linie von Juristen und «Verwaltungsbeamten» angehörte, entstammte seine Mutter einer Familie des Landadels. Ihr Vater, Claude de La Fayette, besaß vier Baronien, von denen er eine seinem Enkel François-Joseph vermachte. Deshalb war dieser während seines kurzen Aufenthalts am Hof des Königs, also noch vor seinem Eintritt in den Kapuzinerorden, unter dem Namen eines Barons de Maffliers bekannt.

Als Kind war François-Joseph introvertiert, aber zugleich sehr aktiv; außerdem fiel er durch eine erstaunliche und frühreife Klugheit sowie durch seine außerordentlich stark ausgeprägte Religiosität auf. Es überrascht deshalb nicht, dass er entgegen dem Rat seiner Mutter, die für ihn eine weltliche Karriere bevorzugte – 1597 hatte er sich im Gefolge eines entfernten Verwandten, des geschickten Diplomaten Hurault de Maisse, nach London begeben –, zwei Jahre später (2. Februar 1599) in Orléans in den Kapuzinerorden eintrat. Er erwarb sich innerhalb seines Ordens schon sehr bald großes Ansehen, so dass ihm hohe geistliche Ämter und wichtige Funktionen übertragen wurden. Im Herbst 1605 wurde er zum «Guardian», zum Vorsteher, des Ordenshauses in Bourges bestellt, ein Jahr später wurde er Guardian des Klosters in Rennes. Mit seiner Berufung zum Provinzial der Kapuzinerprovinz Touraine im Jahre 1618 wurde ihm die Oberaufsicht über alle Klöster dieser Ordensprovinz übertragen, zu der das ganze Poitou sowie große Teile der Bretagne und der Normandie gehörten. Im Poitou lag auch das Bistum Luçon, das Richelieu seit 1607 leitete. Schließlich wurde der Kapuziner 1625 Präfekt der Auslandsmission.

Der tatkräftige Einsatz Pater Josephs bei der Reformierung seines Ordens, seine erfolgreichen Bemühungen, in den Zentren des französischen Calvinismus Ordenshäuser der Kapuziner zu errichten – z. B. 1609 in der Hugenottenhochburg Saumur –, und sein wachsender Ruf als begnadeter Prediger hatten die Aufmerksamkeit des Hofes auf ihn gelenkt. Außerdem hatte er – zunächst auf eigene Initiative, dann als offizieller Agent der Königin-Mutter Maria von Medici – an der Beilegung eines nicht ungefährlichen Aufstands einiger Hochadliger in den Jahren 1615/16 maßgeblichen Anteil. Er vermittelte schließlich den Frieden von Loudun vom 3. Mai 1616, wobei er bereits seine außerordentlichen politischen Fähigkeiten und seine erstaunlichen Kenntnisse über Interna der aufständischen Hochadligen erkennen ließ. Sein damaliger Hauptgegenspieler bei den Verhandlungen, Henri de La Tour d'Auvergne, Herzog von Bouillon, sagte über ihn: «Dieser Mann dringt in meine geheimsten Gedanken ein; er weiß Dinge, die ich nur einigen Leuten von erprobter Verschwiegenheit mitgeteilt habe; und er geht nach Tours und kommt von dort zurück, zu Fuß, in Regen, in Schnee und Eis, in fürchterlichstem Wetter, ohne dass irgend jemand imstande ist, ihn zu beobachten. Ich will schwören, der Teufel sitzt diesem Pater im Leib.»[8] Seit jenen Jahren verfügte Pater Joseph über enge Kontakte zur Königin-Mutter und zum Hof, die sich für Richelieu als durchaus förderlich erweisen sollten.

Das erste Zusammentreffen Pater Josephs mit dem späteren Kardinal datiert aus dem Jahre 1611. Damals war der Kapuziner Abt des Klosters Des Roches, im Poitou, nahe bei Fontevrault gelegen, von wo es nicht sehr weit nach Luçon war. Im Zusammenhang mit seinen Verhandlungen mit der Adelsfronde und seinen häufigen Aufenthalten in Tours, wo sich Maria von Medici mit ihrem Gefolge und ihren Truppen damals aufhielt, erneuerte und vertiefte er seine Bekanntschaft mit dem Bischof von Luçon. Richelieu residierte zu jener Zeit in der Priorei de Coussay, nur wenige Meilen von Loudon entfernt, von wo aus er sich vergeblich bei Hofe bemühte, an den Friedensverhandlungen beteiligt zu werden. Desto intensiver suchte er den direkten Kontakt zu Pater Joseph. Wann immer der Bischof von einer bevorstehenden Reise des Kapuziners Nachricht erhielt, fuhr er diesem in seiner Karosse entgegen, um mit ihm lange und vertrauliche Gespräche über die schwierige innenpolitische Lage der Monarchie zu führen. Dabei ging es nicht nur um die Rebellion der Hochadligen, um die generelle Schwäche der Regierung, um den Zustand der Monarchie im allgemeinen, sondern auch um die gefährlichen Ambitionen des Hauses Habsburg und um die sich zuspitzenden Ereignisse in Deutschland. In vielen Punkten konnten sie weitgehende Übereinstimmung ihrer Ansichten feststellen. Zu Recht hat Carl J. Burckhardt in seiner großen Biographie über den Kardinal festgestellt: «Dass Richelieu schon in jungen Jahren diesen außerordentlichen Mann zum wichtigsten Mitwirkenden gewann, muss als einer der entscheidenden Umstände seines Lebens betrachtet werden. Der Pater Joseph ist diejenige Persönlichkeit, die, obgleich vom Kardinal abhängig, ihn in grundsätzlichen politischen Fragen an Tiefe der Erkenntnis häufig übertraf. Was dagegen Richelieu ihm voraushatte, war die Konzentration, die Fähigkeit, alle seine intellektuellen und seine Willenskräfte auf einen Punkt zu versammeln, während der Pater innerhalb einer ungeheuren Ubiquität der Vision als eine überzeitliche Erscheinung sich verströmend und seine Kräfte vielfach verlierend durch die Gegenwart zog.»[9]

Bis in die ersten Jahre des Dreißigjährigen Krieges verfolgte Pater Joseph die Realisierung seines großen Traums: die Vereinigung der christlichen Fürsten in einem Kreuzzug gegen die Ungläubigen mit dem Ziel der Befreiung Konstantinopels und des Heiligen Landes von der Herrschaft der Osmanen. Dieses Projekt verlor der Kapuziner auch bei seinen Verhandlungen in Loudun nicht aus den Augen, zumal sich unter den dort versammelten Hochadligen der Herzog von Nevers befand, der bei der Verwirklichung dieses Vorhabens eine wichtige Rolle spielen sollte. Seine Großmutter väterlicherseits war eine Paläologus aus dem byzantinischen Kaiserhaus, und sein Vater gehörte zur Linie der italienischen Gonzaga. An den Herzog von Nevers als den Abkömmling der byzantinischen Kaiser hatte sich in jener Zeit eine Abordnung der Bewohner von Morea mit der Bitte gewandt, sich an die Spitze einer Erhebung der Griechen gegen ihren osmanischen Oberherrn zu stellen. Der Herzog fühlte sich durch dieses Angebot zwar geschmeichelt, war sich aber dessen bewusst, dass ein derartiges Projekt nur dann Aussicht auf Erfolg haben würde, wenn es gelänge, die europäischen Großmächte für eine großangelegte Expedition zu Wasser und zu Lande gegen die Osmanen zu gewinnen. Dieses Projekt war Gegenstand der intensiven und vertraulichen Gespräche, die Pater Joseph mit dem Herzog von Nevers führte.

Richelieu stand diesem Vorhaben von vornherein mehr als skeptisch gegenüber, willigte aber schließlich – auch im Interesse der Beförderung seiner eigenen Ambitionen in Frankreich – ein, den Plan nach Möglichkeit zu unterstützen. Pater Joseph erreichte die erforderlichen Erlaubnisse, um sich zum Papst nach Rom begeben zu können, ohne dessen aktive Mitwirkung ein Kreuzzug gegen die Ungläubigen nicht möglich war. Im Herbst 1616 traf der Kapuziner in der heiligen Stadt ein, und es gelang ihm während seines rund achtmonatigen Aufenthalts, Papst Paul V. (1605–1621) zu der Zusage zu bewegen, die Realisierung des Projekts mit den Mitteln der Kurie zu fördern. «Als Pater Joseph im Frühjahr 1617 Rom verließ, nahm er das feste Versprechen einer Bulle für die Kalvarierinnen [ein von ihm 1606 gegründeter Orden] und einer für die Missionen im Poitou mit, und dazu ein päpstliches Breve, das an die spanische Krone gerichtet war und ihn ermächtigte, über den Kreuzzug zu unterhandeln.»[10] Hatte ihn die Vermittlertätigkeit in Loudun zu einer Persönlichkeit gemacht, deren politischen Einfluss man in Frankreich nicht mehr unterschätzen durfte, so hatte er seinen langen Aufenthalt in Rom auch dazu genutzt, gute und dauerhafte Kontakte mit den

Hauptakteuren an der Kurie zu knüpfen und sich dort ein beachtliches Ansehen zu verschaffen. Seit dieser Zeit pflegte er intensive Korrespondenzen mit päpstlichen Nuntien und Legaten, mit Kardinälen und sogar mit dem Staatssekretär des Papstes.

Im Sommer 1618 begab sich Pater Joseph nach Madrid, um dort mit dem Ersten Minister Philipps III. (1598–1621), dem Herzog von Lerma (1598–1618), und mit dem König über die aktive militärische Unterstützung des Kreuzzugsprojekts zu verhandeln. Zwar wurde er am spanischen Hof mit großer Aufmerksamkeit empfangen, musste nach vier Monaten mühsamer, aber letztlich ergebnisloser Verhandlungen jedoch erkennen, dass die spanische Seite zu mehr als unverbindlichen Versprechungen und guten Wünschen nicht bereit war. Bedeutende Persönlichkeiten, die der spanischen Regierung nahestanden, hatten Pater Joseph indessen das vertrauliche Angebot gemacht, ihm so gut wie jede Geldsumme zur Verfügung zu stellen, wenn er sich für eine seit der Verbannung Marias von Medici in Mißkredit geratene spanienfreundliche Politik der französischen Regierung einsetzen würde. Als guter Franzose hat der Kapuziner dieses Angebot aber abgelehnt. Der Ausbruch und der weitere Verlauf des Dreißigjährigen Krieges entzogen dem ohnehin von Anfang an höchst unrealistischen Kreuzzugsprojekt auch die letzte Realisierungschance.

Pater Joseph hat offensichtlich sehr früh die hohe politische Kompetenz des Bischofs von Luçon und dessen entschiedenes Eintreten für die Steigerung der Macht der Krone sowie seine Entschlossenheit erkannt, selbst eine entscheidende Position im Zentrum der Macht zu erlangen. Später hat der Kapuziner von Richelieu gesagt: «Ich habe diesen jungen Aar gesehen, wie er noch, an der Klaue reglos aufgehängt, in die Sonne zu schauen vermochte, ohne mit der Wimper zu zucken.»[11]

Die weitere Entwicklung des jungen Adlers hat der Kapuziner aus voller Überzeugung gefördert; dessen politischer Rat, vertrauliche bzw. geheime Informationen sowie dessen Beziehungsgeflecht waren für Richelieu unverzichtbare Stützen nicht nur bei seinem Aufstieg in die entscheidende Schaltstelle der Macht, sondern auch und gerade während der Jahre seines Ministeriats. In Pater Joseph hatte er so großes Vertrauen, dass er diesen in sein Innerstes blicken ließ. So schrieb Richelieu im September 1617 an den Kapuziner: «Mein Vater, ich möchte Ihnen durch diesen Brief beweisen, dass ich Zutrauen zu Ihnen habe [...]. Ich leide so sehr, dass ich Ihnen mein Herz öffnen möchte.»[12] Und es war kein Zufall, dass Richelieu am 7. März 1619 die Erlaubnis, aus seinem Exil in Avignon an den Hof der Königin-Mutter, Maria von Medici, zurückkehren zu dürfen, durch den Bruder Pater Josephs, Charles Le Clerc du Tremblay, aus Paris überbracht wurde. Dass der Bischof wieder an den Hof zurückkehren durfte, daran hatte auch Pater Joseph maßgeblichen Anteil.

In Anbetracht dieser hier nur skizzierten Gegebenheiten kann es nicht überraschen, dass Richelieu bei Beginn seines Ministeriats Pater Joseph sofort in seinen engsten Mitarbeiterstab holte, wo dieser eine in jeder Hinsicht zentrale Vertrauensstellung einnahm. Auf die Dienste, die profunden Kenntnisse, die herausragenden diplomatischen und politischen Fähigkeiten des Kapuziners sowie auf dessen Informanten- und Agentennetz konnte und wollte der Prinzipalminister nicht verzichten. In seinem Palais gab Richelieu Pater Joseph einen Raum, von dem aus er einen direkten Zugang zu seinen Gemächern hatte.

Dank der von ihm entsandten Missionare, die das Werk der Glaubensverbreitung in der ganzen Welt weiter vorantreiben sollten, unterhielt der Franziskanerprovinzial Verbindungen zu den verschiedensten Orten in fernen Ländern. Richelieu, der auch aus Gründen der Förderung des französischen Handels Küsten, Häfen und selbst die Binnenhäfen inspizieren ließ, forderte die Berichte der Missionare Pater Josephs an, die er genauestens studierte. Auf Grund seiner intimen Kenntnisse der Gegebenheiten in fernen Ländern und in Übersee war der Kapuziner auch der geeignete Mann, um Pläne und Denkschriften für die Errichtung von französischen Handelsniederlassungen und -stützpunkten in Überseegebieten auszuarbeiten. Nachgewiesen ist, dass das grundlegende Memorandum über die Schaffung von Kolonien und den Aufbau einer französischen Flotte, das Ludwig XIII. als das Werk einer anderen Hand im Jahre 1626 vorgelegt wurde, tatsächlich von Pater Joseph erstellt worden war. Seine in allen Teilen der Welt, von Persien bis England, von Abessinien bis Kanada, anzutreffenden Ordensbrüder hatten ihm die dafür erforderlichen Materialien geliefert. Zu Recht beschuldigten ihn seine Gegner in Spanien und in Österreich bei der Kurie in Rom, dass er seine Missionare als französische Agenten und antihabsburgische Spione einsetze. Der Kapuziner war sich bewusst, dass dem Kreuz der Handel folgt.

Pater Joseph war schließlich nicht nur Chef des Geheimdienstes Richelieus, sondern auch dessen nächster außenpolitischer Helfer und Berater sowie «einflußreicher Deutschlandspezialist»[13]. Eine große Zahl von Depeschen und Instruktionen ist überliefert, die der Kapuziner selbst an französische offizielle Gesandte sowie an Agenten im Ausland gerichtet hat.

Die große Bedeutung, die Pater Joseph für den Prinzipalminister hatte, war natürlich auch den politischen Akteuren in den anderen europäischen Monarchien nicht verborgen geblieben. So führte der kaiserliche Vertreter am 12. Februar 1635 in seiner «Summarische[n] Beschreibung des jetzigen französischen Hofwesens» u. a. aus: «Das politische Gubernament zue landt undt wasser steht absolutè in des Cardinals Richelieu disposition undt handen; der übergibt alle expedition, sonderlich aber auhsländische sachen dem P. Josepho Cappucino, undt dieser theilet die noturfft dem Secretarii Boutillier undt anderen 3 secretarien status zur verfertigung also, dahs wie der Cardinal diesen König völlig undt allein regirt, der Cardinal von dem P. Josepho in omnibus et per omnia eintzig gubernirt wirdt und consequenter das gantze Frantzösische Königreich, et in ore horum duorum vel trium stat omne verbum (im Munde der beiden oder der drei liegt jedes Wort).»[14]

Der Kapuziner stand schon vor 1624 an der Spitze einer geheimen Faktion am Hofe Ludwigs XIII., die unter Leitung des Ordensbruders in subtiler Weise beim König den Aufstieg Richelieus ins Zentrum der Macht betrieb. Deutlich fassbar ist auch das Funktionieren seines Geheimdienstes bei der bereits erwähnten Belagerung von La Rochelle. Dort unterhielt der Kapuziner schon seit fünfzehn Jahren geheime Informanten. In dem alten, vor der Stadt gelegenen Häuschen, dessen Dach undicht war, empfing er während der Belagerung nächtens die geheimen Informanten, die ihn über sämtliche Vorgänge in der Stadt unterrichteten. Andererseits benutzte er diese Spione, um durch gezielte Desinformationen den Widerstandswillen der Eingeschlossenen zu unterminieren bzw. um Aktionen innerhalb der Stadt gegen die entschiedenen Befürworter einer Fortsetzung des Kampfes gegen die Truppen des Königs zu inszenieren.

Schon Jahre vorher, beim Feldzug Ludwigs XIII. gegen die rebellischen Hugenotten des Béarn im Herbst und Winter 1620, erwies sich die Verlässlichkeit des geheimen Informantennetzes Pater Josephs. Es versetzte schon damals den Kapuziner in die Lage, dem König exakte Angaben zu liefern über alles, was in den festen Plätzen der Hugenotten vor sich ging. Nicht ganz zu Unrecht kursierte schließlich um 1630 in Paris das Gerücht, dass Pater Joseph «während der Zeit, die er angeblich bei den Kapuzinern oder den Kalvarierinnen verbrachte, in Wirklichkeit in der Stadt umherschleiche und für den Kardinal spioniere oder Agenten Bestechungsgelder bringe und Weisungen erteile, die so geheim und unheilvoll seien, dass er diese Leute nicht anders als bei Nacht, an Straßenecken oder in Hinterstuben übelberüchtigter Schenken treffen könne».[15] Bei diesem Gerücht handelte es sich zweifellos um Übertreibungen und Erfindungen seiner Gegner, es belegt aber auch, dass eine breitere Pariser Öffentlichkeit von den geheimdienstlichen Aktivitäten des Kapuziners Kenntnis hatte.

Deutschland und die Reichsfürsten bildeten einen Schwerpunkt der Politik des Kapuziners und seiner Tätigkeit als Chef des Geheimdienstes. 1625, als Ludwig XIII. den Konflikt mit den Hugenotten vorübergehend beilegen konnte, wurden mehrere Versuche unternommen, einen Gesamtfrieden in Europa zu erreichen. Richelieu stand derartigen Intentionen skeptisch gegenüber. Der Kardinal wollte vielmehr die Libertät der Reichsstände schützen und vor allem Bayern bewegen, das kaiserliche Lager zu verlassen. So liest man in einer Instruktion von Mitte Mai 1626: «Herr von Marcheville wird den Hof verlassen und wird vorgeben, er verfüge sich auf sein Schloß. Im geheimen aber wird er sich nach Bayern begeben.»[16] In einer weiteren Instruktion vom 18. September heißt es dann: «Marcheville wird Kontakt nehmen mit dem Pater Hyazinth und dem Pater Alexander, den Korrespondenten des Paters Joseph. Der Hauptzweck seiner Mission ist es, den Herzog von Bayern zu gewinnen, dem der König den Rang eines Kurfürsten noch nicht zubilligt. Man muss versuchen, zwischen dem Herzog und dem Pfalzgrafen zu vermitteln.»[17] In der folgenden Zeit reisten Pater Hyazinth von Casal, der stets auch im Dienste des Vatikans agierte, ebenso wie die Patres Valeriano Magni und der bereits in anderem Zusammenhang genannte Alexander von Alais ständig zwischen München und Paris hin und her.

Häufig liefen bei Pater Joseph ebenso wie bei seinen Agenten offizielle Gesandtschaften und Geheimaufträge parallel. Seine Mission zum Kurfürstentag in Regensburg von 1630 bietet dafür ein aufschlussreiches Beispiel. Der offizielle französische Gesandte war der Berufsdiplomat Charles Brûlart von Léon. Der eigentliche Leiter der Gesandtschaft war jedoch, was damals auch in Regensburg bekannt war, der Kapuziner. Pater Joseph hatte also keine offizielle Funktion und in seinem an Kaiser Ferdinand II. (1619–1637) gerichteten Beglaubigungsschreiben wurden ihm keine Vollmachten erteilt. Dieses Verfahren erlaubte ihm bei seinen Gesprächen größere Freiheiten als der Status eines offiziellen Gesandten. Gleichwohl waren sich alle seine Gesprächs- und Verhandlungspartner bewusst, dass Pater Joseph als der engste und vertrauteste Mitarbeiter Richelieus fungierte und als der eigentliche Kopf der Gesandtschaft zu betrachten war.

Im Juli 1630 waren Brûlart von Léon, der in der Schweiz französischer Gesandter war, und Pater Joseph von dort in Richtung Regensburg aufgebrochen. Von Konstanz aus wandten sich die beiden Vertreter einer Macht, die sich damals noch in einem verdeckten, unerklärten Krieg mit dem Haus Habsburg befand, an Wallenstein mit der Bitte, ihnen freies Geleit und einen entsprechenden Pass zu gewähren. Dass Brûlart von Léon und Pater Joseph ihren Weg über die Stadt Memmingen nahmen, in der sich Wallenstein damals aufhielt und die nur eine Viertagereise von Regensburg entfernt war, war kein Zufall. Der Kapuziner war mit Pater Graf Valeriano Magni, «Wallensteins Seelenanalytiker»[18], befreundet.

Der kaiserliche Feldherr bereitete den beiden Franzosen nicht nur einen schmeichelhaften Empfang, er führte auch lange und vertrauliche Gespräche mit Pater Joseph. Der zeitgenössische Biograph des Kapuziners, Pater Ange de Mortagne, hat Näheres vom Inhalt dieser Gespräche überliefert. «Demnach ließ Wallenstein sich gehen, behaglich und redselig, wie er es gegenüber Fremden von Rang liebte, und ließ sich in der Richtung gehen, in der er des Kapuziners Sympathien und Träume vermutete. Der Kreuzzug gegen die Türken, wenn nur erst Friede wäre in Europa [...]. Ja nun, der Kaiser sei gewiss fromm und friedensliebend, aber nicht so stünde es leider oft mit seinen spanischen oder spanischhörigen Beratern. Er selber, des Kaisers General, könne nicht, wie er wolle, nicht jeden in Wien ausgekochten Unfug verhindern. Er würde es erst dann können, wenn er ganz sein eigener Herr wäre, ein Souverän und kein Diener mehr.»[19]

Bei derart aufschlussreichen Ausführungen Wallensteins hat Pater Joseph sicherlich aufgehorcht, ließen sie doch die politischen Ambitionen des Generals und die zwischen ihm und Wien bestehenden Differenzen erkennen. Die Begegnung mit Wallenstein hat aber weder die französische Politik noch die Haltung des Kapuziners gegenüber dem General verändert. In Regensburg hat auch er hinter den Kulissen bei den dort versammelten Kurfürsten erfolgreich die Entlassung Wallensteins betrieben. Ebenso effektiv hat er, «in Regensburg unter Fürsten und Diplomaten sich einnistend, die Leidenschaften schürend, Ängste steigernd, an Staatsräson, Patriotismus, Liebe zu den altdeutschen Freiheiten und Liebe zum Gold kunterbunt appellierend»[20], die Isolierung des Kaisers betrieben. Ferdinand II. erkannte schließlich die für ihn verhängnisvolle Rolle, die Pater Joseph in Regensburg gespielt hatte. Gegenüber seinen Ministern stellte der Kaiser fest, dass «ein armer Kapuziner uns mit seinem Rosenkranz geschlagen hat» und dass «so eng auch die Kapuze des Mönchs sei, es ihm gelungen ist, sechs Kurfürstenhüte hineinzustecken»[21].

Wie sehr die geheimdienstlichen Aktivitäten Pater Josephs gefürchtet waren, zeigt auch die Tatsache, dass sein Name häufig mit fast jedem seltsamen, undurchschaubaren und dunklen Ereignis jener Jahre verknüpft wurde. So kursierte, nachdem der Schwedenkönig Gustav II. Adolf in der Schlacht von Lützen (16. Nov. 1632) gefallen war, das völlig aus der Luft gegriffene Gerücht, der Kapuziner habe dessen Tod geplant und dabei seine Hände im Spiel gehabt.

Richelieu hatte von den vielfältigen Fähigkeiten Pater Josephs eine äußerst hohe Meinung. So überrascht es nicht, dass er und der König den Kapuziner seit 1632 als Nachfolger für die Funktion des Prinzipalministers vorgesehen hatten. Dazu kam es nicht, weil Pater Joseph am 18. Dezember 1638 in Rueil starb. Wie wertvoll der Kapuziner für Richelieu gewesen ist, zeigt der Satz, den der Kardinal sprach, als man ihm dessen Tod meldete: «J'ai perdu mon appui» (Ich habe meine Stütze verloren). In der Tat war ihm Pater Joseph seit ihrer ersten Bekanntschaft mehr und mehr zu einer Stütze geworden, die er nicht mehr missen wollte.

Stefan Weiß

Wilhelm Stieber und Bismarck

Über den berühmten und berüchtigten Polizeiminister Napoleons, Joseph Fouché, schrieb einst Heinrich Heine, er habe die Falschheit so weit getrieben, sogar falsche Memoiren zu veröffentlichen. Heine spielte damit auf die posthum erschienenen Erinnerungen Fouchés an, deren Echtheit schon von den Zeitgenossen bezweifelt wurde.

Ähnlich verhält es sich mit dem ehemaligen Polizeidirektor Wilhelm Stieber, dem «... größten preußischen Verfolger von Kommunisten, Sozialisten und schlechthin allen politischen Oppositionellen» (Siemann). Kurz nach Stiebers Tod erschien eine Biographie über ihn. Der Verfasser war Leopold Auerbach, ein Schwiegersohn des Verstorbenen. Die Erben hatten ihm Stiebers hinterlassene Papiere zur Verfügung gestellt, und mit dieser Materialien verfasste er seine Darstellung. Das Buch erregte seinerzeit einiges Aufsehen, denn in seinem Bestreben, Stieber zu rechtfertigen, gab Auerbach recht offenherzig kompromittierende Details aus der Arbeitsweise der preußischen politischen Polizei preis. Stieber, der sich mehrfach vor Gericht wegen Überschreitung seiner Kompetenzen hatte verantworten müssen, scheint systematisch Material gesammelt zu haben, aus dem hervorging, dass er keineswegs auf eigene Verantwortung, sondern im Auftrage und mit Wissen seiner Vorgesetzten, ja sogar des preußischen Königs selbst, tätig gewesen war.

Bietet Auerbachs Buch somit eine wertvolle, wenn auch tendenziöse Quelle, so lässt sich das von Stiebers angeblichen Memoiren nicht sagen. Sie erschienen erst 1978 unter dem Titel «Spion des Kanzlers. Die Enthüllungen von Bismarcks Geheimdienstchef».[1] In populären Darstellungen zur Geheimdienstgeschichte werden sie gerne als Quelle herangezogen. Doch woher stammen diese Memoiren? Wie uns der anonyme (!) Herausgeber mitteilt, habe ihm eine Abschrift des Originalmanuskripts vorgelegen. Diese habe einst Stiebers Sohn Paul angefertigt. Nachdem der gesamte Nachlass mit Ausnahme der Abschrift im Zweiten Weltkrieg verloren gegangen sei, hätten nunmehr die Erben diesen Text dem Verlag zur Verfügung gestellt.

Bei näherer Betrachtung erweist sich dieses Buch als eine phantasievolle und geschickte Fälschung. Der Verfasser hat Auerbachs Biographie als Grundlage benutzt. Weite Passagen sind bis in den Wortlaut hinein Paraphrasen aus jenem älteren Werk. Gerade die spektakulärsten Teile aber entstammen leider nur der Phantasie des Autors, etwa die amüsante Schilderung, wie ein Agent Stiebers, als Anstreicher verkleidet, im französischen Kriegsministerium den Aufmarschplan gegen Preußen kopiert. Schließlich ist das Buch angereichert mit Informationen aus der zeitgenössischen Memoirenliteratur. Hier aber verrät sich der Fälscher. Die Schilderung der Erhebung Wilhelms I. zum deutschen Kaiser ist wieder eine Paraphrase, diesmal aus Bismarcks «Gedanken und Erinnerungen». Dieses Werk aber konnte Stieber nicht gekannt haben. Es erschien erst Jahre nach seinem Tod.

Wer also war Wilhelm Johann Carl Eduard Stieber? Sein Werdegang ähnelt in mancher Hinsicht demjenigen Bismarcks, seines späteren Auftraggebers. Beide besuchten die gleiche Schule, das angesehene Gymnasium zum Grauen Kloster; beide schlossen ihr Studium der Rechte an der Berliner Universität ab, beide versuchten als höhere Beamte Karriere zu machen. In beider Biographie ist dann aber ein Bruch zu verzeichnen, der letztlich wohl auf ihre Unfähigkeit zurückzuführen ist, sich den geschriebenen wie die ungeschriebenen Gesetzen der preußischen Bürokratie anzubequemen.

1841 war Stieber als Auskultator (Beamtenanwärter) beim Berliner Kriminalgericht eingestellt worden. 1847 schied er aus dem Staatsdienst aus. Was war geschehen? Im Verlaufe seiner Dienstzeit – erst bei Gericht, dann bei der Polizei – hatte er sich bei seinen Vorgesetzten den Ruf eines unkonventionellen und zielbewussten, in der Öffentlichkeit den eines völlig skrupellosen Ermittlers erworben. Misshandlung von Untersuchungsgefangenen und Fälschung von Beweisstücken waren nur einige der Vorwürfe, die gegen ihn erhoben wurden. Schließlich ließ sich ein Disziplinarverfahren nicht mehr vermeiden. Um einer förmliche Entlassung zu entgehen, zog es Stieber vor, seinen Posten zu quittieren.

Während der Märzrevolution von 1848 profilierte sich Stieber als Verteidiger in politischen Prozessen. In dem großen Steuerverweigerungsprozess von 1849 trat er als Anwalt von Lothar Bucher, einem bekannten Demokraten, hervor. Ihm sollte er Jahrzehnte später als einem engen Mitarbeiter Bismarcks wieder begegnen.

In einer nachträglich verfassten Rechtfertigung motivierte Stieber sein politisches Engagement mit seiner «Bitterkeit gegen die vormärzliche Regierung», die ihm «mit dem schnödesten Undank gelohnt» habe. Er betonte aber zugleich seine «natürliche Anhänglichkeit und Verehrung für die Person Seiner Majestät», und tatsächlich sorgte der preußische König Friedrich Wilhelm IV. persönlich für Stiebers Wiedereintritt in den Polizeidienst. Ihre Bekanntschaft datiert von dem Umritt des Königs durch Berlin am 21. März 1848. Das neue revolutionäre Ministerium hatte diesen Umritt erzwungen. Der König sollte öffentlich seine Zustimmung zu den Zielen der Revolution dokumentieren. Bei dieser

Gelegenheit folgte Stieber dem König als eine Art Leibwächter, was dieser dankbar in Erinnerung behielt.

Vorerst freilich bekam Stieber von dem königlichen Wohlwollen nichts zu spüren. Durch seine Tätigkeit hatte er sich bei der siegreichen Gegenrevolution gründlich unbeliebt gemacht. Gern benutzte man eine neue Verordnung, nach der Stieber nicht hinreichend qualifiziert war, um als Verteidiger zu wirken, und machte ihm die Ausübung seines Berufes damit unmöglich. Stieber, mittlerweile Familienvater, stand vor dem Ruin.

Ein spektakuläres Ereignis kam ihm zu Hilfe. In der Nacht vom 6. auf den 7. November 1850 gelang es dem prominenten Revolutionär Gottfried Kinkel, aus dem Spandauer Zuchthaus zu entkommen. Die Flucht des in der Öffentlichkeit längst als Märtyrer geltenden Kinkel überzeugte den preußischen König einmal mehr von der Unfähigkeit seiner Polizei. Sie brachte Friedrich Wilhelm IV. auf einen Gedanken, den er selbst – in einem Brief an seinen Innenminister – «nicht gerade unter die lautern classefiziren» wollte, ob nämlich «Stieber nicht eine kostbare Persönlichkeit ist, das Gewebe der Befreyungs-Verschwörung zu entfalten und dem Preußischen Publikum das lang und gerecht ersehnte Schauspiel eines aufgedeckten und (vor Allem) bestraften Complotts zu geben? Eilen Sie also mit Stiebers Anstellung». Die königliche Intervention war erfolgreich. Am 16. November 1850 wurde Stieber wieder bei der Berliner Polizei eingestellt und mit der Leitung der Kriminalpolizei betraut.

In Preußen hatte sie, neben der üblichen Polizeiarbeit, die besondere Aufgabe, alle oppositionellen Kräfte zu überwachen. Unter Stiebers Leitung wurde sie zu einer eigenen, selbständigen Abteilung ausgebaut. Mobil und landesweit einsetzbar, unterstand sie direkt dem Polizeipräsidenten Hinckeldey. Von ihm erhielt Stieber seine Aufträge, manchmal aber wurde er auch direkt vom König instruiert. Er durfte sogar, zum großen Ärger Hinckeldeys, dem Monarchen zuweilen persönlich über seine Arbeit berichten.

Vorläufiger Höhepunkt von Stiebers Wirken, der ihm die Beförderung zum «Polizeidirektor» eintrug, war sein Engagement im «Kölner Kommunistenprozess». Schon vor der Revolution hatte sich europaweit der «Bund der Kommunisten» konstituiert, der sich vor allem auf die Agitation unter Handwerksgesellen konzentrierte. Im königlichen Auftrag reiste Stieber 1851 nach London, um dort – in der von Marx und Engels geleiteten Zentrale des Bundes – belastendes Material zu beschaffen. Von der preußischen Gesandtschaft aus organisierte er ein Netz von «Lockspitzeln» oder «Vigilanten» (etwa das, was man heute V-Männer nennt), mit deren Hilfe er belastendes Material vor allem gegen die deutschen Mitglieder des Bundes sammelte. Auf der Grundlage dieser Informationen fand in Köln ein großer Prozess statt, bei dem die Angeklagten zu mehrjährigen Gefängnisstrafen verurteilt wurden. Es stellte sich aber peinlicherweise heraus, dass ein großer Teil des von Stieber vorgelegten Beweismaterials gefälscht war.[2] Doch seiner Karriere schadete das nicht. Er galt nun als Spezialist für die Bekämpfung revolutionärer Aktivitäten. In den nächsten Jahren verfasste er eine Art Handbuch der «Communisten-Verschwörungen», das vor allem für den Gebrauch der Polizei gedacht war.[3] Er durfte es dem König selbst überreichen, was ihm den Roten Adlerorden eintrug. Es entbehrt nicht einer gewissen Ironie, dass der Text des «Kommunistischen Manifests» jahrzehntelang ausschließlich über dieses Buch zugänglich war.

Stiebers polizeilichen Aktivitäten in diesen Jahren waren vielfältig. Neben der normalen Verbrechensbekämpfung hatte er immer wieder – hart am Rande der Legalität – Sonderaufträge des Monarchen auszuführen. Auch in einem der großen Skandale jener Zeit, dem «Potsdamer Depechenverrat» im Jahre 1855, spielte Stieber eine Rolle. Dieser «Verrat» ist bezeichnend für die Art und Weise, in der nachrichtendienstliche Arbeit im 19. Jahrhundert ablief. Im Auftrage des Ministerpräsidenten Otto von Manteuffel und mit Wissen des Polizeipräsidenten Hinckeldey hatte ein gewisser Techen den General von Gerlach (Freund und Förderer Bismarcks) und den Kabinettsrat Niebuhr, die Häupter der sogenannten «Kamarilla», das heißt der äußersten Konservativen, bespitzelt. Durch Bestechung ihrer Diener hatte Techen regelmäßig Abschriften ihrer Briefe in die Hände bekommen. Manteuffel nutzte die erhaltenen Informationen, um gegen Gerlach und Niebuhr beim König zu intrigieren. Hier spielte auch die Große Politik hinein. In dem gerade ausgebrochenen Krimkrieg zwischen Russland auf der einen Seite, England und Frankreich auf der anderen, neigten Gerlach und Niebuhr eher Russland, Manteuffel eher den Westmächten zu. Die Affäre gewann eine internationale Dimension dadurch, dass sich unter den kopierten Briefen auch Berichte des preußischen Militärattachés in Petersburg befanden, die Nachrichten über die militärische Lage Russlands enthielten. Techen, von Manteuffel mit altpreußischer Sparsamkeit entlohnt, verkaufte die Berichte an die besser zahlende französische Gesandtschaft, wo verständlicherweise großes Interesse an solchen Informationen bestand. Jedoch, ein Mitwisser Techens, der bis dahin für die französische Gesandtschaft spioniert hatte, ging zur noch besser zahlenden russischen Gesandtschaft über und setzte diese von Techens Verrat in Kenntnis. Die russische Regierung intervenierte beim preußischen Hof. Die Presse des In- und Auslands berichtete ausführlich. Stieber, vom König persönlich instruiert, ließ Techen überwachen und schließlich verhaften. Nach einigem Hin und Her wurde Techen wegen Hochverrats verurteilt. Dass Manteuffel und Hinckeldey seine Auftraggeber gewesen waren, ließ Friedrich Wilhelm mit Stiebers Hilfe unter den Teppich kehren.[4]

Ähnlich wie bei Bismarck war auch bei Stieber das königliche Wohlwollen entscheidend für seinen erneuten Aufstieg – bei Bismarck in der Diplomatie, bei Stieber in der Polizei. Allerdings sollte man den Unterschied nicht übersehen. Während der preußische Adlige Bismarck mit dem König auf gleicher gesellschaftlicher Ebene verkehren konnte, war der bürgerliche Stieber eher in der Position eines Lakaien, dessen Dienste man für nützlich, ja unentbehrlich, den man sich selbst aber tunlichst vom Leibe hielt. Dass Stieber dem König nur «wenig Achtung, ja soviel Widerwillen» einflößte, hat dieser selbst bekannt.

Wie ungesichert seine Position war, die nur auf königlicher Gunst beruhte, sollte Stieber bald erfahren. Im Jahre 1857 erkrankte Friedrich Wilhelm IV. und übertrug die Leitung der Geschäfte seinem Bruder Wilhelm, der ihm nach seinem Tode auch als König von Preußen nachfolgte. Mit ihm begann die «neue Ära» in Preußen. Ein gemäßigt liberales Ministerium wurde berufen. An die Stelle der Reaktion sollte eine moderate Reformpolitik treten.

Im Jahre 1860 erhob die Staatsanwaltschaft Anklage gegen Stieber wegen Freiheitsberaubung in mehreren Fällen. Die Anklage war zweifellos berechtigt, indes konnte Stieber darlegen, dass die Justizbehörden über die rechtswidrige Praxis der Polizei durchaus informiert gewesen waren und er selbst lediglich im Auftrage seiner Vorgesetzten gehandelt hatte. In langwierigen Prozessen konnte Stieber zwar einen Freispruch erreichen – offenbar indem er drohte, andernfalls die Verantwortung des Königs selbst zur Sprache zur bringen-, er wurde jedoch aus dem aktiven Polizeidienst entlassen und mit gekürzten Gehalt «zur Disposition gestellt».

Wieder einmal stand Stieber vor dem Ende seiner Karriere. Indes waren die Konsequenzen nicht gravierend. Neben seinem Ruhegehalt hatte er Einkünfte aus Grundstücksspekulationen. Auch waren seine Talente weiterhin gefragt. Für die russische Gesandtschaft in Berlin bespitzelte er nun Emigranten, die vor der zaristischen Polizei nach Preußen geflohen waren. Hierbei machte er die Bekanntschaft des Grafen Schuwalow, des Chefs der «3.Abteilung» der russischen Polizei, die zuständig für die Auslandsspionage war. Schuwalow, später im diplomatischen Dienst, wurde auch von Bismarck hoch geschätzt. Er kannte ihn noch aus seiner Zeit als preußischer Gesandter in Petersburg. Stieber jedenfalls wurde für seine Arbeit nicht nur gut bezahlt, er wurde auch mehrfach mit hohen russischen Orden ausgezeichnet.

Abermals waren es persönliche Kontakte, diesmal zu Bismarck, die ihm einen erneuten Aufstieg ermöglichten. Die Bekanntschaft hatte Stiebers Freund August Braß vermittelt, der Begründer der «Norddeutschen Allgemeinen Zeitung». Braß, in der Revolution ein radikaler Republikaner, war mittlerweile zu einem getreuen Anhänger Bismarcks konvertiert.

Mit dem Ausbruch des preußisch-österreichischen Krieges 1866 erlangte Stieber dann die Position, die es rechtfertigt, von ihm als erstem deutschen Geheimdienstchef zu sprechen. Auf Anregung Bismarcks und mit Billigung des Kriegsministers Albrecht von Roon wurde Stieber zum Chef der neugebildeten politischen Feldpolizei ernannt. Bismarck, der gerade einem Attentat entgangen war, rechtfertigte Stiebers Ernennung mit dem Argument, «die preußische Polizei ist unglaublich schlecht, fast unbrauchbar, Stieber der einzig brauchbare Polizeimann!» Seine Motive scheinen somit ähnlich denen von Friedrich Wilhelm gewesen zu sein. «Wenn Sie Minister wären», erklärte Bismarck einem liberalen Abgeordneten, «so würden Sie auch Stieber nehmen».[5] Die Hauptaufgabe des neuen Feldpolizeidirektors bestand darin, für die Sicherheit des Hauptquartiers, insbesondere des Königs, zu sorgen. Daneben war er zuständig für die Abwehr gegnerischer Spionage und für die Beschaffung von Nachrichten über die feindliche Armee sowie die Anstellung geeigneter Kundschafter.

Mit einem Schlag war Stieber damit in den Kreis des königlichen Hofes versetzt, nicht mehr nur wie früher bei den seltenen Vorträgen beim König, sondern im alltäglichen Umgang. Er fuhr in demselben Zug wie König und Generalstab. Er war beständig in und um das Hauptquartier anwesend. In den Briefen an seine Frau kann er sich gar nicht genug tun, von seinem Umgang mit den höchsten Herrschaften zu erzählen. Deutlich wird aber auch, dass er von den wichtigen politischen Informationen ausgeschlossen blieb. Bei den Friedensverhandlungen im Schloss von Nikolsburg sah er lediglich wie «dann bald ein österreichischer, bald ein italienischer, bald ein französischer, bald ein preußischer Diplomat über die Bühne huscht ... Dazwischen erscheinen manchmal wie ruhig leuchtende Meteore unser König, unser Prinz Karl, Herr von Bismarck und Herr von Roon». Seine Einschätzung von den Verhandlungen, dass Bismarck «viel weiter gehen (will) als der König», erwies sich als völlig falsch. Ganz im Gegenteil hatte Bismarck große Mühe, den König zu einem maßvollen Frieden zu überreden.

Da der Krieg nur wenige Woche gedauert hatte, war es mit Stiebers Herrlichkeit als Feldpolizeidirektor schnell wieder vorbei. Er sollte aber gleichwohl aktiv bleiben. Mit Bismarck hatte er die Gründung einer speziellen Organisation vereinbart, die nach dem Friedensschluss unter dem Namen «Central-Nachrichten-Büreau» unter seiner Leitung ins Leben trat. Was versprach sich Bismarck von diesem Büro? Die systematische Sammlung von Nachrichten über die Politik des Auslands oblag dem Auswärtigen Amt, dessen Chef Bismarck selbst war. Regelmäßig erhielt er von den preußischen Gesandten Berichte. Diese verkehrten an den europäischen Herrscherhöfen. Die Nachrichten, die sie dort zu hören bekamen, machen den wesentlichen Inhalt dieser Berichte aus. Nicht ohne Grund: Im 19. Jahrhundert waren die Höfe nach wie vor die Machtzentren, an denen über die Außenpolitik entschieden wurde. Hier waren am ehesten Informationen über Bündnisse, Angriffsabsichten und ähnliches zu erlangen. Aus eben diesem Grund waren die Berichte der Botschafter ihrerseits das Objekt «geheimdienstlicher» Ausspähung. Bismarck selbst vermutete, dass die Berichte des preußischen Gesandten in Petersburg regelmäßig von der russischen Polizei geöffnet, dechiffriert und an den Zaren weitergeleitet wurden.

Gesandtschaftsberichte waren freilich keineswegs Bismarcks einzige Informationsquellen. Nicht nur war er ein eifriger und genauer Zeitungsleser. Er verfügte im Auswärtigen Amt über kenntnisreiche Mitarbeiter. Darüber hinaus stand ihm vor allem in finanziellen und wirtschaftlichen Fragen mit seinem Bankier Gerson von Bleichröder ein höchst kompetenter Berater zur Seite.

Auch der Generalstab sammelte systematisch Nachrichten, speziell über die militärischen Verhältnisse der Nachbarländer. Dem Generalstabschef Helmut von Moltke lagen die Berichte der Militärattachés vor, die ähnlich wie die Gesandten an den auswärtigen Höfen verkehrten. Die meisten Informationen konnten die Generalstabsoffiziere jedoch frei zugänglichen Quellen wie Zeitungen, amtlichen Druckschriften und vor allem der geographischen Literatur entnehmen. Für einen militärischen Geheimdienst im heutigen Sinne hatte man in Friedenszeiten keinen Bedarf.

Die Aufgabe von Stiebers Nachrichtenbüro war es, Informationen über alle oppositionellen Kräfte im In- und Ausland zu sammeln. Zu diesem Zweck wertete es die Presse aus. In Stiebers Diensten standen aber auch diverse Agenten und Informanten im Ausland, insbesondere in Frankreich. Leider wissen wir über dieses Büro fast nichts. Es stand außerhalb jeder Behördenorganisation und damit außerhalb der Haushalts- und Rechnungskontrolle. Die Finanzierung erfolgte über den sogenannten «Reptilienfonds». Dieser entstand 1868 durch die Beschlagnahme des Vermögens des abgesetzten hannoverschen Königs. Das Königreich Hannover (etwa das heutige Niedersachsen) war nach dem Krieg von 1866 dem preußischen Staat einverleibt worden – sehr zum Unwillen des entthronten Landesherren. Die Zinsen aus diesem Vermögen standen Bismarck ohne parlamentarische Kontrolle zur freien Verfügung. Über die Verwendung dieser Mittel sind wir leider nur fragmentarisch unterrichtet. Fest steht immerhin, dass auch Stiebers Aktivitäten aus diesem Geheimfonds finanziert wurden. Im zweiten Quartal des Jahres 1868 wurden ihm beispielsweise 3000 Taler für sein Büro angewiesen.

Stiebers Aktivitäten richteten sich vor allem gegen die sogenannten «Welfen-Umtriebe». Aus dem Exil versuchte der entthronte König Georg V. eine «welfische Legion» zu organisieren. Diese hätte im Falle eines für Preußen unglücklichen Krieges Hannover befreien sollen. Es gelang Stieber mehrfach, Georgs Kuriere abzufangen und geheime Konten des Königs bei hannoveranischen Banken zu beschlagnahmen. Schließlich hatte er Georgs gesamte Organisation so mit seinen Agenten unterwandert, dass Bismarck über die Lage und Stimmung der «Legion» besser als der König informiert war. Bei Ausbruch des Krieges mit Frankreich ließ Bismarck die Angehörigen der Legion amnestieren. Es war ihm klar, dass sie keine Gefahr darstellten.

Bismarck, Stieber und der Bankier Bleichröder – wenn man so will Politik, Geheimdienst und Hochfinanz – wirkten dann bei einem Unternehmen zusammen, das ganz elementar mit der Beschaffung und Kontrolle von «Nachrichten» zu tun hatte. Mit der Erfindung der Telegraphie war es in der ersten Hälfte des 19. Jahrhunderts erstmals möglich geworden, Nachrichten schnell über weite Entfernungen zu übermitteln. Im Jahre 1849 hatte Bernhard Wolff die erste preußische Nachrichtenagentur gegründet. Zwar spielte sie in Deutschland bald die führende Rolle, international jedoch geriet sie allmählich gegenüber der Reuterschen Agentur in London ins Hintertreffen. 1865 versuchte Reuter, die Wolffsche Agentur aufzukaufen. Wolff wandte sich an die Regierung mit dem Argument um Hilfe, das deutsche Nachrichtenwesen drohe von Ausländern abhängig zu werden. Während nun Bismarck beim König um Unterstützung für Wolff warb und ein Verbot der Reuterschen Pläne erreichte, ermittelte Stieber 1867, dass ein scheinbar selbständiges Telegraphen-Büro in Berlin bereits unter Reuterscher Kontrolle stand. Es musste nach kurzer Zeit seine Tätigkeit einstellen. Bleichröder schließlich brachte das Kapital für eine Aktiengesellschaft zusammen, die Wolffs Agentur kaufte und so unter deutscher Kontrolle hielt. Dank der diskreten Unterstützung durch die Regierung erlangte Wolffs Agentur nahezu eine Monopolstellung im Deutschen Reich.[6]

Im Jahr vor dem Ausbruch des deutsch-französischen Krieges finden wir dann endlich Aktivitäten, die unserem heutigen Verständnis von Geheimdienstarbeit entsprechen. Im Auftrag Bismarcks reiste Stieber nach Frankreich, um die Qualität der neuen Waffen der französischen Armee, des Chassepotgewehrs und der Mitrailleuse (eines Vorläufers des Maschinengewehrs), zu erkunden. Mit Hilfe seiner Agenten gelang es ihm in der Tat, einiges Material darüber zu sammeln. Leider wissen wir nicht, zu welchen Ergebnissen er kam.

Bismarck scheint freilich Stiebers Informationen für nicht sonderlich wichtig gehalten zu haben. Schon 1870 beabsichtigte er, das Büro aufzulösen. Der Kriegsausbruch in diesem Jahr verhinderte das vorerst. Unmittelbar nach Bekanntmachung der Mobilmachung (in der Nacht vom 15. auf den 16. Juli) reiste Stieber in die Schweiz, um dort auf neutralem Boden von seinen Agenten letzte Nachrichten über die politische und militärische Situation in Frankreich zu erhalten. Am 31. Juli war er wieder in Berlin, um abermals als Feldpolizeidirektor mit dem Großen Hauptquartier in Richtung Frankreich aufzubrechen. Auf die Kunde von Stiebers Ernennung hin verzichtete Friedrich Engels darauf, als Kriegskorrespondent für die «Pall Mall Gazette» ins Preußische Hauptquartier zu reisen.

In dem sich entwickelnden Streit zwischen Bismarck und dem Generalstab über die Abgrenzung ihrer Befugnisse war ausgerechnet Stieber der erste Stein das Anstoßes. Bis zum Kriegsausbruch war er Bismarck beziehungsweise dem Auswärtigen Amt zugeordnet gewesen. Als Feldpolizeidirektor unterstand er jedoch dem Generalstab. Am 8. September 1870 hatte Stieber im eroberten Reims eine Proklamation erlassen, in der zu lesen war, dass Bismarck ihm die Funktion eines Präfekten von Reims übertragen habe. Dies führte zum Protest des Generalquartiermeisters von Podbielski, der darauf bestand, dass für eine solche Übertragung seine Bevollmächtigung nötig sei. Nach einigem Hin und Her wurde der Streit durch ein Schreiben Bismarcks an Moltke beigelegt, als Vorbote größerer Konflikte aber ist der Fall bedeutsam. Generell ist Stiebers Tätigkeit bei den Militärs auf große Vorbehalte gestoßen. Der Generalstab hat ihm keineswegs das Monopol auf Spionage eingeräumt, vielmehr auch eigene Agenten beschäftigt.[7]

Stiebers Methoden zur Sicherung des Hauptquartiers mögen aus heutiger Sicht unkonventionell scheinen. «Ich habe bei Todesstrafe das Läuten der Glocken in der Stadt und 3 Meilen Umkreis verboten, damit die Bande nicht Sturm läuten kann; namentlich die Pfaffen sind unsere Gegner. Ich habe alle Glockenstränge abschneiden und die Treppen der Kirchthürme abhauen lassen, hier hört aller Spaß auf.» Immerhin hat er seine Aufgaben erfolgreich ausgeführt. Auf die Frage von Louis Schneider – Vorleser Wilhelms I. und im Krieg zeitweise Dolmetscher Stiebers –, wie er es denn schaffe, die Leistungsfähigkeit einer besetzten Stadt für die Versorgung der Truppen so genau abzuschätzen, antwortete er: «Für so dumm halten wir keinen Feind, dass er die Verwaltungsbücher der Stadt, des Departements, der Provinz nicht vor unserer Ankunft bei Seite schaffen sollte. ... Aber wo eine Lebensversicherungs-Anstalt oder eine Sparkasse im Orte ist, da sehen wir die Bücher nach, welche die Leutchen für ganz ungefährlich halten, die sie daher auch nicht auf die Seite schaffen. Daraus lässt sich der Wohlstand einer Stadt ... annähernd erkennen und nur selten trügt diese Prozedur».[8]

Mindestens einmal immerhin hat Stieber auch den Ablauf der militärischen Operationen beeinflusst. Ein von ihm schon 1866 angeworbener Agent, der österreichische Baron August Schluga von Rastenfeld, war mittlerweile als Korrespondent in Paris tätig. Dort verfügte er über gute Verbindungen zum Kriegsministerium. Am 23. August 1870 übersandte Schluga die Nachricht, dass die Armee des Marschalls Mac-Mahon entlang der belgischen Grenze nach Metz vorstoßen sollte. Dies bestätigte andere Meldungen, die dem preußischen Generalstab bereits vorlagen. Helmut von Moltke ließ seine Armeen nach Norden schwenken, wo er Mac-Mahon in Sedan einkesseln und zur Kapitulation zwingen konnte.

In etwas ruhigere Bahnen kam die Arbeit der Feldpolizei, als das Hauptquartier bei der Belagerung von Paris seinen Sitz für längere Zeit in Versailles nahm. Zu Stiebers Aufgaben gehörte es, die Kommunikation zwischen der eingeschlossenen Stadt und dem unbesetzten Frankreich zu verhindern. Die Landwege ließen sich mit den herkömmlichen Methoden wie Postzensur und Kavalleriepatrouillen überwachen, schwieriger wurde seine Aufgabe, als sich die Pariser des Fesselballons bedienten. «Gestern haben wir drei Luftballons erwischt und sechs Kerle aus der Luft arretiert. Nächstens werde ich noch Gensdarmen mit dem Luftballon auf Patrouille schicken müssen. ... Die ergriffenen sechs Luftschiffer werden wahrscheinlich erschossen werden». Eine eigenartige Mischung aus Brutalität und Sentimentalität kommt in seinen Briefen zum Ausdruck. Charakteristisch ist folgende Passage, in der er eine improvisierte Weihnachtsfeier vor dem belagerten Paris schildert: «So saßen wir andächtig beisammen, wie die ersten Christen, und feierten unseren Gottesdienst im Stillen ... Ich war so erfreut, dass ich sofort noch am Abend einige Gefangene, deren Leben auf dem Spiel stand, und deren Familien mich den ganzen Tag belagert hatten, frei ließ und die Verantwortung hierfür auf mich nahm.»

Die Atmosphäre bei der Feldpolizei hat Louis Schneider beschrieben: «Hier und auch sonst bei meinen Besuchen hörte man von Dingen sprechen, die sich in den niederen Sphären des Hauptquartiers bewegten und zutrugen, von drohenden Gefahren, möglichen Attentaten, Sicherungsmaßregeln bei einem etwaigen Rückzuge, kurz, eine ganz neue, jedenfalls andere Welt, in die man blicken lernte, und die deswegen doch nicht weniger vorhanden war, weil man in den anderen Kreisen des Hauptquartiers eben nicht von diesen Dingen sprach und keine Ahnung von ihrer Existenz hatte».

Seinen Höhepunkt erreichte das Stiebersche Wirken anlässlich der Waffenstillstandsverhandlungen. Aus dem hungernden Paris erschien der französische Außenminister Jules Favre. Mit seiner Unterbringung, Bewirtung und diskreten Überwachung wurde Stieber beauftragt. «Ich habe zum Frühstück an Herrn Favre meine letzte Spickgans, die letzte meiner beiden Schlackwürste, zwei Beefsteaks aus einem Hôtel und einen Teller Kuchen geschickt. Er sieht so verhungert aus, dass es einem leid thut, und er soll sehen, dass wir es noch aushalten. Dazu habe ich Kaffee, feinen Rothwein, Malagawein, süßen spanischen Wein und Champagner gegeben. Unter den Fenstern unseres Hauses habe ich ganz zufällig eine Hammelheerde von etwa 3000 Stück fetten Hammeln aus unserem Depot vorbeitreiben lassen». Solch psychologischer Kriegführung war nicht zu widerstehen. Der Waffenstillstand wurde nach Bismarcks Wünschen geschlossen. Abermals aber ist Stieber über den Ablauf und Inhalt der Verhandlungen selbst nicht informiert worden.

Wie zutreffend die von Stieber beschafften Nachrichten eigentlich gewesen sind, wissen wir nicht, da seine Berichte nicht erhalten sind. Aktenmäßig fest steht, dass er zur Entlohnung von Agenten recht erhebliche Mittel aus dem Reptilienfonds erhalten hat. Insgesamt ist die Zahlung von 9000 Talern während des Krieges an Stieber belegt. Diese Zahl relativiert sich freilich, wenn man sieht, dass fast die gleiche Summe (8466,50 Taler) für die Verpflegung von Bismarcks Stab während des Feldzuges aufgewandt worden ist. Erheblich höhere Zahlungen gingen an die Preußische Gesandtschaft in Bern (25149 Taler). Die Schweiz war das eigentliche Spionagezentrum während des Krieges.

Immerhin konnte Stieber mit dem Eisernen Kreuz ausgezeichnet in die Heimat zurückkehren. Dort nahm er zunächst die Leitung seines Nachrichtenbüros wieder auf. Er konzentrierte sich nun auf die Überwachung der Sozialdemokratischen und der Zentrumspartei. Da aber beide Parteien in aller Öffentlichkeit auftraten, erwies sich eine Überwachung mit Stiebers Methoden als wenig effektiv. Nachdem Bismarck 1873 zeitweise vom Amt des preußischen Ministerpräsidenten zurückgetreten war, wurde das Büro von seinem Nachfolger Albrecht von Roon aufgelöst. Stieber zog sich nolens volens ins Privatleben zurück. Im russisch-türkischen Krieg von 1877/78 trat noch einmal die zaristische Regierung an ihn heran, er möge bei der russischen Armee eine Feldpolizei organisieren. Indes war seine Gesundheit bereits so geschwächt, dass er das Angebot ablehnen musste. Immer stärker unter der Gicht leidend, verstarb er schließlich am 29. Januar 1882.

Versuchen wir ein Fazit. Stieber wurde von Bismarck und vorher schon von Friedrich Wilhelm IV. für solche Geschäfte eingesetzt, mit denen Menschen, die auf ihre bürgerliche Respektabilität Wert legten, nichts zu tun haben wollten. Das Bespitzeln politischer Gegner, das Erbrechen von Briefen und ähnliche Praktiken sind in dem scheinbar so rückständigen 19. Jahrhundert insgesamt in weitaus geringerem Maße als dann im 20. betrieben worden – vielleicht deshalb, weil sie mit dem bürgerlichen Anstandsbegriff noch unvereinbar waren. Stieber hat das zu spüren bekommen. So eifrig er auch Titel und Orden angesammelt hat, in der öffentlichen Meinung galt er weithin als ehrloses Subjekt, eine Ansicht, die im Grunde auch von seinen Auftraggebern geteilt wurde. Abgesehen von den besonderen Bedingungen der Kriegszeit, hat auch Bismarck den persönlichen Umgang mit Stieber möglichst vermieden.

Fragt man nach der Bedeutung, die Stieber für seine Auftraggeber gehabt hat, so wird man der verbreiteten Lesart vom «Geheimdienstchef» nur mit Vorbehalt zustimmen können. Für Bismarck war Stieber eine von vielen Informationsquellen, insgesamt keineswegs die wichtigste. Immerhin mögen einige der von ihm beschafften Nachrichten auf andere Weise nicht zu erlangen gewesen sein.

Albert Pethö

Oberst Redl

Neben dem schaurig-schönen Drama rund um Mata Hari zählt der Spionageskandal, den der Oberst des k. u. k. Generalstabes, Alfred Redl, auslöste, wahrscheinlich zu den bekanntesten Affären dieser Art.

Der in der Geschichte der alten Österreichischen Armee ziemlich einmalig dastehende Fall des Hochverrates eines in so außerordentlicher Stellung befindlichen Eliteoffiziers wurde eben deshalb zum Gegenstand zahlreicher journalistischer wie literarischer und filmischer Bearbeitungen, die allerdings die Proportionen der Angelegenheit ziemlich verzerrt haben. Von Stefan Zweig und Egon-Erwin Kisch bis hin zu dem bizarren Film István Szabós wurden von den 1920er Jahren bis in die Gegenwart zahlreiche auch insofern bemerkenswerte Darstellungen des Falles geliefert, als in ihnen fast gar kein wesentliches Detail mit den Gegebenheiten übereinstimmt. Um nur ein Beispiel zu bringen: «Dieser äußerlich wie ein guter österreichischer Durchschnittsoffizier aussehende Oberst war der Vertrauensmann des Thronfolgers; ihm war das wichtige Ressort anvertraut, den Secret Service der Armee zu leiten und den der gegnerischen zu konterkarieren. Nun war durchgesickert, dass 1912 während der Krise des Balkankrieges ... das allerwichtigste Geheimstück der Österreichischen Armee, der Aufmarschplan, nach Russland verkauft worden war, was im Kriegsfall eine beispiellose Katastrophe hätte verursachen müssen, denn die Russen kannten damit im voraus Zug um Zug jede taktische Bewegung der österreichischen Angriffsarmee. Die Panik in den Kreisen des Generalstabes ... war fürchterlich ... Auch das Außenministerium, dem Geschick der Militärbehörden nicht ganz vertrauend, gab ... ohne den Generalstab zu verständigen, seinerseits Parole aus, unabhängig nachzuforschen, und beauftragte die Polizei, neben allen anderen Maßnahmen zu diesem Behufe alle poste restante Briefe aus dem Ausland ohne Rücksicht auf das Briefgeheimnis zu öffnen. Eines Tages traf nun bei einem Postamt ein Brief aus der russischen Grenzstation Podwoloczyska an die poste restante Adresse «Opernball» ein, der, als er geöffnet wurde, kein Briefblatt enthielt, dagegen sechs oder acht blanke österreichische Tausendkronennoten. Sofort wurde dieser verdächtige Fund der Polizeidirektion gemeldet, die Auftrag gab, einen Detektiv an den Schalter zu setzen, um die Person, welche jenen verdächtigen Brief reklamieren würde, unverzüglich zu verhaften. Für einen Augenblick begann sich die Tragödie ins

Wienerisch-Gemütliche zu wenden. Zur Mittagsstunde erschien ein Herr, verlangte den Brief unter der Bezeichnung «Opernball». Der Schalterbeamte gab sofort das verdeckte Warnungssignal an den Detektiv. Aber der Detektiv war gerade zum Frühschoppen gegangen ...». – So weit die Dichtung.

Der Detektiv war selbstverständlich nicht zum Frühschoppen gegangen, ein Brief lag zwar postlagernd in einem Postfach, doch war er in Berlin aufgegeben und nicht in jener Grenzortschaft unaussprechlichen Namens, die aus einem Roman Joseph Roths stammen könnte, und die Chiffre lautete auf «Nikon Nizetas» und nicht auf «Opernball» – um nur irgendwo mit den Korrekturen zu beginnen; doch liest sich so die in zahlreichen Varianten existierende Schilderung der Jagd nach und der Überführung des Verräters Redl – die Fassung hier stammt von Zweig – gewiss sehr reizvoll.[1]

Besonders spannend an Geheimdiensten ist, dass sie geheim sind. Dies erschwert auch die faktengetreue Erhellung einschlägiger Begebenheiten. Person und Leben des Oberst ist in mannigfacher Hinsicht typisch für das Genre, auch insofern, als sich über den historischen Redl Schicht um Schicht phantasievoller Vermutungen und kühner Erfindungen sedimentiert haben. Stellt man nun aber die Frage, wie es, aller Wahrscheinlichkeit nach, denn wirklich gewesen ist, mag man erkennen, dass mitunter die Tatsachen durchaus mit den Erfindungen mithalten können.

Ein Verrat wird entdeckt

Das beginnende 20. Jahrhundert war noch vom Glanz des ausgehenden Zeitalters freundlich erhellt, doch im verborgenen Kampf der Kundschaftsapparate gegeneinander vermehrten sich bereits die Anzeichen, dass es bald schon besonders ungemütlich zu werden versprach. Wettrüsten und Zusammenschluss der Großmächte zu rivalisierenden Militärblöcken, permanente Jagd nach geheimen Informationen, «Europa schien zu einem Dschungel intrigierender Geheimdienste geworden zu sein, Tummelplatz von Spionen, Kurieren, Zuträgern und Anwerberinnen.» Kaum noch ein Luxushotel, in dem nicht gegnerische Agenten den Kalten Krieg führten, «kaum noch eine militärische Anlage, auf die sich nicht der begehrliche Blick fremder Kundschafter richtete.» Eine üppige Spionage-Industrie war entstanden, die neben den planenden Generalstäblern im Hintergrund angereichert war durch «zahllose schräge und gescheiterte Existenzen», die hier den Coup ihres Lebens witterten; Abenteurer, Halbweltdamen, geschasste Offiziere, Bankrotteure, Geschäftemacher, Gauner, Hochstapler, Verrückte, die sich willig undurchsichtigen Betätigungen verschrieben, um von den düsteren Interessen der Großmächte zu profitieren. Ganze Diebesbanden arbeiteten für Nachrichtendienste. Hinzu traten Patrioten, Freiheitskämpfer (was immer man darunter genau zu verstehen hatte), Helden, Fanatiker. «Der Kontinent sah immer mehr wie die Bühne einer Komischen Oper aus, auf der sich Hunderte geheimer Agenten tummelten», um das mitunter ebenso lukrative wie riskante «Spiel von Spion und Gegenspion aufzuführen.»[2]

Das vielschichtige militärische Wirken des durchaus kompetenten Alfred Redl (immerhin bildete er auch jenen Offizier aus, der ihn schließlich zur Strecke bringen würde) fiel genau in diese bedrohlich konfliktreicher werdenden Jahre vor dem Ersten Weltkrieg. Den plötzlichen Karriereknick in der Laufbahn des ebenso begabten wie exzentrischen Generalstäblers verursachte der Umstand, dass der unter «Nikon Nizetas» schon länger auf dem Wiener Hauptpostamt am Fleischmarkt lagernde Brief im April 1913 schließlich, da nicht abgeholt, zurück nach Berlin ging, wo er ja aufgegeben worden war. Sein eigentlicher Absender war sozusagen der Russische Generalstab. Der beabsichtigte Empfänger der heiklen Post, Oberst Redl selbst, hatte die Sendung entweder nicht erwartet oder sie vergessen. Bei der Berliner Post wurde das Kuvert geöffnet, um vielleicht die Herkunft eruieren zu können. Der im Kuvert enthaltene exorbitante Geldbetrag, «6000 Kronen in Noten», und möglicherweise die im beigefügten kurzen Schreiben angeführten beiden Adressen, erweckten die Aufmerksamkeit der Berliner Postüberwachung. Der Brief wurde daraufhin Major Walter Nicolai überstellt, seit 1913 Leiter der Abteilung IIIb (Nachrichtenabteilung) des Großen Preußischen Generalstabes. Die Adressen, eine in Paris, eine in Genf, waren sowohl den deutschen wie den mit ihnen eng zusammenarbeitenden österreichischen Nachrichtendienstlern bekannt. Der angegebene Absender, J. Dietrich, war ein von der russischen Spionage in Bern benützter Deckname, was man aus bestimmten Gründen ebenfalls sehr genau wusste. Denn schon im Jahr 1907 waren, der allmählich sich verdichtenden Vermutung nachgehend, dass die russische wie die französische Spionage gegen die Mittelmächte über die Schweiz koordiniert werden könnte, von den verbündeten Geheimdiensten in Kooperation mit dem Eidgenössischen Generalstab intensive Recherchen in Gang gesetzt worden. Nicht ohne Erfolg hatte man begonnen, die in der Schweiz etablierten subversiven Netzwerke zu studieren. Umfangreiche Überwachungstätigkeit, assistiert vom Schweizer Abwehrdienst, gewährte Österreichern und Deutschen tiefe Einblicke in das gegnerische Kurier- und Verbindungssystem. Man war dezent genug, die Gegenseite die Beobachtung nicht merken zu lassen. Deshalb blieben die bekanntgewordenen Tarnadressen und -namen, «sicheren Häuser» und Vertrauensleute auch weiterhin in Gebrauch. Da solche Adressen in dem erwähnten konspirativen Schriftstück nun auftauchten, war die Schlussfolgerung naheliegend, dass «Nikon Nizetas» ein Agentendeckname und der Brief eine Geldüberweisung für geleistete oder noch zu leistende Spionagetätigkeit sei.

Nicolai verständigte das «Evidenzbureau» in Wien, den militärischen Geheimdienst der Österreichischen Monarchie. «Für die Person des Adressaten fehlten Anhaltspunkte ... Nachfrage bei der Post hatte kein Ergebnis. Man erinnerte sich nicht, ob früher Briefe unter der gleichen Adresse eingetroffen waren.»[3] Auf den Fall wurde Hauptmann Max Ronge, Kundschaftsoffizier, angesetzt, der im Evidenzbureau einen Stab bildete, um die Jagd nach «Nizetas» zu organisieren. Der Chef der Staatspolizei, Edmund von Gayer, stellte eine Reihe von Beamten zur Überwachung des Poste-restante-Schalters der Hauptpost in Wien. «Es blieb nur die Hoffnung, dass der Adressat oder ein von diesem geschickter Bote doch einmal nach dem Briefe fragen werde.» Und so kam es auch; eine Schlüsselszene in der Spionageliteratur nahm Gestalt an. Inzwischen waren noch weitere Briefe eingetroffen. Diese wurden am 24. Mai 1913 abends von Oberst Redl abgeholt. Da er Zivilkleidung trug, wurde er zunächst nicht als Militär erkannt, jedoch von der Polizei beschattet, bis in sein Hotel verfolgt und dort von den Beamten identifiziert. Man erstattete Meldung bei Gayer, dieser benachrichtigte Ronge per Telephon. Von Redl zerrissene und weggeworfene und von den Kriminalbeamten sichergestellte Postaufgabescheine auf Deckadressen im Ausland, ein beim Postschalter in seiner Handschrift ausgefüllter Abholschein sowie das Verhalten Redls, der seine Verfolger bemerkt hatte, ließen keinen Zweifel mehr aufkommen. Ronge informierte seine Vorgesetzten und holte einen Militärrichter, ohne den die «zum Einschreiten erforderliche Gerichtskommission» nicht gebildet werden konnte. Der Chef des k. u. k. Generalstabes, Franz Conrad von Hötzendorf, ordnete «die Festnahme des Obersten Redl» an. Redl wurde spät nachts in seinem Zimmer im Hotel Klomser von einer Offizierskommission gestellt und einem kurzen Verhör unterzogen, bei dem er Ronge gestand, «in den Jahren 1910 und 1911 die fremden Staaten im großen bedient zu haben» und ohne Komplize zu sein. Das erschien zutreffend. Die Kommission zog sich wieder zurück, um «dem Verbrecher sodann die Möglichkeit zu geben, seinem Leben ein rasches Ende zu bereiten». Redl erschoss sich mit der ihm übergebenen Pistole. Der Tod des «gewesenen Oberst» wurde am Morgen des nächsten Tages durch einen «Detektiv», der das weiterhin bewachte Hotel betrat und «Nachschau» hielt, festgestellt. Der Chef des Evidenzbureaus, Oberst August Urbanski, und der untersuchende Militärauditor, beide in Zivil, fuhren am Vormittag des 25. Mai nach Prag, setzten den dortigen Militärkommandanten, dessen Stabschef Redl zuletzt gewesen war, vertraulich in Kenntnis von den

Vorfällen und begannen Wohnung und Büro Redls im Kommandogebäude zu durchsuchen. Dem Garnisonsgericht in Wien wurde nur Nachricht gegeben, dass Redl Selbstmord begangen und dass der Generalstab eine Untersuchung angeordnet habe. Inzwischen war eine erste «Telephon-Depesche» an die Militärkanzlei des Kaisers gesandt: «Oberst des Generalstabskorps Alfred Redl ... hat sich heute nachts im Hotel Klomser aus vorläufig unbekannter Ursache erschossen.» Eine ähnliche kurze Depesche ging am 26. an die Presse. Die Untersuchung in Prag war mit 26. Mai abgeschlossen.

Die missglückte Verschleierung

Das Bemühen des Evidenzbureaus und des Generalstabschefs neigte zur Verschleierung der Hintergründe des Falls – völlig zu Recht übrigens. Der Schaden, den die Affäre Redl für die Monarchie bedeutete, lässt sich in den Geheimnisverrat und seine Folgen sowie den anschließenden «grandiosen Skandal» und dessen Folgen trennen. Nachdem ersteres nicht mehr zu verhindern war, versuchten die Militärs wenigstens den Skandal zu umgehen. Die ganze Situation erforderte schnelles Improvisieren, und das Konzept, Redl unter Voraussetzung des maximal möglichen Verrates ohne weitere und wahrscheinlich dann öffentliche Untersuchungen bei der Verwirklichung seiner Selbstmordabsichten hilfreich zur Seite zu stehen, war vom geheimdienstlichen Standpunkt her durchaus sinnreich. Selbst im Evidenzbureau wusste nur ein kleiner Kreis von Offizieren Bescheid. Ergänzend warteten bereits erste Hinweise auf den in «jüngster Zeit» «gestörten Geisteszustand» des «hochbegabten Offiziers» auf Veröffentlichung. In diese Strategie gehörte auch die Vorbereitung eines Begräbnisses mit militärischen Ehren. Dass die Vertuschung der Angelegenheit dann doch nicht gelang, war der eigentliche grobe Schnitzer, der den Erfolg der Überführung des «Maulwurfs» relativierte. Die immer wieder geübte und teilweise wohl berechtigte Kritik am Vorgehen der Offizierskommission übersieht aber in der Regel, dass Österreich damals ein Rechtsstaat war und das k.u.k. Offizierskorps politischen wie geheimdienstlichen Mord ablehnte. In gewissen anderen Staaten und zu anderen Zeiten war das natürlich kein Problem. Im Gegensatz aber zu serbischen, sowjetischen und nationalsozialistischen Verhältnissen vor, im und nach dem Ersten Weltkrieg war es im alten Österreich offenbar kaum möglich, eine Person einfach verschwinden oder liquidieren zu lassen. Führende Vertreter der Offizierskaste der alten Armee sahen derlei, auch noch im Weltkrieg, eher restriktiv. Dies die Folge eines Ehrenkodex, der so stark war, dass andererseits ein Redl sich widerstandslos selbst erschoss.

Dennoch gilt wohl, was Hauptmann Hermann Zerzawy von der Spionageabwehr, einer der mit der Sache befassten Offiziere, später erbost über die Angelegenheit schrieb: «... hat die Art, den Fall Redl aus der Welt zu schaffen ... insbesondere dem k. u. k. Generalstab geschadet ... haben es drei Generalstabsoffiziere unternommen, den Fall im engsten Kreise, und ohne Erregung von Aufsehen, zu erledigen. Das misslang gründlich. Statt eines raschen Zugriffes, Verhöres und sofortiger Entfernung aus Wien, ließ man Redl bis Mitternacht unter jedenfalls auffälliger Bewachung herumgehen, bis er selbst ins Hotel zurückkam. Viele Stunden hielten sich die Kommissionsmitglieder im und um das Hotel Klomser und im Cafe Central auf, in voller Uniform, hielten dann das Verhör, und patrouillierten ... noch weiterhin nachts die Gassen nächst dem Hotel ab, bis sie am Morgen ... Nachschau halten ließen, ob der Verbrecher schon tot sei. Dieses Aufsehen musste die Aufmerksamkeit der zumeist mit Hotels und Kaffeehäusern in Verbindung stehenden Zeitungsreporter erregen und wäre leicht zu vermeiden gewesen ...».[4] Wie und durch wen genau die Angelegenheit an die Öffentlichkeit gebracht wurde und in die Medien kam, ist nicht geklärt, jedenfalls dürfte es aber nicht der «rasende Reporter» Kisch gewesen sein, wie dieser nach dem Weltkrieg behauptet hat. Bereits am 29. Mai standen in in- und ausländischen Gazetten so viele Redl-Enthüllungen, dass Conrad von Hötzendorf seine Schweigetaktik aufgeben musste. Eine Welle empörungtriefender und hämischer Kommentare, Verdächtigungen und ergebnisloser Hinweise brach über die Armee herein. Das Auffliegen der Affäre verhalf dem Generalstabschef schließlich zu einer «der unerquicklichsten» Audienzen seiner Dienstzeit bei dem mitunter als nicht liebenswürdig bekannten Erzherzog-Thronfolger; und Urbanski wurde wegen des von ihm zu verantwortenden Pfusches als Leiter des Evidenzbureaus abgelöst. Angemerkt sei, dass im Gegensatz zu manchen Behauptungen nachweislich sowohl der Kaiser als auch der Thronfolger ordnungsgemäß (und vor Ausbruch des Skandals) vom Chef des Generalstabes über Redls Verrat vollständig informiert worden waren.[5]

Das Gewicht des Verrates

Eine bedeutsame Frage ist die Beurteilung des Redlschen Verrates. Die Feststellungen, dass die kommenden Gegner im Weltkrieg die Monarchie deshalb «in vielen Punkten in der Hand» hatten, oder sogar, dass dieser Verrat den Ausgang des Krieges bestimmt hätte, dass Redl der «Henker der Österreichischen Armee» gewesen sei und die «Fundamente der militärischen und staatlichen Organisation unterhöhlt» habe, sind maßlose Übertreibungen.[6] Allerdings war die Laufbahn Redls außerordentlich und führte ihn zu den Schalthebeln militärischer Macht. Besonders wichtig für seine ausländischen Geldgeber erwiesen sich wohl seine Kenntnis des militärischen Eisenbahnwesens in Österreich-Ungarn, die auf die Tätigkeit im Eisenbahnbureau in den Jahren 1894–1895 zurückging, seine lange Tätigkeit im Zentrum des österreichischen Nachrichtendienstes, 1900–1905 in der russischen Gruppe und in der Kundschaftsgruppe und dann wieder 1907–1911 als Stellvertretender Bureauchef im Evidenzbureau und schließlich auch seine Stellung als Stabschef des k. u. k. VIII. Korps, die er anscheinend optimal auszunützen verstand. Ab wann setzte der Verrat ein? Mit Sicherheit ließ sich das von österreichischer Seite her nicht eruieren, doch war das wahrscheinlich irrelevant, da man intern ohnehin mit dem größtmöglichen Schaden rechnete. Redls Geständnis betraf die Jahre 1910 und 1911, in der Öffentlichkeit gab man mit gutem Grund daher 1912 an, die Untersuchungen verwiesen auf 1907, allenfalls auch auf 1905. Man hatte Einsicht in das Konto Redls bei der Neuen Wiener Sparkasse genommen. «Seit Anfang 1907 erreichten die Spareinlagen in auffallend schneller Reihenfolge» die Höhe von über 17 400.– Kronen. Im November 1908 folgten dann 5000.–, im Juli 1909 10 000.–, im Oktober 1910 6000.–, im April 1911 10 000.–, im Mai 1911 37 000.– und im Juni 1911 12 000.– Kronen. Alle Einzahlungen ab 1905 zusammen ergaben 116 700.– Kronen; Redl war ein vermögender Mann. 1907 beginnen, im nachhinein recherchiert, Redls luxuriöse Lebensführung und seine kostspieligen Passionen: eigene Dienerschaft, Pferde, Apanagezahlungen an einen Leutnant Stefan Horinka, 1911 dann zwei Automobile.[7] Das auf den Zeitraum um 1907 weisende Untersuchungsergebnis steht in Übereinstimmung mit interessanten Angaben aus der russischen Literatur. Im Sommer 1905 traf der neue und überaus tüchtige russische Militärattaché Martschenko in Wien ein. Dieser hatte sich gut vorbereitet, reiste viel, schloss vorteilhafte Bekanntschaften, studierte Werke über das Österreichische Heerwesen und begann, das Agentennetz des Zaren auf k. u. k. Boden zu betreuen. Schon im Herbst 1906 hatte Martschenko «über die Wünsche eines äußerst hochwertigen Mannes» berichtet, der bereit sei, für höhere Summen Geldes militärische Informationen zu überlassen. Das Angebot, offensichtlich anonym gemacht, wurde abgelehnt.[8] Es muss sich nicht, kann sich aber durchaus um Redl gehandelt haben. Persönlich lernte der Russe Redl bei einem offiziellen Treffen kennen und dies nicht zufällig. «Martschenko verstand, dass Redl ein Mann der Gegenspionage war, und verhielt sich vorsichtig.» Im Oktober 1907 schickte er dessen Charakteristik nach Sankt Petersburg: «Alfred Redl, Major des Generalstabes, zweiter Helfer des Kommandanten des Evidenzbureaus des Generalstabes ... mittleren Wuchses, hellblondes Haar ... tückisch, verschlossen, konzentriert und pflichtbewusst, gutes Gedächtnis. Dem Äußeren nach süßlich. Süße, weiche, sanfte Sprache, bewusste und langsame Bewegungen, eher schlau und falsch, als intelligent und talentiert. Zyniker. Frauenliebhaber. Mag die Unterhaltung.» Der Bericht ist insofern aufschlussreich, da er darauf deutet, dass Redl von den Russen jedenfalls nicht wegen Homosexualität erpresst worden war, was ja zu den Standardbehauptungen der Spionageliteratur zählt. Der gewiegte Geheimdienstler wird seine etwas aus der Norm fallenden Neigungen gut verborgen haben.[9] Es dürfte eher stimmen, was Hötzendorf in seinem vom 26. Mai 1913 datierten Schreiben in beispielhafter Kürze der Militärkanzlei des Kaisers mitteilte: «Im Sinne des Dienstreglements I. Teil melde ich, dass die unmittelbar nach dem Tode des Oberst Alfred Redl, Generalstabschef des 8. Korps verfügten Nachforschungen als Ursache des Selbstmordes mit voller Sicherheit ergeben haben: 1) Homosexueller Verkehr, der ihn in finanzielle Schwierigkeiten brachte. 2) Hat dienstliche Behelfe reservierter Natur an Agenten einer fremden Macht verkauft.»[10] Wahrscheinlich und schlicht genau so: Redl wollte viel Geld, und die Russen boten es ihm an.

Was verriet Redl, und welche Folgen hatte der Verrat? Das Evidenzbureau stellte nach der Untersuchung von Redls Nachlass fest, dass dieser vollständig oder teilweise folgende geheime Unterlagen enthielt: «Reservatdienstbücher» über die Sicherung der Eisenbahnanlagen, über Minensperren, über die Organisation des Etappenwesens; dann die «Kriegsordre de bataille», die konkreten Mobilisierungsanweisungen «für alle dermalen vorbereiteten Kriegsfälle»; das «Reservathandbuch» für höhere Kommanden; des weiteren verschiedene Dokumente und Aufzeichnungen, die mit dem Kundschaftswesen in Zusammenhang standen; eine Zusammenstellung der Maßnahmen der Spionageabwehr in Galizien während der Krise von 1912/1913; Blätter mit den Namen österreichischer Konfidenten; «Deckadressen fremder Generalstäbe»; «Spionagekorrespondenz» mit ausländischen Nachrichtendiensten; Deckadressen, unter denen Redl diese Korrespondenz erhielt; schließlich «Photographien der Befestigung Kozmac» und die Annahmen für das Manöver 1910/1911. Die Schlussfolgerung des Evidenzbureaus lautete: «Das vorhandene Material beweist, dass dem Staate ein immenser ideeller und materieller Schaden zugefügt worden ist, dessen Höhe sich ziffernmäßig überhaupt nicht bestimmen lässt. Von diesen Gesichtspunkten aus wird sich die Umarbeitung zahlreicher Reservatdienstbücher und auch eine kostspielige Änderung konkreter Kriegsvorbereitungen als notwendig erweisen.» Außerdem war den österreichischen Geheimdienstlern wie der militärischen Führung vollkommen klar, dass bei der großen Summe von 59.000.– Kronen, die insgesamt im Jahr 1911 auf Redls Sparbuch gelangte, offenbar «imminent wichtige Interessen» der Monarchie feilgeboten worden waren, der «Aufmarschplan» gegen den Hauptfeind Russland also, was Ronge ohnehin annahm, obwohl es Redl bei seinem Geständnis im Hotel Klomser nicht erwähnte.[11] Die russische Literatur bestätigt die Annahme der k. u. k. Militärs. «Es genügt zu sagen, dass Redl den Plan des Österreichisch-Ungarischen Aufmarsches gegen Russland hergab. Auf diesem Plane fußend wurde sogar im Kiewer Militärbezirk eine Übung durchgeführt, wo man als Grundlage für die Feinddarstellung die realen Pläne der Österreichischen Armee heranzog.»[12] Die Aufmarschplanung potentieller Feinde und damit also einerseits die Kenntnis «des Raumes, in welchem ein voraussichtlicher Gegner seine Kräfte zur Eröffnung der Operationen bereitstellen wird», sowie andererseits «die Verteilung der Kräfte in diesem Raume», war eine denkbar lohnende Beute. Die «Erwerbung» des feindlichen Aufmarschplanes galt daher «als das höchste Ziel des militärischen Aufklärungsdienstes» und dafür wurden auch «die höchsten Summen» im Spionagegeschäft gezahlt.[13] Freilich galten hier Einschränkungen. Gerade bei Aufmarschplänen konnte man nicht sicher sein, ein verlässliches Dokument erhalten zu haben; ganz abgesehen von zahllosen Falsifikaten, die gehandelt wurden.

Vieles war allerdings auch ohne Erwerb detaillierter Pläne feststellbar. Die Aufmärsche des Ersten Weltkrieges basierten vor allem auf Eisenbahntransporten. Verlauf und Leistungsfähigkeit der Linien waren den jeweils feindlichen Mächten in groben Zügen zumeist bekannt. Ein nicht unwesentlicher Bereich der Erkundung befasste sich beständig mit der Eisenbahn, und Offiziere wie Konfidenten bereisten intensiv die Strecken des benachbarten Auslandes. Zudem ergaben sich die Aufmärsche durch die in der Regel längst vertrauten geographischen Verhältnisse und die außenpolitische Situation eines Staates. So war den Generälen des Zaren klar, dass die Lage Russisch-Polens die Mittelmächte dazu einlud, vom Norden wie vom Süden her einen Zangenangriff anzusetzen; deshalb verlegte Russland seinen Aufmarsch von der westlichen Grenze weg, tief ins östliche Polen. Ebenso war den Österreichern die Einsicht nicht zu verbergen, dass man umgekehrt in Galizien wahrscheinlich mit einem Zangenangriff von Nord wie von Ost her zu rechnen hätte, was sich dann 1914, auch was die genauen Aufmarschräume anlangte, durchaus bestätigte.

Es kam zwar der Verrat eines Aufmarschplanes nicht direkt häufig vor, dennoch war der Fall Redl durchaus nicht einzigartig. Redl war vielleicht einzigartig in bezug auf die Verhältnisse in der Monarchie, keinesfalls aber im Vergleich mit den Zuständen in Russland. Ab 1889 belieferte aus nicht bekannten Motiven ein zaristischer Generalstabsoffizier die Deutschen mit «allen wichtigen Materialien», die ihm «über seinen Schreibtisch liefen». «Zum erstenmal konnten die deutschen

Feindlagebearbeiter wichtige russische Geheimberichte, kenntlich an ihren roten Ordnungsnummern und ihren roten Laufzetteln, mitlesen: den «Doklad», den jährlichen Rapport des Kriegsministers an den Zaren über den Zustand der Armee, den «Attschot», einen Dokumentenanhang des Doklad, den «Rospisanje suchoputnych wojsk», eine strenggeheime Aufstellung des Kriegsministeriums über die Dislokation der russischen Truppenverbände, und den numerierten Jahres-Rospisanje mit den jeweils geltenden Aufmarschdispositionen in den einzelnen Militärbezirken.»[14] 1892 konnten die Österreicher die geheime «Einwerstkarte» (1:42000) erwerben, 1893 bekamen sie den großen Rospisanje in die Hände und noch ein weiteres spezielles russisches Aufmarschelaborat, 1894 den Doklad des Vorjahres und Informationen über die Zusammenarbeit der russischen und französischen Geheimdienste für den Fall des Krieges, 1895 den «Schtatnoje i spisotschnoje sostojanje», die Ausarbeitung des Generalstabes über die vorgeschriebenen und tatsächlich vorhandenen Truppenstärken sowie eine Denkschrift des Befehlshabers des Militärbezirkes Warschau über die angenommenen Operationsabsichten der Mittelmächte, 1896 Doklad und Rospisanje, 1897 Rospisanje, Doklad des Vorjahres und Attschot des vorvorigen Jahres; 1902 nochmals ein Aufmarschelaborat. Überdies erkannten die Österreicher, dass sich ab 1903 das militärische Gewicht Russlands nach Ostasien verlagerte und bis 1906 seine militärische Schlagkraft in Europa erheblich reduziert war. 1908 gelangte dann für 10000.– Rubel, Gegenstück zum Verrat Redls, der gültige aktuelle russische Aufmarschplan ins Evidenzbureau, der dann auch als Grundlage für die operativen Entscheidungen des k. u. k. Generalstabes herangezogen wurde. Doch der Plan hatte seine Tücken. Unter dem Eindruck der revolutionären Turbulenzen von 1905, am Ende des verlorenen Krieges mit Japan, waren im Zarenreich nämlich zusätzliche Korps aufgestellt worden, die nicht für einen Fronteinsatz gedacht waren, sondern möglichen Aufruhr im Hinterland unterbinden sollten. Diese waren im Aufmarschplan, der in Wien vorlag, aber nicht enthalten, so das Petersburger, das finnische, das Moskauer Grenadierkorps, etliche kaukasische und sibirische Korps. Zu Beginn des Weltkrieges hatten sich die inneren Verhältnisse jedoch wieder konsolidiert, und diese Truppen erschienen dann doch auf dem Kriegsschauplatz. Im gekauften Aufmarschplan waren auch die vielen, «auf Grund der französischen Kredite» neu aufgestellten Reservedivisionen nicht enthalten, von deren Existenz durch diverse Manöver zwar Nachrichten durchsickerten, deren Zahl aber unbekannt blieb. Doch die «Daten des als authentisch angenommenen Aufmarschplanes» übten eine dauernde «suggestive Wirkung» aus, «obgleich viele Anzeichen dafür sprachen, dass sie nicht mehr voll zutreffen konnten», wie k. u. k. Offiziere später resümierten.[15]

Zerstörte Netze

Ein anderer Aspekt von Redls Nachrichtenhandel war fast ebenso unangenehm wie die Preisgabe des Aufmarschplans. Der k. u. k. Oberst mit dem ebenso anstößigen wie kostspieligen Geschmack hatte möglicherweise sämtliche ihm bekannten österreichischen Agenten in Russland verkauft.[16] Dass Redl parallel dazu russische Desinformation weiterleitete, ist eine naheliegende Vermutung, für die allerdings die Belege fehlen. Allerdings war Redl nicht der einzige relevante Faktor. In den 1890er Jahren hatte das Evidenzbureau im Reich der Zaren «über hundert Agenten und eine Fülle von Gelegenheitsspionen» und war glänzend orientiert.[17] Die Russland-Spionage wurde dann aber ab 1903, als eine letzte Phase deutlicher Annäherung zwischen den beiden Kaisermächten stattfand, abgebaut. Wichtig könnte sein, dass der Beginn von Redls Verrat in diese letzten Jahre einer Entspannung mit Russland, also 1903–1908, fällt. Im russisch-japanischen Krieg bestand überdies eine heimliche nachrichtendienstliche Kooperation mit dem Zarenreich. Redl konnte also zunächst von der Situation ausgehen, lediglich einer befreundeten Macht Hinweise zu liefern. Dies mag einen Verrat erleichtert haben, an dessen Anfang vielleicht tatsächlich nur eine Art von informellem Informationsaustausch stand. Als man durch die erneute Verschärfung des Klimas dann ab 1908 wieder gerne auf Netze in Russland zurückgegriffen hätte, war von den alten Strukturen kaum noch etwas da. Dass man keine neuen aufbauen konnte, lag nicht nur an den Auskünften des Oberst Redl, sondern auch am Geldmangel. Dass die österreichische Aufklärung gegen den massiv rüstenden östlichen Nachbarn ausgerechnet in jenen kritischen Jahren zusammenbrach, die bereits das Heraufziehen des großen Krieges signalisierten, hatte somit mehrere Ursachen. Zwar wurden ab 1913 die Versuche zum Aufbau neuer Agentennetze in Russland intensiviert, doch durch «die kleinen Spione» war Orientierung über die «wichtigen Vorgänge militärischer Natur» im Russischen Reich nur ungenügend zu erhalten; die Anwerbung von Persönlichkeiten in zentralen Positionen scheiterte. Die Folgen eines möglichen Verrates auf dieser Ebene konnten aus Geld- wie aus Zeitmangel bis zum Kriegsausbruch jedenfalls nicht mehr behoben werden. Das volle Ausmaß der Hochrüstung Russlands ist, so oder so, vom k. u. k. Kundschaftsdienst nicht erkannt worden. Dass eine bessere Beurteilung der Kräfteverhältnisse die politischen und militärischen Entschlüsse Österreichs im Jahr 1914, denen kein großer Spielraum mehr gegeben war, geändert hätte, ist freilich unwahrscheinlich.

Tarnen und Täuschen

Den Russen erging es mit dem an sie verratenen Plan nicht viel besser als umgekehrt den Österreichern. «Im Schreibtisch Redls hatten sich so viele Notizen über Deckadressen und Kurierstellen der Russen gefunden», dass es dem k. u. k. Generalstab nicht schwer fiel, «die Nachrichtenkanäle des Gegners mit Desinformation zu füllen».[18] Zu diesem Zweck war es vor allem wichtig, den Gegner nicht wissen zu lassen, was man selbst wusste. Daher auch die von der journalistischen Literatur späterer Tage gerne skandalisierten Versuche der militärischen Führung, die ganze Angelegenheit unter den Teppich zu kehren. Da man allen Grund zur Annahme hatte, dass der Aufmarsch 1911 verraten worden war, gab man gemäß aller «bisher vorgefundenen Daten» den März 1912 als «erste Spur der Spionage» an und verlautbarte, dass außer mehreren «auf die Mobilisierung der Wehrmacht bezughabenden Instruktionen allgemeinen Inhaltes konkrete Kriegsvorbereitungen der letzten Zeit nicht verraten werden konnten, weil sie Redl überhaupt nicht zugänglich waren.» Auch die deutschen Freunde dürfte man über das Ausmaß des Verrates zielsicher getäuscht haben.[19] Außerdem bestand man hartnäckig auf dem «Eindruck plötzlicher Geisteskrankheit», den Redl erweckt hätte, auf der Tatsache, dass Redl sich umbringen wollte, dass er nur kurz und aufgrund gesteigerten Geldbedarfes in Zusammenhang mit seiner «verhängnisvollen Leidenschaft» Verrat geübt habe, dass man es also zwar mit einem verabscheuungswürdigen Verbrechen, aber gewissermaßen auch mit einem durch Krankheit und beginnenden Wahnsinn nicht mehr zu rationalen Handlungen befähigten Mann zu tun gehabt habe, dessen Taten nicht überzubewerten seien. Man brachte auch den Obduktionsbericht an die Öffentlichkeit, der eine «krankhafte Veränderung» des Gehirns konstatierte. Und so gelangte man schließlich, trotz einiger geringfügiger Pannen, die noch passierten, mit dem Abwiegeln der Affäre doch zum erhofften Ziel: es ging der Russische Generalstab bei Kriegsausbruch von der Annahme aus, der an ihn verkaufte österreichische Aufmarschplan sei noch in Geltung. Im 1913 neu erarbeiteten russischen Aufmarsch waren die durch den Verrat gewonnenen Informationen genau verwertet, die Maßnahmen zum russischen Erstschlag gegen Österreich auch auf dieser Basis getroffen worden. Man beabsichtigte, das weit im Osten erwartete Vorgehen der Österreicher doppelt zu umfassen und mit Übermacht zur Vernichtung der, wie man annahm, in die vorbereitete «Zange» hineinmarschierenden k. u. k. Armeen anzusetzen. Der österreichische Aufmarschplan stammte in seinen Grundzügen aus dem Jahr 1909, konnte also noch durchaus als «aktuell» durchgehen. Aufmärsche waren überdies, wie schon angedeutet, nicht beliebig variierbar. Hötzendorf aber hatte sehr wohl in einem wesentlichen Detail umdisponiert. Als Redl 1913 aufflog, gab sich die militärische Spitze Österreichs offenbar über die möglichen Planungen der Russen aufgrund eines verratenen österreichischen Aufmarsches Rechenschaft. Quellen dazu scheinen nicht verfügbar, wahrscheinlich vermied man sogar schriftliche Aufzeichnungen, aber die k.u.k. Armeen entfalteten sich bei Kriegsausbruch überraschend 100 bis 200 km weiter westlich, als ursprünglich vorgesehen, wodurch sich für das Russische Oberkommando die Lage an der Front erst ab Mitte August langsam klärte und man zu Beginn auch zwei schmerzliche Schläge einstecken musste, die Schlachten von Krasnik und Komarow. Wie es die russischen Generalstäbler nach dem Krieg selbst analysierten: «Blind vertrauend auf den bei Oberst Redl eingekauften Plan des Aufmarsches der Österreichischen Armee verrechnete sich der Kaiserliche Generalstab völlig. Ausgestattet mit reichem Informationsmaterial über die Beratungen des Österreichischen Generalstabes unter Leitung seines Chefs Conrad von Hötzendorf, dachte er, über das Material zu verfügen, das für die Erreichung des strategischen Erfolges hinreichend wäre.» Allerdings: «Die österreichischen Hauptkräfte entgingen dem Schlag.» Redls Informationen erwiesen sich schließlich «eher hinderlich als hilfreich». (Ein Erfolg, der ironischerweise erst lange nach dem Weltkrieg durch die Publikationen russischer Militärs wirklich wahrnehmbar wurde).[20]

Soviel zum Nutzen des Besitzes feindlicher Aufmarschpläne. Die Streitkräfte des Zaren verfügten freilich über das ebenso banale wie schlagkräftige Argument der größeren Zahl; damit gelang es ihnen, die österreichische Front schließlich einzudrücken. Die Monarchie fing dennoch, wie mit den Deutschen strategisch vereinbart, den russischen Ansturm auf. Die Verluste waren verheerend, doch die folgerichtigen Entschlüsse des k.u.k. Generalstabes hatten eine durchaus mögliche Vernichtung von Österreichs bewaffneter Macht auf den Schlachtfeldern Galiziens verhindert. Eines der dabei angewandten Mittel war die Umwandlung der Affäre Redl in eine letztlich doch überaus erfolgreiche Desinformationskampagne zum Nachteil des Gegners.

Gerhard Hirschfeld

Mata Hari: die größte Spionin des 20. Jahrhunderts?

> «Der Schaden, den diese Frau angerichtet hat, ist unbeschreiblich. Sie ist mutmaßlich die größte Spionin unseres Jahrhunderts.»
> *(André Mornet, Ankläger, 1917)*

> «So bleibt das Schemen einer großen Liebeskünstlerin über, die eine kleine Dilettantenspionin war und die deshalb erschossen wurde, weil man im Herbst 1917 eine international große Geste brauchte.»
> *(Sittengeschichte des Ersten Weltkriegs, hrsg. v. Magnus Hirschfeld, 1929)*

Hans Blom zum 60. Geburtstag herzlich zugeeignet.

Wohl kaum eine moderne Frau hat die männliche und vermutlich auch die weibliche Phantasie derart beschäftigt wie die niederländische Tänzerin, Spionin und Prostituierte, die sich mit Künstlernamen Mata Hari nannte. Seit ihrer Verurteilung und Hinrichtung im Oktober 1917 wegen Spionage für Deutschland changiert das Bild der «erotischen Spionin», ihr exzessives Leben und tragisches Sterben, im kollektiven Bewusstsein. In zahllosen sogenannten Augenzeugenberichten, romanhaft ausgestalteten Erinnerungen, Lebensbildern, Theaterstücken und Filmen lebt sie fort als Legende, ja geradezu als ein Mythos, hinter dem die Biographie und der historische Hintergrund zunehmend verblassen.

Margaretha Geertruida Zelle wird am 7. August 1876 in Leeuwarden in der niederländischen Provinz Friesland geboren. Die Tochter eines wohlhabenden, bürgerlichen Hutmachers, der sein Geschäft durch persönlichen Leichtsinn und finanzielle Spekulationen schließlich einbüßt, wächst nach dem frühen Tod der Mutter seit 1891 bei Verwandten in Leiden und Den Haag auf. Im Alter von 21 Jahren – ohne Ausbildung und eigenes Einkommen – antwortet sie auf die Heiratsannonce eines schottisch-stämmigen, wesentlich älteren Kolonialoffiziers aus Niederländisch-Indien (heute Indonesien), der sich zu einem längeren Genesungsurlaub in Holland aufhält. Die rasch eingegangene Verbindung zwischen der lebensfrohen, erwartungsvollen Margaretha Zelle und dem brutal-sentimentalen und soldatisch-autoritär agierenden Hauptmann Rudolph MacLeod steht von Anbeginn unter keinem glücklichen Stern. Weder die Geburt der beiden Kinder Norman John (Januar 1897) und Jeanne Louise (Mai 1898) noch die Übersiedlung nach Java (im Juni 1897) und später Sumatra (Mai 1899) vermögen den ehelichen Riss zu kitten.

«Mein Mann kauft mir keine Kleider, weil er Angst davor hat, dass ich zu gut darin ausschaue. Es ist unerträglich. Unterdessen stellen mir die jungen Leutnants nach und verlieben sich in mich. Es fällt mir schwer, mich so zu benehmen, dass mein Mann keinen Anstoß daran nimmt»,[1] schreibt Margaretha kurz nach ihrer Ankunft in der niederländischen Kolonie einer Jugendfreundin in den Niederlanden. Während Rudolph seine attraktive junge Frau am liebsten in der Gesellschaft von Offiziersgattinnen inmitten der behüteten, aber langweiligen Welt einer Kolonialgarnison sieht, entdeckt Margaretha, zumindest oberflächlich, den Zauber fernöstlicher Kulturen sowie, allerdings umso intensiver, ihre Ausstrahlung auf die männlichen Angehörigen ihrer militärisch geprägten Umgebung. Beides sollte ihr künftiges Leben wesentlich bestimmen.

Und noch eine dritte Neigung bildet sich in dieser Zeit aus. 1900 wird in Paris die internationale Weltausstellung eröffnet, die Nachrichten von diesem kulturellen Großereignis dringen auch nach Niederländisch-Indien. Für Margaretha Zelle scheint die europäische Metropole seither eine unwiderstehliche Anziehungskraft auszuüben. Die niederländische Brieffreundin berichtet später, dass Margaretha ihr gegenüber bereits zu dieser Zeit ihre Absicht offenbart habe, später als orientalische Tänzerin in Paris aufzutreten. Auch einen indischen Namen habe sie sich bereits zugelegt: *Mata Hari*, Auge der Morgenröte.

Die Gegensätze zwischen den ungleichen Eheleuten nehmen zu, vor allem nach dem Tod des Sohnes, der im Juni 1899 vermutlich einem Giftanschlag (durch das Hauspersonal?) zum Opfer fällt. Im März 1902 kehrt der zwischenzeitlich pensionierte und wohlsituierte Major MacLeod mit Frau und Tochter in die Niederlande zurück. Im August desselben Jahres wird die Ehe von einem Amsterdamer Gericht (da Rudolph zu diesem Zeitpunkt bereits seine Frau verlassen hat) zugunsten von Margaretha geschieden, der auch das Sorgerecht für die Tochter Jeanne Louise zugesprochen wird. Gleichwohl streicht der Ehemann eigenmächtig den vom Gericht festgesetzten Unterhalt (mit der Begründung, seine ehemalige Frau verkehre in zweifelhaften Hotels) und sorgt schließlich dafür, dass Margarethe zeit ihres Lebens ihre Tochter nicht wiedersieht.

Die erste Reise der 26jährigen nach Paris – im Jahr 1903 – und ihre Versuche, dort als Malermodell zu arbeiten, scheitern kläglich. Erst ein Jahr später, gleichsam im zweiten Anlauf, gelingt es *Lady Gresha*

MacLeod – so lautet ihr erster Künstlername –, Aufnahme in Pariser Salons zu finden, um jetzt als exotisch-erotische Tänzerin ein gehobenes bürgerliches, keineswegs nur ein Bohème-Publikum für sich einzunehmen. Mit ihrem ausdrucksvollen, vage an orientalische Tempeltänzerinnen erinnernden Tanzstil und ihren mit großer Überzeugung vorgetragenen «Erinnerungen» an ihre frühe Jugend «im Süden Indiens» – wobei die biographischen Umstände durchaus variieren können – trifft Margaretha auf das lebhafte Interesse der feinen Pariser Gesellschaft. Ihre charakteristische Mischung aus offen zur Schau gestellter Erotik, fernöstlicher Kultur und wissenschaftlicher Verbrämung des Dargestellten wirkt überzeugend und macht sie gleichsam über Nacht berühmt. Ihr «reguläres Debut» gibt Mata Hari, wie sie sich nun endgültig nennt, am 13. März 1905 im Musée Guimet, einem privaten Museum für Orientalische Kunst.

Die Zeitung *La Vie Parisienne* kommentiert das außergewöhnliche Ereignis: «Diese absolut echten brahmanischen Tänze hat Madame Mata Hari auf Java bei den besten Priesterinnen Indiens studiert. Diese Tänze sind geheim. Tief im Inneren der Tempel wohnen ihnen nur die Brahmanen und die Devadashis bei. Zu unserer großen Freude und Augenweide tanzte Mata Hari für uns die Prinzessin und die Zauberblume, die Anrufung Schiwas und den Tanz für Soubramayen. Sie trägt das aufs äußerste vereinfachte Gewand der Bajaderen; am Ende, als Krönung der Schlichtheit, steht sie stolz und ohne Schleier in ihrer durch ein Trikot gedämpften Nacktheit aufrecht vor Schiwa. Um den Gott gnädig zu stimmen, bringt sie sich ihm dar. Das ist beeindruckend, sehr kühn und sehr keusch. Mata Hari ist Holländerin, Schottin und Javanerin zugleich. Von den nördlichen Rassen hat sie den hohen Wuchs, den kraftvollen Körper, und in Java, wo sie aufgewachsen ist, hat sie die Geschmeidigkeit der Panther, die Beweglichkeit der Schlangen angenommen. Fügen Sie zu all dem die Glut hinzu, die der Orient in den Augen seiner Töchter schwelen lässt, so haben Sie eine Ahnung von dem neuen Stern, der gestern abend über Paris aufgegangen ist.»[2]

Allein 1905 tanzt Mata Hari über dreißig Mal in exklusiven Pariser Salons und den Wohnungen berühmter Persönlichkeiten, unter ihnen Baron Henri de Rothschild und die Schauspielerin Cécile Sorel von der Comédie-Française. Sie bestreitet sechs Vorstellungen im «Trocadero» sowie eine weitere im neuen Revuetheater «L'Olympia», die zur Attraktion des Pariser Sommers wird. Die Zahl der privaten Einladungen und der, zumeist allerdings nur kurzfristigen, Engagements nimmt derart zu, dass sie sich einen professionellen Agenten, Gabriel Astruc, zulegt. Astruc vermittelt ihr auch das erste Engagement außerhalb Frankreichs. Sie tanzt 1906 in Madrid, wo sie zudem eine kurze Romanze mit dem französischen Botschafter Jules Cambon hat. Der Botschafter wird in ihrem Prozess 1917 als einer der wenigen Zeugen zu ihren Gunsten aussagen. Es folgen Auftritte in Monte Carlo und Wien, später auch in Mailand, die das Interesse an fernöstlichen Tanzdarbietungen nun europaweit befördern. Mata Hari ist auf der Höhe ihres Erfolgs. Für kurze Zeit ist sie eine der am besten bezahlten Tänzerinnen der Welt. Der von ihr zwar nicht geschaffene, aber stark beeinflusste «Kitsch-Orient» (Fred Kupferman) hat Hochkonjunktur. Mata Haris Porträt findet sich nun auf Postkarten, Zigarettenschachteln und bald auch auf holländischen Keksdosen. Selbst die von ihrem mittlerweile gänzlich verarmten Vater 1906 in Amsterdam veröffentlichte «Lebensgeschichte meiner Tochter und meine Einwände gegen ihren Ex-Ehemann» (sic!) verkauft sich gut – zum materiellen Nutzen von Adam Zelle und zur Mehrung des Ruhmes seiner Tochter in den Niederlanden.

Doch ebenso rasch wie der Aufstieg in der Publikumsgunst erfolgt ihr Abstieg. Weder findet Mata Hari ein Engagement an einer der klassischen europäischen Bühnen – ihre Auftritte in Monte Carlo (1906, 1910) und Mailand (1912) bleiben Ausnahmen –, noch interessieren sich anerkannte Komponisten und Regisseure für sie. Richard Strauss lehnt ihr Angebot, die *Salome* in Berlin zu tanzen («Nur ich kann die Salome tanzen») rundweg ab. Zudem hat der Star für orientalische Darbietungen internationale Konkurrenz bekommen. Jüngere, attraktivere und auch wesentlich talentiertere Tänzerinnen wie die in San Francisco und Berlin ausgebildete Kanadierin Maud Allan, beginnen ihr den Rang abzulaufen. Es mehren sich die (von Anfang an vorhandenen) kritischen Stimmen, die Mata Hari für untalentiert und ihre fernöstliche Kunst für einen ausgemachten Schwindel halten. Einige Kritiker, unter ihnen ein bekannter Pariser Theaterdirektor, überzieht sie mit einer Verleumdungsklage. Die Richter attestieren ihr (nach zweijähriger Prozessdauer!) zwar, dass sie mit ihren Tänzen etwas Neues geschaffen habe, doch der beklagte Theatermann weigert sich erfolgreich, Schadenersatz zu leisten.

Mata Haris größtes Handikap jedoch ist und bleibt ihr unsteter Lebenswandel, ihre Sprunghaftigkeit, ihre Verschwendungssucht, die bei ihr chronischen Geldmangel verursachen, und vor allem ihre permanente Suche nach großzügigen Männern, die bereit sind, ihren aufwendigen Lebensstil zu finanzieren. Prostitution spielt schließlich eine immer größere Rolle in ihrem Leben. Sie unterhält zwar seit vielen Jahren eine Reihe von dauerhaften, auch finanziell einträglichen Männerbekanntschaften in Paris ebenso wie in Amsterdam, Berlin und Madrid, doch ihre aufwendige Lebensführung und ihre ausgeprägte Angst vor Armut – zweifellos ein Relikt ihrer Kindheit und der gescheiterten Ehe – lassen sie immer neue, zumeist flüchtige sexuelle Beziehungen eingehen, die sie sich großzügig honorieren lässt.

Bei Ausbruch des Ersten Weltkriegs ist Mata Hari in Berlin. Sie hat dort einen wohlhabenden deutschen Liebhaber, den Gutsbesitzer und Leutnant der Husaren Alfred Kiepert. Außerdem hat man ihr ein Engagement an einem zweitklassigen Theater angeboten, wo sie in einer Operette («Der Millionendieb») mitwirken soll. Doch die für Anfang September angesetzte Premiere wird abgesagt. Eine geplante Rückkehr nach Paris über die Schweiz ist unmöglich. Wie auch andere Ausländer ist die niederländische Staatsangehörige zunächst daran gehindert, aus Deutschland abzureisen, und sie unterliegt den mit der Verhängung des Kriegszustandes erheblich verschärften Fremdenbestimmungen. Sie sei in Deutschland einige Male verhaftet worden, wird Mata Hari später den französischen Ermittlungsbeamten mitteilen, man habe sie als Russin (und somit als Spionin) verdächtigt: «die Polizei behandelte alle Ausländer wie Tiere». Schließlich gelingt ihr Mitte August die Ausreise in die neutralen Niederlande. Ein alter Freund und Gönner, Baron Edouard van der Capellen, sorgt für ihr materielles Auskommen. Ihre Auftritte im Dezember 1914 im Königlichen Theater in Den Haag und anschließend in Arnheim verschaffen ihr sogar einen kleinen Bühnenerfolg. Doch nur vorübergehend findet sie sich mit einem Leben in der beschaulichen holländischen Provinz ab. Trotz des Krieges in Europa zieht es sie erneut nach Paris, wo sie (in Neuilly) ein Haus – das Geschenk eines französischen Bankiers und ehemaligen Liebhabers – besitzt und wo sie immer noch auf eine künstlerische Zukunft hofft.

Für die Kosmopolitin Mata Hari ist der Ausbruch des Krieges in jeder Hinsicht eine Katastrophe. Das Ende der *belle époque* und das Aufflammen der Nationalismen haben auch für ihren persönlichen extravaganten Lebensstil erhebliche Konsequenzen. Weithin unbeschwertes und unkontrolliertes Reisen, häufige Ortswechsel und vorzugsweise Aufenthalte in Hotels sowie die nur selten von den Behörden hinterfragte Identität ihrer zahlreichen sexuellen Partner – all dies gehört mit einem Schlage der Vergangenheit an. Die kriegführenden (aber nicht selten auch die neutralen) Staaten unterbinden beinahe jede Reisemöglichkeit, verhängen Restriktionen über alle öffentlichen und privaten Lebensbereiche – und sie fordern die bedingungslose Loyalität ihrer Untertanen.

Der erste wirklich totale Krieg in der europäischen Geschichte wird nicht nur auf den zahlreichen Schlachtfeldern des Kontinents geführt. Auch an den sogenannten Heimatfronten und insbesondere in den Köpfen der Menschen findet er zu neuen Formen der massenhaften Mobilisierung und Beeinflussung. Regierungsamtliche Propaganda und Manipulation gehören zur alltäglichen Erfahrung des Krieges ebenso wie die ständige Ausweitung von Macht und Einfluss staatlicher Behörden und vor allem die von ihnen ausgeübten Zensur und Kontrolle. Trotz eines zu Beginn des Krieges ausgerufenen *Burgfriedens* in Deutschland und der Beschwörung der *Union Sacrée* in Frankreich zwischen allen parlamentarischen Parteien, gesellschaftlichen Organisationen und Verbänden ist das Misstrauen gegenüber vermeintlichen nationalen Reichsfeinden und sozialen Außenseitern außerordentlich groß. Es wächst umso stärker, je verlustreicher die jeweilige Kriegführung wird und je düsterer die Aussichten für eine siegreiche oder auch nur rasche Beendigung des Krieges sind. Eine besondere destruktive Rolle und verhängnisvolle Wirksamkeit schreibt man dabei sogenannten Spionen und Verrätern zu.

Bereits in den ersten Tagen des Krieges kommt es in fast allen mobilmachenden Ländern zu bislang beispiellosen Ausschreitungen und Übergriffen gegen Ausländer und als national unzuverlässig erachteten Personen. Oft ist es schon gefährlich, mit einem fremden Akzent zu sprechen. Plünderungen, Brandstiftungen und selbst vereinzelte Fälle von Lynchjustiz ereignen sich gleichsam unter den Augen der Polizei. Die Behörden ordnen daraufhin die Internierung sämtlicher im Land lebender sogenannter «feindlicher Ausländer» an. Pferderennbahnen (in Berlin), Feriensiedlungen (auf der Isle of Man) und Sportstadien (in Paris) verwandeln sich in Massenunterkünfte für Ausländer aus Feindstaaten; einige dieser Lager bestehen für die gesamte Dauer des Krieges. Die rasche Verhängung des Belagerungs- beziehungsweise Kriegszustandes durch die Regierungen mit weitgehenden Befugnissen für die Behörden führt zwar zu einer vorübergehenden Beruhigung der inneren Lage. Zugleich wächst aber in den jeweiligen Bevölkerungen ein immer stärkeres Gefühl einer vermeintlichen oder tatsächlichen Bedrohung der inneren Sicherheit. Eine besondere Bedeutung kommt dabei den «konspirativen Kriegsdeutungen» (Gundula Bavendamm) zu, also Erzählungen und Berichten, welche die Kriegsereignisse in einen verschwörungstheoretischen Zusammenhang mit Spionage und Verrat setzen. Mata Hari ist nicht das erste öffentliche Opfer dieser konspirativen Phantasien und Ängste, und sie wird nicht das letzte sein.

Die in allen Kriegsgesellschaften anzutreffende «spy mania» (Spionagehysterie) ist keineswegs erst eine Frucht des Weltkrieges. Bereits in der Vorkriegszeit bemüht sich vor allem die radikale Rechte in Frankreich (*L'Action Française*) – zunächst allerdings vergeblich –, dort ansässige Ausländer als potentielle Spione und ihre Unternehmen als Spionagezentralen zu diffamieren. Der Journalist Leon Daudet nimmt im August 1914 seine äußerst aggressive, vor allem gegen Deutschland gerichtete Vorkriegspolemik wieder auf und erzielt nun damit einen bemerkenswerten «Erfolg». Auch seriöse Zeitungen wie *Paris-Midi* und *L'Echo de Paris* beteiligen sich an den Kampagnen gegen die deutschen Spione. Für Daudet sind der Kampf regulärer deutscher Soldaten und die im Rücken der eigenen Armee operierenden gegnerischen Spione zwei Seiten derselben Medaille, die erst zusammen betrachtet das Bild vom «Guerre Totale» ergeben. 1915 gründet Daudet *La Ligue pour la guerre d'appui* (Die Liga für den Beistandskrieg), deren Mitglieder gehalten sind, jedes auffällige Verhalten ihrer Mitmenschen (Ortsveränderungen, Besuche) den Behörden zu melden. Auch wenn seine Empfehlungen von der Mehrheit der Franzosen sicherlich als Propaganda abgetan werden und die rechtsradikale *L'Action Française* keinesfalls für die gesamte Kriegspresse spricht, so wirkt Daudets extremes Vokabular und sein fremdenfeindliches Gedankengut doch wie eine «Tröpfchen-Infusion» (Gundula Bavendamm) bei der zunehmenden gesellschaftlichen Akzeptanz konspirativer Verschwörungs- und Spionagephantasien.

Die radikale Agitation Daudets richtet sich nicht nur gegen feindliche Spione und ihre Helfer in Frankreich. Auch die schließlich erfolgreiche Demontage des liberalen Innenministers Louis-Jean Malvy, der im August 1914 zu den Architekten der *Union Sacrée* gehört, geht vornehmlich auf das Konto Daudets. Der Radikalsozialist Malvy tritt Ende August 1917 nach einer beispiellosen Hetzkampagne der französischen Rechten gegen seine Person zurück. Er wird 1918 vom Haute Cour de Justice wegen schwerer Verfehlungen im Amt und Gefährdung der inneren Sicherheit während des Krieges zu fünf Jahren Verbannung verurteilt. Noch ein weiterer Radikalsozialist, der Vorkriegspremier Joseph Caillaux, der 1911/12 als Befürworter einer Verständigungspolitik gegenüber dem Kaiserreich gilt, muss sich nach dem Krieg vor dem politischen Gericht des Senats verantworten. Die Ermittlungen gegen Cailloux 1920 wegen angeblicher Feindkontakte leitet der Untersuchungsrichter des Dritten Pariser Kriegsgerichts, Pierre Bouchardon, der auch als ermittelnder Richter im Fall der Mata Hari tätig ist.

Einen besonderen Akzent erhält die während des Krieges in Europa grassierende Spionagehysterie durch eine dezidiert geschlechtsbezogene Konnotation, mithin ein sich besonders gegen Frauen richtendes Verdachtsmoment. In Großbritannien sind es nicht zuletzt jene Schriftsteller, die sich dem Genre der Spionageromane verschrieben haben, die nach 1914 die Mär von den deutschen oder deutschfreundlichen Kindermädchen, Krankenschwestern, Kellnerinnen und Schulmädchen verbreiteten, die sich mit Beginn des Krieges freudig in den «Dienst des Kaisers» gestellt hätten. Doch auch in Deutschland grassiert die Furcht vor weiblichen Spionen. Ein Mitarbeiter des deutschen Geheimdienstes, Felix Gross, brüstet sich in seinen Kriegserinnerungen damit, dass seine Organisation zwischen 1914 und 1917 in ihren Akten die Namen zahlreicher russischer Spioninnen geführt habe, darunter zwei Großfürstinnen, 14 Prinzessinnen, 17 Gräfinnen und weitere Damen des russischen Adels, ferner Ehefrauen von Ministern, Botschaftern und Wissenschaftlern. Zweifellos schwingt hierbei wiederum das sexuelle Element der «verführerischen Spionin» (Julie Wheelwright) mit: die mysteriöse Ausländerin, die berechnende Kurtisane als ein Gegenbild zur aufopfernden Gattin und treuen Kriegsbraut. Bereits 1909 hatte Major James Edmonds, der für Gegenspionage (counter-intelligence) verantwortliche Beamte im britischen Kriegsministerium, in einem internen Papier auf den Umstand verwiesen, dass «der Einsatz von Frauen zur Beschaffung von geheimdienstlichen Informationen für die Deutschen sehr erheblich» sei, da diese umfassend «professionelle *horizontales*» (also Prostituierte) einsetzten.[3]

Demgegenüber verweist der erste Leiter des britischen Secret Service (später MI 5), Sir Vernon Kell, dessen Behörde während des Weltkriegs im Durchschnitt täglich 300 Mitteilungen seiner braven englischen Landsleute zu vermuteten deutschen Spionageaktivitäten und, häufig genug, verdächtigen weiblichen Personen erhält, eine besondere Affinität von Frauen gegenüber dem Gewerbe des Spions umstandslos ins Reich der schriftstellerischen Phantasie: «Frauen taugen nicht als weibliche Mitarbeiter von Geheimdiensten. (...) Sie sind nur erfolgreich als Pfadfinder, als Menschenkenner, als Anwerber, oder Ausbilder für Agenten in nicht-technischen Dingen.» Vernon Kells Feststellung («Intelligence in War. Lecture Notes») datiert allerdings von 1934.[4] Auch der Niederländer Oreste Pinto, während des Ersten Weltkriegs ein französischer Agent und später ein international renommierter Verfasser von Abhandlungen über die Arbeit der Geheimdienste, schätzt in seiner Studie «Spycatcher Omnibus» (1952) die Wirksamkeit weiblicher Agenten und Spione als äußerst gering ein, allerdings mit einer bedeutsamen Ausnahme: «Das Leben in einer psychischen Ausnahmesituation führt dazu, dass die Spionin sich allzu oft von ihren Gefühlen überwältigen lässt. (...) Bei einem Mann mit Selbstbeherrschung wird sich sein sexuelles Verhalten niemals auf die zu erledigende Arbeit auswirken. Er kann sexuelle Abenteuer eingehen, ohne sich von Emotionen leiten zu lassen. Nur eine Prostituierte unter den Frauen könnte sich ebenso verhalten, aber Prostituierte sind grundsätzlich unglaubwürdig. Deshalb werden sie niemals zuverlässige Geheimagenten sein. Frauen könnten sich ausgerechnet in jene Männer verlieben, die sie ausspionieren sollen; sie würden somit zum Feind überlaufen und dabei alle Informationen mitnehmen, die man ihnen zur Erledigung ihrer Aufgabe mitgegeben hat. (...) Frauen taugen von Natur aus nicht als Spione.»[5]

Während des Ersten Weltkriegs war Pintos geheimdienstliche Behörde in Paris, das Deuxième Bureau, im Fall der Mata Hari noch zu einer anderen und für ihr weiteres Schicksal bedeutsamen Bewertung gekommen: auch die spionierende Kurtisane kann eine höchst effiziente Agentin im Dienste einer fremden Macht sein.

Anfang Dezember 1915 verlässt Mata Hari ihre niederländische Heimat, um auf dem einzig möglichen, allerdings sehr umständlichen Seeweg über England und Spanien, nach Frankreich zu reisen. Die britischen Behörden, denen sie am 3. Dezember im Hafen von Folkstone ihre Absicht mitteilt, zur Abwicklung persönlicher Angelegenheiten nach Paris unterwegs zu sein, sind mit den von ihr gemachten, teilweise widersprüchlichen Angaben höchst unzufrieden. Sie bekommt zwar die Genehmigung zur Weiterreise, aber zugleich ergeht eine interne polizeiliche Verlautbarung, dass «Madame Zelle» bei einem erneuten Versuch «keine Einreiserlaubnis für das Vereinigte Königreich» erhalten wird. Es ist die erste Auffälligkeit Mata Haris, die von den Behörden der kriegführenden alliierten Staaten amtlich registriert wird; weitere werden folgen.

Bei ihrem Aufenthalt in Paris muss Mata Hari feststellen, dass der Krieg die Stadt und ihre Menschen verändert hat. Es wimmelt zwar von vergnügungssüchtigen Offizieren auf Fronturlaub, die ein rasches Liebesabenteuer suchen und dafür bereit sind zu zahlen, doch an eine Fortsetzung ihrer Karriere als Tänzerin ist nicht zu denken. Der französischen Polizei fällt die «verdächtige Belgierin» (sic!) auf, doch die kurzfristig auf sie angesetzten Ermittler kommen zu dem Schluss, dass die einst weltberühmte Tänzerin und Lebedame nun das Leben einer «ordentlichen Kleinbürgerin» führt. Enttäuscht kehrt Mata Hari bereits Ende Dezember nach Den Haag zurück.

Am 24. Mai 1916 bricht sie zu ihrer zweiten Paris-Reise während des Krieges auf. Diesmal führt ihre Route über Vigo und Madrid, wo sie einige Tage im vornehmen Hotel Ritz wohnt. Allem Anschein nach ist sie zu diesem Zeitpunkt bereits eine «Spionin des Deutschen Reiches», wie der französische Ankläger dies in ihrem Prozess 1917 behaupten wird. Im April hatte Mata Hari in Den Haag die Bekanntschaft des deutschen Konsuls in den Niederlanden, Karl Cramer, gemacht, der, wie sich später herausstellt, mit dem Geheimdienst von Oberst Nicolai zusammenarbeitet. Mata Hari räumt später ein, dass Cramer angeboten habe, ihre Schulden zu bezahlen; er habe ihr sogleich einen Vorschuss von 20 000 Francs gewährt. Im Gegenzug solle sie nur ihr bisheriges Leben fortsetzen: «Reisen Sie, bringen Sie uns Neuigkeiten!». Angeblich erhält sie auch bereits zu diesem Zeitpunkt – so ebenfalls die Vermutung des Anklägers – ihre Codebezeichnung als deutsche Agentin: H 21. Vielleicht ist sich Mata Hari der Tragweite ihrer Verabredung mit Cramer nicht bewusst, zumal der deutsche Konsul keineswegs gravierend Neues von ihr verlangt. Im Gegenteil: Sie hat sich noch stets von wohlhabenden Männern finanzieren lassen und zu ihren Talenten gehört es zweifelsohne, Konversation zu führen und Geschichten zu erzählen – oder solche bei Bedarf auch zu erfinden.

Mata Haris Reise über Spanien nach Paris erregt das Aufsehen des seit August 1914 in Frankreich für Spionage und Spionageabwehr zuständigen Deuxième Bureau. Sein Chef ist (seit 1915) Capitain George Ladoux, ein in militärischen Themen ausgewiesener Journalist und Herausgeber der Zeitschrift *Radical* und ehemaliger Ausbilder an der Militärakademie von Saint-Cyr – überdies ein Protegé des obersten französischen Militärbefehlshabers General Foch. Das Deuxième Bureau ist zu dieser Zeit, wie auch manche Geheimdienste anderer Nationen in ihren Anfängen, eine seltsame, beinahe amateurhaft anmutende, Einrichtung. Ehrenamtliche Agenten aus unterschiedlichen sozialen Schichten, darunter zahlreiche Künstler und Schauspieler, sowie professionelle Militärs und Polizeibeamte sind bunt zusammengewürfelt; ihr Vorgesetzter ist ein phantasievoller und nicht uneitler Mann, der augenscheinlich noch auf seine große persönliche und nicht zuletzt auch die Existenz dieser neuen und aufwendigen Organisation legitimierende Aufgabe wartet.

Ladoux setzt zwei seiner Agenten auf Mata Hari an, die ihr in den nächsten Monaten gleichsam Tag und Nacht folgen. Das hierauf basierende und erhaltene Dossier für die Zeit vom 18. Juni 1916 bis zum 13. Januar 1917 verzeichnet nahezu ihre sämtlichen Besucher, Telefongespräche, Briefschreiber, Einkäufe und Ausflüge. So entsteht beim Deuxième Bureau das Porträt einer Prostituierten oder Lebedame mit internationalem Flair, die trotz der Kriegsumstände auf verhältnismäßig großem Fuß lebt und sich nahezu ausschließlich in Begleitung von Offizieren bewegt. Das später für den Prozess aufbereitete Itinerar Mata Haris für August 1916 nennt als ihre «Gäste» in diesem Monat unter anderen: einen französischen Leutnant «um die Dreißig, der eine Infanterieuniform trägt», den Baron ‹Robert› [Henry] de Marguérie, zwei irische Offiziere, James Plunkett und Edwin Cecil O'Brian, «einen zwanzig Jahre alten schottischen Offizier», James Stewart Fernie, den belgischen General Baumgarten und «einen britischen Captain». In ihrem Prozess darüber befragt, warum sie sich ausnahmslos mit Offizieren abgebe, die ihr Informationen über Truppenbewegungen und geplante militärische Einsätze hätten zukommen lassen können, antwortet sie in freimütiger Offenheit: «Ich liebe Offiziere. Ich habe sie mein ganzes Leben geliebt. Ich bin lieber die Geliebte eines armen Offiziers als eines reichen Bankiers. Mein größtes Vergnügen ist es, mit ihnen zu schlafen, ohne an Geld zu denken. Ich stelle auch gerne Vergleiche zwischen den Nationen an. Außerdem haben sich diese Herren um mich bemüht. Und ich habe aus vollem Herzen ja gesagt. Sie sind zufrieden von mir gegangen, ohne über den Krieg gesprochen zu haben.»[6]

Natürlich ist dies nicht die ganze Wahrheit. Noch lieber als ein armer Offizier ist Mata Hari ein reicher, der ihr eine sorgenfreie Zukunft garantiert. Doch eine entschlossene Agentin, die derlei Herrenbekanntschaften zur Grundlage einer gezielten Informationssuche über aktuelle Kriegseinsätze oder auch nur Stimmungen an der Front macht, wäre anders vorgegangen. Sie hätte nicht zugelassen, dass ihre professionelle Arbeit durch eine wirkliche Liebesaffäre belastet und somit erheblich in Frage gestellt wird. Mata Haris große Liebe, der sie Ende Juli 1916 zum ersten Mal begegnet, heißt Vladimir («Vadim») de Masloff, ein einundzwanzigjähriger, sehr gut aussehender russischer Hauptmann eines zaristischen Sonderregiments, das in der Champagne-Schlacht eingesetzt ist. Bei einem zweiten Treffen nur wenige Tage später in Paris ist «Vadim» bereits schwer verwundet und auf dem Weg ins Lazarett. Infolge eines deutschen Gas-Angriffs ist sein linkes Auge erblindet und seine Lunge beschädigt. Er wird zur Rekonvaleszenz in eine Klinik in Vittel am Fuß der Vogesen abkommandiert. Vergeblich bemüht sich Mata Hari bei einer Reihe hochgestellter Bekannter um eine Besuchserlaubnis für den in einem militärischen Sperrgebiet liegenden Kurort.

In diese Zeit fällt auch ihre erste Begegnung mit Georges Ladoux, von dem sie ebenfalls hofft, dass er ihr zu einem Passierschein für ihren Besuch in Vittel verhelfen wird. Der Chef des Deuxième Bureau schildert ihr Zusammentreffen später in seinen Memoiren («Les chasseurs d'espions: Comment j'ai fait arréter Mata Hari»). Mata Hari habe – so Ladoux – ihre Zusammenarbeit mit dem deutschen Geheimdienst zu Beginn ihres Gesprächs offen eingeräumt, worauf sich ein sehr freimütiger Dialog zwischen der Spionin und dem Spionenjäger ergeben habe:

Mata Hari: «Dieses idiotische Spiel muss ein Ende haben. Entweder bin ich gefährlich und Sie müssen mich aus Frankreich ausweisen, oder ich bin nur eine nette, harmlose Frau, die, nachdem sie den ganzen Winter getanzt hat, ihre Ruhe haben möchte.»

Ladoux fragt sie sodann, ob sie Frankreich «einen großen Dienst» erweisen wolle.

Mata Haris Antwort: «Daran habe ich noch nie gedacht.»

Ladoux: «Sie sind sicher sehr teuer.»

Mata Hari: «Davon können Sie ausgehen.»

Ladoux: «Was glauben Sie, was solche Arbeit wert ist?»

Mata Hari: «Sehr viel oder gar nichts.»

Ladoux: «Denken Sie darüber nach. Schauen Sie, ob Sie etwas für uns tun können. Ich gebe Ihnen Ihren Passierschein für Vittel. Versprechen Sie mir nur, keine französischen Offiziere zu verführen.(...) Wie immer Sie sich entscheiden, sobald Sie sich in dieser Sache entschlossen haben, besuchen Sie mich noch einmal.»[7]

Was immer von Ladoux' Schilderung dieser bizarren Unterredung in seinen 1932 publizierten Erinnerungen, die zweifellos starke Rechtfertigungszüge tragen, zu halten ist – fest steht, dass bei dieser Begegnung im

Deuxième Bureau im August 1916 – zumindest aus der Sicht Mata Haris – der Grundstein für ihre weitere Karriere als eine vom französischen Geheimdienst gleichsam nun offiziell legitimierte deutsch-französische «Doppelagentin» gelegt wird. Auch die Ausstellung des ersehnten Passierscheins empfindet sie als eine Bestätigung, dass sie nun «für Frankreich» arbeiten darf. Es ist nicht dokumentiert, was darüber hinaus zwischen den beiden, deren Persönlichkeiten in ihrer jeweiligen Selbstüberschätzung und -stilisierung durchaus verwandte Züge aufweisen, bei diesem und den folgenden Treffen besprochen wird. Mata Haris entscheidender Beweggrund, sich der französischen Seite anzudienen, ist weiterhin ihre chronische Geldnot und die vage Hoffnung, sich mit Hilfe des Pariser Geheimdienstes von ihren Schulden zu sanieren. Ladoux nennt später eine Summe von 1 Million Francs, die sie, nach der Rückkehr von ihrer mehrwöchigen Reise nach Vittel, für ihre zukünftige Spionagetätigkeit von ihm verlangt habe. Dafür habe Mata Hari sogar angeboten, sich mit dem ältesten Sohn des Kaisers, Kronprinz Wilhelm, in dessen Hauptquartier (der Heeresgruppe Deutscher Kronprinz) in Stenay (südöstlich von Sedan) zu treffen: «Ich bin schon einmal seine Geliebte gewesen und wenn ich möchte, kann ich ihn jederzeit wiedersehen». Ladoux' Erwähnung einer Beziehung Mata Haris zum Sohn des deutschen Kaisers ist, wie sich unschwer feststellen lässt, eine Fabrikation ex-post – weder kennt Mata Hari den deutschen Kronprinzen noch ist sie, soweit bekannt, jemals mit einem Mitglied des kaiserlichen Hauses eine sexuelle Verbindung eingegangen. Aber auch sie bestätigt in ihrem Prozess die von ihr verlangten 1 Million Francs. Ladoux sei auf diese exorbitante finanzielle Forderung zwar nicht eingegangen, habe sie aber auch nicht rundweg abgelehnt, sondern sie nur aufgefordert: «Fahren Sie nach Belgien. Sie erhalten 25 000 Francs für jeden überführten feindlichen Agenten.»

Der Chef des Deuxième Bureau wird zu dieser Einlassung Mata Haris später erklären, dass er der Verdächtigen damit nur eine Falle habe stellen wollen; er habe in ihr stets nur eine «freiwillige Mitarbeiterin» gesehen, niemals jedoch eine für Frankreich tätige «Geheimagentin». Allerdings übergibt Ladoux ihr im Anschluss an ein weiteres Treffen am 20. September eine Liste mit den Namen von Kontaktpersonen im besetzten Belgien, die für Frankreich tätig sind, und er unterweist sie im Gebrauch von Geheimtinte. Beides ist eine höchst ungewöhnliche Verhaltensweise für einen professionellen Spionenjäger, der sich seines Verdachts gegenüber einer für Deutschland «spionierenden Lebedame» – wie er später nicht müde wird zu betonen – «von Anfang an» derart sicher zu sein scheint. Auf Ladoux' Rat hin soll Mata Hari jedoch zunächst nach Den Haag zurückkehren, um weitere Anweisungen des Deuxième Bureau abzuwarten.

Die nun folgenden Monate sind entscheidend für das weitere Schicksal der tatsächlichen oder selbsternannten «Doppelspionin». Da Mata Hari weder von deutscher noch französischer Seite einen klaren Spionageauftrag erhält, übernimmt sie selbst die Initiative, wobei sie vor allem das tut, was sie immer schon, und zwar mit einem beträchtlichem Erfolg, getan hat. Sie trifft sich mit bedeutenden und einflussreichen Männern – oder wen immer sie dafür hält. Ihre wichtigste neue Entdeckung ist der Militärattaché der deutschen Botschaft in Madrid, Major Arnold von Kalle, der ihr neben allerlei diplomatischem Klatsch und bereits bekannten internationalen Gerüchten, von der bevorstehenden Landung eines U-Boots und der Entsendung deutscher und türkischer Offiziere an die französisch kontrollierte marokkanische Küste erzählt. Die Offiziere hätten den Auftrage, eine Rebellion der einheimischen Bevölkerung gegen die Kolonialverwaltung zu provozieren. Mata Hari betrachtet diese Information für derart bedeutsam, dass sie umgehend Ladoux hierüber informiert. Im Gegenzug erfährt Major von Kalle, mit dem sie längst eine sexuelle Beziehung unterhält, wie sich die Pariser Bevölkerung mit den Entbehrungen des Krieges arrangiert und dass es um die Kampfmoral der französischen Truppen im dritten Kriegsjahr keineswegs zum Besten bestellt ist. Dem deutschen Spionagechef im neutralen Spanien sind diese Nachrichten, wie Mata Hari in ihrem Prozess später einräumen wird, immerhin 3500 Pesetas (etwa 3000 Francs) wert. Kalle hätte derartige Erkenntnisse allerdings auch den Korrespondentenberichten in spanischen Zeitungen entnehmen können. Zur gleichen Zeit geht Mata Hari in Madrid aber auch eine Liebschaft mit dem dort für Spionageangelegenheiten zuständigen französischen Militärattaché Colonel Joseph Denvignes ein. Auch ihn informiert sie über Kalles geheimdienstliche Aktivitäten. Denvignes honoriert ebenfalls seine Informantin und schickt anschließend einen 17-seitigen Bericht nach Paris, ohne allerdings die Identität seiner Quelle zu enthüllen. Die beiden Herren kennen sich und verstehen einander.

Mata Haris selbständiges und entschlossenes Auftreten in Madrid im Spätherbst 1916 und die Tatsache, dass sie ihre Informationen dort gleichsam von Bett zu Bett trägt, verstärken das in Geheimdienstkreisen vorherrschende Bild der «spionierenden Kurtisane». Sie lassen darüber hinaus die nicht nur in ihrem Fall geradezu als symbiotisch empfundene Beziehung zwischen Sexualität und Verrat deutlich erkennen. Ungeachtet des eher dürftigen Gehalts der ausgetauschten Informationen dominiert der Eindruck einer skrupellosen, gerissenen und zu allem entschlossenen Agentin. Der Mythos Mata Hari hat endgültig die reale Person verdrängt. Dabei treten die weiteren Umstände der ohnehin bizarren Ereignisse in Madrid fast in den Hintergrund: die Anwesenheit einer zweiten Spionin des Deuxième Bureau in dieser Stadt, die sich gleichfalls erfolgreich als «Doppelagentin» betätigt und die auf einer deutschen Liste als Agent S 32 auftaucht. Doch im Gegensatz zu Mata Hari hat die aus Lothringen stammende Marthe Richard (eigentlich Marthe Richer, geborene Betenfeld) einen offiziellen Auftrag von Ladoux erhalten: sie sucht und findet Zugang zum Marineattaché der deutschen Botschaft, Korvettenkapitän Hans von Kroch, der sie nicht nur über die Positionsänderungen eines im Mittelmeer operierenden deutschen U-Bootes informiert, sondern ihr auch gleich den deutschen Code für die Funksprüche zwischen Berlin und Madrid mitteilt. Den gleichen Code, der zu diesem Zeitpunkt allerdings von der britischen Seite bereits erfolgreich dechiffriert ist, benutzt Major von Kalle für seine telegrafischen Botschaften nach Den Haag, um für die Agentin H 21 Geld und weitere Instruktionen anzufordern. Mata Hari ahnt nicht, dass ihre wiederholten Bitten an ihre Geldgeber in den Niederlanden, Konsul Cramer und Baron van Capellen, ihrer Haushälterin Anna Lintjens in Den Haag die von ihr dringend benötigten Devisen zu übergeben, vom Deuxième Bureau in Paris mitgelesen und dort systematisch zu ihren Ungunsten ausgelegt werden. In ihrem Prozess wird der Ankläger Mornet sogar behaupten, der Name der Haushälterin sei nur ein Tarnname für den deutschen Konsul und Geheimdienstmann Cramer gewesen.

Mata Haris Lage wird zusehends prekärer. Ihre zeitlebens vorhandene Neigung, Fakten und Fiktionen miteinander zu vermengen, ihr wahres Alter beständig zu korrigieren und sich unterschiedliche Biographien zuzulegen, lässt sie den Behörden zunehmend verdächtig erscheinen. Bei einem unfreiwilligen Zwischenaufenthalt in England – das Passagierschiff «Hollandia» mit Kurs Amsterdam wird von der britischen Marine aufgebracht und muss den Hafen von Falmouth anlaufen – verdächtigen Polizeibeamte sie, mit der steckbrieflich gesuchten deutschen Agentin Clara Bendix identisch zu sein. Nur mit großer Mühe, und nachdem sie zwei Wochen in einem Londoner Polizeigefängnis verbracht hat, gelingt es ihr mit Hilfe niederländischer Diplomaten, ihre wahre Identität «Mrs Zelle MacLeod» (sic!) zu erhärten. Den erstaunten Beamten von Scotland Yard hat Mata Hari unterdessen enthüllt, dass sie eigentlich eine französische Spionin sei, die für Ladoux und das Deuxième Bureau arbeite. Auf entsprechende Rückfragen Scotland Yards sowie der niederländischen Botschaft in London verneint Ladoux jedoch kategorisch jede Zusammenarbeit zwischen seinem Geheimdienst und der inhaftierten Mata Hari. Im Gegenteil, er betont unmissverständlich, dass er die Dame für eine deutsche Spionin halte. In der höflichen Sprache der niederländischen Diplomaten liest sich diese entscheidende Passage folgendermaßen: «(...) die offiziell erhaltenen

Mitteilungen aus Paris geben Anlass zu der Vermutung, dass Mrs. Mac Leod sich in der Tat in einer Weise betätigt, die von der [französischen] Polizei als unerwünscht betrachtet wird».[8] Zum ersten Mal erhält Mata Hari keine britische Ausreiseerlaubnis für die Niederlande, wohl aber darf sie – vermutlich mit ausdrücklicher Zustimmung des Deuxième Bureau – nach Spanien zurückkehren. Mit Ladoux' offizieller Distanzierung von seiner «Doppelspionin» scheint ihr weiteres Schicksal besiegelt, eine Verhaftung (die allerdings nur auf französischem Boden erfolgen kann) nur noch eine Frage der Zeit.

Auffällig ist, dass Mata Hari die zahlreichen Warnsignale auf ihrer Rückreise – Anfang Dezember 1916 von England nach Spanien und schließlich am 2. Januar 1917 weiter mit dem Zug nach Frankreich – konsequent ignoriert. Zwar hat sie keine Kenntnis von dem desavouierenden Inhalt der Mitteilungen Ladoux' an Scotland Yard, aber die Umstände ihrer erzwungenen Rückkehr hätten ihr ebenso zu denken geben müssen wie die Hinweise spanischer Freunde, dass ihr ständig ein Agent des Deuxième Bureau auf der Spur sei. Befangen in der Hoffnung, dass ihre erfolgreiche Agententätigkeit in Madrid den französischen Spionagechef gebührend beeindruckt habe, und im Vertrauen auf die zahlreichen hochgestellten französischen Bekannten und Liebhaber, die ihr noch stets in schwierigen Situationen geholfen haben, kehrt Mata Hari am 3. Januar nach Paris zurück. Doch sie ist in eine Falle gelaufen, aus der es kein Entrinnen geben wird. Am 13. Februar 1917 wird sie in einem Hotel an den Champs Elysées verhaftet und der «Spionage sowie der nachrichtendienstlichen Zusammenarbeit mit dem Feind» beschuldigt, «um diesen bei seinen [militärischen] Operationen zu unterstützen». Die Festnahme der «spionierenden Kurtisane» gilt sofort als ein großer polizeilicher Erfolg, und auch politisch hätte er, zumindest zeitlich, für die Regierung kaum günstiger ausfallen können.

Seit den Wintermonaten 1916/17 hat sich die militärische und wirtschaftliche Lage und vor allem die Stimmung im Lande in dramatischer Weise verschlechtert. Im Frühjahr gerät die französische Armee in eine tiefe Krise. Weder die Abwehrschlachten um Verdun seit 1915 mit ihren ungeheuren Verlusten noch die britischen und französischen Offensiven an der Somme 1916 haben zu einer wesentlichen Verbesserung der Kriegsaussichten für Frankreich geführt. Eine überhastet durchgeführte Offensive am Chemin-des-Dames scheitert. Dem verantwortlichen General Robert Nivelle gelingt es nicht, die deutschen Linien zu durchbrechen und eine Abnützungsschlacht zu vermeiden. Angesichts der extrem hohen Verluste kommt es im April 1917 zu Meutereien regulärer französischer Einheiten, die sich rasch ausweiten. Erst die Ablösung Nivelles Mitte Mai und die Niederschlagung der Meutereien (mit den drakonischen Mitteln der Militärjustiz) durch seinen Nachfolger Philippe Petain konsolidieren die Lage und die Stimmung innerhalb der Armee. Auch in der Zivilbevölkerung rumort es. Eine anhaltende Versorgungskrise und die galoppierende Inflation führen in Paris, aber auch anderen Orts, im Januar 1917 zu ersten sporadischen Streiks, die wenige Monate später in eine breite Ausstandsbewegung münden, welche auch auf die Rüstungsindustrie übergreift. Vor allem im Lager der französischen Rechten aber auch des konservativen Bürgertums festigt sich die Auffassung, hinter den militärischen Insubordinationen und den Streiks der Pariser Arbeiterinnen und Arbeiter stehe eine vom Ausland durch Agenten systematisch gesteuerte Bewegung. Konspirative Mutmaßungen und Phantasien erhalten ebenso neuen Auftrieb wie die anhaltende Furcht vor ausländischen Spionen und einheimischen Verrätern.

Vor dem Hintergrund dieser Entwicklungen und in Anbetracht des auch von der Presse durch allerlei Sensationsgeschichten beeinflussten ausländerfeindlichen Meinungsklimas kann Mata Hari kaum mit einem fairen Verfahren rechnen. Aber es kommt noch schlimmer. Ihr Anwalt Maître Edouard Clunet, ein früherer Verehrer, ist ein ausgewiesener Fachmann für internationales Recht, aber in Militärstrafprozessen einigermaßen unerfahren. So ist es für den ehrgeizigen Untersuchungsrichter Pierre Bouchardon ein leichtes, die Beschuldigte in zahlreiche, belastende Widersprüche zu verwickeln, um auf diese Weise die dürftige Beweislage erheblich zu erweitern. Georges Ladoux, der als Einziger hätte sachkundige Aussagen machen können, zieht es vor, sowohl über seine Verabredungen mit der «Doppelspionin» wie über die eher banalen Ergebnisse ihrer Spionagearbeit zu schweigen. In den insgesamt 14 Verhören, die Bouchardon mit Mata Hari zwischen Februar und Juni führt, geht es immer wieder um geforderte, verweigerte oder transferierte Gelder, die sie angeblich von der deutschen Seite für ihre Agententätigkeit erhalten habe.

Dies ist Mata Haris schwächster Punkt, denn sie hat sich über die Herkunft der für sie bestimmten Zahlungen nie große Gedanken gemacht. Oftmals kennt ihre Naivität keine Grenzen. Major Kalle habe für sie einmal von Berlin 10 000 Francs angefordert, teilt sie dem Untersuchungsrichter mit, ihr aber schließlich nur 3 500 Pesetas gezahlt, diese jedoch seien der Lohn für die ihm erwiesenen «Zärtlichkeiten» gewesen. Schließlich gesteht sie den Empfang von 20 000 Francs von Konsul Cramer in Den Haag, die für ihre Reisen und die Beschaffung «nützlicher Informationen» bestimmt gewesen seien; andererseits hätten die Deutschen im August 1914 in Berlin ihre sämtlichen Pelzmäntel beschlagnahmt; der Wert ihrer Pelze habe sich auf 20 000 Francs belaufen, womit alles wiederum seine Ordnung gefunden habe. Am Ende der 14 Verhöre ist Bouchardon überzeugt, dass der Fall Mata Hari, wie er abschließend bemerkt, «*un cas en flagrant délit*» sei (ein eindeutiger Fall, *in flagrante delicto*) bei dem die Militärrichter nur *ein* Urteil sprechen könnten.[9]

Der Prozess gegen Mata Hari wird am 24. Juli eröffnet und findet, wie alle Verhandlungen der französischen Militärjustiz, unter Ausschluss der Öffentlichkeit statt. Auch in der Pariser Presse erscheint nur eine kurze Nachricht über die Eröffnung des Prozesses gegen «eine Spionin, die Tänzerin Mata Hari (...), die der Zusammenarbeit mit dem Feind beschuldigt» wird. Die sechs Richter des Militärtribunals gehören verschiedenen Waffengattungen an. Vergeblich hat sich der Verteidiger Maître Clunet um prominente Entlastungszeugen bemüht. Einzig zwei frühere Liebhaber, Botschafter Jules Cambon und ein höherer Beamter des Außenministeriums, Henry de Marguérie, finden den Mut, persönlich zu Gunsten der Angeklagten auszusagen. Der ehemalige Kriegsminister General Adolphe-Pierre Messimy, mit dem Mata Hari ebenfalls ein Verhältnis unterhielt, teilt dem Gericht schriftlich mit, dass «sie [d. i. Mata Hari] ihm keine einzige [militärische oder politische] Information entlockt oder es auch nur versucht hätte»[10]. Doch Messimys Zeugnis ist nahezu wertlos, da der vorsitzende Richter Albert Somprou sich weigert, den Namen des Generals preiszugeben.

Mata Hari findet keinen Weg, das Gericht von ihrer Unschuld zu überzeugen. Sie insistiert vergeblich darauf, dass ihre Kontakte zu den Deutschen nur amoureuse Beziehungen waren, ohne die Widersprüche in ihren Aussagen zu diesen flüchtigen, aber durchaus kalkulierten und finanziell zumeist einträglichen, Begegnungen auflösen zu können. Als «internationale Frau» – so die Angeklagte in einer Einlassung – schulde sie Frankreich keine nationale Loyalität, und sie habe das Recht, Freunde auch in solchen Ländern zu haben, die gegen Frankreich Krieg führen. Für die konservativen Militärrichter stellt diese Bemerkung angesichts eines von Frankreich geführten Kampfes um seine nationale Existenz geradezu eine Ungeheuerlichkeit dar. Die Bemerkung wird vom Ankläger André Mornet in seiner Bewertung der Zeugenaussagen geschickt noch einmal aufgenommen. Zugleich illustriert Mornets Charakterisierung *in nuce* den Vorwurf, den die französische Kriegsgesellschaft gegen eine Frau erhebt, die sich instinktiv der «neuen moralischen Ordnung» (Julie Wheelwright) dieser Gesellschaft verweigert: «Diese Frau Zelle tritt uns entgegen als eine jener internationalen Frauen (...), die für uns seit dem Beginn des Krieges zu einer Gefahr geworden sind. Die Leichtigkeit mit der sie sich in mehreren Sprachen verständigen kann, besonders auf Französisch, ihre zahllosen Beziehungen, ihre raffinierte Art, ihr dreistes Auftreten, ihre bemerkenswerte Intelligenz, ihre angeborene oder erworbene Unmoral – all dieses machte sie verdächtig.»[11]

Verdächtig sicherlich, aber auch schuldig? Ungeachtet aller entlastenden Umstände und Aussagen steht für den Ankläger Mornet fest, dass Mata Hari «unbeschreiblichen Schaden» angerichtet hat. Doch wie bemisst sich dieser Schaden? Einer der beteiligten Militärrichter hat sich nach Kriegsende an einer Schadensbilanz versucht – mit denkbar spekulativem Ergebnis. In einem Schreiben an den Autor Emile Massard («Les Espionnes à Paris», 1922) stellt Gendarmeriehauptmann Jean Chatin fünf Jahre nach dem Prozess fest: «Ich stütze mich auf die Beweise, die ich in den Händen hatte, und auf das Geständnis dieser schmutzigen Spionin, wenn ich versichere, dass sie vielleicht fünfzigtausend unserer Landeskinder auf dem Gewissen hat, nicht gerechnet diejenigen, die sich an Bord der Schiffe befanden, welche im Mittelmeer versenkt wurden, zweifellos auf die Angaben hin, die H 21 machte.»[12]

Weder die von der Anklage vorgelegten Beweise noch die Aussagen der Zeugen oder die eher verwirrenden «Geständnisse» Mata Haris, der deutschen Seite nur «wertlose Informationen» geliefert zu haben, lassen einen derartigen Schluss zu. Doch auch für die übrigen Richter steht die Schuld der Angeklagten längst außer Frage. Die meisten bejahen jede der acht Fragen nach einer angenommenen Spionagetätigkeit Mata Haris «zum Zwecke der Begünstigung der Unternehmungen des Feindes». Lediglich ein Richter verneint eine Verantwortung bei drei der Anklagepunkte, aber auch er stimmt schließlich der Verhängung der beantragten Todesstrafe zu.

Das Leben der Mata Hari endet am frühen Morgen des 15. Oktober 1917 auf dem Schießplatz der Festung Vincennes bei Paris. Vergeblich hatte ihr Anwalt zuvor Berufung gegen das Urteil eingelegt und schließlich persönlich Staatspräsident Poincaré um eine Begnadigung ersucht. Doch inmitten eines fürchterlichen Krieges und angesichts des Massensterbens französischer Soldaten an den Fronten ist der Tod einer ausländischen Spionin für Poincaré durchaus vertretbar, und so lehnt er das Gnadengesuch ab. Die Pariser Zeitungen sprechen mit Genugtuung von einem Sieg der französischen Justiz. *Le Goulois* kommentiert die Hinrichtung einer «gekauften Spionin, die ihre Schuld an die Gesellschaft zurückbezahlt» habe, mit dem Hinweis auf die Hinrichtungen der zahlreichen anderen weiblichen, und ausschließlich ausländischen, Spione in Vincennes, Lyon, Marseille, Grenoble und Belfort. Dies sei ein Zeichen für die wahre Gleichberechtigung von Männern und Frauen: Frauen «verdienen es, bei der Arbeit gleichgestellt zu sein und daher auch bei der Strafe».[13]

Weder die Umstände des Prozesses noch das dramatische Ende der Mata Hari erklären letztlich die Entstehung und schließlich sogar weltweite Verbreitung des Mythos von der «großen Spionin» und notorischen *femme fatale*. Es sind auch nicht die alsbald kursierenden und von tatsächlichen oder selbsternannten Augenzeugen in Umlauf gebrachten Legenden von der verführerischen Tänzerin, der berechnenden Kokotte und intriganten Spionin, die allein diesen Mythos befördern. Verantwortlich hierfür sind zunächst die Kriegsumstände und der ausgeprägte Hang der Menschen, sich mit «konspirativen Kriegsdeutungen und -erzählungen» (Gundula Bavendamm) die undurchschaubaren und oft misslichen Verhältnisse zu erklären. Was den Fall Mata Hari aber von den Dutzenden ähnlich gelagerter Spionage- und Verdachtsfälle unterscheidet, ist seine rasche Instrumentalisierung durch die deutsche und alliierte Propaganda. Bereits am 16. Oktober bezichtigt das Wolffsche Telegraphenbureau in einer Mitteilung über die Hinrichtung der Mata Hari die Franzosen (und darüber hinaus sämtliche Alliierten) der Doppelmoral, indem es an den Protest und den Aufschrei erinnerte, mit der die alliierten Regierungen und die Öffentlichkeit in diesen Ländern seinerzeit auf die Verurteilung und Exekution der englischen Nonne und Krankenschwester Edith Cavell im Oktober 1915 durch die deutsche Militärjustiz im besetzten Belgien reagiert haben. Auch Cavell (die tatsächlich als Fluchthelferin alliierter Soldaten tätig war und einem belgischen Widerstandsnetz angehörte) sei schließlich «wegen Spionage» zum Tode verurteilt worden. Die hier unterstellte, eigentlich absurde Parallele zwischen den beiden Fällen wird für die Dauer des Krieges in der gegenseitigen Propaganda, aber auch in der neutralen Presse, eine bedeutende Rolle spielen: auf der einen Seite die mutige Märtyrerin und populäre Widerstandskämpferin für die Sache der Alliierten und auf der anderen eine unschuldige, vielleicht etwas naive Künstlerin, die von der französischen Justiz einer blutrünstigen Öffentlichkeit geopfert wird. Als Heldin für die Deutschen eignet sich Mata Hari nicht, wohl aber dazu, Zweifel an der angeblich überlegenen Moral der Ententemächte zu wecken.

Nach dem Krieg entwickeln und verselbständigen sich die Bilder und Interpretationen der Kriegszeit, die nun als Sujets zahlloser Romane und Filme (unter anderem mit Marlene Dietrich, Greta Garbo und Jeanne Moreau) dienen. Die richtige Spionin, so stellt die 1929 von dem Sexualforscher Magnus Hirschfeld herausgegebene «Sittengeschichte des Weltkrieges» fest, ist ohnehin jener Typ, «den man im Hollywood der 20er Jahre als Film-Vamp kultiviert hat, hundeschnäuzig kalt, egoistisch, ränkesüchtig, ein Typ, der im Mann nie den Mann, sondern stets nur das Ausbeutungsobjekt erblickt und ihn dennoch oder grade darum dämonisch anzieht».[14] Mit der historischen Person weist diese filmische Kultfigur nur wenige Gemeinsamkeiten auf, dafür umso mehr mit jener «erotischen Spionin» Mata Hari, wie sie von den internationalen Geheimdiensten geschaffen und von der französischen Militärjustiz schließlich abgeurteilt wird.

Ernest R. May

Die Nachrichtendienste und die Niederlage Frankreichs 1940

Deutschland verdankte seinen militärischen Sieg über Frankreich im Jahr 1940 in erster Linie der Effizienz der deutschen Nachrichtendienste und der miserablen Auswertung nachrichtendienstlicher Erkenntnisse bei den Franzosen und Briten, denn bezüglich ihrer Artillerie, Panzer und Luftstreitkräfte waren die Franzosen und Engländer den Deutschen überlegen.[1] Ihre Rüstung war sowohl qualitativ wie quantitativ besser. Auf fast allen militärischen Gebieten waren sie im Vorteil.

Aufgrund der Beschränkungen des Versailler Vertrages, welche Deutschland nur ein Heer von 100 000 Mann, aber keine Luftwaffe beließen, hatte die Wehrmacht nach Hitlers Aufkündigung des Vertrags bei der Rekrutierung und der militärischen Ausbildung einen großen Rückstand aufzuholen. Als im Jahr 1939 der Krieg begann, hatte die Mehrzahl der Deutschen in Uniform weniger als achtzehn Monate Ausbildung hinter sich. Selbst in den kleinen Eliteeinheiten der Panzerdivisionen und der motorisierten Streitkräfte sowie bei der Luftwaffe herrschte ein akuter Mangel an erfahrenen Unteroffizieren und Nachwuchsoffizieren. Demgegenüber hatten die Franzosen in den dreißiger Jahren zwar die Einberufungen und die militärische Ausbildung reduziert, sie verfügten aber über eine vergleichsweise große Zahl an erfahrenen Ausbildern. Gewiss, die Deutschen hatten einige begabte Generäle, und einer von ihnen, Heinz Guderian, hatte Panzereinheiten auf gewagte und eigenständige Angriffe vorbereitet. Doch neuere Computersimulationen der Kämpfe an der Westfront im Frühjahr 1940 zeigen, dass die Alliierten jedes Mal den Sieg davontragen.

Auch lässt sich der deutsche Sieg nicht auf eine bessere Kampfmoral zurückführen. Seit 1940 bemühten sich französische und britische Historiker, Frankreichs Niederlage mit psychologischen und innenpolitischen Schwächen zu erklären. Sowohl die Anhänger Pétains als auch de Gaulles sahen im Zynismus, Säkularismus und Individualismus der Dritten Republik den Grund für die Niederlage. Die französische Linke machte die Rechte verantwortlich und warf ihr vor, den Nationalsozialismus gegenüber dem Sozialismus vorgezogen und sich einem Bündnis mit der Sowjetunion verweigert zu haben, als ein solches Bündnis möglich war. Die Briten kramten die alten Vorurteile aus dem Ersten Weltkrieg gegenüber den «frogs» hervor und weigerten sich hartnäckig, die Evakuierung von Dünkirchen als etwas anderes zu begreifen als einen Akt, in dem Großbritannien seinen französischen Verbündeten im Stich ließ.

Dabei lässt sich nachweisen, dass in Wahrheit der zivile und militärische Kampfgeist der Franzosen vor dem Mai 1940 vergleichsweise stark war. Die gesamte französische Armee jubelte, als die deutsche Offensive endlich die Gelegenheit für einen Gegenangriff bot. Fast alle Dokumente belegen die alliierte Erwartung eines Siegs der Franzosen und Briten. Ein dänischer Journalist, der den 10. Mai in Paris erlebte, erinnerte sich, dass die Stadt hellauf begeistert war über den kapitalen Fehler, den Deutschland begangen hatte.[2]

Dagegen war auf deutscher Seite zwar die Moral der Truppe offenbar hoch, aber die meisten Beobachter in Deutschland hielten die zivile Öffentlichkeit für wenig optimistisch. Im Generalstab herrschte tiefer Pessimismus. Generalstabschef Franz Halder schätzte die Erfolgschance einer Offensive gegen Frankreich auf eins zu zehn, und der Oberbefehlshaber der hauptsächlich betroffenen Heeresgruppe, General Gerd von Rundstedt, der an der Offensive maßgeblich beteiligt war, bezeichnete den Feldzug als «Unsinn».[3]

Der entscheidende Unterschied zwischen den Gegnern bestand darin, dass die Deutschen ihre operative Planung auf eine vergleichsweise durchdachte und genaue Beurteilung der mutmaßlichen Absichten der Alliierten stützten. Franzosen und Briten dagegen erkannten und durchschauten weder die Operationspläne der Deutschen, noch bereiteten sie sich darauf vor, obwohl ihnen eine Fülle von nachrichtendienstlichen Informationen zur Verfügung stand.

Die Deutschen waren bei ihren nachrichtendienstlichen Analysen spektakulär erfolgreich, obwohl die Nachrichtenoffiziere nur über wenig gutes Informationsmaterial verfügten. Die meisten Abteilungen des deutschen Nachrichtendienstes arbeiteten relativ ineffektiv und sammelten Informationen, die sie in Umlauf brachten, ohne sie auszuwerten. Nur die Glaubwürdigkeit der einzelnen Nachrichten wurde von ihnen geprüft. So fing das Forschungsamt der Luftwaffe Telefongespräche und Funksprüche im In- und Ausland ab, dechiffrierte die meisten verschlüsselten Nachrichten, tat aber nicht viel mehr, als deren Inhalt wiederzugeben oder zusammenzufassen. Der militärische Nachrichtendienst fing Funk- und Telefonnachrichten aus französischen und britischen militärischen Stellen ab, in den ersten vier bis fünf Kriegsmonaten mit wenig, ab Januar 1940 dann mit mehr Erfolg; aber dabei kam nicht viel an wirklich nutzbringender militärischer Information zusammen, weil die Franzosen sich vorsichtshalber nur selten dieser Form der Nachrichtenübermittlung bedienten.

Einheiten der Luftwaffe erstellten und analysierten Luftaufnahmen, hatten aber bis einen Monat vor der Offensive im Mai 1940 im Grunde wenig vorzuweisen. Nachdem die meisten Aufklärungsflugzeuge 1939 über Frankreich abgeschossen worden waren, verfügte Göring als Oberbefehlshaber der Luftwaffe eine strikte Einschränkung der Flüge und hob diese später nur deshalb wieder auf, weil Heer und Luftwaffe auf Informationen über den feindlichen Aufmarsch drängten, welche für eine Offensive dringend benötigt wurden. Die Abwehr des Oberkommandos der Wehrmacht (OKW) unter Admiral Canaris hatte lange vor Kriegsausbruch bereits ihre Agenten in Frankreich und Großbritannien plaziert. Nach der Kriegserklärung gingen jedoch die meisten dieser Kontakte verloren, und es dauerte Monate, um wieder so etwas wie ein Agentennetz aufzubauen. Im Mai 1940 war dieses Netzwerk noch immer rudimentär und bestand größtenteils aus Doppelagenten, die ihrerseits Informationen an die Franzosen weitergaben.[4]

Die Zahl der Offiziere im Nachrichtendienst war gering, ihre Arbeit zumeist ineffektiv. Eine Handvoll von ihnen war im Generalstab des Heeres, im Generalstab der Luftwaffe und in einer Abteilung des OKW, die Hitler in seiner Eigenschaft als Oberbefehlshaber der Wehrmacht unterstellt war. Die kleinen nachrichtendienstlichen Büros bei der Luftwaffe und bei der Abwehr waren, gelinde gesagt, nutzlos und wurden von Männern geleitet, die es als ihre Pflicht ansahen, die Propaganda mit Material zu versorgen, statt planungsrelevante Auswertung zu betreiben. Der Leiter des Büros bei der Luftwaffe war außerdem Alkoholiker.

Die einzigen wirklich nutzbringenden Auswerter von nachrichtendienstlichem Material saßen beim Heer. Der dortige Chef des Nachrichtendienstes war Generalmajor Kurt von Tippelskirch, Sohn eines preußischen Generals, der im Jahr 1938 Ende vierzig war. Er war Gardeoffizier, wurde 1914 an der Marne gefangengenommen und verbrachte den Rest des Krieges in französischer Kriegsgefangenschaft, wo er hervorragende Französischkenntnisse erwarb. In den zwanziger und dreißiger Jahren arbeitete er in der Stabsabteilung Fremde Heere, hatte aber auch Truppenkommandos. Als General Franz Halder 1938 Chef des Generalstabs des Heeres wurde, formierte er den Nachrichtendienst (Abteilung Fremde Heere) neu und gliederte ihn in die insgesamt fünf großen Abteilungen innerhalb des Generalstabs ein (neben Heerführung, Heeresausbildung, Heeresorganisation und Kriegswissenschaft). Zuvor war Tippelskirch Chef der Abteilung Fremde Heere West gewesen. Nach seiner Beförderung ernannte er Oberstleutnant Ulrich Liß zu seinem Nachfolger.

Der Mecklenburger Liß stammte nicht aus einer Offiziersfamilie, hatte jedoch im Ersten Weltkrieg als Infanterieoffizier gekämpft. Er besaß reiche Auslandserfahrung, sprach fließend Französisch und Englisch, und Tippelskirch setzte offensichtlich großes Vertrauen in ihn, denn in der Abteilung Fremde Heere West arbeiteten sechs höherrangige Offiziere, und trotz seines niedrigeren Dienstgrads pflegte Liß lockeren Umgang mit ihnen. Im Unterschied zu anderen Ländern legte der deutsche Generalstab großen Wert auf nachrichtendienstliche Erkenntnisse (und auf Kriegswissenschaft). Mitarbeiter des Nachrichtendienstes verbrachten eine Zeitlang im Ausland. Nachrichtendienstliche Auswertung, Analyse und kriegswissenschaftliche Forschung waren berufliche Stationen mehrerer deutscher Generäle. Liß arbeitete mit den Planern im Generalstab eng zusammen. Er versorgte sie nicht nur mit schriftlichen und mündlichen Berichten über die Franzosen und Briten, sondern er übernahm in Planspielen auch die Rolle des Oberkommandierenden der feindlichen Truppen. Darüber hinaus stellten er und seine Mitarbeiter auch Untersuchungen über die *deutschen* Streitkräfte an. Nachrichtenoffiziere waren voll integrierte Mitglieder des Generalstabs.[5]

Ihre Aufgabe bestand in der Planung einer Offensive gegen Frankreich, wohl wissend, dass Frankreich nicht nur über die natürlichen Vorteile des Verteidigers verfügte, sondern auch an Material und Ausbildung seiner Streitkräfte den Deutschen überlegen war. Die Oberkommandierenden des Heeres mussten diese Offensive planen, weil Hitler sie befahl und keine Einwände gelten ließ. Die meisten Generäle hatten sich im Herbst 1939 in einem Feld-Hauptquartier getroffen und waren zu der Überzeugung gelangt, dass ein Krieg gegen Frankreich nicht zu gewinnen war. Sie erörterten auch die Möglichkeit eines Staatsstreichs gegen Hitler, kamen aber zu dem Schluss, dass er scheitern würde. Die einfachen Soldaten würden Hitler treu bleiben.

Den ganzen Herbst hindurch und bis in den Winter hinein verwiesen die Generäle auf die schlechte Witterung und erwirkten immer wieder die Verschiebung des Zeitpunkts für die Offensive. Derweil erarbeiteten Planungsoffiziere eine Strategie, die zumindest nicht in einer totalen Niederlage enden würde. Ende 1939 hatten sie einen Aufmarschplan erarbeitet (Fall «Gelb»), der einen schnellen Panzervorstoß auf die Niederlande und Belgien vorsah (die beide neutral waren).

Die Offensive sollte weitgehend nach diesem Plan im Januar 1940 durchgeführt werden, wurde dann jedoch durch unvorhergesehenen Winternebel aufgehalten. Zugleich kam es zu einem unerwarteten Zwischenfall. Nach dem Absturz eines deutschen Flugzeugs in der Nähe von Mechelen an der Maas auf belgischem Gebiet (wegen schlechter Sicht) gerieten Auszüge des geheimen Aufmarschplans der Deutschen in die Hände des Gegners. Der Angriff wurde daraufhin auf das Frühjahr 1940 verschoben.[6]

Halder und der Generalstab des Heeres erarbeiteten nun einen neuen und waghalsigeren Operationsplan. Dieser Plan sah einen Angriff auf die Niederlande vor sowie einen großangelegten Scheinangriff auf Zentralbelgien, während ein Panzervorstoß durch die unwegsamen Ardennenwälder und über die Maas hinweg die alliierten Streitkräfte in Belgien von ihrem Nachschub und ihren Stützpunkten in Frankreich abschneiden sollte. Nach dem Krieg beanspruchte General Erich von Manstein erfolgreich die Urheberschaft für diesen Angriffsplan, der heute von den meisten Historikern als «Manstein-Plan» bezeichnet wird. In Wirklichkeit war der Beitrag Mansteins nicht größer, sondern wahrscheinlich sogar geringer als der Beitrag vieler anderer, darunter vor allem Tippelskirch und Liß.

Sie leisteten einen entscheidenden Beitrag zur endgültigen (und erfolgreichen) Variante von «Fall Gelb». Mangels aktueller nachrichtendienstlicher Erkenntnisse griffen die Offiziere in der Abteilung Fremde Heere West auf das zurück, was ihnen vorlag: ihre eigenen Studien aus der Zeit vor Kriegsbeginn sowie umfangreiche französische, belgische und holländische Ausbildungshandbücher und Berichte über Planspiele. Diese Quellen werteten Tippelskirch, Liß und ihre Kollegen aus und zogen daraus eine Reihe entscheidender Schlussfolgerungen, die in die Berichte an Halder und andere Planer Eingang fanden.

Die Franzosen, so sagten sie, stellten die Sicherheit ihrer Streitkräfte über alles. Die französischen operativen und taktischen Grundsätze verlangten die Aufrechterhaltung einer geschlossenen Abwehrfront. Die Franzosen würden mithin auf Geschwindigkeit und Überrumpelungstaktik verzichten, ihre mobilsten Truppenteile würden sich dem Tempo der langsameren anpassen. Die Nachrichtenoffiziere bescheinigten dem französischen Generalstab sorgfältige operative Planungen. Die Kehrseite der Medaille sei jedoch, dass die operativen Kräfte der Franzosen und der Alliierten ausgeklügelten Zeitplänen und Regeln bei allen Bewegungen unterworfen seien. Bei den Franzosen genieße die Sicherheit aller ihrer Operationen eine besonders hohe Priorität, weshalb sie weitgehend auf schnelle Kommunikationsmittel verzichteten. Einen Überraschungsangriff würden sie deshalb erst sehr spät bemerken, und sie würden nur langsam darauf reagieren.

Ihren Planspielen legten Tippelskirch und Liß für die gegnerische Seite diese Hypothesen zugrunde. Sie verfügten über genug Informationen um anzunehmen, dass die Alliierten auf eine deutsche Offensive mit einer großangelegten Truppenbewegung nach Belgien und die Küste entlang in Richtung der Niederlande reagieren würden. Im Kriegsspiel manövrierten sie die Streitkraft der Gegner so, dass eine durchgehende Frontlinie gegen einen deutschen Einmarsch in Belgien aufrechterhalten wurde, und widersprachen damit der Aufmarschplanung für Januar 1940.

Tippelskirch und Liß spielten nach diesem Muster den Part der Alliierten, um das neue, waghalsigere Konzept zu testen. Erneut schickten sie die alliierten Truppen nach Belgien und in Richtung Niederlande und hielten eine zusammenhängende Abwehrfront aufrecht. Als die Deutschen den Schwerpunkt ihrer Offensive in die Mitte, zu den Ardennen hin, verlegten, kamen die alliierten Streitkräfte nur langsam zum Stillstand, bevor sie an der französischen Maas ihre Verteidigungslinie errichteten. Allerdings bedurfte es zahlreicher Planspiele, um zu ermitteln, welches Streitkräfteaufgebot auf deutscher Seite erforderlich sein würde, doch schließlich gelangte man zu dem Schluss, dass eine Offensive durch die Ardennen durchaus erfolgreich sein könnte – vorausgesetzt, man konnte spätestens drei Tage nach Angriffsbeginn deutsche Truppen an das westliche Maasufer verlegen.

Dieser Plan wurde angenommen, trotz großer Skepsis nicht nur bei Halder und Rundstedt, sondern auch bei anderen hochrangigen Führungskräften im Heer. Am 10. Mai 1940 wurden sieben Panzerdivisionen via Luxemburg in Marsch gesetzt. Vier Tage später kamen deren Spitzen in Frankreich östlich der Maas an. Die Alliierten waren tatsächlich nach Belgien vorgestoßen und hatten große Schwierigkeiten, sich zurückzuziehen. Es gelang ihnen nicht, ihre Kräfte neu zu formieren und den deutschen Angriff aufzuhalten. Ende Mai hatten die Deutschen Belgien von Frankreich abgeschnitten. Zwei Wochen später erfolgte die Kapitulation Frankreichs.

Ein entscheidendes Element für den Erfolg der deutschen Wehrmacht waren die Bewertungen von Tippelskirch, Liß und anderen in der Abteilung Fremde Heere West. Ihnen war es gelungen, die Schwächen im Operationskonzept der Franzosen und Briten aufzudecken. Trotz der spärlichen nachrichtendienstlichen Informationen war dies ein Erfolg der Aufklärung, der in der Geschichte seinesgleichen sucht.

Bei den Alliierten verhielt sich die Sache genau umgekehrt. Die Aufklärung war auf der ganzen Linie gescheitert, das alliierte Oberkommando vergeudete gut ausgerüstete, gut ausgebildete Streitkräfte, begriff drei Tage lang überhaupt nicht, was auf dem Schlachtfeld geschah, und setzte deshalb den vorrückenden Deutschen nur ihre schwächsten und am schlechtesten geführten Truppeneinheiten entgegen. Aufgrund der operativen Schwerfälligkeit, die der deutsche Nachrichtendienst treffend identifiziert hatte, gelang es den Alliierten nie mehr, sich von diesem anfänglichen Überraschungsangriff zu erholen.

Der Vorwurf, versagt zu haben, richtete sich paradoxerweise gegen den technisch wohl am besten ausgerüsteten Nachrichtendienst jener Zeit, das Deuxième Bureau, die Zweite (oder nachrichtendienstliche) Abteilung des Generalstabs der französischen Armee. Dieses war in den Jahren 1939 und 1940 der wichtigste Nachrichtendienst der Alliierten. Er bestand aus zwei Unterabteilungen, dem Deuxième Bureau im eigentlichen Sinn und dem Service de Renseignements (S. R.; dem Geheimen Meldedienst), dem späteren französischen Geheimdienst, der sowohl mit Spionen arbeitete als auch mit der Beschaffung des gegnerischen Funk- und Telephonverkehrs befasst war. Im S. R. waren Mitarbeiter des Heeres und der Luftstreitkräfte tätig. Der Marinenachrichtendienst genoss eine gewisse Selbständigkeit, doch er gab alle seine wichtigen Erkenntnisse an das Deuxième Bureau weiter. Da es beinahe tägliche Besprechungen mit den Verbindungsleuten zum französischen Außenministeriums gab, sowie mit Vertretern des Inlandsgeheimdienstes und der Polizeibehörden, kann man von einer nahezu optimalen Vernetzung aller nachrichtendienstlichen Stellen sprechen, insbesondere da die Chefs des Deuxième Bureau und des S. R. den anderen Diensten Aufträge erteilen konnten, um gezielt bestimmte Informationen zu beschaffen.

Das Deuxième Bureau und der S. R. verfügten über beachtliche Quellen. Die französischen Funkabhörspezialisten waren vor dem Krieg bei der Dechiffrierung deutscher Funksprüche ziemlich erfolgreich. Nach dem raschen Zusammenbruch Polens im Herbst 1939 emigrierten polnische Entschlüsselungsspezialisten nach Frankreich, denen es gelungen war, die Codes der deutschen Chiffriermaschine Enigma zu brechen und auf diese Weise Zugang zu militärischen Informationen der höchsten Geheimhaltungsstufe zu erhalten. Franzosen, Polen und eine wachsende Zahl von Techniker in Großbritannien arbeiteten 1939/40 eng zusammen, um die alliierte Führung mit dechiffrierten Funksprüchen zu versorgen.

Darüber hinaus verfügte der S. R. über ein Netz von Agenten, das selbst das Agentennetzwerk des sowjetischen NKWD übertraf, in dessen Auftrag «Kim» Philby und seine Genossen in Großbritannien tätig waren und dem es gelungen war, «Quellen» in das Manhattan-Projekt zum Bau der Atombombe sowie in hohe Stellen in das US-amerikanische Außen- und Finanzministerium einzuschleusen. Der S. R. verfügte über eine große Zahl von Doppelagenten in der deutschen Abwehr. Er hatte alle deutschen Agenten in Frankreich identifiziert und konnte sie für seine Zwecke benutzen. Darüber hinaus erhielt der S. R. Informationen von nazifeindlichen Offizieren aus deutschen Kommandostäben. Hier ein Beispiel: Am 10. Oktober traf sich Hitler mit einigen seiner obersten Generäle. Er verlas ihnen den Entwurf einer Denkschrift, in der er eine rasche und vernichtende Westoffensive forderte. Zweiundsiebzig Stunden später war der S. R. von dem Treffen und von dieser Denkschrift informiert.[7]

Trotz all seiner Fähigkeit, Informationen zu sammeln und trotz all dieser großartigen Quellen fand das Deuxième Bureau nicht heraus, dass die Deutschen einen Überraschungsangriff durch die Ardennen planten. Es warnte auch nicht vor dieser möglichen Gefahr. Im nachhinein behaupteten französische Geheimdienstoffiziere, sie hätten eine solche Warnung ausgesprochen, seien aber nicht gehört worden, doch für diese Behauptung finden sich in den französischen Archiven keinerlei Belege. Vielleicht trügt hier die Erinnerung, im schlimmsten Fall ist es eine bewusste Lüge.[8]

Die Gründe für dieses massive Versagen sind vielfältig, aber nicht sehr komplex. Erstens wurde das Deuxième Bureau nicht gut geführt. Oberst Gauché, sechzig Jahre alt, kam aus der Normandie und war im Ersten Weltkrieg Infanterieoffizier gewesen. Er leitete das Bureau seit Mitte der dreißiger Jahre. Den Krieg nutzte er, um das Personal seiner Behörde zu vergrößern und sich für seine Organisation zahlreiche Schlösser außerhalb von Paris zu sichern. Man kann jedoch bestenfalls sagen, dass er dieses expandierende Unternehmen verwaltete. Er leitete es nicht, und er machte es auch nicht zu einem effizienten strategischen Planungsinstrument.

Nach dem Krieg legte Gauché in einem Memorandum dar, was er für die optimale Leitlinie seiner Behörde und jeder Spionagebehörde hielt. Er forderte «... eine rigorose Methode der Auswertung, die knapp umrissen folgendermaßen aussieht: In einer ersten Phase sind der Phantasie keine Grenzen gesetzt. Der Ausgangspunkt ist eine möglichst aktuelle und exakte Lagebeurteilung des Feindes, bei der alle denkbaren Operationsmöglichkeiten in Betracht gezogen werden. Auf diese Weise gelangen wir zu einer Reihe von Hypothesen ... Diese Einschätzung aller Möglichkeiten muss der Leiter des Deuxième Bureau ohne vorgefertigte Meinungen ins Kalkül ziehen ... In einer zweiten Phase jedoch kann die Phantasie ein schlechter Berater sein; sie läuft Gefahr, uns zu vorgefertigten Meinungen zu drängen und damit zu etwas, das der Realität in keiner Weise entspricht. Gefragt sind nunmehr einzig und allein Geduld und Objektivität bei der Untersuchung tatsächlicher, nachgeprüfter und analysierter Erkenntnisse, die es uns nach und nach möglich machen, die anfangs entwickelten Hypothesen immer weiter einzugrenzen ... Das Ideal, das angestrebt werden soll, aber wohl nie erreicht werden wird, besteht darin, alle Hypothesen bis auf eine einzige auszuschließen.»[9]

In den Archiven der Behörde findet sich kein einziges von Gauché unterzeichnetes Dokument, in dem eine korrekte Hypothese aufgestellt wird oder auch nur Entwicklungen analysiert werden, die eventuell eintreten könnten. Allerdings gibt es dort eine Einschätzung von Ende 1939, wonach Hitler Angst habe, Frankreich anzugreifen, und sein Regime im Jahr 1940 durch ein kommunistisches Regime abgelöst werde. Diese Einschätzung stammte entweder aus Gauchés Feder oder wurde zumindest von ihm weitergegeben.[10] Alle führenden Mitglieder

der Armee, die sich 1939/40 über Gauché äußerten, waren der Auffassung, er sei seiner Aufgabe nicht gewachsen gewesen, es habe jedoch keinen besseren Ersatz gegeben.[11]

Ein zweiter Grund für das Versagen der französischen Aufklärung war das Fehlen jeglicher Art von Auswertung, wie sie Gauché in seinem Memorandum vorschlug. Das Deuxième Bureau produzierte in der Hauptsache seine täglichen und wöchentlichen Berichte mit chronologisch zugeordneten Nachrichten aus unterschiedlichen Quellen, die jedoch unkommentiert blieben und nicht miteinander abgeglichen wurden. In den Bulletins zwischen April und Anfang Mai 1940 finden sich Berichte über deutsche Aufklärungsflüge exakt auf der Route der späteren Ardennenoffensive. Darüber hinaus gab es Berichte über Treibstoff- und Munitionslager entlang der deutsch-luxemburgischen Grenze und die Anfrage der Abwehr bei einem Doppelagenten, der herausfinden sollte, ob die Brücken über die Maas sowie in der näheren Umgebung dem Gewicht von Panzern standhalten würden. Doch diese Berichte wurden unverbunden und unkommentiert stehen gelassen. Das Deuxième Bureau überließ es den Empfängern der Berichte, aus ihnen ihre eigenen Schlussfolgerungen zu ziehen.

Ein dritter Grund, der den Charakter dieser Berichte erklärt und die Frage beantwortet, weshalb für Gauché kein Ersatz gefunden wurde, liegt darin, dass diese französische Behörde in der Armee nur geringes Ansehen genoss. Kaum ein Offizier wollte in das Deuxième Bureau oder den S.R. abkommandiert werden, und die Eliteoffiziere, die in den Hauptquartieren und im Feld planerisch tätig waren, ließen sich nur selten dazu herab, mit Geheimdienstoffizieren zu sprechen. Man kann es nicht mit Gewissheit sagen, aber vieles spricht für die Annahme, dass die Mitarbeiter des Deuxième Bureau sich deshalb nicht um eine Analyse der von ihnen in Umlauf gebrachten Informationen bemühten, weil sie die Verwendung einer solchen Analyse nicht abschätzen konnten. Sie kannten weder die Vermutungen der Planungsoffiziere hinsichtlich der deutschen Absichten noch die Pläne ihrer eigenen Armee.

Ein vierter Grund ist, dass die Oberkommandierenden der alliierten Streitkräfte wenig oder gar kein Interesse an Informationen hatten, die womöglich im Widerspruch zu den Mutmaßungen standen, welche ihren eigenen Operationsplänen zugrunde lagen. Der Oberbefehlshaber der alliierten Streitkräfte, General Maurice-Gustave Gamelin, ein hochintelligenter Mann, verfügte voller Optimismus bezüglich des militärischen Erfolgs der Alliierten, die alliierten Streitkräfte sollten sich im Falle eines deutschen Angriffs an der Westfront konzentrieren. Zwar hatte Gamelin bei Ausbruch des Krieges über eine deutsche Ardennen-Offensive spekuliert, die darauf abzielte, die alliierten Streitkräfte entlang der belgischen Grenze von denen westlich der Maas hinter der Maginot-Linie zu trennen. Er hatte diese Hypothese jedoch wieder fallen lassen, nachdem er den deutschen Angriff auf Polen genau studiert und daraus geschlossen hatte, dass bei einer deutschen Offensive der Angriff durch Panzerverbände mit Luftunterstützung erfolgen würde. Diese Art von Feldzug, so glaubte er (übrigens in Übereinstimmung mit allen deutschen Generälen zu jener Zeit), würde im belgischen Flachland geführt werden müssen. Gamelin und die Alliierten bereiteten sich deshalb auf genau diesen Angriff vor.

Das mangelnde Interesse Gamelins und anderer Führungskräfte im alliierten Oberkommando an nachrichtendienstlichen Informationen ging aber nicht nur auf ihre Denkungsart, sondern auch auf politische Überlegungen zurück, welche die militärischen Planungen beeinflussten. Als die Deutschen nach ihrem Sieg über Polen auf eine Westoffensive (zunächst) verzichteten, zogen die meisten der führenden Leute bei den Westmächten daraus den Schluss, die Deutschen würden die Überlegenheit der Alliierten anerkennen und das Risiko einer Offensive gar nicht erst eingehen. Deshalb drängten manche in Paris und London darauf, alliierte Streitkräfte von der Westfront abzuziehen und anderswohin zu verlegen: in den Balkan oder nach Skandinavien.

Die französische Luftwaffe kam zu dem Schluss, dass Operationen an der Westfront unwahrscheinlich seien, weshalb das Gebiet zum Trainingsgelände erklärt wurde. Infolgedessen befanden sich im Mai 1940 die meisten der sehr guten französischen Kampfflugzeuge in weit entlegenen Teilen Frankreichs oder waren sogar im Begriff, nach Übersee verlegt zu werden. Die Briten glaubten, die Deutschen hätten nicht die Absicht, Frankreich anzugreifen, sondern würden in den Niederlanden einmarschieren, um dort Luftwaffenstützpunkte zur Bombardierung des Vereinigten Königreichs aufzubauen. Sie hielten zudem die Franzosen für so stark, dass sie kaum auf die Hilfe Großbritanniens angewiesen seien. Infolgedessen konzentrierten sie ihre Streitkräfte auf den Britischen Inseln und schickten nur widerwillig Soldaten und Flugzeuge auf das europäische Festland.

Gamelin führte mehr oder weniger einen Dauerkampf gegen seine eigene Regierung, um zu verhindern, dass französische Streitkräfte von der Westfront abgezogen wurden, und er kämpfte auch gegen die britische Regierung, um zu verhindern, dass bereits diesseits des Ärmelkanals stationierte Einheiten und Flugzeuge wieder abgezogen wurden. Unter diesen Umständen hätte sich Gamelin schwer getan, wenn er den Versuch unternommen hätte, den beiden Regierungen zu sagen, dass die Deutschen wahrscheinlich Panzerdivisionen durch ein riesiges Waldgebiet schicken werden.

Und dann war da noch Belgien. Gamelin rechnete damit, belgische Divisionen zur Verfügung zu haben und eine Front in Belgien eröffnen zu können. Da der belgische König und seine Regierung wider alle Vernunft hofften, Belgien könne neutral bleiben, mussten alle Vorbereitungen für eine französisch-belgische militärische Zusammenarbeit insgeheim getroffen werden. Sie beruhten auf einem früheren geheimen Einverständnis auf Generalstabsebene, demzufolge im Falle eines deutschen Angriffs die Franzosen schnell nach Belgien vorstoßen sollten. All dies wäre hinfällig geworden, wenn Gamelin jetzt zu der Überzeugung gelangt wäre, der abzuwehrende deutsche Angriff würde in Wirklichkeit über Luxemburg nach Frankreich erfolgen.

Fünftens gab es schließlich strukturelle Schwächen, die Tippelskirch und Liß entdeckt hatten. Die französischen und britischen Pläne hatten sich auf einen deutschen Angriff via Belgien eingestellt. Es wäre äußerst schwierig gewesen, diese Pläne umzuschreiben oder die Nachschubdepots anderswohin zu verlegen. Zudem waren geeignete Kommunikationswege, die ein rasches Reagieren der französischen und britischen Streitkräfte auf eine unvorhergesehene neue Entwicklung erlaubt hätten, nicht vorgesehen – ja aus Sorge um die Sicherheit der Kommunikationswege waren sie sogar verboten worden.

Somit erkannte niemand die Signale, die überdeutlich zeigten, dass die Deutschen einen Blitzkrieg durch die Ardennen planten. Gamelin plazierte die schwächsten und am schlechtesten ausgebildeten Streitkräfte an diesem Frontabschnitt. Am 10. Mai betrachteten er und alle anderen auf der alliierten Seite den deutschen Scheinvorstoß nach Belgien als die Speerspitze der Offensive. Die besten französischen und britischen Einheiten stießen rasch nach Belgien vor. In der ersten Panzerschlacht der Geschichte kämpften in der Nähe des belgischen Dorfes Hannut zwei französische Divisionen, und damit ein Achtel aller alliierten Panzerverbände, gegen zwei deutsche Panzerdivisionen, die ein Viertel aller deutschen Panzerverbände darstellten. Die französischen Divisionen gingen als Sieger aus der Schlacht hervor, zerstörten 160 deutsche Panzer, verloren selbst aber nur 105 Panzer und zwangen die Deutschen vorübergehend zum Rückzug.[12] Das war die Art von Erfolg, den die Alliierten erwartet hatten und den sie wahrscheinlich auch erzielt hätten, wenn die Deutschen den geplanten Angriff im Januar ausgeführt oder im Mai entsprechend dem «Aufmarschplan Gelb» vom Januar angegriffen hätten.

Noch am 3. Mai waren Gamelin und andere alliierte Befehlshaber überzeugt, das Schlachtfeld sei das zentralbelgische Flachland und die Alliierten seien für einen Sieg bestens positioniert. Erst an diesem Abend – am dritten Tag des aktiven Kampfes – registrierten die alliierten Kommandeure, dass der Hauptangriff der Deutschen durch die Ardennen erfolgte und dass die Alliierten eine Niederlage zu gewärtigen hatten. Und so geschah es. Die französische Regierung brach zusammen. Eine neue

Regierung unter Marschall Pétain schickte Gesandte, um Kapitulationsbedingungen auszuhandeln.

Freilich waren die scharfsichtige nachrichtendienstliche Analyse auf deutscher Seite und die sträfliche Missachtung ausgezeichneter nachrichtendienstlicher Informationen auf der alliierten Seite nur zwei von vielen Faktoren, die für die Niederlage Frankreichs im Jahr 1940 verantwortlich waren. Die Führungen in Paris und London hofften, wie in den Jahren der Appeasement-Politik, ein Gemetzel vom Ausmaß des Ersten Weltkrieges vermeiden zu können. Zwar hatten die Franzosen Pläne für einen Angriff gegen Deutschland, und viele jüngere Offiziere im französischen Generalstab forderten gleich nach der Kriegserklärung 1939 einen Angriff, doch Gamelin und andere alliierte Befehlshaber beschlossen abzuwarten. Der bedeutende deutsche Militärhistoriker Andreas Hillgruber glaubte, diese Entscheidung sei falsch gewesen. Ein französischer Angriff gegen die schwache deutsche Verteidigungsfront, so schrieb er, hätte nach menschlichem Ermessen zu einer sehr schnellen militärischen Niederlage Deutschlands und damit zu einem Ende des Krieges geführt.[13]

Nachdem die Alliierten bei der Niederlage Polens tatenlos zugesehen hatten, hegten sie lange Zeit die Hoffnung, Deutschland würde im Inneren zusammenbrechen. Gamelin und die anderen waren zwar überzeugt von ihrem Sieg, falls es zu einer bewaffneten Auseinandersetzung kommen sollte, aber vor allem hofften sie, dass ihnen eine solche Auseinandersetzung erspart bleiben würde. Diese Mischung aus übermäßiger Zuversicht in die eigene Stärke und aus Wunschdenken trug schließlich zum Debakel der Alliierten im Mai/Juni 1940 bei.

Jürgen Rohwer

Die ENIGMA-Schlüsselmaschine

Die deutsche Chiffriermaschine ‹ENIGMA› hat in den letzten 25 Jahren eine große internationale Publizität erfahren, seit bekannt wurde, dass die alliierten Kryptanalytiker während des Zweiten Weltkrieges in die deutschen Geheimschlüssel eingebrochen waren. Viele amerikanische und britische Historiker glauben sogar, dieser spektakuläre, bis in die frühen 1970er Jahre geheimgehaltene Erfolg der alliierten Geheimdienste könnte den Krieg um bis zu zwei Jahre verkürzt haben. Wie kam es dazu? In welchen Bereichen der Kriegführung waren die Auswirkungen dieser Entschlüsselung des deutschen Funkverkehrs besonders groß?

Die Entwicklung von Chiffrier- und Codesystemen nahm während des Ersten Weltkriegs dank der zunehmenden Anwendung des Funkverkehrs immer breiteren Raum ein. In den letzten Jahren des Krieges entstanden dabei unabhängig voneinander verschiedene, mit Rotoren oder Schlüsselwalzen arbeitende elektromechanische Schlüsselmaschinen. Nach vorausgegangenen Studien meldete der Deutsche Arthur Scherbius am 23. Februar 1918 ein Patent für eine walzengesteuerte Chiffriermaschine an, gefolgt von dem Niederländer Hugo Alexander Koch am 7. Oktober 1919 und dem Schweden Arvid Gerhard Damm am 10. Oktober 1919. Der Amerikaner Edward Hugh Hebern hatte sich seit 1917 mit einer Schlüsselmaschine beschäftigt, reichte sein Patent aber erst 1924 ein. 1923 kaufte Scherbius Koch seine Patente ab und reichte seinerseits ein neues Patent für eine elektromechanische Chiffriermaschine ein, die er ENIGMA nannte. Im Jahr zuvor war der schwedische Ingenieur Boris Hagelin in die von A. Damm geleitete Firma eingetreten und hatte dort mit der Entwicklung einer verbesserten Walzen-Chiffriermaschine begonnen. Diese Maschinen hatten in ihrer Entwicklung manche Berührungspunkte.

Man spricht heute oft von *der* ENIGMA Maschine, ohne zu bedenken, dass es sich hier um ganze Entwicklungsreihen und Familien von Maschinen handelt, die in den verschiedensten kommerziellen und militärischen Versionen gebaut und teilweise an andere Länder verkauft, dort kopiert und weiter entwickelt wurden.

Die 1923 in Bern und 1924 beim Weltpostkongress in Stockholm von Scherbius vorgestellte ENIGMA-A war eine voluminöse Kombination einer Schreibmaschine mit einer Chiffriermaschine. Sie besaß, dem Bediener zugewandt, eine Schreibmaschinentastatur mit 26 mit Buchstaben belegten Typenhebeln sowie zwei Freizeichentasten. Das hinten angeordnete Schreibwerk war das einer Schreibmaschine mit dem bei älteren Versionen noch üblichen Typenrad. In der Mitte befand sich der elektrisch betriebene Chiffrierteil mit sechs fest eingebauten Walzen, von denen die mittleren vier drehbar waren und mit rechts außen angebrachten Griffen eingestellt werden konnten. Die Walzen besaßen auf der einen Seite 28 Kontaktflächen, die in jeder Walze auf unterschiedliche Art mit auf der rechten Seite sitzenden federnden Kontaktstiften verbunden waren. Die Kontaktstifte der linken, festen Eingangswalze waren mit dem Tastenfeld verbunden, die Kontaktflächen der rechten Walze mit dem Schreibwerk. Zusätzlich zu den 28 bei jeder der vier Walzen unterschiedlich verbundenen Kontaktflächen und -stifte besaßen die vier mittleren Walzern an der linken Seite noch einen drehbaren Einstellring, mit dem man die Zuordnung der Buchstaben zu den Kontaktflächen durch Drehen verändern konnte. Wurde eine Taste gedrückt, floss ein Strom zum entsprechenden Eingangsstift und wanderte je nach Einstellung durch die vier Walzen zur Kontaktfläche der Ausgangswalze und von dort zum Typenrad des Schreibwerkes.

Die Schlüsseleinstellung bestand aus zweimal vier Buchstaben. Die ersten vier dienten bei ganz hereingedrückten Hebeln zur Einstellung der inneren Ringstellungen, die zweiten vier bei halb hereingedrückten Hebeln zur Einstellung der in den vier Fenstern sichtbaren, auf dem Ring der Schlüsselwalze verzeichneten Buchstaben. Ein am Boden der Maschine angeordneter Umstellhebel ermöglichte es, unter Zuhilfenahme des zwischen dem Chiffrierteil und dem Schreibwerk angeordneten Zählwerkes, mit der Maschine sowohl Klartext zu schreiben als auch bei einer durch eine laufende Ziffer gegebenen Stelle, mit dem Chiffrieren zu beginnen bzw. aufzuhören.

Die wenig später vorgestellte ENIGMA-B war wesentlich kleiner und unterschied sich äußerlich kaum von einer der damals aufkommenden elektrischen Typenhebel-Schreibmaschinen. Ungewöhnlich war das Tastenfeld mit den für eine Schreibmaschine notwendigen Um- und Weiterschalttasten und dem normalen Buchstabenfeld mit 26 Zeichen sowie den darüber liegenden Zeichen – zehn Zahlen und neun Sondertasten –, von denen jedoch die letzten drei Reihen nur für die Klartext-Schreibarbeit benutzt wurden, während die Chiffriertexte sich auf die Buchstabenverschlüsselung beschränkten. Das Chiffrierwerk war ähnlich konstruiert wie bei der ENIGMA-A, jedoch sehr viel kleiner und an der rechten Seite der Maschine angebracht, wo man durch ein oberes Fenster die vier Buchstaben der eingestellten Ringstellung erkennen konnte, in einem darunter liegenden Fenster die Einstellung des Zählwerkes. Die Einstellung der Schlüsselwalzen wurde auf die gleiche Weise wie bei der ENIGMA-A vorgenommen. Eine Besonderheit war jedoch, dass die 26-teiligen Chiffrierwalzen durch vier Antriebsräder mit 11er, 15er, 17er and 19er Teilung angetrieben wurden, was die Länge der Chiffrierperiode sowie die Anzahl der Perioden erheblich erhöhte.

Mit der 1925/26 entwickelten ENIGMA-C beschritt Scherbius einen neuen Weg. Um die Maschine leichter und transportabel zu machen, verzichtete er auf das Schreibwerk und ersetzte es durch ein zwischen dem Schreibmaschinen-Tastenfeld und dem Chiffrierteil liegendes, dem Tastenteil entsprechendes Feld von mit Buchstaben bezeichneten Fenstern, die durch Glühlämpchen erleuchtet werden konnten. Je 26 Buchstaben waren auf den Tasten und dem Glühlämpchenfeld alphabetisch angeordnet. Der Chiffrierteil bestand aus einer rechts liegenden Eingangswalze, deren Kontaktflächen mit den Tasten verbunden waren. Dann folgten drei herausnehmbare und untereinander austauschbare Chiffrierwalzen, die im Prinzip den Walzen der ENIGMA-A ähnlich waren, mit dem kleinen Unterschied, dass sie an der rechten Seite ein zahnradförmiges Einstellrad für die äußere Einstellung besaßen. Wie bei der ENIGMA-A war der Buchstaben- oder Zahlenring mit 26 Zeichen markiert und konnte verstellt werden (innere Einstellung). Als zweiter Schritt für die Einstellung des Schlüssels war die Anordnung der Walzen der Vorschrift entsprechend zu treffen.

Nach Zuklappen des Deckels des Chiffrierteils konnte der Chiffriertechniker dann die Grundstellung als äußere Einstellung vornehmen, indem er mit den Zahnrädern die Walze so lange drehte, bis die befohlenen Buchstaben oder Ziffern in den kleinen Fenstern erschienen. Der Strom floss von der Eingangswalze durch die verschiedenen Kontaktflächen und -stifte der drei Schlüsselwalzen zur Umkehrwalze, deren Kontaktflächen paarweise miteinander verbunden waren, so dass der Strom durch die Schlüsselwalzen zurücklief und von dort zu den Glühlämpchen geführt wurde. Dieses reziproke Tauschverfahren machte es möglich, mit der gleichen Schlüsseleinstellung zu verschlüsseln und zu entschlüsseln, brachte es jedoch mit sich, dass ein Buchstabe niemals durch sich selbst verschlüsselt werden konnte.

Parallel zur ENIGMA-C entwickelte Scherbius die für den kommerziellen Bedarf gedachte Maschine ENIGMA-D, für die er am 10. März 1926 ein deutsches Reichspatent erhielt, dem weitere Patente in England am 11. August 1927 und in den Niederlanden folgten. Der Unterschied zwischen der ENIGMA-C und der ENIGMA-D lag in der Umkehrwalze. Sie sah wie eine normale Schlüsselwalze aus, besaß jedoch auf der linken Seite nicht die Kontaktflächen, vielmehr waren die Verdrahtungen innerhalb der Walze wie bei einer früheren Umkehrwalze paarweise zusammengefügt. So konnte die Walze nur in der linken Position benutzt werden, und war nicht mit den anderen drei Walzen austauschbar.

Die mit einem erheblichen Werbeaufwand propagierten ENIGMA-Maschinen fanden bei zivilen und militärischen Stellen in verschiedenen Ländern Aufmerksamkeit, zumal die in Deutschland, den Niederlanden, Großbritannien und in den USA angemeldeten Patente den Experten frei zugänglich waren. Sicher ist bisher, dass Exemplare dieser Maschinen, im wesentlichen der ENIGMA-D, in den Jahren 1926–1928 von Stellen in den Niederlanden, Schweden, der Schweiz, Polen, der Tschechoslowakei, den USA (über den Militärattaché in Berlin) und 1928 von der britischen Admiralität gekauft wurden. 1934 kaufte auch die japanische Marine Exemplare, wobei nicht klar ist, ob es sich um eine ENIGMA-D oder die später entwickelte kommerzielle ENIGMA-K handelte. Nach 1936 wurden während des spanischen Bürgerkrieges weitere Exemplare der ENIGMA-D an die national-spanischen und die italienischen Streitkräfte geliefert. Diese weite Verbreitung der kommerziellen ENIGMA-Chiffriermaschinen sollte gravierende Auswirkungen einerseits auf die weitere Entwicklung von Schlüsselmaschinen in diesen Ländern und andererseits auf die Entwicklung von Entzifferungsverfahren für die ENIGMA sowohl in Polen als auch später in Großbritannien und den USA haben.

Die Japaner hatten 1931 durch die Veröffentlichung von H. O. Yardley, ‹The Black Chamber› erkannt, dass ihre Kryptosysteme unsicher waren. Seitdem waren sie bemüht, ganz neue sichere Verfahren zu finden. Aus der gekauften ENIGMA wurde für die japanische Marine eine eigene Schlüsselmaschine entwickelt, die der ENIGMA weitgehend glich, mit dem Unterschied, dass die vier Schlüsselwalzen nicht senkrecht, sondern horizontal liegend nebeneinander auf der Maschine angeordnet waren. Mit ihr wurden bis 1939 sowohl hochgradig geheimzuhaltende Funksprüche und Telegramme der Marine als auch des Auswärtigen Amtes verschlüsselt. Diese Maschine erhielt später bei den amerikanischen Kryptanalytikern den Codenamen ‹Green›.

In Italien wurde die ENIGMA-D als Schlüsselmaschine ‹Alfa› nachgebaut und während des Krieges in beschränktem Umfang für bestimmte Verbindungslinien benutzt. In der Tschechoslowakei versuchte man, die ENIGMA gleichfalls nachzubauen. Dabei wollte man statt Strom einen Pressluft- und hydraulischen Antrieb benutzen. Jedoch zeigte sich an den 1938 erbeuteten Geräten, dass das Verfahren noch nicht ausgereift war. In Polen baute die Firma AVA die ENIGMA nach und entwickelte daraus eine spezielle Maschine, die für die polnische Arbeit an der Lösung der ENIGMA-Verfahren große Bedeutung erlangen sollte. Auch beeinflusste die Kenntnis dieser Maschine die polnische Entwicklung der ‹Lacida›-Maschine. Und in der Schweiz wurde die Maschine und später die ENIGMA-K während des Zweiten Weltkrieges und danach benutzt.

Große Bedeutung erlangte die Weiterentwicklung in Großbritannien. Auf Initiative der Admiralität waren 1928 zwei ENIGMA-D gekauft worden, jedoch hat die Admiralität die Weiterentwicklung der Maschine zunächst nicht forciert, vielmehr war es das Luftfahrtministerium, das im Januar 1935 den Auftrag gab, drei Sätze einer Chiffriermaschine eines verbesserten ENIGMA-Typs zu entwickeln, die dann unter der Bezeichnung ‹Type X› gebaut wurden. Als der Krieg 1939 begann, hatten die britische Armee und die Royal Air Force diese Maschine übernommen, und sie war bis auf die Divisionsebene beim Heer und bis auf die Ebene der RAF-Headquarters bei der RAF in Gebrauch. Diese Maschine besaß fünf benutzte Schlüsselwalzen, die später bei der von der Royal Navy verwendeten ‹Mark 2› Version aus Sätzen von je sieben Walzen ausgewählt wurden. Die Anordnung der Walzen wechselte täglich. Jede Stelle sollte zwei Maschinen mit getrennten Walzensätzen für die Geheimhaltungsgrade ‹Cypher Staff› und ‹Coding Staff› erhalten. Bei der Royal Navy begann die Einführung erst 1942 bei den Landkommandostellen, nicht jedoch an Bord der Schiffe. Im Oktober 1942 standen im Bereich der Landführungsstellen der Royal Navy zehn verschiedene Schlüsselwalzen zur Verfügung, aus denen die Siebenersätze gebildet werden konnten. Ihre Vermehrung um weitere 14 Walzen war in Vorbereitung.

Während der Kämpfe um Dünkirchen im Mai 1940 wurden ‹Type X›-Maschinen, allerdings ohne die Schlüsselwalzen, erbeutet, ebenso später in Nordafrika, dazu auch Schlüsselunterlagen für zwei Wochen, so dass zum Beispiel die deutsche Marine-Funkaufklärung im Jahr 1943 recht gute Grundkenntnisse über die englische Maschine besaß, aber wegen der vordringlichen Entzifferung der von den alliierten Schiffen benutzten Handverfahren mit überschlüsselten Codebüchern nicht intensiv an die Lösung der Verfahren gehen konnte.

Auch in den USA hatten die gekauften ‹ENIGMA›-Maschinen offenbar eine gewisse Auswirkung auf die weiteren Entwicklungen. Die US-Navy führte im Sommer 1941 eine Walzenschlüsselmaschine mit der Bezeichnung ‹Electrical Cypher Machine (ECM Mark 1) ein, doch war sie nicht bereit, im Sommer 1941 diese Maschine an die verbündeten Briten und Kanadier abzugeben, so dass man auf den kombinierten Handcode mit Zahlenwurm-Überschlüsselung ‹Naval Cypher No. 3› für die Abwicklung und Verschlüsselung des Konvoi-Funkverkehrs zwischen britischen, kanadischen und amerikanischen Streitkräften zurückgreifen musste, in den die deutsche Marine-Funkaufklärung tief einbrechen konnte. Im Juni 1942 wurde die ‹ECM Mark 1› modifiziert und mit einem Adapter versehen, so dass man mit ihr auch mit der ‹Type X› verschlüsselte Sprüche entschlüsseln konnte. Aus der Kombination der britischen und amerikanischen Maschine entstand die ‹Combined

Cypher Machine (CCM)›, die ab November 1943 bei den alliierten Streitkräften eingesetzt wurde. Daraus geht hervor, dass zwischen der britischen ‹Type X› und der amerikanischen ‹ECM Mark 1› Entwicklung gewisse Beziehungen bestanden haben müssen. Die Verwandtschaft der ‹Type X› mit der ENIGMA-Maschine wird andererseits dadurch dokumentiert, dass man in Bletchley Park für die Entschlüsselung der abgefangenen deutschen Funksprüche, nachdem die jeweiligen Tagesschlüssel entziffert und gelöst waren, nicht nur Nachbauten der ‹ENIGMA›, sondern in viel stärkerem Maße adaptierte ‹Type X› Maschinen benutzte.

Trotz dieses großen Interesses fremder Mächte an der ENIGMA Maschine hatte Scherbius große Mühe, seine Firma über Wasser zu halten. Nach seinem Unfalltod 1929 kauften die beiden Berliner Firmen Heimsoth & Rinke und Kröger 1934 die Patentrechte.

Bereits am 9. Februar 1926 hatte die deutsche Reichsmarine eine von der kommerziellen Version etwas abweichende Schlüsselmaschine als ‹Funkschlüssel C› eingeführt. Sie unterschied sich von der ENIGMA-C dadurch, dass die Buchstabenzahl auf dem Tastenfeld, dem Glühlampenfeld und den Buchstabenringen der Walzen durch die Umlaute auf 29 erhöht worden war. Ferner konnte man die Umkehrwalze in vier verschiedene Positionen einstellen. Das Heer führte am 15. Juli 1928 eine weiter verbesserte Version als ENIGMA-G ein, bei der man auf die Umlaute verzichtete, jedoch zusätzlich zu dem Walzenteil mit drei eingesetzten Schlüsselwalzen noch ein Feld mit 26 Doppelstecker-Kontakten vorsah, die durch kleine Kabel mit Stöpseln verbunden werden konnten und so eine zusätzliche Überschlüsselung ermöglichten.

Die Reichsmarine folgte am 1. Oktober 1934 mit ihrem ‹Funkschlüssel M›, welcher der am 27. Juni 1935 als Wehrmachtschlüsselmaschine eingeführten ENIGMA-I bei Heer und Luftwaffe weitgehend entsprach. Beide Maschinen besaßen fünf austauschbare Walzen, von denen jeweils drei in wechselnder Reihenfolge in die Maschine eingesetzt werden konnten. Die Marine benutzte sofort alle fünf Walzen im Wechsel, während Heer und Luftwaffe die Walzen IV und V zunächst sperrten und sie erst als sogenannte Mobilmachungswalzen am 15. Dezember 1938 in Betrieb nahmen. Die Marine fügte gleichzeitig zwei zusätzliche Walzen VI und VII hinzu, und kurz vor Kriegsbeginn kam noch eine Walze VIII hinzu.

Parallel dazu war auch eine ENIGMA-II entwickelt worden, die zusätzlich ein Schreibwerk für den Geheimtext besaß, die jedoch wegen ihrer unförmigen Größe, ihrer geringen Schreibgeschwindigkeit, und weil sie sich im Einsatz nicht bewährte, auch nur begrenzt eingeführt wurde. Eine weitere, technisch wesentlich verbesserte Version, das ‹Gerät 39›, war mit einer Tastatur und einem elektrisch angetriebenen

Schreibwerk für Klar- und Geheimtexte ausrüstet, hatte eine höhere Schreibgeschwindigkeit und durch einen ungleichmäßigen Antrieb der Walzen eine erhöhte Sicherheit. Doch kam man mit diesem Gerät nicht über das Versuchsstadium hinaus, und der Aufwand für eine totale Änderung der Schlüsselsysteme schien während des Krieges zu groß.

Heer und Luftwaffe blieben während der Zweiten Weltkrieges weitgehend bei ihrer ENIGMA-I und beschränkten sich zur Erhöhung der Sicherheit auf Verbesserungen im Schlüsselverfahren und der begrenzten Einführung der ‹Enigma-Uhr› und weiterer Umkehrwalzen C und D. Bei der Marine führten verschiedene Verbesserungen zu untereinander austauschbaren Versionen des Funkschlüssels ‹M-1, M2, M-2a› und ‹M-3›. Zum 1. Februar 1942 wurde, zunächst nur für die U-Boote im Atlantik, eine wesentlich verbesserte Version M-4 in Betrieb genommen. Bei ihr hatte man zusätzlich zu den drei aus den Walzen I–VIII auszuwählenden Walzen in einer vierten linken Position durch eine Teilung der Umkehrwalze ‹B› noch eine ‹Beta› genannte, sogenannte Griechenwalze, ab 1. Juli 1943 eine weitere ‹Gamma› eingesetzt. Und gegen Ende des Krieges lief die Entwicklung einer neuen Version ‹M-5›, die auch zugleich als Wehrmachtmaschine benutzt werden sollte, und einer in ihrer Walzenzahl und -anordnung erweiterte und auch technisch wesentlich verbesserte Marine-Maschine ‹M-10›, die aber beide nicht mehr an der Front eingeführt werden konnten.

Neben den Wehrmachtteilen benutzten unter anderem auch die SS sowie die Abwehr, die Reichsbahn und die Reichspost ENIGMA-Versionen, letztere zum Teil die älteren, bei der Wehrmacht ausrangierten Versionen.

Es würde zu weit führen, hier noch auf die verschiedenen Versionen der von Boris Hagelin entwickelten Schlüsselmaschinen im Detail einzugehen. Aufgrund der in Stockholm 1924 vorgeführten ENIGMA entwickelte er die Maschine ‹B-211›, die der ENIGMA-D ähnelte, aber statt des Glühlampenfeldes ein Schreibwerk besaß, und bei der man die Buchstaben auf den Schlüsselwalzen durch ein- und ausfahrbare Stifte aktivieren oder ausschalten konnte. Diese Maschine wurde in Schweden eingeführt, und 1941 erbeuteten die Deutschen in der Sowjetunion nachgebaute Versionen der ‹B-211›. Hagelin gelang es dann, eine kleine, leichte mechanische Taschenmaschine ‹C-36› zu entwickeln, die in der französischen Armee eingeführt wurde. Die deutsche Firma Adler baute nach erbeuteten Maschinen eine eigene Version ‹T-41›, die aber nur recht begrenzt eingesetzt wurde. Eine andere Version ‹C-38m› wurde für die italienische Marine entwickelt und dort in größerem Umfang eingesetzt. Hagelin gelang es 1940, mit dem letzten italienischen Schiff nach Amerika zu kommen und dort seine Maschine der US Army anzubieten, die während des Krieges durch die Firma Smith-Corona rund 140 000

Exemplare der ‹M-209› bauen ließ, die für die Verschlüsselung des taktischen Funkverkehrs benutzt wurden.

Techniken der Verschlüsselung

Über den Weg, auf dem die Entzifferung der mit der ENIGMA verschlüsselten deutschen Funksprüche möglich wurde, gibt es zahlreiche Schilderungen, in denen jedoch vielfach die Fakten und Daten falsch dargestellt sind. Was weiß man in der Forschung heute darüber?

Die deutschen militärischen Kryptologen hielten die ENIGMA vor dem Zweiten Weltkrieg für ein besonders sicheres System, da die vier Einstellungen – Walzenlage, Ringstellung als innere, Steckerverbindungen und Grundstellung als äußere – eine so große Zahl von Tauschalphabeten und Schlüsselmöglichkeiten boten (der polnische Experte Tadeusz Lisicki hat einmal die Zahl der theoretischen Möglichkeiten auf eine 5 mit 87 Nullen berechnet), dass man glaubte, nur mit Hilfe der gültigen Schlüsseleinstellungen sei ein ENIGMA-verschlüsselter Funkspruch mit einer ausreichenden Geschwindigkeit lösbar. Dabei spielte es eine Rolle, dass die ENIGMA für die Verbindungen auf den Ebenen Armeeoberkommando – Division beim Heer, Luftflotte – Geschwader bei der Luftwaffe und Landführungsstelle – Schiff beziehungsweise U-Boot bei der Marine – verwendet wurde, dass also mit ihr vor allem operativ-taktische Sprüche verschlüsselt wurden, die nach kurzer Zeit nur noch historische Bedeutung hatten. Man hat jedoch nicht genügend darauf geachtet, dass die Sicherheit der Maschine weniger auf ihrer Konstruktion beruhte als bei dem in ihrer Verwendung angewandten Verfahren sowie bei den, bei einem weit verbreiteten Einsatz, von den Benutzern gemachten Fehlern und Verstößen gegen die festgelegten Regeln.

Die Gefahr einer Entzifferung wird umso größer, je mehr Text mit der gleichen Einstellung verschlüsselt wird. Dem sollte durch entsprechende Verfahrensregeln entgegengewirkt werden. Bei der Marine wechselten die inneren Einstellungen anfangs in unregelmäßigen Abständen einmal die Woche, von Kriegsbeginn bis Ende 1941 alle 48 Stunden und danach, ebenso wie die äußeren Einstellungen von Anfang an, täglich. Bei Heer und Luftwaffe ging man bereits 1938 zum täglichen Wechsel der inneren und äußeren Einstellungen über und erhöhte die Zahl der Änderungen in besonders stark genutzten Bereichen im späteren Verlauf des Krieges auf bis zu dreimal täglich.

Da auch bei häufiger Änderung der Einstellung, jedoch gleicher Grundstellung zu Beginn eines Verschlüsselungsvorganges zu viele gleiche Buchstabenfolgen auftreten konnten, wurde jeder Spruch nach einem eigenen Spruchschlüssel verschlüsselt. Funksprüche mit mehr als 180 Buchstaben mussten geteilt werden. Das Spruchschlüsselverfahren unterschied sich bei Heer und Luftwaffe einerseits und Marine andererseits. Bei der ENIGMA-I wählte der Chiffriertechniker vor dem Krieg drei Buchstaben aus, die mit der eingestellten Grundstellung des Tagesschlüssels zweimal getastet wurden. Die sich ergebenden sechs Buchstaben wurden an den Beginn des Spruches gesetzt. Bei der Marine wurden die zur Kennzeichnung des verwendeten Verfahrens nötigen Kenngruppen aus dem Funknamen- oder Kenngruppenbuch ausgewählt und zweimal getastet. Die ersten drei Buchstaben kamen an den Anfang, die letzten drei an das Ende des Spruches, wobei die Kenngruppe zugleich der Spruchschlüssel war.

Um die Menge des nach dem gleichen Tagesschlüssel verschlüsselten Materials herabzusetzen und aus betriebstechnischen Gründen wurden die am Verkehr beteiligten Stellen und Einheiten in Funkverkehrskreise mit einzelnen zugeteilten Frequenzen und in Schlüsselbereiche mit eigenen Schlüsseleinstellungen eingeteilt. Die Zahl der horizontal und vertikal eingeteilten Verkehrskreise und Schlüsselbereiche vermehrte sich bei allen drei Wehrmachtteilen während des Krieges beträchtlich. Bei der Marine gab es beispielsweise zu Beginn des Krieges zwei ENIGMA-Schlüsselbereiche: ‹M-heimische Gewässer› und ‹M-außerheimische Gewässer›, und darüber hinaus die Schlüsselverfahren ‹M-allgemein›, ‹M-Offizier› und ‹M-Stab›, wobei letztere doppelt verschlüsselt wurden. Mit der Ausweitung des Funkverkehrs vermehrte sich die Zahl der Schlüsselbereiche, zum Beispiel bei der Marine im Jahr 1943 auf mehr als 40, von denen allein 24 mit dem ‹Schlüssel M› arbeiteten, während die anderen Handverfahren verwendeten. Der Umfang des in einem Schlüsselbereich anfallenden Verkehrs schwankte sehr stark. So gab es Bereiche, in denen im Laufe eines Tages nur ein oder zwei Sprüche anfielen, während in anderen die Zahl auf mehrere Hundert ansteigen konnte, was später erhebliche Auswirkungen auf die Entzifferung haben sollte.

Doch nicht nur die Inhaltsauswertung durch Entzifferung suchte man zu verhindern. Um die Verkehrsanalyse zu erschweren, ließ die deutsche Marine in ihrem Kriegsfunkverfahren Anschriften und Unterschriften in Funksprüchen weg und kennzeichnete sie nur mit einer Leitnummer, welche die Leitfunkstelle bei der Wiederholung dem Spruch voranstellte. Um der Gefahr der Einpeilung der in See stehenden Streitkräfte zu begegnen, führte man im Winter 1939/40 ein Kurzsignalverfahren ein, bei dem der Text zunächst in einen aus dem Kurzsignalheft zu entnehmenden kurzen Buchstabencode gebracht und dann mit der gültigen Einstellung der Maschine verschlüsselt wurde. Oberster Grundsatz sollte sein, das Instrument des Funkverkehrs nur dann zu benutzen, wenn keine anderen Verbindungsmöglichkeiten bestanden. Um der Funkpeilauswertung und Verkehrsanalyse möglichst wenig Anhaltspunkte zu liefern, wurde nicht nur das Instrument der Funkstille benutzt, sondern auch versucht, durch eine über längere Frist aufgebaute Funktäuschung oder durch einen nichtssagenden Füllfunkverkehr den Gegner irrezuführen.

Wie kam es zur Entzifferung der ENIGMA-Verfahren?

Die für Deutschland zuständige Abteilung BS.4 des polnischen Biuro Szyfrow hatte in den zwanziger Jahren verschiedene der damals vom deutschen Heer und der Marine benutzten Handverfahren gelöst. Als 1928 ein neues Verfahren auftrat und zunächst allen Lösungsversuchen trotzte, erkannte man bald, dass es sich um ein Maschinen-Schlüsselverfahren handeln musste, das vermutlich auf der im Handel erhältlichen ENIGMA-Maschine basierte. Aber das gekaufte Exemplar der ENIGMA-D brachte das Biuro zunächst der Lösung nicht näher. Man musste ganz neue Methoden mathematischer Analyse anwenden. Aus einem Kreis von 20 Deutsch sprechenden jungen Mathematikern wählte man schließlich drei aus – Marian Rejewski, Jerzy Rosicki und Henryk Zygalski –, die man im Herbst 1932 beim BS.4 einstellte. Inzwischen hatte sich dem damaligen Hauptmann im französischen Nachrichtendienst, Gustave Bertrand, ein deutscher Angestellter der Chiffrierabteilung des Reichsheeres angeboten und die Lieferung von Unterlagen zugesagt. Am 7./8. November 1931 traf sich Bertrand zum ersten von 19 Malen mit Hans-Thilo Schmidt, dessen Bruder der damalige Chef des Stabes der Inspektion der Nachrichtentruppe, Oberstleutnant Rudolf Schmidt (später Generaloberst) war, der aber keine Ahnung vom Handeln seines Bruders hatte. Hans-Thilo Schmidt, Deckname ‹Asche›, übergab Zeichnungen der ENIGMA-I und Unterlagen über das angewandte Schlüsselverfahren. Bertrand, der mit dem Material bei den französischen Experten anfangs keinen großen Eindruck machte, reiste nach Polen, wo er vom 7.–11. Dezember 1931 den dortigen Experten erstmals sein Material übergab.

Rejewski hatte sich ab Oktober 1932 bemüht, durch mathematische Analysen hinter die Geheimnisse der ENIGMA zu kommen, aber die Vorgesetzten hatten ihm zunächst aus Geheimhaltungsgründen keine Kenntnis von den aus Frankreich gekommenen Unterlagen gegeben. Am 8. Mai 1932 hatten sich Schmidt und Bertrand ein zweites Mal getroffen und Bertrand erhielt weiteres Material, das er im Herbst nach Warschau brachte. Im Dezember 1932 erhielt Rejewski endlich die Gebrauchsanweisung, die Schlüsselanleitung, Tafeln mit den Tagesschlüsseln für

September und Oktober 1932, sowie Exemplare von mit ENIGMA verschlüsselten Funksprüchen und deren Klartext. Dieses Material war für Rejewski sehr wichtig, aber es genügte nicht, um die entscheidenden Probleme, die Anordnung der Buchstaben auf der Eingangswalze und die Verdrahtung der Schlüsselwalzen, zu lösen.

Im Dezember 1932 erzielte Rejewski den entscheidenden Durchbruch. Er fand heraus, dass die Anordnung der Buchstaben auf der Eingangswalze nicht wie bei der ENIGMA-D der Anordnung der Buchstaben auf deutschen Schreibmaschinen folgte, sondern der alphabetischen Reihenfolge. Da die zweimalige Verschlüsselung der dreistelligen Spruchschlüssel stets mit der gleichen Grundstellung des Tagesschlüssels begann, konnte in 21 von 26 Fällen davon ausgegangen werden, dass sich nur die rechte Walze gedreht hatte. Der reziproke Buchstabentausch der ENIGMA-I ermöglichte es, bei ausreichend vorliegendem Funkspruchmaterial, durch diese Wiederholungen die auftretenden Zyklen oder Perioden herauszufinden, in denen sich die Buchstabenfolgen der Walze wiederholten. Unter Ausnutzung von Fehlern der deutschen Chiffriertechniker, die zum Beispiel für die Einstellung des Spruchschlüssels oft einfach dreimal den gleichen Buchstaben AAA eingaben, konnte man die Spruchschlüssel lösen. Vor allem aber konnte man bei Anwendung bestimmter mathematischer Gleichungen, die Rejewski gefunden hatte, die inneren Verdrahtungen der Walze herausfinden, denn jede der drei benutzten Walzen kam durch die Änderung der Walzenlage einmal in die rechte Position.

Mit der Rekonstruktion der inneren Verbindungen der ENIGMA begann Mitte Januar 1933 dann das praktische Entziffern der ersten Funksprüche. Im Februar erhielt die Firma AVA in Warschau den Auftrag, Nachbauten der ENIGMA herzustellen, von denen bis Mitte 1934 bereits mehr als ein Dutzend und bis 1939 etwa 70 fertiggestellt wurden. Schwierigkeiten bereitete zunächst das Steckerbrett, das ja auch beim Heer als besonderes Sicherheitsmoment eingeführt worden war. Es gab 100 391 791 500 verschiedene Möglichkeiten für die Verbindungen des Steckerbrettes. Aber schließlich fand Rejewski eine Methode, diese Schwierigkeiten zu umgehen, und zwar mit Hilfe eines Gerätes, das er ‹Zyklometer› nannte. Zwei Sätze von elektrisch miteinander verbundenen ENIGMA-Schlüsselwalzen erlaubten es, einen Katalog von ‹Kennlinien› für jede Stellung der Schlüsselwalzen aufzustellen. Der Vergleich dieser Kennlinien mit dem verschlüsselten Funkspruch führte dazu, Schlüsseleinstellungen viel rascher herauszufinden, auch ohne die Probleme des Steckerbretts gelöst zu haben. Bei einem Test im Januar 1938 gelang es den polnischen Kryptanalytikern, etwa 75% der aufgefangenen deutschen Funksprüche relativ schnell zu entziffern. Um die Geheimhaltung zu erhöhen, verlegte man das Entzifferungsbüro von Warschau nach Pyry in einen Wald südwestlich von Warschau.

Auf deutscher Seite begann man Verbesserungen einzuführen. So wurde am 2. November 1937 die Umkehrwalze A durch die neue Umkehrwalze B ersetzt. Aber hier kam es schon zu einem der auch später sich wiederholenden Fehler. Statt nun auch die anderen Walzen durch neue mit anderen Verdrahtungen auszutauschen, was die Probleme in Pyry gewaltig vergrößert hätte, beließ man es bei der Mini-Änderung, die schnell überwunden wurde. Am 15. September 1938 wurde das Spruchschlüsselverfahren geändert. Die Grundstellung wurde nicht mehr einheitlich eingestellt, sondern der Chiffriertechniker wählte sie selbst aus und setzte sie unverschlüsselt an den Anfang und gab dann den Spruchschlüssel zweimal mit dieser Einstellung ein. Daran schloss sich eine Kenngruppe, die aus dem Tagesschlüssel entnommen wurde, was die Verschlüsselungsmöglichkeiten erhöhte. Aber in Pyry hatte inzwischen Rejewski ein elektromechanisches Gerät, die sogenannte ‹Bomba› entwickelt, die aus sechs nachgebauten ENIGMA bestand und deren elektrisch betriebenes Walzensystem in etwa 100–120 Minuten die 17 576 möglichen Kombinationen der drei eingesetzten ENIGMA-Walzen prüfen konnte. Die erste ‹Bomba› wurde im November 1938 fertig. Und zur Lösung der Spruchschlüssel hatte Zygalski spezielle Reihen perforierter Papierbögen mit 51 x 51 Löchern erfunden, von denen sechs Reihen zu je 26 Bögen hergestellt wurden.

Eine erneute Änderung im deutschen Verfahren machte die Errungenschaften zunichte. Am 15. Dezember 1938 gingen das deutsche Heer und die Luftwaffe dazu über, die drei Schlüsselwalzen aus allen fünf vorhandenen Walzen auszuwählen, während die Marine zu den schon bisher benutzten fünf Walzen die Walzen VI und VII in Gebrauch nahm, der 1939 noch eine Walze VIII folgte. Aber der Sicherheitsdienst der SS, der auch die ENIGMA-I mit nun fünf Walzen benutzte, blieb bei dem alten Verfahren, so dass es den Polen durch diesen Koordinationsfehler, der erst am 1. Juli 1939 behoben wurde, gelang, die Verdrahtungen der Walzen IV und V herauszufinden. Aber durch die Benutzung von fünf statt drei Walzen erhöhte sich die Zahl der möglichen Walzenlagen von 6 auf 60.

Damit waren die Kapazitäten der Polen überfordert, so dass sie sich entschlossen, mit den französischen und britischen Nachrichtendiensten Verbindung aufzunehmen. Am 9./10. Januar 1939 trafen sich in Paris polnische, französische und britische Experten und tauschten ihre Erfahrungen aus. Den Briten war während des spanischen Bürgerkriegs ein Einbruch in die von den National-Spaniern und Italienern benutzte ENIGMA-D gelungen, sie waren aber an der deutschen militärischen Version gescheitert. Die Franzosen hatten sich weitgehend auf die Beschaffung von Agentenmaterial beschränkt. Man beschloss, sich gegenseitig auf dem laufenden zu halten und sich erneut zu treffen, wenn Durchbrüche erzielt waren.

Angesichts der bedrohlich werdenden politischen Lage luden die Polen vom 24.–27. Juli 1939 die Franzosen und Briten nach Pyry ein und führten ihnen die nachgebauten ENIGMA-Maschinen und ihre für die Entzifferung benutzten Maschinen und Geräte vor, was große Überraschung auslöste. Man kam überein, dass künftig die Polen ihre analytische Arbeit fortsetzen, die Franzosen sich bemühen sollten, Agentenmaterial zu beschaffen, während die Briten die technischen und personellen Voraussetzungen schaffen sollten, den großen materiellen Aufwand für die Entzifferung der komplizierter gewordenen deutschen Verfahren zu bewältigen. Die Polen lieferten den Franzosen und Briten je eine nachgebaute Maschine.

Aber ehe sich die vereinbarte Zusammenarbeit praktisch auswirken konnte, begann mit dem deutschen Angriff auf Polen am 1. September 1939 der Krieg. Die polnischen Kryptanalytiker mussten, zum Teil nach Zerstörung ihres Materials und ihrer Unterlagen, nach Rumänien ausweichen, von wo sie mit französischer Hilfe nach Frankreich evakuiert und dort in das französische kryptanalytische Zentrum in Vignolles bei Paris eingegliedert wurden. Die Briten hatten inzwischen ihr Zentrum aus London nach Bletchley Park (B. P.) ausgelagert und begonnen, insbesondere von den Universitäten Cambridge und Oxford, aber auch von anderen Stellen geeignet erscheinende Personen in das zwischen den beiden Universitäten gelegene neue Zentrum ‹Station X› oder B. P. einzuberufen. Dort waren erfahrene Kryptanalytiker, die schon im Ersten Weltkrieg in dem berühmten ‹Room 40› der Admiralität gearbeitet hatten, wie Alastair Denniston und Dilwyn Knox, sowie hervorragende Mathematiker, wie Alan Turing und Gordon Welchman und andere, aber auch Sprachwissenschaftler, Historiker und Schach-Größen, daran gegangen, aufbauend auf den polnischen Erkenntnissen neue Geräte und Methoden zu entwickeln, mit denen man der ENIGMA zuleibe rücken wollte. Es wurde auch eine enge Verbindung mit dem französisch-polnischen Team in Vignolles hergestellt, die einen schnellen Austausch gewonnener Erkenntnisse sicherstellen sollte.

In B.P. hatte man zunächst unter Ausnutzung des polnischen ENIGMA-Nachbaus eigene ‹TypeX›-Maschinen so hergerichtet, dass sie wie ENIGMA-Maschinen arbeiteten. Und das Zygalski-Lochkarten-System wurde in verbesserter Form maschinell hergestellt, so dass man die ersten Sätze Ende Dezember 1939 nach Vignolles schicken konnte. Damit gelang es den Polen dort am 17. Januar 1940, einen ersten Tagesschlüssel aus dem Schlüsselkreis zwischen den deutschen Wehrkreiskommandos, den man ‹Green› nannte, vom 28. Oktober 1939 zu lösen. In B. P.

gelang das gleiche am 23. Januar für den 25. Oktober. Und dazu brach man auch in den Hauptschlüsselbereich der deutschen Luftwaffe (genannt ‹Red›) ein. Doch zunächst waren die Zeitverzögerungen noch sehr groß, so dass die Entzifferungen für laufende Operationen kaum genutzt werden konnten.

Wo und wie wirkte sich die Funkentschlüsselung auf den Krieg aus?

Während der deutschen Operation ‹Weserübung› gegen Dänemark und Norwegen war ein ‹Wehrmachtschlüssel› für die Verbindung zwischen den eingesetzten Teilstreitkräften eingeführt worden. Da in ihm viel gefunkt wurde, war es meist kein großes Problem, die für die Lösung eines Tagesschlüssels nötigen wenigstens 100 Funksprüche aufzufangen, so dass der Einbruch in dieses ‹Yellow› genannte Verfahren bald gelang. Aber trotz Verbesserungen war das System der Auswertung und Übermittlung an die Führungsstellen noch zu schwerfällig, so dass es nur selten möglich war, die Erkenntnisse noch operativ oder taktisch zu nutzen. Demgegenüber war der deutsche Marine-Entzifferungsdienst, der ‹xB-Dienst›, während der Norwegen-Unternehmung gegen die britischen Marine-Verfahren durchaus erfolgreicher, so dass die kräftemäßig viel schwächeren deutschen Seestreitkräfte den überlegenen alliierten Kräften meist rechtzeitig ausweichen konnten.

Kurz vor dem Beginn der deutschen West-Offensive hatte man am 1. Mai 1940 erneut eine Änderung eingeführt. Der Spruchschlüssel wurde nun nur noch einmal eingegeben, was das polnische Lochkarten-System untauglich machte. Durch intensive Anstrengungen gelang es, auch dank des intensiven Funkverkehrs nach Beginn des deutschen Angriffs am 10. Mai, vor allem durch in B. P. entwickelte spezielle Handverfahren, die sogenannten ‹Cillies› und die ‹Herivel-Tips›, bei denen wieder Fehler der deutschen Chiffriertechniker beziehungsweise gewisse Anzeichen für die Walzenlage ausgenutzt wurden, ab 20. Mai wieder in der Funkverkehr des Luftwaffenschlüssels ‹Red› einzubrechen, den auch die Flieger-Verbindungsoffiziere beim Heer benutzten. Daraus konnte man von nun an nicht nur die zum Teil in unnötiger Weise per Funk und nicht per Draht übermittelten regelmäßigen täglichen Meldungen der Luftwaffenverbände entziffern, sondern auch viel über die Heeres-Operationen erfahren. In die ENIGMA-Schlüssel des Heeres gelang jedoch zu dieser Zeit kein Einbruch, und nach dem Frankreich-Feldzug ging dessen Funkverkehr stark zurück, da die Kommandostellen in dieser stationären Phase über Drahtverbindungen korrespondierten. Mit dem Waffenstillstand im Juni 1940 hatte sich das französisch-polnische Team in eine Station ‹Cadix› im unbesetzten Vichy-Frankreich abgesetzt, doch war nun die Verbindung zu B. P. zunächst unterbrochen.

Die laufende Entzifferung von ‹Red› lieferte den Briten vor allem während der Luftschlacht um England ab August 1940 wichtige Erkenntnisse über die Standorte und die Einsatzstärken der deutschen Luftwaffenverbände, die in Verbindung mit den Ortungen der Radar-Kette des ‹Home-Chain› dem Kommando des ‹Fighter Command› rechtzeitige Hinweise für den Einsatz der eigenen Jagdfliegerkräfte gab. Diese Informationen trugen entscheidend zu dem britischen Erfolg bei, der wiederum die geplante deutsche Landung ‹Seelöwe› hinfällig machte. Die regelmäßige schnelle Lösung der Tagesschlüssel in ‹Red› und später auch anderer Schlüsselbereiche wurde ganz wesentlich dadurch ermöglicht, dass auf der Basis der polnischen ‹Bomba› und mathematischer Verfahren, die Alan Turing und Gordon Welchman entwickelt hatten, im August 1940 die erste der britischen ‹Bombs› einsatzbereit wurde, die ein schnelles Durchprüfen der Walzenlage und der verwendeten Tagesschlüssel ermöglichten.

Besonders große Bedeutung erlangte die Entzifferung des deutschen Marine-Funkverkehrs für die Schlacht im Atlantik. Hier ist die Quellenlage für den Historiker besonders günstig, da einerseits in London und Washington die originalen übersetzten Texte der Entzifferungen vorliegen, die genaue Zeitangaben über die Abgabe eines Funkspruches, seine Abfangung bei den Verkehr beobachtenden ‹Y›-Stationen und die Übermittlung des Textes von B. P. an das ‹Operational Intelligence Centre› (OIC) der Admiralität enthalten, was es erlaubt, die aufgetretenen Zeitverzögerungen exakt zu erkennen. Andererseits sind auf beiden Seiten die Operationsakten in den Archiven zugänglich, so dass man genau die Umsetzung und die Konsequenzen auf der Gegenseite verfolgen kann.

Der Marine-‹Funkschlüssel M-3› hatte durch seine acht im Wechsel einzusetzenden Walzen und bessere Verfahrensweisen eine größere Sicherheit als die Luftwaffen-ENIGMA. Dabei spielte es eine Rolle, dass die Marine ein Kurzsignal-Verfahren eingeführt hatte, bei dem die Positionsangaben in einen Quadratkarten-Code und die Texte der Funksprüche in einen dem gültigen Kurzsignalheft zu entnehmenden kurzen Buchstaben-Code umgesetzt wurden, der dann mit der ‹M-3› verschlüsselt wurde.

Obgleich es den Briten gelang, im Februar 1940 aus dem in flachem Wasser versenkten ‹U 33› zwei der zusätzlichen Schlüsselwalzen zu bergen und im August 1940 die letzte Walze zu erbeuten und während der Norwegen-Unternehmung bei der Versenkung von ‹U 49› auch ein Teil der Quadratkarten geborgen wurde, scheiterte die Entzifferung bis zum Frühjahr 1941. Dann wurde auf Vorschlag des jungen Historikers

Harry Hinsley, den man mit der Beobachtung und der Analyse des deutschen Marine-Funkverkehrs beauftragt hatte, eine Operation, scheinbar zur Zerstörung von Fischereianlagen auf den Lofoten, tatsächlich aber zur Aufbringung eines im Westfjord auf Position stehenden Vorpostenbootes angesetzt, die am 3. März 1941 mit Erfolg durchgeführt wurde. Von dem Vorpostenboot ‹Krebs› konnte ein Enterkommando den Kasten mit den Reserve-Walzen sowie Unterlagen bergen, welche die retrospektive Entzifferung von Funksprüchen aus dem Februar und später aus dem März und April erlaubten. Das war aber nicht genug, und so setzte man eine weitere Operation gegen ein im Nordmeer lokalisiertes Wetterbeobachtungsschiff ‹München› an, von dem man neben den schon bekannten Geräten vor allem gültige Schlüsselunterlagen erbeuten konnte. Ein zufällig am folgenden Tag im Nordatlantik bei einer Geleitzugschlacht zum Auftauchen gezwungenes U-Boot ‹U 110› lieferte dazu Unterlagen für den Monat Juni, und eine weitere Operation Ende Juni gegen das Wetterbeobachtungsschiff ‹Lauenburg› die für den Juli. Damit war man in B. P. ab Ende Mai, kurz nach der ‹Bismarck›-Operation, in der Lage, den deutschen Funkverkehr in ‹Heimisch›, den auch die Atlantik-U-Boote benutzten, zeitgleich mitzulesen. Um der Gefahr einer Kompromittierung der britischen Entzifferungserfolge vorzubeugen, wurden weitere Beute-Operationen untersagt. Die gewonnenen Erkenntnisse erlaubten B. P., ab Anfang August 1941 den Funkverkehr analytisch mit Zeitverzögerungen von 1–4 Tagen zu entziffern. Damit erhielt die operative Führung genaue Informationen über die deutschen U-Bootaufstellungen und konnte ihre Konvois in perfekter Weise um die U-Boot-Rudel herumführen. Auf diese Weise wurden im zweiten Halbjahr 1941 etwa 300 Schiffe mit rund 1, 5 Millionen BRT vor der Versenkung bewahrt. Von großer Bedeutung war die Entzifferung des U-Bootverkehrs auch für das Eingreifen der US-Atlantikflotte in die Schlacht ab Juni/September 1941, Monate vor Pearl Harbor und dem offiziellen Kriegseinritt.

Es wird oft gefragt, warum man bei der deutschen U-Bootführung so fest von der Sicherheit des Schlüssels ‹M-3› überzeugt war. Das ist jedoch nicht ganz richtig. Durch unerklärliche Vorfälle genährte Zweifel des Befehlshabers der U-Boote (B. d. U.) wurden zwar von den Experten immer wieder zerstreut, aber trotzdem ließ er mehrfach Verbesserungen im System einführen, so zum Beispiel nur den Kommandanten bekannte Bezugspunkte für Positionsangaben und, als sich das als zu umständlich herausstellte, im September kodierte Quadratangaben, im Oktober 1941 einen eigenen Schlüsselbereich ‹Triton› für die Atlantik-U-Boote, und am 1. Februar 1942 die erwähnte neue Maschine ‹M-4›. Sie führte in B. P zu einem 11-monatigen ‹Black Out› für den U-Bootfunkverkehr. Allerdings konnte ‹Heimisch›, das die Sicherungsverbände benutzten, weiterhin entziffert werden, so dass der ‹Submarine Tracking Room› (STR) immerhin Angaben über die Zahl der aus- und einlaufenden U-Boote erhielt. Wichtig wurde 1942, besonders nach der erneuten Verlagerung des Operations-Schwerpunktes auf die Geleitzugbekämpfung im Nordatlantik ab Juli, für die Alliierten die Ausrüstung einzelner Geleitfahrzeuge mit Kurzwellen-Funkpeilgeräten (HF/DF), mit denen die ersten Fühlunghalter-Signale am Konvoi eingepeilt werden und das Fühlung haltende U-Boot abgedrängt werden konnte. Es erwies sich als verhängnisvoll, dass man das auf deutscher Seite trotz Hinweisen in den vom deutschen xB-Dienst in zunehmendem Masse entzifferten Konvoi-Funkverkehr im ‹Naval Cypher No. 3› nicht wahrnahm und die alliierten Maßnahmen immer wieder mit dem Radargerät in Verbindung brachte.

Am 30. Oktober 1942 wurde im Mittelmeer ‹U 559› zum Auftauchen gezwungen, und ein Enterkommando barg aus dem Boot wichtige Unterlagen, so insbesondere das Wetter-Kurzsignalheft, das als Quelle der ‹cribs›, die Chiffre/Klartext-Parallelen anzeigten, von großer Bedeutung waren. Damit konnte B. P. ab Mitte Dezember 1942 wieder Entzifferungen des U-Bootverkehrs liefern. Ein am 10. März 1943 eingeführtes neues Wetter-Kurzsignalheft brachte nur eine kurze Unterbrechung, was dank des gleichzeitigen Erfolges des xB-Dienstes zu der größten Geleitzugschlacht führte, durch die vielen Funksprüche aber auch B. P. die nötigen ‹cribs› aus den Fühlunghalter-Signalen lieferte, so dass man wieder in ‹Triton› einbrechen konnte. Nun wurden die Langstrecken-Flugzeuge, Geleitflugzeugträger und die ‹Escort›- und ‹Support Groups› mit ihren verbesserten Sensoren und Waffen zielsicher gegen die U-Bootaufstellungen, welche die Konvois bedrohten, eingesetzt und brachten in nur 8 Wochen im Mai 1943 die Wende des U-Bootkrieges. Die Einführung der zweiten Griechen-Walze ‹Gamma› im Juli 1943, die wegen des 26-fachen Zeitaufwandes dieser Walzen bei der Entzifferung vorübergehend Probleme brachte, wurde durch die in England und den USA entwickelten ‹High-Speed-Bombs› im Herbst wirkungslos gemacht, als das US-Entzifferungs-Zentrum Op-20G die Entzifferung des U-Bootverkehrs übernahm, während B. P. sich auf den anderen ENIGMA-Verkehr konzentrierte. Auch für den übrigen Seekrieg waren die Entzifferungen der ENIGMA-Marine-Funkverkehrskreise von großer Bedeutung.

Für die anderen europäischen Kriegsschauplätze liegen leider nicht die Entzifferungstexte selbst, sondern nur die Funksprüche von B. P. an die operativen Führungsstellen vor, welche die gewonnenen Erkenntnisse in paraphrasierter Form weitergaben. Während man den Haupt-Luftwaffenschlüssel ‹Red› weiterhin bis zum Ende des Krieges mit geringen Verzögerungen entziffern konnte, blieben die Heeres-Funkschlüssel zunächst unzugänglich, weil zu wenig Spruchmaterial anfiel, solange keine längeren beweglichen Operationen stattfanden. Im Februar 1941 wurde jedoch der für das nach Sizilien verlegte X. Fliegerkorps eingeführte Bereich ‹Light Blue› gebrochen, was im Verein mit der Entzifferung des italienischen ‹Alfa›-Systems verhängnisvolle Folgen für die schwere Schlappe der italienischen Flotte vor Kap Matapan im März 1941 hatte. Zugleich wurden wichtige Informationen über die deutschen Absichten gegen Kreta im Mai 1941 gewonnen, die man aber nicht nutzen konnte, weil die deutsche Luftwaffe dort die Luftherrschaft errungen hatte, so dass die abgeschnittenen Kräfte auf Kreta kaum unterstützt werden konnten. (Hier finden wir ein Beispiel dafür, dass auch die beste ‹Intelligence› nichts nützt, wenn die Kräfte zu ihrer Ausnutzung nicht verfügbar sind.) Ab Juni 1941 sollte die Entzifferung des Codes der italienischen ‹C-38m›-Maschine verhängnisvolle Auswirkungen auf die deutsch-italienischen Nachschubtransporte nach Afrika im Sommer und Herbst 1941 und im zweiten Halbjahr 1942 haben.

Die Vorbereitungen für die deutsche Operation ‹Barbarossa› gegen die Sowjetunion erkannte B. P. unter anderem durch die Entzifferung von ENIGMA-Sprüchen der Reichsbahn über Aufmarschbewegungen und die Bereitstellung von Zugmaterial für Gefangenentransporte. Aber Stalin traute offenbar den jeweils unter ‹Cover Stories› übermittelten Informationen der Engländer und auch denen der Agenten des eigenen Nachrichtendienstes nicht, so dass die Überraschung doch gelang. Es ist bekannt, dass die Alliierten auch später, als immer mehr Schlüsselbereiche des Heeres und der Luftwaffe an der Ostfront geknackt wurden, den Sowjets Informationen zukommen ließen, allerdings weiterhin immer unter ‹cover stories›, da sie der Sicherheit der sowjetischen Code- und Schlüsselverfahren nicht trauten. Leider wissen wir vorläufig noch zu wenig über die sowjetische Seite, so dass wir nicht abschätzen können, in wie weit die Informationen ihrer Agenten, beispielsweise John Cairncross in B. P., bessere Erkenntnisse lieferten und ob sie auch mitteilten, worauf die englischen Informationen beruhten.

Sehr eindrucksvoll lässt sich auf dem Mittelmeer-Schauplatz studieren, worauf Interpretationsfehler der politischen und militärischen Führungsstellen bei den entzifferten Signalen beruhten und wie sie sich auswirkten. Ende 1941 gelang es, in den Funkverkehr des deutschen Afrika-Korps einzubrechen, doch haben die oft überzogenen Meldungen über Nachschubnöte Rommels den britischen Premier Winston Churchill zweimal bewogen, die Befehlshaber in Ägypten zu Offensiven zu drängen, die dann bei Gegenangriffen Rommels zu schweren Rückschlägen führten. Wichtig ist hier auch, etwa bei den alliierten Landungs-Operationen in Italien 1943, die so unterschiedliche Einstellung der alliierten Befehlshaber zu den SIGINT-Erkenntnissen im Auge zu behalten.

Im Zusammenhang mit der alliierten Invasion in der Normandie spielte das anglo-amerikanische, langfristig aufgebaute Funktäuschungs-Unternahmen ‹Fortitude› eine große Rolle. Man hatte nicht nur aus der Entzifferung des Funkverkehrs der Abwehr zwischen Madrid und Berlin, sondern auch des Verkehrs beim Oberbefehlshaber West die Möglichkeit, die dortigen Einschätzungen der gegnerischen Absichten zu erkennen und darauf in der Täuschungsoperation einzugehen. Dabei war die für den Verkehr zwischen dem Führerhauptquartier und den obersten Führungsstellen verwendete Fernschreibschlüssel-Maschine wichtig. Um in diesen Verkehr einzubrechen, hatte man in England die ersten, mit einer großen Zahl von Röhren arbeitenden Computer-Vorläufer ‹Colossus› eingesetzt, die ab Frühjahr 1944 einsatzbereit wurden. So gelang es, der deutschen Führung noch weit über den Beginn der Invasion hinaus eine in England stationierte ‹1st US-Army Group› mit vielen fiktiven Divisionen vorzutäuschen, was dazu führte, dass man auf deutscher Seite in Nordwestfrankreich und Belgien vorhandene Kräfte nicht in die Normandie verlegte, weil man mit einer zweiten ‹Haupt-Landung› im Gebiet von Calais rechnete. Andererseits gelang den Deutschen die Überraschung zu Beginn der Ardennen-Offensive, weil man strikte Funkstille einhielt und somit die Alliierten, die auf die ‹Ultra›-Entzifferungen vertrauten, keine Signale auffangen konnten.

Diese Beispiele zeigen, dass die Entzifferung des gegnerischen Funkverkehrs im Zweiten Weltkrieg sehr bedeutende Folgen hatte, insbesondere der Einbruch in den deutschen ENIGMA-verschlüsselten Verkehr. Auch wenn man davon ausgeht, dass diesem Teil der technischen Nachrichtenbeschaffung (vor allem von SIGINT) sicher nicht eine den Krieg allein entscheidende Bedeutung zukam, so muss man doch feststellen, dass diese Leistung vor allem der Briten, die durch die polnischen Vorarbeiten früher als sonst möglich wurde, den Krieg sicher ganz wesentlich verkürzt hat. Ohne die Entzifferung der ENIGMA-Codes wäre der Weg zum alliierten Sieg über Hitler-Deutschland sicher viel länger geworden und hätte in vielen Bereichen wohl einen ganz anderen Verlauf genommen, mit verhängnisvollen Wirkungen für die Sieger und vor allem für die Besiegten.

Thomas Noetzel

Anthony Blunt – Der britische Edelspion

Die Geschichte der Spionage ist im vergangenen Jahrhundert durch Verratsaktivitäten einer Gruppe von jungen Briten bereichert worden, die sich nach Durchlaufen des traditionellen Ausbildungsganges der englischen Eliten wie Public Schools und den Universitäten Oxford und Cambridge entschlossen hatten, zukünftig für die Sowjetunion zu spionieren. Ihre berufliche Laufbahn führte sie in die Führungsetagen des Staates und machte sie zu Diplomaten wie Donald Maclean und Guy Burgess, führenden Beamten der britischen Geheimdienste wie Harold «Kim» Philby und Leo Long oder im Finanzministerium tätigen Spitzenkräften wie John Cairncross. Im Lebenslauf des ebenfalls diesem Ring der Verräter angehörenden Anthony Blunt konzentrierten sich beispielhaft die historischen Rahmungen der prosowjetischen Spionage.[1]

Das frühe Leben Anthony Blunts verlief entsprechend den Regeln einer britischen Erziehung für Zöglinge der besseren Stände. Er wurde am 26. September 1907 in Bornemouth, Hamsphire als Sohn eines im diplomatischen Dienst tätigen anglikanischen Pfarrers geboren und verbrachte einen großen Teil seiner Jugend in Paris. Mütterlicherseits war er weitläufig mit dem englischen Königshaus verwandt. Die später als «Queen Mum» berühmt gewordene Mutter Elizabeths II. war eine entfernte Kusine (und hielt ihm als eine der ganz wenigen Angehörigen der besseren Gesellschaft die Treue, auch nachdem seine Spionage für die UdSSR öffentlich bekannt geworden war). Blunt besuchte mit Marlborough eine der obligatorischen Public Schools und immatrikulierte sich im Oktober 1926 an der Universität Cambridge, wo er die zunächst gewählte Mathematik bald aufgab und sich mit großem Erfolg einem Sprach- und Kunstgeschichtsstudium widmete. Fast schien es so, dass Anthony dem Konformismus seiner beiden älteren Brüder Christopher und Wilfrid nacheifern wollte, die nach ähnlichem Bildungsweg Karrieren als Geschäftsmann bzw. Schulrektor in Eton einschlugen.[2] Seine 1932 abgelegten glänzenden Examina verschafften ihm sofort ein Forschungsstipendium am Trinity College in Cambridge. Hier ging er seinen wegweisenden Studien zu Nicolas Poussin nach, hier verbrachte er ein der Ästhetik und seiner Homosexualität gewidmetes Leben, von hier aus bereiste er ausgiebig den Kontinent.

Spätestens zu Beginn des Jahres 1934 wurde diese Existenz von der Politik herausgefordert. Blunt war selbst um 1933, beeinflusst durch

Guy Burgess, mit dem ihn eine lebenslange Freundschaft verband, zum Marxisten geworden. Die neue ideologische Orientierung schlug sich auch in seiner kunstwissenschaftlichen Arbeit nieder. Zwischen 1935 und 1940 publizierte er zahlreiche Beiträge über das Verhältnis von Kunst, Kapitalismus und Sozialismus. Auch einige seiner Kommilitonen drängte diese theoretische Beschäftigung offenbar zu einer besonderen Praxis. Jedenfalls stellte Blunt Anfang 1934 nach der Rückkehr von einer seiner längeren Studienreisen nach Deutschland und Italien fest, dass viele Freunde sich inzwischen der Kommunistischen Partei angeschlossen hatten. Er rekrutierte unter Studenten und Kollegen seit Mitte der dreißiger Jahre «Talente» für eine mögliche prosowjetische geheimdienstliche Tätigkeit. Auch hier hatte Burgess den Weg gebahnt. Verstärkt wurde diese Bereitwilligkeit, für den sowjetischen Geheimdienst als «talent-spotter» aktiv zu werden, durch Blunts Ostern 1936 angetretene Reise nach Spanien, das schon deutlich vom heraufziehenden Bürgerkrieg gezeichnet war. Das geheime Engagement verband sich nun mit empörter Ablehnung der passiven Außenpolitik Großbritanniens angesichts der drohenden Faschisierung Europas und Asiens. Auch nach seinem Wechsel von Cambridge an das Warburg-Institut und die Londoner Universität empfahl Blunt seinen sowjetischen Führungsagenten immer wieder eventuell zur Zusammenarbeit bereite Sympathisanten. Die Verbindung zu den Freunden aus der kommunistischen Zelle am Trinity College blieb eng.

Das Klima des Verrats veränderte die Arbeit der sowjetischen Geheimdienste in Großbritannien, die dort lange Zeit unter ungünstigen Bedingungen hatte ablaufen müssen. Bis zur Aufnahme diplomatischer Beziehungen zwischen dem Vereinigten Königreich und der UdSSR 1924 gab es kaum eine geeignete Basis für geheime Operationen.[3] Im Zentrum der Spionage standen gegenrevolutionäre weißrussische Gruppen, welche die britischen Inseln als Rückzugsraum nutzten. Zwar bot sich mit der CPGB eine Hilfstruppe an, die sich auch bemühte, Sympathisanten unter Beschäftigten von militärisch relevanten Betrieben oder der Polizei für Spionagetätigkeiten zu gewinnen, doch insgesamt blieb die subversive Arbeit schwach. Aus den zwanziger Jahren sind bis heute die Fälle von zwei Beamten Scotland Yards bekannt, die Informationen über die Ausforschung der CPGB durch den britischen Inlandsgeheimdienst MI 5 an die KP weitergaben, und in den dreißiger Jahren sorgte die Aushebung eines vom KGB[4] geführten Spionagerings in den Woolwich-Munitionsfabriken, in dem führende Funktionäre der britischen KP aktiv waren, für Aufregung.[5] Die Linkswendung eines beträchtlichen Teils der intellektuellen Jugend zu Beginn der dreißiger Jahre führte dann aber zu einer Umorientierung des nachrichtendienstlichen Vorgehens. Neben der Fortsetzung des geheimdienstlichen Kerngeschäftes – Unterwanderung noch bestehender antibolschewistischer Emigrantengruppen, Industrie- und Militärspionage, Schutz der CPGB – wurden verstärkt Versuche unternommen, Studenten als Langzeitagenten, sogenannte «Schläfer», zu gewinnen. Initiativen gingen dabei aber vor allem von den jungen englischen Sympathisanten selbst aus, und obwohl die sowjetischen Geheimdienste, neben dem NKWD/KGB vor allem der militärische Geheimdienst GRU, schließlich Führungsagenten und konspirative Infrastruktur bereitstellten, sahen sich die willigen neuen Gefolgsleute mit einem bohrenden, permanenten Misstrauen ihrer sowjetischen Kontaktleute konfrontiert. Dass eine größere Gruppe der Angehörigen der englischen «ruling class» so einfach die Seiten wechselte und die Sache der sozialistischen Weltrevolution zu ihrer eigenen machte, war vielen in der Moskauer Führung nicht geheuer. Immer wieder setzten sich in der über 30 Jahre verlaufenden Zusammenarbeit von Blunt & Co. mit den sowjetischen Diensten im Kreml Stimmen durch, die das Angebot der «Schläfer» für eine Desinformationskampagne der britischen Gegenspionage hielten. Oft wurde deshalb die Abschöpfung dieser Quellen für Monate unterbrochen.

Schaut man sich nun die Faszination für den Sozialismus genauer an, dann wird deutlich, warum junge Gentlemen durchaus Elitebewusstsein und gesellschaftlichen Führungsauftrag mit dem Verrat an die Sowjetunion vereinbaren konnten. Das Gentleman-Ideal ist zu Recht als Phänomen des 19. Jahrhunderts beschrieben worden. Zwar reichen die Wurzeln dieses Elitebildes bis in die feudalistische Gesellschaft zurück, doch hat es seit dem frühen 19. Jahrhundert eine Neubestimmung von «gentility» als Reaktion auf die Transformation einer Agrar- in eine industriell-bürgerliche Gesellschaft und auf die damit einhergehende Ausweitung politischer Partizipationsmöglichkeiten gegeben. Es kam in England zu Veränderungen, die nicht nur bei Anhängern der alten aristokratischen Ordnung Verfallsängste aufgrund einer angeblich drohenden «Vermassung» und eines Verlustes an sozialer Bindung auslösten, zumal jener Prozess der ökonomischen Modernisierung und politischer Demokratisierung unaufhaltsam zu sein schien. Dieser Skeptizismus verstärkte sich noch mit der Einbeziehung von Teilen der Unterschicht in das politische Institutionensystem.

Um den Fortschritt zu sichern, bedurfte es in den Vorstellungen vieler Kultur- und Gesellschaftskritiker des 19. Jahrhunderts einer Elite von Gebildeten, die individuelle Selbstbestimmung und soziale Harmonie verkörperten. Sie sollten zu «Wächtern» und Erziehern einer harmonisch strukturierten Kulturgesellschaft werden und die Massen integrieren. Dabei sollte, wie der einflussreiche Schulinspektor und Dichter Matthew Arnold schrieb, von «centre(s) of authority» diese Erziehung zur widerspruchsfreien Fortschrittsgesellschaft ausgehen.[6] In der Betonung von Individualismus, sozialer Eingebundenheit und Führungsanspruch einer Minderheit wurde die spezifisch britische Mischform einer aristokratischen und gleichzeitig bürgerlich-industriellen Gesellschaft deutlich. Ein neues, gleichwohl an überkommene Formen anknüpfendes Führungsideal schien zur Harmonisierung der Gesellschaft notwendig zu sein. In den Public Schools und «Oxbridge» entstand eine leistungsfähige, in ihrem Streben nach Vollendung durchaus meritokratische Elite: «In der Schule werden wir auf einen großen Kampf vorbereitet, in den wir schon verstrickt sind – ein Kampf, der unser Leben lang andauern und all unsere physischen, intellektuellen und moralischen Kräfte auf das Äußerste beanspruchen wird.»[7] Die Betonung des Kampfes macht die politische Lage deutlich, in der sich das Gentlemanideal entfaltete. Es ging bei Arnold und seinen Nachfolgern um die Abwehr einer vermuteten Gefahr der Gesellschaftsauflösung.

Mit Blick auf Public School und Gentleman kann von dem Versuch gesprochen werden, eine Funktionselite zu installieren. Aus den Public Schools rekrutierte sich die politische Führung des Landes. Vor allem der Civil Service wurde zum typischen Betätigungsfeld für die Absolventen des Schultyps. Die Funktion der Elite bestand aber nicht so sehr in der Ausübung spezifischer Fähigkeiten, sondern in der Kompetenz zu sozialer Führung. Doch allein instrumentelle Fähigkeiten reichten zur Erlangung von Führungs- und Sozialkompetenz nicht aus. Die Erziehung zur Ordnung nahm in den Curricula großen Raum ein.

Der Gentleman hatte «kühn, tapfer, zuversichtlich, rein, energisch, furchtlos, gütig, heroisch, mutig» zu sein.[8] Vor allem war die Selbstsucht zu bekämpfen. Die eigenen Fähigkeiten mussten in den Dienst einer gerechten Sache gestellt werden. «Unparteilichkeit» und «Verpflichtung» gehörten zu den pädagogischen Hauptforderungen. Das Bewusstsein, zu einer Elite zu gehören, wurde den Schülern vermittelt, gleichzeitig aber auf die damit verbundenen Verantwortlichkeiten hingewiesen. Harold Nicholson, zwischen den Weltkriegen unter anderem Direktor der Public School Taunton, forderte von seinen Schülern, ein «New Jerusalem» aufzubauen.[9] Eton unterhielt in Londoner Armenvierteln Volksbildungseinrichtungen, an deren Betrieb sich die Schüler beteiligten.

Diese Verpflichtung auf einen sozialen Paternalismus konnte mit dem politischen System kollidieren. Loyalität hatte der Public School-Absolvent vor allem dem Wertekodex der «gentility» und dem Allgemeinwohl (zuerst eingeübt als Wohl der Schule) gegenüber zu üben. Kam er dabei in Konflikte mit Institutionen, die das Ziel von Harmonisierung und Verpflichtung nicht verfolgten, so galt es, «Unpopularität ertragen zu können; es ist leicht, mit der Welle zu schwimmen, so einfach, der Masse zu folgen; aber Pioniere mussten schon immer unpopulär sein können ... Ein Mann, der sehr populär ist, ist zu nichts gut ... Solche Versuchungen müssen bis auf's Blut bekämpft werden»[10]. Doch der Widerspruch musste elaboriert in Form und Inhalt formuliert sein, der «Meuterer» hatte von der «Kapitäns-Brücke» selbst zu kommen.[11] Auch das non-konforme Verhalten war eine Elitetätigkeit, weil es moralisch fundiert sein musste, wenn es sich vom einfachen Aufbegehren der Unterschichten abgrenzen sollte. Die vorbildlichen historischen «Rebellen waren isoliert, weil sie stärker an englische Traditionen glaubten als die gewöhnlichen Menschen um sie herum»[12]. Der Rebell verkörperte einen Grundzug im englischen Charakter überhaupt. Das pädagogische Programm der Gentleman-Bildung umfasste demzufolge die Erziehung, und nicht zufällig waren die Public Schools zu Beginn des 20. Jahrhunderts so einfach zu militarisieren. 1907 wurde mit dem «Officer's Training Corps» (OTC) eine obligatorische, militärische Ausbildung eingeführt.

Bei beiden Aspekten dieses Erziehungsideals blieb die Vorstellung von der Führungsaufgabe der Eliteschüler unangetastet. Der Offizier, der mit «seinen Männern» durch dick und dünn geht und dem «seine Männer» überallhin folgen, wurde zum trivialen Mythos dieser Orientierung. Aber auch die Befürworter eines Primats des Individualismus betonten die Vorreiterrolle ihrer Schüler. Galilei, Martin Luther und Garibaldi waren etwa für Harold Nicholson die wahren Helden und eigenständigen Anreger von zur «perfection» drängenden Bewegungen. In beiden hier idealtypisch gegenübergestellten Konzepten der Ein- und Unterordnung bzw. des individualistischen Ausdrucks korrespondiert die Idee einer «wohlwollenden Führung» mit einem sozialen und moralischen Überlegenheitsgefühl gegenüber den Geführten.

Die Sozialisation der britischen Verräter nimmt jene Spannungen zwischen Konformitätsansprüchen, Individualismus und Vorreiterbewusstsein in sich auf. Ihre Parteinahme für den sowjetischen Sozialismus drückte auch eine Variante jenes ambivalenten Zivilisationsmusters des Gentleman aus. In Anthony Blunts autobiographischer Skizze «From Bloomsbury to Marxism»[13] wird die in den dreißiger Jahren erfolgte Hinwendung zur UdSSR als Fortsetzung eines schon seit den zwanziger Jahren praktizierten, aber noch nicht politisch definierten Protestes gegen die Homogenisierungszwänge seiner Sozialisation zum Gentleman deutlich. Blunt gehörte in der Public School Marlborough zu einer Gruppe von «Ästheten», die gegen den schulischen Konformitätszwang auftraten, gegen «Establishment» und «Konformismus» protestierten. Das von ihm gegründete Schülerblatt trug den Titel «Häretiker» und war mit dem Motto versehen: «Über Philistia werde ich triumphieren». Die Betonung des Individualismus und die Absage an den schulischen Einordnungsdruck nahm in den zwanziger Jahren vor allem die Form von Dandytum und künstlerischem Schaffen an. Die Ästhetik der Moderne (bei Blunt vor allem Cezanne, Bourdelle, Epstein, Picasso) wurde als Instrument eingesetzt, Mitschüler und Lehrer aufzuregen. Allerdings, und hier wird bei aller zeitgenössischen Betonung der Rückständigkeit englischer Kunst und Literatur die Rückbindung der Revolte an englische Traditionen selbst sichtbar, bezogen die jungen Rebellen um Blunt einen Teil ihres ästhetischen Elitebewusstseins aus der britischen Kunst- und Literaturgeschichte. So wurde William Blake als Maler wiederentdeckt, wohl gerade weil G.K. Chesterton ihn als «Irren» bezeichnet hatte, und Marlowe und Webster wurden als Repräsentanten eines englischen Ur-Rebellentums verstanden. Diese neuen Sicht- und Leseweisen führten bei der (in ihrer Selbsteinschätzung) «intellectual ... cream of the world» zu dem Wunsch, die Mitschüler aufzuklären und für die neue Ästhetik zu gewinnen. Blunt war nach eigenen Worten besessen von der Aufgabe, andere mit seinem Protest zu missionieren. Die Fortschrittlichkeit der eigenen Position ging mit dem Versuch einher, anzuleiten, also auf diesem Feld Führungsaufgaben wahrzunehmen. Auch gerade zu dem Zweck der ästhetischen Aufklärung gründete Blunt, nachdem der Rektor von Marlborough die Zulassung einer avantgardistischen «Art Society» verboten hatte, seine «Anonymous Society» zur Förderung des Kunstgeschmacks. Dieser Individualismus erstreckte sich bis Ende der zwanziger Jahre in der Regel nicht auf politische Auseinandersetzungen. Für Blunt war die Politik der Aufmerksamkeit kultivierter Personen unwürdig.[14]

Der Eindruck eines persönlich-ästhetisch fundierten Protestes als Kennzeichen des Nonkonformismus in den zwanziger Jahren bestätigt sich, wenn man auf die Themen blickt, die in dieser Zeit in der Cambridge Union, einem studentischen Debattierclub, diskutiert wurden. Auch hier stand die Auseinandersetzung mit den schulischen und universitären Konformitätszwängen im Vordergrund. So votierte beispielsweise die Cambridge Union gegen das militärische Training in den Schulen, gegen dümmliche Professoren, für den modernen Roman und für die Benutzung empfängnisverhütender Mittel. Erst mit dem im Februar 1933 gefassten Beschluss des studentischen Debattierclubs in Oxford, «dass dieses Haus unter keinen Umständen für König und Vaterland Krieg führen würde» fand eine mit Hinweis auf die Ansprüche des Individuums begründete Verweigerungshaltung jenen politischen Ausdruck, der weit über den Rahmen von Schule und Universität hinausging. Die Ablehnung dieser gesellschaftlichen «Verpflichtung» bildete den Kern des Protestes. Gegenüber den institutionalisierten Forderungen nach Pflichterfüllung demonstrierten die Rebellen Verantwortungslosigkeit; der «Häretiker» fiel schließlich einem Verbot zum Opfer, weil Blunt sich für die Amoralität und Asozialität der Kunst ausgesprochen hatte.

In den zwanziger Jahren entwickelte sich in dieser Gruppe noch kein alternatives Gesellschaftsverständnis. Gegen den Konformitätsdruck des (Schul-)Systems wurde beispielsweise keine politische Utopie eines anderen Schulsystems gesetzt. Doch die Betonung der Asozialität verbrauchte sich schnell; gegen Ende der Dekade wurde die Negation des Sozialen schließlich von den «Ästheten» selbst immer wieder problematisiert. Anthony Blunt beklagte jetzt die fehlende soziale Eingebundenheit des Individuums, seine Einsamkeit und seine Realitätsverzerrung. Es kam darauf an, aus jener «kleinen selbstgenügsamen Welt ... geschützten Existenz ... Traumwelt, den kleinen intellektuellen Spinngeweben» herauszuwachsen.[15]

In die dreißiger Jahre fiel die Wiederentdeckung der Gesellschaft. Der individualistisch-rebellische Standpunkt galt nun als ergänzungsbedürftig. Wie der klassische Dandy des frühen 19. Jahrhunderts beklagten die Rebellen Ende der zwanziger Jahre immer wieder einen Authentizitätsverlust. Allein der Rückzug auf das Individuum bot nicht genügend an Welterklärung, Weltvergewisserung und Lebensbezug. Die Einbeziehung des Sozialen ging sofort mit Erkundungen der Lebensverhältnisse der Arbeiterklasse einher. In ihrer Existenz schien die im Diskurs des enfant terrible verbrauchte Wirklichkeitsanbindung noch vorhanden zu sein. Die beschworene Solidarität der Arbeiterklasse, ihre Lebenswelt, wurde zur Vorlage für die Formulierung von gesellschaftlichen Utopien und zum ganz persönlichen Lebensreformexperiment. Die Übereinstimmung zwischen Individuum und Gesellschaft sollte nicht in den schulischen und universitären Kaderschmieden diktiert werden, sondern gleichsam naturwüchsig aus gemeinsamer Arbeit entstehen. Dieses Versöhnungskonzept steht in deutlicher Nähe zu den personalen und gesellschaftlichen Harmonievorstellungen Matthew Arnolds. In der Linkswendung von Teilen der studentischen Elite zu Beginn der dreißiger Jahre erfuhr das Gentlemanideal, gegen dessen normierende Aspekte sich der affirmative Protest des vergangenen Jahrzehnts gerichtet hatte, jetzt eine, seine soziale Kompetenz betreffende, von den Beteiligten aber selbst meist nie artikulierte, Rehabilitierung.

Blunt rückte von seinem bisherigen Kunstverständnis ab und geißelte dieses als durch und durch antisozial: «Wir starteten ein Kampagne gegen esoterische Kunst und für einen realistischen Stil.»[16] Picassos Arbeiten galten jetzt als wertloser «Ausdruck seiner privaten Sinnenerfahrungen»[17], und insgesamt wurde einer Kunst des «reinen Selbstausdrucks»[18] eine Absage erteilt. Das Individuum der dandyistischen Verweigerung schien sich selbst zu misstrauen und ohne einen gesellschaftlichen Halt nicht auskommen zu können. Dabei durfte aber die erstrittene Selbstbestimmung der Subjekte nicht gefährdet werden, denn Blunt ging es um eine Harmonisierung in Vielfalt. Nur im Sozialismus, der nicht weiter definiert wurde, konnte der Mensch und damit auch der Künstler mit der Gesellschaft verschmelzen. Die Individuen würden ohne jeden Zwang kooperieren und zur weiteren Zivilisierung beitragen. Auch an dieser Stelle stößt man wieder auf das Harmoniekonzept Arnolds. Wie dieser misstraute auch Blunt der Ordnungsleistung des Liberalismus, dem ja gerade seine Konfliktorientierung und Harmonieunfähigkeit vorgeworfen wurden.

Der schon im 19. Jahrhundert diskutierte Widerspruch zwischen der Forderung nach Emanzipation und dem Misstrauen in eben jene Freisetzungsprozesse trat auch in der politischen Debatte der dreißiger Jahre wieder auf. Der Marktökonomie wurde auch von Blunt vorgeworfen, dass sie allgemeinen Sinn nicht stiften könne und deshalb die Individuen allein lasse. Bei aller Kampfrhetorik und Beschwörung der Revolution wurde der Sozialismus zur Utopie einer widerspruchsfreien, konfliktlosen Gesellschaft, in der alle ökonomischen, sozialen und politischen Gegensätze aufgehoben sind, in der es noch nicht einmal einen Widerspruch zwischen den Bedürfnissen des Individuums und den Stabilisierungsbedürfnissen der Gesellschaft gibt. Schwang aber in Arnolds Entwurf die Sehnsucht nach der Strukturierungskraft der Aristokratie mit, so ist für Blunt nur die «working class» in der Lage, aus dem Chaos der Gegenwart hinauszuführen und der Individualisierung Form zu geben. Sie hatte dabei jene Aufgabe, die in älteren Dekadenzvorstellungen den Barbaren zugeschrieben war. Gegen die lähmende Atmosphäre kapitalistischen Verfalls konnte nur die Kraft der Arbeiterbewegung gesetzt werden. Doch diese Hoffnung auf eine neue Ordnungskraft litt an einem Realitätsdefizit. Denn die britische «Arbeiterklasse» der dreißiger Jahre votierte entweder für das «dekadente System» oder verfiel in Apathie. Es scheint, als ob zwischen den zwanziger und dreißiger Jahren nur die eine Traumwelt gegen eine andere ausgetauscht worden war.

Mit der Forderung nach Überwindung der gesellschaftlichen und politischen Führungsschwäche verblieb man wiederum im Rahmen von Arnolds Kategorien. Nach der Aristokratie hatten in der Zeit zwischen den Weltkriegen angesichts des Abstiegs Großbritanniens von der Position der Weltführungsmacht und der anhaltenden, im «Schwarzen Freitag» ihren Höhepunkt findenden ökonomischen Krise nun auch die bürgerlichen «middle classes» jede physische und psychische Kraft zur Führung eingebüßt; moralische Kompetenz war ihnen schon von Arnold und anderen Kulturkritikern bestritten worden. Durch die das «rote Jahrzehnt» nach 1929 bestimmenden Dekadenzbilder, in denen die Machtübernahme des unverbrauchten Proletariats als letzte Rettung der Zivilisation erschien, wurde Arnolds Skeptizismus angesichts der sich Mitte des 19. Jahrhunderts emanzipierenden Mittelschichten und ihrer wirtschaftsliberalen Ideologie besonders aktuell. Neben der Harmonisierung von Individuum und Gesellschaft wurden auch Arnolds Ideen von «Perfektion», «Verpflichtung» und «Führungsstärke» wieder aufgegriffen. Die Verfallstendenzen der britischen Gesellschaft waren für Blunt und seine Generation besonders bedrohlich, weil die menschliche Gattung als naturwüchsig auf Fortschritt und Vollendung angelegt erschien. Diese permanente «Perfektion», die sich angesichts der «alten schuldigen Männer» im System nicht durchsetzen konnte, ging bei ihm weit über die ökonomisch-gesellschaftliche Sphäre hinaus und gewann so weitere Dynamik. Arnolds Sozietät der gütigen, sozialpatriarchalischen Gentlemen wurde in der Hinwendung zum Sozialismus zur biologistischen, naturgesetzlichen Argumentationsfigur einer permanenten Aufwärtsentwicklung. Sogar dem Tod des Individuums konnte die endlich zum Kommunismus fortgeschrittene Gesellschaft beikommen. Ein überaus erfolgreiches Lehrbuch des Sozialismus aus dieser Zeit, John Stracheys «The Coming Struggle for Power», prognostizierte sogar das ewige Leben, weil im Kommunismus alle Krankheiten überwunden würden. Und gerade weil die Vollendung zum Naturgesetz erklärt wurde, mussten Störungen dieses Fortschritts als besondere pathologische Entartungen gelten.

Da nur die von der Elite angeleitete «working class» in der Lage zu sein schien, dieses naturwissenschaftlich-zivilisatorische Potential zu realisieren, wurde der Einsatz für sie damit zur Menschheitsangelegenheit. Es ging in diesem Denken nicht um partielle Interessen, sondern um die Rettung der Gattung, des Menschen schlechthin. Hier zeichnete sich eine neue Loyalitätsbasis ab. Gegen die krankhaften Verirrungen des Kapitalismus setzte sich die Verpflichtung, zur weiteren Zivilisierung beizutragen, als eigentliche Loyalitätsgrundlage für das individuelle Handeln durch. Die Gesetzmäßigkeit der subjektiven und sozialen Vervollkommnung war eine monolithische Wahrheit (und deshalb so anziehend), gegenüber der jeder andere Wahrheitsanspruch als partikulare Interessenverschleierung erscheinen musste. Diese Orientierung verband sich mit einem neuen Patriotismus. Großbritannien hatte nach Meinung Stracheys nicht nur international «aufgrund der schon erreichten politischen Entwicklung der englischen Arbeiter» eine Führungsrolle im Fortschrittsprozess zu übernehmen, sondern der Einsatz für den Sozialismus war die einzig mögliche Form des Patriotismus überhaupt angesichts des allgegenwärtigen Verfalls.[19] Sein Freund Guy Burgess sprach sich immer wieder gegen eine frühzeitige Unabhängigkeit Indiens aus, weil Großbritannien eine «historic mission» in der Erziehung der indischen Massen zu erfüllen habe. Nach dem Zweiten Weltkrieg wurde er im Foreign Office zu einem heftigen Kritiker der britischen Politik. Der Rückzug aus Indien war für ihn ein feiger Verrat am indischen Volk.[20] Nur ein sozialistisches England schien in der Lage zu sein, diese

Kapitulation vor quasi selbstverständlichen Verantwortungen und Aufgaben zurückzunehmen. Und solange ein solches Großbritannien noch nicht existierte, war die Sowjetunion das einzige «centre of authority», von dem noch Ordnungskompetenz ausging. Auch für Donald Maclean bestand das Problem darin, dass «Britanniens Aufgabe als eines der Hauptzentren der Zivilisation» nur im Sozialismus richtig ausgefüllt werden konnte.[21]

Der Sozialismus war vor allem eine Erziehungsaufgabe, was sich nicht zuletzt im pädagogisch-didaktischen Stil eines großen Teils der zeitgenössischen Literatur manifestierte. Der Tendenz zur «Perfektion» war auch die «working class» selbst unterworfen. Sie musste sich ständig vervollkommnen, um ihren gesellschaftlichen Führungsauftrag wahrnehmen zu können. Dazu war die Bildung und Ausbildung einer revolutionären, die Arbeiterklasse erziehenden Elite notwendig. Zu dieser sollten neben den Arbeitern auch «ehrliche Intellektuelle» gehören, die sich ganz auf die Seite des Fortschritts stellten, mit ihrer eigenen Klasse brachen und sich in der Kommunistischen Partei organisierten. Die Konversion, die eigentlich keine war, wurde so zur Voraussetzung der Avantgarde. In den Forderungen nach Entscheidung und Übertritt drückte sich die Polarität des hier zugrundeliegenden Weltbildes deutlich aus. Es ging um die Entscheidung zwischen Dekadenz oder Aufstieg, Harmonie oder Chaos; dazwischen gab es nichts. Dieser Zwang zum klaren Standpunkt war für Strachey «das Schicksal der Menschen des 20. Jahrhunderts.»[22] Von diesem Manichäismus ging militante Sinnstiftung aus. Nach der Befolgung des Imperativs der Parteinahme wurde eine eindeutige Welterklärung und Handlungsorientierung möglich. Die Ordnung der Dinge war hergestellt. Blunts Mitspion Philby «hielt Kurs»[23] über alle Zweifel an den Erscheinungsformen des Stalinismus hinweg und verwies auf die Sicherheit des Standpunktes: «Du wählst Deine Seite ein für allemal.»[24] Für ihn wäre eine Abkehr von der Sowjetunion und der Idee des Weltsozialismus «ein furchtbares Schicksal gewesen».[25]

Die Verantwortung für die als krisenhaft wahrgenommenen ökonomischen, sozialen, politischen Veränderungen wurde den jeweiligen Führungsgruppen angelastet. Eine Reaktion auf diese allerorten diagnostizierte Lenkungsschwäche bestand im Großbritannien der Zwischenkriegszeit in der Umdeutung der ökonomischen und politischen Konfliktlagen in ein Generationenproblem. Die Krise wurde zu einem Konflikt zwischen «Alt» und «Jung». Die Vorkriegsgenerationen schienen – durchaus auch auf der kommunistischen Linken – ihre Handlungsunfähigkeit immer wieder zu demonstrieren, und die Kriegsgeneration war ja auch in ihrem Selbstverständnis zum großen Teil eine «verlorene». Weder gelang der «Vätergeneration» eine endgültige Krisenlösung, noch entwickelte sie revolutionäre Impulse. Die Jugend schien gefordert zu sein. «Neu» wurde zum Etikett der frühen dreißiger Jahre. Was sich zuerst ästhetisch und literarisch manifestierte – in Namen und Bewegungen wie New Writing, New Painting, New Verse, New Country, New Signatures –, erhielt schließlich eine politische Form. Bemerkenswert in diesem Zusammenhang sind die vom späteren konservativen Premierminister Harold Macmillan verfasste Programmschrift «New Outlook», in der eine Art geplante, soziale Marktwirtschaft gefordert wurde, und auch der Versuch Oswald Mosleys, des späteren Führers der «British Union of Fascists», in seiner «New Party» die Jugend Großbritanniens zu sammeln. Die diagnostizierte Handlungsunfähigkeit der «Alten» mündete in eine Kultur jugendlicher Tatbereitschaft, welche die dreißiger Jahre bestimmen und in der Debatte über die Teilnahme am Spanischen Bürgerkrieg einen Höhepunkt erreichen sollte.

John Maynard Keynes brachte diese Wahrnehmung eines Konfliktes zwischen jungen Rebellen und alten, versagenden Konformisten auf den Begriff. Die Generation der unter 35jährigen intellektuellen Kommunisten sei «vielleicht in ihren Gefühlen und Instinkten das, was dem typischen, nonkonformistischen englischen Gentleman am nächsten kommt, der sich an den Kreuzzügen beteiligte, die Reformation betrieb, in der «großen Rebellion» unsere politischen und religiösen Freiheiten erkämpfte und während des vergangenen Jahrhunderts die Arbeitermassen zu Menschen machte.»[26] Nach Keynes wurden im kommunistischen Intellektuellen die alten Gentleman-Tugenden von Führungsstärke und sozial-patriarchalischem Verhalten wiederbelebt. Nur von politischen Minderheiten sei Führungsstärke zu erwarten. Offensichtlich schien die politische Gesundung des Landes nur noch durch Aktionen einer aufgeschlossenen, fortschrittlichen und mutigen Minderheit möglich zu sein.

Die Gruppe um Blunt interpretierte diese großen Hoffnungen auf ganz eigene Art. Dass Blunt schließlich auf Vorschläge des KGB einging und seine Arbeit für die Sache des Sozialismus auszudehnen versuchte, korrespondierte mit dieser Tatbereitschaft. Und so betrieb er neben seiner akademischen Karriere, die ihn 1939 auf den Posten des stellvertretenden Direktors des Courtauld-Instituts für Kunstgeschichte an der Londoner Universität brachte, auch verstärkt Versuche einer aktiven Spionage. Zwar wurden seine ersten Bemühungen, in den militärischen Geheimdienst aufgenommen zu werden, abgelehnt, aber mit Ausbruch des Zweiten Weltkrieges gelang ihm schließlich der Eintritt in den militärischen Abschirmdienst MI 5. Für kurze Zeit galt er aufgrund seiner allgemein bekannten prosozialistischen Einstellungen als Sicherheitsrisiko, aber bezeichnenderweise rückte Blunt zunehmend öffentlich von seinen linken Überzeugungen ab. In seiner 1940 veröffentlichten, epochalen Studie zur «Ästhetischen Theorie in Italien 1450–1600» brach er scheinbar endgültig mit seiner marxistischen Vergangenheit. Neben dieser vorgeblichen Rekonversion war die hermetische Struktur der britischen Elitenbildung der wichtigste Faktor für das erfolgreiche Vordringen der prosowjetischen Maulwürfe. Das Geflecht der Public School und Oxbridge-Absolventen, welche die sozialistischen Orientierungen von Blunt und anderen als pubertäre Verirrungen deuteten und die Schulfreunde gern wieder in den einschlägigen Clubs der Gentlemanwelt begrüßten, begünstigte die Spionage für die UdSSR. So wurde Blunt von seinem guten Freund Victor Rothschild bei MI 5 untergebracht, der sich deshalb nach der Enttarnung Blunts selbst dem Vorwurf ausgesetzt sah, zur Gruppe der Cambridge-Spione zu gehören. In den vierziger Jahren stieg Blunt im britischen Abwehrgeheimdienst schnell auf und leitete die für die Kontrolle der diplomatischen Post der in London akkreditierten neutralen Staaten und strategische Ablenkungsmanöver zuständige Abteilung. Im Laufe des Krieges wurde er Mitglied im Joint Intelligence Committee der Regierung, das die Arbeit der Geheimdienste koordinierte, und der Vertreter von MI 5 im Hauptquartier der alliierten Expeditionsstreitkräfte, das unter anderem die Invasion Italiens und Frankreichs organisierte.

Insgesamt hat er dabei zumeist im Courtauld-Institut allein 1942/1943 auf 327 Filmrollen von ihm und Burgess herangeschaffte geheime Schriftstücke belichtet und insgesamt 1771 Kopien klassifizierter Dokumente an seine Führungsagenten weitergegeben.[27] Das Material war unterschiedlich wichtig. So konnte Blunt über Abhörmaßnahmen im Hauptquartier der CPGB, die Überwachung der sowjetischen Botschaft und die Organisationsstruktur von MI 5 und des amerikanischen Office for Strategic Services informieren. Daneben gab er brisante Geheimnisse über Fortschritte der britischen Entschlüsselung deutscher Nachrichtencodes, die der UdSSR trotz ihrer Zugehörigkeit zur Anti-Hitler-Koalition nicht offenbart werden sollten, weiter. Insbesondere bemühte er sich, die Bereitschaft der Westalliierten zur Eröffnung einer zweiten Front auszuforschen, die von der sowjetischen Regierung vehement gefordert und deren Verzögerung als antirussisches Manöver der USA und Großbritanniens wahrgenommen wurde. Nach 1945 verließ Blunt mit Erlaubnis des KGB MI 5 und widmete sich fast ausschließlich seiner kunsthistorischen Arbeit, die ihn nicht nur zum Direktor des Courtauld-Instituts, Mitglied der Britischen Akademie der Künste und Professor für Kunstgeschichte an den Universitäten London und Oxford werden ließ, sondern auch zum Direktor der königlichen Gemäldegalerien und damit formal zum Mitglied des königlichen Haushalts. Im Auftrag Georgs VI. unternahm er kurz nach Kriegsende eine geheime Reise in das zerstörte Deutschland, wo er politisch kompromittierende Briefe sicherstellte, welche in den dreißiger Jahren von Mitgliedern des englischen Hofes an deutsche Verwandte geschrieben worden waren. Solche treuen Dienste brachten ihm 1956 die Ritterwürde ein.

Allerdings gab Sir Anthony Blunt seine Kontakte zum KGB in diesen Jahren nicht vollständig auf. Er blieb ansprechbar und warnte 1951 die Mitverräter Maclean und Burgess vor ihrer aufgrund von Aussagen sowjetischer Überläufer und erfolgreicher Decodierung russischer Funksprüche drohenden Verhaftung.[28] Aufforderungen des KGB zur Flucht in die UdSSR lehnte Blunt kategorisch mit dem Hinweis auf die für seine kunstwissenschaftliche Arbeit notwendige Reisefreiheit ab. Neben der Fluchthilfe für die beiden Diplomaten gelang ihm unter den Augen von MI 5 und Scotland Yard die Vernichtung von ihn belastenden Unterlagen, die der unzuverlässige Burgess zurückgelassen hatte. Trotzdem musste er sich wegen seiner bekannten Beziehungen zu Burgess mehreren Verhören durch den Abwehrdienst unterziehen, die aber schnell versandeten. Gleichwohl veränderte die Enttarnung von Burgess und Maclean die konspirative Arbeit grundsätzlich, denn neben Blunt geriet der ebenfalls als Freund von Burgess und Maclean bekannte Harold Philby in Verdacht. Zwar wurde auch gegen ihn kein offizielles Verfahren eröffnet, aber Philby, der zu diesem Zeitpunkt immer noch als hochrangiger Geheimdienstmitarbeiter des britischen Auslandsspionagedienstes MI 6 aktiv für die UdSSR spionierte, wurde zum Rücktritt gezwungen. Fortan schlug er sich als Journalist des «Observer» durch, erfüllte aber insbesondere im Nahen Osten einzelne Aufträge für MI 6 und stand weiterhin in Diensten des KGB. Endgültig war für Philby das «große Spiel» der Geheimdienste erst 1963 aus, als weitere Überläufer ihn enttarnten. Bei seiner Flucht stand Blunt wiederum hilfreich zur Seite, aber diesmal kamen glaubwürdige Hinweise auf weitere Spione der Cambridge-Connection nicht nur von sowjetischen Überläufern, sondern von ehemaligen Mitgliedern der Trinity-Zelle selbst. So offenbarte sich der 1937 von Blunt angeworbene Michael Straight der CIA und belastete Blunt schwer. Zwar konnten Journalisten von spekulativen Berichten durch Androhung massiver Schadensersatzforderungen von einer Veröffentlichung abgehalten werden, doch der britische Gegenspionagedienst war hartnäckig. Gegen die Zusicherung von Straffreiheit, Fortsetzung seiner bis dahin üblichen Lebensweise, seiner Stellung bei Hofe und Anonymität legte Blunt schließlich ein Geständnis seines Verrats ab, gab aber nur seine Aktivitäten bis 1945 zu. Die Kronanwälte aller nachfolgenden Regierungen bekräftigten diese Immunitätsregelung. Blunt behielt seine Ämter und seine Stellung als Kustos der königlichen Gemäldegalerien. Über seine Vergangenheit wurde ein

Mantel des Schweigens gebreitet.[29] Gegen Ende seines beruflichen Lebens wurde er mit den üblichen Orden geehrt.

Erst als der Journalist Andrew Boyle 1979 ein Buch über das «Climate of Treason» der dreißiger Jahre veröffentlichte und darin Blunt als Verräter bezeichnete, brach die Thatcher-Regierung diese Absprache mit Blunt und bestätigte seine Tätigkeit als «vierter Mann» des Cambridge-Spionagerings. Thatcher nutzte den Fall Blunt als Symbol ihrer Kritik an der Unfähigkeit der traditionellen Oberschicht.[30] Damit verfiel Blunt bis zu seinem Tod am 26. 3. 1983 einer Art Verfemung. Die Britische Akademie der Künste und Wissenschaften legte ihm den Austritt nahe. Er verlor seinen Professorentitel und die Lehrerlaubnis für britische Universitäten. Die Ritterwürde wurde ihm entzogen, was im gesamten 20. Jahrhundert überhaupt nur zwei Personen traf: Blunt und den wegen seiner Teilnahme am irischen Osteraufstand 1916 hingerichteten Roger Casement. Mit Blunt stand plötzlich die alte politische Elite und ihre Rekrutierungsmuster der Public Schools, von Oxbridge, der Clubs und Netzwerke am Pranger. Es kam zu einer publizistischen Jagd auf vermeintliche weitere «Maulwürfe» aus der Oberschicht. Bis heute ist die genaue Zahl der angeworbenen Agenten nicht bekannt. Neben dem Cambridge-Ring hat wohl auch eine Zelle in Oxford existiert, aber mehr als die noch nicht entschlüsselten Decknamen «Bunny» und des Oxforder Chefrekrutierers «Scott» geben die KGB-Archive nicht her.[31]

Zur Ironie dieser Geschichte gehört es, dass die Heftigkeit der Reaktion auf das Bekanntwerden des Verrats keinen Rückschluss auf seinen militärischen und politischen Nutzen für die UdSSR zulässt. Zwar war Blunt ein zuverlässiger und fleißiger Zuträger, aber viele Informationen stießen in Moskau auf Misstrauen und setzten geheime Aktionen in Gang, die den Zweck hatten, die Glaubwürdigkeit Blunts zu prüfen. Hinzu kam, dass durch ideologische Kursänderungen im stalinistischen Herrschaftsapparat 1939/1940 der Cambridge-Ring fast ein Jahr lang nicht kontaktiert wurde, weil die damaligen Führungsagenten als Gegner Stalins galten und einige der KGB-Residenten den zahlreichen Säuberungswellen zum Opfer fielen.

Die Affäre Blunt bestätigt die immer wieder gemachte Beobachtung, dass Geheimdienste die Authentizität des ihnen zugetragenen Spionagematerials selbst konstruieren. So sind etwa alle Hinweise auf den bevorstehenden Einmarsch deutscher Truppen in die Sowjetunion 1941 vom KGB als gegen den Hitler-Stalin-Pakt gerichtete Propaganda abgetan worden. Es konnte nicht wahr sein, was nicht wahr sein durfte. Durch Blunts Informationen erhielt die in der sowjetischen Führung während des gesamten Krieges vorhandene Furcht vor einem Doppelspiel der Westalliierten immer wieder neue Nahrung, und das so verstärkte Misstrauen setzte einen immensen Bedarf nach mehr geheimen

Informationen frei. Auch als Partner in der Anti-Hitler-Koalition sah sich die UdSSR von bestimmten Geheimnissen – etwa über Erfolge bei der Decodierung deutscher Funksprüche – ausgeschlossen. Der Krieg gegen die Achsenmächte wurde als Episode perzipiert, die den grundsätzlichen, seit der Oktoberrevolution die internationalen Beziehungen stark bestimmenden Systemkonflikt nur überlagerte. Und diese durch die britischen Spione zementierte Sichtweise begünstigte eine Konfrontationshaltung in der Anti-Hitler-Koalition, die im «Kalten Krieg» der Nachkriegszeit gipfelte. Das durch Spionage gewonnene Wissen löste vor allem einen Bedarf nach mehr Spionage aus. Sicherheit über die erhaltenen Informationen stellte sich nur kurzzeitig ein. Geheimdienste sind unersättliche Auftraggeber, und Blunt war ein naiver Sisyphos.

Hubertus Knabe

Der Kanzleramtsspion

Er war der ständige Begleiter des Bundeskanzlers. Wenn Fraktion oder Parteivorstand der SPD zusammenkamen, saß Günter Guillaume, der persönliche Referent Willy Brandts, fast immer mit am Tisch. Er organisierte seine Wahlkampfreisen, begleitete ihn in den Urlaub und folgte ihm beständig mit einer Tasche wichtiger Akten. Selbst im privaten Domizil des Bundeskanzlers ging er, wie Brandts damalige Ehefrau Rut sich später erinnerte, ein und aus. Er «holte Papiere, die Willy im Wohnzimmer auf den Tisch gelegt hatte, und brachte andere Papiere».[1] Am 24. April 1974 wurde der Mann, der als des Kanzlers Schatten galt, unter dem Vorwurf der Spionage für die DDR verhaftet.

Es war der spektakulärste Spionagefall in der Geschichte der Bundesrepublik. Ungeachtet aller staatlicher Sicherheitsvorkehrungen war ein Agent des DDR-Staatssicherheitsdienstes bis in den innersten Bereich der westdeutschen Regierung vorgedrungen. Dabei hatte er nicht nur Kenntnis von den wichtigsten politischen Vorgängen im Kanzleramt und in der SPD-Zentrale erhalten, sondern auch von den persönlichen Schwächen des westdeutschen Regierungschefs. Unter der Last seines Amtes hatte dieser zuweilen Zuflucht im Alkohol oder bei gutaussehenden Journalistinnen gesucht, und Guillaume zählte zu den wenigen Mitwissern. Zwei Tage, nachdem Brandt von SPD-Fraktionschef Herbert Wehner darauf aufmerksam gemacht worden war, dass der Spion in der Hauptverhandlung «pikante Details» auftischen könnte oder seine Auftraggeber möglicherweise bei späterer Gelegenheit davon Gebrauch machen würden, erklärte Brandt am 6. Mai 1974 seinen Rücktritt.

Bis heute ist der Fall des Kanzleramtsspions nicht restlos aufgeklärt. Obwohl Guillaume im Dezember 1975 wegen Landesverrats in einem besonders schweren Fall zu 13 Jahren Haft verurteilt wurde, ranken sich immer noch Spekulationen um seinen Auftrag und die Umstände seiner Enttarnung. Brandt selber vermutete zum Beispiel, dass Wehner, der Brandt als Kanzler für zu lasch hielt, in vertraulichen Gesprächen mit SED-Chef Erich Honecker frühzeitig davon informiert worden sein könnte. Honecker und Wehner kannten sich seit den dreißiger Jahren aus gemeinsamen Einsätzen für die KPD im Saarland und pflegten seit Mai 1973 einen vertraulichen Kontakt. Der Leiter des Spionageapparates der DDR, Markus Wolf, behauptete hingegen, nicht der Spion, sondern Bonner Intrigen hätten den Sturz des Kanzlers bewirkt.

Nach dem Ende der SED-Diktatur bot die Öffnung der Archive des Staatssicherheitsdienstes die Aussicht, erstmals in die Steuerung des berühmten Kanzleramtsspions Einblick zu nehmen. Jetzt, so konnte man hoffen, würde man erfahren, wie der unbekannte Parteifunktionär aus Frankfurt, der lediglich über einen Acht-Klassen-Abschluss verfügte, bis an die Spitze der Bonner Republik vordringen hatte können. Nun müsste festzustellen sein, wie umfangreich seine Verratstätigkeit gewesen ist und was die Ostberliner Führung über das Privatleben Brandts erfahren hatte. War der Spion auch zur politischen Einflussnahme eingesetzt worden? Und warum hatte man ihn, als er merkte, dass er observiert wurde, nicht rechtzeitig in die DDR zurückgerufen?

Inzwischen steht fest, dass in den Hinterlassenschaften des Ministeriums für Staatssicherheit (MfS) nicht ein einziges Dokument über Guillaume und seine Rolle im Bundeskanzleramt überlebt hat. Die zuständige Spionageabteilung, die Hauptverwaltung A (HVA), beseitigte bei ihrer Auflösung nahezu ihr gesamtes Archiv, so dass nicht einmal mehr die übliche Personenkarteikarte existiert. Aufgefunden wurde lediglich eine Karte, die Guillaumes Rentenansprüche als hauptamtlicher MfS-Offizier dokumentiert. Deshalb beruht das Wissen über den Spionagefall nach wie vor in erster Linie auf den wenigen Fakten, die Guillaume vor Gericht vorgehalten wurden, sowie auf den oft zweifelhaften Aussagen der Beteiligten. Erst in jüngster Zeit sind durch die Entschlüsselung einer Datenbank der HVA neue Erkenntnisse zutage gefördert worden, die genauere Angaben über die Bedeutung des Kanzleramtsspions möglich machen.

Sicher ist, dass der 1927 geborene Guillaume, wie die meisten DDR-Agenten in der Bonner Politik, Mitarbeiter der von Wolf aufgebauten und jahrzehntelang geleiteten HVA war. Einer kleinen Propagandaschrift über das «Leben und Wirken des Kommunisten und Tschekisten Paul Laufer» ist zu entnehmen, dass dieser Guillaume und seine Frau Christel 1955 für den Staatssicherheitsdienst angeworben habe. Der Altkommunist Laufer war schon in der Zeit der Weimarer Republik zur Unterwanderung der SPD eingesetzt und leitete nach dem Zweiten Weltkrieg die für die Bearbeitung von SPD und DGB verantwortliche Spionageabteilung der DDR. Was hatte Guillaume zur Spionage veranlasst? Der Staatssicherheitsdienst, aber auch Guillaume selbst verbreiteten später die Legende, dass Laufer für ihn politisches Vorbild und Vaterfigur zugleich gewesen sei. Im Westen wurde hingegen darüber spekuliert, dass Guillaume aufgrund seiner Mitgliedschaft in der NSDAP erpresst worden sei. Das ist jedoch wenig wahrscheinlich, weil das Politbüro der SED bereits 1952 die ehemaligen Mitglieder der Nazi-Partei in der DDR pauschal rehabilitiert hatte. Einige von ihnen waren sogar Abgeordnete der Volkskammer.

Naheliegender ist, dass Guillaume, wie viele aufstrebende Kader in der DDR, dem Spionageapparat aus Überzeugung beitrat. Er arbeitete damals im Alter von 28 Jahren als technischer Redakteur und Fotograf für den Ostberliner Verlag «Volk und Wissen». Daneben führte er seit 1954 verdeckte Einsätze in der Bundesrepublik aus. Im Westen gingen zu dieser Zeit mehrere Berichte aus ostdeutschen Quellen ein, nach denen Guillaume «in auffälligem Maße im Interesse des DDR-Systems aktiv» sei und immer häufiger nach Westdeutschland geschickt würde; im Oktober 1955 sei er schließlich ganz für die Westarbeit freigestellt worden.[2] Nach seiner Verhaftung gab Guillaume an, vor seiner Übersiedlung in den Westen hauptamtlicher Mitarbeiter des Staatssicherheitsdienstes im Range eines Hauptmanns gewesen zu sein und danach den Status eines «Offizier im besonderen Einsatzes» (OibE) bekleidet zu haben. Angaben der Bundesanwaltschaft zufolge war er seit September 1955 Hauptamtlicher Inoffizieller Mitarbeiter des Staatssicherheitsdienstes.

Ein Blick in die entschlüsselte Datenbank der HVA zeigt, dass Guillaume keineswegs der systematisch aufgebaute Spitzenspion war, als der er später oft dargestellt wurde. Seine Anwerbung glich eher einem Routinevorgang in einer Zeit, als der Staatssicherheitsdienst unter seinem damaligen Leiter Ernst Wollweber immer mehr geheime Kader in den Westen entsandte. Ostdeutsche Verlage und Zeitungen waren seinerzeit ein beliebtes Rekrutierungsfeld für künftige Westagenten, wie im Fall des späteren Spiegel-Redakteurs Diethelm Schröder, der zur selben Zeit im «Verlag der Nation» angeworben und nach einer Ausbildung im einseitigen Funkverkehr 1956 in den Westen übergesiedelt wurde. Guillaume, der Wolf zufolge den Decknamen «Hansen» trug, wurde laut Datenbank im September 1954 als Inoffizieller Mitarbeiter (IM) der HVA registriert und erhielt später die Vorgangsnummer XV/19142/60. Seine Frau Christel (Deckname «Heinze») wurde erst im Oktober 1958 als IM registriert, als sich das Ehepaar schon zwei Jahre in der Bundesrepublik befand. Die beiden Vorgänge wurden von einem unbedeutenden HVA-Offizier namens Erich Boldt geführt, der sogenannte Übersiedlungskandidaten ausbildete und im Spionageapparat eher technische Aufgaben wahrnahm. Dessen Vorgesetzter war der erwähnte Altkommunist Laufer. Am Ende war Walter Weichert für den Vorgang zuständig, der es nach Guillaumes Verhaftung noch zum stellvertretenden Referatsleiter für die Ausforschung der SPD brachte. Alles in allem war Guillaume danach nicht mehr als ein Durchschnittsspion.

Seine Übersiedlung in die Bundesrepublik im Mai 1956 wurde sorgfältig vorbereitet: Nach einer mehrmonatigen nachrichtendienstlichen Ausbildung Guillaumes meldete zunächst dessen Schwiegermutter, die Holländerin war, ihren Wohnsitz in Frankfurt am Main an. Auf diese

Weise konnte das Ehepaar mit einer Starthilfe des MfS in Höhe von 10 000 DM in den Westen «flüchten», ohne dass es sich den geheimdienstlichen Befragungen im Notaufnahmelager unterziehen musste. Der Agent übernahm bald darauf in der Frankfurter Innenstadt einen kleinen Kaffee- und Tabakladen, während seine Frau eine Stellung als Sekretärin annahm. Gesteuert wurde er, wie die meisten DDR-Spione, mittels chiffrierter Funksprüche, die das MfS über Kurzwelle nach Westdeutschland sendete und die der Verfassungsschutz später entschlüsseln konnte. Zwischen Juni 1956 und Januar 1959 fing man knapp 100 Funksprüche für Guillaume auf, aus denen allerdings nur abgeleitet werden konnte, dass das MfS einem unbekannten Agentenpaar in der Bundesrepublik Aufträge zur Nachrichtenbeschaffung aus der SPD erteilte.

Über Funk erhielt Guillaume beispielsweise den Auftrag, den Prozess gegen Otto John zu beobachten, dem ersten Präsidenten des Bundesamtes für Verfassungsschutz. Dieser war 1954 überraschend in die DDR übergetreten, dort auf mehreren propagandistischen Pressekonferenzen aufgetreten und ein Jahr später mit der Begründung zurückgekehrt, er sei entführt worden. Eine andere Anweisung besagte, er solle – damals noch aus weiter Ferne – über Probleme der SPD-Bundestagsfraktion und über die Lage im Parteivorstand berichten, die im Funkspruch als «erste Mannschaft» und als «Liga» bezeichnet wurden. 1957 erhielt das Ehepaar dann den Auftrag, in die SPD einzutreten und sich dort als «rechte» Sozialdemokraten zu profilieren, um Quellen zu erschließen und zu führen.

Guillaumes langsamer Aufstieg in der SPD begann Anfang der sechziger Jahre: 1962 fing er an, für die Parteizeitung des Bezirks Hessen-Süd «Der Sozialdemokrat» als Fotograf und Journalist zu arbeiten. Ein Jahr später war er bereits so stark in die Arbeit des Blattes involviert, dass er das Kaffeegeschäft nicht mehr zur Tarnung brauchte. 1964 wurde er leitender Geschäftsführer des SPD-Unterbezirks Frankfurt, 1968 Geschäftsführer der Fraktion im Römer, Stadtverordneter und Wahlkreisbeauftragter des Bundestagsabgeordneten Georg Leber. Der ehemalige Vorsitzende des SPD-Unterbezirks, Emil Bernt, berichtete später von der Unterwanderung seiner Parteigliederung durch die Tätigkeit Guillaumes in den sechziger Jahren. Er selbst sei damals durch eine Serie diskreditierender Presseartikel aus dem Weg geräumt worden, die wahrscheinlich vom Staatssicherheitsdienst veranlasst worden seien.

Nachrichtendienstlich interessanter als Guillaume war in dieser Zeit seine Frau Christel, die seit 1959 im Parteibüro des SPD-Bezirks Hessen-Süd als Sekretärin tätig war und dabei auch dem Bundestagsabgeordneten und Mitglied des Parteivorstandes Wilhelm Birkelbach zuarbeitete. Als dieser 1964 die Leitung der Hessischen Staatskanzlei übernahm, machte er sie dort zu seiner zweiten Vorzimmerdame. Auf diese Weise erhielt sie erstmals Zugang zu geheimen Dokumenten, die ihr Mann zuhause bequem abfotografieren konnte. Im Prozess gegen die Spionin spielte deshalb unter anderem eine Rolle, ob sie die Erfahrungsberichte der NATO über die Manöver «Fallex 64» und «Fallex 66» in die Hände bekommen habe, die damals über Birkelbachs Schreibtisch gelaufen waren. Während Guillaume diese Frage in seinem Buch unbeantwortet lässt, kann man heute anhand der entschlüsselten Datenbank der HVA zweifelsfrei feststellen, dass 1965 beim MfS ein siebenseitiger Bericht über die Auswertung der Übung «Fallex 64» und 1967 ein 41 Seiten starkes Dokument über die Ergebnisse und Schlussfolgerungen aus der Übung «Fallex 66» im Bereich der NATO-Armeegruppe Nord einging. Auch ein in der Datenbank registrierter Bericht von 1962 über die SPD-Bezirksparteitage Hessen-Süd und eine 82seitige Personencharakteristik Wilhelm Birkelbachs von 1970 könnten aus der Quelle Christel und Günter Guillaume gekommen sein.

Bis 1964 wirkte Guillaume in Frankfurt für den Staatssicherheitsdienst als sogenannter Resident, der seine Frau und zwei weitere Quellen aus dem Bereich der SPD betreute. Er schilderte sie später als die hochrangigen SPD-Politiker «Fritz» und «Max», die dem MfS «brisante Informationen» geliefert hätten. Meist hätte er nach den Zusammenkünften noch in den Nachtstunden den entsprechenden Bericht angefertigt, den er anschließend als Mikrofilm in einer leeren Zigarrenhülse über seinen Instrukteur «Heinz» nach Ostberlin weitergeleitet hätte. Als geübter Fotograf, der unter anderem über eine Kleinbildkamera der Marke «Minox» verfügte, konnte Guillaume ohne Probleme Dokumente ablichten und auch sogenannte Mikrate herstellen, das heißt extrem verkleinerte Ablichtungen, die man notfalls unter eine Briefmarke kleben konnte. Darüber hinaus benutzte er Deckadressen und Tote Briefkästen. Zum «Auftanken», so Guillaume, sei er oftmals nach Berlin gefahren, um im Ostteil der Stadt mit Laufer zusammenzutreffen.

Nach Angaben der Bundesanwaltschaft traf sich der Agent in dieser Zeit mindestens zweimal auch mit Spionagechef Wolf. Dieser habe ihn Ende 1964 instruiert, Kontakte zu SPD-Politikern zu knüpfen, die bei einem Regierungswechsel in Bonn von Bedeutung werden könnten. Die Methode, Agenten an die Fersen eines erfolgversprechenden Politikers zu heften, damit dieser im Fall seines Aufstiegs den Spion mitbefördere, war für die HVA eine besonders wirksame Einschleusungsmethode. In einer von Wolf in Auftrag gegebenen Forschungsarbeit wurde sie 1974 am Beispiel des Bundeskanzleramtes genauer beschrieben. Führungskräfte, so kann man da lesen, «die eindeutig aus Gründen der Parteipolitik berufen und eingesetzt werden, nehmen im Prinzip auch die erforderlichen Hilfskräfte (wie Sekretärin, Schreibkräfte, Referenten,

Kraftfahrer) aus ihrer früheren Umgebung mit. Auf diese Weise können aus der Basis der gesamten HVA Möglichkeiten der Einschleusung entstehen, die auf keinen Fall verpasst werden dürfen.»[3]

Guillaumes Aufstieg ins Bundeskanzleramt erfolgte nach einem ähnlichen Muster. Im Spätsommer 1969 organisierte er den Wahlkampf für den eher konservativen Bundesverkehrsminister der SPD, Georg Leber. Dieser gewann damals in seinem Wahlkreis zahlreiche Erststimmen und äußerte sich noch im Prozess fast enthusiastisch über seinen Wahlkampfhelfer: «Herr Guillaume steckte in keinem zeitraubenden Privatberuf, konnte sich seiner Aufgabe voll widmen. Er war arbeitswillig, hilfsbereit, immer da, wenn er gefordert war, sehr reaktionsfähig, kein praxisferner Mann, ein guter Organisator.»[4] Leber konnte nicht ahnen, dass Guillaume dem MfS unter anderem einen neunseitigen Bericht über ihn und seine Einschätzung einiger innerparteilicher Fragen geliefert hatte, der im Juli 1969 in der Datenbank der HVA registriert wurde. Als der Spion nach der gewonnenen Bundestagswahl im Oktober, die erstmals einen Sozialdemokraten in das Amt des Bundeskanzlers brachte, Leber gegenüber den Wunsch äußerte, nach Bonn zu gehen, stieß er auf offene Ohren: Leber fragte den frisch gebackenen Leiter der Abteilung Wirtschaft im Kanzleramt, Herbert Ehrenberg, ob man nicht Verwendung für den verdienten Frankfurter Parteifunktionär hätte. Guillaume wurde daraufhin eine Stelle als Hilfsreferent im Bundeskanzleramt angeboten, und seine Frau konnte etwas später in die Hessische Landesvertretung nach Bonn wechseln.

Guillaumes Einstellung im Kanzleramt kam gegen den Willen des Personalrats zustande, der seine mangelhafte Qualifikation monierte und eine Parteibuch-Gefälligkeit witterte. Vor allem aber erfolgte sie trotz erheblicher Sicherheitsbedenken, weil man bei der obligatorischen Überprüfung auf die erwähnten Berichte aus den fünfziger Jahren gestoßen war. Als vermeintlich unbegründete Verdächtigungen aus der Zeit des Kalten Krieges schenkte man ihnen jedoch keine größere Beachtung. Kanzleramtschef Horst Ehmke nahm zwar eine Befragung des Kandidaten vor, doch offenbarte er dabei auch, dass der Informant des Bundesnachrichtendienstes inzwischen verstorben sei. Dem Agenten half er damit, die schwierigsten Stunden seiner Laufbahn sicher zu überstehen. Nachdem sich Leber, angesprochen auf die Sicherheitsbedenken, erneut für Guillaume verwendet hatte und der Verfassungsschutz keine Einwände gegen seine Ermächtigung zum Umgang mit Verschlusssachen erhob, wurde Guillaume rückwirkend zum 1. Januar 1970 eingestellt.

Der Spion saß nun im Zentrum der Macht und machte sich hier alsbald durch rastlose Zuarbeit beliebt, so dass er bald befördert wurde. Zuständig für die Verbindungen zu Gewerkschaften und Angestelltenverbänden, kam Guillaume in den Ruf eines Faktotums, das sich um alles kümmerte und auch vor Nachtarbeit nicht zurückscheute. Mit seinem kumpelhaften Verhalten gelang es ihm, im Bundeskanzleramt zahlreiche Kontakte zu knüpfen und Vorsitzender der Gewerkschaftsgruppe zu werden. Auch den weiblichen Beschäftigten trat er betont charmant gegenüber, darunter der Sekretärin Egon Bahrs, mit der er kurzzeitig ein Verhältnis gehabt haben soll – in der Zeit der Verhandlungen über den Grundlagenvertrag nicht unbedeutend für einen DDR-Agenten. Da sich sein Arbeitszimmer über den Diensträumen des Kanzlers befand, wurde zudem darüber spekuliert, er könne Brandt auch abgehört haben.

Guillaumes nachrichtendienstliche Möglichkeiten nahmen jedenfalls rasch zu. Laut HVA-Chef Wolf trug er dazu bei, dass die DDR im Vorfeld der Gespräche zwischen Brandt und dem DDR-Ministerpräsidenten Willi Stoph ein nahezu vollständiges Bild der Vorstellungen der Bundesregierung besaß. Guillaume wiederum berichtete, er habe den Bundeskanzler überredet, bei seinem Besuch in Erfurt auch das Konzentrationslager Buchenwald zu besuchen – für die DDR eine willkommene Gelegenheit, sich als antifaschistischer Staat in Szene zu setzen, zumal eine Formation der Nationalen Volksarmee, entgegen den Verabredungen, feierlich die Kränze trug. Beim SPD-Parteitag 1970 in Saarbrücken leitete Guillaume dann das Verbindungsbüro zum Kanzleramt, was ihm erstmals Einblicke in vertrauliche Regierungsunterlagen ermöglichte. Bald wurde er auch zum Umgang mit Papieren ermächtigt, die als «streng geheim» deklariert waren. Den eigentlichen Durchbruch erreichte Guillaume jedoch im Sommer 1972, als er gebeten wurde, einen der drei Referenten im Büro des Bundeskanzlers zu vertreten. Jetzt war er in Brandts unmittelbarer Nähe, verantwortlich für die Verbindungen zur SPD sowie zur Bundestagsfraktion.

Der Agent nutzte seine Chance. Bei Willy Brandt machte er nicht nur durch Fleiß und organisatorisches Geschick auf sich aufmerksam, sondern auch durch die unprätentiöse Art, mit der er sich um das persönliche Wohlergehen des Kanzlers kümmerte. Er holte ihm frische Croissants zum Frühstück und wählte auf Reisen sogar die Garderobe des Kanzlers aus. Im Wahlkampf 1972, aber auch später noch, wenn Brandt mit einem Sonderzug durch die Bundesrepublik fuhr, war Guillaume sein ständiger Begleiter und trug für ihn den Koffer mit den Regierungsakten. Auf diese Weise gelangten beispielsweise zwei Fernschreiben Egon Bahrs aus der Schlussphase der Verhandlungen mit der DDR über den Grundlagenvertrag in seine Hände. Die Auftritte und Veranstaltungen des Kanzlers waren von Guillaume jeweils perfekt vorbereitet worden, und am späten Abend sorgte er dafür, dass sich Brandt von den anstrengenden Einsätzen erholen konnte. Nach seiner Verhaftung kursierten deshalb Gerüchte, der Adjutant habe damals Liebesnächte im Salonwagen per Tonband aufgezeichnet und dem Regierungschef

Damen aus der Bahnhofsgegend «zugeführt», wofür es jedoch keinerlei Anhaltspunkte gibt. HVA-Chef Wolf erklärte später vielmehr, dass sich der Staatssicherheitsdienst nicht um die Frauengeschichten Brandts gekümmert habe. Allerdings war bereits 1961 in der Bundesrepublik ein Buch mit Liebesbriefen Brandts an eine Bonner Journalistin erschienen, das wahrscheinlich auf eine östliche Diskreditierungsaktion gegen den damals noch von der SED bekämpften SPD-Politiker zurückging.

Nach dem Wahlerfolg der SPD, der Brandts zweite Amtsperiode einläutete, wurde Guillaume im November 1972 auch offiziell zu einem der drei persönlichen Referenten des Bundeskanzlers ernannt. Jetzt war er ständig in der Nähe des Kanzlers, nahm an den wichtigsten Besprechungen teil und hatte immer die notwendigen Unterlagen zur Hand. Bei den Sitzungen der Abteilungsleiter im Kanzleramt war er ebenso dabei wie bei denen in der Parteizentrale. Allerdings lief der Hauptstrom der Regierungsakten nach wie vor nicht über seinen Schreibtisch, sondern über den von Brandts Büroleiter. Von seinem Vorgänger hatte Guillaume aber zwei brisante Ordner übernommen, die Geheimberichte des Verfassungsschutzes über die kommunistische Unterwanderung der SPD enthielten. Auch seine Frau entwickelte neuen Ehrgeiz und bewarb sich als Sekretärin Georgs Lebers, der nach der Wahl zum Verteidigungsminister aufgestiegen war.

Wie Guillaume später berichtete, traf er in dieser Zeit in Bonn und Umgebung in Gaststätten, Hotels oder Autos mit dem DDR-Agentenpaar «Arno» und «Nora» zusammen, die als Kuriere fungierten und deren wahre Identität bis heute unbekannt ist – sie wurden überstürzt in die DDR zurückgezogen. Er habe den beiden allerdings kaum Papiere oder Fotonegative übergeben, sondern sie zumeist mündlich über politische Trends, SPD-interne Machtkämpfe und die Atmosphäre in der Umgebung des Kanzlers informiert. Seine «Sternstunde» sei dann im Juni 1973 gekommen, als er aufgefordert wurde, Brandt in dessen Urlaub nach Norwegen zu begleiten, und der gesamte Schriftverkehr des westdeutschen Regierungschefs durch seine Hände ging. Die zum Teil als «geheim» oder «streng geheim» klassifizierten Fernschreiben – darunter ein vertrauliches Schreiben des amerikanischen Präsidenten – habe er damals heimlich in ein schwedisches Hotel geschafft, wo sie von einem Mitarbeiter des MfS abfotografiert worden seien.

Die Auswertung der entschlüsselten Datenbanken zeigt indes, dass Guillaumes Bedeutung für den Staatssicherheitsdienst weit geringer war, als es seine Stellung vermuten ließ. Von einem «gläsernen Kanzleramt» keine Spur. Insgesamt gingen unter dem Decknamen «Hansen» zwischen Juli 1969 und April 1974 bei der Auswertungsabteilung nur 24 Berichte und Dokumente ein, also gerade einmal fünf pro Jahr. Die Zahl der von der HVA weitergegebenen Informationen, die auf seine Berichte zurückgingen, lag mit 21 sogar noch niedriger. Die Hälfte der registrierten Informationen betraf SPD-Parteiinterna wie beispielsweise die Zusammenfassung einer Sitzung des Parteipräsidiums im Januar 1973, einschließlich Vorlagen, oder der Entwurf einer Rede Willy Brandts vor dem SPD-Parteitag in Hannover vom April 1973. Auch eine Sitzung des SPD-Parteivorstandes im Februar 1973 oder die Situation in der Parteizentrale im Februar 1971 waren Thema seiner Berichterstattung. Ein knappes Viertel widmete sich Gewerkschaftsfragen, zum Beispiel den Differenzen zwischen dem Deutschen Gewerkschaftsbund und der amerikanischen Gewerkschaft AFLCIO in Vorbereitung einer Reise Brandts in die USA im Juni 1971. Nur ein gutes Viertel der Berichte befasste sich mit der Regierungspolitik im engeren Sinne, wobei hier eine im März 1970 registrierte Information über die «Vorbereitungen der möglichen Verhandlungen zwischen der Bundesrepublik und der DDR» von besonderem Interesse gewesen sein dürfte. Von den brisanten Papieren aus Norwegen wie etwa dem Brief Nixons ist hingegen nichts in der Datenbank zu lesen. Der geringe Wert der Quelle «Hansen» zeigt sich auch darin, dass von neunzehn benoteten Informationen vierzehn mit «3» («mittlerer Wert») bewertet wurden, während nur fünf mit «2» («wertvoll») und keine einzige mit «1» («sehr wertvoll») benotet wurde – für einen Top-Spion ein sehr bescheidenes Ergebnis.

Über diesen Widerspruch kann man bis heute nur Vermutungen anstellen. Dass die hochkarätigen Informationen aus dem Kanzleramt aus Gründen der Konspiration nicht in der Datenbank verzeichnet wurden, ist wenig wahrscheinlich, da durchaus Informationen registriert wurden, die leicht zur Enttarnung Guillaumes hätten führen können – auch und gerade in der Zeit, als er in unmittelbarer Nähe des Kanzlers war. Spionagechef Wolf meinte nach dem Zusammenbruch der DDR, Guillaume hätte gar nicht den Auftrag gehabt, laufend Informationen zu schicken, sondern sollte sich vor allem der Ostpolitik widmen. Ab Januar 1973 seien die Verbindungen fast auf Null reduziert worden, und ab Sommer hätte das Ehepaar wegen der Observationsmaßnahmen seine Tätigkeit gänzlich eingestellt. Durch die Einträge in der Datenbank wird diese Darstellung jedoch nicht bestätigt. Danach hatte Guillaume noch zwei Wochen vor seiner Verhaftung seinen letzten Bericht abgefasst: über die Beratungen der SPD-Spitzengremien am 30. und 31. März 1974 in Münstereifel. Auch Guillaume selbst erklärte nach seiner Rückkehr in die DDR, damals seinen Instrukteur getroffen und eben darüber berichtet zu haben.

Wahrscheinlicher ist deshalb eine andere Erklärung: Dass der Eintritt des Agenten in das Bundeskanzleramt für die HVA unerwartet und sogar ungelegen kam, weil er dort extrem gefährdet war. Nicht einmal seinen auffälligen Klarnamen hatte er bei der Übersiedlung aus der DDR abgelegt, so dass er ausgesprochen leicht wiedererkannt werden konnte. Auch Wolf hatte damit «nie gerechnet», dass Guillaume trotz der strengen Sicherheitsüberprüfungen den Weg ins Kanzleramt finden würde. Der Kontakt zu ihm wurde deshalb offenbar auf das Notwendigste beschränkt, so dass nur wenige, eher zufällige Informationen nach Ostberlin gelangten. Für diese Interpretation spricht auch, dass die Zahl der von Guillaume beschafften Informationen im Gegensatz zu Wolfs Behauptungen ab 1973 deutlich anstieg – zu einem Zeitpunkt, als die HVA, auch wegen des Verhaltens der westdeutschen Sicherheitsorgane, den Eindruck bekam, der Agent sei offenbar doch sicherer als ursprünglich angenommen.

Genau in dieser Zeit fiel jedoch in der Bundesrepublik erstmals ein massiver Verdacht auf Guillaume. Durch Zufall fand der Verfassungsschutz heraus, dass ausgerechnet der persönliche Referent des Bundeskanzlers vermutlich jener jahrelang gesuchte MfS-Agent in der SPD war, der in den fünfziger Jahren per Funk instruiert worden war. Wichtigstes Indiz: Die damals übermittelten Geburtstagsglückwünsche waren jeweils an Tagen gesendet worden, als Günter und Christel Guillaume Geburtstag hatten. Verfassungsschutzpräsident Günther Nollau nahm dies im Mai 1973 zum Anlass, Innenminister Hans-Dietrich Genscher zu informieren, dass im Kanzleramt möglicherweise ein DDR-Spion beschäftigt sei. Da das Beweismaterial nach Meinung der Behörden aber nicht ausreichte, ließ man Guillaume zunächst unbehelligt und ordnete lediglich seine Beschattung bei besonderen Anlässen an. Zudem informierte man Willy Brandt, der den Verdacht jedoch für ausgesprochen unwahrscheinlich hielt. Wie einer seiner Mitarbeiter später berichtete, ließ er abends allerdings manchmal die Akten auf seinem Schreibtisch in einer bestimmten Ordnung zurück, um festzustellen, ob sich in seiner Abwesenheit jemand daran zu schaffen gemacht hätte. Dieses Vorgehen der Sicherheitsbehörden, bei dem der Bundeskanzler als Hobby-Detektiv und Lockvogel zur Aufklärung eines Spionagefalls benutzt wurde, hatte später heftige Kritik zur Folge. Statt Brandt von der drohenden Gefahr zu befreien, und sei es durch eine Beförderung Guillaumes, ließ man den mutmaßlichen Agenten noch fast ein weiteres Jahr an dessen Seite weiterarbeiten.

In dieser Zeit hatte Guillaume weiterhin Zugang zu allen Sitzungen und Dokumenten, im Sommer 1973 sogar zur gesamten Kanzlerkorrespondenz; zusätzliche Beweismittel wurden indes nicht gewonnen. Allerdings bemerkte der Spion nach einiger Zeit, dass er observiert wurde, nutzte jedoch nicht die mehrfach sich bietenden Fluchtchancen. Überführt wurde er schließlich durch seine spontane Reaktion, als Sicherheitsbeamte am 24. April 1974 um 6.32 Uhr mit einem Haftbefehl des Generalbundesanwalts in seine Wohnung drängten. Nur mit einem

Bademantel bekleidet, rief er ihnen zu: «Ich bin Bürger der DDR und ihr Offizier! Respektieren Sie das!»[5]

Was Guillaume später als «Eselei» bezeichnete und mit allerlei Rationalisierungen zu erklären versuchte, war ein gravierender Verstoß gegen die vom Staatssicherheitsdienst gelehrten Verhaltensregeln im Fall einer Verhaftung. Noch aus dem Gefängnis heraus entschuldigte er sich bei Wolf und der SED für sein «Fehlverhalten», denn außer einigen Filmrollen für das schnelle Ablichten von Dokumenten hatte die Hausdurchsuchung keinerlei Beweise gegen ihn zutage gebracht. Seine spätere Erklärung, er habe durch den Ausruf seine Instrukteure warnen wollen, klingt wenig überzeugend, da er auch noch in den ersten Tagen der Haft geständig blieb. Gegenüber dem Ermittlungsrichter gab er damals zu, Offizier des Staatssicherheitsdienstes zu sein, und bei den polizeilichen Vernehmungen offenbarte er weitere Einzelheiten, deren Protokollierung er aus Angst vor Nachteilen in der DDR jedoch vermeiden wollte. Erst als ihn seine «Zentrale» zum Stillschweigen verdonnerte, verweigerte er jede Aussage. Hoffte er, dass Brandt, in seinem eigenen Interesse, eine rasche und diskrete Lösung der Affäre ermöglichen würde? Oder wollte er, nach den Jahren des Versteckspielens, endlich zu seiner Tätigkeit stehen? Der Preis für die Heldenpose war jedenfalls hoch: 20 Monate Untersuchungshaft, 42 stumm zu ertragende Prozesstage und fast sechs Jahre Strafvollzug.

Politisch war die Enttarnung des Kanzleramtsspions für die DDR ein Fiasko, aber auch nachrichtendienstlich standen Nutzen und Schaden in einem krassen Missverhältnis. Erst lieferte der Agent, der mehr als 1 000 Stunden in Brandts unmittelbarer Nähe zubrachte und für einen Geheimdienst in einer «Traumposition» saß, aus Sicherheitsgründen kaum handfeste Informationen. Dann wurde der Spion von der Bundesrepublik enttarnt und musste Jahre seines Lebens in Haft verbringen, da die empörte Bundesregierung den üblichen Agentenaustausch lange Zeit ablehnte. Schließlich führte der Fall zu einer massiven Belastung der deutsch-deutschen Beziehungen und, was noch schlimmer wog, zum Rücktritt eines von der DDR gestützten Bundeskanzlers. Wie Ermittlungen der Bundesanwaltschaft nach dem Zusammenbruch der DDR zutage förderten, war es nämlich der Staatssicherheitsdienst gewesen, der massiv auf den Ausgang des Misstrauensvotums gegen Willy Brandt im April 1972 eingewirkt hatte. Dem CDU-Abgeordneten Julius Steiner hatte Wolf seinerzeit 50 000 DM zahlen lassen, damit er für Brandt und gegen den Kandidaten seiner eigenen Fraktion stimmt. Auch die zweite Brandt-Stimme aus dem Lager der Opposition wurde danach vom MfS durch eine Geldzahlung beschafft.

Verantwortlich für den verpatzten Spionageeinsatz war Markus Wolf, der in dieser Zeit sichtlich in Bedrängnis geriet. Doch zu seiner

Verantwortung für den Sturz Willy Brandts hat er sich weder damals noch später bekannt. In seinen Erinnerungen warf er sich lediglich vor, dass er bei der Überprüfung Guillaumes den frühen Funksprüchen des MfS keine Beachtung geschenkt hätte. Schuld an Brandts Rücktritt seien allein die bundesdeutschen Sicherheitsorgane sowie innerparteiliche Gegner wie Herbert Wehner und Helmut Schmidt gewesen, von denen Willy Brandt «mit Missgunst und Häme beäugt und nicht unterstützt worden» sei.[6] 1974 hatte Wolf in einem HVA-Papier bereits ähnlich argumentiert, wenngleich in anderer Terminologie. Unter dem Titel «Zur Entwicklung der Krise der SPD/FDP-Koalition in der BRD und zum Verfall der Autorität Brandts» wurde darin ausgeführt: «Die Verschärfung der allgemeinen Krise des Kapitalismus hat in allen westeuropäischen Ländern und in den wichtigsten überseeischen imperialistischen Ländern zu einer Verstärkung der politischen Instabilität geführt, die sich auch auf die BRD ausgedehnt hat. Der Rücktritt Brandts als Bundeskanzler ist Ausdruck dieser Entwicklung». Es folgten langatmige Ausführungen über unterschiedliche Klasseninteressen und den sich verstärkenden Widerstand der Monopole, über die labiler gewordene ökonomische Situation und den offenen Ausbruch der Energiekrise. Schließlich wurde diagnostiziert: «Die Verhaftung des persönlichen Referenten Brandts wurde von den reaktionären und entspannungsfeindlichen Kräften zum Anlass für eine weitere Steigerung der planmäßig geführten Kampagne gegen die Person Brandt genommen».[7] Namentlich wurden sodann zahlreiche Schuldige für den Rücktritt Brandts genannt. Nur einer fehlte in der Liste: Markus Wolf, der Guillaume so lange an seiner Seite hatte wirken lassen. Erleichtert hielt der Spionagechef damals in seinem Tagebuch fest, dass seine «Argumentation» von Erich Honecker im Politbüro verwandt und «ohne großes Palaver» Reaktionen festgelegt worden seien.[8]

Um so mehr Mühen verwandte die HVA später darauf, den Fall Guillaume doch noch als Meisterstück darzustellen. Auch der Spion klammerte sich an die Lebenslüge, dass die Jahre in der Haft nicht umsonst gewesen seien, und zeigte weder Reue noch Selbstkritik. Als der Agent im Oktober 1981 aus dem Gefängnis entlassen wurde und in die DDR zurückkehrte, wurde er, inzwischen mit Vollbart, den versammelten Mitarbeitern auf einer Dienstversammlung des Staatssicherheitdienstes als leuchtendes Vorbild vorgeführt. Nach «fünfundzwanzigjährigem Einsatz im Operationsgebiet», so Erich Mielke in einer feierlichen Ansprache, sei der Name Guillaume in der DDR «Sinnbild für klassenbewusstes, standhaftes Verhalten und humanistisches und patriotisches Verhalten».[9] Erich Honecker verlieh dem Kanzleramtsspion den Karl-Marx-Orden, die höchste Auszeichnung der DDR, und als künftiges Domizil stellte man ihm eine Villa am See zur Verfügung.

Nach einer Phase der Eingewöhnung machte man sich daran, die Legende vom Meisterspion in einem Buch auszubreiten, das im Militärverlag der DDR und 1990, in einer gesäuberten Fassung, auch in der Bundesrepublik erschien. Unter der Ägide der Desinformationsabteilung der HVA hatte der Schriftsteller Günter Karau Guillaume als selbstlosen «Kundschafter des Friedens» porträtiert, der unerschütterlich für die Ideale des Sozialismus gekämpft habe und den großen kommunistischen Spionen wie Richard Sorge oder Klaus Fuchs ebenbürtig erschien. Doch Guillaume hatte weder einen drohenden Angriffskrieg vorhergesagt noch die Atombombe beschafft und auch keinen Beitrag zur Sicherung des Friedens geleistet, sondern im Gegenteil den einzigen mit einem Friedensnobelpreis ausgezeichneten Bundeskanzler aus dem Amt befördert. Mit sprachlichen Verrenkungen versuchte das Buch, den Gegensatz zwischen Anspruch und Wirklichkeit zuzudecken: «Indem ich meiner Mission treu blieb, auch noch in der dunkelsten Stunde,» so wurde Guillaume zum Beispiel in den Mund gelegt, «war es einfach unmöglich, zum Verräter an seinem [Brandts] Anspruch zu werden. Auch Willy Brandt begann wohl bald zu dämmern, wer die eigentlichen Verräter waren.»[10]

In Wahrheit litt Guillaume wohl doch darunter, dass Brandt, für den er so viel getan und den er aufrichtig bewundert hatte, ausgerechnet durch ihn zu Fall gebracht worden war. Auch privat brach die im Prozess zur Schau gestellte Rolle des innig verschworenen Agentenpaares bald zusammen. Schon kurz nach der Rückkehr in die DDR wurde die Ehe der Guillaumes geschieden, und der vom Vater heiß geliebte Sohn schlug sich auf die Seite seiner Mutter. Der Ex-Agent, der die westliche Lebensart so genossen hatte, musste bald feststellen, dass die Wirklichkeit in der DDR mit seinen im Westen gehegten Idealvorstellungen wenig gemein hatte. Als sie 1990 unterging, weinte er ihr keine Träne nach.

In den neunziger Jahren bekam die Legende vom Meisterspion weitere Risse. Guillaume erklärte, dass seine frühere Darstellung, er habe noch kurz vor seiner Verhaftung in Südfrankreich einen hohen HVA-Mann getroffen, der ihm die Rückkehr in die DDR angeboten habe, eine Erfindung gewesen sei – wahrscheinlich nicht die einzige. Er und Wolf machten sich jetzt gegenseitig dafür verantwortlich, dass Guillaume nicht rechtzeitig in die DDR zurückgezogen worden war. Der ehemalige Spionagechef bezeichnete den Fall 1997 schließlich als seine «größte Niederlage» und als «politisches Eigentor» der DDR.[11] Möglicherweise gehört daher auch die Geschichte vom Meistercoup in Norwegen zur Legendenbildung, denn in der entschlüsselten Datenbank ist keines der geheimen Regierungsdokumente verzeichnet. Während Guillaume in seinem Buch noch behauptete, dass sich seine «Zentrale» aufgrund der Bedeutung der Dokumente geweigert habe, ihm ein paar der damaligen «Fundstücke» aus dem Archiv zur Verfügung zu stellen, präsentierte Wolf in seinen Erinnerungen eine neue Version. Die Unterlagen seien gar nicht in Ostberlin angekommen, weil die Kurierin «Anita» sie nach einer Observation in den Rhein geworfen habe. Was immer die wirkliche Ursache gewesen sein mag, Guillaumes «Sternstunde» hatte jedenfalls niemandem einen Nutzen gebracht.

Das Heldenepos, das in Wahrheit eher einer Tragödie glich, wurde von den Verantwortlichen der SED bis zum bitteren Ende gespielt. Als der ehemalige Kanzleramtsspion am 10. April 1995 verstarb, glich seine Beerdigung auf dem Friedhof von Marzahn fast einem Staatsbegräbnis – mit dem Unterschied, dass die Trauergäste ihre hohen Ämter in der DDR durch die Friedliche Revolution allesamt verloren hatten. Auch Wolf, der niemals strafrechtlich dafür zur Verantwortung gezogen wurde, dass er Guillaume und Tausende andere in das Spionagegeschäft des Staatssicherheitsdienstes verstrickt hatte, ließ es sich nicht nehmen, demonstrativ an seinem Grab zu erscheinen. Ein spärlicher Blumenstrauß war das letzte, was er dem Kanzleramtsspion mit auf den Weg zu geben hatte.

Wolfgang Krieger

«Dr. Schneider» und der BND

So sehr man sich bemühen mag, einen anderen Zugang zur Geschichte des Bundesnachrichtendienstes zu finden, man kommt nicht an jenem Mann vorbei, der den westdeutschen Auslandsnachrichtendienst aufbaute, prägte und schließlich mit einem schweren Erbe belastete.

Nüchtern gesehen war Reinhard Gehlen, der von 1956 bis 1968 als Präsident des BND in der noch heute bestehenden BND-Zentrale im oberbayerischen Pullach amtierte, ein Verwaltungsbeamter im Range eines Ministerialdirektors. Aber wie kaum ein anderer Beamter, den die Bundesrepublik je hatte, war er ein Selbstdarsteller, ein Legendenstricker, einer, der sich wichtig, ja ganz und gar unentbehrlich zu machen suchte. Dabei stützte er sich auf zwei Techniken der bürokratischen Herrschaft, die er glänzend beherrschte. Mit der einen – heutzutage als «Networking» bezeichnet – knüpfte er ein Netz persönlicher Beziehungen und Verpflichtungen, das möglichst weitgehend auf die Spinne im Zentrum orientiert war. Mit der anderen, in der modernen Verwaltung nur selten benutzten Technik warf er um die eigene Person einen Mantel des Geheimnisvollen, Rätselhaften, Undurchschaubaren, um von der Mitwelt für besonders wichtig und einflussreich gehalten zu werden.

Gewiss steigt man nirgendwo zu Führungspositionen auf, ohne über passende Verbindungen zu verfügen und ohne das berufliche Umfeld gelegentlich im unklaren über die eigenen Absichten zu lassen. Bei Gehlen allerdings fand sich beides im Übermaß. Und so findet sich selbst in ernst zu nehmenden Geschichtsbüchern das Klischee von der rätselhaften, halb-dämonischen Figur des Pullacher Geheimdienstchefs. Dass der «Spion des Jahrhunderts», zu dem ihn ein amerikanischer Sensationsautor stilisierte, in Wahrheit ein nüchterner, fast schon banaler Daten- und Menschenverwalter war, wollte man in der Öffentlichkeit kaum glauben. Ebenso wenig, dass dieser Mann ausnehmend intelligent und bienenfleißig war. Man blieb fixiert auf die Figur des Sagenumwitterten, der sich den Decknamen «Dr. Schneider» zulegte, von dem es nur wenige, verschwommene Photos gab, auf denen mit Mühe ein hagerer, unscheinbarer, fast glatzköpfiger Mann mit Sonnenbrille zu erkennen war, der zu seiner Amtszeit nie ein Presseinterview gab. In Wirklichkeit war Gehlen ständig darum bemüht, nicht aus dem öffentlichen Gedächtnis zu entschwinden. Und weil diese von ihm zelebrierte Mystifizierung von der Staatsgläubigkeit der deutschen Bildungsbürger zehrte, nimmt es kaum wunder, dass er ein besonders enges Verhältnis zu einem halb-intellektuellen Nachrichtenmagazin in Hamburg unterhielt, das, wie «Dr. Schneider» selbst, mit allen Mitteln darum kämpfte, nur ja nicht in Vergessenheit zu geraten.[1]

Es hätte jedoch Gehlen schwerlich gelingen können, eine Großbehörde wie den BND aufzubauen, sie weitgehend auf seine eigene Person zuzuschneiden und dabei allerlei Skandale und Pannen zu überdauern, wäre er selbst nichts weiter als ein politischer Hokuspokuskünstler mit Beamtenstatus gewesen. Der Schlüssel zu Gehlens Erfolg lag also nicht hier, sondern bei den Fähigkeiten als Netzwerkknüpfer. Hinzu kamen besondere historische Umstände in einem Deutschland, das unter Hitler zuerst an seinem verbrecherischen Wahnsinn beinahe zugrunde ging und danach in der langen Phase einer allmählichen Wiedergeburt doch noch zu sich kam, was in dieser Weise nur unter den besonderen Bedingungen des nach 1945 schnell heraufziehenden Ost-West-Konfliktes möglich war.

Reinhard Gehlen wurde 1902 in Erfurt in eine preußisch-bürgerliche Familie geboren. Der Vater war Buchhändler. Dessen Traum einer Offizierskarriere erfüllte der Sohn, als er 1921 in die kleine, elitäre Reichswehr eintrat. Er heiratete eine altpreußische Adelstochter, gab sich als Herrenreiter, zeitlebens übrigens, und strebte in den Generalstab, der dank Hitlers Aufrüstung wieder eingerichtet wurde. 1936 kam Gehlen in die Operationsabteilung, wo er dem Generalstabschef des Heeres, Franz Halder, auffiel. Nach dem Polenfeldzug war er an den Vorbereitungen für den Angriff auf die Sowjetunion beteiligt. Sein Abteilungsleiter war Oberst Adolf Heusinger, der spätere erste Generalinspekteur der Bundeswehr.

Als der Ostfeldzug ins Stocken geriet, schob man die Schuld dem zuständigen militärischen Nachrichtendienst, genannt Abteilung «Fremde Heere Ost», in die Schuhe. Ein neues Management sollte gefunden werden, und so betraute man im April 1942 Gehlen mit der Leitung, obwohl dieser sich nie mit Geheimdienstarbeit befasst hatte, keine Fremdsprachen beherrschte und von Russland keine Ahnung hatte. In dieser Versetzung wurde die Geringschätzung deutlich, welche die Tradition preußisch-deutscher Generalstabsoffiziere dem Metier der Geheimdienstleute entgegenbrachte.

Gehlen gelang es, die Arbeiten in «Fremde Heere Ost» stärker zu systematisieren, doch die Analysen blieben mäßig bis schlecht.[2] Noch schlechter entwickelte sich der Ostkrieg selbst. Deshalb bereitete sich der zum Generalmajor aufgestiegene Gehlen – wie übrigens viele in den deutschen Eliten – auf den absehbaren Untergang der Herrschaft Hitlers vor. Er tat es allerdings sorgfältiger als die meisten. Einige handverlesene Mitarbeiter ließ er 50 wasserdichte Kisten mit Geheimdienstmaterial füllen und nach Süddeutschland transportieren. Dass Gehlen dabei, wie so viele vom Kriegsrausch verwirrte Deutsche, von einer Fortsetzung des Ostkrieges mit angloamerikanischer Unterstützung träumte, ist nicht auszuschließen. Beweisstücke, wenn es sie je gab, hätte Gehlen wohl später vernichtet. (Noch als BND-Präsident setzte er alle Hebel in Bewegung, um historische Untersuchungen über seine Tätigkeit an der Ostfront zu vereiteln.) Die Frage einer immerhin denkbaren Verstrickung in Kriegsverbrechen wurde nie gestellt, obgleich man leicht Ansatzpunkte gefunden hätte – beispielsweise bei den mit Sicherheit nicht zimperlich durchgeführten «Befragungen» von Partisanen, Zivilisten und gefangengenommenen Soldaten. Doch dafür interessierte sich die Bonner Republik nicht, jedenfalls nicht offiziell. Während Wehrmachtoffiziere vor ihrer Übernahme in die Bundeswehr durch einen vom Bundestag eingesetzten «Personalgutachterausschuss» streng geprüft wurden, hat man Gehlens Vergangenheit ignoriert, obwohl Gehlen von 1956 bis 1968 als (allerdings ziviler) Chef über diese Offiziere herrschte, wenn sie zum BND geschickt wurden.

Übrig blieb, was Gehlen in seinen Memoiren schrieb: Die Geschichte eines weise Planenden, der alles stets richtig vorhersah, insbesondere den Bedarf an Sowjetexpertise bei den Amerikanern und deren Bereitschaft, sich mit ihm auf eine «Kooperation» einzulassen.

Nur widerstrebend mag man sich auf Gehlens Version dieser Vorgänge einlassen, denn die bislang verfügbaren Dokumente reichen weder für eine Bestätigung oder Modifikation noch für eine Widerlegung aus.[3] Eindeutig beweisbar ist allerdings, dass die USA niemals auch nur entfernt daran dachten, einen Krieg gegen die Sowjetunion zu führen. Was sie wollten, war zweierlei. Sie wollten Moskau dazu bewegen, seine Truppen möglichst bald aus Ostmitteleuropa zurückzuziehen und in diesem Teil Europas wieder souveräne Staaten entstehen zu lassen. Und sie wollten die übriggebliebenen militärischen Führungskader der Wehrmacht einer strikten Kontrolle unterwerfen. Deshalb sammelten sie die Wehrmachtsoffiziere in besonderen Lagern, wo sie mit der Anfertigung von militärischen Studien zu deutschen Waffensystemen, zur Taktik – also zum «militärischen Handwerk» – beschäftigt wurden. Es war deshalb nur logisch, dass man auch die Offiziere aus dem Nachrichtendienst mit entsprechenden Studien befasste.

Gleichwohl stellten die Gehlen-Leute einen Sonderfall dar, denn sie verfügten über Spezialkenntnisse zur sowjetischen Rüstung und zur Organisation der Roten Armee, die bei den USA, aber auch bei den Briten, nur sehr rudimentär vorhanden waren. Was sie schrieben, war zugleich von aktueller Bedeutung und schwer nachprüfbar. Deshalb wurde eine kleine Gruppe samt den in den bayerischen Bergen ausgegrabenen

Blechkisten in das abgeschirmte Militärgelände Fort Hunt nahe Washington gebracht, wo man sie acht Monate lang auf Herz und Nieren prüfte. Vermutlich wurden sie dort auch abgehört, ähnlich den deutschen Atomwissenschaftlern, die etwa zur gleichen Zeit auf einem englischen Landsitz interniert waren.

Wir kennen bislang nicht das genaue Ergebnis dieser Überprüfung. Es hat jedenfalls den US-Armee-Geheimdienst veranlasst, das Experiment fortzusetzen. Bei der Beurteilung dieses Schrittes ist zu beachten, dass sich im Juli 1946, als man die brisante Gruppe in ein Lager bei Frankfurt am Main verlegte, die Lage in Deutschland bereits stark verändert hatte. Mit dem Nürnberger Kriegsverbrecherprozess hatte man den Deutschen klargemacht, dass es ein «Vergeben und Vergessen» der NS-Verbrechen zugunsten eines gemeinsamen Kampfes gegen die Sowjetunion nicht geben würde. Zugleich hatten sich die Befürchtungen vieler alliierter Geheimdienstleute als gegenstandslos erwiesen, dass die alliierte Besatzungsherrschaft auf heftigen deutschen Widerstand treffen würde. Das Gegenteil war eingetreten: Die Deutschen standen unter einem lähmenden psychischen Schock. Eine Gefahr konnte von Gehlens Spezialisten also kaum mehr ausgehen. Somit erschien das Risiko einer Weiterbeschäftigung tragbar, zumal an ihre sofortige Freilassung ohnehin nicht zu denken war. Man hielt deutsche Sowjetexpertise auf Vorrat.

Vor diesem Hintergrund ist es zweifelhaft, ob es bereits so früh, also im Sommer 1946, zu einem formellen «Abkommen» zwischen beiden Seiten gekommen ist, wie Gehlen in seinen Memoiren behauptet. Sollte dieses Papier überhaupt existiert haben, war es für die deutsche Seite bestenfalls von psychologischem Wert, denn die Amerikaner brauchten sich in ihrer Handlungsfreiheit nicht einzuengen. Ob beispielsweise die «Organisation Gehlen» oder «Org.», wie sie bald hieß, davor geschützt wurde, «gegen deutsche Interessen zu handeln», wie Gehlen beanspruchte, war eine viel zu schwierige Definitionsfrage. Denn deutsche Interessen wurden damals von den Alliierten definiert, und zwar ohne deutsche Mitsprache. Ob die Kosten der «Org.» von den USA getragen oder Deutschland als Besatzungskosten aufgebürdet wurden, vermochte Gehlen gar nicht zu überprüfen. Genauso vage war das «Versprechen», sich einer künftigen deutschen Regierung zur Verfügung stellen zu dürfen, denn diese Frage blieb ebenso wie die eventuelle Politik einer solchen Regierung völlig dem alliierten Willen unterworfen.

Wichtig für die weitere Entwicklung war ein ganz anderer Punkt, nämlich Gehlens Führungsanspruch innerhalb dieser Gruppe. Denn für die wirklich professionellen Nachrichtendienstler und die echten Russlandexperten war es schwer einzusehen, was Gehlen zu diesem Anspruch berechtigte. Zu denen, die sich widersetzten, gehörte Hermann

Baun, der im Osten ein Agentennetz geführt hatte, und Heinz Herre, der damals mit anderen Russlandkennern gefordert hatte, die Bewohner des Sowjetreiches endlich als Menschen anzuerkennen und sie als Verbündete zu gewinnen – eine Forderung, der sich Gehlen reichlich spät angeschlossen, die jedoch zu Hitlers Rassenkonzept völlig quergelegen hatte.

Zu Beginn verfügte die «Org» über etwa 50 Mitarbeiter, gebraucht wurde jedoch eine weit größere Anzahl von Zuträgern, Beobachtern, Spitzeln, Verrätern und Informanten, um Details über die sowjetischen Streitkräfte in der östlichen Besatzungszone in Erfahrung zu bringen. Unter den Millionen von entwurzelten Menschen, die sich irgendwie über Wasser halten mussten, wurde man schnell fündig, wenn man «Ami-Zigaretten» und andere begehrte Tauschwaren anzubieten hatte. Allerdings mischten sich unter die wachsende Schar von dienstbaren Geistern allerlei unangenehme, ja sogar gefährliche Leute. Zu ihnen gehörten eifrige Nazis, allerlei Leute aus dem Nachrichtendienst der SS, dem «Sicherheitsdienst» (SD), und der Gestapo. Beileibe nicht alle dieser Angeworbenen arbeiteten für Gehlen, denn die Amerikaner selbst hatten mehrere parallele, oft genug miteinander rivalisierende Geheimdienste. Vor allem aber rekrutierten auch die anderen Besatzungsmächte eifrig. Jede Seite wollte die cleversten Leute gewinnen, die Leute mit den besten Kontakten. Manche Leute heuerte man an, um sie nicht anderen zu überlassen. Dabei war jede der Besatzungsmächte bereit, fragwürdige Biographien in Kauf zu nehmen, vor allem wenn es darum ging, Verbindungen zu noch fragwürdigeren Leuten im Untergrund oder im Ausland zu knüpfen.

Die Angst vor Nazi-Verschwörungen, auch solchen im lateinamerikanischen Exil, blieb noch viele Jahre präsent. Wenn sich später hauptsächlich die Amerikaner damit quälten, schwere Kriegsverbrecher wie Klaus Barbie auf diese Weise «eingekauft» und der Strafverfolgung entzogen zu haben, darf man nicht glauben, es habe derartige Fälle nur bei ihnen gegeben. Leute mit Dreck am Stecken waren erpressbar und ließen sich überall geheimdienstlich instrumentalisieren. So kann es nicht verwundern, dass derartige Leute bei Gehlen eintraten, und dass einige davon sich später als Doppelagenten entpuppten.

Geheimdienstsöldner für die Amerikaner

Als 1947/1948 die Spannungen zwischen den drei westlichen Besatzungsmächten und der Sowjetunion wuchsen, stieg der Bedarf an Informationen. Zugleich stieg die Bereitschaft vieler Deutschen, sich gegen die sowjetische Besatzungspolitik zu stellen und «für den Westen» zu arbeiten. Das brutal ausgeführte Verbot der SPD, das mit der SED-Gründung vom April 1946 verknüpft war, sowie die stark anschwellende Zahl von Menschen unterschiedlichster Herkunft, die in ostdeutschen Lagern verschwanden, trieb die Leute förmlich dem Westen in die Arme. Viele Lager in der SBZ waren tatsächlich umfunktionierte Nazi-KZs. Für 1947 schätzte die US-Militärregierung eine Gesamtzahl von 25 000 Lagerhäftlingen. Eine vergleichbare Zahl hatte im Sommer 1939 über ganz Deutschland verstreut in den KZs gesessen.[4]

1948 gab die Berlinblockade Rätsel auf, die weit über die Bewegungen der Roten Armee in Ostdeutschland und die dortige Besatzungspolitik hinausreichten. Was waren die weltpolitischen Absichten der Sowjetunion? Warum ging der Kreml auf Konfrontationskurs? Welche Ziele verfolgte Stalin wirklich?

Auf diese Fragen hatte auch die «Org.» keine überzeugenden Antworten, doch sie konnte Materialien beschaffen, die zumindest gewisse Rückschlüsse zuließen. Durch die systematische Befragung von vielen Tausenden von deutschen Kriegsheimkehrern, Flüchtlingen und Vertriebenen ließ sich ein Bild der sowjetischen Wirtschaft, vor allem der Rüstungswirtschaft, zusammensetzen, da insbesondere unter den Kriegsgefangenen ein hoher Prozentsatz als Zwangsarbeiter in Rüstungsbetrieben oder staatlichen Großprojekten gearbeitet hatte. Sogar Hinweise auf das rapide ausgeweitete geheime Atomwaffenprojekt Stalins wurden auf diesem Weg gefunden. Diese Puzzle-Arbeit konnte nur die «Org.» leisten. Erst jetzt waren also die Amerikaner auf sie angewiesen. Erst jetzt wurden die Gehlen-Leute zu ihren Geheimdienstsöldnern.

Ihre tatsächliche Bedeutung, ihr Einfluss auf die amerikanische Politik ist jedoch schwer zu taxieren. Ob wirklich die ersten nuklearen Zielplanungen der USA zu 70 oder 80 Prozent auf der Basis von «Org» -Informationen erstellt wurden, erscheint fraglich. Doch geht diese Behauptung immerhin auf den Oberkommandierenden des Strategic Air Command zurück, den US-Luftwaffengeneral Curtis Lemay.[5] Möglich wäre, dass Lemay sich nicht nur auf die Berichte und Daten der «Org.» bezog, sondern auf die Gesamtheit der Unterlagen, Karten und Luftaufnahmen, die man von Deutschland erbeutet hatte. In dieser Form wäre seine Aussage auch deshalb plausibel, weil die US-Militärstellen und Geheimdienste damals kaum über eigenes Informationsmaterial zur Sowjetunion verfügten. Zu bedenken ist, dass die für die Erstellung der ersten Zielplanungen erforderlichen Informationen weit über das hinausgingen, was man vor Beginn des nuklearen Zeitalters über fremde Mächte wissen wollte. Konkret gesprochen richtete sich diese Zielplanung weniger gegen militärische Ziele – vor allem Flugplätze – als gegen Großanlagen der wirtschaftlichen Infrastruktur: Ölversorgung, Kraftwerke und Mammutfabriken. Um mit wenigen Kernwaffen die sowjetische Fähigkeit zur Kriegführung möglichst weitgehend zu beeinträchtigen, mussten «lohnende» Ziele für die US-Fernbomber identifiziert und präzis lokalisiert werden. Des weiteren mussten Anflugrouten für die Bomber festgelegt werden. Hierzu brauchte man eine Fülle von wirtschaftsgeographischen Informationen, welche die «Org.» in mühevoller Detailarbeit herausfilterte.

Diese geheimdienstlichen Vorbereitungen von Kernwaffenschlägen waren allerdings für das US-Militär zu wichtig, um sie den Deutschen zu überlassen. Im Frühjahr 1949, als die Berlinblockade überstanden war und die Gründung der westdeutschen Bundesrepublik unmittelbar bevorstand, wollte der Army-Geheimdienst die «Org.» an die 1947 neu eingerichtete Central Intelligence Agency (CIA) loswerden. Die Übergabe erfolgte am 1. Juli 1949. Doch misstrauisch waren auch die Leute bei der CIA. Sie unterstellten die seit Dezember 1947 in der ehemaligen «Rudolf-Hess-Siedlung» in Pullach ansässige Zentrale der «Org.» dem Colonel James Critchfield, der bereits längere Zeit in Deutschland tätig gewesen war, vor allem als Chef der US-Spionageabwehr in Berlin. Mit ausgesuchten Leuten überwachte er jede Abteilung, jede Aktivität. Er soll sogar seine eigene Agentenkartei geführt haben.

Zum tieferen Verständnis dieser deutsch-amerikanischen Geheimdienstbeziehung muss man wissen, dass die CIA damals viele Leute in ihren Reihen hatte, die in der amerikanischen Politiksprache als «liberals» bezeichnet werden, im europäischen Sprachgebrauch als links oder liberal (oder beides). Die meisten von ihnen waren Anhänger des liberalen Präsidenten Franklin D. Roosevelt, dessen Tod im April 1945 den wenig glanzvollen Harry Truman ins Präsidentenamt brachte. Mit den Kongresswahlen von 1946 kehrten starke konservative Kräfte nach Washington zurück, doch viele jüngere Intellektuelle fühlten sich weiterhin den politischen Vorstellungen der Roosevelt-Ära verpflichtet. Sie hielten den demokratischen Staat für berufen, den Wildwuchs des Privatkapitalismus zu zähmen, und als eine extreme Form dieses Wildwuchses betrachteten sie den deutschen Nationalsozialismus. Für die Roosevelt-Liberalen ging es um einen «Kreuzzug in Europa», um eine Kampagne für eine «liberale» Weltordnung. Während des Krieges war das Office of Strategic Services (OSS), der Vorläufer der CIA, geradezu ein Hort dieser linksintellektuellen Roosevelt-Jünger gewesen. Dort hatten sie Pläne für einen demokratischen Wiederaufbau Europas geschmiedet, übrigens unter tatkräftiger Mitwirkung linksintellektueller deutscher Emigranten wie Max Horkheimer, Herbert Marcuse und Franz Neumann.[6] Kurzum, man kann sich leicht ausmalen, dass diese von der CIA übernommenen Leute nach 1949 wenig Gefallen an Gehlens Truppe fanden, insbesondere an den arrogant-elitären Generalstäblern und den alten Nazis.

Ohne das Thema «deutsche Wiederbewaffnung», welches im Sommer 1950 durch den Ausbruch des Koreakrieges plötzlich auf die Tagesordnung der Westmächte kam, wäre vermutlich das amerikanische Experiment mit der «Org.» eingeschlafen, sobald die US-Dienste selbst über ausreichende Kenntnisse über die Sowjetunion verfügten. Doch nun kam es zu einer grundlegenden Revision der US-Politik in Europa, von der die «Org.» in zweifacher Weise profitierte. Die Amerikaner suchten fieberhaft nach geheimdienstlichen Indikatoren für ihre Befürchtung, Stalin wolle mit dem Koreakrieg einen Angriff auf Westeuropa vorbereiten. Zugleich wollten sie möglichst schnell eine Personalreserve von deutschen Offizieren bilden, um den Aufbau deutscher Streitkräfte bereits vor Abschluss der dazu erforderlichen internationalen Verträge beginnen zu können. Dass sich die Westmächte über die Ausgestaltung dieser Verträge bis in den Herbst 1954 stritten, wodurch der offizielle Aufbau der Bundeswehr erst 1955 begonnen werden konnte, wirkte sich wiederum nützlich für Gehlen aus.

Unter dem Deckmantel einer Ausweitung der «Org.» wurden zahlreiche ehemalige Wehrmachtsoffiziere angeworben oder weiterbeschäftigt, von denen insbesondere die Berufsoffiziere erstmals wieder in den Genuss einer für sie angemessenen Tätigkeit kamen. Viele von ihnen hatten sich nach der Entlassung aus der Gefangenschaft mit Gelegenheitsjobs durchschlagen müssen, auf Baustellen, im Schrotthandel, in der Landwirtschaft oder als Handelsvertreter. Nun kehrte sich die Lage um. Durch den «Koreaboom» setzte ein wirtschaftlicher Aufschwung ein, der es zunehmend schwer machte, Offiziere mit herausragenden Qualifikationen für die Wiederbewaffnung zu gewinnen. Rückblickend sah deshalb Critchfield in der Bildung dieser Personalreserve den wichtigsten Beitrag der «Org.» zur westlichen Verteidigungspolitik im ersten Nachkriegsjahrzehnt.[7]

Diese Vergrößerung der «Org.» erlaubte es Gehlen, eine gezielte Personalpolitik zu betreiben. Er konnte ehemalige Wehrmachtsoffiziere «zwischenlagern» in der Hoffnung, sie würden sich später für ihn als nützlich erweisen. Adolf Heusinger war der prominenteste unter vielen Fällen dieser Art. Heusinger gehörte zu den Verschwörern des 20. Juli 1944 gegen Hitler, und das verweist auf eine zahlenmäßig kleine, aber bedeutsame Gruppe von Widerständlern hin, die für Gehlen eine gewisse Balance zu fragwürdigen «Org.»-Mitgliedern bildeten. Anzumerken ist jedoch, dass sich die meisten dieser Offiziere kaum für das Handwerk des Nachrichtendienstes interessierten.[8]

Anfänglich vermochte Gehlens Personalpolitik wohl ausgerechnet dort wenig zu bewirken, wo die geheimen deutschen Vorbereitungen für die Aufrüstung stattfanden, nämlich in Adenauers Kanzleramt. Da Adenauer über die Wiederbewaffnung hinaus die Wiedererlangung der deutschen Souveränität anstrebte, wollte er einen deutschen Sicherheitsapparat aufbauen, der die Bundesrepublik von den Westmächten möglichst weitgehend unabhängig machte. In dieser Perspektive sah der Geheimdienstsöldner Gehlen wenig vorteilhaft aus. Doch es gelang Adenauer zunächst nicht, den personalpolitischen Einfluss der Westalliierten zu verhindern. Als 1950 zum Schutz gegen innere Subversion das Bundesamt für Verfassungsschutz eingerichtet wurde, musste er den von der britischen Besatzungsbehörde favorisierten Otto John an die Spitze berufen. Diese Besetzung war in Bonn kontrovers, ja sie wurde praktisch gegen den Willen der Regierung getroffen und demonstrierte einmal mehr, wie unselbständig die Regierung Adenauer in Sicherheitsfragen war. Dass John auf bis heute nicht geklärte Weise im Juli 1954 nach Ostberlin geriet und nach seiner Rückkehr abgelöst wurde, ja sogar vor Gericht kam, bestätigte Adenauers Misstrauen.

Wiederum auf Empfehlung der Briten berief Adenauer den ehemaligen Panzergeneral Gerhard Graf von Schwerin zu seinem Berater «in Sicherheitsfragen». Dieser gründete eine Art von Nachrichtendienst, die «Zentrale für Heimatdienst», die Joachim Oster, der Sohn des als Widerstandskämpfer hingerichteten Abwehr-Offiziers Hans Oster, zusammen mit einem weiteren Ehemaligen aus der Abwehr, Friedrich Wilhelm Heinz leitete. Für das Amt Blank, den Vorläufer des Verteidigungsministeriums, erstellten sie ein Bild der militärischen Bedrohung, ermittelten Daten über Bewaffnung, Organisation, Stärke, Einsatzfähigkeit und Führungsstruktur der Roten Armee, aber auch der paramilitärischen Truppen der DDR. Heinz legte bereits 1950 einen ersten auswertenden Bericht dazu vor, der das Bundeskabinett beeindruckte, zumal ihn die amerikanischen Geheimdienstleute im wesentlichen für zutreffend hielten.[9]

Sogleich witterte Gehlen eine Gefahr für seinen Plan, selbst Chef des künftigen deutschen Auslandsnachrichtendienstes zu werden. Mit allerlei Tricks versuchte er, das Ansehen der Bonner Rivalen zu schädigen. Heinz, der eine wechselvolle Biographie von der politischen Rechten zum Umfeld des militärischen Widerstandes gegen Hitler hinter sich hatte und jetzt zu Dienststellen der französischen Besatzungsmacht enge Beziehungen pflegte, wurde schließlich im September 1953 aus den Bonner Schaltstellen entfernt.[10]

Am stärksten konnte Gehlen auf die Einrichtung des Militärischen Abschirmdienstes (MAD) einwirken, wo Josef Selmayr und Gerhard Wessel, beides enge Vertraute aus FHO-Tagen, wichtige Positionen einnahmen. Wessel war 1952 von der «Org.» zum Amt Blank gewechselt, war dort für nachrichtendienstliche Belange der Streitkräfte zuständig, trat 1955 als Oberst i.G. in die Bundeswehr ein und brachte es zum Rang eines Generalleutnants, als er 1968 als Gehlens Nachfolger an die

Spitze des BND trat. Er dürfte eine Schlüsselrolle gespielt haben bei dem Bemühen Gehlens, die Einrichtung eines echten militärischen Nachrichtendienst abzuwehren und den MAD auf die Spionageabwehr der Bundeswehr sowie die Sicherheitsüberprüfung ihres Personals zu beschränken. Hilfreich waren gewiss auch Heusinger und Oberst Ernst Ferber, ebenfalls ein ehemaliger «Org.»-Kamerad, der zum Personalchef der Bundeswehr avancierte.

Kaum zu durchschauen war der Einfluss Gehlens und seiner «Org.» auf eine Melange von Einrichtungen, die man nicht eigentlich als Nachrichtendienste bezeichnen möchte, weil sie entweder keine staatlichen Dienststellen waren oder weil sie nur ansatzweise mit nachrichtendienstlichen Methoden arbeiteten. Sie gaben sich als Institute für Ostforschung, Vertriebeneneinrichtungen, Informationsbüros und Instrumente zur Beeinflussung der öffentlichen Meinung aus. Ihre Finanzierung und tatsächlichen Aufgaben blieben oftmals im dunkeln; vermutlich wurden viele davon vor der CIA finanziert. Hinzu kamen die «Ostbüros» der Parteien und der Gewerkschaften. Sie unterhielten geheime Kontakte zu oft noch im Untergrund tätigen Mitgliedern in der Sowjetzone, später in der DDR. Man wollte dort zumindest rudimentäre Organisationsstrukturen für den Tag der staatlichen Wiedervereinigung erhalten. Sachlich gesehen wäre es nur logisch gewesen, wenn alle diese Halb-Geheimdienste mit der «Org.» kooperiert hätten, aber wenig davon lässt sich beweisen. Man sollte jedenfalls bei geheimdienstlichen Einrichtungen nicht von der Undurchsichtigkeit auf die Bedeutung schließen. In diesem Gewerbe wird vieles geheimgehalten, um die eigene Bedeutungslosigkeit zu verschleiern.

Kehren wir nun zurück zu den Beziehungen, die Gehlen zum Kanzleramt aufzubauen suchte. Nachweislich war er seit der Koreakrise 1950/51 bei Kanzler-Besprechungen zur aktuellen Sicherheitslage anwesend.[11] Im engen Kontakt mit dem Stab des amerikanischen Hochkommissars durfte er auch Einschätzungen zur militärischen Bedrohung liefern. Über sein Verhältnis zu Adenauer gibt es widersprüchliche Aussagen. Man weiß allerdings, dass Adenauer gegenüber höheren Offizieren ausgesprochen reserviert und misstrauisch war. Für ihn blieb die Erfahrung als demokratischer Politiker der Weimarer Republik prägend. Die gleichermaßen arrogante wie destruktive Rolle der höheren Reichswehroffiziere gegenüber demokratisch gewählten Politikern war ihm unvergessen.

Gehlens Kontaktmann im Kanzleramt war Hans Globke, der zu den engsten Mitarbeitern Adenauers zählte und 1953 zum Staatssekretär im Kanzleramt aufstieg, obwohl er sich während der NS-Zeit durch einen schändlichen Rechtskommentar zu den Nürnberger Rassegesetzen hervorgetan hatte und deshalb eine öffentlich kontroverse Figur war.

Wegen seiner exzellenten Personalkenntnis sowohl in der Politik als auch unter den hohen Beamten war Globke für Adenauer unentbehrlich. Dessen weitverzweigtes Netzwerk stellte eine Art von Frühwarnsystem für den Kanzler dar. Globke konnte frühzeitig Laut geben, wenn sich irgendwo im Apparat, in den Parteien, aber auch in der Presse politischer Ärger für den Kanzler zusammenbraute. In ihren Methoden waren weder Globke noch sein Kanzler zimperlich. Akribisch wurden unappetitliche Personalien und anderer «schmutzige Geschichten» gesammelt, um im richtigen Moment Leute unter Druck zu setzen, ja regelrecht politisch zu erpressen.

Was konnte da nützlicher für Globke sein als die Verbindung zu einem Mann wie Gehlen, der ein berufsmäßiger Nachrichtensammler war, zudem mit einem riesigen Apparat? Gehlen ließ ohnehin die Republik nach kommunistischen Verschwörungen absuchen. Da war es vermutlich nicht schwer, allerlei detektivische Aufträge für Globke darunterzumischen.[12] Für Gehlen wiederum war Globke ideal plaziert, um institutionelle Entscheidungen zu beeinflussen, wenn schon der Kanzler selbst für seine werbenden Bemühungen nicht zugänglich war. Für Gehlens Meisterstück, die Gründung des BND als einzigem Auslandsnachrichtendienst der Bundesrepublik, dürfte die Achse zu Globke ausschlaggebend gewesen sein.[13]

Die Gründung des BND

Wie kam es zu Gehlens Meisterstück, der Übernahme der «Org.» in den Bundesdienst? Warum hat man sich auf einen einzigen Auslandsnachrichtendienst festgelegt, statt zumindest dem Verteidigungsministerium und dem Auswärtigen Amt eigene Dienste zu geben, wie es in Europa weithin gebräuchlich war (und ist)? Auch die USA hatten (und haben) ja nur nominell einen «zentralen» Geheimdienst, die CIA. Die Militärs entzogen sich einer Zentralisierung und ließen noch nicht einmal einen einheitlichen militärischen Dienst zu, sondern bestanden auf der Aufsplitterung nach Teilstreitkräften.

Obgleich sich die politisch-administrativen Abläufe bei der Gründung des BND bislang nicht präzise rekonstruieren lassen, weil nicht einmal zu diesem Verwaltungsakt die Regierungsakten deklassifiziert werden, lässt sich einiges aus den Umständen der Zeit erschließen. Offensichtlich war für Adenauer die Übernahme der «Org.» in den Bundesdienst die am wenigsten unangenehme Entscheidungsvariante. Eine Neugründung oder gar die Gründung mehrere Dienste hätte große Aufmerksamkeit erregt und hätte eine öffentliche Diskussion provoziert zu einer Zeit, als die schwierige Gesetzgebung zur Bundeswehr noch nicht abgeschlossen war. Man darf nicht vergessen, dass die Wiederbewaffnung nicht nur innenpolitisch auf heftigen politischen Widerstand traf, sondern überall in Europa mit großem Misstrauen beobachtet wurde, insbesondere in Großbritannien und Frankreich. Eine Debatte über deutsche Nachrichtendienste hätte den Gegnern der Wiederbewaffnung reichlich Munition liefern können. Sodann war sich Adenauer im klaren, dass es einen völlig unabhängigen deutschen Auslandsnachrichtendienst genauso wenig geben konnte wie rein nationale deutsche Streitkräfte. Wozu sollte er sich dann Gedanken über die Idealform eines deutschen Auslandsnachrichtendienst machen? Für ihn kam es vor allem darauf an, dass von einer solchen Einrichtung keine Gefahr für seine Politik ausging, vor allem keine parteipolitische.

Von Bedeutung könnte auch die Überlegung gewesen sein, dass mit der Übernahme der «Org.» die Verantwortung für ihre personelle Zusammensetzung und ihre Arbeitsweise ganz den Amerikanern zugeschoben wurde. Das galt insbesondere für das Personal mit problematischer NS-Vergangenheit. Denn Gehlen und seine Truppe waren durch die USA angeheuert worden, nicht durch deutsche Politiker, und zwar drei Jahre, ehe Adenauer zum Kanzler gewählt wurde.

Wichtig war für Adenauer die organisatorische Zuordnung. Ein zentraler Auslandsnachrichtendienst musste dem Kanzleramt unterstellt werden, um die anteilige Nutzung durch die einzelnen Ministerien zu gewährleisten. Per Kabinettsbeschluss vom 21. Februar 1956 wurde er als «Dienststelle ... dem Bundeskanzleramt angegliedert.» Damit konnte der Kanzler unmittelbar auf dessen Informationen und Analysen zur Außen- und Sicherheitspolitik zugreifen. Er war nicht auf die Minister angewiesen, die gemäß der Verfassung ihre Ressorts «unter eigener Verantwortung» führen und nur der allgemeinen Richtlinienkompetenz des Bundeskanzlers unterworfen sind. Der Pferdefuß dieser Konstruktion war jedoch die Kontrolle des BND. Wie und durch wen sollte sie wirksam ausgeübt werden?

Was immer Adenauers Überlegungen und Hintergedanken gewesen sein mögen – der am 1. April 1956 gegründete Bundesnachrichtendienst brachte dem Kanzler bald heftigen politischen Ärger. Bereits auf seiner USA-Reise 1954 hatte ihn Generalmajor Arthur Trudeau, der Chef des US-Armeenachrichtendienstes, auf Vermutungen angesprochen, der Gehlen-Dienst sei von Ostspionen durchsetzt. Von diesem Gespräch erfuhr sogleich die CIA, der dieser Vorwurf natürlich gar nicht passte, weil sie ihr Hätschelkind möglichst bald an Bonn loswerden wollte. CIA-Direktor Allen Dulles protestierte bei Präsident Eisenhower. Trudeau wurde nach Korea versetzt.

Doch Trudeau sollte recht behalten. Die Gefahren einer Unterwanderung der «Org.» waren groß, die Vorsichtsmassnahmen völlig unzureichend. Als Geheimdienstprofi hätte man wissen müssen, dass ein ehemaliger SS-Offizier wie Heinz Felfe ein hohes Risiko darstellte, weil er in besonderer Weise erpressbar war. Wie konnte man einem solchen Mann die BND-Gegenspionage für die Sowjetunion anvertrauen? Bereits 1951 hatte er nicht nur bei Gehlen, sondern auch bei den Sowjets angeheuert. Er wurde immer wieder befördert und von Gehlen gegen alle hausinternen Zweifel in Schutz genommen. Als Felfe endlich 1961 enttarnt, verhaftet und 1963 verurteilt wurde, erbrachte sein Prozess erdrückende, für den BND niederschmetternde Beweise von Schlamperei. Felfe hatte alle BND-Kontakte in die Sowjetunion zerstört, die Identität von beinahe hundert Agenten preisgegeben und Funkschlüssel sowie eine Vielzahl von Übermittlungswegen für Nachrichten verraten. Von ihm hatte Moskau Hunderte von Filmen und Tausende von Photos erhalten, welche die Arbeitsweise des BND dokumentierten. Es war einer der schwersten Fälle von Geheimnisverrat, den ein westlicher Dienst während des Kalten Krieges je erlitt.

Vor diesem Hintergrund kam es im Jahr darauf zum Bruch zwischen Gehlen und Adenauer. Den Anlass bildete die «Spiegelkrise», die durch den am 10. Oktober 1962 erschienenen Artikel «Bedingt abwehrbereit» des Redakteurs Conrad Ahlers ausgelöst wurde. Sein Thema, die amerikanischen Reformbestrebungen für die Nuklearpolitik der NATO, löste in der Bundesrepublik beinahe eine Staatskrise aus.

Die deutsch-amerikanischen Kontroversen begannen bereits wenige Monate, nachdem John F. Kennedy im Januar 1962 ins Weiße Haus einzog. Verteidigungsminister Franz Josef Strauß wandte sich vehement gegen amerikanische Vorschläge, die darauf hinausliefen, bei einem sowjetischen Angriff auf Westeuropa eine nukleare Antwort der NATO, im Klartext hieß das vor allem der Amerikaner, möglichst lange hinauszuzögern. Für Strauß, aber genauso für den ohnehin gegenüber Washington sehr skeptischen Adenauer, bedeuteten diese Vorschläge ein gefährliches Aufweichen der westlichen Abschreckungspolitik.

Auf diesen Streit bezog sich der genannte «Spiegel»-Artikel, wobei es den Anschein hatte, als verfüge die Redaktion über Geheimpapiere des Bonner Verteidigungsministeriums – ein Verdacht übrigens, der sich reichlich bestätigen sollte.[14] Der Generalbundesanwalt begann zu ermitteln. Zur Unterstützung gab Strauß ein Fachgutachten des Verteidigungsministeriums in Auftrag. Es ging dabei jedoch nicht nur um einen möglichen Fall von Landesverrat, sondern um die Furcht vor einer internen Revolte gegen Adenauers Sicherheitspolitik. Wie man wusste, gab es Querverbindungen zwischen dem «Spiegel» und der FDP, die auch für die schwelenden Auseinandersetzungen um die Adenauer-Nachfolge eine Rolle spielten. Deshalb wurde der FDP-Justizminister Ewald Bucher über die Ermittlungen der Bundesanwaltschaft nicht informiert, wohl aber dessen Staatssekretär von der CDU.

Vor diesem Hintergrund war es verhängnisvoll, dass der BND seit längerem enge Beziehungen zum «Spiegel» pflegte, der seinerseits besonders heftig die wachsende Gegnerschaft zu Adenauer, Strauss und zu ihrer Sicherheitspolitik publizistisch anheizte. Oberst Wicht, der BND-Dienststellenleiter in Hamburg, hatte sogar eine Liste von Fragen zum genannten Ahlers-Artikel entgegengenommen, um sie in Pullach auf sachliche Richtigkeit und Geheimschutzbedüftigkeit überprüfen lassen. Als die «Spiegel» -Redaktion polizeilich durchsucht und der Herausgeber Rudolf Augstein sowie Ahlers verhaftet wurden, kam bei Strauss und Adenauer sogar der Verdacht auf, der «Spiegel» sei vor der polizeilichen Durchsuchung der Redaktionsräume durch den BND gewarnt worden. Besonders inkriminierende Unterlagen hätten dadurch noch rechtzeitig beiseite geschafft werden können. Tatsächlich hatte Strauss am 17. Oktober mit Gehlen ein Vieraugengespräch geführt, in dem er diesen über die Ermittlungen informierte. Adenauer, der von Strauss über dieses Gespräch unterrichtet war, wollte deshalb Gehlen als Landesverräter verhaften lassen, was Bonner Beamte jedoch mit dem Hinweis auf fehlende Indizien abwendeten.

Wie Adenauers Biograph Hans-Peter Schwarz anmerkt, hatte der 86-jährige Kanzler nicht mehr die Kraft, «den Vorgängen in Pullach unnachsichtig auf den Grund zu gehen».[15] Man fragt sich allerdings, warum er nicht wenigstens Gehlen aus dem Amt entfernte, wenn er keinerlei Vertrauen mehr zu ihm hatte. Erschien es ihm zu riskant? Wusste Gehlen zu viel über zu viele Leute? Oder hielt Adenauer den BND für zu unbedeutend, um die schwelende Regierungskrise noch weiter anzuheizen?

Möglich ist beides. Auch eine Kombination beider Überlegungen ist vorstellbar. Vielleicht wurde Gehlen schlichtweg gerettet durch die wenige Tage später ausgebrochene Kubakrise, eine der gefährlichsten militärischen Konfrontationen zwischen den USA und der Sowjetunion, die auf vielerlei Weisen mit der Berlinfrage verknüpft war. Zudem befand sich der Kanzler mitten in einer Koalitionskrise, weil die FDP auf die schlechte Behandlung ihres Justizministers mit dem Rücktritt aller FDP-Minister antwortete. Nun ließ Adenauer mit der SPD Vorgespräche zu einer möglichen großen Koalition führen, aber letztlich kam nur eine Umbildung der alten Koalitionsregierung heraus, bei der allerdings Strauss sein Ministeramt verlor. Als diese Verkettung von Krisen überstanden war, hatte Adenauer wohl keine Lust mehr, auf das Problem Gehlen zurückzukommen. Doch ein Jahr später, bei seinem Abschied vom Kanzleramt, mahnt er den für den BND zuständigen Beamten eindringlich, Gehlen «schärfer an die Kandare zu nehmen».[16]

Adenauers Nachfolger Ludwig Erhard und dessen engste Mitarbeiter interessierten sich für den BND ebensowenig wie für die Sicherheitspolitik insgesamt. Erhard ließ den BND durch den Minister für besondere Aufgaben, Heinrich Krone, beaufsichtigen und die BND-Verbindungsstelle aus seinem Amtssitz, dem Palais Schaumburg, entfernen. Der Verdacht, es könnten Interna des Kanzleramtes über diese BND-Zelle nach Pullach sickern, hätte eigentlich schon Adenauer kommen müssen. Doch die längst überfälligen Reformen des BND unterblieben bei Erhard. Gehlens Amtszeit wurde sogar über die Altersgrenze hinaus verlängert, bis Karl Carstens als Staatssekretär im Bundeskanzleramt bei Kurt Georg Kiesinger endlich grundlegende Änderungen verlangte und Gehlen 1968 in Pension schickte.

Bilanz

Wie lässt sich die Geschichte des BND in der Ära Gehlen zusammenfassend beurteilen? Nur mit großen Vorbehalten, muss man als Historiker antworten, denn wir kennen noch viel zu wenig von dieser Geschichte. Allzu leicht verheddert man sich beim Thema Gehlen in den Legenden des «Dr. Schneider». Hinzu kommen allerlei gezielte Falschmeldungen der Spionagedienste der DDR sowie der Sowjetunion, die mehr oder weniger unerkannt in den westlichen Presseerzeugnissen Eingang fanden. Zwar kennen wir heute das erschreckende Ausmaß der östlichen Propaganda auf die westdeutsche Politik in groben Umrissen, wofür wir vor allem der Forschungsabteilung der Gauck-Behörde zu danken haben, doch diese neuen Erkenntnisse sind bisher noch nicht annährend in das Geschichtsbild der «alten» Bundesrepublik eingearbeitet worden.[17]

Jeder Versuch einer solchen Bilanz muss neben Problemen und Skandalen mögliche Erfolge suchen. Soviel «Gerechtigkeit für die Großväter» (Thomas Nipperdey) muss sein, zumal nachrichtendienstliche Erfolge aus professionellen, ethischen und politischen Rücksichten nur selten offengelegt werden. Zu den Erfolgen des BND darf man die frühe Kontaktaufnahme, bald auch Kooperation, mit anderen Diensten im westlichen Europa rechnen, zumal es den Kollegen in Frankreich, den Niederlanden und anderswo gewiss nicht leichtfiel, die ehemaligen Wehrmachtoffiziere als Partner zu betrachten. Noch erstaunlicher ist die früh begonnene, schnell intensiv gewordene Verbindung zu Israel, für die es auf israelischer Seite mannigfache Zeugnisse gibt. Sprachlich gab es gewiss keine Probleme, da viele der Israelis Emigranten aus Mitteleuropa waren, die ihre deutschen oder polnischen Namen durch neuhebräische ersetzt hatten. Schwieriger waren die psychologischen Barrieren. Doch für Israel ging es ums Überleben. Es konnte sich schlichtweg nicht erlauben, auf deutsche Hilfe zu verzichten.

«Einige der ersten Agenten Israels in den arabischen Ländern arbeiteten unter dem Deckmantel einer ausgeliehenen deutschen Identität», wie Gad Shimron schreibt.[18] Zu ihnen gehörte auch der legendäre «Champagnerspion» Wolfgang Lotz, der, vom BND ausgebildet, in Ägypten gegen das mit Hilfe deutscher Ingenieure betriebene, gegen Israel gerichtete Raketenprojekt angesetzt wurde. Lotz wurde enttarnt, verurteilt, aber nach dem Sechstagekrieg von 1967 ausgetauscht. Er verbrachte übrigens seinen Lebensabend unweit von Pullach.

Parallel zu diesen Hilfestellungen bei Geheimdienstoperationen entwickelte sich zwischen Israel und der Bundesrepublik eine waffentechnische Zusammenarbeit, die bis heute andauert. Da beide Staaten durch sowjetische Waffensysteme bedroht waren, tauschten sie nicht nur ihr Wissen darüber aus, sondern kooperierten auch in der Entwicklung neuer Waffensysteme. Dass auf diesem Weg ein erheblicher Teil der Wiedergutmachung abgewickelt wurde, lässt sich weitgehend belegen.[19]

Wie in der Außenpolitik westlicher Demokratien üblich, verlief die internationale Kooperation nicht immer parallel zu den offiziellen politischen Beziehungen. Das gilt im Positiven für Israel, mit dem Bonn erst 1965 Botschafter austauschte, während die militärisch-nachrichtendienstlichen Beziehungen fast ein Jahrzehnt weiter zurückreichten. Negativ wird man die Unterstützung für allerlei politisch unappetitliche Herrscher in Afrika, Asien und Lateinamerika verzeichnen. Als Rechtfertigung wäre vorstellbar, dass man hoffte, sowjetischen Einfluss in der Dritten Welt zurückzudrängen, befreundeten Dritten Hilfe zu gewähren und im günstigen Fall einem besseren Regime den Weg ebnen zu können. Derlei moralisch anfechtbare Beziehungen lassen sich oft nur auf dem geheimdienstlichen Weg pflegen, aber man täusche sich nicht: Die eigene Staatsführung ist stets im Bilde, oft genug ist sie der Anstifter. Wirkliche Eigenmächtigkeiten der Nachrichtendienste dürften äußerst selten sein, allein schon deshalb, weil auch im Reich der Geheimdienste nichts wirklich dauerhaft geheim bleibt. Somit diente der BND der Bonner Außenpolitik als ein Instrument der besonderen Art, mit dem man vieles trieb, was man der demokratischen Öffentlichkeit nicht eingestehen wollte – manchmal, weil man sich am Rande oder jenseits der völkerrechtlichen Normen bewegte.

Noch weitgehend im Dunkel liegt ein anderes, quantitativ vielleicht das wichtigste Aufgabenfeld des BND. Soweit bislang bekannt, genoss der BND hohes Ansehen unter den NATO-Verbündeten. Heute mag es nur noch von mäßigem Interesse sein, ob der Westen zutreffend und rechtzeitig über militärische Vorgänge im Ostblock unterrichtet wurde, doch das «Gleichgewicht des Schreckens», also die kriegsverhindernde

Wirkung der Waffenarsenale in Ost und West, konnte nur auf der Basis eines zuverlässigen Kenntnisstandes funktionieren. Nur wenn man sicher sein konnte, schnell, umfassend und zutreffend informiert zu sein, ließen sich militärische Krisen entschärfen und vermeiden.

Hierfür gewannen die technischen Mittel der Spionage bereits zu Gehlens Zeiten schnell an Bedeutung. Dies war jedoch nur der Beginn einer viel größeren, Computer-gestützten Expansion in den 1970er und 1980er Jahren. Der militärische, auch der diplomatische Funkverkehr des Gegners ließ sich mit immer leistungsstärkeren Mitteln erfassen, entschlüsseln und zu Analysen verarbeiten. Vor allem aber hinterlassen praktisch alle Waffensysteme ihre «Fußspuren», ihre Signale, die man aufzeichnen und auswerten kann, egal ob es sich dabei um Radarsysteme der Luftabwehr, um Raketen, Flugzeuge, Schiffe oder U-Boote handelt. Es war diese rapide Technisierung, die einen Nachrichtendienst im Stil der FHO bald obsolet werden und damit Gehlens Konzept, ja seine eigene Person, seine Expertise und seinen Führungsstil fragwürdig werden ließ. «Dr. Schneider» wurde ein Opfer der technischen Modernisierung.

Was die bislang so stark moralisierende, auf böse Buben und Skandale fixierte Sichtweise der BND-Geschichte zumeist übersieht, ist dieser technische Wandel der Geheimdienstarbeit, die sich zunehmend von menschlichen Zuträgern, also Spionen im eigentlichen Wortsinn, auf die technische Informationsbeschaffung verlagerte. Gewiss gab es auch im technischen Bereich menschliche und bürokratische Konflikte. Beispielsweise warfen neue Horchstationen – also mobile oder stationäre «Plattformen» – immer wieder Abgrenzungsprobleme mit der Bundeswehr auf. So war es für die Bundeswehr nie selbstverständlich, dass Daten, die sie selbst technisch beschaffte, nach Pullach zur Auswertung weiterzugeben seien. «Bürokratische Politik» nennt man derartige institutionelle Auseinandersetzungen.

Hinzu kamen Auseinandersetzungen zwischen den Generationen und beruflichen Gruppen. Als Gehlens Personalreserve der Ex-Wehrmachtsoffiziere ab 1955 in die Bundeswehr wechselte, gingen die eigentlichen militärischen Köpfe dem BND weitgehend verloren. An Pullach ausgeliehene Offiziere sowie eine neue Generation von BND-Personal aus überwiegend technischen Berufen musste nach und nach gewonnen werden, um dem Anspruch eines zugleich zivilen und militärischen Nachrichtendienstes gerecht zu werden. Neben die alte FHO-Garde traten zunehmend neue, für ihren Beruf gründlicher ausgebildete Leute, die sich intern gegen den alten Geist auflehnten. Die Ausweitung des Arbeitsfeldes auf die Dritte Welt, zu der es in Deutschland kaum vorrätige Expertise gab, veränderte ebenfalls die Zusammensetzung des BND-Personals.

Es entstanden Konflikte, die oft über gezielte Indiskretionen ausgetragen wurden und sich ihrerseits auf das BND-interne Klima niederschlugen. Das Gehlen-Bild verdunkelte sich noch mehr. Die Grenzen zwischen Wahrheit und Legende, Bosheit und wohlmeinender Kritik verschwammen noch stärker, obgleich Gehlen längst nicht mehr im Mittelpunkt stand. Man darf getrost den Klassiker der journalistischen BND-Literatur, das von zwei «Spiegel»-Redakteuren verfasste Buch «Pullach intern» (1971) diesen Generationskonflikten und bürokratischen Wachstumsschmerzen zuordnen. Heute liest es sich wie eine historische Kampfschrift.

Im gleichen Jahr erschienen Gehlens Erinnerungen, obgleich dieser Autor einst seinen Leuten eingeschärft haben soll, ein BND-Mann schreibe keine Memoiren. Noch einmal wollte er die Kommandohöhen der BND-Deutungen für sich behaupten. Doch sein scharfzüngiger Nachschlag, «Verschlusssache», mit dem er seinen Nachfolger Wessel als Verderber des großen Erbes abkanzelte, vergiftete am Ende die Debatten mehr, als jeder Außenstehende es vermocht hätte. An diesem Punkt traf sich der böse gewordene alte Mann mit seinen Kritikern: Einen Bundesnachrichtendienst, der nichts weiter als eine große Behörde der Sicherheitspolitik war, mochten sich beide nicht vorstellen.

Doch genau dieses war der BND geworden: ein Stück Normalität in einem normaler werdenden Westdeutschland. Publizistisch allerdings hat Gehlen den BND noch lange belastet. Sein Sicherheitskult, seine Geheimniskrämerei gaben dem BND noch ein schlechtes Image, als sich intern längst ein grundlegender Wandel vollzogen hatte. Ein wenig augenzwinkernd könnte man sagen, jener «Dr. Schneider» sei erst in der Mottenkiste verschwunden, als eine rot-grüne Bundesregierung im Jahr 2001 den Umzug der gesamten BND-Auswertungsabteilung nach Berlin erlaubte. Wie ihre Kollegen in Paris, London und Washington residieren seither die einstigen Schmuddelkinder der Bonner Außenpolitik am Sitz ihrer Regierung.

Roger Engelmann

«Schild und Schwert» als Exportartikel: die Sowjets und der Aufbau der DDR-Geheimdienste*

Die politische Geheimpolizei war ein zentrales Element des kommunistischen Herrschaftssystems. Unmittelbar nach der Oktoberrevolution gründeten die Bolschewiki die «Allrussische Außerordentliche Kommission zur Bekämpfung von Konterrevolution und Sabotage» (abgekürzt ČK, deutsch Tscheka), die sich unter der Leitung von Feliks Dzierzynski, einem verarmten polnischen Adligen, schon bald zu einem Terrorinstrument erster Ordnung entwickelte. In der Folgezeit wechselte die Tscheka mehrmals den Namen und die organisatorische Zuordnung (GPU, OGPU, NKWD, NKGB, MGB, ab 1954 schließlich KGB); sie erweiterte kontinuierlich ihren Apparat und ihre Aufgabenbereiche. Der Kardinalauftrag an den sowjetischen Geheimdienst blieb aber immer der gleiche: Sicherung und Erweiterung der kommunistischen Herrschaft. Diese Funktion wurde durch das Schild und das Schwert symbolisiert, das bis zu den Zeiten Michail Gorbatschows das Emblem des KGB zieren sollte.

Von Anfang an betrieb die Tscheka auch Spionage, zunächst hinter den Linien der Bürgerkriegsgegner, dann in russischen Exilkreisen des Auslands und schließlich überall, wo sowjetische Interessen im Spiel waren. Dabei beschränkte sich der Geheimdienst nicht auf die Sammlung von Informationen, sondern führte bald auch «aktive Maßnahmen» bis hin zu Entführungen und Attentaten durch. Die wohl bekannteste «nasse Aktion» dieser Art war 1941 die Ermordung von Leo Trotzki in seinem mexikanischen Exil durch den NKWD-Agenten Ramón Mercader.

Spätestens im Zuge der Zwangskollektivierung der Landwirtschaft entwickelte sich die sowjetische Geheimpolizei Anfang der dreißiger Jahre zu einem umfassenden Instrument des «Massenterrors». Die OGPU hatte faktisch nicht nur unbegrenzte geheimdienstliche und polizeiliche Befugnisse, sondern auch weitreichende justizielle Kompetenzen. Damit war Willkürhandlungen aller Art Tür und Tor geöffnet, gegen die selbst der Parteiapparat häufig machtlos war. Liquidierungen ohne Urteil oder nach Strafverfahren, die diesen Namen nicht verdienen, waren die Regel. Das ebenfalls unter der Verwaltung der OGPU stehende Lagersystem (GULag) füllte sich mit Millionen Häftlingen, deren Einweisung häufig auf «administrativen» Wege erfolgt war.

Ab Mitte der dreißiger Jahre war das von den geheimpolizeilichen Strukturen dominierte Volkskommissariat für innere Angelegenheiten (NKWD) vollständig zum persönlichen Herrschaftsinstrument Stalins geworden. Hiermit liquidierte er in den großen Säuberungen der Jahre 1935 bis 1938 nahezu die gesamte alte Garde der Bolschewiki und große Teile der sowjetischen Funktionseliten. Der Terror war von einem Mittel des Machterhalts zum selbstzerstörerischen Amoklauf eines skrupellosen Gewaltapparates in der Hand eines paranoiden Diktators geworden. Zwar «normalisierte» sich die Situation in der Sowjetunion nach 1938 wieder ein wenig, aber die sowjetische Staatsicherheit, die im übrigen auch viele eigene Kader in den Säuberungen verloren hatte, blieb auch später von den grausamen und irrationalen Exzessen der dreißiger Jahre geprägt.

Während des Zweiten Weltkrieges und danach spielten die sowjetischen Sicherheitsorgane mit dem siegreichen Vorrücken der Roten Armee eine entscheidende Rolle bei der Sicherung der Macht in den eroberten osteuropäischen Gebieten und später auch beim Entstehen von kommunistischen Satellitenregimen in den militärisch besetzten Ländern. In den «Volksdemokratien» entstanden überall einheimische politische Geheimpolizeien sowjetischen Typs, die von Instrukteuren des großen Bruderorgans an der kurzen Leine geführt wurden. So geschah es auch im östlichen Deutschland: Bereits unmittelbar nach der Besetzung Ostdeutschlands durch die Rote Armee begannen die Sowjets mit dem Aufbau geheimdienstlicher und geheimpolizeilicher Strukturen in ihrer Zone. Unter der Ägide des NKWD-Bevollmächtigten Iwan A. Serow wurden im Frühsommer 1945 in Berlin sowie in den Landes- und Provinzhauptstädten sogenannte Operative Sektoren gebildet, die aufgrund ihrer geheimpolizeilichen Aufgabenstellung in den Anleitungsbereich des 1943 aus dem NKWD ausgegliederten Volkskommissariats für Staatssicherheit (NKGB) fielen. Als im folgenden Jahr beide Ressorts zu Ministerien umbenannt wurden, kamen die operativen Sektoren auch formell unter die Zuständigkeit der sowjetischen Staatssicherheit, des damaligen MGB. Im deutschen Polizeiapparat, der von der SMAD (Sowjetische Militäradministration in Deutschland) mit Hilfe zuverlässiger Kommunisten nach kaderpolitisch restriktiven Kriterien aufgebaut wurde, bildeten sich schon früh erste Elemente einer politischen Polizei. Bereits Anfang 1946 lässt sich etwa für das Kriminalamt Dresden nachweisen, dass es nicht nur die Aufgabe hatte, gegen «faschistische und militaristische Verbrecher», sondern auch gegen «konterrevolutionäre Elemente» vorzugehen.[1] Allerdings beschränkte sich die entsprechende Tätigkeit zunächst auf das Sammeln von Informationen und das Feststellen von Zeugen, während die exekutiven Handlungen den sowjetischen Organen vorbehalten blieben.

Die ersten deutschen politischen «Sonderkommissariate» entstanden aus sogenannten «Gruppen zur besonderen Verwendung», die direkt den Operativgruppen des NKGB/MGB unterstellt waren und offenbar vorwiegend aus Kommunisten und Antifa-Schulabsolventen bestanden, die sich bei sowjetischen Partisanen- und Agenteneinsätzen schon in Kriegszeiten bewährt hatten. Im Zuge der Zentralisierung des Polizeiwesens durch die Deutsche Verwaltung des Innern wurden die regional unterschiedlichen Strukturen der politischen Polizei zum Jahresbeginn 1947 als Sonderbereich der Kriminalpolizei unter der Bezeichnung K 5 vereinheitlicht. Sie war für NS-Delikte und für sogenannte Delikte gegen den demokratischen Aufbau zuständig und fungierte faktisch als Hilfspolizei der MGB-Operativsektoren und -gruppen. Durch den SMAD-Befehl 201 wurden die Dezernate K 5 im August 1947 auch mit den Ermittlungen in den Entnazifizierungsverfahren betraut und erlangten so – allein durch den damit einhergehenden Personalaufbau – ein größeres Eigengewicht.

Im Jahr 1948 begann die SED-Führung auf größere Eigenverantwortung im Bereich der politischen Polizei zu drängen. Eine erste sowjetische Konzession erfolgte am 31. März 1948 durch einen Ministerratsbeschluss, der den MGB-Bevollmächtigten in Deutschland Nikolai K. Kowaltschuk verpflichtete, wenigstens die beiden Vorsitzenden der SED über wichtige Verhaftungsfälle zu informieren. In der zweiten Jahreshälfte ventilierten Walter Ulbricht und Wilhelm Pieck dann systematisch bei den sowjetischen Verantwortlichen den Ausbau der K 5 zu einer politischen Geheimpolizei. Der sowjetische Staatssicherheitsminister Abakumow war zu diesem Zeitpunkt strikt gegen die Schaffung eines solchen Apparates. Er argumentierte, schon jetzt werde die K 5 von den Engländern und Amerikanern als Gestapo verleumdet. Es sei daher zu befürchten, dass der Aufbau einer eigenständigen Geheimpolizei die Einrichtung eines deutschen Spionagedienstes in den Westzonen zur Folge haben werde. Entscheidender war aber wohl, dass er keine Kompetenzen an deutsche Organe abgeben wollte. Bezeichnenderweise klagte er, dass es «zu wenig überprüfte deutsche Kader» gebe.[2] Der MGB-Apparat traute den deutschen Kommunisten sicherheitspolitisch nicht über den Weg. Auf die Dauer konnte sich das MGB allerdings nicht durchsetzen. Die Würfel fielen am 18. Dezember in Moskau bei einem Treffen Stalins mit Ulbricht, Pieck und Grotewohl. Zehn Tage später beschloss das Politbüro der KPdSU die Gründung eines eigenen deutschen Staatssicherheitsdienstes.

Beim Aufbau des Stasi-Vorläufers «Hauptverwaltung zum Schutz der Volkswirtschaft» im Frühjahr 1949 zeigte sich jedoch wieder das tiefverwurzelte Misstrauen des MGB. Von 6670 Einstellungskandidaten (überwiegend aus dem Polizei- und Parteiapparat) wurden 88 Prozent als kaderpolitisch ungeeignet aussortiert. Ausschlusskriterien waren Verwandte und Bekannte im Westen, westalliierte Gefangenschaft sowie Jugoslawien-Aufenthalte. Zum Ärger mancher alter Kommunisten ergab sich aus dieser kaderpolitischen Linie des MGB eine tendenzielle Bevorzugung von jungen Antifa-Schülern aus der sowjetischen Kriegsgefangenschaft ohne (nennenswertes) politisches Vorleben. Diese sowjetischen Kaderauswahlkriterien mit der extremen Dominanz des (vermeintlichen) Sicherheitsaspektes führten in der Folge zu einem ausgesprochen niedrigen allgemeinen, fachlichen und auch politischen Bildungsniveau der deutschen Geheimpolizisten, was sicherlich wiederum zur langfristigen starken Stellung der sowjetischen Instrukteure und Experten im Ministerium für Staatssicherheit (MfS) beigetragen hat.

Der bestimmende sowjetische Einfluss beim Aufbau des MfS zeigte sich auch bei der Auswahl des ersten Ministers. Als designierter Chef konnte eigentlich der Leiter der «Hauptverwaltung zum Schutze der Volkswirtschaft» und Favorit Ulbrichts, Erich Mielke, gelten. Doch die Sowjets stießen sich unter anderem an den Unklarheiten in Mielkes Lebensweg zwischen seiner Teilnahme am Spanischen Bürgerkrieg und dem Weltkriegsende und setzten wenige Tage vor der Gründung des Ministeriums Wilhelm Zaisser, den Mann ihres Vertrauens, durch.

Natürlich waren die sowjetischen Organe das Vorbild beim Aufbau des Staatssicherheitsapparates. Das MfS war in vielem gleichsam eine Miniatur des MGB. Das betraf Zuständigkeiten, Strukturen, Organisations- und Leitungsprinzipien, operative Verfahren und ist bis in den Bereich der geheimpolizeilichen «Fachbegriffe» und der Traditionspflege nachzuvollziehen. Die deutschen Staatssicherheitsoffiziere bezeichneten sich in der Tradition von Dzierzynskis «Außerordentlicher Kommission» als «Tschekisten», und das Stasi-Emblem bestand so wie dasjenige des sowjetischen Bruderorgans aus Schild und Schwert. Auch dass die Auslandsaufklärung im Jahre 1951 zunächst formal als Teil des Außenministeriums gebildet wurde, war eine Kopie der damaligen sowjetischen Zuständigkeiten und muss als Bestreben des Molotow unterstellten Komitees für Information (KI) gewertet werden, sich ein eigenes deutsches Pendant zu schaffen. Als die sowjetische Auslandsspionage wieder in das MGB zurückkehrt war, wurde der Apparat von Markus Wolf im Sommer 1953 in die deutsche Staatssicherheit integriert.

In den ersten Jahren seines Bestehens kam es zweifellos zu einer intensiven und in vielem ausgesprochen negativen Prägung des MfS durch die sowjetischen Instrukteure. Schließlich war die Praxis der sowjetischen Geheimpolizei gerade in den frühen fünfziger Jahren, nicht zuletzt bedingt durch Stalins wieder verstärkte Verfolgungswut in dieser letzten

Phase vor seinem Tod, besonders hart und irrational. Die üblen Vernehmungsmethoden der sowjetischen Instrukteure, für die das Instrument der Geständniserpressung die fundamentale «Ermittlungsmethode» war, färbten auf das MfS ab. Die Anwendung auch physischer Gewalt bei den Verhören entsprach der damaligen MGB-Praxis, wo insbesondere in der Amtszeit von Ignatiew 1951–1953 die Untersuchungshäftlinge bei den Verhören regelrecht zu Tode geprügelt wurden. Auch die völlig konstruierten Ermittlungen gegen «Parteifeinde» in den Verfahren des Noël-Field-Komplexes, die entweder von den sowjetischen Offizieren selbst durchgeführt wurden oder unter ihrer Federführung stattfanden, fallen in diese Phase. Darüber, ob bei den verbreiteten Alkohol- und Sexualfehltritten sowie beim erheblichen Ausmaß von Gewalt- und Eigentumsdelikten im frühen MfS sowjetische Vorbilder auch eine Rolle spielten, lässt sich auf dem derzeitigen Kenntnisstand nur spekulieren.

Die Durchführung eigener Operationen und die Anleitung des MfS waren in den ersten Jahren der DDR als Aufgabenbereiche im MGB-Apparat nicht scharf getrennt. Die einzelnen «Fachabteilungen» des MGB-Bevollmächtigten waren für beides gleichzeitig verantwortlich, was dazu führte, dass es in der Tätigkeit der sowjetischen und der DDR-Geheimpolizei einen fließenden Übergang gab. Das MfS fungierte weitgehend noch als Hilfsorgan des MGB, welches nach eigenem Gutdünken Vorgänge an die Deutschen zur Weiterbearbeitung abgab bzw. andere, die zunächst in deren unmittelbarer Verantwortung gelegen hatten, an sich zog. Im Frühjahr 1953 umfasste der MGB-Apparat in der DDR gut 2200 Mitarbeiter; das MfS war in dieser Zeit erst etwa fünfmal so groß.

Der Bevollmächtigte des sowjetischen Geheimdienstes in Ostberlin fungierte de facto gleichzeitig als oberster «Chefberater» der DDR-Staatssicherheit; er kümmerte sich in den grundsätzlicheren Fragen unmittelbar um die Anleitung des jeweiligen DDR-Staatssicherheitschefs. Im Tagesgeschäft wurde diese Tätigkeit allerdings in der Regel von seinem für das MfS direkt zuständigen Stellvertreter ausgeübt, der in den Quellen als eigentlicher «Chefberater» des deutschen Organs auftaucht. Der Bevollmächtigte selbst war ausnahmslos ein Geheimdienstoffizier im Generalsrang, der wohl in der Regel auch die Funktion eines für Sicherheitsfragen zuständigen Stellvertreters des sowjetischen Hochkommissars bzw. Botschafters ausübte. Für den von 1953 bis 1957 amtierenden KGB-Bevollmächtigten Jewgenij R. Pitowranow ist diese Funktion jedenfalls nachweisbar.

Besonders stark war die Stellung der sowjetischen Organe in der Phase vor dem 17. Juni 1953, also in der Amtszeit Wilhelm Zaissers als Minister für Staatssicherheit. Die strukturell noch schwache DDR Staatssicherheit wurde in dieser Zeit vom sowjetischen Instrukteurapparat umfassend angeleitet. Wie aus einem Bericht des damaligen MGB-Bevollmächtigten in Berlin, Generalmajor Michail K. Kawerznew, von Februar 1952 hervorgeht, besaßen die sowjetischen Instrukteure in der Anfangszeit die uneingeschränkte operative Federführung in den Diensteinheiten des MfS und übernahmen in aller Regel die Bearbeitung der bedeutsameren Vorgänge selbst. Auch die Anleitung und Kontrolle der Länderverwaltungen der Staatssicherheit oblag in dieser Zeit nicht primär der Berliner Zentrale des MfS, sondern dem sowjetischen Instrukteurapparat. Um die Jahreswende 1951/52 herum erfolgte dem Bericht Kawerznews zufolge eine erste Stärkung der Eigenverantwortung des MfS durch die Übergabe von Vorgängen, die bis dahin von sowjetischer Seite bearbeitet worden waren, an deutsche Staatssicherheitskader und durch die Einführung der direkten Berichterstattung der Länderverwaltungen an die Zentrale des MfS – diese war bis dahin offenbar auch über den MGB-Apparat gelaufen. Doch die Stellung der sowjetischen Berater blieb trotzdem dominant. Sie hatten nach wie vor ungehinderten Einblick in die operative Tätigkeit und auf allen Ebenen Weisungsbefugnisse. Auch in der Kaderpolitik blieb ihr Einfluss bestimmend. Aufschlussreich hierfür ist ein Schriftstück der «Freunde» von 1952, in dem sie – unter detaillierter Angabe der notwendigen Qualifikationen – von der SED-Führung faktisch die Rekrutierung von 127 wissenschaftlich-technischen Hochschulkadern für die volkswirtschaftlichen Linien der Staatssicherheit forderten.

Nach dem Tod Stalins entsandte Berija, der jetzt wieder dem um die Staatssicherheit erweiterten sowjetischen Innenministerium (MWD) vorstand, seinen Vertrauten Amajak Kobulow als Sonderbeauftragten nach Berlin und begann mit einer radikalen Reduzierung seines Apparates in Deutschland auf 328 Mann, also auf etwa ein Siebtel. Außerdem sollten die sowjetischen Sicherheitsoffiziere in Zukunft nur noch ohne Weisungsbefugnisse beratend tätig sein. Diese Maßnahmen sind zweifellos vor dem Hintergrund von Berijas weicherer deutschlandpolitischen Linie zu sehen. Es sollten von jetzt an nur noch Offiziere mit Deutschkenntnissen in der DDR arbeiten. Jewgeni Beresin erinnert sich an die Aussage Berijas in diesem Kontext: «Es gibt eine neue Situation in Deutschland, die eine neue Herangehensweise erfordert. Wir müssen Leute von höherem intellektuellen Niveau nach Deutschland schicken.»[3]

Nach dem 17. Juni, dem Sturz Berijas und der Verhaftung seines Sonderbeauftragten Kobulow wurden diese Reformen teilweise wieder rückgängig gemacht. Der MWD-Apparat wurde wieder auf das Plansoll von 540 Mitarbeitern aufgestockt und die alten Anleitungs- und Kontrollbefugnisse gegenüber der DDR-Staatssicherheit einschließlich des Weisungsrechts bekräftigt. Zudem zog der neue MWD-Bevollmächtigte

Jewgenij Pitowranow aus dem Versagen der Staatssicherheit vor und während des Juni-Aufstandes die Konsequenz, die eigene operative Tätigkeit vor allem in den Bereichen Überwachung des DDR-Staatsapparates und Bekämpfung des sogenannten politischen Untergrundes zu verstärken und das MfS insgesamt wieder stärker an die Kandare zu nehmen. Zu diesem Zweck und um Kompetenzprobleme in seinem Apparat zu bereinigen, schuf Pitowranow eine eigene, von den operativen Fachabteilungen getrennte Beraterabteilung unter der Leitung von Oberst Wassili I. Bulda. Bulda und seine Nachfolger nahmen regelmäßig an den Sitzungen des Kollegiums, des obersten Beratungsorgans der Staatssicherheit, teil.

Auch bremsten die Sowjets in dieser Phase erkennbar die Bemühungen Ulbrichts, die Staatssicherheit stärker an die SED anzubinden. Besonders aufschlussreich ist in diesem Zusammenhang das Scheitern eines Planes der SED-Führung im August 1953, die Befugnisse des Parteiapparates gegenüber der Staatssicherheit auszubauen. Vorgesehen waren umfassende Informationspflichten der Stasi-Bezirksverwaltungen gegenüber den 1. Sekretären der territorialen Bezirksleitungen und deren Auftragsbefugnis in «parteipolitischer» und «fachlicher Hinsicht», doch das Vorhaben stieß auf den Widerstand Pitowranows.[4] Auf seine Initiative kam es unter Mitwirkung des Hochkommissars Wladimir Semjonow zu einer vollständigen Umformulierung eines entsprechenden Politbürobeschlusses. Der darin nunmehr enthaltene Passus zum Verhältnis von territorialen Parteileitungen und Dienststellen der Staatssicherheit entsprach wortwörtlich einem in letzter Minute eingebrachten Änderungsvorschlag Pitowranows, in dem von fachlichen Aufträgen der territorialen Parteileitungen an die Staatssicherheitsorgane oder ähnlichem nicht mehr die Rede war, sondern nur noch von parteipolitischer Anleitung. Außerdem wurde ausdrücklich betont: «Zur Wahrung der Konspiration dürfen sich [...] die örtlichen Parteiorgane nicht unmittelbar in die Arbeit mit Informatoren [...] einmischen.»[5]

Die Stellung der «Freunde» blieb also weiterhin stark. Schon das abermalige Übergehen des Ulbricht-Vertrauten Mielke bei der Auswahl des neuen Staatssicherheitschefs und die Berufung Ernst Wollwebers hatten das gezeigt. Die weitgehenden Weisungs- und Vetorechte der Berater sind für die Phase ab 1953 auch mit mündlichen Anweisungen Wollwebers zu belegen, die in Besprechungsprotokollen festgehaltenen wurden. Im August 1953 sagte er: «Wenn ein sowjetischer Instrukteur eingreift [...], so macht man den Instrukteur aufmerksam, dass man anderer Meinung ist, befolgt aber den Rat des Instrukteurs.» Und im Dezember desselben Jahres legte er fest: «Keine Maßnahmen sollen getroffen werden gegen die Meinung unserer Freunde.»[6] Wenn Entscheidungen der Bezirksverwaltungschefs vorlägen, mit der die «Freunde» nicht einverstanden seien, müsse dies sofort – mit einer Stellungnahme – der Leitung in Berlin gemeldet werden. Auch bei Kaderentscheidungen bis hinunter zur Ebene der Kreisdienststellenleiter ist in den Jahren 1953 bis 1955 die Beteiligung der Berater nachzuweisen.

Besonders aufschlussreich sowohl im Hinblick auf die Rolle der «Freunde» als auch auf die immer noch schwachen Parteistrukturen in der Staatssicherheit, ist 1954 die Klage ausgerechnet des 1. Sekretärs der SED-Parteiorganisation in der Staatssicherheit, Hermann Steudner, jede operative Abteilung besitze einen sowjetischen Berater, der ihr helfe, die Beschlüsse der Partei in operative Arbeit umzusetzen, nur das Büro der Parteileitung müsse die politische Linie allein finden.

Es gab in den fünfziger Jahren somit eine doppelte Anleitung der Staatssicherheit durch Berater und Partei, beide Anleitungsstränge waren aber in gewisser Weise komplementär. Die Anleitung der Berater betraf zum größten Teil operative Fragen, Fragen der Organisation, Vermittlung von geheimpolizeilichem Handwerk, während die eigentlich politische Anleitung primär Aufgabe der SED war. Überschneidungen gab es naturgemäß bei den grundsätzlicheren operativen Problemen, doch ist hier zumeist ein Gleichklang zu verzeichnen. Die «Dauerbrenner» der Kritik an der Staatssicherheit in den Jahren 1953 bis 1957 waren: mangelnde Qualifikation der Mitarbeiter, mangelhafte Arbeit mit Informatoren, unzureichende Erfolge bei der Bekämpfung der sogenannten Untergrundzentralen und bei der Aufklärung von sogenannten Konzernverbindungen. Sie finden sich sowohl in den Stellungnahmen der Berater als auch in den Äußerungen von Ulbricht. Die Quellen legen dabei die Vermutung nahe, dass Ulbricht zumindest einen Teil der Kritikpunkte von den «Freunden» übernommen hat und nicht umgekehrt.

Bei der Ausarbeitung einer neuen Staatssicherheitsstrategie der «konzentrierten Schläge» im Spätsommer und Herbst 1953 arbeiteten SED und der Karlshorster Apparat Hand in Hand. Neben Walter Ulbricht und Hermann Matern als Vertreter der Partei waren der MWD-Bevollmächtigte Jewgenij P. Pitowranow und sein Stellvertreter Iwan Fadejkin an der Formulierung einer Konzeption beteiligt, die sowohl die Neuorganisation der Staatssicherheit als auch die grundlegend offensivere Neuausrichtung der operativen Tätigkeit sowie deren intensivere propagandistische Flankierung beinhaltete.

Bei der Umsetzung der neuen Offensivstrategie zeigte sich die alte Dominanz der Berater. Im Einsatzbefehl zur ersten Großaktion des SfS im Oktober 1953 – de facto eine Verhaftungswelle – heißt es kategorisch: «Sämtliche während der Aktion ‹Feuerwerk› und ‹Nachschlag› durchzuführende Maßnahmen sind rechtzeitig mit den sowjetischen Instrukteuren abzustimmen.»[7] Auch aus den Unterlagen zur Aktion

«Pfeil» vom Frühsommer 1954 geht hervor, dass die Behandlung einzelner Vorgänge und konkrete Festnahmen detailliert mit den jeweils zuständigen sowjetischen Beratern abgesprochen wurden, wobei die «Freunde» sich offensichtlich koordinierende und kontrollierende Kompetenzen vorbehielten. Beim detaillierten Operativplan vom März 1955 zur Aktion «Blitz» handelte es sich sogar um eine Übersetzung eines russischen Originals, das offensichtlich aus der KGB-Vertretung stammte.

Auch die Beendigung der Strategie der «konzentrierten Schläge» und die alternative Weichenstellung in Richtung einer verstärkten «Westarbeit» gingen auf sowjetische Vorgaben zurück. Schon in der Endphase der «konzentrierten Schläge» hatten die Sowjets eine weitere einschneidende Umorientierung der Arbeit der Staatssicherheit betrieben. Aus der Sicht der Sowjetunion war durch die sich abzeichnende Integration der Bundesrepublik in das westliche Bündnissystem – die Pariser Verträge waren im Oktober 1954 unterzeichnet worden – in Europa eine politisch-militärisch ungünstige Situation entstanden, der durch verstärkte nachrichtendienstliche Aktivitäten begegnet werden musste. Im März 1955 fand zu diesem Thema in Moskau eine Beratung der Staatssicherheitsdienste der Sowjetunion, Polens, der ČSR und der DDR statt, auf der der Staatssicherheitschef Wollweber den Auftrag bekam, die Aktivitäten der Staatssicherheit im Westen massiv zu verstärken. Eine Folge war, dass zusätzlich zu dem unter der Leitung von Markus Wolf stehenden Aufklärungsapparat in der Zentrale der Staatssicherheit die Schaffung von Aufklärungsabteilungen in den Bezirksverwaltungen beschlossen und die Aufklärungsaufgaben der sogenannten Abwehrlinien ausgeweitet wurden. Nach der Genfer Gipfelkonferenz im Juli 1955, auf der es zu verhaltenen Entspannungssignalen gekommen war, wurde diese Orientierung von Wollweber bestätigt und präzisiert. Ansatzpunkte für die geheimdienstliche Tätigkeit des Ostens sollten jetzt vor allem Differenzierungen im westlichen Lager sein. Eine weitere Umschichtung der Kapazitäten der Staatsicherheit zugunsten der Aufklärung und «aktiver Maßnahmen» im Westen – so Wollweber auf einer Dienstbesprechung am 5. August 1955 – sei daher vonnöten. Der Staatssicherheitschef machte keinen Hehl daraus, dass diese Schwerpunktverlagerung auf Kosten der internen Überwachung gehen musste und gab für die Bezirksverwaltungen, die eigentlich primär für die innere Sicherheit zuständig waren, die Parole aus: «Die Chefs 50% das Gesicht dem Westen zu.»[8]

Bei Ulbricht, dem der Schreck des 17. Juni 1953 noch tief in den Knochen saß, fiel diese Entwicklung nicht auf ungeteilte Freude. Doch musste er sich zunächst mit den Vorgaben der Brudermacht abfinden. Die forcierte Erweiterung der Auslandsspionage begann im Frühjahr 1955 mit der Schaffung der für Aufklärung zuständigen Abteilungen in den Bezirksverwaltungen und wurde im Frühjahr 1956 mit dem Ausbau von Wolfs Hauptabteilung XV zur Hauptverwaltung A abgeschlossen. Nach dem vorhandenen bruchstückhaften Zahlenmaterial zu schließen, dürfte der Bereich in dieser Zeit um mindestens 100 hauptamtliche Mitarbeiter, das heißt um etwa 25 bis 30 Prozent, gewachsen sein. Auch wechselten im Zuge dieser Entwicklung hochrangige Kader der Abwehrlinien in den Bereich von Markus Wolf. So wurde der Leiter der Verwaltung Groß-Berlin, Hans Fruck, zum 1. stellvertretenden Leiter der HVA, und der Leiter der für strafrechtliche Untersuchungen zuständigen Hauptabteilung IX, Alfred Scholz, zum Chef des für die Westalliierten und die Militäraufklärung zuständigen Bereichs in der HVA berufen. Auch die für Sonderaktionen im Westen zuständige Abteilung wurde aus dem unmittelbaren Anleitungsbereich des Staatssicherheitschefs herausgelöst und in den Aufklärungsbereich integriert. Diese Aufgabenerweiterung der «Aufklärung» in Richtung «aktive Maßnahmen» und der massive Zufluss bewährter Kader aus den geheimpolizeilichen Bereichen in die HVA stärkte nach sowjetischem Vorbild das Prinzip der «Einheit von Abwehr und Aufklärung». Es besteht kein Zweifel, dass durch die Ausrichtung der Staatssicherheit auf die Westarbeit in den Jahren 1955/56 der Grundstein für die spätere Stärke der Auslandsspionage im MfS gelegt wurde.

Eine entscheidende Wende im Verhältnis von KGB-Apparat und MfS vollzog sich 1956/57. Im Zuge des erfolgreichen Machtkampfs mit seinem Staatssicherheitsminister Wollweber gelang es Ulbricht nunmehr auch, die Stellung der sowjetischen Berater zu schwächen. Pitowranow wurde nach einer harten Auseinandersetzung um einen Meldeordnungsbefehl, mit dem Wollweber (mit dessen Rückendeckung) versucht hatte, die direkten dienstlichen Beziehungen seines Stellvertreters Mielke mit Ulbricht zu unterbinden, nach Moskau zurückbeordert. Sein Nachfolger wurde der Ulbricht-freundliche Generalmajor Alexander Korotkow, der in der unmittelbaren Nachkriegszeit der Vertreter des sowjetischen Auslandsnachrichtendienstes in Ostberlin gewesen war. Die SED-Führung übernahm jetzt sukzessive die Federführung in den eigenen Staatssicherheitsangelegenheiten, was sich schon bald in der Rücknahme der ausgeprägten Westarbeitsorientierung des MfS zugunsten einer verstärkten inneren Überwachung zeigte. Ulbricht warf Wollweber jetzt vor, seine Vorgaben hätten «die Verantwortung der Kreis- und Bezirksdienststellen der Organe der Staatssicherheit für die Sicherheit in ihrem Gebiet» abgeschwächt, was auf eine «grobe Vernachlässigung» der inneren Sicherung der DDR hinausgelaufen sei.[9]

Dies kam einer Revision der von den Sowjets zwei Jahre zuvor ausgegebenen Linie gleich und war von Pitowranow noch kurz zuvor abgelehnt worden. Konsequenterweise kam es jetzt auch zur Stärkung der

Anleitungsbefugnisse des Parteiapparats gegenüber dem MfS, die 1953 am Widerstand der «Freunde» gescheitert war. Die Übertragung der «vollen Verantwortung» im Sinne des «Einzelleitungsprinzips» an die Leiter der Bezirksverwaltungen und Kreisdienststellen des MfS ging mit der Bestimmung einher, dass sie ihre Arbeit auch «entsprechend den Weisungen» des 1. Sekretärs der örtlichen Bezirks- bzw. Kreisleitung durchzuführen hätten.[10] Außerdem mussten ihre Arbeitspläne jetzt mit dem jeweiligen Parteisekretär abgestimmt werden. Ein letzter Versuch des stellvertretenden Leiters der KGB-Residentur und Chefberater, Oberst Patrakejew, diese Neuregelung abzuschwächen, scheiterte nach einer politischen Intervention bei seinem Vorgesetzten Korotkow.

Die wohl wichtigste Maßnahme zur Unterordnung des MfS unter die politischen Vorgaben Ulbrichts war jedoch die Pensionierung Wollwebers und die Berufung Mielkes zu seinem Nachfolger im Oktober 1957, gegen die von sowjetischer Seite diesmal kein Einspruch eingelegt wurde. Der Beraterapparat war inzwischen erheblich geschrumpft. Ein Verzeichnis der sowjetischen Berater beim MfS vom 12. September 1958 nennt 76 Beraterstellen, von denen 68 zu diesem Zeitpunkt besetzt waren, sowie 20 Dolmetscher und drei sowjetische «Experten», jeweils in den Bereichen Chiffrierdienst, Funkabwehr und Funkaufklärung. Wenig später, im November 1958, reduzierte das KGB seinen Beraterapparat auf 32 und stufte die Verbliebenen auf den Status von Verbindungsoffizieren herunter. Außerdem verblieben im MfS noch fünf sowjetische Spezialisten für Funkabwehr, Funktechnik und Chiffrierdienst.

Mit seinem Rückzug zog das KGB die Konsequenz aus der inzwischen eingetretenen organisatorischen und «fachlichen» Konsolidierung des DDR-Staatssicherheit wie auch aus dem sicherheitspolitischen Selbstbewusstsein, das die SED-Führung in den letzten Jahren gezeigt hatte. Die Nachfolgeinstitution des Beraterapparates hieß «Gruppe des Komitees für Staatssicherheit beim Ministerrat der UdSSR zur Koordinierung und Verbindung mit dem MfS». Als Aufgaben dieses Organs nennt ein Grundsatzdokument von 1959 unter anderem: die Ausarbeitung von gemeinsamen Maßnahmen, die Gewährleistung des Zusammenwirkens der Aufklärungsorgane, eine gemeinsame Einflussagenturarbeit, eine gemeinsame Abwehrarbeit, vor allem in Bereichen, die sowjetische Einrichtungen tangierten, und die Herstellung der notwendigen Verbindungen zwischen den beiden Untersuchungsorganen. Außerdem erwähnt das Dokument gegenseitige Hilfe bei Speicherrecherchen, Ermittlungen, Beobachtungen, Postüberwachung und anderen operativ-technischen Maßnahmen. Allein an dieser Aufgabenbestimmung des Verbindungsapparates ist abzulesen, dass das KGB für die Arbeit der DDR-Staatssicherheit auch weiterhin ein bestimmender Faktor blieb. Vor allem in den heiklen Bereichen Spionageabwehr und Aufklärung dürften «Empfehlungen» und «Wünsche» der sowjetischen Verbindungsoffiziere nach wie vor faktisch die Qualität von Befehlen gehabt haben.

Vollständig legte das MfS seine Rolle als Hilfsorgan der «Freunde» nie ab. Wie aus einer überlieferten Teildatenbank des «Systems Information und Recherche der Aufklärung» (SIRA) der HVA hervorgeht, wurden bis in die späten achtziger Jahre knapp ein Drittel aller im politischen und militärischen Bereich ermittelten Spionageinformationen an das sowjetische Bruderorgan weitergereicht.

Loch K. Johnson

Verdeckte Aktionen und die CIA: Amerikas geheime Außenpolitik

Verdeckte Aktionen als strategische Option sind älter als die Vereinigten Staaten selbst. Bereits General George Washington und die aufständischen Kolonisten machten im amerikanischen Unabhängigkeitskrieg gegen Großbritannien 1776 ausgiebig davon Gebrauch. Die Revolutionäre drängten Frankreich, den Kriegsanstrengungen durch geheime Waffenlieferungen zum Erfolg zu verhelfen. Im übrigen führte Washington einen geheimen Propagandafeldzug gegen die Briten. Schon bald nach Gründung des neuen Staates lieferte Präsident Thomas Jefferson heimlich Waffen an Aufständische in Tripolis, um einen Staatsstreich gegen die Herrschaft des missliebigen Pascha zu schüren. Präsident James Madison billigte paramilitärische Einsätze gegen die Spanier in Florida. Während des Sezessionskriegs 1861–65 bedienten sich der Norden und der Süden gleichermaßen verdeckter Aktionen zum Zweck der Propaganda und zur Lieferung von Waffen an Sympathisanten. Doch erst im Zweiten Weltkrieg begannen die Vereinigten Staaten gezielt verdeckte Aktionen durchzuführen.

Präsident Franklin D. Roosevelt gründete das Büro für strategische Aufgaben (Office of Strategic Services, OSS) für Spionage, zur Sabotage der Verkehrsinfrastruktur in Deutschland, für die Propaganda sowie zur Unterstützung von Widerstandsgruppen. Nach dem Krieg wurde das OSS zwar aufgelöst, aber Präsident Harry Truman bestand darauf, dass der National Security Act, das Gesetz zur Wahrung der Nationalen Sicherheit aus dem Jahr 1947, der neuen Central Intelligence Agency (CIA) Spielräume für Operationen über die bloße Informationsbeschaffung hinaus einräumte. Ohne die verdeckte Aktion ausdrücklich zu erwähnen, heißt es in diesem noch heute gültigen Gesetz, die CIA sei befugt, «diejenigen anderen Funktionen und Aufgaben wahrzunehmen, die entsprechend den zeitweiligen Direktiven des Nationalen Sicherheitsrates der Beschaffung von Informationen zum Zweck der Erhaltung der nationalen Sicherheit dienen».

Die Konfrontation mit der Sowjetunion kurze Zeit später führte dazu, dass sich die Truman-Administration auf diese ambivalente Formulierung des Nationalen Sicherheitsgesetzes berief. Der Satz wurde großzügig als Einladung an die CIA interpretiert, gegen die globale Expansion der Sowjetunion aktiv zu werden. In den späten vierziger und frühen fünfziger Jahren erhielten prowestliche Gewerkschaftsverbände, politische Parteien und Verlage in Europa, antikommunistische Diktatoren in Lateinamerika und prowestliche Gruppen in Asien, Afrika und im Nahen Osten geheime finanzielle Zuwendungen. Ende der sechziger Jahre hatte die CIA Hunderte von Operationen überall in der Welt laufen. In den größeren, offen militärischen Konflikten in Korea (1950–53) und Vietnam (1964–75) waren die paramilitärischen Einsätze der CIA ein wichtiger Bestandteil der US-amerikanischen Aktivitäten in diesen Ländern.

Als sich die USA aus dem unpopulären Vietnamkrieg zurückzogen, wurden die Finanzmittel für verdeckte Aktionen gekürzt. Weitere Kürzungen folgten wegen des Missbrauchs der CIA durch die Regierung Nixon in der Watergate-Affäre 1973/74 und nach Enthüllungen 1975, die Behörde habe amerikanische Bürger bespitzelt und versucht, den demokratisch gewählten chilenischen Präsidenten Salvador Allende zu stürzen. Als Präsident Jimmy Carter 1977 sein Amt antrat, war das Budget der CIA für verdeckte Aktionen erheblich geschrumpft. Doch das änderte sich nach dem sowjetischen Einmarsch in Afghanistan, und während der Reagan-Administration erlebte dieses Instrument der Außenpolitik einen neuen Aufschwung. Mit der sogenannten Reagan-Doktrin (ein von den Medien geprägter Begriff) begann ein von der CIA geführter verdeckter und beispielloser Kampf gegen kommunistische Partisanen überall auf der Welt, insbesondere in Nicaragua und Afghanistan, aber auch in El Salvador, Angola, Kambodscha und in Osteuropa.

Die Iran-Contra-Affäre 1987 diskreditierte die CIA im allgemeinen und die verdeckten Aktionen im besonderen, und die Ausgaben für derartige Aktionen fielen auf den niedrigsten Stand seit Beginn des Kalten Krieges. Dieses Niveau blieb während der Regierung von George Bush sen. unverändert und stieg erst dann wieder leicht an, als sich die Clinton-Administration an die CIA um Hilfe wandte, weil sie in Haiti, in Afrika und auf dem Balkan außenpolitisch in Not war. Doch erst nach den Terrorangriffen gegen die Vereinigten Staaten am 11. September 2001 wurde das Budget für verdeckte Aktionen im Namen der Bekämpfung des weltweiten Terrorismus beträchtlich aufgestockt.

Mit der Durchführung paramilitärischer CIA-Operationen gegen das Taliban-Regime in Afghanistan, mit den offenen militärischen Operationen der afghanischen Nordallianz und den Bombardements in Afghanistan durch US-Streitkräfte begann ein neues Kapitel in der Geschichte der verdeckten Aktionen der Vereinigten Staaten. Die CIA setzte jetzt ihre neueste technologische Errungenschaft als Instrument der verdeckten Aktion ein: ein unbemanntes Aufklärungsflugzeug (UVA) vom Typ Predator, das den Feind aufspüren und ferngesteuert Hellfire-Raketen zielgenau abfeuern kann.

Die Methoden der verdeckten Aktion

Die verdeckte Aktion tritt in vier verschiedenen Formen auf, die häufig miteinander kombiniert werden: Propaganda (psychologische Kriegsführung) sowie politische, wirtschaftliche und paramilitärische Operationen. Sie lassen sich etwa in der folgenden Weise charakterisieren.

Propaganda: Im Kalten Krieg war die United States Information Agency (USIA) ein offenes Instrument der US-Propaganda. Über die amerikanischen Botschaften im Ausland setzte die USIA eine Vielzahl von Informationen über die Vereinigten Staaten und ihre Ziele in Umlauf. Zusätzlich schleuste die CIA vergleichbare, häufig identische Themen in geheime Medienkanäle vieler Länder der Welt ein. Wie die Verlautbarungen der USIA fußte auch die Geheimpropaganda der CIA fast in allen Fällen auf einer korrekten Wiedergabe der Fakten (auch wenn sie für die US-Politik Partei ergriff); nur etwa zwei Prozent der Propaganda war falsch («schwarz»).

Durchdringung des Eisernen Vorhangs: Einheimische Agenten («Medienmitarbeiter») im Ausland – Journalisten, Rundfunk- und Fernsehkommentatoren, Feature- und Zeitschriftenjournalisten sowie Buchautoren äußerten in den Medien ihrer Heimatländer «ihre» Ansichten, obwohl die Textvorlagen häufig von Propagandaspezialisten im Direktorium für Operationen (Operations Directorate) im CIA-Hauptquartier in Langley nahe Washington in der jeweiligen Landessprache verfasst worden waren. Für die Hörer und Leser in den jeweiligen Ländern waren diese einheimischen Informationsquellen – ihre eigenen Zeitungen – natürlich weitaus glaubwürdiger als die Presseverlautbarungen der USIA. Für ihre Dienste erhielten die Medienmitarbeiter von ihrem CIA-Offizier vor Ort Barzahlungen sowie Reisestipendien. Diese Case Officers der CIA betreuten die Medienmitarbeiter meist von der amerikanischen Botschaft in der Hauptstadt des jeweiligen Landes aus. Auf dem Höhepunkt des Kalten Kriegs plazierte die CIA täglich zwischen siebzig und achtzig Meldungen in den Medien. Eine Flut von Informationen ergoss sich auf diese Weise unbemerkt von den Hauptquartieren der US-Behörden in Hunderte von Geheimkanälen überall auf der Welt.

Bei den streng überwachten totalitären Regimen, wo es schwierig, wenn nicht sogar unmöglich war, Medienmitarbeiter vor Ort zu gewinnen, setzte die CIA auf Propaganda, die sie ins Land einsickern ließ. Dies geschah oft mit primitivsten Mitteln, beispielsweise, indem man Luftballone aufsteigen ließ, welche die Texte von Reden sowie Zeitschriften, Bücher und Transistorradios in die betreffenden Länder tragen sollten. Die praktischen Wirkungen dieser Maßnahmen sind nicht bekannt, sie waren aber gewiss kaum der Rede wert. Die CIA warf auch Flugblätter über isolierten Ländern ab und übertrug Rundfunksendungen, manchmal aus provisorischen Radiostationen in entlegenen Dschungelgebieten. Am erfolgreichsten waren die Rundfunksendungen für die Bevölkerung der Sowjetunion, besonders diejenigen von Radio Free Europe (RFE) und Radio Liberty (RL), die in München unter der Ägide der CIA produziert wurden, bis Anfang der siebziger Jahre die Verbindungen dieser Radiostationen zum US-Geheimdienst an die Öffentlichkeit drangen. Diese Radiostationen stärkten bei den Dissidentengruppen hinter dem Eisernen Vorhang Hoffnung und Durchhaltevermögen; sie schwächten den Rückhalt der kommunistischen Regime in der Bevölkerung.

Zielgebiet Lateinamerika: Während die geheimen Propagandafeldzüge der CIA gegen die kommunistischen Blockstaaten im Kalten Krieg von führenden Gruppen und in der Öffentlichkeit der Vereinigten Staaten in den höchsten Tönen gelobt wurden, hat man die CIA-Operationen in den Entwicklungsländern heftig kritisiert. Das bekannteste und umstrittenste Beispiel ist Chile in den sechziger Jahren. Im chilenischen Präsidentschaftswahlkampf von 1964 gab die CIA drei Millionen Dollar aus, um den Ruf des sozialistischen Kandidaten Salvador Allende zu schädigen, dem enge Verbindungen zu Moskau nachgesagt wurden. Hochgerechnet auf die US-Bevölkerung entsprach dies einer Summe von 60 Millionen Dollar bei einem US-amerikanischen Präsidentschaftswahlkampf zur damaligen Zeit – ein gigantisches Wahlkampfbudget! Die CIA vereitelte zwar 1964 den Sieg Allendes, aber 1970 wurde er in einer freien und offenen Wahl zum Präsidenten Chiles gewählt. Anschließend führte die CIA eine ganze Reihe von verdeckten Propagandafeldzügen und anderen Operationen durch, die darauf abzielten, die Regierung Allende zu stürzen. Zwischen 1970 und 1973 investierte der Geheimdienst weitere drei Millionen Dollar für Geheimpropaganda in Chile und überschüttete das überwiegend katholische Land mit Hunderttausenden Exemplaren eines antikommunistischen Hirtenbriefs des längst verstorbenen Papstes Pius XI. – eine weitere Maßnahme zur Schwächung der Regierung Allende.

Bereits zuvor hatte die CIA mit beachtlichem Erfolg eine andere Propagandaaktion in Mittelamerika durchgeführt. 1954 errichtete die Behörde eine Radiostation in den Bergen Guatemalas. Damit verbreiteten einheimische Medienmitarbeiter die Fiktion, es sei eine Revolution ausgebrochen, die Bevölkerung Guatemalas schließe sich in großer Zahl der Bewegung an und erhebe sich gegen den pro-kommunistischen Diktator Jacobo Arbenz. Mit einer Geschwindigkeit, die selbst die CIA überraschte, wurden diese Berichte zu einer sich selbst erfüllenden Prophezeiung, und der glücklose Arbenz, von der Drohung der seinen Palast stürmenden Volksmassen in Panik versetzt, trat zurück, noch ehe überhaupt ein Schuss gefallen war.

Orwell trifft Kafka: Trotz dieses Erfolges wurde die CIA-Propaganda aber auch durchaus kritisch betrachtet. Schon zu Beginn des Kalten Krieges finanzierte der Geheimdienst im Rahmen seiner Propagandaaktionen die National Student Association der Vereinigten Staaten. Junge Amerikaner sollten animiert werden, ins Ausland zu reisen und sowjetischen Bemühungen entgegenzutreten, internationale Studentenkongresse zu manipulieren. Ans Tageslicht kam auch, dass die CIA ihre US-amerikanischen Medienmitarbeiter insgeheim aufgefordert hatte, Bücher jener US-Autoren negativ zu rezensieren, die dem Geheimdienst kritisch gegenüberstanden. George Orwells Big Brother schien in den Vereinigten Staaten Wirklichkeit geworden. Beunruhigend war auch die Vorstellung eines «Rückflusses» von im Ausland lancierter Propaganda, insbesondere die Vorstellung, dass amerikanische Korrespondenten der US-Öffentlichkeit nichtsahnend Nachrichten präsentierten, die von der CIA in der ausländischen Presse gezielt gestreut worden war. Kritiker bezweifelten auch, ob es richtig sei, geheime Propaganda in die Medien anderer demokratischer Staaten einzuschleusen. Die Infiltration der UdSSR und des kommunistischen China erschienen legitim, da die Regierenden ja selbst keine Skrupel kannten, die Medien ihrer Länder zu manipulieren, und da diese Regime den Vereinigten Staaten gegenüber feindselig waren.

Bisweilen hatte man den Eindruck, die Propagandaoperationen der CIA seien von einem hyperbolisch veranlagten Nachfahren Franz Kafkas ersonnen worden. Eine Maßnahme der CIA zum Sturz des kubanischen Staatsführers Fidel Castro bestand darin, in Kuba das Gerücht zu verbreiten, die Wiederkunft Christi stünde unmittelbar bevor und Christus sei gegen Fidel Castro, den Antichristen. An einem bestimmten Tag, so das Gerücht, werde es eine Erscheinung geben. An diesem Tag – das ist wirklich wahr – sollte vor der kubanischen Küste am Horizont ein amerikanisches U-Boot auftauchen und Leuchtkugeln abschießen. Man glaubte tatsächlich, mit dieser Art einer zweiten Wiederkehr Christi ließe sich Castros Sturz herbeiführen. Die CIA nannte diese Operation «Elimination by Illumination» (Vernichtung durch Erleuchtung). Zum Glück hatten einige CIA-Verantwortliche Verstand genug, dieses absurde Theaterstück gerade noch rechtzeitig abzusetzen.

Politische verdeckte Aktion: Staaten führen auch politische verdeckte Aktionen durch. Dazu gehören geheime Zahlungen an befreundete ausländische Politiker und Staatsbeamte. Kritiker lehnen dieses Mittel zur Durchsetzung nationaler Interessen als Bestechung ab, doch für die Befürworter in Washington dient es der Förderung der Demokratie weltweit.

Archivdokumente belegen, dass die CIA im Kalten Krieg politische Parteien sowie einzelne Politiker und Diktatoren politisch unterstützte. Mit Hilfe von geheimen finanziellen Zuwendungen gewann man die Gunst einflussreicher Politiker, unterstützte prowestliche Parteien im Wahlkampf (so war Italien in der Anfangsphase des Kalten Kriegs ein heiß umkämpfter politischer Schauplatz), rekrutierte und unterstützte antikommunistische Parteien und Regime und mobilisierte die Gewerkschaften gegen die Machtübernahme kommunistischer Parteien (auch hier spielten Italien und Westeuropa insgesamt eine Schlüsselrolle).

Propaganda und politische verdeckte Aktion gelten als «saubere» Unternehmungen, bisweilen wird beides unter dem Begriff «politische» Aktivitäten subsumiert. Manche Büros im Direktorium für Operationen der CIA, wo die verdeckten Aktionen geplant werden, gleichen der Planungszentrale eines Präsidentschaftswahlkampfs, wo die Geheimdienstoffiziere damit beschäftigt sind, Broschüren, Reden, Plakate, Anstecknadeln und Autoaufkleber zu produzieren. Im Kalten Krieg galt es, wichtige Entscheidungsträger ausländischer Staaten für die USA einzunehmen und die Sowjetunion – oder in jüngerer Zeit Feinde wie Saddam Hussein im Irak oder das globale Netzwerk der Terrororganisation al-Qaida – in Misskredit zu bringen. So führte die CIA einen Geheimkrieg, um Herz und Verstand von Menschen überall in der Welt zu gewinnen und Leute an die Macht zu bringen, die den amerikanischen Wertvorstellungen nahe stehen.

Wirtschaftliche verdeckte Aktion: Eine weitere Waffe im Arsenal der Geheimoperationen ist die Schwächung der Wirtschaftskraft des Gegners. Im Zuge der gegen Allende gerichteten Kampagne unterstützte die CIA Gruppierungen in Chile, um Streiks – insbesondere der LKW-Fahrer – zu forcieren, die das Regime ins wirtschaftliche Chaos stürzen sollten. Während der Kennedy-Administration wollte die CIA die sowjetisch-kubanischen Beziehungen dadurch untergraben, dass sie 14 125 Säcke Zucker aus Havanna, die für Moskau bestimmt waren, mit einer ungenießbaren (wenngleich harmlosen) chemischen Substanz versetzte. In letzter Minute erfuhr ein Berater des Weißen Hauses von der geplanten Operation und stoppte sie.

Durch verdeckte wirtschaftliche Aktionen wurden Banknoten gefälscht, der Preis für bestimmte Handelsprodukte auf dem Weltmarkt gedrückt (besonders verheerend für Wirtschaften mit Monokulturen wie Kuba, das hauptsächlich Zuckerrohr anbaut). Häfen wurden vermint, um Handelsschiffe fernzuhalten (eine Maßnahme, die von der Johnson- und der Nixon-Regierung gegen Nordvietnam und von der Reagan-Regierung gegen das marxistische Regime in Nicaragua angewandt wurde). Stromleitungen und Öllager wurden in die Luft gesprengt (ebenfalls in Nordvietnam und Nicaragua); der Ölnachschub kontaminiert (Nordvietnam) und sogar Wolken «geimpft», um das Wetter im feindlichen Territorium negativ zu beeinflussen (Nordvietnam). Ein Hauptangriffsziel zur Schwächung der Wirtschaftskraft eines Landes ist heute das Computersystem. Durch einen «Cyber-Krieg» können die finanziellen Transaktionen des Gegners gestört, seine Bankguthaben gestohlen, seine Kommunikationssysteme zerstört und seine militärischen Kommandostrukturen lahmgelegt werden – ein elektronisches Pearl Harbor, das nicht minder verheerende Auswirkungen haben kann als ein unmittelbarer terroristischer oder militärischer Angriff.

Paramilitärische verdeckte Aktion: Paramilitärische Operationen sind die bei weitem extremste – und umstrittenste – Form der geheimen Außenpolitik eines Landes. Hierzu gehört die Planung von Attentaten auf ausländische Politiker und die zunächst «geheime» Kriegführung in großem Stil, bei der von einer «stillen Lösung» bald nicht mehr die Rede sein kann. Die Dienststelle für Sonderoperationen (Special Operations Group, SOG) der CIA, eine Unterabteilung des Direktoriums für Operationen, finanzierte im Kalten Krieg mehrere Guerillakriege. Zwischen 1963 und 1973 unterstützte der Geheimdienst die Mhong-(Meo-)Stämme von Nordlaos in ihrem bewaffneten Kampf gegen die kommunistische Guerilla-Bewegung Pathet Lao, eine Marionette Vietnams. Keine der beiden Seiten siegte, bis sich die Vereinigten Staaten schließlich aus dem Konflikt zurückzogen. Archivdokumenten zufolge unterstützte die CIA auch prowestliche Aufstände in der Ukraine, in Polen, Albanien, Ungarn, Indonesien, China, Oman, Malaysia, Irak, in der Dominikanischen Republik, in Venezuela, Nordkorea, Bolivien, Thailand, Haiti, Guatemala, Kuba, Griechenland, Türkei, Vietnam, Afghanistan, Angola und Nicaragua. Bei all diesen Operationen bestand die Hauptaufgabe der CIA in Beratung und Waffenlieferungen. Antikommunistische Dissidenten erhielten in der frühen Phase des Kalten Krieges – über die CIA – Waffen aus den Vereinigten Staaten. «Geheime» Waffenlieferungen an die Mudschaheddin spielten offenbar bei der Entscheidung Moskaus, sich aus dem verlustreichen Afghanistankrieg zurückzuziehen, eine entscheidende Rolle.

Seit dem Ende des Kalten Kriegs liefert die CIA beträchtliche Mengen Waffen und Geld an alle möglichen pro-amerikanischen Gruppen, insbesondere im Nahen Osten, auf dem Balkan und in Südasien. Zu den Empfängern zählen unter anderem auch der Irakische Nationalkongress, eine Dachorganisation von Gegnern des Regimes von Saddam Hussein, Gegner der serbischen Expansionsbestrebungen in Bosnien und im Kosovo sowie (nach den Terrorangriffen gegen die Vereinigten Staaten am 11. September 2001, die den al-Qaida-Zellen in Afghanistan zugeschrieben werden) die Nordallianz sowie andere talibanfeindliche Gruppen.

Im Rahmen ihrer paramilitärischen Operationen ist die CIA an der Ausbildung ausländischer Soldaten im Dienste US-amerikanischer Interessen beteiligt. In speziellen Trainingsprogrammen werden ausländische Soldaten für den Guerillakrieg und zur Bekämpfung des Terrorismus ausgebildet. Die militärischen Berater der CIA stammen hierbei oft aus dem Verteidigungsministerium und die Ausrüstung aus Militärbeständen (eine Umwidmung, die gemeinhin als «Desinfektionsbad» bezeichnet wird). Teil dieser Operationen ist auch die Unterstützung des Verteidigungsministeriums bei der unkonventionellen Kriegführung des Pentagon durch Sondereinsätze von Spezialeinheiten. So lieferte die CIA beispielsweise Waffen für verdeckte Verkäufe ins Ausland an das Verteidigungsministerium. Ein Teil der Waffen, die das Verteidigungsministerium 1986/87 an den Iran verkaufte (im Zuge der sogenannten Iran-Contra-Affäre) stammten aus dem paramilitärischen Arsenal des US-Geheimdienstes. Die CIA verfügt darüber hinaus über Trainingslager für Soldaten und Polizei in Entwicklungsländern, in denen vor allem Sicherheitspersonal zum Schutz der Staatsführer dieser Länder ausgebildet wird.

In Camp Peary, dem Ausbildungslager der CIA im US-Bundesstaat Virginia, wird unter anderem trainiert, wie man Kommunikationskanäle schützt oder wie man ein Auto durch Straßenblockaden von Terroristen manövriert. In den seltenen Momenten, in denen die Vereinigten Staaten nicht irgendwo auf der Welt paramilitärische Kriege unterstützen, führt die Special Operations Group der CIA Trainingseinsätze für ihre eigenen Mitarbeiter durch und bringt die militärische «Hardware» (eine kleine Marineeinheit und Luftflotte) auf Vordermann. Zu den weiteren Aufgaben der Special Operations Group zählt die Spionage besonders in entlegenen Regionen, beispielsweise in den Bergen Afghanistans, wo paramilitärische Kräfte der CIA neuerdings über geographische Spezialkenntnisse und Kontakte mit lokalen Kriegsherren verfügen.

Der Spezialfall der Mordkomplotte

Eine Sonderkategorie paramilitärischer Operationen ist die Planung von Attentaten. Diese Einsätze wurden von den Regierungen der Vereinigten Staaten euphemistisch als «exekutive Aktion», «Aufräumen mit extremen Vorurteilen» und «Neutralisierung» bezeichnet. Es gab eine Phase im Kalten Krieg, da Attentate von einer Spezialeinheit innerhalb der CIA, dem sogenannten «Health Alteration Committee» (Gesundheits-Veränderungsausschuss) geplant wurden. Dessen Gegenstück auf sowjetischer Seite war die «Abteilung für feuchte Angelegenheiten» des KGB. Zu diesem Zweck entwickelte die CIA ein tödliches Arsenal chemischer und biologischer Stoffe sowie Hightech-Systeme für deren Anwendung. Diese Giftstoffe (unter anderem Muschel- und Kobragift) sind zwar quantitativ gering, besitzen jedoch das Potential, die Bevölkerung einer Kleinstadt zu vernichten. Das Gift wurde zunächst auf einen nähnadelgroßen Pfeil (einen «nicht sichtbaren Mikrobioinokulator») aufgetragen. Mit einem vollautomatischen Gewehr (einem «geräuschlosen Disseminator»), das aussah wie eine überdimensionale 45-mm-Pistole mit Zielfernrohr, wurde der Pfeil lautlos auf das Opfer abgeschossen, und zwar auf eine Entfernung bis zu 100 Meter.

Die Pläne in Kuba: Während der Kennedy-Administration war Fidel Castro das vorrangige Angriffsziel der Amerikaner. (Ob Präsident John F. Kennedy selbst den Befehl erteilte, Castro zu ermorden, ist unter Historikern und Insidern umstritten.) Die CIA plünderte jedenfalls ihren Giftschrank bei den wiederholten Versuchen, den kubanischen Führer zu töten oder seine Gesundheit zu schwächen. Geplant war, seine Kampfschiffe mit Enthaarungspuder zu bestäuben in der Hoffnung, die Substanz würde durch die Fußsohlen in seinen Blutkreislauf gelangen und ihn seines charismatischen Barts berauben. Als dieses Komplott aufgegeben werden musste, da Castros Schiffe nicht ganz so leicht zugänglich waren, versuchte man, seine Zigarren mit dem Rauschgift LSD oder mit dem tödlichen Gift Botulin zu tränken. Aber keine dieser Zigarren berührte jemals Castros Lippen.

CIA-Agenten applizierten den Pilz Madura Foot in einem Taucheranzug, der Castro von einem Mittelsmann zum Geburtstag überreicht werden sollte. Doch dieser Anzug wurde nie getragen, zumindest nicht von dem kubanischen Führer. (Wer weiß, welcher arme Kerl statt seiner das Geschenk erhalten hat.) Ein andermal wurden mit Sprengstoff gefüllte Muscheln unweit der Korallenriffe in der Lagune plaziert, wo Castro gerne tauchte. Der Sprengstoff sollte von einem nahegelegenen U-Boot aus gezündet werden, sobald Castro in die Nähe der Muscheln kommt. Er kam jedoch nie nahe genug heran. Castro scheint ungeheures Glück gehabt zu haben, aber vielleicht war er auch nur optimal informiert. Archivdokumente enthüllen, dass buchstäblich jeder CIA-Agent, der nach Kuba geschickt wurde, um Informationen zu sammeln, enttarnt und «umgedreht» wurde. Mit sowjetischer Unterstützung bei der Spionageabwehr wusste Castro offenbar auch über diese Attentatspläne bestens Bescheid.

Unbeirrt von allen diesen Fehlschlägen schmiedete man bei der CIA weitere Pläne. Man füllte einen Kugelschreiber mit dem Gift Blackleaf-40. Mit seiner nadelfeinen Spitze war der Stift eine perfekt getarnte Spritze, mit der das Gift Castro unter die Haut gespritzt werden konnte. Dazu musste aber ein Agent nah genug an sein Opfer herankommen, was sich gleichfalls als undurchführbar erwies. Die CIA wandte sich bei dem Mordkomplott gegen den kubanischen Führer auch an die Mafia um Hilfe. Die Mafia verfügte noch über Kontakte in Havanna aus der Zeit, als die Stadt ein Mekka des Glücksspiels gewesen war, und hatte keine Schwierigkeiten, Auftragskiller zu finden. Keiner dieser Attentatsversuche war jedoch von Erfolg gekrönt.

Das Mordkomplott in Afrika: Eine weitere Zielscheibe in der Kennedy-Ära war der kongolesische Premierminister Patrice Lumumba. Mit der diplomatischen Post des Außenministeriums übermittelte die Abteilung für Sonderoperationen dem Chef des CIA-Stützpunktes im Kongo äußerst ungewöhnliche diplomatische Anweisungen, außerdem Gummihandschuhe, eine Gazemaske, eine Spritze für subkutane Anwendungen und ein tödliches biologisches Gift. Der Zweck war klar, erinnerte er sich in einer späteren Anhörung im Kongress ironisch: «Ich wusste, es ging hier nicht um eine Auffrischimpfung gegen Kinderlähmung.» Um jedes Missverständnis auszuschließen, wurde dem Agenten in einer beigefügten verschlüsselten Botschaft der klare Befehl erteilt, bei der ersten sich bietenden Gelegenheit Lumumbas Essen oder Zahnpasta zu vergiften. Der Tod würde rasch eintreten. Zunächst protestierte er in einem gleichfalls verschlüsselten Schreiben und meinte, es sei besser, den kongolesischen Staatsmann auf direkterem Weg aus der Welt zu schaffen: «Empfehle Zentrale baldmöglichst Hochdruckgewehr ausländischen Fabrikats mit Zielfernrohr und Schalldämpfer zu senden.» Als sein Vorschlag abgelehnt wurde, machte er sich daran, den ursprünglichen Befehl auszuführen. Mitglieder einer regierungsfeindlichen kongolesischen Gruppierung kamen ihm jedoch zuvor und ermordeten Lumumba aus eigenen politischen Motiven.

Andere Opfer: Im Kalten Krieg unterhielt die CIA auch enge Verbindungen zu Gruppierungen, die ausländische Politiker «neutralisierten», darunter Rafael Trujillo aus der Dominikanischen Republik, Ngo Kinh Diem aus Südvietnam und General René Schneider aus Chile. Der Geheimdienst belieferte diese Leute zwar mit Waffen, ein Kongress-Untersuchungsausschuss im Jahr 1975 konnte jedoch keine Hinweise darauf finden, dass die Morde tatsächlich auf das Konto der CIA gingen. Und zum Zeitpunkt der Attentate wurden die Gruppen nicht mehr von den Vereinigten Staaten kontrolliert. Die CIA lieferte auch Waffen an Dissidenten, die später die Ermordung des indonesischen Präsidenten Sukarno und des haitianischen Diktators François «Papa Doc» Duvalier planten. Aber auch in diesen Fällen geschah das Komplott ohne die unmittelbare Beteiligung der CIA.

Die CIA war jedoch keineswegs nur in Mordkomplotte gegen hochrangige Politiker verwickelt. Ein aufmüpfiger irakischer Oberst mit Verbindungen zur Sowjetunion war im Kalten Krieg Ziel des US-amerikanischen Geheimdienstes. Das Direktorat für Operationen erteilte seinen

Mitarbeitern vor Ort die Anweisung, den Oberst für mehrere Monate außer Gefecht zu setzen. Dazu sollte sein Taschentuch mit einer chemischen Substanz getränkt werden, die ihn handlungsunfähig machte. «Wir beabsichtigen nicht, das Subjekt dauerhaft aus dem Verkehr zu ziehen», hieß es in dem Geheimtelegramm. «Aber wir haben auch nichts dagegen, falls es zu dieser Komplikation käme.»

Die am besten dokumentierten CIA-Operationen zur Ausschaltung niedrigrangiger Funktionäre fanden im Vietnamkrieg statt. Unter dem Codenamen «Phoenixprogramm» versuchte man, den Einfluss des kommunistischen Vietcong im ländlichen Südvietnam zurückzudrängen. An die zwanzigtausend Vietcong-Kämpfer wurden im Zuge dieser Operationen getötet, die meisten von ihnen allerdings in militärischen oder paramilitärischen Gefechten gegen südvietnamesische oder US-amerikanische Truppen.

Verbot der Planung und Durchführung von Attentaten: Im Jahr 1976 führte die wachsende öffentliche Empörung darüber, dass die Vereinigten Staaten überall in der Welt Mordkomplotte in Auftrag gaben, zur Unterzeichung einer «executive order» durch Präsident Gerald R. Ford, die das Attentat als Mittel der US-Außenpolitik verbot. Die Verordnung, derzufolge sich «niemand im Dienst oder im Auftrag der Regierung der Vereinigten Staaten an Attentaten oder Verschwörungen zur Durchführung von Attentaten beteiligen» darf, wurde seit Gerald Ford von allen Präsidenten fortgeschrieben. Dennoch brachten CIA-Agenten während der Reagan-Administration im Jahr 1984 in den nördlichen Provinzen Nicaraguas eine Broschüre in Umlauf, die USA-freundlichen aufständischen Contras Ratschläge gab, wie sie nicaraguanische Regierungsmitarbeiter «neutralisieren» konnten – ebenfalls eine Art Phoenixprogramm, um in den Dörfern die Vertreter der regierenden Sandinisten systematisch zu ermorden. 1986 beauftragte die Reagan-Administration eine U.S. Air Force F-111 ganz offen mit der Bombardierung der Residenz des libyschen Staatschefs Muammer Gaddafi; es handle sich, so die Rechtfertigung, keineswegs um ein Attentat, sondern um eine militärische Operation gegen Oberst Gaddafi, der den Terrorismus unterstütze. Im Golfkrieg hoffte die erste Bush-Administration inständig, der irakische Staatschef Saddam Hussein möge bei der Bombardierung Bagdads durch alliierte Bomber und Kampfflugzeuge ums Leben kommen.

Präsident Fords «executive order» wurde von Präsident George Bush senior und später von dessen Sohn George W. Bush gegenüber Osama bin Laden und anderen al-Qaida- und Taliban-Terroristen neu interpretiert. Sie könne in Kriegszeiten außer Kraft gesetzt werden, so hieß es jetzt. So bleibt sie zwar nach wie vor gültig, es gibt aber zwei wichtige Ausnahmen: kurzzeitige Militärschläge der Vereinigten Staaten (wie in

Libyen) sowie offiziellere und länger andauernde Kriege (wie im Irak 1991 und in Afghanistan 2001/02).

Verdeckte Aktion und Verantwortlichkeit

Die US-amerikanische Verfassung gründet auf dem Gedanken, dass Macht, die immer auch missbraucht werden kann, unter mehreren Institutionen aufgeteilt werden muss, damit sie sich nicht in den Händen einiger weniger konzentriert. Daraus leitet sich die Aufgabe des Kongresses ab, verdeckte Aktionen und andere geheimdienstliche Aktivitäten zu überwachen und zu kontrollieren. Dieser Gedanke einer Kontrollfunktion des Kongresses ist jüngeren Ursprungs. Zwischen 1776, als die Vereinigten Staaten gegründet wurden, und 1974 lagen die geheimdienstlichen Aktivitäten der Bundesregierung größtenteils im Ermessen des Präsidenten und seiner Mitarbeiter. Die Legislative verließ sich auf die Exekutivorgane zur Kontrolle der geheimen Aktivitäten der Regierung und auf deren Rechenschaftslegung nach eigenem Gutdünken – je weniger, desto besser, lautete der Grundsatz angesichts so skrupelloser Gegner wie Josef Stalin. Indem die CIA außerhalb des Zuständigkeitsbereichs der Legislative blieb, konnten diese bei einem Fehlschlag verdeckter Operationen jede Verantwortung weit von sich weisen, wie etwa 1961 bei der Operation Schweinebucht gegen das Castro-Regime in Kuba.

1974, nach Bekanntwerden der Bespitzelung von US-Staatsbürgern durch die CIA, kam es zu einem Wendepunkt, und die Gesetzgeber erkannten die Weisheit der Gründerväter in ihrem Beharren auf «checks and balances» gegen den Missbrauch der Macht – ein System, das umso wichtiger ist, wenn unter Ausschluss der Öffentlichkeit Macht ausgeübt wird. Am 31. Dezember 1974 verabschiedete der Kongress den Hughes-Ryan Act, eine Regelung, derzufolge der Präsident zu allen wichtigen verdeckten Aktionen seine Zustimmung erteilen muss (in der Vergangenheit waren zahlreiche Operationen ohne seine Genehmigung durchgeführt worden). Darüber hinaus mussten von nun an alle ver deckten Aktionen, die der Präsident billigt, dem Kongress gemeldet werden. Jetzt war die Legislative zumindest formell Mitwisser der Geheimaktionen, da sie über deren Durchführung unterrichtet wurde. Der Hughes-Ryan Act verlangte nicht die Zustimmung des Kongresses, sondern lediglich, dass die Legislative über die verdeckte Aktion informiert wurde. In Kenntnis aller Details war die Legislative jedoch nunmehr in der Lage, informell Einwände vorzubringen oder – in wichtigen Fällen – eine verdeckte Aktion mit formellen Mitteln zu verhindern (etwa durch die Blockierung finanzieller Mittel zu deren Durchführung).

1976 verabschiedete der Kongress das Clark Amendment, das erstmals eine verdeckte Aktion (in Angola) stoppte. Und am wichtigsten: Senat (1976) und Repräsentantenhaus (1977) gründeten einen ständigen Ausschuss zur besseren Kontrolle verdeckter Aktionen und anderer geheimdienstlicher Aktivitäten. 1980 wurde darüber hinaus der Intelligence Oversight Act gebilligt. Dieses Gesetz verpflichtet die Exekutive, den Kongress *vor* der Durchführung einer verdeckten Aktion (und nicht «rechtzeitig», wie es im Hughes-Ryan Act noch geheißen hatte) über dieses Vorhaben zu informieren. Zwischen 1984 und 1986 wurden die Boland Amendments verabschiedet, benannt nach dem Vorsitzenden des außenpolitischen Sicherheitsausschusses des Repräsentantenhauses, der sie eingebracht hatte. Diese ergänzenden gesetzlichen Bestimmungen legten der Durchführung verdeckter Aktionen der Reagan-Administration in Nicaragua strenge Beschränkungen auf. Trotzdem versuchte die Regierung Reagan, den Hughes-Ryan Act, den Oversight Act von 1980 und die Boland Amendments widerrechtlich zu umgehen. Das Ergebnis war die Iran-Contra-Affäre, in deren Folge der Kongress dann 1991 den Intelligence Authorization Act verabschiedete, der die schriftliche und nicht mehr nur mündliche Zustimmung des Präsidenten zu verdeckten Aktionen erforderlich machte (bei den Untersuchungen zur Iran-Contra-Affäre war diese mündliche Zustimmung des Präsidenten nicht mehr nachzuweisen gewesen). Erneut wurde jetzt die Notwendigkeit betont, den Kongress über alle verdeckten Aktionen *vor* deren Durchführung zu unterrichten – mit Ausnahme von extremen Fällen, in denen keine Zeit bleibt. Aber auch in diesen Fällen hat der Präsident die Pflicht, den Kongress so schnell wie möglich zu informieren.

Diese neuen Bestimmungen sowie ein gewachsenes Verständnis für die Notwendigkeit der Rechenschaftspflicht auch – und vorrangig – über das, was hinter den Kulissen stattfindet, führte zu einer besseren Kontrolle verdeckter Aktionen. Seit 1975 ist die Wahrscheinlichkeit gewachsen, dass US-amerikanische geheime Interventionen im Ausland unter Beteiligung der gewählten Repräsentanten im Kongress und nicht mehr nur vom Präsidenten und von den Geheimdiensten allein durchgeführt werden.

Fazit

Seit Beginn des Kalten Krieges und der Gründung der CIA im Jahr 1947 waren verdeckte Aktionen für die meisten US-Regierungen immer wieder eine große Verlockung. Bisweilen erzielten die Vereinigten Staaten mit verdeckten Aktionen verblüffende Erfolge. Sie spielten in der Zeit unmittelbar nach dem Zweiten Weltkrieg (insbesondere in Griechenland und in Italien), im Iran (1953), in Guatemala (1954) und weniger spektakulär in den fünfziger Jahren in ganz Lateinamerika eine Schlüsselrolle bei der Bekämpfung kommunistischer und marxistischer politischer Bewegungen, die häufig offen oder insgeheim von der UdSSR unterstützt wurden. Kurzfristig konnte die CIA beachtliche Erfolge in Laos (1963–73), in Afghanistan (1982–88), in Panama (1989 mit dem Sturz des korrupten Diktators General Manuel Antonio Noriega) und erneut in Afghanistan (2001/02) erzielen. Die Dauerhaftigkeit einiger dieser «Siege» und ihre langfristigen Auswirkungen ist jedoch fragwürdig. Den Iran kann man heute wohl kaum als einen engen Verbündeten der Vereinigten Staaten bezeichnen. Guatemala und Panama sind nicht weniger arm und werden von nicht minder repressiven Regimen beherrscht wie zuvor. Die erste Intervention in Afghanistan brachte die Taliban an die Macht, die ihrerseits die Terrororganisation al-Qaida unterstützten; und die zweite Afghanistan-Intervention vermochte den weltweiten Terrorismus nicht zu stoppen (auch wenn ein wichtiger Schritt in diese Richtung gemacht wurde). Es gab jedoch auch spektakuläre Fehlschläge verdeckter Aktionen, wie zum Beispiel das Desaster bei der Landung in der Schweinebucht 1961 und in jüngerer Zeit das Unvermögen des irakischen Nationalkongresses, das Regime Saddam Husseins auch nur kurzzeitig ins Wanken zu bringen.

In moralischer Hinsicht argumentieren die Befürworter verdeckter Aktionen damit, dass die Bekämpfung so korrupter politischer Regime wie der kommunistischen im Kalten Krieg oder der Terroristen damals und heute den Einsatz geheimer Methoden rechtfertigen – selbst so extremer Mittel wie falsche Propaganda, politische Bestechung, schwere wirtschaftliche Schädigung, Geheimkrieg und Mordkomplott. Wenn in einer Kneipe ein Streit ausbricht, so die Argumentation, hat es wenig Sinn, sich auf die Regeln des fairen Kampfes zu berufen. Doch oft gerät das, was realistisch machbar ist, aus dem Blick. «Wir sollten Waffen wählen, die wir anzuwenden verstehen – wie beispielsweise den Marshall-Plan –, und nicht solche, die wir nicht handhaben können, wie im Falle der Schweinebucht», meinte der Rechtsgelehrte Roger Fisher von der Harvard-Universität im *Boston Globe* vom 1. Februar 1976. «Wenn wir uns mit unseren Gegnern in die groteske Welt von Giftpfeilpistolen und verdeckten Operationen begeben, verzichten wir auf die stärksten Waffen, über die wir verfügen: Idealismus, Moral, Recht und den Glauben an die Freiheit der Andersdenkenden, wozu auch das Recht anderer Länder gehört, abweichende Meinungen zu vertreten.»

Freilich, wenn andere Länder mit den Vereinigten Staaten nicht übereinstimmen, ist dies etwas anderes, als wenn Terroristen Flugzeuge in Wolkenkratzer lenken. Attentate auf Fidel Castro oder Patrice Lumumba, weil sie Gegner der US-amerikanischen Politik sind, mag man als überzogen betrachten. Verdeckte Aktionen gegen Mitglieder der Terrororganisation al-Qaida, die Selbstmordattentate gegen die Bevölkerung ganzer Städte durchführen, lassen sich leichter akzeptieren. Die Vereinigten Staaten sollten jedoch auch versuchen, die dem Terrorismus zugrundeliegenden Ursachen zu verstehen (häufig bitterste Armut). Kritiker der verdeckten Aktion lehnen auch die Manipulation der Medien in anderen demokratischen Staaten, die Einmischung in freie Wahlen oder die Einflussnahme auf marktwirtschaftliche Systeme ab.

Gewiss ist nur so viel: Die Diskussionen innerhalb der Vereinigten Staaten über die praktischen und moralischen Konsequenzen verdeckter Aktionen werden auch in Zukunft einmal mehr und einmal weniger heftig geführt werden. Bleiben wird die Verlockung, der die politische Führung in allen Ländern der Erde ausgesetzt ist, diese «dritte Option» als lautloses und unauffälliges Mittel zur Durchsetzung nationaler Ziele anzuwenden.

Yigal Sheffy

Ohne Vorwarnung: der Überraschungsangriff auf Israel 1973

Der traditionelle wöchentliche Ruhetag Schabbat war am 6. Oktober 1973 der heiligste Tag des gesamten Jahres, denn er fiel mit Jom Kippur zusammen, jenem Feiertag, an dem jeder jüdische Erwachsene fasten und ein Sühnegebet für die im Verlaufe des vergangenen Jahres begangenen Sünden sprechen soll. Die Arbeit ruht, man versammelt sich in der Synagoge. Doch an jenem Oktobertag 1973 heulten um zwei Uhr nachmittags die Alarmsirenen und Tausende ägyptischer und syrischer Geschütze eröffneten das Feuer auf die Posten der israelischen Streitkräfte entlang den Waffenstillstandslinien auf der Sinai-Halbinsel und den Golanhöhen. Im Süden begannen Infanterie- und Panzereinheiten den Suezkanal zu überqueren, im Norden überrannten sie die Panzerstellungen an der israelisch-syrischen Grenze.

In Tel Aviv fand gerade eine Krisensitzung der Regierung statt, um zu klären, ob Ägypten und Syrien einen Angriffskrieg planten, und Ministerpräsidentin Golda Meir konnte es kaum glauben, als die Sirenen aufheulten. Erst fünf Stunden zuvor hatte der Generalstab die Mobilisierung der Reservisten angeordnet, des Kernstücks der israelischen Streitkräfte. An der syrischen Front standen drei israelische Infanterieeinheiten mit etwa 180 Panzern und 50 Geschützen, ihnen gegenüber drei syrische Infanteriedivisionen mit etwa 900 Panzern und 800 Geschützen. In einer zweiten, rückwärtigen Linie standen dort zwei weitere Divisionen und 600 Panzer in Bereitschaft. An der Sinai-Front stand in der vorderen israelischen Linie ein Infanterieregiment mit 75 Panzern und 50 Geschützen, während etwa 200 weitere Panzer aus den Feldlagern im westlichen Hinterland in Marsch gesetzt waren. Vor ihnen begannen fünf ägyptische Infanteriedivisionen und etwa 1200 Panzer, unterstützt von über 1300 Geschützen, den Suezkanal zu überqueren. Die an beiden Fronten stationierten israelischen Soldaten wurden sich über den Ausbruch der Feindseligkeiten erst durch den Einschlag der Granaten klar. Die Frühwarnung vor einem Überraschungsangriff, auf der die israelische Sicherheitsdoktrin beruhte, war zu dieser Zeit nicht erfolgt, so dass Israel vom Ausbruch des Jom-Kippur-Krieges vollkommen überrascht wurde.

Wie konnte das geschehen? Wie konnte Israel strategisch überrascht werden, obwohl seine Führung über einen Geheimdienst verfügte, der nach dem Sechstagekrieg von 1967 als einer der weltbesten galt, und obwohl die Israelis eindringliche Warnungen erhalten hatten?

Beginnen wir mit einigen allgemeinen Grundsätzen. Das israelische Sicherheitskonzept ruht auf drei Säulen: Abschreckung, Frühwarnung, Entscheidung. Sollte Israel zufällig die Fähigkeit zur Abschreckung, trotz einer starken Grenzsicherung, einbüßen, so dass die arabischen Armeen einen Krieg beginnen, so soll die Frühwarnung gewährleisten, dass die israelische Armee darauf vorbereitet ist, die Angreifer unverzüglich zurückzuwerfen. Das Ziel der Frühwarnung ist es, den politischen Entscheidungsträgern eine rechtzeitige und rasche Reaktion auf eine konkrete Bedrohung zu ermöglichen. Dieses Grundprinzip übersteigt oft die Grenzen der Geheimdienstarbeit und betrifft vor allem die operative Führung. Es findet seinen Ausdruck in dem konzeptionellen Begriff der «Breite der Frühwarnung». Das heißt, der Vorgang beginnt mit der Wahrnehmung der Tatsachen und endet mit der Vollendung der Gegenmaßnahmen. Die Verflechtung von Geheimdienst, Entscheidungsträgern und Ausführenden lässt jene Dynamik entstehen, die über den Zeitpunkt entscheidet, an dem die operative Reaktion notwendig wird. So etwa zwingt der mögliche Verlust einer geheimdienstlichen Quelle, eines Zuträgers oder Informanten, die israelische Armee dazu, permanent größere Truppenkontingente an den Grenzen zu stationieren. Werden die Notfall-Lager im Hinterland näher an die Front verlegt, um den Zeitraum zu verkürzen, dessen es bedarf, um die Reservistendivisionen nach ihrer Mobilisierung an die Front zu bringen, so vergrößert dies die Aussicht auf eine Frühwarnung selbst dann, wenn sie später ausgelöst wird. Die Frühwarnung beschränkte sich also nicht nur auf den Zuständigkeitsbereich des Geheimdienstes, sondern letzterer stellte lediglich die vorderste Linie dar.

Offenbar hatte man nicht hinreichend zur Kenntnis genommen, wie stark sich seit 1967 Veränderungen im militärischen und geheimdienstlichen Bereich auf operative Aspekte der Frühwarnung ausgewirkt hatten. Die Folge war im Oktober 1973 ein großes Unglück für den Staat Israel.

Nach ihrer schmerzhaften, demütigenden Niederlage im Sechstagekrieg von 1967 waren die Araber wegen der offenbar nicht bloß vorübergehenden Präsenz Israels in den eroberten Gebieten auf der Sinaihalbinsel, auf den Golanhöhen und im Westjordanland zu der Auffassung gelangt, man müsse einen umfassenden Krieg führen, um «mit Gewalt zurückzuholen, was mit Gewalt genommen wurde» – so die Parole des ägyptischen Präsidenten Gamal Abdel Nasser.

In Wirklichkeit verzichtete Ägypten auch nicht auf das Ziel, den Rückzug Israels auf diplomatischem Wege herbeizuführen. Doch alle in den ersten beiden Nachkriegsjahren unternommenen Versuche einer politischen Lösung scheiterten. So begann Ägypten im März 1969 einen Zermürbungskrieg, der zeigen sollte, dass man sich nicht mit der bestehenden Situation abfinden werde. Die Kämpfe um eine Überschreitung des Suezkanals forderten viele Opfer auf beiden Seiten, zumal Israel schwere Bombardements des Hinterlands begonnen hatte, die Kairo zwangen, um sowjetische Luftverteidigungseinheiten zu bitten. Auf Druck der beiden Großmächte erfolgte im August 1970 der Abschluss eines Waffenstillstandsabkommens, das allerdings keine bedeutende Verbesserung der Situation mit sich brachte. Die israelische Armee stand nach wie vor am Ufer des Suezkanals, der für die Schiffahrt geschlossen blieb, und ein Rückzug Israels schien, auch infolge des Zermürbungskriegs, in weiter Ferne zu liegen.

Einen Monat nach der Unterzeichnung des Waffenstillstandsabkommens starb Nasser unerwartet, und an seine Stelle trat sein Stellvertreter Anwar al Sadat, der am 15. Oktober 1970 zum Präsidenten ernannt wurde. Der neue Präsident, der anfänglich von allen als blasse, schwache Persönlichkeit eingeschätzt wurde, suchte seine Herrschaft von innen her zu stärken. Deshalb wurde, trotz seiner feierlichen kriegerischen Deklaration mit Blick auf Israel und seiner eindeutigen Erklärung, das Jahr 1971 werde «das Jahr der Entscheidung sein», das Waffenstillstandsabkommen zwischen den beiden Staaten nicht gebrochen. Die Ruhe am Suezkanal dauerte fort. Aus israelischer Sicht war dies ein weiterer Beweis für die fortdauernde Schwäche der ägyptischen Führung, doch nachdem Sadat seine politische Macht gefestigt hatte, begann er, sich mit der Beendigung der israelischen Präsenz auf dem Sinai zu befassen, die er für die dringlichste nationale Aufgabe hielt. Die ägyptische Armee hegte offenbar bereits seit 1967 Pläne zur Befreiung des Sinai. Als Konsequenz aus dem Sechstagekrieg und dem Zermürbungskrieg erschien der Armee als Voraussetzung für neuerliche Kampfhandlungen, die Überlegenheit der israelischen Luftwaffe zu unterbinden. Langstreckenflugzeuge und Boden-Boden-Raketen vom Typ «Scud» erschienen am besten geeignet, um das Hinterland Israels zu bedrohen und die Flugzeuge schon auf israelischem Boden zu zerstören. Solange jedoch diese Waffensysteme nicht angekommen waren, so stellte der ägyptische Generalstab fest, waren die Ägypter kaum in der Lage, einen umfassenden Krieg zu beginnen.

Obgleich der neue Präsident fest entschlossen war, den Rückzug der israelischen Armee aus dem Sinai zu erzwingen, zog er politische Strategien, das heißt geheime oder offene Verhandlungen, vor. Erst nachdem er zu der Überzeugung gelangt war, dass Israels Starrsinn und der Beginn der Entspannungspolitik zwischen den USA und der Sowjetunion die Möglichkeit verringerten, Israel an den Verhandlungstisch zu bringen, wandte er sich der militärischen Option zu. Wir wissen nicht genau, ob nun der militärische Weg eine Folge der Enttäuschung auf politischer Ebene war oder ob ihm eine frühere Beschlussfassung zugrunde lag. Jedenfalls stellte sich das ägyptische Militär nun auf den Standpunkt, es müsse einer raschen, wenn auch nur begrenzten militärischen Veränderung der Situation der Vorrang gegenüber einem grundlegenden Wandel zu einem späteren Zeitpunkt eingeräumt werden. Sadat allerdings glaubte noch 1972, seine Armee sei noch nicht reif für einen umfassenden militärischen Schritt zur vollständigen Eroberung der Sinaihalbinsel, ja nicht einmal zur Eroberung des Gebietes bis zu den Bergpässen. Einerseits befürchtete er, dass die Sowjetunion sich jetzt dem Versprechen entziehen könnte, ihm die erhofften strategischen Mittel (Flugzeuge und Raketen) zur Verfügung zu stellen, andererseits wurde ihm deutlich, dass Israel, solange der Waffenstillstand eingehalten wurde, keinen Zwang spüren werde, zu einer politischen Regelung zu gelangen. Lediglich militärische Schritte, die den Großmächten, der UNO und Israel klarmachten, dass ein fortdauernder Stillstand einen schmerzhaften Preis fordern werde, könnten zu ernsthaften Verhandlungen führen. Daraus ergab sich die Konsequenz, man müsse den Akzent der militärischen Leistung nicht, wie in der Vergangenheit, auf die territoriale, sondern auf die psychologische Dimension legen. Nicht die Größe des Bodengewinns und der Umfang des zurückeroberten Gebiets sollten schließlich die politischen Ergebnisse bestimmen, sondern die Stärke des militärischen Vorgehens und der mit ihm verbundenen Symbolik. Eine militärische Aktion sollte als Katalysator dienen, um den zum Stillstand gekommenen politischen Prozess wieder in Gang zu bringen.

Der ägyptische Generalstab verzichtete bereits Mitte des Jahres 1971 auf einen umfassenden Plan und schwankte zwischen zwei begrenzten Plänen hin und her. Der eine erblickte das konkrete Ziel des Aufmarsches in der Verlegung der Front auf die Bergpässe, während der zweite sich noch stärker auf das Umfeld des Suezkanals beschränkte und sich die Front an den Pässen lediglich als Option im Falle günstiger Bedingungen vorbehielt. Die Denkweise des Präsidenten bestimmte letztlich das Kriegsziel. Im Oktober 1972, ein ganzes Jahr vor Ausbruch des Krieges, wurde der Angriffsplan endgültig revidiert, und Ägypten wählte eine begrenztere Alternative. Von da an ging es um eine Offensive, deren Auftrag lediglich darin bestand, den Kanal zu überqueren, die israelischen Befestigungslinien entlang des Kanals zu zerstören und massive Brückenköpfe zu errichten, wenn auch nur durch einen schmalen Landstreifen. Sadat glaubte, er könne sein politisches Ziel auch mit Hilfe der Eroberung eines solchen schmalen Streifens erreichen, und das ägyptische Oberkommando ließ sich davon überzeugen, dass die Streitkräfte eine solche Operation mit Hilfe der bereits verfügbaren Mittel in die Tat umzusetzen vermochten. Die prinzipielle Entscheidung Sadats, einen begrenzten Krieg zu beginnen, ohne auf die ersehnten Rüstungsmittel zu warten, wurde im April 1973 vom ägyptischen Kabinett bestätigt. Von da an begann der arabische Countdown.

Israelische Einschätzungen

Dem israelischen Geheimdienst kam seit jeher als «erste Verteidigungsfront» des Staates eine vorrangige Stellung im israelischen Sicherheitsestablishment zu. Nach dem Sechstagekrieg und auf Grund seiner beeindruckenden Leistungen während des Zermürbungskrieges nahm sein Prestige und sein Einfluss noch weiter zu. Die Zeit zwischen den beiden Kriegen wurde demnach zu einer Glanzzeit der israelischen Geheimdienste, insbesondere des militärischen Nachrichtendienstes, zumal im Unterschied zu den meisten Geheimdiensten der demokratischen Welt die Nachrichtendienstabteilung der israelischen Armee die wichtigste unter den geheimdienstlichen Organisationen des Staates ist. Somit war im Vorfeld des Jom-Kippur-Krieges der Nachrichtendienst der Armee die größte und von ihrem Budget her reichste israelische Geheimdienstorganisation. Sie hatte die Aufsicht über die zentralen nationalen Informationsdienste, also auch über die Gremien der *Sigint* (elektronische Aufklärung) und der Luftaufklärung, und war vor allem für die gesamte nationale geheimdienstliche Lagebewertung und damit selbstverständlich auch für deren politische und strategische Aspekte verantwortlich.

Der Vorsitzende des militärischen Geheimdienstes, der mehrere Funktionen auf sich vereinte, war zugleich geheimdienstlicher Berater des Generalstabschefs, des Verteidigungsministers, der Ministerpräsidentin und der gesamten Regierung, denen neben der Nachrichtendienstabteilung der Armee keine anderen Organisationen und alternativen Mittel zur Analyse, Bearbeitung und Bewertung der geheimdienstlichen Fakten, die auf ihren Schreibtisch kamen, zur Verfügung standen. Der Mossad war damals, trotz seines glänzenden Image, lediglich eine Organisation zur Sammlung «menschlicher Quellen», das heißt zur Aktivierung von Spionen, und zur Spionageabwehr. (Weitere Tätigkeitsbereiche des Mossad wie verdeckte Aktionen und die Verbindungen zu Staaten, die keine offiziellen Beziehungen zu Israel hatten, stehen hier nicht zur Diskussion). Deshalb verfügte der Mossad nicht über ein eigenständiges geheimdienstliches Forschungsgremium. Informationen, die ihm seine Quellen vermittelten, leitete er zur Bearbeitung und Auswertung an die Forschungsabteilung des militärischen Geheimdienstes weiter.

Die geheimdienstliche Forschungsabteilung des Außenministeriums war ein rückständiges Gremium ohne wirkliches Gewicht, und der «Allgemeine Sicherheitsdienst» konzentrierte sich auf die Terrorbekämpfung, die innere Sicherheit sowie die Spionagevereitelung, nicht aber auf das Sammeln oder Bearbeiten militärischer Informationen. Prinzipiell lag die wesentliche fachliche Kompetenz des Geheimdienstes in drei unterschiedlichen Bereichen: in der Bereitstellung von Informationsquellen, die (zumindest theoretisch) ein Eindringen in die innersten Zirkel des Hauptfeindes Ägypten ermöglichte; in der freiwilligen guten Zusammenarbeit seiner Mitglieder und in ihrer Bereitschaft, sich in ihrem Handeln von einem einheitlichen motivierenden Faktor leiten zu lassen; sowie in der Konzentration aller geheimdienstlichen Informationen über die arabischen Staaten und ihr internationales Umfeld auf ein einziges auswertendes Gremium, das deshalb das Bild auf seinen verschiedenen Ebenen und mit seinen vielfältigen Seiten wahrnehmen und entsprechend bewerten konnte. Doch einerseits fehlte eine aktive Kontrolle der Lagebewertungen der Geheimdienstabteilung der Armee (eine «zweite Meinung») und andererseits wuchs im Rahmen seiner Gremien ein Gefühl übermäßiger Sicherheit, bis das Empfinden, man kenne alles, was im Kopf der anderen Seite vorgeht, so stark wurde, dass ein Irrtum ausgeschlossen schien.

Allerdings war seit dem Sechstagekrieg eine wesentliche Verschlechterung der Voraussetzungen für die Frühwarnung für den ägyptischen Bereich eingetreten, weil sich der Warnbereich für Israel stark verringert hatte. Bis dahin waren beide Seiten durch 230 Kilometer der entmilitarisierten Wüste auf dem Sinai voneinander getrennt gewesen, so dass bei einer Überquerung des Kanals und einem Vordringen der ägyptischen Armee auf der Sinaihalbinsel gleichsam ein Alarmknopf gedrückt wurde, noch bevor sich diese der israelischen Grenze näherte. Seit dem Sommer 1976 waren die beiden Armeen nur noch durch einen Wasserstreifen von etwa 180 Metern voneinander getrennt, wobei ein Großteil der ägyptischen Armee in seiner Nähe aufgestellt war. Hätte die israelische Armee der potentiellen Fähigkeit der Ägypter kraftvoll begegnen wollen, so hätte sie sich auf dem Sinai dauerhaft durch einen beträchtlichen Teil ihrer Reservistenstreitkräfte verstärken müssen. Dies hätte jedoch die Kräfte des Staates überfordert. Nach gründlichem Abwägen sah sich Israel deshalb gezwungen, sich stärker auf die geheimdienstliche Bewertung der Absichten und Fähigkeiten der Ägypter zu stützen. Die Bedeutung des militärischen Geheimdienstes, dem zwischen den beiden Kriegen ein weit größeres Budget eingeräumt wurde als in der Vergangenheit, nahm daher zu. Da er sich des akuten Problems im Bereich der Frühwarnung bewusst war, bemühte sich der Geheimdienst, das Potential zur Sammlung von Informationen fortzuentwickeln, die

Fähigkeit zur Alarmdiagnose zu verbessern und die Zeit der Berichterstattung gegenüber seinen Klienten zu verkürzen. Um 1973 glaubten diejenigen, die an seiner Spitze standen, ebenso wie die politische Führung, es sei ihnen gelungen, die Diskrepanzen des Warnsystems zu überwinden.

Die Mitglieder des Geheimdienstes blieben auch nicht von einem gewissen Machtrausch und einer Missachtung der Araber verschont, die sich nach dem Sieg des Jahres 1967 in der israelischen Gesellschaft ausgebreitet hatten. Je mehr sich zudem die strategische Einschätzung des militärischen Geheimdienstes seit dem Sechstagekrieg anscheinend bewahrheiteten, je mehr es den Anschein hatte, dass die arabische Welt entgegen ihren Absichten und Zielen auf einen Krieg noch nicht ausreichend vorbereitet war, desto mehr verstärkte sich das selbstbewusste, um nicht zu sagen arrogante Vertrauen der für die Lagebewertung Zuständigen in ihre Fähigkeit, zukünftige Ereignisse voraussagen und garantiert rechtzeitig vor jedem bevorstehenden Wandel eine Gefahr für Israel erkennen zu können. Die Prämisse, die am Vorabend des Krieges zum Allgemeinbesitz des Geheimdiensts, der Armee und der politischen Ebene geworden war, lautete, dass der Geheimdienst von seinen Informanten erfahren würde, wenn die ägyptische Armee einen Krieg beginnen wollte, und eine Frühwarnung auslösen würde, die Israel einen Spielraum von etwa 4 bis 6 Tagen bis zum ägyptischen «Tag X» verschaffen würde. Dieser Zeitraum reiche für eine operative Reaktion aus. Diese Einschätzung setzte sich nicht nur im Bewusstsein der Entscheidungsträger fest, sondern bestimmte auch die begrenzte permanente Aufstellung regulärer Truppen auf dem Sinai in Routinezeiten sowie die Festlegung des Zeitplans zur Verstärkung der Reservetruppen in Zeiten des Ausnahmezustands.

In der Öffentlichkeit galt der israelische Aufmarsch entlang des Suezkanals, der während des Zermürbungskriegs den Namen «Bar-Lev-Verteidigungslinie» erhalten hatte (nach dem Chef des Generalstabs Rav Aluf Chajim Bar-Lev), als moderne bewaffnete Frontlinie. In Wirklichkeit war sie ein viel schwächeres System, das auf einer Kette von lediglich 30 Infanterieposten (mit jeweils 20–30 Mann) basierte, die am Ufer entlang aufgestellt waren und deren Hauptaufgabe in der Aufklärung und Frühwarnung bestand. Im Laufe der Zeit wurde sie noch um die Hälfte reduziert. Eine Panzerbrigade wurde etwa 10 bis 30 Kilometer östlich des Suezkanals stationiert, eine weitere befand sich in Lagern mitten im Sinai. Dieser kleinen Division von weniger als 200 Panzern standen in der Nähe des Westufers des Suezkanals sieben ägyptischen Divisionen gegenüber.

Diese schwache Militärpräsenz war nur möglich, weil man auf die Fähigkeit des Geheimdienstes vertraute, eine rechtzeitige Frühwarnung auszulösen. Zwar wurden auch Verteidigungspläne für den Fall entworfen, dass Israel überrascht würde und es ohne wirkliche Vorwarnung zum Krieg käme, doch selbst diese gingen davon aus, dass ein solcher Alarm Israel noch einen hinreichenden Spielraum von mindestens 24 bis 48 Stunden vor dem Angriff verschaffen würde, der es der regulären Armee ermöglichte, ihre geringfügigen Truppen auf dem Sinai um vier Panzerbrigaden und Infanterieeinheiten zu verstärken und noch vor Beginn des Angriffs an der ersten Verteidigungslinie aufmarschieren zu lassen. Laut Auffassung der Befehlshaber der israelischen Armee war die reguläre Armee, für den Fall, dass eine solche Katastrophe eintrat, in der Lage, durch eine massive Mobilisierung der Luftwaffe die ägyptische Armee ohne große Schwierigkeiten aufzuhalten, bis innerhalb von ein oder maximal zwei Tagen nach Beginn der Kämpfe die Reservedivisionen eintrafen. Der Verteidigungsplan der israelischen Armee sah den Aufmarsch von 1000 Panzern in drei Panzerdivisionen sowie weiterer hervorragender Infanterieeinheiten auf dem Sinai vor. Selbst für die ungünstigste der ins Kalkül gezogenen Situationen herrschte die allgemeine Gewissheit, dass man unter den neuen Umständen eine ausreichende Frühwarnung erhalten werde.

Die strategische Lagebewertung des militärischen Geheimdienstes beruhte auf einer Mischung aus Informationen und Analysen. Bereits 1971 hatte ein Agent des Mossad, der Zugang zur ägyptischen Elite zu haben schien und als besonders zuverlässig galt, über die Grundvoraussetzungen für eine ägyptische Kriegführung berichtet, die, wie gesagt, in der Fähigkeit bestanden, in das Hinterland Israels vorzudringen und seine Lufthoheit auszugleichen. Diese Information entsprach der prinzipiellen Bewertung, und als klar wurde, dass die Bemühungen Ägyptens, von der Sowjetunion Waffensysteme zu erhalten, mit denen das Hinterland Israels bedroht werden konnte, erfolglos blieben (darüber lagen dem Geheimdienst zuverlässige Informationen vor), war der Armee-Nachrichtendienst überzeugt, dass die operativen Voraussetzungen für einen Angriff aus ägyptischer Sicht noch nicht gegeben waren. Zudem glaubte man, dass Sadat, der anscheinend ein schwacher Führer war, in absehbarer Zeit kaum derart drastische Maßnahmen ergreifen werde. Solange die ägyptische Führung an ihrer Entscheidung festhielt, das gesamte Gebiet des Sinai zurückzuerobern, das vor 1967 ägyptischer Oberhoheit unterstand hatte, stellten die beschriebenen Grundvoraussetzungen, so folgerte man, ein Hindernis für einen umfassenden Krieg dar. Im übrigen glaubte man zu Recht, dass kein anderer arabischer Staat ohne eine Beteiligung Ägyptens als der stärksten arabischen Macht im Mittleren Osten einen Krieg gegen Israel beginnen werde. Die Einschätzung des nationalen Geheimdienstes, die sich in diesem Jahr herauskristallisierte und die mit der Zeit den Spottnamen «konzeptia»

(Konzept) erhielt, entstand auf der Grundlage beider Variablen dieser Gleichung, und so stellte man fest, in naher Zukunft sei nicht mit einem Angriff arabischer Staaten zu rechnen und Israel werde vor dem Jahr 1975 keine solche Drohung zu gewärtigen haben.

Die dramatische Erklärung des ägyptischen Präsidenten Anfang 1971, dies werde ein «Jahr des Krieges» sein, bewertete der militärische Geheimdienst als leere Drohung. Nachdem das Jahr ohne besondere Vorkommnisse verstrichen war, sah er sich in seiner Auffassung bestärkt, und auch seine Klienten vertrauten zunehmend darauf. Dass diese Lagebewertung der Entscheidung der Ägypter bis zum Ende des Jahres 1972 genau entsprach, bestreitet niemand. Das grandiose Scheitern des israelischen Geheimdienstes lag jedoch darin begründet, dass er die Veränderung der ägyptischen Perspektive und den im Oktober desselben Jahres einsetzenden Wandel der strategischen Parameter nicht einmal ansatzweise wahrnahm, sondern unbeirrt an seinem früheren «Konzept» festhielt. Ausgerechnet in der Zeit, in der Ägypten seine Kriegsvorbereitungen in Gang setzte, stellte die Forschungsabteilung des militärischen Geheimdienstes fest, in Ägypten gebe es keinerlei Perspektivenwechsel. Diese Haltung änderte sich selbst dann noch nicht, als seit Mitte des Jahres 1973 in Ägypten libysche Mirage-Flugzeuge und sowjetische Scud-Raketen eintrafen und noch weitere Kampfflugzeuge zugesagt waren, welche andere arabische Staaten stärken sollten. Dies warf zumindest Fragen hinsichtlich eines Teils der dem «Konzept» zugrunde liegenden Prämissen auf und erschütterte somit, wenn auch nur geringfügig, dessen weitere Gültigkeit. Offenbar gerieten die Gründe der Lagebewertung in Vergessenheit, während die letztendliche Schlussfolgerung beherrschend blieb. Der Geheimdienst glaubte, sein System der Informationssammlung garantiere, dass ihm jeder grundlegende Wandel der ägyptischen Auffassung sofort zur Kenntnis gelange, und die militärischen und politischen Führer des Staates Israel übernahmen diese Einschätzung ohne Zögern, da sie doch gleichsam auf autorisierten Quellen beruhte.

In der Mitte des Jahres 1973 nahm das Selbstbewusstsein des militärischen Geheimdienstes noch einmal erheblich zu. Den Anlass bildete eine unter dem Namen «Blau-Weiß» bekanntgewordenen Affäre, in der man sich zwar mit Zweifeln der Entscheidungsträger an den beruhigenden Einschätzungen konfrontiert sah, aber letztlich die Oberhand gewann. Im April und Mai erhielt der Geheimdienst von Informanten des Mossad, die als zuverlässig galten, Informationen über die Absicht Ägyptens, zu diesem Zeitpunkt einen Krieg zu beginnen. Hinzutraten weitere Frühwarnzeichen, die auf militärische Vorbereitungen im Kriegsgebiet hindeuteten. Bei diesen Warnzeichen handelte es sich um dieselben ungewöhnlichen Aktivitäten der anderen Seite, die der Geheimdienst ausfindig gemacht hatte. Auch wenn er keine eindeutige Erklärung für ihre Gründe und Absichten besaß, wirkte ihr bloßes Vorhandensein als Alarmsignal, das auf die Verbesserung der Fähigkeit der anderen Seite hinwies, feindselige Maßnahmen zu ergreifen, womöglich sogar einen Angriff zu starten. Mitte des Jahres 1973 waren die Informationen eindeutig und klar, doch die Forschungsabteilung des militärischen Geheimdienstes stellte fest, die Informanten seien zwar an sich zuverlässig, irrten jedoch in der Interpretation der Absichten der ägyptischen Führung. Dass Ägypten einen Krieg beginnen könne, sei wenig plausibel, da die Grundvoraussetzungen noch nicht gegeben seien. Darüber hinaus deuteten die Warnzeichen, die im Kriegsgebiet ausgemacht wurden, laut Auffassung der Studie zwar auf eine verstärkte Alarmbereitschaft hin, nicht aber auf einen baldigen Angriff.

Der Vorsitzende des militärischen Geheimdienstes, General Elijahu Zeira, ein kampferprobter, entschlossener und autoritärer Soldat, der erst ein halbes Jahr zuvor seinen Vorgänger abgelöst hatte, stärkte die gängige Lagebewertung und hielt vollständig an ihr fest. Generalstabschef David Elasar und Verteidigungsminister Mosche Dajan stimmten zwar prinzipiell mit der Einschätzung des militärischen Geheimdienstes überein. Weil jedoch der Preis, den man bezahlen müsste, sollte sich die beruhigende Lagebewertung als Irrtum erweisen, zu hoch sei, wies Elasar die israelische Armee an, Maßnahmen der Alarmbereitschaft und Kriegsvorbereitung zu ergreifen, ohne allerdings die Reservisten zu mobilisieren. Der Alarm mit dem Namen «Blau-Weiß» hielt drei Monate an, bis er schließlich Anfang August aufgehoben wurde. Auf Grund der hohen Kosten, die angesichts der Haushaltsprobleme des Landes als eklatante Verschwendung erschienen, zog sich der Generalstabschef in dieser Zeit den Zorn von Politikern, Journalisten und Vertretern der Wirtschaft zu. Nachträglich betrachtet, muss dies allerdings als eine der vernünftigsten Entscheidungen seiner Amtszeit gelten, weil die im Kontext der Förderung der militärischen Bereitschaft der Armee ergriffenen Maßnahmen, wie sich nach Ausbruch des Krieges im Oktober erwies, deren Kampfkraft gestärkt hatten. Doch im August 1973 war das Ansehen Elasars beschädigt und das Selbstbewusstsein des Geheimdienstes irgendwie erschüttert, während der Nachrichtendienst der Armee und ihre Befehlshaber ihren Sieg feierten und ihr Selbstvertrauen sowie das Vertrauen in ihre Lagebewertungen wuchsen. Nach heutiger Kenntnis hatte der militärische Geheimdienst in der Jahresmitte 1973 mit seiner Einschätzung recht.

In Kairo verdichtete sich derweil ein der Denkweise des Präsidenten angepasster militärischer Plan einer Offensive. Obwohl bis heute noch kein offizieller Text veröffentlicht worden ist, lässt er sich auf der Grundlage der Erinnerungen der arabischen Führer und Befehlshaber sowie der Art und Weise seiner Ausführung in der Praxis eindeutig rekonstruieren. Strategisch stand, wie gesagt, die Notwendigkeit eines begrenzten Territorialgewinnes im Vordergrund. Dieser Gewinn sollte ausreichen, um den Prozess der politischen Verhandlungen wieder in Gang zu bringen. Militärisch ging es vor allem darum, die Kampfkraft der israelischen Armee zu schwächen. Auf dem taktischen Gebiet forderte der Plan eine passende Antwort auf die Überlegenheit der israelischen Armee im mehrdimensionalen mobilen Kampf in den offenen Wüstengebieten, die vor allem in der Panzerkriegsführung und in der Luftunterstützung der Bodentruppen bestand.

Um diesen Anforderungen gerecht zu werden, plante man eine gleichzeitige überraschende Offensive Ägyptens von Südwesten jenseits des Sinai und Syriens von Nordosten jenseits der Golanhöhen, mit deren Hilfe man die militärischen Kräfte Israels zwischen den beiden Fronten aufspalten wollte. Die Überraschung zielte darauf, eine Mobilisierung der Reservistendivisionen zu verzögern, welche die Hauptkampfkraft der israelischen Armee ausmachten, und einen Präventivschlag der Luftwaffe Israels, vielleicht auch von Bodentruppen, zu verhindern, den die israelische Sicherheitsdoktrin für den Fall forderte, dass sich eine Bedrohung, die man entdeckt hatte, tatsächlich bestätigte. Nach der Überquerung des Suezkanals beschränkte sich das Ziel der ägyptischen Armee auf die rasche Eroberung und Besetzung eines Landstreifens von lediglich 10 bis 12 Kilometern östlich des Kanals. Demgegenüber wollte Syrien die Kontrolle über die Golanhöhen wiedererlangen, ohne allerdings Gebiete auf dem Territorium Israels selbst zu erobern. Nach der Besetzung sollte sich die ägyptische Armee darauf vorbereiten, den israelischen Gegenangriff abzuwehren.

Dieses Vorgehen bot drei herausragende Vorteile. Erstens ließ sich der Angriff rasch durchführen, und zweitens blieben die ägyptischen Streitkräfte im Schutzbereich der Luftverteidigung durch die nordwestlich vom Kanal aufgestellten Boden-Luft-Raketenbatterien, so dass die Wirksamkeit der israelischen Luftwaffe gering war und die früher postulierte Voraussetzung, Ägypten müsse vor einem Krieg erst die Fähigkeit zu Angriffen auf das israelische Hinterland erwerben, entfiel. Die Raketenbatterien waren noch in derselben Nacht, in der nach dem Zermürbungskrieg der Waffenstillstand in Kraft trat, in der Nähe des Kanals aufgestellt worden, was einen eklatanten Bruch des Abkommens darstellte. Die israelische Regierung sah sich damals allerdings aus politischen Gründen an einer Reaktion gehindert und gezwungen, hinzunehmen, was aus ihrer Sicht ein grundsätzliches Unrecht mit Blick auf die Kräfteverhältnisse an der Front darstellte. Ein Jahr später sollte Israel dafür einen hohen Preis zahlen. Der dritte Vorteil bestand in der Vorbereitung der Verteidigung, die den Vorteil der israelischen Armee beim Kampf mit mobilen gepanzerten Fahrzeugen zunichte machte, sowie in der Tatsache, dass die israelischen Panzereinheiten einer abschüssig gelegenen und mit Panzerabwehrwaffen ausgestatteten Verteidigungslinie unterlegen waren. Daher waren die ägyptischen Infanterieeinheiten mit großen Mengen von Panzerabwehrwaffen ausgerüstet, etwa mit raketenangetriebenen Granatwerfern und mit «Sager»-Abwehrgeschützen. Dies war weit mehr als die Standardausrüstung, die dem israelischen Geheimdienst bekannt war.

Die Kontakte zwischen Ägypten und Syrien erreichten ihren Höhepunkt am 23. Oktober, als der ägyptische und der syrische Generalstabschef bei einem kurzen Geheimtreffen in Alexandria übereinkamen, im September oder Oktober gemeinsam anzugreifen, und als nach einigen Tagen die Präsidenten Anwar El-Sadat und Hafiz al-Assad den 6. Oktober als den «Tag X» festlegten. Was die Gründe für die Wahl gerade dieses Tages betrifft, so liegen bis heute einander widersprechende arabische Stimmen vor. Zum Teil behaupten sie, er sei festgelegt worden, weil er mit Blick auf den Sonnenaufgang und -untergang sowie hinsichtlich der hydrologischen Verhältnisse des Suezkanals der günstigste war. Andere stellen fest, ausschlaggebend sei die Überlegung gewesen, der Feiertag an Jom Kippur werde die israelische Reaktion verzögern. Das Treffen in Alexandria blieb dem israelischen Geheimdienst, der nichts über die Koordinierung zwischen den beiden Staaten wusste, vollständig verborgen. Ausgerechnet zu dem Zeitpunkt, an dem man in Ägypten und Syrien die Kriegsvorbereitungen vorantrieb, endete, wie dargestellt, die «Blau-Weiß»-Affäre, nahm die Wachsamkeit des Geheimdienstes ab, und die israelische Armee kehrte zur Routine zurück. Das Schicksal wollte es, dass ein weiterer Vorfall, der sich genau in jenen Tagen ereignete, den Nebel weiter verdichtete und den Blick des Geheimdienstes noch weiter von der Wahrheit ablenkte.

Scharmützel oder Überraschungsangriff?

Als israelische Flugzeuge am 13. September zu Aufklärungsflügen über Syrien aufstiegen, kam es zu einem Luftkampf, in dessen Verlauf 13 syrische Mig-21 und eine israelische Mirage abgeschossen wurden. Auf Grund der Lehren aus früheren Zusammenstößen zwischen den beiden Streitkräften war die israelische Armee überzeugt, Syrien werde auch diesmal seine Niederlage nicht tatenlos hinnehmen, sondern an einem Ort und zu einer Zeit eigener Wahl militärisch zurückschlagen. Deshalb bereitete sich der israelische Generalstab darauf vor, auf eine ganze Reihe von Optionen zu reagieren, die den Syrern offenstanden, von einem einen Tag währenden massiven Artilleriefeuer über einen begrenzten Angriff auf den Golanhöhen bis hin zur Eroberung eines Bunkers oder sogar einer der zivilen Siedlungen, die nach dem Sechstagekrieg errichtet worden waren. Doch keine der in Betracht gezogenen Optionen beinhaltete die Möglichkeit eines umfassenden Krieges, denn das israelische «Konzept» ging bekanntlich davon aus, dass Syrien nicht ohne Ägypten in den Krieg ziehen werde; letzteres aber, so der Geheimdienst, hatte die notwendigen Grundvoraussetzungen noch nicht geschaffen.

Die Bedeutung des Luftkampfes sowie der Einschätzung der voraussichtlichen syrischen Reaktion lag darin, dass sie die Wachsamkeit der Israelis gegenüber allem, was mit der Interpretation der Ereignisse in Syrien zusammenhing, herabsetzte. Als daher Nachrichten über die Alarmbereitschaft der syrischen Armee eintrafen und Anzeichen für ungewöhnliche militärische Aktivitäten entdeckt wurden, deutete man sie im Kontext der Beobachtung der örtlichen syrischen Reaktion auf den Abschuss der Flugzeuge. Getreu seinem «Konzept» ignorierte der militärische Geheimdienst daher auch, dass ein Teil der Vorbereitungen und Verstärkungen an der Front in Wirklichkeit bereits einige Tage vor Beginn des Luftkampfs begonnen und Informanten sie auch schon zu dieser Zeit aufgedeckt hatten, so dass die Interpretation im Sinne einer bloßen Reaktion wenig plausibel war. Wäre es nicht möglich gewesen, die syrische Aktivität allein auf diese Weise zu erklären, so wären vielleicht Fragen nach ihrer Absicht aufgekommen. Doch die zeitliche Nähe zwischen den Aktivitäten und dem Abschuss der Flugzeuge verwischte offenbar die Unterscheidung, im Zweifelsfall zugunsten einer angenehmen und natürlichen Erklärung, zu der noch eine alternative, höchst spekulative Deutung hinzutrat, wonach die Syrer die zunehmenden Spannungen fürchteten. Dadurch wurde von vorneherein jener ohnehin fast alles Menschenmögliche übersteigende Vorgang verhindert, durch den sich das persönliche und kollektiv-organisatorische Vertrauen der Geheimdienstorganisation sowie der militärischen und politischen Führer in die Richtigkeit ihrer Grundannahme hätte verändern lassen. Die Erklärung im Sinne lokal begrenzter Ereignisse machte zudem jeglichen Versuch zunichte, einen Zusammenhang zwischen den ungewöhnlichen Aktivitäten in Syrien und jenen herzustellen, die an der ägyptischen Front sichtbar zu werden begannen.

Vom Monat September an trafen erneut Informationen über die ägyptischen Kriegsabsichten und über ähnliche Vorgänge an der syrischen Grenze ein. Außerdem wurden Anzeichen sichtbar, die für eine Verstärkung der Front am Suezkanal, für eine erhöhte Alarmbereitschaft sowie für eine Beschleunigung der ungewöhnlichen Vorbereitungen und Aktivitäten der ägyptischen Armee sprachen. Analysen besagten jedoch, das alles hänge nicht mit den Ereignissen in Syrien zusammen. Vielmehr erklärte man es als Folge der Furcht vor Israel, als Manöverübungen oder als leere Drohung.

Am 25. September kamen der jordanische König Hussein und Ministerpräsidentin Golda Meir zu einem Treffen zusammen, dessen Bedeutung zum Gegenstand schwerer Streitigkeiten innerhalb der historischen Darstellung des Jom-Kippur-Krieges geworden ist. Einige behaupten, Hussein habe damals warnend berichtet, er komme gerade von einem Treffen mit den Präsidenten Sadat und Assad, die ihm die Beteiligung an einer militärischen Koalition gegen Israel angeboten hätten, weil sie beabsichtigten, in absehbarer Zeit einen Krieg zu beginnen. Andere dagegen vertreten die Auffassung, dass die Informationen, die der König vermittelte, nicht ausreichten, um eine Veränderung des israelischen Denkens herbeizuführen. Seit den sechziger Jahren fanden geheime Kontakte und Treffen zwischen den politischen Führern Israels und Jordaniens statt, auf denen Angelegenheiten verhandelt wurden, die mit den gemeinsamen Interessen beider Staaten zusammenhingen. Dabei ging es im allgemeinen um Bewertungen und Informationen mit Blick auf die Vorgänge in der Region. Bis heute wissen wir nicht, ob Hussein von seinen beiden Kollegen über die konkrete Entscheidung für den Krieg und über den genauen Zeitpunkt oder auch nur über die grundsätzliche Entscheidung unterrichtet worden war. Aus einem Abschnitt des Stenogramms des Gesprächs zwischen ihm und Golda Meir, das vor einigen Jahren veröffentlicht wurde, ergibt sich jedoch, dass Hussein sich als verantwortungsvoller Politiker verhielt, dem an der regionalen Stabilität lag. Er warnte vor einem fortdauernden politischen Stillstand, der Ägypten und Syrien zwangsläufig selbst dann zu gewaltsamen Schritten veranlassen werde, wenn noch nicht mit Sicherheit die Voraussetzungen für einen militärischen Sieg gegeben seien. Er teilte zudem mit, er habe Informationen über die Vorbereitungen und militärischen Maßnahmen an der syrischen Front erhalten, über das Vorrücken syrischer Panzer an die Front, über die hohe Alarmbereitschaft und die Bereitschaft der syrischen Armee zur Durchführung feindseliger Handlungen. Was den König betrifft, so scheint es, als habe er alles unternommen, um seiner Gesprächspartnerin klarzumachen, dass die Zeit für politische Lösungen davonzulaufen drohte.

Dieses Treffen vermochte jedoch die Sperre des israelischen «Konzepts» nicht zu durchbrechen, weil sich in der Tat die Informationen ebenso wie ihre Interpretation durch den König mit den Prämissen Israels in Einklang bringen ließen. Einerseits hatte der israelische Nachrichtendienst keinerlei neue Tatsachen erfahren. Lediglich einen Tag vorher hatten Aufklärungsflüge den verstärkten syrischen Aufmarsch an der Front aufgezeigt, und der Geheimdienst war zu der Einschätzung gelangt, dass sogar die strategische Reserven Syriens, zwei Panzerdivisionen (die nicht ausfindig gemacht worden waren), vorrückten. Andererseits war die allgemeine Diskussion über die militärischen Optionen Ägyptens und Syriens keineswegs neu. Sie gehörte zu den prinzipiellen Prämissen Israels. Husseins Worte gestatteten es nicht, eine eindeutige Verbindung zwischen den syrischen und den in Ägypten festgestellten Maßnahmen herzustellen. Ebensowenig war ihnen zu entnehmen, dass tatsächlich ein militärisches Zusammenwirken zwischen Ägypten und Syrien zustande gekommen und somit eine der Grundvoraussetzungen für einen Krieg nunmehr erfüllt war.

Die große Täuschung

Ende September und Anfang Oktober verstärkte sich der Strom der Nachrichten und der aussagekräftigen Warnzeichen – Abhördaten, Luftaufnahmen und Beobachtungen am Boden, auch befreundeter Geheimdienste wie der CIA – über die Kriegsabsichten Syriens, über die Alarmbereitschaft und die von Damaskus ergriffenen militärischen und zivilen Maßnahmen sowie allgemein über die zusätzliche Verstärkung der Front. Die Furcht vor feindlichen Aktivitäten Syriens führte zu einer Verstärkung auf dem Golan, wo routinemäßig zwei Infanterieeinheiten, eine kleinere Panzerbrigade (73 Panzer) und drei Artilleriebatterien stationiert waren. Ihnen standen an der syrischen Front drei Infanteriedivisionen, etwa 800 Panzer und 80 Artilleriebatterien gegenüber. In den zehn Tagen vor dem Krieg wurden die israelischen Streitkräfte durch eine weitere Panzereinheit und drei Artillerieeinheiten verstärkt. Das geringe Ausmaß der Verstärkung spricht jedoch mehr als alles andere dafür, dass sie allenfalls darauf zielte, beschränkte Racheaktionen Syriens abzuwehren, nicht aber einer umfassenden Offensive standzuhalten. Am 5. Oktober resümierte der Geheimdienst, dass die gesamte syrische Armee – das waren fünf Divisionen, etwa 1600 Panzer und mehr als 1000 Geschütze – an der israelischen Grenze standen, und zwar auf Grund eines Dringlichkeitsplans, der gleichermaßen als Ausgangspunkt für eine Offensive wie zur Verteidigung dienen könne. Dennoch ging man mit Gewissheit davon aus, dass Syrien keinen Krieg ohne Ägypten beginnen werde, das aber bekanntlich noch nicht reif dafür sei. Somit hielt der Geheimdienst wenige Tage vor dem Ausbruch des Krieges an seiner strategischen Einschätzung fest, dass «die Plausibilität der syrischen operativen Aktivitäten nach wie vor gering ist.»

Zu der Stunde, in der es der historische Zufall des Luftkampfs über Syrien dem israelischen militärischen und geheimdienstlichen Establishment erleichterte, eine beruhigende Erklärung für die Aktivitäten an der Nordgrenze zu finden, überließen die Ägypter nichts dem reinen Zufall, sondern lancierten mit Hilfe einer in ihren Ergebnissen beeindruckenden Täuschungsoperation absichtlich eine alternative Erklärung für ihre Vorbereitungen.

Die ägyptische Militärdoktrin beruhte auf dem sowjetischen operativen Denken. Dieses zielte in ihrem fundamentalen Grundsatz darauf ab, zur Vorbereitung der Offensive beim Verteidiger absichtlich Elemente einer physischen oder psychologischen Verletzbarkeit zu schaffen, die sich der Angreifer zunutze machen konnte. Eines der Mittel zur Schaffung der Verletzbarkeit bestand in der Überraschung mittels einer militärischen Täuschung oder, um mit der sowjetischen Bezeichnung zu sprechen, einer «Maskirowka» (Maskerade). Die Maskerade wurde also, neben der Konzentration der Truppen und der Intensität des Feuers, zum untrennbaren Bestandteil militärischer Planung. Eine der klassischen Methoden, derer sich jene bedienen, die eine Maskirowka beabsichtigen, besteht darin, aus einem Manöver heraus anzugreifen, wie es die Welt zur Zeit der Invasion der Truppen des Warschauer Paktes in die Tschechoslowakei im August 1968 erlebt hatte. (Es ist eine große Ironie, dass damals der israelische Geheimdienst auf die alarmierende Konsequenz dieser Angelegenheit hingewiesen hatte, nämlich dass sich dieses Vorgehen gegenüber Israel wiederholen könnte.) Die Veranstaltung eines Manövers gestattet es, die Truppen vorzubereiten, ohne dass sie selbst über die wahre bevorstehende Operation Bescheid wissen, und die Wachsamkeit des Gegners einzuschläfern.

Die Historiker streiten noch immer über die ursprüngliche Bedeutung der Täuschung im Denken und Planen Ägyptens sowie über die Frage, ob ihr Gewicht nicht von den Ägyptern im Gefolge der israelischen Veröffentlichungen über die Dimension der Überraschung, welche die israelische Armee heimgesucht hatte, nachträglich verstärkt und verändert wurde. Nimmt man die ägyptische Darstellung nach dem Krieg wörtlich, so kommt der Täuschung ein absoluter Ehrenplatz zu. Doch selbst wenn dies nicht zutrifft, war sie für die Überraschung der Israelis entscheidend. Das Ziel der gesamten Täuschung bestand darin, die nationale Mobilisierung und den Aufmarsch der israelischen Armee zur Verteidigung zu verzögern sowie einen Präventivangriff zur verhindern oder wenigstens zeitlich hinauszuschieben. Die strategische Täuschung, die es erforderte, ein Bild der «Normalität» zu zeigen, bediente sich der Reden ägyptischer Führer, offener Äußerungen, der Auslandsbesuche von Ministern im Vorfeld des Krieges, Reportagen in den Medien und der diplomatischen Streuung von Informationen, um die Botschaft zu vermitteln, dass Kairo der Gedanke an einen Krieg fern liege, weil seine Armee noch nicht bereit und seine Führung noch nicht an der Möglichkeit politischer Verhandlungen verzweifelt sei. Auch die organisatorisch-taktische Täuschung forderte in ihrer ersten Phase, jedes Anzeichen für ungewöhnliche Aktivitäten zu verbergen. Da die Ägypter begriffen, dass sie die Vorbereitungen nicht über einen längeren Zeitraum hinweg verheimlichen konnten und der israelische Geheimdienst in dem Maße, in dem die Stunde des Kriegsbeginns näherrückte, vermehrt alarmierende Anzeichen entdecken würde, beschlossen sie, ihm eine alternative Erklärung in Gestalt eines militärischen Manövers vor Augen zu führen, an dem die gesamte ägyptische Armee beteiligt war und das zwischen dem 1. und 7. Oktober stattfinden, das heißt gewissermaßen nach dem tatsächlichen «Tag X» enden sollte.

Ab dem 25. September begannen die israelischen Sensoren Anzeichen zu empfangen, die auf eine Erhöhung der Alarmbereitschaft und auf ungewöhnliche Aktivitäten aller bewaffneten Truppen Ägyptens hindeuteten. Getreu seinem Grundkonzept, durch das er es versäumte, einen Zusammenhang zwischen den syrischen und den ägyptischen Aktivitäten herzustellen, statt dessen für beide eine je eigene Erklärung fand und eine künstliche Verbindung zwischen dem Verhalten Ägyptens und dem Ausmaß seiner Besorgnis angesichts des israelischen Vorgehens gegenüber Syrien schuf, versuchte der militärische Geheimdienst, diese Zeichen auf jede denkbare Weise zu erklären, nur nicht als Hinweise auf einen Krieg. Anfangs konzentrierten sich die Erklärungen auf die Furcht der Ägypter vor aggressiven Maßnahmen, auf eine routinemäßige Alarmbereitschaft anlässlich des Fastenmonats Ramadan oder auf innere Spannungen im Zusammenhang mit dem dritten Jahrestag des Todes Gamal Abdel Nassers. Hätte der Geheimdienst seine gezwungenen Erklärungen auch weiterhin fortgesetzt, als sich die ägyptischen Vorbereitungen verstärkten und mit ihnen der Widerhall der Frühwarnzeichen, die Israel sichtbar wurden, zunahm, so wäre wahrscheinlich die Frage nach der Gültigkeit des «Konzepts» noch vor dem Zeitpunkt aufgekommen, an dem die Warnungen sich bestätigten, und man hätte rechtzeitig Abwehrmaßnahmen ergriffen. Doch das ägyptische Täuschungsmanöver erleichterte es dem Geheimdienst, noch plausiblere und beruhigendere Erklärungen in Erwägung zu ziehen. Am 29. September wurde in der ägyptischen Armee öffentlich verlautbart, dass unter dem Namen «Tachrir 41» ein breitangelegtes Manöver der Hauptquartiere der unterschiedlichen militärischen Teilstreitkräfte stattfinden werde, an dem auch die Armeekorps teilnehmen sollten. Seit 1968 veranstaltete Ägypten Manöver mit einem Angriffsplan zur Eroberung des Sinai unter dem Titel «Tachrir» (Befreiung), so dass Israel, das noch am selben Tag von dem Manöver erfuhr, trotz der Lehren aus der Tschechoslowakei, darin keine prinzipielle Anomalie erblickte. Am darauffolgenden Tag, dem 30. September, verbreitete der Nachrichtendienst der israelischen Armee ein geheimdienstliches Dossier, in dem er festhielt, dass Ägypten «wegen des Manövers seine Alarmbereitschaft auf die höchste Stufe» erhöhe und dass «die Verstärkung der Truppen und andere Vorbereitungen, die getroffen wurden oder in den nächsten Tagen noch getroffen werden [...], die man scheinbar als Alarmzeichen betrachten kann, nur mit dem Manöver zusammenhängen.» Diese Feststellung war insofern von entscheidender Bedeutung für das Verständnis der Klienten des Geheimdienstes, als sie in der Tat das gesamte System der Warnzeichen unwirksam machte. Von da an wurde jedes Zeichen, das ausfindig gemacht wurde, aus der Sicht des Geheimdienstes mit dem bevorstehenden Manöver in Verbindung gebracht. Jede ägyptische Aktivität, jedes Warnzeichen und jede alarmierende Nachricht wurde nun im Kontext des Manövers gedeutet, und der Prozess der raschen Ansammlung des Potentials im Bereich des Suezkanals, der dem israelischen Geheimdienst nicht verborgen blieb, wurde seitdem von beruhigenden Erklärungen begleitet.

Von der Nacht vom 30. September auf den 1. Oktober an traten zu den Anzeichen im Kriegsgebiet auch ausdrückliche Warnungen vor einem Krieg seitens einzelner Informanten des Mossad und des militärischen Geheimdienstes, die als gute Quellen galten. Auch sie vermochten jedoch nicht das Vertrauen der Organisatoren in die Richtigkeit ihrer Lesart zu erschüttern. Auf Luftaufnahmen vom 4. Oktober sah man eindeutig eine dramatische Verstärkung von Panzern, gepanzerten Truppenfahrzeugen, Geschützen, Pontonbrücken und Fahrzeugen im Bereich des Suezkanals und vor allem an der vorderen Frontlinie. Im Kriegsgebiet wurden Übungen zum Überqueren des Kanals ausgemacht, wie etwa das Durchbrechen von Sanddämmen, die den Zugang zum Kanal von der Westseite aus versperrten, Vorbereitungen zum Wassern, die Aufstellung von Panzern und Geschützen in Stellungen nahe dem Ufer des Kanals und Aufklärungspatrouillen. Am selben Tag stellte die Führung der Forschungsabteilung des militärischen Geheimdienstes zudem Beweise dafür fest, dass «die ägyptische Armee präzedenzlose dringliche Vorbereitungen» traf, ohne jedoch deshalb ihre Einschätzung zu verändern, wonach «Ägypten sich darüber im klaren» sei, «dass es noch nicht soweit (sei), einen Krieg zu beginnen», und wonach die Möglichkeit eines von Ägypten und Syrien gemeinsam getragenen Krieges nicht plausibel erschien.

Es besteht keinerlei Zweifel, dass die Maßnahmen des Herunterspielens und Verheimlichens, welche die ägyptische Armee mit Blick auf ihre Streitkräfte ergriff und mit denen sie den Eindruck erweckte, alle Vorbereitungen seien auf ein Manöver ausgerichtet, zum Erfolg der Täuschung beitrugen. Die Bedeutung der Täuschung für die Beharrlichkeit der Fixierung der Israelis lässt sich der Art und Weise entnehmen, in der sie erstmals, und zwar ausgerechnet infolge nichtarabischer Aktivitäten, erschüttert wurde. Am Mittwoch, dem 3. Oktober, fand in Damaskus eine gemeinsame Sitzung des ägyptischen und des syrischen Generalstabs statt, in der über den Zeitpunkt des Krieges entschieden wurde. Er sollte um zwei Uhr mittags beginnen. Noch in derselben Nacht erhielt der israelische Geheimdienst Informationen, wonach es zu einer hastigen Evakuierung von Tausenden von Familienmitgliedern sowjetischer Militärberater aus Ägypten und aus Syrien kam, dass die Sowjetunion zu diesem Zweck eine Luftbrücke mit 11 Transportflugzeugen einrichtete, darunter Großraumflugzeuge, und dass die russischen Seestreitkräfte, die in den ägyptischen Häfen von Alexandria und Marsa Matruh ankerten, plötzlich die Region verließen. Gemäß sowjetischen Quellen hatten die Russen an diesem Tag die eindeutige Information erhalten, dass die bevorstehende ägyptisch-syrische Offensive innerhalb von drei Tagen beginnen werde. Daraufhin ordnete der sowjetische Präsident Leonid Breschnew die dringende Evakuierung an. Bis zu diesem Zeitpunkt konnte man die gesamten ungewöhnlichen Aktivitäten unter Hinweis auf das Manöver «Tachrir 41» erklären, doch die Aktivität der Sowjets passte nicht mehr in diesen Rahmen, und selbst die großen Anhänger des Slogans «es gibt keinen Krieg», darunter auch der Vorsitzende des militärischen Geheimdienstes, vermochten sie nicht mehr ohne weiteres zu erklären. Am Donnerstag morgen, dem 4. Oktober, sahen sie sich zu dem Eingeständnis gezwungen, sie verfügten über keine beruhigende Erklärung. Erstmals erwog man die Alternative, die Russen wüssten oder befürchteten vielleicht, dass Ägypten und Syrien einen Krieg beginnen wollten, und kehrten deshalb eilig dem Gefahrenbrennpunkt den Rücken.

Doch bis 48 Stunden vor dem Angriff behielt die logisch klingende, beruhigende Erklärung die Oberhand. Das Manöver mitsamt seinen Begleiterscheinungen gestattete es, das Vertrauen auf sie zu setzen. Die ägyptische Täuschung diente als unüberwindliches Hindernis für alle Informationen, die der «konzeptia» widersprachen, so dass der Erfolg vollkommen war und womöglich sogar die Erwartungen der Initiatoren übertraf.

Ein bitteres Erwachen

Obwohl am Samstag, dem 6. Oktober, eine Anzahl alarmierender Nachrichten und Warnzeichen aus erstrangiger Quelle nach Israel gelangten, hatte man dort immer noch nicht den Eindruck, dass die Zeit für Maßnahmen mit großer Geschwindigkeit davonlief. In der Nacht von Freitag auf Samstag gab ein Informant aus der Führung des Mossad eine wie üblich verschlüsselte Meldung weiter, aus der zu entnehmen war, Ägypten beabsichtige möglicherweise, einen Krieg zu beginnen. Das war genau jener zuverlässige Agent mit besten Kontakten, der in der Vergangenheit die Informationen über die Grundvoraussetzungen einer ägyptischen Kriegsführung geliefert hatte. Diesmal allerdings war die Nachricht unklar, und der Vorsitzende des Mossad, Zvi Samir, reiste am Freitag morgen nach Europa, um persönlich mit dem Agenten zu sprechen. Die Tatsache, dass die Nachricht selbst nicht noch am selben Tag an die Entscheidungsträger weitergeleitet wurde, dokumentiert, wie wenig Sorgen man sich machte. Am selben Tag traf auch die in Verbindung mit der sowjetischen Evakuierung glaubhafte Abhörmeldung ein, Ägypten und Syrien planten einen Krieg. Im weiteren Verlauf des Tages wurden die Befunde der Aufklärungsflüge ausgewertet, die tags zuvor an der Front am Suezkanal durchgeführt worden waren, und es wurde ohne jeden Zweifel klar, dass die ägyptische Armee die deutlichsten Vorbereitungen durchführte, von denen der israelische Geheimdienst bis dahin Kenntnis erlangt hatte. Das alles änderte jedoch nichts an der Einschätzung des Nachrichtendienstes der Armee an diesem Tag.

Zwar gelangte die Führung der israelischen Sicherheitsbehörden erstmals zu dem Schluss, die Araber hätten wirklich die praktische Fähigkeit zu einem Angriff erlangt, sie sah trotzdem keinen Grund für die Annahme, dass der Krieg ausgerechnet am folgenden Tag ausbrechen sollte und nicht etwa erst eine Woche später. Vor allem angesichts des Vertrauens, der militärische Geheimdienst werde rechtzeitig warnen, schien keine unmittelbare Gefahr zu bestehen. Dieser Glaube und die Erinnerung an die Kritik, die sie sich wegen der «Blau-Weiß»-Affäre zugezogen hatten, bewirkte, dass die israelische Führung davor zurückschreckte, noch am selben Tag Schritte zu ergreifen, die die Situation hätten verschärfen, eine grundlose Panik auslösen oder sie ohne Grund nach innen wie gegenüber der internationalen Gemeinschaft als Kriegshetzer hätten darstellen können. In Israel standen Parlamentswahlen bevor und der politische Preis wäre schwerwiegend gewesen. Vor dem Hintergrund dieses politischen Zurückschreckens und des Vertrauens in die Kraft der regulären Armee rief man die allgemeine Alarmbereitschaft aus, verstärkte am selben Tag die Front auf der Sinaihalbinsel und auf dem Golan durch Panzerbrigaden und bereitete die Mobilmachung der Reservisten vor. Doch die für den Vorabend des Jom Kippur charakteristische allgemeine Stille legte sich über Israel, ohne dass auch nur eine einzige der Reservisten-Kampfeinheiten mobilisiert wurde.

Der Vorsitzende des Mossad traf sich am Freitag abend mit dem Agenten, der ihm mitteilte, Ägypten und Syrien seien im Begriff, Israel am Schabbat mit vereinten Kräften anzugreifen. Die Nachricht erreichte die führenden Politiker gegen Morgen des Schabbat, etwa 10 Stunden vor Beginn des Angriffs. Offenbar hegten sie nun keinerlei Zweifel mehr. Doch der militärische Geheimdienst behauptete weiterhin, es sei zumindest wenig wahrscheinlich, dass der Krieg noch am selben Tag ausbrechen werde. Obwohl der Generalstab am Morgen gefordert hatte, einen präventiven Luftangriff zu führen, um die ägyptischen Vorbereitungen zu stören, weigerte sich der Verteidigungsminister, dies zu tun. Anstatt alle Reservisten-Divisionen einzuberufen, bestätigte er lediglich die Mobilisierung zweier Divisionen, die als unerlässliches Minimum für die Verteidigung galten. Seine Weigerung begründete er mit politischen Überlegungen. Die Vereinigten Staaten seien noch nicht davon überzeugt, dass eine eindeutige, unmittelbare Gefahr bestehe, und machten geltend, ein voreiliges Handeln Israels werde sich als Bumerang erweisen. Der Generalstab seinerseits beschloss, den Streit über den Umfang der Mobilisierung vor das Staatsoberhaupt zu bringen, und ließ Zurückhaltung walten, wenn es darum ging, den Feldkommandanten das Gefühl der Dringlichkeit der Lage zu vermitteln. Auf diese Weise trug er zur Langsamkeit der Aufstellung der regulären Truppen an den vorgesehenen Positionen bei. Erst um 9 Uhr morgens, lediglich 5 Stunden vor Ausbruch des Krieges, stärkte Golda Meir die Haltung des Generalstabs und ordnete die umfassende Mobilisierung an. Daraus ergibt sich, dass beide – Mosche Dajan mit großer Gewissheit, David Elasar weniger eindeutig – noch nicht endgültig davon überzeugt waren, dass wirklich ein Krieg bevorstand, oder aber dass ihr Vertrauen in die militärische Überlegenheit der israelischen Armee so groß war, dass sie glaubten, es werde der regulären Armee gelingen, bis zum Abend so aufzumarschieren, dass sie die Offensive bis zur Ankunft der Reservisten aufhalten könne.

Der Einfluss der übertriebenen Selbsteinschätzung wird weniger in der Zeit vor dem 6. Oktober deutlich als in den Tagen danach. Am ersten Kriegstag eroberte die ägyptische Armee einen Großteil der Bar-Lev-Verteidigungslinie, verlegte ohne jegliche Verluste bis zu 100 000 Soldaten und 850 Panzer an das östliche Ufer und fügte der israelischen Armee dabei schwere Verluste zu. Im Golan durchbrachen die Syrer die Verteidigungslinien der Israelis und drangen in die Hochebene vor. Das israelische Oberkommando vertrat noch immer die Auffassung, dass es der Armee, trotz ihrer anfänglichen Überraschung, auf die sie nicht vorbereitet war, gelingen werde, Ägypten aufzuhalten und sofort nach der Ankunft der Reservedivisionen auf dem Sinai zum großen Gegenangriff überzugehen, dann die Ägypter aus dem Sinai zu vertreiben und den Krieg auf ägyptisches Territorium selbst zu tragen – so wie sie es innerhalb von 5 Tagen auf den Golanhöhen geschafft hatte. Der mit zwei Divisionen durchgeführte Gegenangriff auf der Sinaihalbinsel begann am 8. Oktober, und man war sich des Erfolgs bereits früh so gewiss, dass Generalstabschef David Elasar öffentlich verkündete, die israelische Armee werde «den Arabern die Knochen zerbrechen». Die ersten bedeutungslosen örtlichen Erfolge wurden auf hoher Ebene vorzeitig als Erfolg der Offensive erklärt, und man behauptete sogar, den Suezkanal in westlicher Richtung überquert zu haben. Doch zum Entsetzen der israelischen Armee scheiterte diese Offensive vollständig.

Das Scheitern hatte innere operative Gründe wie etwa eine fehlende Abstimmung zwischen dem Generalstab und der Kommandantur des Kommandos Süd, die mangelhafte Aufsicht der letzteren über ihre Divisionen sowie nicht aufeinander abgestimmte Maßnahmen der Divisionen. Nicht weniger einflussreich waren auch die äußeren Faktoren, in erster Linie die Verteidigungskraft der Ägypter und die von ihnen angewandte Taktik, die zur Zerschlagung der Sturmangriffe der israelischen Panzer gegen die Mauer aus Panzerabwehrwaffen der ägyptischen Infanterie führte. Die israelischen Soldaten hatten Schwierigkeiten, sich auf diese Taktik einzustellen und mit dem Kampfgeist der Ägypter zurechtzukommen, der ihrem schlechtem Bild von der Kampfkraft der arabischen Soldaten und ihrem eigenen großen Selbstbewusstsein widersprach. Die Bodentruppen wurden auch durch die Probleme der israelischen Luftwaffe überrascht, die Boden-Luft-Raketen auszuschalten, die ihren Flugzeugen schwere Verluste zufügten und deshalb ihre Fähigkeit begrenzten, den Bodenkampf zu unterstützen, eine Unterstützung, die die Kampftruppen im Laufe der Jahre als selbstverständlich vorauszusetzen gelernt hatten. In den Beratungen des Generalstabs und der Regierung am 9. Oktober traf Mosche Dajan düstere Voraussagen über den Fortgang des Krieges. Nicht umsonst behaupten einige, dass die wirkliche Überraschung für Israel die Erkenntnis der ägyptischen Kampfkraft war, die am 8. Oktober sichtbar wurde und nicht die vorübergehende Überraschung über die Stärke der Offensive zwei Tage zuvor.

Nachdem die israelische Armee sich von dem schweren Schlag der anfänglichen Überraschung erholt hatte, gewann sie rasch wieder die Oberhand, drängte die Syrer am fünften Kriegstag aus dem Golangebiet zurück und drang bereits am folgenden Tag auf syrisches Territorium vor. Am zehnten Tag des Krieges war sie an der ägyptischen Grenze erfolgreich, wo sie am dritten Tag eine Niederlage erlitten hatte. Sie überquerte den Suezkanal, verlagerte den Krieg auf das Gebiet des Feindes und erzwang schließlich einen Waffenstillstand. Zu diesem Zeitpunkt befanden sich die israelischen Streitkräfte nur noch etwa 100 Kilometer von Kairo und etwa 40 Kilometer von Damaskus entfernt. Innerhalb von 17 Tagen hatte sich die Situation völlig ins Gegenteil verkehrt, und auf Druck Ägyptens und unter Zustimmung Syriens vereinbarten die Großmächte einen Waffenstillstand, als die Offensive der israelischen Armee an beiden Fronten innehielt, während die ägyptische

Armee auf den Brückenköpfen verharrte, die sie auf dem Sinai besetzt hatte. Rückblickend ist klar, dass der Krieg, der den Arabern ihre verlorene Ehre zurückgab und der zur teilweisen Ernüchterung des von der eigenen Stärke trunkenen Staates Israel beitrug, den wichtigsten Antrieb jenes Prozesses bildete, der schließlich zum Friedensvertrag zwischen Israel und Ägypten im Jahre 1979 führte.

Shlomo Shpiro

Eichmann und der Mossad

Am 23. Mai 1960 erhob sich Premierminister David Ben-Gurion, um vor der Knesset, dem israelischen Parlament, zu sprechen. Parlamentsmitglieder, Journalisten und Beamten saßen dicht gedrängt im großen Plenarsaal. Alle wussten, dass eine wichtige Ankündigung bevorstand, aber niemand ahnte, worum es gehen würde. Wenige Minuten vor Eröffnung der Sitzung hatte ein kleiner, gediegener Mann den Saal betreten und sich still in eine Ecke gesetzt. Niemand bemerkte oder erkannte Isser Harel, den Direktor des israelischen Geheimdienstes, des Mossad.

Die Worte des Premierministers schienen nicht nur durch den Saal zu hallen, sondern durch ganz Israel. «Ich möchte die Knesset davon in Kenntnis setzen, dass der israelische Geheimdienst vor kurzem den notorischen Naziverbrecher Adolf Eichmann aufgespürt hat, der zusammen mit anderen Naziführern für die sogenannte ‹Endlösung› der Judenfrage verantwortlich war, für den Mord an sechs Millionen Juden in Europa. Eichmann befindet sich nun in Israel in Haft und wird bald vor Gericht gestellt».[1]

Ben-Gurions Worte erschütterten seine Zuhörer. Fünfzehn Jahre zuvor waren mit dem Ende des Zweiten Weltkrieges und der Befreiung der Konzentrationslager die schlimmsten Verbrechen zu Tage getreten, welche die Menschheit jemals gesehen hatte. Viele der in der Knesset Anwesenden hatten ihre Familien und Freunde im Holocaust verloren. Die Minister und Parlamentsmitglieder konnten ihre Tränen nicht verbergen. Innerhalb weniger Minuten wurde die Nachricht im ganzen Land und in der ganzen Welt bekannt. Überall verkündeten die Zeitungen ‹Eichmann in Israel›. In Israel, in den jüdischen Gemeinden weltweit jubelten und weinten die Menschen auf den Straßen. Viele hatten schon geglaubt, die Welt habe den Holocaust vergessen. Die Realitäten des Kalten Krieges hatten Deutschland zweigeteilt. Westdeutschland war nun wiederbewaffnet und sogar NATO-Mitglied, Ostdeutschland ein treuer Bündnispartner der Sowjetunion. Die obere Führungsriege Nazideutschlands war im Nürnberger Prozess verurteil worden, einige waren hingerichtet worden, doch danach hatte man nur noch wenige Kriegsverbrecher des Dritten Reichs vor Gericht gebracht. Die Öffentlichkeit, nicht nur in Deutschland, sondern in ganz Europa, wollte dieses grausame Kapitel der Geschichte beiseite legen. Tausende von

Naziverbrechern waren in lateinamerikanische und arabische Länder geflohen und genossen dort den Schutz der Regierungen. Gerechtigkeit schien den Opfern des Holocaust verwehrt. Ben-Gurions Ankündigung änderte all dies mit der Warnung, dass die Mörder der Juden büßen würden, ganz egal wo oder wie.

Die gewagte Entführung Eichmanns durch Mossadagenten in Buenos Aires erstaunte die Welt. Die Aktivitäten dieser kleinen Gruppe von Agenten, einige tausend Kilometer von ihrer Basis entfernt und ohne Unterstützung vor Ort, glichen in Spannung und Dramatik einer klassischen Spionagegeschichte. Der Eichmannprozess beschäftigte Hunderte von Journalisten und wurde schnell zum Medienspektakel des Jahrzehnts. Weil es an zuverlässigen Informationen mangelte, druckten die Zeitungen wilde, oft wiedersprüchliche Berichte über Eichmanns Gefangennahme. Die strikte militärische Zensur in Israel verhinderte die Veröffentlichung wahrer Details aus Furcht vor Vergeltungsschlägen des argentinischen Militärregimes gegen die dortige jüdische Bevölkerung. Den wenigen Agenten, die an der Entführung teilgenommen hatten, war es verboten, darüber zu sprechen. Sie hüteten ihr Geheimnis viele Jahre. Erst 1990 gelangte ein umfassender und zuverlässiger Bericht über die Operation an die Öffentlichkeit.[2]

Der Mossad

Am ehesten versteht man die Entführung Eichmanns vor dem Hintergrund der Entwicklung des israelischen Mossad, der aus den jüdischen Untergrundorganisationen hervorging, welche während der britischen Mandatszeit in Palästina agierten. Die britische Mandatszeit begann, als während des Ersten Weltkrieges britische Truppen, die in Ägypten stationiert waren, in das zum Osmanischen Reich gehörige Palästina vordrangen. Nach Kriegsende erhielt Großbritannien ein Völkerbundsmandat über Palästina, das bis 1948 dauerte. Weil London auf einer engen Begrenzung der jüdischen Zuwanderung nach Palästina beharrte, gründete eine Gruppe von jüdischen Aktivisten Anfang der 30er Jahre diverse geheime militärische Untergrundorganisationen, die den Kern eines zukünftigen jüdischen Militärs bilden sollten. Die Hauptorganisation ‹Hagana› (hebräisch für ‹Verteidigung›) verfügte über eine eigene Aufklärungseinheit, um arabische und britische Ziele auszuspionieren. Diese kleine Einheit entwickelte sich mit der Zeit zu einem hochkarätigen Geheimdienst, der im ganzen Nahen Osten Agenten rekrutierte und einsetzte.[3]

Im Laufe des Zweiten Weltkrieges, als Tausende junger Juden der britischen Armee beitraten, um gegen die Nazis zu kämpfen, weitete die

Hagana ihre Aufklärungstätigkeiten aus. Viele dieser Rekruten kamen ursprünglich aus osteuropäischen Ländern. Sie sprachen oft mehrere europäische Sprachen fließend und wurden deshalb der britischen Special Operations Executive (SOE) zugeteilt, in Spionage und den Techniken für Kommandounternehmen ausgebildet und dann mit Fallschirmen in den von den Nazis besetzten Ländern Europas abgesetzt, um lokale Widerstandsgruppen zu unterstützen. Viele gerieten in Gefangenschaft und kamen um, aber die überlebenden Agenten kehrten nach Palästina zurück. Dort vermittelten sie ihre Kenntnisse und Erfahrungen einer neuen Generation junger jüdischer Geheimagenten.

Früh setzte die Hagana Mittel der elektronischen Nachrichtenbeschaffung ein. Die eingeholten Informationen wurden der jüdischen politischen Führung sowie den militärischen Führern der Hagana zur Verfügung gestellt. Sie wurden nicht nur für militärische Zwecke wie Überfälle auf arabische Konvois und geheime Waffenbeschaffungen verwendet, sondern auch, um politische Ziele zu erreichen. 1937 gelang es Hagana-Technikern, in den Büroräumen der Peel-Kommission für Palästina, die für Großbritanniens jüdische Einwanderungspolitik zuständig war, Abhör-Wanzen zu installieren. Bereits Ende der 40er Jahre wurden die Telefonanschlüsse fast aller britischen Hauptquartiere in Palästina abgehört, was den Unterhändlern der Jewish Agency ermöglichte, stets weit im voraus über die Pläne der Briten informiert zu sein. Die Hagana überwachte sogar die Kommunikation des im Juni 1947 nach Palästina entsandten UNSCOP-Komitees der Vereinten Nationen. Auf Empfehlung dieses Komitees sollte Palästina in zwei unabhängige Staaten geteilt werden, wie es dann in der historischen UN-Resolution vom November 1947 beschlossen wurde. So kam es zur Gründung des Staates Israel.[4] Der Befehlshaber der Hagana-Aufklärungseinheit in Tel-Aviv war jener Isser Harel, der später Direktor des Mossad wurde und die Entführung Adolf Eichmanns leitete.

Eine weitere geheime jüdische Organisation, die während der britischen Mandatszeit operierte, war der Mossad Aliya Bet, das Institut für die zweite [illegale] Einwanderung. Der Name Mossad bedeutet Institut und wurde später für den neugegründeten israelischen Geheimdienst übernommen. Der Mossad Aliya Bet entstand in den späten 1930er Jahren als Reaktion auf die britische Politik der Einwanderungsbegrenzung nach Palästina. Während Tausende von Juden versuchten, den Fängen Nazideutschlands zu entfliehen, war die Zahl der Juden, die nach Palästina einreisen durften, durch das Weißbuch der britischen Regierung von 1939 stark eingeschränkt. In ihrem verzweifelten Versuch, jüdischen Flüchtlingen aus Europa zu helfen, gründete die jüdische Führung den Mossad Aliya Bet, um vor allem in den 1940er Jahren heimlich die illegale Einwanderung von Europa nach Palästina zu organisieren.

Viele dieser Versuche scheiterten, und viele endeten tragisch, aber für Tausende von Juden bot der Mossad Aliya Bet die letzte Möglichkeit zu fliehen, ehe die Kriegsmaschine der Nazis den ganzen europäischen Kontinent beherrschte. Der Mossad Aliya Bet schleuste sogar Agenten in polnische Ghettos ein, um Informationen über den Holocaust zu bekommen. Nach Kriegsende nahm der Mossad Aliya Bet seine Aktivitäten verstärkt wieder auf. Mit den Transporten von jüdischen Holocaustüberlebenden, die von Osteuropa über südeuropäische Häfen in kleinen Booten nach Palästina flohen, erwarben die Agenten wertvolle Erfahrungen im Umgang mit Tarnung, Fälschung, verdeckten Finanztransaktionen und Kommandounternehmen.[5] Die meisten dieser Fluchtversuche wurden durch britische Marinepatrouillen gestoppt. Von den Briten gefangene Flüchtlinge wurden in Internierungslager gebracht, zunächst auf Zypern, später in Afrika.[6] Aber der Mossad Aliya Bet bot der jüdischen Gemeinschaft Agenten mit Erfahrung in verdeckten Missionen im Ausland. Diese Männer und Frauen knüpften Kontakte zu einer Vielzahl an Schmugglern, Unterweltfiguren, dubiosen politischen Bewegungen, korrupten Diktatoren und religiösen Autoritäten auf der ganzen Welt.[7] Es war diese Gruppe von Agenten, die sofort nach der Erlangung der Unabhängigkeit im Mai 1948 damit beauftragt wurde, Israels neuen Geheimdienst aufzubauen.

Kurz nach Israels Unabhängigkeitserklärung im Sommer 1948 ernannte der Premierminister David Ben-Gurion Isser Harel zum *Memune*, dem Beauftragten für sämtliche zivile Geheimdienste in Israel. Harel organisierte den Mossad in der noch heute bestehenden Form und machte ihn während seiner 12-jährigen Amtszeit zu einer der führenden Einrichtungen ihrer Art.[8] Harel war auch für Israels internen Sicherheitsdienst Shabak zuständig.

Aus der Geschichte der Hagana und des Mossad Aliya Bet entstand ein Schlüsselprinzip der israelischen Geheimdienste, welches ihre Arbeit noch viele Jahrzehnte lang beeinflussen würde. Dieses Prinzip besagt, dass Israels Dienste nicht nur im Interesse und zum Vorteil des Staates Israel agieren, sondern auch zum Schutz der Juden weltweit. Praktisch gesehen bedeutete der jüdische und zionistische Charakter der israelischen Geheimdienste, dass der Mossad seine Tätigkeiten auf Gebiete ausweitete, die jenseits der traditionellen Wirkungsbereiche von Geheimdiensten lagen, so etwa die geheime jüdische Immigration aus der Sowjetunion und aus arabischen Ländern, die Verteidigung von jüdischen Gemeinden in gefährlichen Regionen und die Jagd auf Nazikriegsverbrecher. Aktionen dieser Art beanspruchten zwar die knappen Ressourcen des Mossad, gaben der Organisation jedoch direkten Zugang zu hochrangigen politischen Entscheidungsträgern, für die der Mossad ein integrales Werkzeug im Überlebenskampf des jüdischen Volkes war.

Mit diesem Selbstverständnis begab sich nun der Mossad auf die Jagd nach dem Naziverbrecher Adolf Eichmann, die ihn bis an das andere Ende der Welt führen sollte.

Die Suche nach Eichmann

Im seinem ersten Jahrzehnt verbrachte der Mossad viel Zeit mit dem Aufbau des israelischen Militärs, denn die sehr kleine und im Unabhängigkeitskrieg von 1948 bis 1949 sehr schlecht ausgerüstete israelische Armee musste Quellen für moderne Waffen auftun, um das Überleben des Staates Israel zu gewährleisten. Während Israels Gegner von der Sowjetunion ausgerüstet wurden, hatten sowohl die Vereinigten Staaten als auch Großbritannien über den Nahen Osten ein Waffenembargo verhängt. Israel war deshalb gezwungen, sich auf der Suche nach Waffen an Frankreich und Deutschland zu wenden. Hierfür diente der Mossad als geheimes Außenministerium, das geheime Waffenlieferungen arrangierte und Waffen aus jeder nur erdenklichen Quelle nach Israel schmuggelte. Zugleich begann er auch Kontakte zu Geheimdiensten in anderen Ländern zu knüpfen, um mehr Information über arabische Länder sammeln zu können.

Während der 1950er Jahre beschäftigte sich der Mossad hauptsächlich mit Ägypten. 1953 hatte Oberst Gamal Abdel Nasser den ägyptischen König Farouk gestürzt und eine neue arabische Republik gegründet. Nasser wandte sich bald auf der Suche nach modernen Waffen an die Sowjetunion, die ihm Hunderte von Panzern und Kampfflugzeugen lieferte. 1955 begann Ägypten, Gruppen von palästinensischen Terroristen auszubilden und nach Israel einzuschleusen, wo sie jüdische Siedlungen im Negev überfielen und Zivilisten ermordeten. Als Nasser den Suezkanal verstaatlichte, der bis dahin im Besitz einer britisch-französischen Gesellschaft war, wollte er seine Unabhängigkeit von den alten Weltmächten demonstrieren. Das ägyptische Militär bereitete sich auf eine Invasion Israels vor. Der Nahe Osten stand an der Schwelle zum Krieg, als Nasser damit prahlte, dass seine Armee den jüdischen Staat ins Mittelmeer werfen würde. Der Mossad setzte nun alle seine Kräfte ein, um Informationen über die ägyptische Armee zu erlangen.

Der Krieg begann im Oktober 1956 mit dem Angriff Israels, Großbritanniens und Frankreichs auf Ägypten. Die israelische Armee konnte innerhalb weniger Tage die gesamte Sinaihalbinsel erobern, während die viel stärkeren britischen und französischen Streitkräfte am Eingang zum Suezkanal steckenblieben. Die USA zwang beide Seiten zum Rückzug und etablierte einen prekären Waffenstillstand, der bis 1967 halten sollte. Erst der militärische Erfolg von 1956, der die unmittelbare Bedrohung Israels durch Ägypten beseitigte, erlaubte es dem Mossad, einige seiner Leute und Ressourcen der Jagd auf Naziverbrecher zu widmen. Ganz oben auf der Liste der gesuchten Verbrecher stand Adolf Eichmann.

1958 hatte der Mossad bereits eine umfangreiche Akte über Eichmann zusammengetragen, da israelische Agenten seit den 1940er Jahren in Deutschland und Österreich nach Naziverbrechern gesucht hatten. Ihr Suche konzentrierte sich zunächst auf die österreichischen Alpen, wo viele Nazis nach dem Krieg unterschlüpfen wollten. Der erfahrene Mossad-Agent Manos Diamant wurde in den Heimatort von Eichmanns Familie nahe der österreichischen Stadt Linz entsandt, um das Versteck dieses vor Kriegsende verschwundenen Nazis zu erkunden. Diamant sprach fließend Deutsch und konnte leicht als Einheimischer durchgehen. Unter falschem Namen machte er sich ansässig und freundete sich mit der Eichmannfamilie an. Er besuchte sie oft, unternahm sogar regelmässig gemeinsame Segelpartien auf einem nahegelegenen See. Allerdings erkannte Diamant bald, dass die Familie keinen Kontakt zu Adolf Eichmann unterhielt und nichts von seinem Schicksal wusste.[9]

Adolf Eichmann wurde am 19. März 1906 in Solingen geboren. Er wuchs im österreichischen Linz auf, studierte Elektrotechnik und war ein fanatischer Antisemit. 1932 trat er dem österreichischen Zweig der NSDAP bei. Er wurde mit der Leitung des Jüdischen Auswanderungsbüros beauftragt, welches gegründet worden war, um Juden zu zwingen, Österreich zu verlassen und dabei ihr Vermögen zurückzulassen.[10] Als ambitionierter und überaus sorgfältiger Verwalter stieg Eichmann rasch in der Parteihierarchie auf. Bald wurde er dem sogenannten Sicherheitsdienst (SD) zugewiesen, der Informationszentrale der Gestapo, schließlich wurde er zum Judenreferenten der Gestapo. Eichmann tat sein Bestes, um möglichst viel über die Juden zu lernen. Er lernte sogar Hebräisch, da er die Sprache zum Verständnis der jüdischen Mentalität für unabdingbar hielt. 1937 wurde er nach Palästina geschickt, um mehr über die dort lebenden Juden zu lernen, aber die britische Mandatsverwaltung wies ihn aus.[11] Eichmann kehrte nach Berlin zurück. Er wurde zum Obersturmbannführer und zum Leiter der Abteilung IV-B-4 des Reichssicherheitshauptamtes (RSHA) befördert, wo er für alle ‹Sicherheitsfragen› in bezug auf die Juden zuständig und unmittelbar dem Gestapo-Chef Heinrich Müller unterstellt war.

In seiner Eigenschaft als Judenreferent führte Eichmann im Januar 1942 bei der Wannseekonferenz das Protokoll. Vertreter der Gestapo, der SS, der Reichskanzlei und verschiedener Reichsministerien waren zusammengekommen, um die Mechanismen der ‹Endlösung› abzustimmen. Mit dieser Konferenz war das Schicksals der Juden in Europa besiegelt. Alle öffentlichen Institutionen des Dritten Reichs sagten beim

Völkermord an den europäischen Juden ihre Unterstützung zu. Eichmann diente als Koordinator für technische Fragen der Endlösung. Unter seiner Verantwortung wurde lokalen Polizeitruppen befohlen, Juden festzunehmen, wurden Züge für den Transport der Juden aus den Ghettos in die Konzentrationslager beschafft, wurden Wachen bereitgestellt, um die Transporte zu begleiten, wurden viele andere organisatorischen Fragen gelöst.

Während des Krieges bereiste Eichmann ausgiebig die von Deutschland besetzten Gebiete, um sicherzustellen, dass örtliche Behörden die Befehle zur Verhaftung und Deportierung der Juden ausführten. Er besuchte auch Konzentrationslager in Polen, um die Effizienz des Vergasungsprozesses zu überprüfen. Selbst als sich das Blatt gegen Deutschland gewendet hatte und der Krieg verloren schien, tat Eichmann sein Äußerstes, um möglichst viele Juden in die Gaskammern zu schicken. Mitte 1944, als russische Panzer bereits auf Budapest zurollten, bestand er darauf, dass Hunderttausende von ungarischen Juden nach Auschwitz deportiert wurden. Eichmann übernahm Züge, die für den Transport von Wehrmachttruppen an die Front vorgesehen waren, und benutzte sie statt dessen, um noch mehr Juden in den Tod zu schicken. Im August 1944 berichtete er Himmler, dass sechs Millionen Juden in den Gaskammern und durch die Einsatztruppen ermordet worden waren.[12]

Als im April 1945 russische Truppen Berlin eroberten, flüchtete Eichmann mit gefälschten Papieren der Gestapo nach Süddeutschland, wo er sich den US-amerikanischen Truppen stellte. Er verbrachte etliche Monate in einem Lager für Kriegsgefangene, ohne von den Amerikanern erkannt zu werden. Er brach aus dem Lager aus und versteckte sich in einem Kloster bei kroatischen katholischen Mönchen. Er nahm den Namen Ricardo Klement an und beschaffte sich Dokumente, um seine falsche Identität aufrechtzuerhalten. 1950 verließ er Deutschland, reiste mit einem Reisepass des Roten Kreuzes nach Argentinien und ließ sich in Buenos Aires nieder. Zwei Jahre später konnten seine Frau und Kinder Österreich heimlich verlassen und nach Argentinien kommen. Im Unterschied zu vielen anderen Naziverbrechern, die nach Lateinamerika entkamen, konnte Eichmann nicht viel Geld mitnehmen. Er musste fortan für seinen Lebensunterhalt arbeiten. Nachdem ein anfänglicher Versuch scheiterte, eine Wäscherei zu betreiben, arbeitete er mehrere Jahre lang in einem Ingenieurbüro. Andere gesuchte Naziverbrecher, die sich in Südamerika aufhielten, mieden den Kontakt zu Eichmann aus Furcht, dass seine Verhaftung ihnen selbst zum Verhängnis werden könnte. Eichmann versuchte, ein unauffälliges Leben zu führen. Um keine Aufmerksamkeit auf sich zu lenken, lehnte er ein Angebot ab, nach Bolivien zu ziehen und dort für den berüchtigten Geheimdienst zu arbeiten.[13]

Die erste zuverlässige Meldung über den Aufenthaltsort Eichmanns erreichte den Mossad Ende 1957. Sie kam von Dr. Fritz Bauer, seit 1956 hessischer Generalstaatsanwalt. Bauer stammte aus einer deutsch-jüdischen Familie und war Anfang der 1930er Jahre als Richter tätig gewesen. Nach der Machtergreifung der Nazis war er von der Gestapo verhaftet worden. 1943 gelang ihm die Flucht nach Schweden. Nach dem Krieg kehrte Bauer nach Deutschland zurück und wurde ein bekannter Rechtsexperte. Er veröffentlichte hochangesehene Werke zum deutsche Recht und zur Philosophie.

Im September 1957 erhielt Bauer einen Tip zu Eichmanns Aufenthaltsort in Lateinamerika und entschloss sich, diese Information an Israel weiterzugeben. Da Israel zu diesem Zeitpunkt keine diplomatischen Beziehungen mit Westdeutschland unterhielt, knüpfte Bauer Kontakt zur israelischen Mission in Köln, einer Organisation, welche die Durchführung des Reparationsabkommens zwischen Deutschland und Israel überwachte. Bauer trat an den Leiter der israelischen Mission, Felix Shinar, heran, der diese Information sofort an das Außenministerium in Jerusalem weitergab. Dort reichte man diese extrem empfindliche Angelegenheit an Isser Harel, den Chef des Mossad, weiter.

Harel ließ sich die Eichmannakte bringen und studierte sie mehrere Tage lang. Er kam zu dem festen Entschluss, dass Eichmann lebend gefangengenommen und vor Gericht gebracht werden musste, egal was eine solche Operation an Aufwand verlangen würde. Eichmann sollte unter allen Umständen für seine gewaltigen Verbrechen büßen. Diese Entscheidung fiel nicht leicht, denn der Mossad war eine sehr kleine Institution, die ihre Mitarbeiter und Ressourcen ständig bis zum Äußersten beanspruchte, um wichtige Informationen für Israels Sicherheit zu sammeln. Jeder Agent des Mossad wurde benötigt, um in arabischen Ländern Agenten zu rekrutieren und zu führen. Harel wusste, die Jagd auf Eichmann würde Kräfte an anderer Stelle schwächen. Zudem stellte die Entscheidung, Eichmann lebend gefangenzunehmen, den Mossad vor ungeheure operationelle Probleme. Es wäre leichter gewesen, Eichmann schlichtweg umzubringen, zumal der Mossad inzwischen viel Erfahrung hatte mit Anschlägen, die keine Spuren hinterließen. Eichmann wäre eines Tages tot aufgefunden worden, scheinbar das Opfer eines Autounfalls geworden, oder einfach verschwunden. Aber für Harel lag die große Bedeutung dieser Operation im Prozess vor Gericht, denn ein öffentlicher Prozess in Israel gegen eine Person, die so zentral an der ‹Endlösung› beteiligt gewesen war, würde vor aller Welt die bürokratischen und technischen Einzelheiten des Holocaust aufdecken. Der Verantwortliche selbst würde diese Information persönlich und öffentlich preisgeben. Die Behauptungen der Holocaustleugner, dass die Konzentrationslager eine Erfindung der Juden seien, würden für immer diskreditiert. Eine solche Verhandlung würde eine einzigartige Erfahrung für jüngere Israelis sein, die mit dem Schandfleck des Holocaust über ihrer neugefundenen Unabhängigkeit aufwuchsen.[14]

Als erstes entsandte Harel einen Agenten, der Bauer in Frankfurt treffen sollte. Bauer erklärte, er sei vor allem deshalb bereit, Israel diese Information zugänglich zu machen, weil er daran zweifle, dass Eichmann in Deutschland jemals zur Rechenschaft gezogen und verurteilt würde. Bauer wusste, dass viele Beamte aus der NS- Justiz nach Kriegsende in ihren Positionen geblieben waren – trotz der Entnazifizierung. Er wusste auch, dass die alten Nazis noch gute Beziehungen hatten und dass manche im deutschen Beamtensystem die Versuche sabotierten, Nazis vor Gericht zu bringen. Dokumente zu Naziverbrechern waren unter mysteriösen Umständen selbst aus Bauers eigenem Büro verschwunden.

Bauer erklärte, der Hinweis auf Eichmanns Aufenthaltsort sei von einem ehemaligen deutschen Staatsbürger namens Lothar Herrmann eingegangen. Dieser lebe jetzt in Argentinien. Herrmanns Tochter sei in Buenos Aires mit einem jungen Deutschen befreundet gewesen, der sich als Nicholas Eichmann vorgestellt habe. Der junge Eichmann besuchte das attraktive Mädchen oft und lernte auch ihre Eltern kennen. Er erzählte ihnen, dass sein Vater im Krieg Offizier gewesen sei und dass seine Familie in verschiedenen Ländern gelebt habe. Lothar Herrmann zog später aus Buenos Aires fort und seine Tochter sah Nicholas Eichmann nicht wieder. Eines Tages aber las Herrmann einen Zeitungsbericht über den Prozess gegen einen anderen Nazi, der Adolf Eichmann als Schlüsselfigur in der Endlösung nannte. Da er vermutete, dass dies der Vater des jungen Freundes seiner Tochter sein könnte, trat er sofort mit Bauer in Deutschland in Kontakt. Er gab auch die Adresse des Verdächtigten im Olivos-Viertel von Buenos Aires an.

Efraim Hofstaetter, ein erfahrener israelischer Ermittlungsbeamter deutscher Herkunft, wurde mit dieser Information nach Argentinien geschickt, um Herrmann aufzusuchen. Zu seiner Überraschung musste er feststellen, dass Herrmann blind war und sich auf Eindrücke seiner Frau und seiner Tochter stützte. Nachdem er Herrmann ausgiebig befragt hatte, reiste Hofstaetter nach Buenos Aires und erkundete die Gegend, in der Eichmann angeblich wohnte. Es war eine kleine Straße in einem ärmlichen Viertel. Doch Hofstaetter gelang es nicht, der Eichmannfamilie auf die Spur zu kommen. Es wurde sehr bald klar, dass eine größere Gruppe nötig sein würde, um ein Gebiet auszuspähen, in dem sich alle Leute untereinander kannten und wo Fremde schnell Verdacht erregen konnten. Der Mossad wollte um jeden Preis vermeiden, dass Eichmann entkommen und seine Spur verwischen konnte.[15]

Im Februar 1960 wurde ein kleines Team von vier Mossad-Agenten nach Buenos Aires entsandt. Israel hatte zu jener Zeit keine Botschaft in

Argentinien, und die Agenten konnten sich nur auf sich selbst verlassen. Sie mussten ohne jede offizielle Unterstützung agieren. Falls sie entdeckt würden, drohten ihnen lange Jahre in argentinischen Gefängnissen oder sogar die Todesstrafe. Sie durchkämmten die Olivos-Gegend, in der sie die Eichmanns alias Klements vermuteten, mussten aber schnell feststellen, dass sie zu spät kamen. Die Familie war wenige Wochen zuvor umgezogen. Es war nun oberste Priorität, ihre neue Adresse ausfindig zu machen. Eine attraktive junge Frau, die für den Mossad arbeitete, wurde in ein Luxushotel geschickt, wo sie einen jungen Pagen rekrutierte, den sie unter dem Vorwand der Übermittlung einer romantischen Botschaft zur alten Adresse der Eichmanns schickte. Sie gab ihm ein teures Geschenk, das er Nicholas Eichmann, und nur ihm, übergeben müsse. Falls Eichmann nicht anwesend sein sollte, wies sie den Boten an, die neue Adresse zu erfragen.

Die Mission war erfolgreich. Der eifrige Page erfuhr, dass die Familie zwar verzogen war, dass aber einer der Eichmannsöhne noch für eine nahegelegene Motorradwerkstätte arbeitete. Das Mossadteam begann, den Sohn abends nach der Arbeit zu beschatten. In Buenos Aires zu operieren war sehr schwierig, da nur wenige Mietautos zur Verfügung standen und das Team achtgeben musste, nicht zu oft im gleichen Wagen gesehen zu werden. Die Agenten entdeckten bald, dass Eichmann in ein neues Haus an der Garibaldistraße gezogen war. Eichmann hatte seine Spuren sehr geschickt verwischt, denn das neue Haus lag außerhalb der Stadtgrenze und war somit nirgendwo registriert. Aber die Agenten brachten in Erfahrung, dass das Anwesen an ‹Veronica Libel de Fichmann› verkauft worden war. Da Eichmanns Ehefrau mit Mädchennamen Vera Liebl hieß, glaubte das Team, endlich das Versteck des gesuchten Kriegsverbrechers entgedeckt zu haben.

Eichmanns neues Haus war stabil gebaut und hatte Stahltüren sowie Eisengitter an den Fenstern. Eichmann hatte offensichtlich für seine Sicherheit gesorgt. Das Haus war isoliert und kaum unentdeckt zu erreichen. Unter diversen Vorwänden konnten sich die Mossadagenten dem Haus nähern und seine Bewohner fotografieren. Die Fotos wurden nach Tel-Aviv zurückgeschickt, um mit denen in Eichmanns SS-Dienstakte verglichen zu werden. Schließlich kehrte das Team nach Israel zurück.

Nach langer Suche gelang es dem Mossad, in Israel eine Person ausfindig zu machen, die Eichmann in Deutschland persönlich gekannt hatte. Hans Friedenthal war in den 1930er Jahren ein hochrangiger zionistischer Repräsentant in Deutschland gewesen und musste mit Eichmann über das Schicksal der von der Gestapo in Berlin verhafteten Juden verhandeln. Die Bilder des Mossad wurden Friedenthal gezeigt, doch er konnte Eichmann nicht eindeutig identifizieren. Forensische

Experten der israelischen Nationalpolizei studierten die Bilder gründlich und konnten an physiognomischen Merkmalen feststellen, dass der in Buenos Aires fotografierte Mann tatsächlich Eichmann war. Mit der eindeutigen Identifizierung Eichmanns konnte Isser Harel beginnen, die Mannschaft auf die Entführung Eichmanns vorzubereiten. Ihre Aufgabe war, Eichmann unentdeckt ins 12000 km entfernte Israel zu bringen.

Die Entführung

Harel stellte für die Entführung ein Team aus den erfahrensten Agenten des Mossad zusammen. Einige von ihnen waren selbst Holocaust-Überlebende und hatten viele Familienmitglieder in den Konzentrationslagern verloren. Sie meldeten sich alle freiwillig zu dieser Mission. Rafi Eitan, hoher Mossadoffizier und Experte für geheime Operationen, leitete die Truppe. Auch Shalom Dani war dabei, der beste Fälscher des Mossad. Dani war in Ungarn geboren und als Kind im Krieg nur knapp dem Tod entkommen. Sein Vater war im Konzentrationslager Bergen-Belsen ermordet worden. Er war ein begabter Künstler und meisterhafter Fälscher, der mit eigenen Händen jedes beliebige Dokument, Pässe, Unterschriften oder Briefmarken fabrizieren konnte. Er brachte ein kleines Fälschungslabor mit sich und konnte auf der Stelle alle vom Team benötigten Dokumente anfertigen.

Mit von der Partie war auch ein Arzt, der sicherzustellen hatte, dass Eichmann bei guter Gesundheit blieb. Isser Harel beschloss, dass das Team auch eine Frau brauchte, die sich als Gattin eines der Agenten ausgeben konnte. In vielen Situationen, und vor allem bei der Beschattung, ist ein Paar wesentlich unauffälliger als eine einzelne Person. Harel bestand darauf, selbst nach Buenos Aires zu fahren, um eventuelle Probleme auf der Stelle lösen zu können. Indem er ein solches Risiko auf sich nahm, etablierte Harel die Tradition, dass der Leiter des Mossad sich oft in der Nähe kritischer Operationen im Ausland aufhält, wo er sich persönlich um unerwartete Schwierigkeiten kümmern kann. Diese Tradition besteht nach vielen Jahren bis heute fort.

Die Mitglieder des Teams reisten einzeln über Europa nach Buenos Aires. Jeder von ihnen reiste unter einer falschen Identität, die von Mossadexperten sorgfältig vorbereitet worden war. Einige trugen sogar deutsche Pässe. Zu dieser Zeit entwickelte der Mossad enge Beziehungen zum westdeutschen Bundesnachrichtendienst. Im Austausch für Informationen über die DDR und Osteuropa war der BND dem Mossad bei der Beschaffung falscher Identitäten behilflich. Eine deutsche Identität war leicht zu fälschen, da viele offizielle Akten während der Bombardierung deutscher Städte zerstört worden waren, was es fast unmöglich machte, Dokumente zu verifizieren.[16]

In Buenos Aires angekommen, machte sich das Team daran, verschiedene Wohnungen anzumieten. Man benötigte eine große Villa in einer stillen Gegend, wo sich Eichmann gut verstecken ließ, bis man einen sicheren Weg gefunden hatte, um ihn nach Israel zu bringen. Die politische Situation in Argentinien erschwerte die Operation. In der Bevölkerung gab es beträchtlichen Widerstand gegen die Militärjunta, die nach dem Fall von Präsident Juan Peron an die Regierung gekommen war. Gruppen von ‹Peronistas› wurden gegen das Regime aktiv, in Buenos Aires wimmelte es von Straßenblockaden und Polizisten auf der Suche nach politischen Aktivisten der Opposition. Hunderte von Verdächtigen wurden verhaftet und ohne Gerichtsverhandlung gefangengehalten. Die Polizei kontrollierte sogar Autovermietungen. Die Mossadagenten wussten also, dass eine Gruppe von Fremden Aufsehen erregen konnte. Sie vermieden deshalb jede unnötige Bewegung in der Stadt. Isser Harel blieb auf Abstand zu den Agenten und zog täglich von Hotel zu Hotel um. Er traf seine Männer nur zu vereinbarten Zeiten in Cafes und Restaurants.

Sobald eine geeignete Villa gefunden und angemietet worden war, zogen die Teammitglieder ein. Sie bauten eine geheime Kammer, in der man Eichmann gefangenhalten konnte und in der er auch im Fall einer Polizeidurchsuchung unentdeckt bleiben würde. Durch Beobachtung sammelten sie detaillierte Informationen zu Eichmanns Haus und seiner Umgebung. Es gab drei Möglichkeiten, Eichmann zu entführen. Man konnte nachts, wenn er schlief, in sein Haus einbrechen; man konnte ihn auf seinem üblichen Weg zur Arbeit oder auf seinem täglichen Heimweg an einer bestimmten Stelle überwältigen.[17] In Eichmanns Haus einzubrechen, war die schlechteste Alternative. Seine Familie konnte zu Schaden kommen, da Eichmann möglicherweise bewaffnet sein würde, bereit, einen Angriff abzuwehren. Nach langen Diskussionen entschied man sich dazu, ihn auf dem Weg von der Arbeit nach Hause zu entführen. Nachts würde die Straße vor Eichmanns Haus dunkel und leer sein, somit das Risiko von Zeugen minimal. Die Agenten beobachteten heimlich Eichmanns Bewegungen und entdeckten, dass er jeden Abend zur selben Zeit mit dem Bus Nummer 203, der kurz vor seinem Haus hielt, nach Hause fuhr. Eichmann hatte offensichtlich sein Gestapotraining vergessen und missachtete das Risiko, das eine gleichmäßige tägliche Routine mit sich bringt. Indem er eine solche Routine befolgte, konnten die Mossadagenten vorhersehen, wo er zu jedem beliebigen Zeitpunkt sein würde.

Am Abend des 11. Mai traten die Mossad-Leute in Aktion. Sie parkten zwei Autos auf der Garibaldistraße nahe Eichmanns Haus und gaben vor, ein Motorproblem zu haben. Um 20:05 sahen die Agenten den Bus Nummer 203 herannahen. Eichmann stieg aus und lief auf das Haus zu. Es war dunkel. Er würdigte den Mann, der neben dem Auto mit offener Motorhaube stand, kaum eines Blickes. «*Momentito, Señor...*» sagte der Agent. Eichmann blieb stehen und griff in seine Hosentasche. Die Agenten befürchteten, er würde eine Pistole ziehen. Drei Agenten stürzten sich auf ihn, zerrten ihn in den Wagen und fuhren davon. Eichmanns fünfzehnjähriges Versteckspiel war vorbei.

Er wurde zur Villa gebracht und mit verbundenen Augen von deutschsprachigen Mossadagenten befragt. Zunächst versuchte er, sie glauben zu machen, er sei Ricardo Klement, ein unschuldiger Argentinier, aber als die Mossadleute Spuren einer SS-Blutgruppentätowierung unter seiner Achsel entdeckten, gab er zu, Adolf Eichmann zu sein. Eichmann schien erleichtert und informierte seine Entführer, er wisse, dass sie Israelis seien. Er habe erwartet, eines Tages gefangengenommen zu werden, sagte er. Der Mossadarzt untersuchte ihn und stellte sicher, dass Eichmann während der Entführung nicht verletzt worden war. Eichmann wurde zu jeder Zeit bewacht, um zu vermeiden, dass er Selbstmord beging. Anfangs befürchtete er, sofort hingerichtet zu werden, wie es so vielen seiner Opfer geschehen war. Als er aber realisierte, dass das Ziel seiner Entführung ein Prozess war und nicht seine Hinrichtung, unterschrieb er willig ein Dokument, in welchem er sein Einverständnis gab, nach Israel gebracht zu werden und sich dort einem Gericht zu stellen, sofern er eine ordnungsgemäße Verteidigung bekam.[18]

Eichmanns Familie war sehr besorgt, als der Vater abends nicht nach Hause kam. Seine Söhne benachrichtigten die Neonazigruppen in der Umgebung, die sofort begannen, nach dem Vermissten zu suchen. Neonazis und rechtsradikale Banden von Jugendlichen durchsuchten mehrere Tage lang die ganze Stadt, überwachten den Flughafen, den Seehafen und die Bahnhöfe. Aber ihre Bemühungen waren umsonst. Eichmann wurde nicht gefunden. Die Eichmannfamilie meldete das Verschwinden des Vaters nicht der Polizei.

Sobald Eichmann sicher in die Mossadvilla gebracht worden war, begann die zweite Phase der Operation, in der Eichmann nach Israel gebracht werden sollte. Da es zu dieser Zeit keinen Linienflugverkehr zwischen Argentinien und Israel gab, war ein direkter Flug nicht möglich. Es standen verschiedene Alternativen zur Verfügung, um Eichmann nach Israel zu bringen, unter anderem per Schiff und sogar per U-Boot. Aber solche Seereisen waren langsam und die Gefahr der Entdeckung groß. Harel entschied, dass ein besonderer Flug organisiert werden müsse, um Eichmann direkt nach Israel zu bringen.

Die Gelegenheit bot sich eine Woche nach der Entführung. Argentinien feierte den 50. Jahrestag seiner Unabhängigkeit. Harel trat an den israelischen Außenminister heran und schlug vor, eine besondere diplomatische Delegation unter der Leitung von Abba Eban, einem distinguierten israelischen Staatsmann, nach Argentinien zu schicken, um an den Feierlichkeiten teilzunehmen. Ohne den wahren Grund der Mission zu kennen, stimmte das Außenministerium zu, dass eine derartige Initiative Israels Beziehungen zu Argentinien und seiner jüdischen Gemeinde stärken würde. Harel arrangierte für eine große Delegation einen Sonderflug nach Buenos Aires in einer Passagiermaschine vom Typ Britannia der staatlichen Luftfahrtgesellschaft El-Al, die für den langen Flug ihre besten Piloten und Mechaniker herbeiholte. Am 19. Mai 1960 wurde der Sonderflug in Buenos Aires mit vollen diplomatischen Ehren empfangen.

Während die angesehenen israelischen Gäste an den Festlichkeiten des argentinischen Unabhängigkeitstages teilnahmen, bewachten die El-Al-Piloten und das Wartungspersonal das Flugzeug. Sie verließen und betraten regelmäßig das Flughafengelände. Die Flughafenwachen gewöhnten sich daran, Gruppen von Israelis herumspazieren zu sehen, und hörten bald auf, am Eingang ihre Ausweise zu kontrollieren. Am Abend des 20. Mai wurde Eichmann vom Mossadunterschlupf zum Flughafen gebracht. Der Arzt hatte ihm ein Betäubungsmittel verabreicht, um Widerstand oder Hilferufe zu verhindern. Eichmann war in einer El-Al-Crew Uniform gekleidet und wurde mit einer Gruppe anderer Crew-Mitglieder auf das Flughafengelände gefahren. Um Mitternacht wurde Eichmann rasch mit ein paar der Mossadagenten an Bord gebracht. Die Agenten, die nicht an Bord des El-Al-Sonderfluges gingen, kehrten in ihre Verstecke zurück. Sie entfernten alle Spuren in den Häusern, gaben die Mietwagen zurück und verließen Argentinien auf verschiedenen Wegen. Mitlieder der offiziellen Delegation, die über den vorzeitigen Abflug der Maschine informiert worden waren, eilten an Bord des Flugzeuges. Noch ehe die argentinischen Behörden sich nach dem Grund für diese schnelle Abreise erkundigen konnten, hob die El-Al-Maschine ab. Nach einem Zwischenstopp in Dakar landete sie am Morgen des 22. Mai in Tel-Aviv.

Bei seiner Ankunft in Israel wurde Eichmann offiziell von der Polizei verhaftet. Der Mossad hat auf israelischem Boden kein Recht zur Festnahme, und seine Arbeit endete, sobald Eichman israelischen Boden betreten hatte. Eichmann wurde vor Gericht gebracht und des Völkermordes, der Verbrechen gegen die Menschlichkeit und anderer schwerer Kriegsverbrechen beschuldigt. Man brachte ihn in ein Hochsicherheitsgefängnis in Ramla. Die Mossadagenten kehrten nach Hause zurück. Sie durften niemandem, nicht einmal ihren Familien, von ihrer Rolle in dieser historischen Operation erzählen.

Gerichtsverhandlung und Hinrichtung

Eichmanns Gerichtsverfahren wurde am 2. April 1961 in Jerusalem eröffnet. Er wurde unter dem ‹Gesetz zur Bestrafung von Nazis und ihren Helfern› angeklagt, einem speziellen Statut im israelischem Recht, welches Naziverbrechen behandelt, die ja nicht auf israelischem Staatsterritorium stattgefunden hatten. Nach israelischem Recht kann nur unter diesem besonderen Statut die Todesstrafe verhängt werden. Das Eichmannverfahren erhielt eine unvergleichliche Medienaufmerksamkeit. Hunderte von Journalisten aus der ganzen Welt kamen nach Jerusalem, um über die horrenden Zeugenaussagen zu berichten. Die Staatsanwaltschaft rief Holocaust-Überlebende auf, die über die verschiedenen Etappen der ‹Endlösung› aussagten, vom Zusammentreiben der Juden in den Ghettos bis hin zu ihrer Ermordung in den Gaskammern. Eichmanns Rolle war in einer Masse von Akten dokumentiert, welche die Alliierten bei Kriegsende an sich genommen hatten. Diese wurden durch Zeugen bestätigt, die Eichmann vor und während des Krieges gekannt hatten.[19]

Am 2. Dezember 1961 verurteilte das Gericht Eichmann zum Tod durch Erhängen. Der israelische Oberste Gerichtshof wies einige Monate später seinen Einspruch zurück. Am Morgen des 31. Mai 1962 wurde Eichmann darüber informiert, dass seine Strafe an diesem Tag vollstreckt würde. Da die Todesstrafe in Israel noch nie zuvor verhängt worden war, gab es in israelischen Gefängnissen weder Galgen noch Henker. Im Gefängnis von Ramla wurde ein Galgen improvisiert, indem zwischen zwei Stockwerken ein Loch in den Boden geschlagen wurde. Ein Freiwilliger wurde zum Henker ernannt. Spät abends wurde Eichmann dann in den Hinrichtungsraum gebracht. Einer der Mossadoffiziere, die an seiner Entführung teilgenommen hatten, war als Zeuge anwesend, um sicherzustellen, dass die richtige Person gehenkt wurde. Eichmann blieb bis zu seinem Tod ein leidenschaftlicher Nazi und zeigte niemals Reue für seine Verbrechen. Er wurde um Mitternacht exekutiert. Sein Körper wurde eingeäschert, die Asche von einem israelischen Marineboot im Mittelmeer verstreut. Es sollte für die Person, die Millionen von Menschen ein würdevolles Grab verweigert hatte, keine letzte Ruhestätte geben.

Obwohl die Jagd auf Naziverbrecher für den Mossad niemals hohe Priorität hatte, setzte er die Suche nach Nazis noch einige Jahre danach fort. 1964 wurde ein Killerkommando ausgesandt, um den als ‹Henker von Riga› bekannten und in Brasilien lebenden Naziverbrecher Herbert Cukurs umzubringen. Cukurs war ein sadistischer Mörder gewesen, der Hunderte von Juden mit seinen eigenen Händen gefoltert und ermordet hatte. Er wurde in Uruguay in eine Falle gelockt. Sein von Schusswunden zermarterter Körper wurde später in einer Holzkiste entdeckt.

Die Bemühungen, Naziverbrecher aufzuspüren, ließen nach dem Überraschungsangriff Syriens und Ägyptens auf Israel im Yom-Kippur-Krieg von 1973 nach. Diese arabische Überraschungsoffensive brachte Israel an den Rand einer Niederlage. Nach dem Krieg wurden alle Kräfte des Geheimdienstes auf die arabischen Länder und auf deren Terrororganisationen konzentriert. Zu diesem Zeitpunkt waren viele der gesuchten Nazis bereits eines natürlichen Todes gestorben, das Interesse an ihnen verstummte.

Viele der an der Eichmannoperation beteiligten Mossadoffiziere erlangten später sehr hohe Positionen in den israelischen Geheimdiensten. Obwohl viele noch jahrelang für den Geheimdienst tätig und für diverse Operationen zuständig waren, sahen die meisten die Eichmann-Entführung als den Höhepunkt ihrer Karriere an. Der Wagemut dieser Operation inspirierte spätere Mossadaktionen. Der Erfolg einer kleinen Gruppe von Agenten, so weit von ihrer Basis entfernt und ohne fremde Hilfe, bewies, dass Flexibilität und Mut mangelnde Ressourcen und Unterstützung wettmachen konnten. Die Eichmannentführung vergrößerte den Ruhm der israelischen Geheimdienste, was zugleich als Abschreckung und als Karriere-Werbung wirkte. Die Legende des Mossad wurde an einem verregneten Tag vor Eichmanns Haus in Buenos Aires geboren.

Maurice Vaïsse

Die «Rainbow-Warrior»-Affäre

«Ich habe in meinem Leben viele Berichte geschrieben ... Der bekannteste und wahrscheinlich der einzige, an den sich die Öffentlichkeit erinnert, ist eben jener, der mir beim Schreiben am wenigsten Freude gemacht hat und mit dem ich besonders unzufrieden bin.» Bernard Tricot, ein hoher französischer Beamter (conseiller d'État) im Ruhestand, schrieb diese Zeilen über seinen Untersuchungsbericht zur *Rainbow-Warrior*-Affäre, einem der merkwürdigsten Geheimdienstskandale nach 1945.[1] Was wissen wir heute über die Ereignisse des 10. Juli 1985, die zur Versenkung des Greenpeace-Schiffes *Rainbow Warrior* durch Agenten des französischen Geheimdienstes DGSE im Hafen von Auckland, Neuseeland führten und bei der ein portugiesisches Mitglied der Umweltschutzorganisation ums Leben kam?

Viele Informationen sind seither publik geworden. Sie werfen ein seltsames Licht auf die Geschehnisse. Insbesondere deuten sie auf die Verantwortung der französischen Regierung hin, auch des damaligen Präsidenten François Mitterrand. Diese schlecht geplante und katastrophal ausgeführte nachrichtendienstliche Operation im Südpazifik gilt bis heute als die größte Spionage-Affäre der Nachkriegszeit in Frankreich, insbesondere weil sie das gestörte Verhältnis der französischen Politik zu ihren Nachrichtendiensten auf dramatische Weise deutlich machte.[2]

Der Kontext, in dem sich die Ereignisse von 1985 abspielten, ist rasch zu skizzieren. Schon seit einigen Jahren stieß die französische Nuklearpolitik weltweit auf zunehmenden Protest der Umweltschützer. Diesem Protest schlossen sich nun die südpazifischen Staaten an, die sich Mitte der 1980er Jahre neuen Risiken ausgesetzt sahen.[3] Nachdem Frankreich seine Atomtests in der Sahara eingestellt hatte, fanden Nukleartests auf dem Mururoa-Atoll statt. Ein weiteres Phänomen schwächte die Position Frankreichs im Pazifik, nämlich die Autonomiebewegungen, die sich vor allem in Neukaledonien sehr verstärkten. Die Unruhen, die 1983 in diesem französischen Überseeterritorium aufflammten und 1985 zur Erklärung des Ausnahmezustandes führten, stellten die französische Präsenz in dieser Weltregion in Frage. Gleiches bewirkte die Wahl des neuseeländischen Premierministers David Lange im Juli 1984, der aus seiner antinuklearen Gesinnung keinen Hehl machte. Erneut bereitete sich 1985 eine von der *Rainbow Warrior* geführte Flottille der Umweltschutzorganisation Greenpeace darauf vor, in den Territorialgewässern

Polynesiens zu intervenieren, um dort gegen die französischen Atomtests zu protestieren. «Die Pressekampagne versprach» nach den Worten des seit 1982 amtierenden Chefs der französischen DGSE (Direction générale des services extérieurs)[4] Admiral Lacoste «besonders heftig zu werden».[5]

Daraufhin wurde am 10. Juli 1985 die *Rainbow Warrior* im Hafen von Auckland versenkt. Bei der Explosion von zwei am Rumpf festgemachten Sprengstoffladungen kam ein holländischer Photograph portugiesischer Abstammung, Fernando Pereira, ums Leben, der im Auftrag von Greenpeace an Bord des Schiffes war. Zwei Tage später, am 12. Juli, wurden zwei Personen in der Nähe der *Rainbow Warrior* beobachtet, die offensichtlich damit beschäftigt waren, verdächtiges Material wie Wasserstoff-Flaschen und ein *Zodiac*-Schlauchboot einzusammeln. Dank dem Hinweis eines Hafenaufsehers, der das Autokennzeichen ihres Mietwagens festgehalten hatte, gelang es der neuseeländischen Polizei, die Insassen des Fahrzeuges zu identifizieren. Das angeblich aus der Schweiz kommende Ehepaar Turenge wurde sofort wegen des Verdachtes auf Mord und Brandstiftung verhaftet. Kurz darauf erfuhren die neuseeländischen Behörden, dass es sich um französische Agenten handelte. In der Zwischenzeit konnten jedoch weitere Mitarbeiter der französischen Nachrichtendienste, die sich ebenfalls in Neuseeland befanden, mit dem Schiff *Ouvea* fliehen.

Im August 1985 veröffentlichte die Presse, freilich mit Hilfe von Informanten, neue Enthüllungen zur «*Rainbow-Warrior*-Affäre». Die Wochenzeitschrift *L'Express* stellte die Identität des Ehepaars Turenge fest und nannte das Motiv der Operation. Die Frau heiße in Wirklichkeit Dominique Prieur und gehörte zur Abteilung «Aktion» der DGSE mit dem Dienstgrad eines Hauptmanns. Der Mann sei Alain Mafart, Major im Ausbildungszentrum der Kampfschwimmer auf dem Marineluftstützpunkt von Aspretto, Korsika. Die Aktion gegen das Greenpeace-Schiff sei Anfang des Jahres entschieden worden. Damals habe Admiral Lacoste mündliche Anweisungen in diesem Sinn erteilt, nachdem ihm Verteidigungsminister Charles Hernu grünes Licht gegeben habe.

Unter dem Druck vermehrter Proteste bat Präsident Mitterrand am 8. August 1985 den Premierminister um eine «sorgfältige Untersuchung». Laurent Fabius beauftragte sofort Bernard Tricot, «die Wahrheit herauszufinden, die Verantwortungsfrage zu klären, und dies ohne Einschränkung jeglicher Art». Es solle möglichst eindeutig festgestellt werden, ob französische Agenten, Ämter oder Behörden über die Vorbereitung eines kriminellen Anschlags informiert oder gar daran beteiligt waren.[6] Mit Bernard Tricot (1920–2000) wählte Premierminister Fabius eine untadelige Persönlichkeit, einen treuen Staatsdiener, der gleichzeitig für sein Engagement an der Seite De Gaulles bekannt war – nicht aus Kriegszeiten, sondern aus der Phase nach De Gaulles Rückkehr an die Macht 1958. Als promovierter Jurist hatte Tricot unter der IV. Republik im Staatsrat (Conseil d'État) und in mehreren Regierungen hohe Verwaltungsämter innegehabt, ehe ihn General de Gaulle 1958 zu seinem engsten Mitarbeiter im Algerienkrieg machte. Damals war Tricot oft der Mann der diskreten Angelegenheiten gewesen. Nach dem Abkommen von Évian (1962) kehrte Tricot nach Paris zurück, wo er Generalsekretär für die Verwaltung im Verteidigungsministerium und von 1967 bis 1969 Generalsekretär im Élysée wurde. In Anbetracht seiner Karriere geriet Bernard Tricot sicher nicht in den Verdacht, ein Komplize der sozialistischen Regierung zu sein. Doch einige Beobachter sahen in dieser Ernennung eine List der Mächtigen: «Es ist ein Mittel, sich die Hände zu waschen, sich vor der Beschuldigung zu schützen, die eigenen Minister decken zu wollen», bemerkte *La Stampa.*

Die Vorbereitungen zum Tricot-Bericht verliefen sehr stürmisch. Die Opposition, die bis dahin geschwiegen hatte, begann zu reagieren. Der Präsident der konservativen Fraktion im Senat, Charles Pasqua, verlangte den Rücktritt des Premierministers wegen «Inkompetenz», wobei Jean Lecanuet, Präsident der Mitterechtspartei UDF, die Regierung der «Hinterhältigkeit» beschuldigt. Nach Abschluss der Beratungen im Exekutivbüro verurteilte die sozialistische Partei vorbehaltlos «eine kriminelle Operation». Seinerseits erklärte Roland Leroy, Herausgeber der kommunistischen Zeitung *L'Humanité*, dass «dieser kriminelle Sabotageakt» nicht zu rechtfertigen sei. Stellvertretend für die Einstellung der Gewerkschaften sprach Edmond Maire, der Generalsekretär der sozialistischen Gewerkschaft CFDT, von «einer durch und durch widerlichen Affäre», die dem Bild des Landes schade. Am 20. August fand im Laufe der Debatte über die Entwicklung in Neukaledonien ein heftiges Rededuell in der Nationalversammlung statt.

Am Sonntag, den 25. August 1985, überreichte Tricot dem Premierminister seinen Bericht über die Greenpeace-Affäre. Der Bericht wurde am nächsten Vormittag veröffentlicht. Auf 29 Seiten und drei Landkarten erläuterte Tricot seine Arbeitsmethode, die Position der Regierung, die Direktiven des Verteidigungsministers an die DGSE, die Übermittlung der Instruktionen im Innern der Nachrichtendienste und die Haltung der Agenten. Die Schlussfolgerung lautete, auf der politischen Ebene habe es keinen Befehl zur Versenkung der *Rainbow Warrior* gegeben, die DGSE habe an der Sabotage nicht teilgenommen.

Bernard Tricot berichtete, er habe mit mehreren Regierungsmitgliedern gesprochen, darunter mit Verteidigungsminister Charles Hernu und Innenminister Pierre Joxe, sowie mit dem Generalstabschef und dem ehemaligen Stabschef des Präsidenten, General Saulnier. Admiral

Lacoste, seine wichtigsten Mitarbeiter und alle Agenten der DGSE, die in den Südpazifik abkommandiert worden waren, hätten ebenfalls zu den Befragten gehört, mit denen er Einzelgespräche geführt habe. Er habe von vornherein keine Arbeitshypothese ausgeschlossen – weder die Hypothese eines Regierungsbefehls zur Versenkung der *Rainbow Warrior* noch die Möglichkeit einer falschen Interpretation der von den Nachrichtendiensten erhaltenen Befehle.[7] Auch der Fall einer Befehlsverweigerung durch die Spitze der DGSE oder durch ihre Agenten vor Ort sei erwogen worden. Mehrmals in seinem Bericht wies Tricot auf Zweifel und Bedenken hin, die ihm im Laufe der Untersuchung gekommen seien, und erklärte, wie wichtig es ihm gewesen sei, zwischen bewiesener Wahrheit und fester Überzeugung strengstens zu unterscheiden.[8] Im Jahr 1985 seien die Protestaktionen von Greenpeace im Südpazifik nichts Neues gewesen. In der Vergangenheit habe die französische Regierung schon Vorkehrungen getroffen, um rechtzeitig Warnung geben zu können. Da eine mögliche neue Kampagne der Umweltschutzorganisation mit vier Schiffen, die sich in der Nähe des Testgebietes aufhalten sollten, für den 24. Juni 1985 erwartet worden sei, hätten die Verantwortlichen entschieden, «die Nachrichtenbeschaffung zu intensivieren» – eine Operation, die General Saulnier billigte.

Bernard Tricot hob die Nuancen in den ausgegebenen Weisungen hervor. Für den Verteidigungsminister sei es darum gegangen, Nachrichten zu sammeln, um nach den Worten von Admiral Fages, dem Leiter des Zentrums für atomare Tests (DIRCEN), «die Aktionen von Greenpeace vorhersehen und antizipieren zu können». Für Admiral Lacoste konnte die Beschaffung von Informationen die Infiltration von Agenten in der Umweltschutzorganisation mit sich bringen. Darüber hinaus, so der Bericht, konnten diese Agenten gegebenenfalls gefragt werden, über Wege und Mittel zur Abwehr von Greenpeace nachzudenken. Doch inwieweit hielt man sich strikt an diese Direktiven? Konnte Prävention so weit ausgelegt werden, fragte Tricot, dass Maßnahmen ergriffen wurden, um die Schiffe daran zu hindern, Neuseeland zu verlassen?

Aus seinen Gesprächen mit der Spitze und einer gewissen Anzahl von Agenten der DGSE leitete Bernard Tricot ab, dass alle an dieser Mission Beteiligten die von ihren Vorgesetzten erhaltenen Instruktionen in gleicher Weise ausgelegt hätten.[9] Der Auftrag des falschen Ehepaars Turenge sei es gewesen, über die Begleitschiffe der *Rainbow Warrior* in Mururoa Nachrichten zu sammeln und die Teilnehmer der Greenpeace-Kampagne zu identifizieren. Es sei unwahrscheinlich, führte Tricot in seinem Bericht aus, dass das Ehepaar Turenge direkt oder indirekt an der Anbringung von Sprengstoffladungen am Rumpf der *Rainbow Warrior* beteiligt worden sei, da Dominique Prieur nie zu den Kampfschwimmern gehört habe und Major Mafart zwei Jahre zuvor aus diesem Truppenteil ausgeschieden war. Aus naheliegenden Gründen konnte Tricot allerdings nicht mit diesen beiden Agenten persönlich sprechen.[10] Zur Rolle der *Ouvea* und vor allem zur Anwesenheit von drei Kampfschwimmern der DGSE an Bord dieses Schiffes verwies der Bericht auf den Wortlaut der Mission vom 23. Mai 1985: Navigationsübung im Südpazifik und Beschaffung von Informationen über die Flottille von Greenpeace. Zwar gebe es nicht unwesentliche Gründe anzunehmen, diese Kampfschwimmer seien die Täter des Anschlags gewesen – Tricot listete dabei mehrere Verdachtsmotive auf –, aber, fügte er dann hinzu, andere Erwägungen sprächen nach Abschluss der Untersuchung doch für ihre Unschuld.[11]

In seinen Schlussfolgerungen erklärte Bernard Tricot, dass mehrere Offiziere und Unteroffiziere der DGSE sich tatsächlich zur Tatzeit in Neuseeland befanden. Aber er blieb der Ansicht, dass es keinen Grund für die Annahme gab, ja dass triftige Gründe gegen die Annahme sprachen, die DGSE hätte ihren Agenten in Neuseeland andere Instruktionen erteilt als die Weisungen, die dazu beitrugen, die Regierungsdirektiven korrekt auszuführen. Es sei auch unwahrscheinlich, dass auf Regierungsebene eine Entscheidung getroffen worden sei, die zur Beschädigung der *Rainbow Warrior* habe führen können.

In seiner öffentlichen Erklärung vom 27. August 1985 übernahm Laurent Fabius diese Schlussfolgerungen. Zugleich betonte er, Frankreich habe nicht vor, seine Stellung als Nuklearmacht oder seine Stellung im Pazifik in Frage zu stellen, und werde daher seine Atomversuche in dieser Region fortsetzen. Daraufhin reiste Präsident François Mitterrand am 12. September nach Mururoa, besichtigte das Zentrum für atomare Tests und leitete die erste Sitzung des Komitees zur Koordinierung des Südpazifiks. Bei seiner Rückkehr in Paris wiederholte er, Frankreich werde die für seine Verteidigung notwendigen Tests so lange fortsetzen wie nötig.

Nachdem diese offiziellen Erklärungen abgegeben worden waren, blieben allerdings viele Fragen offen. Konnten einige Weisungen des Verteidigungsministers und der DGSE von den ausführenden Agenten extensiv ausgelegt worden sein? Warum hatte man das Schiff *Ouvea* nach Neuseeland geschickt, das mit einem hoch raffinierten satellitengestützten Transmissionssystem ausgerüstet war? Warum hatte das Schiff am 9. Juli, das heißt am Vortag des Anschlags und lange vor Beginn der Greenpeace-Protestaktion, Neuseeland verlassen? Warum hätte man für eine Beobachtungsmission ausgerechnet Kampfschwimmer abgeordnet, die kaum Englisch sprechen konnten? Wenn es die DGSE nicht war, wer hatte dann die *Rainbow Warrior* versenkt und warum?[12]

Die Veröffentlichung des Tricot-Berichts löste heftige Reaktionen aus. Die neuseeländische Regierung lehnte seine Schlüsse ab. In Frankreich zeigte sich die sozialistische Partei erleichtert, auch wenn der Generalsekretär Lionel Jospin zugab, der Bericht habe seine volle Zustimmung nicht gefunden. In der Opposition äußerte man sich skeptisch. Bernard Tricot habe gewissenhaft eine nutzlose Arbeit gemacht (Jean-Claude Gaudin); François Léotard erklärte, er sei schockiert, dass die DGSE aus der Affäre völlig unschuldig herauskomme. Die Grünen wagten ein böses Wortspiel über die Maschen des Trikots, die so locker seien, dass die vielen Agenten der DGSE durchkommen konnten. Der Liberale Alain Madelin fasste die allgemeine Stimmung zusammen und erklärte, der Bericht von Tricot halte die Franzosen für Idioten.

Die unterschiedlichsten Meinungen zur Affäre fanden sich auch in der Presse wieder, allerdings mit einer Ausnahme. Fast einstimmig verurteilten die französischen Medien das ungeschickte und leichtsinnige Handeln der Nachrichtendienste. In *L'Humanité* sprach Jacques Coutard von «einem Märchen von erdrückender Naivität», während Max Gallo sich in *Le Matin* freute: «Die Greenpeace-Affäre ist kein trikolores Watergate». *Le Figaro* und *La Voix du Nord* betonten wie viele andere Tageszeitungen die Integrität des Berichterstatters, eines heiligen Sebastian der Staatsräson, wie ihn *Le Monde* nannte, ohne jedoch ihre Skepsis zu verbergen. Diese Meinung teilten übrigens die Vertrauten Bernard Tricots, die heute noch glauben, er habe von vornherein das Manöver seiner Gesprächspartner aus dem Verteidigungsministerium und der DGSE durchschaut. In den Interviews, die er unmittelbar nach Veröffentlichung seines Berichts gab, hob Tricot seine Zweifel hervor, unterstrich noch präziser den Unterschied zwischen Gewissheit und Überzeugungen und ermutigte dazu, die Ergebnisse seiner Untersuchung sehr genau zu lesen. Er habe alle möglichen Szenarien analysiert und auch nicht ausgeschlossen, dass ein Teil der Wahrheit ihm von den betroffenen Offizieren vorenthalten worden sei. Wenn er die harmloseste Hypothese beibehalten habe, sei es aus innerer Überzeugung erfolgt. Der Bericht Tricots, so urteilte abschließend der Journalist Bernard Elmy in *L'Est-Éclair*, sei «... ein Stück Gutgläubigkeit, gewürzt mit Unsicherheiten, von Zweifeln umrahmt und mit einem Hauch von Misstrauen».

In der Absicht, dieser unbehaglichen Situation ein Ende zu setzen, befragte der Premierminister Fabius erneut Charles Hernu auf Ehre und Gewissen. Der Verteidigungsminister leugnete weiterhin jegliche Verwicklung seiner Dienste in die Affäre.[13] Am 17. September 1985 enthüllte jedoch die Tageszeitung *Le Monde*, dass der Anschlag auf die *Rainbow Warrior* auf höheren Befehl durch eine dritte Mannschaft, bestehend aus französischen Soldaten, verübt worden war. Hernu leugnete immer noch, räumte aber bald darauf ein, Verantwortliche aus seinem Ministerium hätten ihm die Wahrheit verschwiegen. Am 20. September

1985 erreichte der Premierminister bei François Mitterrand, dass an der Spitze der DGSE Admiral Lacoste durch General Imbot und im Verteidigungsministerium Charles Hernu durch Paul Quilès ersetzt wurden.

Doch wie waren die Entscheidungsgänge im Vorfeld des 10. Juli 1985 tatsächlich verlaufen? Auf die inständige Bitte von Admiral Fages, dem Leiter des französischen Zentrums für atomare Tests, beschloss das Verteidigungsministerium, Störmanöver der Umweltschutzorganisation Greenpeace zu unterbinden und die Greenpeace-Expedition nach Mururoa zu verhindern. Am 23. Mai 1985 wurde für ausländische Schiffe eine Seeblockade für die Hoheitsgewässer von Französisch-Polynesien verhängt. Das Ministerium beließ es jedoch nicht bei dieser Option, die Protest-Flottille von ihrem Zielgebiet fernzuhalten. Die Nachrichtendienste werden beauftragt, die in Auckland festgemachte *Rainbow Warrior* am Auslaufen zu hindern. Drei Mannschaften der DGSE wurden zu diesem Zweck nach Neuseeland abkommandiert, doch die Operation lief völlig aus dem Ruder. Der Anschlag kostete ein Menschenleben.

Wer hatte den Befehl zum Eingreifen erteilt? Der Staatspräsident gab vor, von nichts gewusst zu haben. Am 15. Mai 1985 hatte ihm aber Admiral Lacoste nach eigenen Angaben über die Vorbereitungen der Operation berichtet und die Frage gestellt, ob er (Lacoste) zur Fortführung dieser Vorbereitungen im Auftrag des Verteidigungsministeriums grünes Licht habe.[14] Premierminister Fabius war vermutlich in die Operation der DGSE nicht verwickelt. Seit 1965 war nämlich der französische Auslandsnachrichtendienst dem Verteidigungsministerium unterstellt. Damals führte ein anderer politischer Skandal, die Teilnahme französischer Polizeibeamten an der Entführung und Ermordung Ben Barkas, eines Opponenten des marokkanischen Regimes, zur Umorganisation der französischen Geheimdienste, die bisher unter der Autorität des Premierministers fungierten. Auch Bernard Tricot blieb fest davon überzeugt, dass Laurent Fabius ihm die Wahrheit gesagt hatte und dass der Premierminister nicht wusste, was geschehen war, als er ihn gebeten hatte, die Untersuchung zu leiten. Für Admiral Lacoste war Charles Hernu derjenige, der den Befehl zur Ausführung dieser Operation gegeben hatte: «Ich hätte selbstverständlich nicht auf eigene Initiative eine solche Operation eingeleitet», erklärte der Admiral, der einräumte, den von den Spezialisten der Abteilung Aktion ausgearbeiteten Sabotage-Plan angenommen zu haben.[15] Vor Beginn der Operation habe er sich ein letztes Mal beim Verteidigungsminister vergewissert, dass der Befehl zum Eingreifen nach wie vor Gültigkeit habe, und dafür habe er eine Bestätigung erhalten.

Nach dem Anschlag auf die *Rainbow Warrior* verpasste die französische Regierung die Gelegenheit, «ein sofortiges und erlösendes Geständnis» abzulegen und nach einer politischen Lösung für diese Affäre zu suchen: «Die Fakten bekennen und sofortige Kompensationsmaßnahmen anbieten», meinte Alain Mafart.[16] Mit einem ähnlichen Vorschlag stieß Admiral Lacoste auf einen entsetzten Verteidigungsminister, der kategorisch ablehnte, irgend etwas zu gestehen und statt dessen für «die Strategie der Lüge» plädierte, eine Strategie, zu der sich auch Premierminister Fabius bekannte: «Der Premierminister findet sowieso, dass man so etwas nicht gestehen kann», notierte Lacoste.[17] Für Staatspräsident Mitterrand verfasste dann Lacoste einen schriftlichen ausführlichen Bericht, ohne sicher zu sein, dass sein unmittelbarer Vorgesetzter Hernu es je wagen würde, diese Dokumente dem Präsidenten vorzulegen.[18] Als ihn Laurent Fabius aufforderte, ihm sein Ehrenwort zu geben, dass er mit der Sache nichts zu tun gehabt habe, verweigerte der Geheimdienstchef absichtlich die Antwort in einem Akt «bewussten Ungehorsams». Damit verstand wohl der Premierminister, dass ihm Charles Hernu bis zuletzt die Wahrheit verschwiegen hatte.[19]

Nach der Enthüllung der Tageszeitung *Le Monde* über die dritte französische Mannschaft der eigentlichen Saboteure gab Bernard Tricot in einem Rundfunkinterview verbittert zu, man habe ihn zum Narren gehalten. Mit seiner Annahme, die Regierung sei in der Lage, ihm bei seiner Aufgabe zu helfen, und ein Minister würde so eine kriminelle Tat grundsätzlich nicht befehlen, habe er doppelt unrecht gehabt. Er hielt Charles Hernu, der ihn belogen hatte, für den Verantwortlichen. Weder Laurent Fabius, seinen jüngeren Kollegen aus dem Staatsrat, dessen unparteiische Intelligenz er schon immer geschätzt habe, noch Admiral Lacoste wolle er diese Affäre nachtragen. Admiral Lacoste glaubte, so schrieb Tricot in seinen Memoiren, dass er einen staatlichen Auftrag hatte. Auf diese Weise erklärte sich Tricot die Haltung des Admirals, der im Interesse und zum Schutz seiner Mitarbeiter bereit gewesen war, ihm nicht die ganze Wahrheit zu sagen. Für die anderen Protagonisten dieser dramatischen Farce fand er nur folgende Worte: «Ich bin zutiefst traurig, wenn ich an Freunde denke, die ich getroffen habe und von denen ich nun befürchte, dass einige mir die Wahrheit nicht gesagt haben. Andererseits muss ich an den ganze Schlamassel denken, welchen diese Affäre für alle bedeutet – für Frankreich, für die Institutionen, für alle.»

Was kann man abschließend zu dieser kläglichen Affäre sagen? Sie ist symptomatisch für viele Dysfunktionen im Umgang mit Nachrichtendiensten. Die *Rainbow-Warrior*-Affäre war erstens ein Versagen der DGSE. In der Vergangenheit war es dem französischen Auslandsnachrichtendienst gelungen, Protestaktionen der Umweltschutzorganisation Greenpeace zu verhindern.[20] 1985 scheiterten die Agenten in kläglicher Weise. Der Plan war schlecht ausgearbeitet, die Operation wurde katastrophal ausgeführt. Danach verharrte die DGSE in ihrer selbstgefälligen Verheimlichung der Realität und machte es so unmöglich, eine diskrete Lösung zu suchen. Diese Reaktion ließ schwere Zweifel an ihrer Ernsthaftigkeit aufkommen und bewirkte gleichzeitig, dass das politische Frankreich an Glaubwürdigkeit verlor.

Im November 1985 wurden die zwei Agenten Dominique Prieur und Alain Mafart von einem neuseeländischen Gericht zu 10 Jahren Haft verurteilt. 1986 konnte eine Abmachung getroffen werden, wonach Frankreich die Familie des verstorbenen Photographen entschädigte, die Kosten für den Verlust der *Rainbow Warrior* erstattete und Neuseeland eine offizielle Entschuldigung überreichte. Im Gegenzug wurden die französischen Agenten im Juli 1986 aus der Haft entlassen. Sie sollten bis 1989 auf dem Hao-Atoll, einem französischen Stützpunkt östlich von Tahiti, ihre restliche Strafe absitzen. In Wirklichkeit wurden sie jedoch 1987 aus gesundheitlichen Gründen in die Heimat entlassen.

Zweitens staunt man über den unglaublichen politischen Wirrwarr, der diese Spionageaffäre begleitete. Der Premierminister wurde von der Auslösung einer solchen Operation überrascht. Schlimmer noch, der Verteidigungsminister ließ ihn nach der Tat in Unkenntnis darüber, was tatsächlich geschehen war. So begann «das verrückte Rennen der politischen Verantwortlichen», wie Alain Mafart dieses Durcheinander bezeichnete, in dem schließlich der französische Innenminister Pierre Joxe mit Hilfe der neuseeländischen Polizei gegen seinen Amtskollegen, den französischen Verteidigungsminister, ermittelte.[21]

Drittens zeigt die Greenpeace-Affäre ein hohes Maß an Misstrauen zwischen Zivilisten und Militärs. Als Bernard Tricot den Wunsch äußerte, die Kampfschwimmer zu treffen, fuhr man ihn heimlich in ein abgelegenes Haus mitten im Wald. Er selbst gab sich von dieser Inszenierung nicht besorgt, die Agenten der DGSE hingegen, schreibt Mafart, fürchteten um ihr Leben.[22]

Viertens verrät diese Affäre eine Geheimniskultur, die so weit verbreitet ist, dass der normale demokratische Gang der Institutionen schwer beeinträchtigt wird. So erhielt ein Staatsrat im Dienst des Premierministers von den Verantwortlichen keine aufrichtigen und offenen Antworten auf seine Fragen, nachdem sich offensichtlich der Verteidigungsminister, der Geheimdienstchef und seine Mitarbeiter abgesprochen hatten, ihm die Wahrheit vorzuenthalten.[23] In dieser Hinsicht ist die Strategie der Lüge, die dazu führte, dass ein Staatsrat lächerlich gemacht und das Ansehen Frankreichs als Rechtsstaat beschädigt wurde, wahrlich skandalös. In ihrer Schwere erinnert die Affäre *Rainbow Warrior* an die Ereignisse der Dreyfus-Affäre. Beide betrafen das Spannungsverhältnis zwischen Politik und Militär. Die Tatsache, dass die französische Regierung die Bedeutung ihrer Nuklearfähigkeit betonte hatte, nicht zuletzt durch die Reise François Mitterrands nach Polynesien unmittelbar nach dem Anschlag, minderte nicht die Verantwortung der ausführenden Organe.

Vor allem aber lädt die *Rainbow-Warrior*-Affäre zum Nachdenken über die Undurchsichtigkeit des Staatsapparates ein, insbesondere über die Opazität des Militärs in einem Rechtsstaat und innerhalb des Militärs über die Nachrichtendienste selbst. Kein Staat, auch kein demokratischer, kann auf Geheimdienste verzichten, doch die Geheimdienste müssen die Gesetze der Republik einhalten.

Wolfgang Krieger

Der 11. September: ein Versagen der Geheimdienste?

Sind die terroristischen Anschläge vom 11. September 2001 auf ein Versagen der US-Geheimdienste, ein «intelligence failure», zurückzuführen? Diese Frage kam sehr schnell auf, nachdem das ganze Ausmaß der Katastrophe des 11. September sichtbar wurde. In der Presse gab es eine Fülle von Hinweisen auf ein solches Versagen. Doch es dauerte mehrere Monate, bis der amerikanische Kongress eine Kommission zur Untersuchung der Auslandsgeheimdienste einsetzte. Parallele Nachforschungen zu den Behörden der inneren Sicherheit kamen ebenfalls erst mit einiger Verzögerung in Gang. Gefeuert wurde zunächst nur der Chef der Einwanderungsbehörde, dem die Terroristen durch die Finger geglitten waren. In größerem Umfang begann die öffentliche Suche nach Schwachstellen und Fehlern der US-Sicherheitsbehörden erst, nachdem im Dezember 2001 das afghanische Taliban-Regime gestürzt und damit ein erster militärisch-politischer Erfolg vorzuweisen war.

Diese verzögerte Reaktion macht uns klar, dass diese Suche nicht isoliert, sondern im Kontext der US-Politik gegenüber der terroristischen Herausforderung des 11. September stattfand. Geheimdienste entscheiden ja in der Regel selbst, welche Informationen sie an die Öffentlichkeit geben, und sie tun es natürlich im Auftrag oder mit Zustimmung ihrer Regierung. Somit sind die publizierten Informationen, auf die sich die öffentlichen Debatten stützen, ihrerseits in den Prozess der amerikanischen Politik verwoben. Die Suche nach «intelligence failures» lässt sich also nicht von der Reaktion Washingtons auf den 11. September trennen.

Gewiss brachte es diese Verzögerung der Nachforschungen mit sich, dass inkompetentes Personal zunächst geschont wurde und ineffiziente Strukturen bestehenblieben. Zu bedenken ist jedoch, dass damals weitere Anschläge befürchtet wurden. Deshalb durften die Sicherheitsbehörden nicht zu Reformbaustellen gemacht und damit lahmgelegt werden, vor allem durfte das Personal nicht demotiviert werden bei der Abwehr möglicher Folgeanschläge.

Des weiteren muss man die psychologischen Wirkungen auf die US-Öffentlichkeit bedenken. Nachdem die Öffentlichkeit hilflos am Bildschirm das Drama der Terroranschläge verfolgt hatte, wollte sie politische Führungskraft sehen. Diesem Bedürfnis entsprachen Präsident Bush und seine Regierung, indem sie zunächst eine politische

Gesamtkonzeption präsentierten. Bush definierte drei Grundsätze, nach denen seine Regierung im Kampf gegen den internationalen Terrorismus verfahren werde. Erstens befinde sich Amerika «im Krieg». Zweitens richte sich dieser Krieg gegen alle Qaida-Terroristen, ja gegen den internationalen Terrorismus im globalen Maßstab. Und drittens würden die USA das Recht auf Selbstverteidigung gegen alle Staaten zur Anwendung bringen, die dem Terrorismus Unterstützung gewährten. «Wir machen keinen Unterschied zwischen den Terroristen und denen, die ihnen Unterschlupf gewähren», sagte Bush wörtlich.

Mit diesem Programm vollzog Bush eine radikale Wende in der amerikanischen Politik, so radikal, dass viele Beobachter, vor allem in Europa, die Tragweite kaum zu begreifen schienen. Bush tat nichts weniger, als das strafrechtliche Vorgehen gegen Einzeltäter und Mittäter für nachrangig zu erklären. Fortan würde auf die notorisch restriktive gerichtliche Verwertbarkeit von Schuldbeweisen wenig Wert gelegt werden. Im Zentrum sollten nicht mehr Polizeiaktionen, nicht Prozesse gegen Einzelpersonen oder private Gruppen stehen, sondern die Auseinandersetzung mit Staaten. Die Frage beispielsweise, ob die Regime im Irak, in Pakistan, im Iran oder in Saudi-Arabien eine Mitschuld am Terror der Al-Qaida trugen, würde nicht vor irgendeinem Gericht zu beweisen sein, auch nicht vor einem amerikanischen, sondern der Einschätzung der Exekutive, im wesentlichen also der US-Regierung, überlassen sein. Ein mutmaßlich von Privatpersonen organisiertes Verbrechen löste damit eine massive außen- und sicherheitspolitische Reaktion aus, die sich prinzipiell gegen Staaten richtet, denn Krieg kann man logischerweise nur von Staat zu Staat erklären.

Zu den Gründen, die man hinter dieser Grundsatzentscheidung von Bush vermuten darf, gehört gewiss die Überzeugung, dass Gerichtsprozesse ein viel zu ineffektives Instrument im Kampf gegen den internationalen Terrorismus sind. Prozesse lassen sich nur mit Angeklagten führen, derer man habhaft ist, und mit Beweisstücken, die dem Gericht vorliegen und den Kriterien der Gerichtsverwertbarkeit entsprechen. Alle Hauptverdächtigen des 11. September, oder auch nur die wichtigsten, vor amerikanische – oder andere westliche Gerichte – zu bekommen, erschien kaum wahrscheinlich. Von den Hintermännern sowie von Helfern in staatlichen Ämtern der muslimischen Staaten ganz zu schweigen. Noch weniger wahrscheinlich war es, dass man die wirklich zentralen Beweisstücke herbeischaffen konnte. Zudem würden viele Beweisstücke aus geheimdienstlichen Quellen stammen, deren gerichtliche Offenlegung wiederum der Geheimdienstarbeit massiv schaden und den Kampf gegen den Terrorismus beeinträchtigen würde.

Diese Einsicht war eine Niederlage für den liberalen Rechtsstaat, und es brauchte nicht viel Phantasie, um sich die Implikationen für die

Zukunft des Internationalen Strafgerichtshofes auszumalen, dessen Aufbau die USA trotz Mitarbeit bei den Vorbereitungen des Vertragswerkes bereits vor dem 11. September nicht mehr unterstützten.

Hinzuzufügen ist jedoch, dass sich die Reaktion auf den 11. September keineswegs auf militärische und geheimdienstliche Antworten beschränkte, sondern eine grundlegende Neuordnung des Staatsapparates im Bereich der inneren Sicherheit vorsah. Ja, man kann mit einigem Recht behaupten, der 11. September habe das Selbstverständnis der USA als Staat verändert. Hatte bis dahin das amerikanische Glaubensbekenntnis gefordert, «den Staat» kleiner zu machen, vor allem billiger, so erschallte jetzt ausgerechnet unter einem konservativen Präsidenten der Ruf nach «mehr Staat». Eine neue Volksweisheit wurde geboren: Am 11. September habe niemand nach Bill Gates gerufen, sondern nach Polizisten, Feuerwehrleuten, Soldaten – eben nach dem Staat. Rasch verabschiedete neue Sicherheitsgesetze gaben dem Staat bisher ungeahnte Möglichkeiten, in die Freiheit der einzelnen Bürger einzugreifen. Selbst das alte Argument der Steuersenkungen wurde hinweggefegt. Der Kongress bewilligte erheblich mehr Geld zum Ausbau von Militär und Sicherheitsapparaten, als Präsident Bush zunächst beantragt hatte.

Es lässt sich also kaum bezweifeln: Die US-Regierung, die amerikanischen Eliten, die Medien und weite Teile der Bevölkerung sahen sich im Krieg. Militärische Antworten auf den Terrorismus standen von nun an im Vordergrund, angeleitet und flankiert durch geheimdienstliche Aktivitäten aller Art. Wie kam es dazu?

Die erste Suche nach Fehlern

Zwischen 8.15 Uhr und 9.24 Uhr morgens waren vier Großraumjets amerikanischer Fluglinien zwischen Boston und Washington entführt und in den beiden Türmen des New Yorker World Trade Center, im Washingtoner Pentagon sowie auf einem Acker im Bundesstaat Pennsylvania zum Absturz gebracht worden. Um 10.06 Uhr, nach weniger als zwei Stunden, war alles vorbei. Insgesamt 3000 Menschen waren gestorben, weil islamistische Selbstmordattentäter beweisen wollten, dass die Supermacht USA verwundbar war. Es ging ihnen offensichtlich nicht um ein militärisches Ziel, sondern um einen Akt symbolischer Kommunikation, um einen psychologischen Angriff auf die Führungsmacht des Westens. Dafür sprachen die ausgewählten Ziele: Architektur-Ikonen aus Wirtschaft, Militär und Politik, deren visuelle Sprache auch dem letzten Analphabeten in einer mittelöstlichen Teestube verständlich sein sollte. Das vierte Flugzeug hätte logischerweise das Weiße Haus oder das Kongressgebäude in Washington treffen sollen.

Für westliche Augen war der 11. September ein erschütterndes Zeugnis arabisch-muslimischer Rückständigkeit, denn fast alle Mittel, die bei diesem perversen Kommunikationsakt zum Einsatz kamen, waren westliche Technik: die Flugzeuge, die Gebäude, die Videokameras, die elektronischen Übertragungswege der Bilder, sogar die Fernsehgeräte in den mittelöstlichen Teehäusern und Wohnzimmern. Aus der muslimischen Welt stammten nur die 19 Selbstmordattentäter und ihre fanatische Idee, zivile Verkehrsflugzeuge als Kerosinbomben zu benutzen.

Trotzdem fanden diese Terrorakte in der muslimischen Welt große Zustimmung. Auch das hat man im Westen, vor allem in Europa, wenig zur Kenntnis genommen, nicht zuletzt weil es die westlichen Medien – vermutlich aus «political correctness» – kaum zeigen wollten. In Ägypten beispielsweise, einem jährlich mit vielen Milliarden Dollar bezuschussten Klienten der USA, zeigten selbst die halbamtlichen Zeitungen offen ihre Sympathie für Osama Bin Laden, Al-Qaida und deren Ziele.

Am offensichtlichsten hatte die US-Einwanderungsbehörde versagt, die sonst jeden harmlosen Touristen mit der Frage nervt, ob er in die USA einwandern wolle oder ob gegen ihn ein Haftbefehl vorliege. Alle 19 Flugzeugentführer waren arabischer Herkunft, gehörten offensichtlich zur fundamentalistischen Terrororganisation Al-Qaida und waren im Frühjahr 2000, in einer koordinierten Aktion, völlig legal in die USA eingereist. Fünf von ihnen hatten sich dort zu Piloten ausbilden lassen.

Wie später bekannt wurde, gab es Ende 2000 eine geheime Entwarnung der Bundespolizei FBI: Es befänden sich keine (!) Al-Qaida-Mitglieder auf amerikanischem Boden. Damals soll das FBI ohnehin nur über zwei arabisch-sprechende Beamte in der Abteilung für Terrorismusbekämpfung verfügt haben.[1] Gewiss gab es immer wieder Warnungen, aber gerechnet hatte man allenfalls mit Anschlägen auf überseeische Einrichtungen der USA wie Botschaften, Firmengebäude und dergleichen. Die Botschaften im Senegal und in Bahrain sowie Objekte in Paris und Rom wurden im Sommer 2001 als Ziele vermutet. Dabei war das World Trade Center bereits 1993 Ziel eines Bombenanschlages gewesen, dessen Spuren zu Al-Qaida führten. Am 6. August 2001 soll Präsident Bush einen detaillierten Bericht über die Terrorpraktiken Bin Ladens erhalten haben, der allerdings auf britischen Angaben aus dem Jahr 1998 fußte.

Nach dem 11. September wurden täglich, ja beinahe stündlich, weitere eklatante Fehler der US-Behörden aufgedeckt, die den Attentätern ihr blutiges Geschäft erleichtert hatten. Mehrere Visa-Anträge waren falsch bearbeitet worden. (Eine Aufenthaltserlaubnis für einen der 19 Täter wurde sogar noch mehrere Tage nach dem Attentat zugestellt!) Die kurz zuvor privatisierte Flughafenkontrolle arbeitete schlampig, durchsuchte unterschiedslos weiße und schwarze Frauen und Männer jeden Alters, obwohl eine konkrete Gefahr bekanntlich nur von jungen muslimischen Männern ausging. Ein Fluglehrer hatte der Polizei gemeldet, sein arabischer Schüler wolle nur lernen, Kurven zu fliegen; für das Starten und Landen interessiere er sich nicht. Der Flugschüler, Zakarias Moussaoui, über den bereits ein einschlägiges Dossier der französischen Sicherheitsbehörden vorlag, wurde festgenommen, doch der ermittelnde FBI-Beamter erhielt keine richterliche Genehmigung, dessen Wohnung und Computer gründlich untersuchen zu lassen. Der am 16. August Festgenommene war vermutlich der 20. Terrorist, also der fehlende fünfte Mann im vierten Flugzeug.

Einige FBI-Beamte wurden von ihrer eigenen Chefetage an ihren Ermittlungen gegen Al-Qaida-Verdächtige gehindert. Es war offensichtlich unerwünscht, die Finanzströme von Al-Qaida genauer zu untersuchen. Entnervt quittierte der Chef der FBI-Abteilung für Terrorbekämpfung, John P. O'Neill, im August 2001 seinen Dienst. «Das größte Hindernis bei der Ermittlung gegen islamische Terroristen waren die Interessen der US-Ölkonzerne und die Rolle Saudi Arabiens», vertraute er damals einem französischen Journalisten an.[2] Als neuer Sicherheitschef des World Trade Center kam O'Neill am 11. September ums Leben.

Auch wenn die Attentäter viel Glück brauchten, um ihr Vorhaben ausführen zu können, so wurden sie fraglos begünstigt durch die Unfähigkeit einzelner Beamter, vor allem aber durch die administrative Zersplitterung der US-Behörden. Notorisch schlecht war die Zusammenarbeit zwischen FBI und CIA. «Turf war» nennt man das in der Bürokratensprache, Revierkämpfe, bei denen es um Zuständigkeiten, vor allem aber um Budgetanteile geht – ohne viel Rücksicht auf staatliche Gesamtinteressen.

Zu klären war jedoch nicht nur, warum die Angriffe des 11. September nicht verhindert worden waren, sondern warum man die Bedrohung durch Bin Ladens Al-Qaida nicht längst zum Anlass genommen hatte, um einen Kurswechsel in der Nahostpolitik der USA zu vollziehen. Dafür hatten enttäuschte Insider wie O'Neill vom FBI und Robert Baer von der CIA eine Erklärung. «See No Evil» nannte Baer seinen Erlebnisbericht aus 19 Jahren CIA-Tätigkeit.[3] Es ist eine drastische Schilderung vom Versagen der amerikanischen Anti-Terror-Politik, insbesondere während der Clinton-Ära. Schau dem Bösen nicht ins Auge, könnte man übersetzen. Eine Vogel-Strauß-Politik. Baer, der nach langer Erfahrung im Mittleren Osten vorzeitig in Pension ging, sieht darin das eigentliche «intelligence failure» der CIA, und mit ihr der US-Regierungen der 1990er Jahre. Washington wollte der Bedrohung nicht ins Auge blicken, weil die politischen Implikationen zu unbequem waren. Die CIA verkam zu einer selbstgefälligen Bürokratie, in der man Führungspositionen nach politischen Gesichtspunkten besetzte. Es gab zu viele Rechtsanwälte mit zu vielen Bedenken und zu wenig Leute, die sich sprachlich und kulturell mit den Krisenregionen der Welt auseinandersetzten. Zusätzlich herrschte eine überzogene Ängstlichkeit, sich in die Hinterhöfe der Terroristen zu begeben – so das Urteil von Baer und anderen CIA-Kritikern mit Insider-Wissen.

Aus europäischer Perspektive ist hinzuzufügen, dass ein ähnliches Versagen der Politik auch andere westliche Staaten kennzeichnete. Drei der vier Terrorpiloten studierten jahrelang an der TU Hamburg und wurden aller Wahrscheinlichkeit nach erst dort zu muslimischen Fanatikern, ohne dass den deutschen Behörden etwas aufgefallen wäre.[4] Zu ihnen gehörte Muhammad Atta, ohne Zweifel der Kopf und Anführer der 19-köpfigen Terrortruppe. Er war übrigens ein besonders eifriger Student, sprach ausgezeichnet deutsch. Abgesehen von seinem mehrmonatigen Aufenthalt in einem afghanischen Trainingslager Bin Ladens, vermutlich Ende 1999 bis zum Frühjahr 2001, knüpfte er die Fäden für sein Terrorvorhaben überwiegend in Deutschland, und zwar mitten in der radikalmuslimischen Hamburger Szene, die ihm jede erdenkliche finanzielle und logistische Unterstützung gewährte. In zahlreichen Wohnungen, quer durch Europa und darüber hinaus, hat man Hinweise auf dieses Netzwerk gefunden. In Nairobi tauchte sogar ein Telephonbuch von 245 Seiten auf, das die Gespräche eines engen Vertrauten von Bin Laden über mehrere Jahre hinweg verzeichnet.[5]

Die Existenz solcher islamistischer Netzwerke in deutschen Großstädten war dem deutschen Verfassungsschutz zweifellos bekannt. Doch hier wie in Frankreich, Großbritannien, Italien, den Niederlanden und anderswo im Westen glaubte man sich vor Anschlägen sicher, solange man die islamistischen Biotope tolerierte. Deshalb blieben sie nahezu ungestört, obgleich sie praktisch rechtsfreie Räume darstellten, in denen fortwährend und schwerwiegend gegen geltende Gesetze verstoßen wurde. Jeder staatliche Lehrer, jeder Pfarrer wäre gefeuert worden, wenn er die rassistischen und sexistischen Hetzparolen dieser muslimischen Amtsbrüder von sich gegeben hätte.

Der 11. September wurde vielleicht erst möglich, weil die USA und andere westliche Demokratien nicht bereit waren, sich auf das radikale Denken ihrer Gegner weit genug einzulassen. Doch für eine endgültige Einschätzung ist es noch viel zu früh. Wie radikal der islamistische Terrorismus wirklich ist, darf noch keineswegs als geklärt gelten. Unklar ist beispielsweise seine Haltung zu Massenvernichtungswaffen.

Eine für viele Staaten und Politiker peinliche Vorgeschichte

Zwei Staaten dürfen als Ursprungsländer von Al-Qaida gelten: Saudi-Arabien und Afghanistan. Nach der sowjetischen Invasion Afghanistans im Dezember 1979 wurden schätzungsweise 25 000 junge Saudis als islamische Kämpfer gegen die «ausländischen Teufel» aktiv. Zu ihnen gehörte der 1957 geborene Osama Bin Laden, der bis dahin als Sohn einer reichen saudischen Industriellenfamilie allerlei Baufirmen betrieben und Finanzbeteiligungen gepflegt hatte. Bin Laden ist ein Führertyp. 1,95 Meter groß, reich und mit den Mächtigen in Saudi Arabien auf das engste verbunden. Seine Großfamilie ist weltweit unternehmerisch tätig, auch in den USA. Ihre Verbindungen reichen direkt zur Bush-Familie, auch zur Carlyle Group, die in Washington als die mächtigste Lobby von Investoren gilt.[6] Um die Größe des Bin Laden Clans abzuschätzen, mag es genügen, auf seine 52 Geschwister, ein Dutzend Stiefmütter und seine eigenen vier Frauen hinzuweisen, eine davon die Tochter eines hohen Taliban-Führers. Ob sein Erbe 300 Millionen Dollar betrug, wie manche Berichte vermuteten, oder nur 30 Millionen, war weniger wichtig als die Tatsache, dass Bin Laden offensichtlich über Jahre hinweg viel Geld aus den reichen Ölstaaten, ja sogar aus den USA erhielt.

Die USA unterstützten den Kampf in Afghanistan gegen die Sowjets zunächst auf verschlungenen Wegen, teilweise über Saudi-Arabien. 1986 entschied Präsident Reagan, einige Hundert der extrem kleinen Stinger-Luftabwehrraketen zu liefern, mit denen etwa 270 sowjetische Hubschrauber und Flugzeuge abgeschossen wurden. Dann allerdings, mit dem sowjetischen Abzug 1989, drehte sich der Wind. Was sollte aus den Kämpfern, vor allem den ausländischen werden, die nun von den westlichen Geheimdiensten nicht mehr finanziert wurden? Bin Laden hatte eine Antwort. Er und andere Islamisten wollten den Kampf fortsetzen und Afghanistan unter ihre Kontrolle bringen. Seine bereits 1988 gegründete Organisation Al-Qaida wurde zu einem riesigen Netzwerk in zahlreichen muslimischen Staaten und in der islamistischen Diaspora ausgebaut, mit einer Führungsgruppe, einem großen Rat und vier Ausschüssen für Militär, Religion, Finanzen und Medien.[7]

Einige westliche Geheimdienste versuchten, noch ein Gegengewicht zu bilden, indem sie Nicht-Islamisten wie den Stammesführer Ahmed Shah Massoud und seine Nordallianz unterstützten. Die CIA schloss sich erst 2000 an, als die Taliban bereits fest im Sattel saßen. Bestimmt nicht zufällig wurde eben dieser Massoud am 9. September 2001, nur zwei Tage vor den Flugzeuganschlägen in den USA, von Qaida-Agenten ermordet.

Bin Ladens Wende zum Terrorismus gegen die USA kam mit dem Golfkrieg von 1990/91, als die Amerikaner riesige Truppenlager in Saudi-Arabien und in der übrigen Golfregion aufbauten. Sein oberstes Ziel war es nun, die ungläubigen Teufel aus Saudi-Arabien zu vertreiben. Sein Vorbild war vermutlich der Sturz des iranischen Shah im Jahr 1979. Mit einiger Phantasie kann man sich ausmalen, wie Bin Laden als Anführer eines Umsturzes das saudische Königshaus ins Exil vertreibt, und wie er selbst nach einer gewissen Schamfrist mit dem Westen am Verhandlungstisch sitzt. Im Unterschied zum Iran würde es sich erübrigen, die Scharia und den strengen Islam nach Saudi-Arabien zu bringen, denn sie herrschen dort bereits unter der vom Westen protegierten saudischen Monarchie.

Bin Laden siedelte sich im Sudan an, wo er den erwähnten ersten Terroranschlag in New York 1993 und den Anschlag auf einen US-Stützpunkt in Riyadh im Juni 1995 geplant haben dürfte. Die Saudis verurteilten vier Attentäter, die sogleich hingerichtet wurden, doch von Bin Laden war dabei nicht die Rede. Ihm hatte man 1991 ein Einreiseverbot erteilt und 1994 die Staatsbürgerschaft entzogen, aber mehr nicht. Im Februar 1996, als die sudanesische Führung anbot, den ärgerlichen Gast und seine Genossen auszuliefern, verweigerte sich Saudi-Arabien dem amerikanischen Drängen, ihn aufzunehmen. Bin Laden durfte am 15. Mai 1996 mit einem Charterflugzeug den Sudan verlassen.[8]

Nach Afghanistan zurückgekehrt, baute er Al-Qaida weiter aus. Im Februar 1998 erließ er eine «Fatwa» gegen Amerikaner, die damit für vogelfrei erklärt wurden. Im August 1998 folgten die beiden gleichzeitigen Anschläge auf die US-Botschaften in Kenia und Tansania mit weit über 200 Opfern. Kurz darauf genehmigte Präsident Clinton die Raketenangriffe auf Qaida-Lager in Afghanistan, wo Bin Laden vermutet wurde, und auf eine sudanesische Arzneimittelfabrik, die man für eine getarnte Chemiewaffenfabrik von Al-Qaida hielt. 66 Cruise Missiles richteten riesigen Schaden in den Lagern an, etwa 30 Leute kamen ums Leben, doch der kurz zuvor abgereiste Bin Laden überlebte – vermutlich, weil die US-Nachrichtendienste getäuscht worden waren. Nun wurde Bin Laden gleichsam ein unbesiegbarer Volksheld der sich unterdrückt glaubenden kleinen Leute überall im Mittleren Osten.[9]

Ein weiteres Vorgehen der CIA scheiterte, weil der pakistanische Premierminister Nawaz Sharif, mit dem die US-Regierung ein Abkommen zur Unterstützung ausgehandelt hatte, im Oktober 1999 gestürzt wurde. Sein Nachfolger, General Pervez Musharraf, war nicht bereit, sich an den Plänen zu beteiligen. Sie waren ihm wohl zu riskant, zumal der pakistanische Nachrichtendienst, über den einst ein Teil der Hilfe gegen die sowjetische Afghanistaninvasion gelaufen war, stark mit

Sympathisanten der Taliban durchsetzt war. Als Ersatz entstand eine Kooperation mit dem bereits erwähnten Massoud, wobei die Unterstützung in den Norden Afghanistans teilweise durch russische Mittlerdienste angeliefert wurde. Wie viel davon dessen Nordallianz tatsächlich erreichte, ist jedoch ungeklärt.[10]

Zu diesem Zeitpunkt hatten die USA eine Menge Informationen gesammelt, unter anderem von Überläufern und Verhafteten. Im Dezember 1999 wurde an der amerikanischen Westküste Ahmed Ressam festgenommen, der 60 Kilo Sprengstoff, Zünder und Dokumente in seinem Mietwagen hatte. Durch diesen Fang konnten mehrere geplante Anschläge vereitelt werden. Diverse Finanztransaktionen, Telephonlisten, Mittelsmänner wurden ermittelt, «Unterstützungsvereine» identifiziert, die sich hinter dem islamischen Gebot zur Mildtätigkeit tarnten. Doch zugleich wurden die Kommunikationsmethoden der Al-Qaida immer raffinierter. Geldwerte wurden entweder über bankfreie Geldhändler (hawala) transferiert oder in leicht zu transportierende Edelsteine getauscht. Da und dort gelang es zwar, über Finanzströme einige Schaltstellen, einige Logistiker zu identifizieren, doch der Versuch, den Terrorismus finanziell austrocknen zu wollen, erwies sich als wenig aussichtsreich.[11]

In den USA gab es zudem allerlei politische Hindernisse bei den Ermittlungen. Eines davon dürften amerikanische Ölinteressen gewesen sein, wie der erwähnte hohe FBI-Beamte O'Neill klagte. In der europäischen Presse tauchten Berichte auf, wonach die US-Regierung bis August 2001 mit den Taliban über einen Vertrag zum Bau einer Erdölpipeline durch Afghanistan verhandelt haben soll.[12] Die US-Presse schwieg dazu. Als wahrscheinlich darf gelten, dass die US-Regierung ihre Klienten in der Golf-Region, insbesondere in Saudi-Arabien und Qatar abschirmen wollte, wo sie große Stützpunkte unterhielt, die für einen erneuten Waffengang gegen den Irak von größter Bedeutung waren.[13]

Im August 2002 wurde im Zuge eines amerikanischen Schadensersatzprozesses zum 11. September publik, dass die saudische Regierung Schutzgeld an Bin Laden gezahlt haben soll. Entsprechende Verhandlungen fanden im Juli 1998 statt. Es kam zu einer vertraglichen Vereinbarung zwischen Bin Laden persönlich, den afghanischen Taliban-Führern und dem saudischen Geheimdienstchef. Demnach würden die radikalen Islamisten rund 300 Millionen Dollar erhalten und dafür von Aktivitäten gegen Saudi-Arabien absehen. Die saudische Regierung verpflichtete sich zudem, keine Al-Qaida-Kämpfer auszuliefern und die Forderung nach Schließung der Ausbildungslager in Afghanistan nicht zu unterstützen. Weitere Gelder, auch aus dem persönlichen Vermögen der Königsfamilie, sollen in entsprechende «wohltätige Organisationen» geflossen sein.[14]

Der Geheimdienstkrieg in Afghanistan

Der Krieg in Afghanistan war in größerem Umfang ein Geheimdienstkrieg als jeder andere, den die USA zuvor geführt hatten. Die Geheimdienste spielten gleichermaßen eine Schlüsselrolle bei den militärischen Operationen und beim Aufbau von Verbindungen zu Staaten und Gruppen, welche den USA ihre Dienste anboten. Nur mit Hilfe derartiger Kontakte und Vereinbarungen gelang es den USA, ihre überlegene Feuerkraft, ihre high-tech-Waffen der neuesten Sorte, überhaupt zum Einsatz zu bringen, da ihre Luftstreitkräfte und ihre Spezialtruppen nur zu geringen Teilen von Flugzeugträgern operieren konnten. Gebraucht wurden Stützpunkte, Überflugrechte und Nachschubwege aber auch Informationen über die Taliban sowie Kontakte zu den Kämpfern und Führern der untereinander zerstrittenen Taliban-Gegner. Es galt, in kürzester Frist einen intensiven Austausch mit den Geheimdiensten der kooperierenden Staaten und Gruppen der Region aufzubauen, vor allem mit der Nordallianz und den im Süden beheimateten Paschtunen. Über die Region hinaus spielte die Zusammenarbeit mit den Geheimdiensten muslimischer Staaten eine wichtige Rolle, weil sie über Informationen zu den dort operierenden Qaida-Netzwerken verfügten.

Pakistan spielte dabei eine Schlüsselrolle, stellte jedoch zugleich die USA vor äußerst schwierige Probleme. Seit den Jahren der sowjetischen Okkupation hatten sich zwischen Pakistan und Afghanistan vielerlei persönliche Verbindungen entwickelt, auch zu den islamistischen Kräften und den Taliban. Mit Mühe gelang es, die Militärmachthaber zur Parteinahme für die USA zu gewinnen, islamistische Aufstände im Inneren zurückzudrängen und die Taliban-Sympathisanten in den Streitkräften sowie im pakistanischen Geheimdienst unter Kontrolle zu bringen. Zu befürchten war, dass Islamisten sich der pakistanischen Kernwaffen bemächtigen könnten, was gewiss Indien, vermutlich auch die USA, zu einem Kernwaffeneinsatz veranlasst hätte.[15]

Ausgestattet mit einer Milliarde Dollar an Sondermitteln und der Zusicherung von Präsident Bush, dass auch riskante Einsätze gebilligt würden, bereitete sich die CIA auf weithin neuartige «verdeckte Operationen» (covert action) vor. Verdeckt waren sie nur, insofern man ihre Präsenz und ihre Taktik einige Monate lang nicht preisgab. Doch es fehlte ein klassisches Element, das für die bisherigen Kommandoaktionen unter der Aegide der CIA typisch gewesen war: die Möglichkeit, die Urheberschaft des Weißen Hauses für den Einsatzbefehl «plausibel abzuleugnen». Im Unterschied zu früheren Präsidenten war Bush offensichtlich bereit, sich mit jeder Form der verdeckten Kriegführung zu identifizieren. Berichten zufolge nannte sein Befehl an die CIA, im

Amtsjargon als «intelligence finding» bezeichnet, unmissverständlich die physische Vernichtung der Al-Qaida-Leute beim Namen. Ob oder in welcher Form das bisherige Verbot für die Tötung von Staats- und Regierungschefs auf die Taliban-Führer gültig blieb, wurde öffentlich weder zugegeben noch abgestritten.[16]

Nachdem die Taliban-Führung eine Auslieferung Bin Ladens und seiner Leute verweigert hatte, drangen Ende September die ersten CIA-Spezialkommandos der «Special Activities Division» in Afghanistan ein. Sie bestanden jeweils aus einem Halben Dutzend von Nicht-Uniformierten. Insgesamt standen etwa 150 dieser Kämpfer bereit, die zumeist aus den Spezialtruppen der Streitkräfte übernommen wurden. Zu ihrer Ausrüstung gehörten Hubschrauber und eine neu entwickelte Drohne namens Predator (Raubtier). Sie ist ein unbemanntes kleines Flugzeug, das mit Spezialkameras bestückt ist und 24 Stunden lang in der Luft bleiben kann. Die beim Absuchen von Bodenzielen gewonnenen Aufnahmen können nicht nur von einer Einsatzzentrale, sondern auch durch die genannten Spezialkommandos vor Ort empfangen werden. Die Drohne lässt sich per Laptop direkt aus dem Kampfgebiet steuern. Identifizierte Ziele können dann entweder durch Bodenkräfte oder durch herbeigerufene Kampfflugzeuge, Bomber oder Cruise Missiles bekämpft werden. Neu am Predator-Einsatz in Afghanistan waren die mitgeführten kleinen Hellfire-Raketen, die ursprünglich zur Panzerbekämpfung konstruiert wurden. Einige Monate vor dem 11. September soll eine Drohne bereits einmal Bin Laden im Visier gehabt haben, aber noch nicht in der Lage gewesen sein, sofort auf ihn zu feuern. Die neue Version der Predator lässt sich demnach als Spezialanfertigung für den Kampf gegen Al-Qaida bezeichnen.

Neben diesen CIA-Spezialkommandos kamen reguläre CIA-Agenten ins Feld, überwiegend Regionalspezialisten für den Mittleren Osten, um als Verbindungsleute zu den Afghanischen Widerstandsgruppen zu dienen. Im engen Zusammenwirken mit dem zuständigen Oberkommando der US-Streitkräfte (US Central Command), dessen Hauptquartier in Florida liegt, sollte der Bombenkrieg eingeleitet und der Einsatz von Bodentruppen vorbereitet werden. Presseberichten zufolge gab es eine bisher nie dagewesene enge Zusammenarbeit der CIA mit dem Pentagon.[17]

Die zweite Phase der Operationen, in denen vor allem Langstreckenbomber zum Einsatz kamen, entwickelt sich zunächst weniger erfolgreich als erwartet. Die geheimdienstliche Identifizierung von Zielen war fehlerhaft, die psychologische Wirkung der Bombardierungen geringer als erwartet. Weit weniger Taliban-Kämpfer liefen über oder ergaben sich als angenommen. Vor allem aber kostete der Aufbau und Einsatz der mit den USA liierten afghanischen Widerstandstruppen viel Zeit. Das Führungspersonal der Widerstandsgruppen, darunter der spätere afghanische Präsident Hamid Karsai, befanden sich in akuter Lebensgefahr. In Europa wie in der arabischen Welt wurden die Bombardierungen heftig kritisiert; dabei hofften die USA just in dieser Phase auf europäische Mitwirkung, von der die britische und französische besonders wichtig war. Beide hatten bereits Kräfte für Spezialeinsätze vor Ort. Beide spielten auch für die geheimdienstliche Seite der Kriegführung eine wichtige Rolle.[18]

Als dann allerdings das Taliban-Regime Anfang Dezember zusammenbrach, verstummte die Kritik schnell, da nun das ganze Ausmaß des Taliban-Terrors an den Fernsehschirmen gezeigt werden konnte. Afghanen, vor allem auch Frauen, wagten sich erstmals vor die Kameras, um über ihr Leiden zu berichten. Es begann eine Debatte über die politische Neuordnung, über Frieden-schaffende-Einsätze – über Themen also, bei denen sich selbst die politische Linke und die Grünen wohlfühlen konnten.

Offensichtlich hatten die Bombereinsätze doch wesentlich zum Erfolg der zweiten Kriegsphase beigetragen, in der die Spezialkräfte am Boden mehr und mehr die Einsätze von Satelliten-gesteuerten JDAM «smart bombs» direkt bestimmen konnten. Etwa 70 Prozent der Abwürfe waren derartige «smart bombs», während es gut zwei Jahre zuvor im Kosovokrieg nur 30 Prozent und zehn Jahre zuvor im Golfkrieg nur 10 Prozent gewesen waren. Die Langstreckenbomber der Typen B-52 und B-2 starteten zunächst in den USA oder vom Stützpunkt Diego Garcia im Indischen Ozean, hielten sich dann im nahen Luftraum für Abwürfe bereit und wurden schließlich vom Boden aus zu ihren Einsätzen dirigiert, teilweise mit zielmarkierenden Lasergeräten, wobei die Reaktionszeit oft nur 20 Minuten betrug.[19]

Man ginge jedoch fehl, diese Kriegsphase nur als high-tech-Aktion zu sehen. Reguläre Militärkräfte, darunter Fallschirmspringer und Gebirgsjäger, kamen bereits im Spätherbst 2001 zum Einsatz. Diese Bodentruppen waren wichtig zur Motivation der Zivilbevölkerung, zur Bereitstellung von Führungspersonal für eine afghanische Übergangsregierung, sowie zur Isolierung der Taliban von ihren Rückzugsgebieten, insbesondere von Pakistan.

Nach dem Sturz der Taliban kam die diplomatische Ebene stärker zur Geltung, als es um die Zusammenstellung einer Übergangsregierung, um das Engagement der Staatengemeinschaft für den wirtschaftlichen Wiederaufbau Afghanistans und um die Bereitstellung einer internationalen Schutztruppe ging. Der Krieg war jedoch noch keineswegs beendet. Fieberhaft suchten die Spezialtruppen nach versprengten Taliban-Gruppen, vor allem aber nach der Al-Qaida-Führung. Erhebliche Teile davon, darunter die Spitzenleute, entkamen allerdings. Wer ihnen Aufnahme gewährte, konnten die Geheimdienste zunächst nur bruchstückhaft ermitteln.[20]

Nun rückte Somalia erneut in das Blickfeld. Man vermutete, dass dort Ausbildungslager und ein Netz von Helfern weiterhin bereitstehen könnten. Dort und in den angrenzenden Gewässern wurden Streitkräfte zur Überwachung zusammengezogen. Da es jedoch kaum Anzeichen für größere Qaida-Aktivitäten gab, überließ man die Überwachung innerhalb Somalias sowie in der Region den mit den USA kooperierenden Geheimdiensten und Milizen. Die Präferenz des Pentagon galt den Stützpunkten in Kuwait und Qatar.[21]

Man könnte von einer Geheimdienstkooperation im Kolonialstil sprechen, die sich auf «Eingeborene» stützte, indem sie sich der in Rivalitäten verstrickten Clan-Führer bediente. Seit dem Desaster seiner humanitären Intervention von 1992–1993 blieb das US-Militär lieber auf Distanz zu dem Ort der Demütigung, wo im Oktober 1993 im Kampf gegen den Clan-Führer Aideed 18 US-Soldaten ums Leben kamen. Eine der Leichen wurde damals fernsehwirksam durch die Straßen von Mogadischu geschleift.

Kaum belegen ließen sich Hinweise, wonach Al-Qaida den Erwerb von Kernwaffen oder anderen Massenvernichtungswaffen anstrebte. (Die Anthrax-Attacken vom Herbst 2001 gingen offensichtlich auf das Konto inländischer amerikanischer Täter.) Es gab zumindest eine ausführliche Zeugenaussage eines verhafteten Qaida-Mitgliedes, des Sudanesen Jamal Ahmed Fadl, wonach man versucht habe, an waffenfähiges Spaltmaterial heranzukommen. Die meisten Experten hielten jedoch Al-Qaida für unfähig, eine tatsächliche Atombombe zu bauen. Weitaus leichter wäre es, eine «schmutzige» Bombe zu konstruieren, mit der Spaltmaterial durch einen konventionellen Sprengsatz über eine größere Fläche, etwa über ein Stadtviertel, verteilt und Panik verbreitet würde. Da es auf der Welt über 10 000 Lager für radioaktives Material gibt, wäre die Beschaffung kein unüberwindliches Problem. Pläne dafür wurden in Al-Qaida-Häusern in Afghanistan gefunden.[22]

Im Sommer 2002, als die militärischen Operationen in Afghanistan weitgehend abgeschlossen waren, kam es zu heftigen Kontroversen innerhalb der US-Regierung, in der amerikanischen Öffentlichkeit und bei den westlichen Verbündeten sowie bei den Partnern der USA im Mittleren Osten, ob ein Angriff auf den Irak als nächster Schritt im Krieg gegen den Terrorismus notwendig sei. Berichte über die Präsenz von Al-Qaida-Kämpfern tauchten auf. Doch versprengte Al-Qaida-Leute gab es auch an vielen anderen Orten und bei einigen Verbündeten der USA. Beispielsweise waren im September 2001 etwa 120 Al-Qaida-Kämpfer im kurdischen Nordirak eingetroffen, den die USA gegen den irakischen Diktator Saddam Hussein schützten.[23] Im übrigen erschien ein Bündnis zwischen Saddam und Bin Laden ziemlich unlogisch, weil der eine den säkularen Islam repräsentiert, der andere den islamistischen Wahabismus. Denkbar wäre jedoch eine Verständigung der beiden über eine gemeinsame Unterstützung des palästinensischen Extremismus, da der Konflikt zwischen Israelis und Palästinensern auf vielfältige Weise den Krieg der USA gegen den terroristischen Islamismus beeinträchtigt.

Wenig Klarheit bestand auch über die Zukunft der neuen Anti-Terror-Allianz mit Russland und mit einigen zentralasiatischen Nachfolgestaaten der Sowjetunion, insbesondere Kirgisien und Usbekistan. Das Einschwenken von Präsident Putin auf die Bush-Strategie gegen Al-Qaida gehörte ohne Zweifel zu den dramatischsten Veränderungen, welche der 11. September für die Weltpolitik brachte. Ein Bündel von politischen Konflikten wurde dadurch vom Tisch gefegt, darunter die Nato-Osterweiterung und der Aufbau eines amerikanischen Raketenabwehrsystems, also die Aufgabe der Beschränkungen des ABM-Vertrages von 1972. Weniger klar ließen sich die Folgewirkungen der US-Militärstützpunkte auf ehemaligem Sowjet-Territorium abschätzen, zumal im Hintergrund zahlreiche Unstimmigkeiten zwischen Moskau und Washington hinsichtlich der Ölpolitik in dieser Region bestehenblieben.[24] Die Vertiefung der seit 1990 sich entwickelnden Geheimdienstallianz mit Russland schien jedoch zu einem wichtigen Forum für die Gesamtheit der Beziehungen zu werden, zumal sie auch wichtige Nato-Bündnispartner wie Großbritannien, Frankreich und die Bundesrepublik Deutschland einschließt. Im Herbst 2001 wurden monatliche Geheimdienst-Konsultationen zwischen Russland und der EU vereinbart. In gewisser Hinsicht stellte die neue Geheimdienstallianz mit Moskau einen Ersatz für die nur noch wenig bedeutsame amerikanisch-russische Abrüstungspolitik dar.

Über die Erfolge drang wenig in die Öffentlichkeit. Immerhin wurden bis November 2001 in 50 Staaten bereits über 350 Qaida-Verdächtige festgenommen, davon etwa 100 in Europa und über 100 im Mittleren Osten. Aus Gründen der bürokratischen Selbstdarstellung fiel es allerdings den amerikanischen Behörden notorisch schwer, Anerkennung für die Leistung anderer zu zollen. Das ganze Ausmaß der Abhängigkeit der US-Geheimdienste von Informationen und Aktionen ihrer ausländischen Verbündeten wurde geflissentlich den Blicken der Öffentlichkeit entzogen. Hier wie in anderen Bündnisfragen blieben die USA hin- und hergerissen zwischen partnerschaftlicher Kooperation und dem Drang, als einzige Supermacht der neuen Weltordnung unilateral zu handeln.

Geheimdienstpolitik in Washington seit dem 11. September

Während die US-Geheimdienste, insbesondere die CIA, in bisher unbekanntem Ausmaß in die Kriegsdiplomatie und in die militärischen Operationen involviert wurden, mehrten sich zu Hause die Stimmen derer, die Ursachenforschung verlangten, durchgreifende Reformen und die Namen von Schuldigen.

Im Februar 2002 einigte sich schließlich die Regierung mit den beiden Häusern auf ein Untersuchungsverfahren. Da beide Häuser des Kongresses über ständige Ausschüsse verfügen, bot sich die Bildung einer gemeinsamen Kommission an. Hinter verschlossenen Türen wurde um die Formulierung eines Mandates gerungen. Präsident Bush und seiner Republikanischen Partei konnte nicht daran gelegen sein, nur den Hergang des 11. September zu erforschen, weil dabei die beiden Clinton-Regierungen und die Demokraten unzulässig geschont würden. Sie wollten zumindest hinter den ersten Anschlag von 1993 zurückgehen und einigten sich schließlich auf das Jahr 1986, als die zweite Reagan-Regierung das Zentrum zur Terrorismusbekämpfung einrichtete. Gefährlich für Bush und seine Vertrauten konnte das Thema Finanzverbindungen nach SaudiArabien und in die Golfregion werden. Hier gelang es Bush offensichtlich, das Untersuchungsspektrum eng einzugrenzen.[25]

Vergleichbar große Kongressuntersuchungen zu den US-Geheimdiensten hatte es kurz nach Ende des Zweiten Weltkrieges gegeben, als das Desaster von Pearl Harbor aufgeklärt wurde. Um einen derartigen Überraschungsangriff auf die USA zu verhindern, wurde damals eine gewaltige Struktur von Geheimdienstbürokratien aufgerichtet. Drei Jahrzehnte später, 1976/1977, legten getrennt arbeitende Ausschüsse der beiden Kongress-Häuser ihre Berichte zum Missbrauch von Geheimdienstmacht während des Vietnamkrieges vor. Es folgten einschneidende Reformen, die der CIA engere Fesseln anlegten und ein wirksameres Instrumentarium der parlamentarischen Kontrolle vorschrieben.

Seither war der Kongress eng eingebunden in die institutionelle Ausgestaltung der Dienste, ihre politischen Grundsätze sowie in einzelne verdeckte Aktionen. Für die Untersuchung zum 11. September konnte sich der Kongress deshalb nicht mehr von Vorwürfen völlig frei fühlen, wenn es um Fehlentwicklungen hinsichtlich der Grundlinien der Geheimdienstpolitik ging. Umso stärker konzentrierte er sich nun auf Handlungen von Einzelpersonen. Ein weiterer großer Unterschied zu den beiden vorausgegangenen Untersuchungen bildete die Einbeziehung des FBI in die Kritik. In der Tat waren die Vorwürfe gegen das FBI zunächst besonders massiv, als die ersten Anhörungen im April begannen.

Gleich zu Beginn richteten FBI-Beamte heftige Vorwürfe gegen ihre Vorgesetzten, denen sie mangelndes Vertrauen in die Arbeit ihrer eigenen Leute vorwarfen. Ein besser funktionierendes FBI hätte durch die erwähnte Verhaftung von Moussaoui den Tätern auf die Spur kommen und ihr Vorhaben durchkreuzen oder zumindest stark einschränken können. In einem publik gewordenen Brief an den FBI-Direktor schilderte die FBI-Juristin Coleen Rowley den Hergang der Ermittlungen in der FBI-Station im mittelwestlichen Minneapolis. Dabei gab sie detaillierte Hinweise auf das Versagen der FBI-Führungsetage in Washington. Unter anderem berichtete sie von der wichtigen Zuarbeit des französischen Geheimdienstes, die offensichtlich beim FBI nicht hinlänglich gewürdigt wurde. Die CIA, der alte Rivale des FBI bei der Terrorismusbekämpfung, wurde damals überhaupt nicht eingeschaltet. Mit großer öffentlicher Wirkung betont Mrs. Rowley, dass sie als Mutter von vier Kindern und ihre Kollegen vor Ort tapfer, aber bürokratisch auf verlorenem Posten gekämpft habe. Sie verweist auf eindringliche Warnungen ihrer Kollegen im südwestlichen Phoenix in Arizona, die im Juli 2001 mit vielen Details auf jene seltsamen mittelöstlichen Flugschüler hingewiesen hatten, die ihre Flugausbildung für mehrere Tausend Dollar in bar bezahlten, schlechte Flieger waren und wenig Neigung zeigten, wirklich professionelle Verkehrspiloten zu werden.[26] Ein damals gründlich ausgearbeiteter Bericht wurde an ein Dutzend FBI-Stellen weitergegeben – ohne irgendeine Wirkung.[27]

Mit einem Stab von 30 Mitarbeitern vertiefte sich die Untersuchungskommission in Hunderttausende von Seiten an Dokumentation, die durch Verbindungsstäbe bei den Geheimdiensten aufbereitet wurden. Immer tiefer arbeitete man sich in das Dickicht der insgesamt dreizehn US-Geheimdienste vor, wobei immer drängender die Frage gestellt wurde, welche Reformen die Geheimdienste von ihrer bürokratischen Überlast befreien könnten, wie sie besser mit Fachkräften für den Mittleren Osten auszustatten und stärker auf den Anti-Terrorkrieg auszurichten wären.

Da die CIA mit einem Personalstand von etwa 16 000 bei weitem nicht der größte oder teuerste Geheimdienst der USA war, sondern von den reichlich $ 30 Milliarden Jahresbudget (Stand von 2000) nur 12 Prozent erhielt, musste unvermeidlich die Diskussion beim «heimlichen Geheimdienstchef» mit 80 Prozent Budgetanteil, nämlich dem Verteidigungsminister ankommen, der über die riesigen militärischen Geheimdienste herrscht und von politisch-administrativen Veränderungen unweigerlich berührt würde. Zu einer derartigen Reform hatte Bush bereits einen Anlauf genommen, als er den pensionierten General Brent Scowcroft bat, den Vorsitz des Foreign Intelligence Advisory Board zu übernehmen, einer von den Geheimdiensten unabhängigen Expertengruppe, die den Präsidenten berät. Scowcroft war der Nationale Sicherheitsberater während der Präsidentschaft von Bush Senior gewesen und genoss somit eine Sonderstellung im Weißen Haus.

Scowcrofts Vorschläge zielten darauf ab, den Direktor der CIA zum tatsächlichen Herrn über die drei größten militärischen Nachrichtendienste zu machen, die global für die Satellitenüberwachung, die optischen Nachrichtensysteme sowie die elektronischen Abhörsysteme zuständig sind. Dem Pentagon würde lediglich die taktische Aufklärung und die Aufklärung gegnerischer Militäreinrichtungen, Dislozierungen und Waffensysteme verbleiben.[28]

Wie zu erwarten, mochte US-Verteidigungsminister Donald Rumsfeld daran gar keinen Gefallen finden, doch er hielt sich in der Öffentlichkeit zunächst zurück, solange sich die hitzigen öffentlichen Debatten gegen das FBI und die CIA richteten. Vermutlich wollte er die Pentagon-Freunde im Kongress bearbeiten, unter denen es anfänglich viel Sympathie für den Scowcroft-Plan gab. Im August 2002 ging Rumsfeld mit einem Plan an die Öffentlichkeit, der den neu zu schaffenden Posten eines Staatssekretärs für Geheimdienste (undersecretary of defense for intelligence) vorsah. Vize-Präsident Richard Cheney unterstützte ihn öffentlich. Nach Presseberichten war dieser Plan «kurz davor, vom Kongress gebilligt zu werden.»[29] Dieser in das Verteidigungsbudget für 2003 hineingepackte Posten würde von einem Zivilisten zu besetzen sein, der mit dem CIA-Direktor «effektiver, rascher und konstruktiver interagieren» solle.

Wenige Tage später kündigte Rumsfeld an, er wünsche sich eine stark erweiterte Rolle für die Spezialkräfte des Pentagon im Kampf gegen Al-Qaida. Sie sollten auf fremdem Staatsgebiet eingesetzt werden können, ohne zuvor deren Regierung um Genehmigung zu ersuchen. Dabei denke er insbesondere an zwei Eliteeinheiten, die «Delta Force» der Armee und die «Navy Seals» der Marine, deren Spezialität nicht nur die Terrorismusbekämpfung, sondern auch Einsätze gegen die kriminelle Verbreitung von ABC-Waffen seien.

Nicht zufällig würde das Pentagon damit eine Aufgabe übernehmen, die traditionell den Einsatzkommandos der CIA zukamen. Anstatt der CIA mehr militärische oder halb-militärische Aufgaben zuzugestehen, wollte Rumsfeld der CIA lieber Aufgaben wegnehmen, die ihr im Krieg gegen Al-Qaida rasch zugefallen waren. Dadurch würde jedoch ein gravierendes völkerrechtliches Problem entstehen, denn die Soldaten des Pentagon würden sich nach der Definition der UN-Charta wie Aggressoren verhalten. Der betroffene Staat könnte deshalb vor dem UNO-Sicherheitsrat die Unterstützung der Staatengemeinschaft einfordern. Demgegenüber operieren Geheimdienstkommandos in Zivil in einer völkerrechtlichen Grauzone. Ihre unerbetene Präsenz könnte noch auf die Ebene eines «unfreundlichen Aktes» heruntergespielt und über diskrete diplomatische Wege bereinigt werden.[30]

Einige Monate zuvor hatte sich das Pentagon bereits auf einem anderen traditionellen Feld der CIA breitmachen wollen, der Auslandspropaganda. Es schuf ein «Amt für strategischen Einfluss», setzte den flotten Luftwaffengeneral Simon Worden an seine Spitze und engagierte eine Beratungsfirma, die bereits viel für die CIA, die kuwaitische Monarchie und den oppositionellen Irakischen Nationalkongress gearbeitet hatte. Wo das State Department bisher eher sanft für die USA Stimmung gemacht habe, wolle man nun mit drastischen Maßnahmen dafür sorgen, dass im Mittleren Osten das amerikanische Credo gehört werde, so die offizielle Erklärung. Dabei wolle man auch vor «schwarzer Propaganda», also der gezielten Verbreitung falscher Informationen, nicht zurückschrecken, die bislang unter die Rubrik verdeckte Operationen bei der CIA fiel.[31] Dieses Unternehmen musste allerdings wenig später abgebrochen werden.

Ein derartiges bürokratisches Tauziehen zwischen Geheimdiensten und Militär entstand offensichtlich, weil das Militär durch die rasch gewachsene Bedeutung des Faktors Geheimdienste seine ungeheuer starke Machtposition in der US-Exekutive nicht geschmälert sehen wollte. Das Pentagon wollte nicht durch die CIA zum nützlichen Handwerker herabgestuft werden. Man glaubte verhindern zu müssen, dass dem CIA-Chef zugleich die Großbürokratien des militärischen Nachrichtenwesens und die Oberleitung des neuartigen Anti-Terrorkrieges übertragen würden.

Im Juni 2002 legte das Weiße Haus einen Gesetzentwurf für die Schaffung eines neuen Superministeriums vor, wörtlich übersetzt einem Ministerium für Heimatsicherheit (Department of Homeland Security), das die bisher zersplitterten Zuständigkeiten aus 22 Behörden und Abteilungen mit etwa 170 000 Bundesbediensteten bündeln sollte. Seit dem Nationalen Sicherheitsgesetz von 1947, welches die CIA und den Nationalen Sicherheitsrat schuf, vor allem aber die Teilstreitkräfte im Verteidigungsministerium integrierte, hatte es keine so umfassende Reform im Bereich der nationalen Sicherheit mehr gegeben. Das DHS sollte allerlei Abteilungen aus anderen Ministerien und Behörden zusammenführen, unter ihnen die Küstenwache, die Zoll- und die Einwanderungsbehörde. Ohne Zweifel wäre vor dem 11. September ein derartiges Unterfangen völlig aussichtslos gewesen. In einem ideologischen Kreuzzug gegen «big government» wäre es von den amerikanischen Konservativen niedergemacht worden. Selbst Liberale hätten es kaum unterstützt. Nun allerdings erlebte man die Rückkehr der Idee, dass Washingtoner Großbürokratien die richtige Antwort auf das Böse in der Welt, nämlich die terroristische Bedrohung der USA, seien.

Im Hinblick auf die Geheimdienstpolitik war bedeutsam, wie man sich die künftige Zusammenarbeit zwischen dem neuen Superministerium DHS und den Auslandsnachrichtendiensten vorstellte. Das DHS sollte ausdrücklich auf sämtliche Geheimdienstunterlagen in allen US-Bundesbehörden zugreifen können, sofern sie auch nur entfernt mit der inneren Sicherheit der USA zu tun hatten. Dabei sollte auch ein altes Tabu gebrochen werden, wonach ein Geheimdienst seine «raw intelligence», also die unbearbeiteten Originale von Agentenberichten und entschlüsselten Informationsträgern, niemals nach außen gibt, sondern nur «finished intelligence» liefert, also bearbeitete Fassungen, aus denen Decknamen, Codes und andere Hinweise auf «sources and methods» entfernt werden. Derartige Hinweise auf Quellen und Beschaffungsmethoden stellen bildlich gesprochen den Tresorraum einer jeden Geheimdienstbehörde dar, dessen Schlüssel sie niemals aus der Hand gibt.

Nun sollte das DHS einen Anspruch auf Akten- und Dateneinsicht bekommen, der ohne Vorbild war. Und es sollte eine eigene Analysekapazität erhalten, die weit in das Revier der existierenden Auslandsgeheimdienste, insbesondere der CIA, hineinreichte. Um der CIA, die als Betreiberin der ausländischen Agentennetze davon am härtesten betroffen würde, die bittere Pille zu versüßen, sah der Gesetzentwurf vor, dass der CIA-Direktor die Übermittlungswege und den Gebrauch derartiger Informationen bestimmte. Zum Verständnis ist hinzuzufügen, dass der Direktor, zusätzlich zu seiner Rolle als CIA-Behördenchef, ohnehin der oberste Geheimdienstchef der USA ist, dass ihm in der Praxis jedoch die militärischen Geheimdienste nie eine Weisungsbefugnis zugestanden hatten. Diese Befugnis sollte er nun gegenüber dem DHS erhalten, wenn es um den Schutz von «sources and methods» ging.[32]

Fallen ließ man allerdings den Vorschlag, die USA mit einem Netz von nebenberuflichen Schnüfflern zu überziehen. Das Vorhaben «TIPS» (Terrorism Information and Prevention System) hätte einige Hunderttausend Briefträger, Busfahrer, Hafenarbeiter, Hotelangestellte und andere Berufsgruppen involviert und dazu verpflichtet, verdächtige Personen, Fahrzeuge, Vorgänge oder Nachrichten nach Washington zu melden.[33] Dieser Vorschlag ging jedoch selbst den konservativen Republikanern im Kongress entschieden zu weit.

Das DHS wurde von Präsident Bush vorgeschlagen, nachdem sich das bereits im September 2001 eingerichtete Office of Homeland Security des Weißen Hauses als zahnloser Tiger erwiesen hatte. Präsident und Kongress kamen zu der Überzeugung, dass die gravierenden Kommunikations- und Koordinationsprobleme der vielen Dienststellen der inländischen Sicherheit sowie derer Interaktion mit dem Militär und den Auslandsgeheimdiensten nur durch einen institutionellen Kraftakt zu bewältigen sei. Allerdings wusste man, dass die Probleme zwischen FBI und CIA damit nicht zu lösen wären, allein schon weil deren Computernetze für Geheiminformationen inkompatibel sind. Für die unterschiedlichen Mentalitäten der beiden Bürokratien schien es ebensowenig eine schnelle Lösung zu geben.

Imperiale Phantasien und Geheimdienstkrieg

Ein Jahr nach dem 11. September 2001 befanden sich die USA noch immer auf der Suche nach «intelligence failures» und nach einer Sicherheitsarchitektur, die dem Krieg gegen den Terrorismus angemessen war. Auf der einen Seite blühten Phantasien von amerikanischer Übermacht, die zwar den Zorn islamistischer Gruppen auf sich zogen, aber doch nur bewiesen, dass die einzige, die «unentbehrliche Supermacht» (Joseph Nye) keinen anderen Weg beschreiten dürfe als den der Expansion zugunsten einer besseren Welt. In dieser Position müsse sie sich ein «heidnisches Ethos» zulegen, wie der Journalist Robert Kaplan schrieb.[34] Wer glaubte, nach 1989 das Ende der Ideologien zu sehen, hatte sich mit diesem missionarisch-expansiven Charakter der USA nicht hinreichend befasst. Kein westlich-liberaler Staat fußt auf einer zutiefst utopisch-ideologischen Politik wie die USA. Keiner war im neuen Zeitalter der Massenmedien, vor allem im 19. Jahrhundert, mit so viel Blut und Eisen geschaffen worden wie dieser. Mit dem 11. September fanden die USA eine neue Mission, deren Ende niemand absehen konnte.

Als Ironie der Geschichte wird man festhalten dürfen, dass es die Prediger der privatökonomischen Globalisierung waren, welche die Rückkehr zum nationalen Sicherheitsstaat einleiteten. Hatte man zuvor geglaubt, dass McDonald-Imbisslokale die Kathedralen als Versammlungsplätze ablösen würden, wie der Journalist Jim Hoagland schrieb, dass Demokratie unvermeidlich sei und den Krieg obsolet mache, dass die Grenzen offen und die Märkte allwissend seien, so erfolgte jetzt eine Flucht in die Allmacht des Staates.[35]

Viele Strategie-Intellektuelle sahen eine neue Ära des Krieges heraufziehen: Der Feind ist global und amorph, die Waffen sind high-tech, ihr Einsatz geschieht durch kleine Kommandoeinheiten. Parallel dazu führt man einen Propagandakrieg um die Köpfe, um die Emotionen. Als Waffen bedient man sich blitzschnell vermarkteter Fernsehbilder.[36] Auf beiden Schauplätzen kommen die Geheimdienste zu neuer Blüte, mit technischen Aufklärungsmitteln, mit Kulturspezialisten, mit wagemutigen Agentenführern vor Ort und mit Kommandoeinheiten wie aus den Science-Fiction-Filmen. Unvermeidlich weicht dieser Krieg von den herkömmlichen Regeln des Völkerrechtes stark ab. – Soweit diese Phantasien.

Tatsächlich begann die CIA, neues Personal zu rekrutieren. Man sprach von einer Stellenvermehrung um 70 Prozent, insbesondere in der Terrorismusbekämpfung der Operationsabteilung. Eine CIA, die vor dem 11. September noch immer Stationen in muslimischen Ländern dichtgemacht hatte, die kaum über Experten mit Kenntnissen in den Sprachen Mittelasiens verfügte, wo die juristischen Bedenkenträger das Sagen hatten gegenüber Leuten wie Robert Baer – eine solche CIA sollte es nicht mehr geben. Es begann eine intensive Talentsuche, vor allem bei den jungen Amerikanern muslimischer Herkunft mit den entsprechenden Sprachkenntnissen und mit einschlägiger kultureller Kompetenz.[37] Das Echo der Bewerbungen war riesig.

Ungeklärt blieb, wie lange die Amerikaner bereit sein würden, die finanziellen Belastungen und die Einschränkungen an Freiheitsrechten zu ertragen, welche der neuartige Krieg gegen den Terrorismus ihnen abforderte. Man glaubte zu wissen, wie man das Übel bekämpfen sollte, aber mit welchem Ziel?

Im Krieg gibt es keinen Ersatz für einen Sieg, hatte General Douglas MacArthur einst gesagt. Aber woran würde man den Sieg erkennen? Ein festgenommener oder getöteter Bin Laden? Eine zerschlagene Al-Qaida? Ein Jahr nach dem 11. September 2001 fällt es schwer zu glauben, dass damit der islamistische Terrorismus besiegt wäre.

Anmerkungen und Literatur

Wolfgang Krieger
Einleitung

1 Besonders wichtig: Michael Herman, Intelligence Power in Peace and War, Cambridge 1996; Harold Shukman (ed.), Agents for Change: Intelligence Services in the 21st Century, London 2000; Bernd Jakob, Geheime Nachrichtendienste und Globalisierung, Frankfurt/Main 1999; Walter Laqueur, A World of Secrets: The Uses and Limits of Intelligence, New York 1985; als neuzeitlicher Klassiker gilt: Sherman Kent, Intelligence for American World Policy, Princeton NJ 1949; als Überblicksdarstellungen und Nachschlagewerke zu empfehlen: Genovefa Étienne/Claude Moniquet, Histoire de l'espionnage mondial, t.1: De l'Antiquité à la Seconde Guerre mondiale, t.2: De la guerre froide à l'ère internet, Bruxelles/Paris 2000/2001; Jeffrey T. Richelson, A Century of Spies: Intelligence in the Twentieth Century, New York 1995; Jacques Baud, Encyclopédie du renseignement et des services secrets, Paris 1997.

2 Der früheste eindeutige Hinweis findet sich in UNSC Resolution 1373 vom 28. 11. 2001; dort vermeidet man es jedoch, die Geheimdienste beim Namen zu nennen. (Der Verf. dankt Michael Herman, Oxford, für diesen Hinweis.)

3 Als Buch erschienen: David Kahn, Hitler's Spies, New York 1978.

4 In den USA, Kanada und Israel werden ‹intelligence studies› zumeist als Teilgebiet der Internationalen Sicherheitspolitik oder der Militärgeschichte angeboten. Dieses Angebot ist über das Internet recherchierbar. In Großbritannien, an der University of Wales (Aberystwyth), gibt es seit kurzem einen Masters-Studiengang in «intelligence and strategic studies».

Jakob Seibert
Der Geheimdienst Alexanders des Großen

1 Zur Terminologie: Wenn der moderne Begriff «Geheimdienst» benutzt wird, so ist damit allgemein die geheime oder verdeckte Beschaffung von Nachrichten gemeint. Man sollte damit nicht automatisch eine Organisation in einer Behörde modernen Zuschnitts verbinden. Die organisatorische Form muss erst im einzelnen nachgewiesen werden. Die antiken griechischen Quellen verwenden für die Beschaffung von Nachrichten Begriffe wie «skopoi» oder «kataskopoi», die lateinischen «speculatores» oder «exploratores», die unseren Bezeichnungen «Kundschafter, Späher, Erkunder, Beobachter» entsprechen. Für die verdeckte Ermittlung wird die Bezeichnung «otakustai» bzw. das entsprechende Verb «otakustein» gebraucht, das unserem Wort «Lauscher, Horcher» entspricht. Begriffe wie Agent, Geheimdienstagent sind wertneutral, hingegen Begriffe wie «Spitzel», «Schnüffler», «Lauscher» negativ gekennzeichnet. Die Gegenseite bezeichnete solche Informanten in der Regel als Verräter.

2 Ebenso wichtig wie die Informationen taktischer Art waren alle Nachrichten für den logistischen Bereich. Wo gab es gute Straßen, die sog. Königsstraßen, durch welches Gebiet führten sie, wo waren sie durch Festungen gesichert, wo waren

Flussübergänge? Neben dem Straßennetz und seinem Zustand wurden vor allem Angaben über die Beschaffenheit des Landes und die dortige Versorgungslage benötigt. Das Heer konnte nur für eine beschränkte Anzahl von Tagen Proviant mit sich schleppen. Vor allem die ausreichende Versorgung mit Wasser für Menschen und Tiere stellte ein erhebliches Problem dar. Die Nachrichten logistischer Art konnten bereits im Vorfeld durch die Lektüre entsprechender Bücher, etwa das Werk des Ktesias von Knidos über die Stationen der Königsstraßen oder die Anabasis des Xenophon, oder durch Befragung und Erkundung durch Gesandte und Gastfreunde beschafft werden. Auf diesen Bereich der Nachrichtenbeschaffung wird hier nicht weiter eingegangen, da sie nicht im Geheimen erfolgte.

3 Zum besseren Verständnis für den Umgang mit «antiken Briefen»: Ein Brief bestand damals aus zwei Holztäfelchen, die mit Wachs beschichtet waren und beschriftet wurden. Sie wurden dann durch Schnüre miteinander verbunden und versiegelt. War das Siegel einmal zerstört, fiel dies dem Empfänger sofort auf, da ihm in der Regel das Siegel des Absenders bekannt war.

Pierre Briant, Histoire de l'empire perse, Paris 1996.
Donald W. Engels, Alexander's Intelligence System, in: Classical Quarterly 30 (1980) 327–340.
A. Gerolymatos, Espionage and Treason. A Study of the proxenia in Political and Military Intelligence Gathering in Classical Greece, Amsterdam 1986.
Sian Lewis, News and Society in the Greek Polis, London 1996.
S. Lauffer, Alexander der Große, München 1993.
J. A. Richmond, Spies in Ancient Greece, in: Greece and Rome 45 (1998) 1–18.
Chester G. Starr, Political Intelligence in Classical Greece, Mnemosyne Suppl. 31, Leiden 1974.
Josef Wiesehöfer, Das antike Persien, Zürich 1998 (Neuaufl.).
W. Will, Alexander der Große, Stuttgart 1986.
G. Wirth, Philipp II., Stuttgart 1985.

Pedro Barceló

Hannibals Geheimdienst

1 E. Acquaro, Cartagine: un impero sul Mediterraneo, Rom 1987; W. Huß, Die Karthager, München 1990, 28–46.

2 W. Huß, Hannibal und die Religion, Studia Phoenicia IV 1986, 229; J. L. López Castro, Hispania Poena. Los fenicios en la Hispania romana, Barcelona 1995, 29–31; U. Huttner, Die politische Rolle der Heraklesgestalt im griechischen Herrschertum, Historia-Einzelschriften 112, Stuttgart 1997, 86–123.

3 W. Huß, Die Karthager, 203–208; P. Barceló, Rom und Hispanien vor Ausbruch des 2. Punischen Krieges, Hermes 124, 1996, 45–57; vgl. auch S. Albert, Bellum iustum. Die Theorie des «gerechten Krieges» und ihre praktische Bedeutung für die auswärtigen Auseinandersetzungen Roms in republikanischer Zeit, Kallmünz 1980; M. Kostial, Kriegerisches Rom? Zur Frage von Unvermeidbarkeit und Normalität militärischer Konflikte in der römischen Republik, Stuttgart 1995.

4 P. Barceló, Aníbal y los griegos, Millars XXIV 2001, 16–24.

5 Bereits unter der Regierung Hamilkars (231 v.Chr.) hatten die Römer eine Gesandtschaft abgeschickt, um das Ausgreifen der Karthager in Hispanien zu beobachten (Cassius Dio XII, Frg. 48). Der einige Zeit später mit Hasdrubal abgeschlossene Vertrag (um 226 v.Chr.) sollte die karthagische Expansion eindämmen (Polyb. II 13,7; Liv. XXI 2,7). Vgl. Dazu P. Barceló, Reflexiones en

torno al establecimiento del poderío cartaginés en Hispania, Millars XIX 1996, 5–19.

6 A. Beltrán, El ano 218 a. C. Problemas en torno al comienzo de la segunda guerra púnica en la Península Ibérica, Hannibal Pyrennaeum transgreditur, 5. Col. Intern. Arch. de Puigcerdà 1984, 147–171; P. Barceló, Unterwegs mit Hannibal. Von Neukarthago zu den Pyrenäen, Geographica Historica 17, 2002, 60–67.

7 Zu dem Marsch durch Gallien vgl. S. Lancel, Hannibal. Eine Biographie, Düsseldorf, Zürich 1998, 114–137.

8 J. Seibert, Der Alpenübergang Hannibals. Ein gelöstes Problem?, Gymnasium 95, 1988, 21–73.

9 P. Barceló, Aníbal de Cartago. Un proyecto alternativo a la formación del Imperio romano, Madrid 2001, 138–141.

10 J. Seibert, Forschungen zu Hannibal, Darmstadt 1993, 213–215; S. Lancel, Hannibal, 144–149.

11 J. Seibert, Forschungen zu Hannibal, 220 f.; S. Lancel, Hannibal, 157–162.

12 J. Seibert, Forschungen zu Hannibal, 225 f.; S. Lancel, Hannibal, 165–171.

13 W. Huß, Hannibal und die Religion, 225 f.

14 V. Rosenberger, Gezähmte Götter. Das Prodigienwesen der römischen Republik, Stuttgart 1998, 176–178. Zum Zusammenhang von Krieg und Religion vgl. J. Rüpke, Domi militiae. Die religiöse Konstruktion des Krieges in Rom, Stuttgart 1990.

15 W. Huß, Die Karthager, 233–237.

16 P. Barceló, Aníbal de Cartago, 142–148.

17 P.Barceló, Die Folgen der nordafrikanischen Revolte (241–238 v.Chr.) für die Geschichte Karthagos, Festschrift für W.Huß, Studia Phoenicia XVI 2001, 253–264.

18 P. Barceló, Die ideologische Kriegführung Hannibals, Festschrift für M. Cataudella, Florenz 2002, 9–11.

19 J. Seibert, Forschungen zu Hannibal, 238–240; A. Goldsworthy, Las guerras púnicas, Barcelona 2002, 273–276.

20 S. Lancel, Hannibal, 229–233.

21 A. Goldsworthy, Las guerras púnicas, 280–286; S. Lancel, Hannibal, 240–247.

N. Bagnall, The Punic Wars, London, Sydney, Auckland, Johannesburg 1990.
P. Barceló, Hannibal, München 1998.
A. Goldsworthy, Las guerras púnicas, Barcelona 2002.
S. Lancel, Hannibal, Paris 1996.
J. F. Lazenby, Hannibal's War. A Military History of the Second Punic War, Warminster 1978.
J. Seibert, Forschungen zu Hannibal, Darmstadt 1993.
M. Zlattner, Hannibals Geheimdienst im Zweiten Punischen Krieg, Xenia 39, Konstanz 1997.

Wolfgang Kuhoff

Kryptographie und geheime Nachrichtenübermittlung in griechisch-römischer Zeit

1 Die mesopotamische Schrift: Bruno Meißner/Karl Oberhuber, Die Keilschrift, Berlin [3]1967; Rudolf Wachter/Wolfgang Röllig, Schrift. Der Alte Orient, in: Der Neue Pauly (DNP) 11, 2001, 232–237, hier 233 f. David Kahn, The Codebreakers. The Story of Secret Writing, New York 1968, 75–77, hält eine Keilschrifttafel aus Susa für das früheste Beispiel einer Verschlüsselungstabelle.

2 Herodot, Hist. II 36,4. Zur ägyptischen Schrift: Andrew Robinson, Die Geschichte der Schrift. Von Keilschriften, Hieroglyphen, Alphabeten und anderen Schriftformen, Bern/Stuttgart/Wien 1996, 92–107. Die Bedeutung der Hieroglyphen betont auch Kahn, Codebreakers 71–73, und konstatiert eine Entwicklung, die ihre anfänglich geringe Zugänglichkeit für einen großen Leserkreis nach einer langen Phase der Weiterverbreitung etwa durch Grabinschriften mit Einführung neuer Zeichen wieder exklusiver gemacht habe; dies sieht er als frühe Kryptographie und Beginn der Geschichte der Kryptologie an.

3 Vgl. Christian Johnen, Geschichte der Stenographie im Zusammenhang mit der allgemeinen Entwicklung der Schrift und der Schriftkürzung, Berlin 1911, 92–137 (griechische), 150–230 (römische Zeit). Die tironischen Noten, die römische Kurzschrift, behandelt Wilhelm Süß, Über antike Geheimschreibemethoden und ihr Nachleben, Philologus 78, 1922/1923, 142–175, hier 152–155.

4 Die Bedeutungen des Wortes Skytale nennen Henry George Liddell/Robert Scott, A Greek-English Lexicon, Oxford 1968, 1617, s. v. σκυτάλη. Kurze Beschreibungen: Albert Martin, Dictionnaire des Antiquités IV, 1911, 1161 f.; Johann Oehler, Realencyclopädie der classischen Altertumswissenschaft (RE) III A.1, 1927, 691 f.; Siemer Oppermann, Der Kleine Pauly 5, 1975, 241. Den Botenstab erörtert Stephanie West, Archilochus' Message Stick, CQ 38, 1988, 42–48.

5 Plut., Lys. 19. Ich benutze die Übersetzung von Konrat Ziegler, Plutarch. Große Griechen und Römer, Zürich/Stuttgart Bd. 3, 1955, 29 f., aber mit kleineren Umformulierungen; den Sachverhalt übernahm der Militärschriftsteller Polyainos im späten 2. Jahrhundert n. Chr. (Strategemata 7, 14).

6 Person und Werk Plutarchs: Konrat Ziegler, RE XXI, 1951, 636–962, 2.Aufl. Stuttgart 1946; Ders., Plutarchos, Kleiner Pauly4, 1975, 945–953; Philippe Merlan, Plutarch, Lexikon der Alten Welt, Zürich 1965, NDr. 1990, 2381–2384.

7 Gellius, Noctes Atticae XVII 9, 6–15. Die Übersetzung ist eine merkliche Abänderung der Vorlage von Fritz Weiß, Aulus Gellius: Die attischen Nächte, Leipzig, 2. Bd. 1876, NDr. 1975, 371 f. Zum Autor: Carl Hosius, Gellius, RE VII, 1910, 992–998; Heinz Berthold, Aulus Gellius, Leipzig 1959; Detlev Fehling, Gellius 2, Lex. Alt. Welt 1038 f.; Wladislaw Strzelecki, Gellius, Kleiner Pauly 2, 1975, 727 f.; Barry Baldwin, Studies in Aulus Gellius, Lawrence 1975; Leofranc Holford-Strevens, Aulus Gellius, London 1988; Helmut Krasser, in: Oliver Schütze, Metzlers Lexikon antiker Autoren, Stuttgart/Weimar 1997, 275–277.

8 Zur spartanischen Staatsordnung: Manfred Clauss, Sparta. Eine Einführung in seine Geschichte und Zivilisation, München 1983, 117–123 und 127–138; Karl-Wilhelm Welwei, Die griechische Polis. Verfassung und Gesellschaft in archaischer und klassischer Zeit, Stuttgart, 2. Aufl 1998, 118–139.

9 Spartanische Nachrichtenübermittlung: Jan H. Leopold, De scytala Laconica, Mnemosyne 28, 1900, 365–391; Süß, Geheimschreibemethoden 158–162 (mit Berücksichtigung literarischer Überlieferung, in der die Skytale nicht als Geheimhaltungsverfahren anzusehen ist); Edgar C. Reinke, Classical Cryptography, Classical Journal 58, 1962/1963, 113–121, hier 114; Kahn, Codebreakers 82. Den Skytale-Gebrauch während der spartanischen Vormachtsepoche erörtert Thomas Kelly, The Spartan Scytale, in: John W. Eadie/Josiah Ober (Hrsgg.), The Craft of the Ancient Historian. Essays in Honor of Chester G. Starr, Lanham-London 1985, 141–169.

10 Pindar, Olymp. V 150–155; Archilochos, Fragm. 89; Athenaios, Deipnosoph. X 451 d (Apollonios von Rhodos) und III 85 e (Aristophanes von Byzanz). Eine Zusammenstellung bei Martin, Scytale 1161. Zu Pindar siehe Martin Vöhler, in: Schütze, Lexikon 539–543. Kelly, Scytale 146, betont, dass die beiden Dichterstellen die Skytale nicht mit Sparta verbinden; Ebd. 157–160 führt er die Skytale

als Weitergabemittel von Geheiminformationen auf eine Umdeutung im alexandrinischen Museion zurück, während sie vorher unbekannt gewesen sei: Als «Erfinder» sieht er Apollonios an und weist dessen Aussage seinem Interesse als Antiquar zu, doch vermag er keine Begründung dafür beizubringen (159 f.).

11 Aristophanes, Lysistrata 980–1013, speziell 992–994 mit der Nennung der Skytale, einmal in dorischer, einmal in ionischer Aussprache (Skytala – Skytale); Die Vögel 1280–1283. Ausgaben der erstgenannten Komödie mit Kommentar bieten Barbara Sichtermann/Heike Lehmann, Berlin, 2. Aufl. 1992, und Jeffrey Henderson, Oxford, 2. Aufl. 1990. Zum Dichter: Bernhard Zimmermann, in: Schütze, Lexikon 92–97. Dazu kommt Nikophron, Fragm. 2; zum Verfasser siehe Thomas Gelzer, Lex. Alt. Welt 2092; Walther Kraus, Kleiner Pauly 4, 123. Kelly, Scytale 146–148, sucht den Aussagewert aller drei Stellen in Zweifel zu ziehen, doch kann man die Bekanntheit der Skytale auch in Athen nicht leugnen, weil sonst eine Anspielung in Komödien nutzlos gewesen wäre.

12 Xenophon, Hell. III 3, 8. Paul Cartledge, Literacy in the Spartan Oligarchy, JHS 98, 1978, 24–37, hier 30 f., erwähnt die Skytale nur marginal (29). Kelly, Scytale 150–152, betont, dass Xenophon wesentlich mehr mündliche oder briefliche Botschaften an spartanische Truppenbefehlshaber oder von diesen abgesandte nennt als den Gebrauch der Skytale. Für Kinadon nimmt er eine Skytale mit unverschlüsselter Nachricht an, doch wäre dann der Gebrauch des Stabes überflüssig gewesen; zur Verschwörung: Ephraim David, The Conspiracy of Cinadon, Athenaeum 67, 1979, 239–259.

13 Xenoph., Hell. V 2, 34. Süß, Geheimschreibemethoden 160, und Kelly, Scytale 152, behaupten fälschlicherweise, dass die nur zum Teil Sparta-freundlichen Thebaner als Empfänger der postulierten Botschaft gemeint seien.

14 Xenoph., Hell. V 2, 37 (Feldzug gegen die chalkidische, Sparta verdächtig erscheinende Metropole Olynth).

15 Plutarch, Vit. Alkib. 38; Vit. Artax. 6; Vit. Agesil. 10, 15; Ebd. 15, 2. 5. Kelly, Scytale 144–146, widerspricht den Mitteilungen Plutarchs über Agesilaos wie Klearchos und stellt ihnen die Angaben Xenophons entgegen: Dass dieser Zeitgenosse der Ereignisse war, ist zwar wichtig, doch unterstreichen die Angaben Plutarchs zumindest, wie bedeutsam die Skytale im Nachhinein erachtet wurde.

16 Diodor XIII 106, 9. Zum Autor: Eduard Schwartz, RE V, 1905, 663–704; Walter Spoerri, Lex. Alt. Welt 739 f.; Michael von Albrecht, Kleiner Pauly 2, 41 f.; Thomas Nothers, in: Schütze, Lexikon 209–211.

17 Thukydides, Bellum Peloponnes. I 131; Cornelius Nepos, Vit. Pausan. 3, 4. Die Skepsis von Süß, Geheimschreibemethoden 160, und Kelly, Scytale 148–150, ob Pausanias noch eine Skytale besessen habe, ist nicht berechtigt: Thukydides spricht ausdrücklich davon (132), jener sei noch Vormund für König Pleistoanax gewesen, und als solcher konnte er den Stab bei sich haben.

18 Clemens Alexandrinus, Stromata IV 19, 2; Ausonius, Epist. 28, 23–27 (zu diesem Hans-Otto Kröner, in: Schütze, Lexikon 131 f.). In der Stelle bei Cicero, Epistulae ad Atticum X 11, 3, findet Kelly, Scytale 157, eine allgemeine Kenntnis des spartanischen Stabes als Träger geheimer Botschaften; allerdings benutzt Cicero in diesem Brief mehrere griechische Begriffe außer der Wendung *habes* σκυτάλην Λακωνικήν (skytalen Lakoniken).

19 Diogenianus, Centuria 3, 25; Apostolus, Centuria 4, 68 (ed. Ernst Ludwig von Leutsch/Friedrich Wilhelm Schneidewin, Corpus Paroemiographorum Graecorum, Göttingen 1839/1851, NDr. 1965, Bd. 1, 217 f., Bd. 2, 323); siehe Olof Gigon/Karl Rupprecht, Parömiographie, Lex. Alt. Welt 2226 f.

20 Hesychios, Synagoge pason lexeon, s. v. Skytale (ed. Kurt Latte, Hesychii Alexandrini Lexicon, 2 Bde., Kopenhagen 1953/1966); Photios, Lexeon synagoge p.

256 (ed. Richard Porson, Leipzig 1823); Suda, s. v. Skytale (ed. Ada Adler, Sudae Lexicon, Bd. 4, Stuttgart 1935, NDr. 1971, 390 f.); Johannes Tzetzes, Chiliad. IX 141; Etymologicum Magnum 720, 48–50. Zu Hesychios: H. Schultz, RE VIII.2, 1913, 1317–1322; Frank Pressler, in: Schütze, Lexikon 314 f. Photios: Konrat Ziegler, RE XX, 1941, 667–737; Dirk Uwe Hansen, in: Schütze, Lexikon 537–539. Suda-Lexikon: A. Adler, RE IV A.1, 1930, 675–718; Hansen, in: Schütze, Lexikon 671 f. Tzetzes: Carl Wendel, RE VII A.2, 1948, 1959–2021; Etymologicum Magnum: Hartmut Erbse, Etymologica, Lex. Alt. Welt 902–904.

21 In modernen Lexikonartikeln ist kaum von den Personen die Rede: Martin, Scytale 1161 f.; Victor Gardthausen, RE Suppl. IV, 1924, 517–521, s. v. Geheimschrift; Anne Kolb, Kryptographie, DNP 6, 1999, 873 f.; Dies., Skytale, Ebd. 11, 2001, 643 f.

22 Gellius, Noct. Att. XVII 9, 18–27 (Kopfbeschreibung) und 16 f. (Wachstafel bei den Karthagern); Herodot, Hist. V 35, 2 f. Gardthausen, Geheimschrift 517, bezeichnet die kuriose wie auch die weniger zeitaufwendige zweite Nachrichtenübermittlung als «geheime Schrift», weist sie jedoch zu Recht nicht als Geheimschrift aus. Reinke, Cryptography 113 f., führt dieses wie auch das Vorgehen des Demaratos an (Herodot, Historien VII 239, 2–4).

23 Polybios, Historien X 45, gibt an, der optische Telegraph sei von ihm selbst angewandt worden, als er 170/169 v. Chr. Reiteroberst des achäischen Bundes war. Zur Person allgemein: Johannes Engels, in: Schütze, Lexikon 565–567.

24 Die Aussagen des Aineias stehen im genannten Werke, XXXI 1–35; überdies nennt er auch die von Gellius vermerkte Benutzung der Wachstafel (siehe Kahn, Codebreakers 82 f.). Zum Autor: Eduard Schwartz, RE I, 1897, 1019–1021; Walter Burkert, Lex. Alt. Welt 77 f.; Walter Sontheimer, Kleiner Pauly 1, 175; Hermann Bengtson, Die griechische Polis bei Aeneas Tacticus, in: Ders., Kleine Schriften, München 1974, 178–189; Astrid Schürmann, in: Schütze, Lexikon 9 f.

25 Gellius, Noct. Att. XVII 9, 1–5 (mit Nennung des Probus-Werkes); Sueton., Caesar 56, 6. Süß, Geheimschreibemethoden 142 f. und 165–167, stuft Caesars Verschlüsselungsverfahren als merklich älter ein; Reinke, Cryptography 114 f., unterstreicht die Einfachheit des Systems, meint aber, Gellius' Angabe weise auf wechselnde Verschlüsselungsarten hin; Kahn, Codebreakers 84, betont die Bekanntheit des «Alphabetes Caesars» in der neuzeitlichen Kryptographie.

26 Die Notiz des Iulius Victor, Ars rhetorica 27 (ed. Karl Halm, Rhetores Latini Minores, Leipzig 1863, NDr. 1974, 448), führt Reinke, Cryptography 121 Anm. 9, an: «Man pflegt auch Geheimbuchstaben (*notae secretiorae*) untereinander zu verabreden, was Caesar, Augustus und Cicero sowie viele andere taten».

27 Sueton, Aug. 88; Cassius Dio, Hist. Rom. LI 3, 7; Isidor, Etymologiae I 25, 2. Süß, Geheimschreibemethoden 167, sieht im Verfahren des Augustus ein wegen seiner Einfachheit nur im Familienkreis gebrauchtes, was Isidor andeutet; außerdem bespricht er dessen Weiterverwendung in Mittelalter und früher Neuzeit (167–169).

28 Isidor, Etymologiae I 25, 1. Geheimschriften und ihre komplizierte Handhabung erörtern Viktor Gardthausen, Griechische Paläographie, Leipzig 1879, 231–242; Ders., Geheimschrift 517–521; Kolb, Kryptographie 873 f.: Beide Autoren haben aber Mühe, die Feinheiten verständlich darzustellen. Zu den Papyri: Karl Preisendanz, Papyri Graecae Magicae. Die griechischen Zauberpapyri, 2 Bde., Stuttgart, 2. Aufl. 1973 f.; William M. Brashear, The Greek Magical Papyri: an Introduction and Survey, ANRW II 18.5, 1995, 3380–3684; Christine Harrauer, Zauberpapyri, in: Schütze, Lexikon 763 f. Die als Zaubermittel geltenden magischen Gemmen verbanden oft Schrift und Bild miteinander: Simone Michel, Die magischen Gemmen im Britischen Museum, London 2001.

29 Frontinus, Strategenata III 13,7 f.; Dio, Hist. Rom. XLVI, 36,4 f.; Plinius, Naturalis Historia X 37,53. Zum Geschehen siehe Süß, Geheimschreibemethoden 173 f. Ob dieser Brutus mit dem erwähnten Benutzer von Geheimschriften identisch ist, bleibt offen.

30 Zur Nachrichtenübermittlung in der römischen Geschichte einschließlich des *cursus publicus* siehe jetzt Anne Kolb, Transport und Nachrichtentransfer im Römischen Reich, Berlin 2000: *frumentarii* (282–284), *agentes* (290–294); auf Nachrichtenformulierung und -behandlung geht die Autorin nicht ein (295–302).

31 Organisation und überlieferte Ereignisse aus der Tätigkeit der *frumentarii*: Manfred Clauss, Untersuchungen zu den Principales des römischen Heeres von Augustus bis Diokletian: Cornicularii, speculatores, frumentarii, Diss. Bochum 1973, 82–94; Mordanschläge 91 f. Die *agentes in rebus*: Alexander Demandt, Die Spätantike. Römische Geschichte von Diocletian bis Justinian 284–565 n. Chr., München 1989, 233 f.; M. Clauss, Der magister officiorum in der Spätantike (4.–6. Jahrhundert). Das Amt und sein Einfluß auf die kaiserliche Politik, München 1981, 23–32 (Aufgabenbeschreibung), 197–213 (Prosopographie der bekannten Amtsinhaber). Der Vorfall von 359: Amm. Marc., Res Gestae XVIII 6,17–19.

Hubert Cancik u. a. (Hrsg.), Der neue Pauly. Enzyklopädie der Antike, Bde. 1–15 (Stuttgart 1996–2002).

David Kahn, The Codebreakers. The Story of Secret Writing, New York 1968.

Anne Kolb, Kryptographie, in: Der Neue Pauly. Enzyklopädie der Antike, Bd. 9 (1999).

Andrew Robinson, Die Geschichte der Schrift. Von Keilschriften, Hieroglyphen, Alphabeten und anderen Schriftformen, Bern/Stuttgart/Wien 1996.

Rudolf Wachter/Wolfgang Röllig, Schrift. Der Alte Orient, in: Der Neue Pauly. Enzyklopädie der Antike, Bd. 11 (2001).

Helwig Schmidt-Glintzer

Spionage im Alten China

1 Zhushu jinian buzheng 1:12 b. – Für einige Hinweise danke ich Dr. Dennis Schilling, Institut für Ostasienkunde München, sowie Dr. Achim Mittag, Kulturwissenschaftliches Institut Essen. Die beste Zusammenfassung der Thematik findet sich bei Ralph D. Sawyer, The Tao of Spycraft. Intelligence Theory and Practice in Traditional China. Boulder, Col.: Westview Press 1998.

2 Übersetzung in Anlehnung an Richard Wilhelm, Frühling und Herbst des Lü Bu We. Düsseldorf-Köln: Diederichs, Neuausgabe 1971, S. 206. Vgl. Sawyer, op. cit. S. 8.

3 Siehe Herbert Franke, Die Geschichte des Prinzen Tan von Yen, in: Zeitschrift der deutschen Morgenländischen Gesellschaft, Band 107, Heft 2 (1975) S. 440–441.

4 Siehe *Shiji* 92; die Schilderung der Schlacht ist übersetzt bei Burton Watson, Records of the Grand Historian of China, Bd. 1. New York: Columbia U. P. 1971, S. 214–219.

5 Zur Würdigung dieser Schlacht von Jing-xing (Jing-Schlucht) siehe Frank A. Kierman, Jr., Phases and Modes of Combat in Early China, in: Ders., Hrsg., Chinese Ways in Warfare. Cambridge, Mass.: Harvard U. P. 1974, p. 27–66, hier p. 56ff.

6 Zitiert nach Klaus Flessel, Die Anfänge des staatlichen Geheimdienstes in China, in: Nachrichten der Gesellschaft für Natur- und Völkerkunde Ostasiens 125

(1979), S. 84–97 und 126 (1979), S. 40–68, hier S. 87; s. a. Sunzi bingfa xinzhu, S. 134–144; vgl. abweichende Interpretation bei Samuel B. Griffith, Sun Tzu. The Art of War. Oxford: The Clarendon Press, S. 145; vgl. auch Lionel Giles, Sun Tzu on the Art of War. Shanghai-London 1910, S. 163 ff.

7 Harro von Senger, Strategeme, Band II. München-Bern: Scherz 2000, S. 628 ff.

8 Harro von Senger, op. cit., p. 629.

9 Herbert Franke, Zum Militärstrafrecht im chinesischen Mittelalter. München 1970, S. 39.

10 Siehe Ralph D. Sawyer, op. cit., S. 4 ff.

11 Siehe Erhard Rosner, Zum Verbot der Weitergabe chinesischer Geschichtswerke an die Barbaren. in: Wolfgang Bauer, Hrsg., Studia Sino-Mongolica. Festschrift für Herbert Franke. Wiesbaden: Franz Steiner 1979, S. 89–96. Siehe auch Klaus Flessel, op. cit., S. 57.

12 Zum Begriff der Freundschaft siehe Helwig Schmidt-Glintzer, Anmerkungen zum Begriff der Freundschaft im älteren China, in: Ingrid Krüßmann, Wolfgang Kubin, Hans-Georg Möller, Hg., Der Abbruch des Turmbaus. Studien zum Geist in China und im Abendland. Festschrift für Rolf Trauzettel, Nettetal: Steyler Verlag, 1995, S. 59–75.

13 Siehe D. C. Lau, Roger T. Ames, Sun Pin. The Art of Warfare. New York: Random House 1996, S. 150.

14 Siehe auch *Lunyu* V, 25 und IV, 26, wo es heißt, man solle nicht listig sein.

15 Siehe Lionel Giles, Sun Tzu, S. 25–25.

16 Siehe Mao Zedong, «Zhongguo shehui gejieji de fanxi» (Analyse der Klassen in der chinesischen Gesellschaft, März 1926), in: Mao Zedong *xuanji*, Jinan 1967, 3. Vgl. auch die Übersetzung in Mao Tse-tung, Ausgewählte Werke, 4 Bde., Beijing: Verlag für fremdsprachige Literatur, 1968, Bd. 10, S. 9.

17 Klaus Flessel, op. cit. S. 59.

18 Siehe Klaus Flessel, op. cit., S. 53.

19 Siehe Klaus Flessel, op. cit., S. 58.

20 Herbert Franke, op. cit. (Zum Militärstrafrecht ...), S. 10 f.

21 Ebd., S. 12.

22 Herbert Franke, op. cit., S. 43.

23 Siehe Herbert Franke, op. cit., S. 37.

24 Herbert Franke, op. cit., S. 32.

25 Ebd., S. 35.

26 Siehe Klaus Flessel, op. cit., S. 53.

27 *Shiji* 4, S. 142 (Ausgabe Zhonghua shuju, Peking).

28 Siehe Ambrose Y. C. King, Confucianism, Modernity, and Asian Democracy, in: Ron Bontekoe, Marietta Stephaniants, Hrsg., Justice and Democracy. Cross-Cultural Perspectives. – Honolulu: U. of Hawaii Press 1997, S.163–179, bes. S.172f.

29 Siehe Philip A. Kuhn, Soulstealers. The Chinese Sorcery Scare of 1768, Cambridge, Mass.: Harvard U. P. 1990, S. 119.

30 Die klassische westliche Studie hierzu ist Silas H. L. Wu, Communication and Imperial Control in China. Evolution of the Palace Memorial System 1693–1735. – Cambridge, Mass.: Harvard U. P. 1970.

31 Siehe hierzu jetzt Carmen Paul, Das Kommunikationsamt (T'ung-cheng shih ssu) der Ming-Dynastie (1368–1644). – Wiesbaden: Harrassowitz 1996.

32 Das wird deutlich in dem Werk *Wubei jiyao* («Die Essenz militärischer Vorsorge»); vgl. Herbert Franke, Siege and Defense of Towns in Medieval China, in: Frank A Kierman, Jr., ed., Chinese Ways in Warfare. Cambridge: Harvard U. P. 1974, S. 151–201, hier S. 156 f.

33 Siehe Sawyer, op. cit., S. 47 f.

Klaus Flessel, «Die Anfänge des staatlichen Geheimdienstes in China», in: Nachrichten der Gesellschaft für Natur- und Völkerkunde Ostasiens 125 (1979), S. 84–97 und 126 (1979), S. 40–68.
Herbert Franke, Zum Militärstrafrecht im chinesischen Mittelalter, München 1970.
Lionel Giles, Sun Tzu on the Art of War, Shanghai und London 1910.
Ralph D. Sawyer, The Tao of Spycraft. Intelligence Theory and Practice in Traditional China, Boulder 1998.
Harro von Senger, Strategeme, Band II, München und Bern 2000.

Friedrich Wilhelm

Königsindisch – eine Variante im großen Spiel der Geheimdienste

1 Zu Kauṭilya (andere Lesart Kauṭalya) und zu Kāmandaka (andere Lesart Kāmandaki) s. Kindlers Neues Literatur Lexikon, München 1990 s. v. «Kauṭilya» und «Kāmandaka»; dte. Übersetzung von Kauṭilya: J. J. Meyer, «Das altindische Buch vom Welt- und Staatsleben», Leipzig 1926 (Neudruck Graz 1977), Ed. und engl. Übersetzung von R. P. Kangle (Bombay 1960, 1963). S. K. Mitra, «The Nītisāra of Kāmandaki», Calcutta 1982.
2 «Arrian. Der Alexanderzug. Indische Geschichte,» griechisch und deutsch hrsg. und übers. von G. Wirth und O. v. Hinüber, München – Zürich 1985, p. 641.
3 P. V. Kane, «History of Dharmaśāstra», 5 Bde., Poona 1930–62, hier Bd. 3, p. 129.
4 J. Tod, «Annals and Antiquities of Rajasthan», 3 Bde., London 1920, p. 1476 ff.

Arrian, Der Alexanderzug. Indische Geschichte, griechisch und deutsch hrsg. und übers. von G. Wirth und O. v. Hinüber, München und Zürich 1985.
Baber: Die Erinnerungen des ersten Großmoguls von Indien: «*Das Babur-nama*», Zürich 1988.
R. P. Das, «The ‹Great Game› continued» in: World Affairs, The Journal of International Issues, Vol. 4, No. 3 Jul-Sep. 2000.
A. T. Embree und F. Wilhelm, Indien (Fischer Weltgeschichte), Frankfurt a. M. 1967 u. ö.
H. Kulke und D. Rothermund, Geschichte Indiens, München 1998.
H. Scharfe, Investigations in Kauṭalya's Manual of Political Science, Wiesbaden 1993.
F. Wilhelm, Politische Polemiken im Staatslehrbuch des Kauṭalya, Wiesbaden 1960.
F. Wilhelm, «In der Liebe und im Krieg ist jede List erlaubt – denkt Indien anders?» in: H. v. Senger (Hrsg.), Die List, Frankfurt a. M. 1999.
www.fas.org./irp/world/pakistan/isi (zu den modernen Geheimdiensten Pakistans).
www.fas.org/irp/world/india/(zu den modernen Geheimdiensten Indiens).

Stefan Weiß

Das Papsttum und seine Geheimdiplomatie

1 E. Caspar (Hg.), Das Register Gregors VII., Bd. 1, Hannover 1920, S. 177 Nr. 40.
2 R. Hiestand, Legat, Kaiser und Basileus. Bischof Kuno von Praeneste und die Krise des Papsttums von 1111/1112, in: Aus Reichsgeschichte und nordischer Geschichte. Festschrift K. Jordan, hg. von H. Fuhrmann u. a., Stuttgart 1972, S. 141–152.
3 Wibaldi epistolae, hg. von P. Jaffé, Bibliotheca rerum Germanicarum, Bd. 1, Berlin 1864 (ND Aalen 1964), S. 76–616, hier S. 351 Nr. 232.

4 Vgl. etwa H. Zatschek, Wibald von Stablo, in: Mitteilungen des Österreichischen Instituts für Geschichtsforschung, Ergänzungsband 10 (1928) S. 237–495.
5 Gerhoch von Reichersberg, De investigatione Antichristi I c. 51, hg. von E. Sackur, Hannover 1897 = Monumenta Germaniae historica. Libelli de lite III, S. 304–395, hier S. 357.
6 J. C. Robertson, Materials for the History of Thomas Becket, Archbishop of Canterbury, Bd. 5–7, London 1881–1885, hier Bd. 5, S. 58 Nr. 36.
7 Robertson, Materials, Bd. 5, S. 203 Nr. 108.
8 Zit. nach Haller, Papsttum, Bd. 4, S. 48.
9 Vgl. W. Stürner, Friedrich II., Bd. 2, Darmstadt 2000, S. 543 ff.
10 Das Brief- und Memorialbuch des Albert Behaim, hg. von T. Frenz und P. Herde, München 2000, Nr. 102. Die ausführlichste Biographie Alberts bietet G. Ratzinger, Forschungen zur Bayrischen Geschichte, Kempten 1898.
11 Gemeint sind hier lediglich die *litterae secretae*, die eigentlich politischen Briefe der Päpste, nicht die Urkunden.
12 Diplomatario del Cardenal Gil de Albornoz. Cancillería Pontificia, bisher 3Bde., hg. von E. Sáez u. a., Barcelona 1976–1995, hier Bd.3, S. 42f. Nr. 41 und 42.
13 T. Schmidt, Das päpstliche Kursorenkollegium und seine Statuten von 1306, in: Deutsches Archiv 50 (1994), S. 581–601; A.-M. Hayez, Les courriers des papes d'Avignon sous Innocent VI et Urbain V (1352–1370), in: La circulation des nouvelles au moyen âge, Paris 1994, S. 49–62.
14 So F. Bock, Die Geheimschrift in der Kanzlei Johanns XXII., in: Römische Quartalschrift 42 (1934), S. 279–303.
15 Ediert bei A. Meister, Die Geheimschrift im Dienste der päpstlichen Kurie, Paderborn 1906, S. 125 ff.
16 Ediert von H. Finke, Acta Aragonensia, 3 Bde., Berlin, 1908–22; ND Aalen 1968. Vgl. vor allem Bd. 1, S. CXL ff.
17 Vgl. Fritz Ernst, Über Gesandtschaftswesen und Diplomatie an der Wende vom Mittelalter zur Neuzeit, in: Archiv für Kulturgeschichte 33 (1959), S. 64–95.

P. Blet, Histoire de la représentation diplomatique du Saint Siège, Città des Vaticano 1982.
F.-L. Ganshof, Le moyen âge, Histoire des relations internationales, hrsg. von P. Renouvin, Bd. 1, Paris 1953.
J. Haller, Das Papsttum, 5 Bde., 2. Aufl., Stuttgart 1950–1953.

Christopher Allmand

Spionage und Geheimdienst im Hundertjährigen Krieg

1 Allmand, C., «Some Writers and the Theme of War in the Fourteenth and Fifteenth Centuries» in Krieg im Mittelalter, hg. von H.-H. Kortüm, Berlin: Akademie Verlag 2001, S. 167–180.
2 Alban, J. R., und Allmand, C. T., «Spies and Spying in the Fourteenth Century» in War, Literature and Politics in the Late Middle Ages. Essays in Honour of G. W. Coopland, hg. von C. T. Allmand, Liverpool: Liverpool University Press 1976, S. 73–101, bes. S. 73–79.
3 L'Arbre des Batailles d'Honoré Bonet, hg. von E. Nys, Brüssel: Muquar, und Leipzig: Merzbach und Falk 1883, S. 149.
4 Iuli Frontini, Strategemata, hg. von R. I. Ireland, Leipzig: Teubner 1990, S. 6 f. («De explorandis consiliis hostium»); P. Flavii Vegeti Renati, Epitoma rei mili-

taris, hg. von A. Önnerfors, Stuttgart und Leipzig: Teubner 1995. Eine moderne deutsche Übersetzung des Werks ist Publius Flavius Vegetius Renatus, Abriß des Militärwesens, übersetzt von F. L. Müller, Stuttgart: Franz Steiner 1997. Über einen deutschen Spion in französischen Diensten, vor allem über die Informationen, die er 1337/38 in Deutschland zu gewinnen suchte, und die ihm gezahlte Geldsumme vgl. H. Thomas, «Französische Spionage im Reich Ludwigs des Bayern», Zeitschrift für historische Forschung 1978, S. 1–21, v. a. die Beilage, S. 19–21.

5 L'Arbre des Batailles, S. 144.

6 Epitoma rei militaris, Buch III, Kapitel 6, 9 und 11.

7 Froissart, Jean, Oeuvres. Chroniques, hg. von K. de Lettenhove, 25 Bde., Brüssel: Devaux, Closson 1870–77, V, S. 545.

8 Hewitt, H. J., The Organization of War under Edward III, Manchester: Manchester University Press, und New York: Barnes & Noble 1966, S. 82 und 167.

9 Crook, D. «The Confession of a Spy, 1380», Historical Research 62 (1989), S. 346–350.

10 Edwards, J.G., «The Treason of Thomas Turberville, 1295», in Studies in Medieval History presented to Frederick Maurice Powicke, hg. von R. W. Hunt, W. A. Pantin und R.W. Southern, Oxford: Clarendon Press 1948, S. 296–309.

11 Le songe du Vieil Pèlerin, hg. von G. W. Coopland, 2 Bde., Cambridge: Cambridge University Press 1969, II, S. 85 und 404 f.

12 Quicke, F., «Jean de Saint-Amand, Chanoine de Cambrai, Chapelain du Pape: Faussaire, Traître et Espion (13??-1368)», in Etudes d'Histoire dédiées à la Mémoire de Henri Pirenne par ses Anciens Elèves, Brüssel [ohne Verlagsangabe] 1937, S. 265–289.

13 Mirot, L., «Le procès de Maître Jean Fusoris, Chanoine de Notre-Dame de Paris (1415–1416). Episode des Négociations Franco-Anglaises durant la Guerre de Cent Ans», in Mémoires de la Société de l'Histoire de Paris et de l'Isle de France, 27 (1900), S. 140–172.

14 Griffiths, R. A., «Un Espion Breton à Londres, 1425–1429», Annales de Bretagne et des Pays de l'Ouest 86 (1979), S. 399–403.

15 Vaughan, R., Philip the Good. The Apogee of Burgundy, London: Longmans 1970, S. 102. Zu weiteren burgundischen Spionen vgl. S. 40 und 185 f.

16 Le Songe du Vieil Pèlerin, I, S. 419 und 511 f.

17 Alban und Allmand, «Spies and Spying», S. 87.

18 Zur Bedeutung der Spionage in der Gegend um Calais noch im 16. Jahrhundert vgl. Un homme de Guerre au Temps de la Renaissance: la Vie et les Lettres d'Oudart du Biez, Maréchal de France, Gouverneur de Boulogne et de Picardie (vers 1475–1553), hg. von D. Potter, Arras: Artois Presses Université 2001.

19 Rotuli Parliamentorum, *1278–1503*, hg. von J. Strachey, 7 Bde., London 1767–1832, III, S. 572 f.; IV, S. 11, 79 und 306.

20 Ballard, M., und Davies, C. S. L., «Etienne Fryon: Burgundian Agent, English Royal Secretary, and ‹Principal Counsellor› to Perkin Warbeck», Historical Research 62 (1989). S. 245–259.

21 Le Songe du Vieil Pèlerin, II, S. 84 f., 404 und 406.

22 Alban und Allmand, «Spies and Spying», S. 99.

23 Journal d'un Bourgeois de Paris, 1405–1449, hg. von A. Tuetey, Paris: Société de l'Histoire de Paris 1881, S. 330 f.; Chroniques de Perceval de Cagny, hg. von H. Moranvillé, Paris. Société de l'Histoire de France 1902, S. 230–233.

J. R. Alban/C. T. Allmand, «Spies and Spying in the Fourteenth Century», in: C. T. Allmand (Hrsg.), War, Literature and Politics in the Late Middle Ages. Essays in Honour of G. W. Coopland, Liverpool 1976.
C. T. Allmand, «Some Writers and the Theme of War in the Fourteenth and Fifteenth Centuries», in: H.-H. Kortüm (Hrsg.), Krieg im Mittelalter, Berlin 2001.
R. A. Griffiths, «Un Espion Breton à Londres, 1425–1429», in: Annales de Bretagne et des Pays de l'Ouest 86 (1979).
H. J. Hewitt, The Organization of War under Edward III, Manchester 1966.
D. Potter (ed.), Un homme de Guerre au Temps de la Renaissance: la Vie et les Lettres d'Oudart du Biez, Maréchal de France, Gouverneur de Boulogne et de Picardie (vers 1475–1553), Arras 2001.

Klaus Malettke

Richelieu und Père Joseph

1 Fritz Dickmann, Der Dreißigjährige Krieg und der Westfälische Friede, in: Leonard Reinisch (Hrsg.), Die Europäer und ihre Geschichte. Epochen und Gestalten im Urteil der Nationen, München 1961, S. 79.
2 Heinrich Lutz, Reformation und Gegenreformation (= Oldenbourg. Grundriß der Geschichte, Bd. 10), München, Wien 1979, S. 176.
3 A. Lloyd Moote, Louis XIII, Richelieu and Two-headed Monarchy, in: Proceedings of the 10th annual meeting of the Western Society for French History, Winnipeg 1982, S. 203; vgl. auch Jean Bérenger, Pour une enquête européenne: Le problème du ministériat au XVIIe siècle, in: Annales E. S. C. 29, 1 (1974), S. 171 f.
4 Konrad Repgen, Der Westfälische Friede und die Ursprünge des europäischen Gleichgewichts, in: Manfred Spieker, Friedenssicherung, Bd. 1: Sozialwissenschaftliche, historische und theologische Perspektiven, Münster 1987, S. 76.
5 Lutz, Reformation und Gegenreformation, S. 176.
6 Gabriel Hanotaux, Histoire du cardinal de Richelieu, Bd. II, Teil 2: Richelieu rebelle – La crise européenne de 1621 – Richelieu cardinal et premier ministre (1617–1624), Paris 1894, S. 471.
7 «[...] l'homme le mieux renseigné de la planète». Michel Carmona, Richelieu. L'ambition et le pouvoir, Paris 1983, S. 420.
8 Zitiert über Aldous Huxley, Die graue Eminenz. Übersetzung aus dem Englischen von Herberth E. Herlitschka, Zürich 1948, S. 130.
9 Carl J. Burckhardt, Richelieu, Bd. 2: Behauptung der Macht und kalter Krieg, München 1965, S. 143 f.
10 Huxley, Die graue Eminenz, S. 136.
11 Zitiert über Carl J. Burckhardt, Richelieu, Bd. 1: Der Aufstieg zur Macht, München 1947, S. 69.
12 Zitiert über Burckhardt, Richelieu, Bd. 1, S. 122.
13 Golo Mann, Wallenstein, Frankfurt am Main 1971, S. 686.
14 Zitiert über Carl J. Burckhardt, Richelieu, Bd. 3: Großmachtpolitik und Tod des Kardinals, München 1966, S. 100.
15 Huxley, Die graue Eminenz, S. 237.
16 Zitiert über Burckhardt, Richelieu, Bd. 2, S. 310.
17 Ebd.
18 Mann, Wallenstein, S. 695; vgl. auch Gustave Fagniez, Le Père Joseph et Richelieu 1577–1638, Paris 1894, Bd. 1, S. 437 f.
19 Mann, Wallenstein, S. 696; vgl. auch Gustave Fagniez, Le Père Joseph et Richelieu, Bd. 1, S. 444–447.

20 Mann, Wallenstein, S. 713.
21 Zitiert über Huxley, Die graue Eminenz, S. 219; vgl. auch Gustave Fagniez, Le Père Joseph et Richelieu, Bd. 1, S. 523–531.

Carl J. Burckhardt, Richelieu, Bd. 2: Behauptung der Macht und kalter Krieg, München 1965.
William F. Church, Richelieu and Reason of State, Princeton 1972.
Fritz Dickmann, «Der Dreißigjährige Krieg und der Westfälische Friede» in: Leonard Reinisch (Hrsg.), Die Europäer und ihre Geschichte. Epochen und Gestalten im Urteil der Nationen, München 1961, S. 74–100.
Gustave Fagniez, Le Père Joseph et Richelieu 1577–1638, 2 Bde., Paris 1894.
Anja Victorine Hartmann, Von Regensburg nach Hamburg. Die diplomatischen Beziehungen zwischen dem französischen König und dem Kaiser vom Regensburger Vertrag (13. Okt. 1630) bis zum Hamburger Präliminarfrieden (25. Dez. 1641), Münster 1998.
Aldous Huxley, Die graue Eminenz. Übersetzung aus dem Englischen von Herberth E. Herlitschka, Zürich 1948.
Klaus Malettke, Frankreich, Deutschland und Europa im 17. und 18. Jahrhundert. Beiträge zum Einfluß französischer politischer Theorie, Verfassung und Außenpolitik in der frühen Neuzeit, Marburg 1994.
Klaus Malettke, Les relations entre la France et le Saint-Empire au XVIIe siècle, Paris 2001.

Stefan Weiß

Wilhelm Stieber und Bismarck

1 W. J. C. E. Stieber, Spion des Kanzlers, Stuttgart (Seewald Verlag) 1978; Taschenbuchausgabe: München (dtv) 1981; französische Übersetzung: Espion de Bismarck, Paris (Pygmalion) 1985. Vgl. H.-J. Schoeps, Davon stimmt kein Wort, in: Der SPIEGEL (1978) Heft 40, S. 244–249.
2 J. H. Schoeps, Agenten, Spitzel, Flüchtlinge. Wilhelm Stieber und die demokratische Opposition in London, in: Im Gegenstrom, hg. von H. Schallenberger u. a., Wuppertal 1977, S. 71–104; C. Golsong, Der Kölner Kommunistenprozess von 1852 aus rechtshistorischer Sicht, Diss. Köln 1995.
3 (C. G.) Wermuth und (W.) Stieber, Die Communisten-Verschwörungen des neunzehnten Jahrhunderts, 2 Bde., Berlin 1853–54 (ND Hildesheim 1976).
4 Vgl. Auerbach, S. 61 ff., Bismarck, Erinnerung und Gedanke, hg. von R. Buchner, Darmstadt 1975, S. 94 f., L. von Gerlach, Denkwürdigkeiten, Bd. 2, Berlin 1892, S. 346 ff.
5 Bismarck, Gesammelte Werke, Bd. 7, 1: Gespräche, 2. Aufl., Berlin 1924, S. 128 Nr. 114.
6 Vgl. F. Stern, Gold und Eisen, Frankfurt a. M. 1978, S. 329 ff.; Auerbach, S. 247.
7 Bismarck, Gesammelte Werke, Bd. 6 b, 2. Aufl., Berlin 1931, S. 490 Nr. 1797, L. Schneider, Aus dem Leben Kaiser Wilhelms, Bd. 2, Berlin 1888, S. 233 ff., P. Bronsart von Schellendorff, Geheimes Kriegstagebuch, Bonn 1954, passim; M. Busch, Tagebuchblätter, 3 Bde., Leipzig 1899, passim.
8 L. Schneider, Aus meinem Leben, Bd. 3, Berlin 1880, S. 249 ff. (dort auch das folgende Zitat Schneiders).

L. Auerbach, Denkwürdigkeiten des Geheimen Regierungsrathes Dr. Stieber, Berlin 1884 (dort die zitierten Briefe Stiebers).
H. Höhne, Der Krieg im Dunkeln, München 1985.

R. Nöll von der Nahmer, Bismarcks Reptilienfonds, Mainz 1968.
W. Siemann, Deutschlands Ruhe, Sicherheit und Ordnung, Tübingen 1985.

Albert Pethö

Oberst Redl

1 Zweig, «Die Welt von Gestern». Anmerkungen nur zu einem Detail: «Der Opernball» war eine 1898 und vermutlich lang über die Jahrhundertwende hinaus überaus populäre Operette von Richard Heuberger. Schon Kisch schreibt fälschlich 1924 in «Der Fall des Generalstabschefs Redl» von der Chiffre «Opernball 13», ebenso nochmals im «Prager Pitaval» von 1931; desgleichen Berndorff in «Spionage» von 1929 in einer Schilderung unter dem Titel «Oberst Redl – k. u. k. Generalstabschef»; und auch noch Knightley 1986, in seinem mit «The Second Oldest Profession» betitelten Werk.

2 Höhne, «Der Krieg im Dunkeln»; Ronge, «Kriegs- und Industriespionage»; Piekalkiewicz (Beispielhaft für damals wohl die Karriere der vielleicht bekanntesten Spionin überhaupt, Mata Hari.); «Die Presse», 12. 10. 1996 (Ebenso beispielhaft das Leben des Ignaz Trebitsch-Lincoln).

3 Die Darstellung des Falles Redl stützt sich auf die als seriös zu bewertende Literatur zum Thema, vorzugsweise auf «Kriegs- und Industriespionage», die Erinnerungen von Generalmajor Ronge, der damals als Leiter der Kundschaftsgruppe des Evidenzbureaus zusammen mit den Beamten der Wiener Polizei den Fall klärte; auf das Standardwerk Höhnes, «Der Krieg im Dunkeln»; auf eine von Brigadier Reifberger entdeckte militärhistorische Arbeit aus 1961(?), vom russischen Generalmajor Millstein stammend, dem späteren stellvertretenden Kommandeur der Hauptverwaltung der russischen Aufklärung; auf die Angaben Hauptmann Zerzawys, zur Zeit der Aufdeckung der Affäre Offizier im Evidenzbureau; sowie auf die Akten zum Fall Redl im Kriegsarchiv in Wien.

4 Millstein, «Der Fall Redl» (Generalmajor Millstein zeigt volles Verständnis für die Haltung Conrad von Hötzendorfs.); Höhne; Piekalkiewicz; Akten des Kriegsarchivs Wien, KM Präs. 2–4/40 Nr. 14598 vom 3. 2. 1914 Verschluß, der Redl-Spionageakt – («... es ist jedoch die Annahme voll begründet, dass Redl alles, was ihm in seiner jeweiligen unter allen Umständen hochwichtigen Vertrauensstellung während der fraglichen Periode zur Kenntnis gelangte, auch missbrauchte»); Kriegsarchiv Wien, Zeitungsartikelsammlung ZA 177, Zerzawy, «Neue Illustrierte Wochenschau» Nr. 45 vom 10. 11. 1957.

5 Akten des Kriegsarchivs Wien.

6 Z. B.: Markus, «Der Fall Redl»; Kisch; Sternberg; Schütz.

7 Ronge; Akten des Kriegsarchivs Wien, MKSM 28–2/25 von 1913, Interpellationsbeantwortung – («... Nach allen bisher vorgefundenen Daten weist die erste Spur der Spionage auf den März 1912 hin.»); KM Präs. 2–4/40–16 Nr. 14598 vom 3. 2. 1914 Verschluss («Und so bildet das Jahr 1907 eine bedeutungsvolle Zeitgrenze, an welcher bei einem Spielraume von ungefähr zwei Jahren zurückreichend die missbräuchliche Anwendung der Amtsgewalt von Seite Redls aller Wahrscheinlichkeit nach ihren Anfang genommen zu haben scheint».).

8 Millstein; Reifberger, «Österreichische Militärische Zeitschrift».

9 Millstein (Für eine Erpressung tauchen offenbar keine Belege in russischen Quellen auf. So Millstein einen originalen Martschenko-Bericht zitiert – aus den Quellenangaben geht das nicht hervor, es sieht aber jedenfalls so aus –, hat der russische Militärattaché Martschenko und nicht der Raswedtka-Chef in Warschau, Batjuschin, Redl angeworben. Eine Anwerbung mittels Erpressung durch Batju-

schin bzw. seinen angeblichen Agenten, den Baltendeutschen August Pratt, wird vom erfindungsreichen Busch/Scheutz/Schütz, «Entlarvter Geheimdienst», behauptet, ohne jede Quellenangabe freilich, und von Asprey, «The Panther's Feast», Markus, Armour, und auch Piekalkiewicz übernommen. Auch Kisch spricht von einer angeblichen Erpressung, hier durch Martschenko – «Prager Pitaval». Urbanski, damals Chef des Evidenzbureaus aber bestätigt, daß Redls Extravaganzen unbekannt waren und daß er häufig mit Damenbekanntschaften angetroffen wurde. Jüngst in Rußland aufgetauchte Dokumente lassen den Schluß zu, daß Redl völlig anonym operierte und die Russen erst mit dem Auffliegen der Affäre seine Identität entschlüsselten).

10 Akten des Kriegsarchivs Wien.

11 Ronge in seinen Memoiren («Am schwerwiegendsten war der Verrat des Aufmarsches gegen Russland ...»); Akten des Kriegsarchivs Wien, KM Präs. 2–4/40 Nr. 14598 vom 3.2.1914 Verschluss, der Redl-Spionageakt.

12 Millstein; Golovine, «The Russian Campaign» («The Kiev war game»).

13 Urbanski, in: «Weltkriegsspionage».

14 Höhne; Ronge; Degreif, «Operative Planungen» (Seit 1882 tauschte man zwischen k.u.k. und Großem Preußischem Generalstab Informationen über das Russische Heer und dessen Aufmarsch aus.).

15 Urbanski, in: «Weltkriegsspionage»; (Es gibt in der Literatur auch die Vermutung, dass der Aufmarschplan von 1908 von den Russen zugespielt wurde und eine Fälschung gewesen sein könnte.); Degreif, (Der Autor hingegen führt an, dass der 1908 «von Conrad angenommene russische Aufmarsch» «mit den Planungen des Russischen Generalstabes weitgehend» übereinstimmte. Der russische Aufmarschplan dürfte also doch echt gewesen sein.).

16 Höhne.

17 Erwägungen zu russischer Desinformation bei Reifberger; Millstein allerdings erwähnt keine russischen Desinformationsoperationen in Zusammenhang mit Redl; Höhne.

18 Höhne; Millstein («Redl wurden sogenannte Postkästen gegeben, einige Adressen in neutralen Ländern wie Norwegen und der Schweiz, wohin er im geheimen Photos und Briefe schicken konnte.»).

19 Kronenbitter, Hinweis im persönlichen Gespräch auf den diesbezüglichen Briefwechsel Moltke-Conrad von Hötzendorf; Kronenbitter, «Bundesgenossen?» (Conrad verbirgt konsequenterweise daher auch die Rückverlegung des österreichischen Aufmarsches gegen Russland vor den deutschen Bundesgenossen.).

20 Millstein; Danilow, «Russland im Weltkriege»; Knightley, (Der Autor zitiert einen Professor Swetschin von der sowjetischen Generalstabsakademie in Moskau, der im Ersten Weltkrieg zum Oberkommando des Russischen Heeres gehörte und der Redls Informationen als veraltet qualifiziert); Bolschakow, (Die Ausführungen des russischen Generalleutnants verweisen in die gleiche Richtung); Ronge.

Robert Asprey, The Panther's Feast, London 1959.

John le Carré, Dame, König, As, Spion, Hamburg 1974.

Heinz Höhne, Der Krieg im Dunkeln. Macht und Einfluss der deutschen und russischen Geheimdienste, München 1985.

Albert Pethö, Agenten für den Doppeladler. Österreich-Ungarns Geheimer Dienst im Weltkrieg, Graz 1998.

Janusz Piekalkiewicz, Weltgeschichte der Spionage. Agenten, Systeme, Aktionen, München 1988.

Max Ronge, Kriegs- und Industriespionage. Zwölf Jahre Kundschaftsdienst, Wien 1930.

Gerhard Hirschfeld

Mata Hari: die größte Spionin des 20. Jahrhunderts?

1 Zit. in Ostrovsky, Eye of dawn, S. 116 f.
2 *La Vie Parisienne*, 18. 3. 1905, zit. in: Kupferman, Mata Hari, S. 26.
3 Zit. in Wheelwright, The fatal lover, S. 41.
4 Ebenda, S. 6.
5 Pinto, The spycatcher omnibus, S. 308.
6 Verhör vom 5. 5. 1915, zit. in: Kupferman, Mata Hari, S. 62.
7 Ladoux, Les chasseurs d'espions, S. 233 f.
8 Zit. in Wheelwright, The fatal lover, S. 61.
9 Bouchardon, Souvenirs, S. 311.
10 Zit. in Wheelwright, The fatal lover, S. 88.
11 Zit. ebenda, S. 90.
12 Zit. in: Kupferman, Mata Hari, S. 107.
13 Wheelwright, The fatal lover, S. 99 f.
14 Die Sittengeschichte des Ersten Weltkrieges, S. 387.

Gundula Bavendamm, Spionage und Verrat. Konspirative Kriegserzählungen und französische Innenpolitik, 1914–1917, Essen 2003.
Pierre Bouchardon, Souvenirs, Paris 1953.
Massimo Grillandi, Mata Hari, Mailand 1982.
Charles S. Heymans, La vraie Mata Hari. Courtisane et espionne, Paris 1930.
Phillip Knightley, The second oldest profession. The spy as bureaucrat, patriot, fantasist and whore, London 1986.
Fred Kupferman, Mata Hari. Träume und Lügen, Berlin 1992 (frz. Ausgabe: Paris 1982).
George Ladoux, Les chasseurs d'espions: comment j'ai fait arrêter Mata Hari, Paris 1932.
Erika Ostrovsky, Eye of dawn. The Rise and Fall of Mata Hari, New York 1978.
Oreste Pinto, The spycatcher omnibus. The spy and counter-spy adventures of Lt.-Col. Oreste Pinto, London 1969.
Magnus Hirschfeld/Andreas Gaspar (Hrsg.), Die Sittengeschichte des Ersten Weltkrieges, 1929, Neudruck Hanau 1965.
Léon Schirmann: L'Affaire Mata Hari. Enquête sur une machination, Paris 1994.
Sam Waagenaar, The murder of Mata Hari, London 1964.
Julie Wheelwright, The fatal lover. Mata Hari and the myth of women in espionage, London 1992.

Ernest R. May

Die Nachrichtendienste und die Niederlage Frankreichs 1940

1 Dieser Essay beruht auf Ernest R. May, Strange Victory: Hitler's Conquest of France (New York: Hill and Wang, 2000). Die meisten der hier angesprochenen Punkte sind dort ausführlich erläutert und dokumentiert. Zitate wurden deshalb auf ein Minimum beschränkt. Vgl. insgesamt auch: Karl-Heinz Frieser, Blitzkrieg-Legende: Der Westfeldzug 1940 (München: R. Oldenbourg, 1996).
2 Gunnar Andreassen, zitiert in Heinz-Jürgen Heimsoeth, Der Zusammenbruch der Dritten Französischen Republik: Frankreich während der «Drôle de Guerre» 1939/40 (Bonn: Bouvier, 1990), S. 342.
3 Adolf Heusinger, Befehl im Widerstreit: Schicksalsstunden der deutschen Armee

(Tübingen: Rainer Wunderlich, 1950), S. 86; Moriz von Faber du Faur, Macht und Ohnmacht: Erinnerungen eines alten Offiziers (Stuttgart: Hans E. Günther, 1953), S. 209.

4 Vgl. Strange Victory sowie die Veröffentlichungen von Paul Paillole, damals Chef der französischen Gegenspionage, insbesondere Services spéciaux, 1935–1945 (Paris: Robert Laffont, 1975) und Notre espion chez Hitler (Paris: Robert Laffont, 1985).

5 Vgl. neben Strange Victory siehe die gut dokumentierten Liß-Memoiren Westfront 1939/40: Erinnerungen des Feindarbeiters im O. K. H. (Neckargemünd: Kurt Vowinckel, 1959).

6 Vgl. neben Strange Victory verschiedene Publikationen von Jean Vanwelkenhuyzen, insbesondere Les avertissements qui venaient de Berlin (9. Oktober 1939–10. Mai 1940) (Paris: Duculot, 1982).

7 Rivet-Tagebuch, 13. Oktober 1939, zitiert bei Paillole, Services Spéciaux, S. 173 f.

8 Vgl. Strange Victory, S. 49–351, 369–370.

9 Maurice-Henri Gauché, Le Deuxième Bureau au Travail (1935–1940) (Paris: Amiot-Dumont, 1953), S. 12.

10 Deuxième Bureau, «Note», 15. Dezember 1939, 7 N 2526, Service Historique de l'Armée de Terre, Château de Vincennes, Paris.

11 Vgl. Strange Victory, S. 362 f.

12 Vgl. Strange Victory, S. 400–404; sowie Frieser, Blitzkrieg-Legende, S. 302–306.

13 Andreas Hillgruber, Hitlers Strategie: Politik und Kriegführung 1940–1941 (Frankfurt/Main: Bernard & Graefe, 1965), S. 34.

Moriz von Faber du Faur, Macht und Ohnmacht. Erinnerungen eines alten Offiziers, Stuttgart 1953.

Karl-Heinz Frieser, Blitzkrieg-Legende. Der Westfeldzug 1940, 2. Aufl., München 1996.

Heinz-Jürgen Heimsoeth, Der Zusammenbruch der Dritten Französischen Republik: Frankreich während der «drôle de guerre» 1939/40, Bonn 1990.

Andreas Hillgruber, Hitlers Strategie. Politik und Kriegführung 1940–1941, Frankfurt a. M. 1965.

Adolf Heusinger, Befehl im Widerstreit. Schicksalsstunden der deutschen Armee, Tübingen 1950.

Ulrich Liß, Westfront 1939/40. Erinnerungen des Feindarbeiters im O. K. H., Neckargemünd 1959.

Ernest R. May, Strange Victory. Hitler's Conquest of France, New York 2000.

Paul Paillole, Services spéciaux, 1935–1945, Paris 1975.

Paul Paillole, Notre espion chez Hitler, Paris 1985.

Jean Vanwelkenhuyzen, Les avertissements qui venaient de Berlin. 9. oct. 1939–10. mai 1940, Paris 1982.

Jürgen Rohwer
Die ENIGMA-Schlüsselmaschine

David Alvarez, Allied and Axis Signals Intelligence in World War II, London 1999.

Friedrich L. Bauer, Decrypted Secrets. Methods and Maxims of Cryptology, Berlin 1997.

Patrick Beesly, Very Special Intelligence. Geheimdienstkrieg der britischen Admiralität 1939–1945, Berlin 1978.

Ralph Bennett, Behind the Battle. Intelligence in the War with Germany, 1939–1945, London 1994.
Heinz Bonatz, Seekrieg im Äther. Die Leistungen der Marine-Funkaufklärung 1939–1945. Herford 1981.
F.H.Hinsley, British Intelligence in the Second World War, Abridged Edition, London 1993.
F.H.Hinsley/Alan Stripp, Codebreakers. The Inside Story of Bletchley Park, Oxford 1993.
David Kahn, Seizing the Enigma. The Race to Break the German U-Boat Codes, 1939–1943, Boston 1991.
Wladyslaw Kozaczuk, Geheimoperation WICHER. Polnische Mathematiker knacken den deutschen Funkschlüssel ‹Enigma›, Bonn 1989.
Jürgen Rohwer/Eberhard Jäckel (Hrsg.), Die Funkaufklärung und ihre Rolle im Zweiten Weltkrieg, Stuttgart 1979.
Hugh Sebag-Montefiori, ENIGMA. The Battle for the Code, London 2000.
Gordon Welchman, The Hut Six Story. Breaking the Enigma Codes. New York 1982.
F. W. Winterbotham, The Ultra Secret, London 1974.

Thomas Noetzel

Anthony Blunt – Der britische Edelspion

1 Zur Einordnung dieses Verrats als Generationsphänomen: Thomas Noetzel, Faszination des Verrats. Eine Studie zur Dekadenz im Ost-West-Konflikt, Hamburg 1989.
2 Wilfrid Blunt, Married to a Single Life, Autobiography, Salisbury 1983; Ders., Slow on the Feathers. Further Autobiography, 1938–1959, Salisbury 1986. Miranda Carter, Anthony Blunt: His Lives, New York 2001.
3 Andrew Boyle, The Climate of Treason, London 1979.
4 Der sowjetische Nachrichtendienst hat mehrere Namenswechsel durchgemacht. Aus Gründen der Übersichtlichkeit wird allgemein von KGB gesprochen, auch wenn NKWD, GPU, OGPU gemeint sind.
5 Nigel West/Oleg Tsarev, The Crown Jewels. The British Secrets exposed by the KGB Archives, London 1998, S. 25 ff., 124 ff.
6 Matthew Arnold, Culture and Anarchy. An Essay in Political and Social Criticism (1869), in: The Complete Prose Works of Matthew Arnold, Bd. 5, Ann Arbor 1965, S. 155.
7 Thomas Hughes, The Manliness of Christ, London 1894, S. 194.
8 Harold Nicholson, Give me a Character, Sir. Adresses to Schoolboys by H. Nicholson, 3. Auflage, London 1938.
9 Ebd., S. 45.
10 Ebd., S. 86, 91 f.
11 H. N. Brailsford, The Rebel in English Literature, in: Anthony Weymouth (Ed.), The English Spirit, London 1940, S. 53.
12 Ebd., S. 54.
13 Anthony Blunt, From Bloomsbury to Marxism, in: Studio International – Journal of Modern Art, Nov. 1973, S. 164–168.
14 Louis MacNeice, The Strings are False – an Unfinished Autobiography, London 1965, S. 95.
15 Ebd., S. 231.
16 Blunt, From Bloomsbury, S. 168.

17 Ebd., S. 167.
18 Ebd.
19 John Strachey, The Coming Struggle For Power, 4. Aufl. London 1934, S. 155.
20 Goronwy Rees, A Chapter of Accidents, London 1977, S. 163.
21 Donald Maclean, British Foreign Policy Since Suez, London 1970, S. 327.
22 Strachey, Struggle, S. 155.
23 Harold Philby, My Silent War, 4. Aufl. London 1981, S. 16.
24 Ebd.
25 Ebd., S. 15.
26 Zitiert nach Ronald Blythe, The Age of Illusion – England in the Twenties and Thirties 1919–1940, London 1963, S. 109.
27 West/Tsarev, The Crown Jewels, S. 170 f.
28 Schon 1939 hatte der in die USA geflohene KGB-Abteilungsleiter Walter Krivitsky in allgemeiner Form von einem Diplomaten im britischen Foreign Office berichtet, der für die UdSSR spionierte und innerhalb des KGB so hermetisch abgeschirmt sei, dass nur wenige Personen den Klarnamen kennten. Damit war offensichtlich Maclean gemeint. Erst die Auswertung des sowjetischen Funkverkehrs im sog. «Venona-Material» machte schließlich Ende der vierziger Jahre diese Angaben Krivitskys deutbar und bereitete dem Cambridger Ring ein Ende. Vgl. dazu Walter G. Krivitsky, I was Stalin's Agent, New York 1939; West/Tsarev, The Crown Jewels, S. 182.
29 Barrie Penrose/Simon Freeman, Conspirancy of Silence. The Secret Life of Anthony Blunt, London 1986.
30 Thomas Noetzel, Die Revolution der Konservativen. England in der Ära Thatcher, Hamburg 1987.
31 West/Tsarev, The Crown Jewels, S. 346 f.

Andrew Boyle, The Climate of Treason, London 1979.
Miranda Carter, Anthony Blunt. His Lives, New York 2001.
Thomas Noetzel, Faszination des Verrats. Eine Studie zur Dekadenz im Ost-West-Konflikt, Hamburg 1989.
Barrie Penrose/Simon Freeman, Conspiracy of Silence. The Secret Life of Anthony Blunt, London 1986.
Nigel West/Oleg Tsarev, The Crown Jewels. The British Secrets Exposed by the KGB Archives, London 1998.

Hubertus Knabe

Der Kanzleramtsspion

1 Zitiert nach: Gregor Schöllgen, Willy Brandt. Die Biographie, Berlin/München 2001, S. 202
2 Knopp, Verräter im Geheimen Krieg, S. 185.
3 Oberst Rudolf Genschow/Oberst Otto Wendel, Forschungsergebnisse zum Thema «Die Entwicklung operativer Prozesse zum systematischen Eindringen in bedeutende Führungsstellen» – am Beispiel zentraler Vorgänge untersucht, Dissertation an der Juristischen Hochschule, Potsdam 1974, zitiert nach: Knabe, Die unterwanderte Republik, S. 45.
4 Knopp, Verräter im Geheimen Krieg, S. 180.
5 Guillaume, Die Aussage, S. 5.
6 Wolf, Erinnerungen, S. 291.
7 Zur Entwicklung der Krise der SPD/FDP-Koalition in der BRD und zum Verfall

der Autorität Brandts. Anlage zum Schreiben des Ministers vom 21. 5. 1974, zitiert nach: Knabe, Die unterwanderte Republik, S. 46.
8 Wolf, Erinnerungen, S. 497.
9 Guillaume, Die Aussage (1988), S. 411.
10 Ebenda, S. 269.
11 Wolf, Erinnerungen, S. 287.

Anonymus, Guillaume, der Spion. Ein dokumentarischer Bericht, Landshut 1974.
Deckname Stabil. Stationen aus dem Leben und Wirken des Kommunisten und Tschekisten Paul Laufer, Leipzig 1988.
Günter Guillaume, Die Aussage: protokolliert von Günter Karau/Günter Guillaume, Berlin, 1988.
Günter Guillaume, Die Aussage. Wie es wirklich war, München 1990.
Hubertus Knabe, Die unterwanderte Republik. Stasi im Westen, Berlin 1999.
Guido Knopp, Verräter im Geheimen Krieg, München 1994.
Norbert F. Pötzl, Basar der Spione. Die geheimen Missionen des DDR-Unterhändlers Wolfgang Vogel, Hamburg 1977.
Heinz Vielain/Manfred Schell, Verrat in Bonn, Berlin 1978.
Markus Wolf, Spionagechef im geheimen Krieg. Erinnerungen, München 1997.

Wolfgang Krieger

«Dr. Schneider» und der BND

1 Besonders wichtige Publikationen: Hermann Zolling/Heinz Höhne, Pullach intern: General Gehlen und die Geschichte des Bundesnachrichtendienstes (Hamburg 1971); Udo Ulfkotte, Verschluss-Sache BND (München 1997); Waldemar Markwardt, Erlebter BND: Kritisches Plädoyer eines Insiders (Berlin 1996); Mary Ellen Reese, General Reinhard Gehlen: the CIA Connection (Fairfax, VA 1990); Reinhard Gehlen, Der Dienst: Erinnerungen 1942–1971 (Mainz 1971); E. H. Cookridge, Gehlen: Spy of the Century (London 1974).
2 Siehe dazu: Hans-Heinrich Wilhelm, Zwei Legenden aus dem Dritten Reich (Stuttgart 1974); David Kahn, Hitler's Spies: German Military Intelligence in World War II (New York 1978); Militärgeschichtliches Forschungsamt (ed.), Das Deutsche Reich und der Zweite Weltkrieg, Bde 4 und 6 (Stuttgart 1983/90).
3 Eine im Sommer 2002 durch das National Archive in Washington bereitgestellte Sammlung von 3000 Seiten an deklassifizierten Dokumenten über Gehlens Beziehungen zu den USA (1945–1955) konnte leider für diesen Essay nicht rechtzeitig ausgewertet werden.
4 Sergej Mironenko et al., Sowjetische Speziallager in Deutschland, 1945–1950 (Berlin 1998); Peter Reif-Spirek (ed.), Speziallager in der SBZ: Gedenkstätten mit «doppelter Vergangenheit» (Berlin 1999).
5 Weitere Hinweise in: Wolfgang Krieger, American Security Policy in Europe before NATO, in: Francis Heller/John Gillingham (eds), NATO, the Founding of the Atlantic Alliance, and the Integration of Europe (New York: St. Martin's Press 1992).
6 Jürgen Heideking, Geheimdienstkrieg gegen Deutschland (Göttingen 1993); Petra Marquardt-Bigman, Amerikanische Geheimdienstanalysen über Deutschland, 1942–1949 (München 1995).
7 Persönliche Mitteilung an den Verfasser.
8 Georg Meyer, Adolf Heusinger – Dienst eines deutschen Soldaten 1915–1964 (Hamburg 2001).

9 Zolling/Höhne S. 239.
10 Susanne Meinl, Nationalsozialisten gegen Hitler: die nationalrevolutionäre Opposition um Friedrich Wilhelm Heinz (Berlin 2000).
11 Hans-Peter Schwarz, Adenauer: der Aufstieg (Stuttgart 1986) S. 747.
12 Zolling/Höhne S. 208 ff.
13 Gehlen bemühte sich übrigens, auch die SPD-Führung für sich zu gewinnen. Im September 1950 führte er erstmals ein Gespräch mit Kurt Schumacher. Für die Gründung des BND 1955/56 suchte und fand er die Zustimmung der SPD-Fraktion im Bundestag.
14 Unter den gefunden Papieren befanden sich sogar Teile der NATO-Zielkartei für den Atomkrieg, die nicht einmal der deutsche Verteidigungsminister und der Bundeskanzler sehen durfte! (Persönliche Mitteilung an den Verfasser.).
15 Hans-Peter Schwarz, Adenauer: der Staatsmann (Stuttgart 1991) S. 790.
16 Schwarz, Adenauer: der Staatsmann S. 867.
17 Hubertus Knabe, Die unterwanderte Republik: Stasi im Westen (Berlin, 2000).
18 Shimron in Ulfkotte p. 430.
19 Rolf Vogel, Der deutsch-israelische Dialog, 8 Bde (München 1987–90); Shlomo Shpiro, Baustein für die Zukunft: Die strategische Partnerschaft zwischen Deutschland und Israel bleibt von Bedeutung, in: Internationale Politik 55/9 (2000).

Reinhard Gehlen, Der Dienst. Erinnerungen 1942–1971, Mainz 1971.
Wolfgang Krieger, «Foreign Intelligence Services in Germany after 1945», in: Lars Ch. Jenssen/Olav Riste/(Hrsg.), Intelligence in the Cold War. Organisation, Role and International Cooperation, Oslo 2001.
Waldemar Markwardt, Erlebter BND. Kritisches Plädoyer eines Insiders, Berlin 1996.
Mary Ellen Reese, General Reinhard Gehlen. The CIA Connection, Fairfax 1990.
Udo Ulfkotte, Verschluss-Sache BND, München 1997.
Hans-Heinrich Wilhelm, Zwei Legenden aus dem Dritten Reich, Stuttgart 1974.
Hermann Zolling/Heinz Höhne, Pullach intern. General Gehlen und die Geschichte des Bundesnachrichtendienstes, Hamburg 1971.

Roger Engelmann

«Schild und Schwert» als Exportartikel: die Sowjets und der Aufbau der DDR-Geheimdienste

* Erweiterte Fassung eines Aufsatzes in: Hilger, Andreas/Schmeitzner, Mike/Schmidt, Ute (Hrsg.): Diktaturdurchsetzung. Instrumente und Methoden 1945–1955, Dresden 2001.
1 Zitiert nach: Gieseke, Jens: Die hauptamtlichen Mitarbeiter der Staatssicherheit. Personalstruktur und Lebenswelt 1950–1989/90, Berlin 2000, S. 53.
2 Zitiert nach: Petrov, Nikita: Die Apparate des NKVD/MVD und des MGB in Deutschland 1945–1953. Eine historische Skizze. In: Mironenko, Sergej/Niethammer; Lutz/Plato, Alexander von (Hrsg.): Sowjetische Speziallager in Deutschland 1945 bis 1950, Bd. 1: Studien und Berichte, Berlin 1998, S. 143–157, hier 153.
3 Zitiert nach: Bailey, George/Kondraschow, Sergej A./Murphy, David E.: Die unsichtbare Front. Der Krieg der Geheimdienste im geteilten Berlin, Berlin 1997, S. 227.
4 Zitiert nach: Engelmann, Roger: Diener zweier Herren. Das Verhältnis der Staatssicherheit zur SED und den sowjetischen Beratern 1950–1959, in: Suckut, Siegfried/Süß, Walter (Hrsg.): Staatspartei und Staatssicherheit. Zum Verhältnis von SED und MfS, Berlin 1997, S. 51–72, hier 56.

5 Zitiert nach: ebenda, S. 57 f.
6 Zitiert nach: ebenda, S. 60.
7 Zitiert nach: Fricke, Karl Wilhelm; Engelmann, Roger: «Konzentrierte Schläge. Staatssicherheitsaktionen und politische Prozesse 1953–1956. Berlin 1998, S. 259.
8 Zitiert nach: ebenda, S. 223.
9 Zitiert nach: ebenda, S. 224 f.
10 Zitiert nach: Engelmann: Diener zweier Herren, S. 69.

Christopher Andrew/Wassili Mitrochin, Das Schwarzbuch des KGB. Moskaus Kampf gegen den Westen, Berlin 1999.
George Bailey/Sergej A. Kondraschow/David E. Murphy, Die unsichtbare Front. Der Krieg der Geheimdienste im geteilten Berlin, Berlin 1997.
Roger Engelmann, «Diener zweier Herren. Das Verhältnis der Staatssicherheit zur SED und den sowjetischen Beratern 1950–1959», in: Siegfried Suckut/Walter Süß (Hrsg.), Staatspartei und Staatssicherheit. Zum Verhältnis von SED und MfS, Berlin 1997, S. 51–72.
Jens Gieseke, Die hauptamtlichen Mitarbeiter der Staatssicherheit. Personalstruktur und Lebenswelt 1950–1989/90, Berlin 2000.
Andreas Hilger/Mike Schmeitzner/Ute Schmidt (Hrsg.), Diktaturdurchsetzung. Instrumente und Methoden der kommunistischen Machtsicherung 1945–1955, Dresden 2001.
Wolfgang Krieger/Jürgen Weber (Hrsg.), Spionage für den Frieden? Nachrichtendienste in Deutschland während des Kalten Krieges, München 1997.
Bernhard Marquardt, «Die Zusammenarbeit zwischen MfS und KGB», in: Materialien der Enquete-Kommission «Aufarbeitung von Geschichte und Folgen der SED-Diktatur in Deutschland», hrsg. vom Deutschen Bundestag, Bd. VIII: Das Ministerium für Staatssicherheit – Seilschaften, Altkader, Regierungs- und Vereinigungskriminalität, S. 297–361.
Monika Tantzscher, «Die Vorläufer des Staatssicherheitsdienstes in der Polizei der Sowjetischen Besatzungszone – Ursprung und Entwicklung der K 5» in: Jahrbuch für historische Kommunismusforschung, 6 (1998), S. 125–156.

Loch K. Johnson

Verdeckte Aktionen und die CIA: Amerikas geheime Außenpolitik

William Colby/Peter Forbath, Honorable Men, New York 1978.
Allan E. Goodman/Bruce D. Berkowitz, The Need to Know, New York 1992.
Loch K. Johnson, America's Secret Power, New York 1989.
Loch K. Johnson, Secret Agencies, New Haven 1996.
Loch K. Johnson, Bombs, Bugs, Drugs und Thugs, New York 2002.
Thomas Powers, The Man Who Kept the Secrets, New York 1979 (deutsch CIA. Die Geschichte. Die Methoden. Die Komplotte. Ein Insider-Bericht, Hamburg 1980).
John Prados, President's Secret Wars, New York 1986.
Michael Reisman/James E. Baker, Regulating Covert Action, New Haven 1992.
Gregory F. Treverton, Covert Action, New York 1987 (deutsch Top Secret! Geheime Operationen und ihre politischen Auswirkungen, Stuttgart 1988).
U.S. Senate, Select Committee to Study Governmental Operations with Respect to Intelligence Activities (The Church Committee), Interim and Final Reports, Washington, D. C., 1975 und 1976.

Yigal Sheffy

Ohne Vorwarnung: der Überraschungsangriff auf Israel 1973

Die Mehrzahl der Veröffentlichungen über das Thema der Überraschung durch den Jom-Kippur-Krieg ist in hebräischer oder arabischer Sprache verfasst und wird deshalb hier nicht aufgeführt – mit Ausnahme des offiziellen Berichts der Kommission der israelischen Regierung zur Untersuchung des Jom-Kippur-Kriegs, der nach wie vor die wichtigste Quelle zur Dokumentation der behandelten Zeit darstellt; aus ihm stammen alle in dem Aufsatz angeführten Zitate.

Bericht der Agranat-Kommission zur Untersuchung des Jom-Kippur-Kriegs, hrsg. von der israelischen Regierung, Jerusalem 1974 (Tel Aviv, Archiv des Verteidigungsministeriums 1975) [hebräisch].

Ahron Bregman/Jihran El-Tahri, The Fifty Years War. Israel and the Arabs, London 1998.

Eliot Cohen/John Gooch, Military Misfortunes. The Anatomy of Failure in War, New York 1991.

Anthony H. Cordesman/Abraham R. Wagner, The Lessons of Modern War, Bd. I, Boulder 1990.

Abd al-Ghani Muhammad al-Gamasy, The October War. Memoirs of Field Marshal El-Gamasy of Egypt, Kairo 1993.

Mohammed Heikal, The Road to Ramadan, New York 1975.

Chaim Herzog, The War of Atonement. The Inside Story of the Yom Kippur War, Boston 1975.

John Hughes-Wilson, Military Intelligence Blunders, London 1999.

Victor Israelyan, Inside the Kremlin During the Yom Kippur War, University Park 1995.

Uri Bar Joseph, The Watchman Fell Asleep. The Surprise of Yom Kippur and Its Sources (in Vorbereitung).

Anwar el-Sadat, In Search of Identity, New York 1977.

Saad el-Shazly, Crossing the Suez, San Francisco 1980.

Shlomo Shpiro

Eichmann und der Mossad

1 S. Steven, The Spymasters of Israel, New York 1980, S. 129–139.

2 Als Isser Harel ein Buch über die Operation schreiben wollte,verweigerte die israelische Behörde für Militärzensur fünf Jahre lang ihre Zustimmung. Ein besonderer Ministerialausschuss wurde schließlich zusammengestellt, um die Veröffentlichung zu genehmigen. Siehe Isser Harel, *The House on Garibaldi Street*, herausgegeben von Shlomo Shpiro (Frank Cass, London 1997).

3 Zur Geschichte und Entwicklung der Spionageabteilung der Hagana siehe E. Dekel, The Story of Shay, Tel-Aviv 1959.

4 I. Black/B. Morris, Israel's Secret Wars: The Untold History of Israeli Intelligence, New York 1991, S. 47–50.

5 Eines der berühmtesten Aliya Bet Schiffe, die *Exodus*, hatte über 4000 Passagiere an Bord. Sie wurde vor der Küste von britischen Royal Navy-Zerstörern gekapert, die Passagiere wurden gezwungen, nach Europa zurückzukehren, was in den Weltmedien viel Aufmerksamkeit erregte und für die politische Unterstützung der amerikanischen Juden für die Errichtung eines unabhängigen jüdischen Staates eine große Rolle spielte. Für eine umfassende Schilderung der Aktivitäten des Aliya Bet siehe Hadari, 1991.

6 Eine detaillierte Analyse der Rolle des Mossad bei der halblegalen und illegalen Immigration von Juden nach Israel findet sich in: Tad Szulc, The Secret Alliance, Farrer, New York 1991.
7 Beispielsweise war der wichtigste Kontakt des Aliya Bet in Istanbul der Apostolische Nuntius des Vatikan. Er unterstützte insgeheim die Reise von Juden aus Osteuropa. Siehe: Szulc, S. 51–56.
8 Zu Harels Biografie und Karriere siehe M. Bar Zohar, Spies in the Promised Land: Isser Harel and the Israeli Secret Service, London 1972.
9 Interview mit Diamant für die Fernsehserie ‹Secrets of War›, 2000.
10 Zu Eichmanns Beteiligung an der Deportierung von Juden aus Deutschland vor dem Krieg siehe: S. Blumberg/G. Owens, The Survival Factor: Israeli Intelligence from WWI to the Present, New York 1981, S. 17–19, 64–71.
11 Z. Malhin/U. Dan, Eichmann is in my Hand, Tel-Aviv 1987, S. 158–160.
12 Louis Snyder, Encyclopedia of the Third Reich, Wordsworth, Ware 1998, S. 80–81.
13 Vor Eichmanns Entführung waren in der Presse viele Berichte über seinen angeblichen Wohlstand und seine Reisen in arabische Länder zu finden. Manche behaupteten sogar, dass er ‹nicht weniger als siebzig Reisepässe besaß›. Dies waren allerdings meist Mossad-Enten, die Eichmann irreführen wollten. Siehe zum Beispiel: R. Deacon, The Israeli Secret Service, London 1977, S. 103–106.
14 Interviews des Autors mit Harel, 1996–2000.
15 Harel, op. cit., S. 14–27.
16 Zur Beziehung zwischen Mossad und BND siehe: S. Shpiro, Intelligence Services and Foreign Policy: German-Israeli Intelligence and Military Cooperation, in: German Politics, vol. 11/1, April 2002, S. 23–42.
17 Interview des Autors mit einem Mitglied des Mossadteams. Siehe auch Harel, op. cit., S. 98–99.
18 Interview des Autors mit Yizhak Nesher, damals im Mossadteam in Buenos Aires, der bei der Unterzeichnung anwesend war.
19 Die Protokolle des Prozesses wurden auf Englisch und auf Deutsch veröffentlicht. Die Dokumente zur Verhandlung stehen im Israelischen Staatsarchiv (ISA) in Jerusalem zu Forschungszwecken zur Verfügung. Sie wurden ebenfalls auf Englisch und auf Deutsch veröffentlicht.

M. Bar-Zohar, Spies in the Promised Land. Isser Harel and the Israeli Secret Service, London 1972.
I. Black/B. Morris, Israel's Secret Wars. The Untold History of Israel Intelligence, New York 1991.
E. Follath, Das Auge Davids, Hamburg 1980.
I. Harrel, The House on Garibaldi Street, hg. v. S. Shpiro, London 1997.
Z. Malhin/U. Dan, Eichmann is in My Hand, Tel Aviv 1987.
D. Raviv/Y. Melman, Every Spy a Prince. The Complete History of Israel's Intelligence Community, Boston 1990.
S. Steven, The Spymasters of Israel, New York, 1980.

Maurice Vaïsse

Die «Rainbow Warrior»-Affäre

1 Bernard Tricot, Mémoires, Paris 1994, S. 428.
2 Dazu: Jean Guisnel, Hernu, Fayard 1993; Jean Guisnel, Bernard Violet, Services secrets: le pouvoir et les services de renseignement sous François Mitterrand, Pa-

ris 1988; Paul Favier, Michel Martin-Rolland, La Décennie Mitterrand, Bd 2, Les épreuves (1984–1988), Paris 1991; John Dyson, Joseph Fitchett, Sink the Rainbow, an Inquiry into the Greenpeace Affair, London 1986. Die Protagonisten haben ihre Erinnerungen veröffentlicht: Amiral Lacoste, Un admiral au secret, Paris 1997; Laurent Fabius, Les blessures de la vérité, Paris 1995; Bernard Tricot, op. cit.; Dominique Prieur, Agent secrète, Paris 1995; Alain Mafart, Carnets secrets d'un nageur de combat, Paris 1999.

3 Yves Le Baut (Hrsg.), Les essais nucléaires français, Brüssel 1996; Bernard Dumortier, Les atolls de l'atome, 1997; Jean-Marc Regnault, La bombe française dans le Pacifique, 1993; Amiral Duval, Yves Le Baut, L'arme nucléaire français. Pourquoi? Comment?, 1992; Maurice Vaïsse, «La politique de défense de François Mitterrand 1981–1984», in: François Mitterrand, les années du changement, Paris 2001, S. 160–194.

4 Im April 1982 erfolgte die Umbenennung des Amtes in DGSE (Generaldirektion der Außensicherheit). Sieben Monate später trat Admiral Pierre Lacoste die Nachfolge von Pierre Marion (ab Juli 1981) und Alexandre de Marenches (1970–1981) als Leiter der DGSE an. Nach vierzig Jahren im Dienst der französischen Marine und mit der Aussicht, Generalinspekteur dieses Truppenteils zu werden, übernahm Admiral Lacoste das Amt unter erschwerten Bedingungen.

5 Admiral Lacoste, op. cit., S. 146.

6 François Bernard, ebenfalls conseiller d'État, Generalsekretär für die Verwaltung im Verteidigungsministerium und ehemaliger Kabinettsdirektor des Ministers, unterstützte Bernard Tricot in seiner Aufgabe.

7 Daniel Vernet, Le Monde, 28. August 1985.

8 Edwy Plenel, Le Monde, 28. August 1985.

9 Dazu gehörten neben Admiral Lacoste der Präfekt Parant, Generalsekretär der DGSE, General Amin, stellvertretender Leiter, Oberst Lesquer, Leiter der Abteilung Aktion und dessen Stellvertreter Oberstleutnant Faberon.

10 Beide sind überzeugt, dass Bernard Tricot die ganze Wahrheit kennt und entsprechend enttäuscht von dem Bericht. Alain Mafart, op. cit., S. 179–181; Dominique Prieur, op. cit., S. 165–166.

11 Bernard Tricot notierte, dass die DGSE-Agenten in der Zeit von 28. Juni bis zum 7. Juli 1985 entlang der neuseeländischen Küste viel spazieren gingen. Eine Feststellung, die ihn zum folgenden Kommentar veranlasste: «Ich glaube verstanden zu haben, aber dies trifft selbstverständlich nur für die Junggesellen zu, dass unsere Landsmänner dem weiblichen Teil der Bevölkerung besondere Aufmerksamkeit schenkten».

12 In einer Fernsehansprache antwortete Bernard Tricot, dass er überhaupt nicht wisse, wer die Täter seien. Er erwähnte mögliche Hypothesen und nannte dabei Einzeltäter oder ausländische Nachrichtendienste.

13 Laurent Fabius, op. cit., S. 116.

14 Amiral Lacoste, op. cit., S. 147.

15 Dies bestätigt Jean Guisnel, op. cit., S. 516. Siehe auch Alain Mafart, op. cit., S. 139–144 und Amiral Lacoste, op. cit., S. 145–156, Zitat S. 145.

16 Alain Mafart, op. cit., S. 171.

17 Amiral Lacoste, op. cit., S. 145.

18 Amiral Lacoste, ibid, S. 150.

19 Gespräch mit Laurent Fabius vom 19. Mai 2001. Dies glaubt auch Alain Mafart.

20 Christine Ockrent, Alexandre de Marenches, Dans le secret des Princes, Paris 1986, S. 355–356.

21 Alain Mafart, op. cit., S. 181–182.

22 Alain Mafart, ibid., S. 180.
23 Amiral Lacoste, op. cit., S. 151.

John Dyson/Joseph Fitchett, Sink the Rainbow. An Inquiry into the Greenpeace Affair, London 1986.
Laurent Fabius, Les blessures de la vérité, Paris 1995.
Paul Favier/Michel Martin-Rolland, La Décennie Mitterrand, Bd 2, Les épreuves, 1984–1988, Paris 1991.
Jean Guisnel, Hernu ou la republique ou coeur, Paris1993.
Jean Guisnel/Bernard Violet, Services secrets. Le pouvoir et les services de renseignement sous François Mitterrand, Paris 1988.
Admiral Lacoste, Un admiral au secret, Paris 1997.
Alain Mafart, Carnets secrets d'un nageur de combat, Paris 1999.
Dominique Prieur, Agent secrète, Paris 1995.
Bernard Tricot, Mémoires, Paris 1994.
Maurice Vaïsse, «La politique de défense de François Mitterrand 1981–1984», in: François Mitterrand, les années du changement (Paris 2001) S. 160–194

Wolfgang Krieger

Der 11. September: ein Versagen der Geheimdienste?

1 Washington Times (28. Aug 2002) Bericht von Bill Gertz.
2 Jean-Charles Brisard/Guillaume Dasquié, Die verbotene Wahrheit: Die Verstrickungen der USA mit Osama Bin Laden (Zürich 2002).
3 Robert Baer, See No Evil: The True Story of a Ground Soldier in the CIA's War on Terrorism (New York 2002).
4 Hervorragend dazu: Stefan Aust/Cordt Schnibben (Hrsg.), 11. September: Geschichte eines Terrorangriffs (Stuttgart 2002) S. 153 ff.
5 Frankfurter Allgemeine Zeitung (4. Juli 2002) Bericht von Udo Ulfkotte.
6 International Herald Tribune (13. Dezember 2001) Meinungsbeitrag von William Pfaff.
7 War on Terrorism – Jane's Analysis (5. Oktober 2001).
8 International Herald Tribune (4. Oktober 2001) Bericht von Barton Gellman.
9 International Herald Tribune (4. Oktober 2001) Bericht von Bob Woodward.
10 International Herald Tribune (17. September 2001) Bericht von Joseph Fitchett.
11 Michael Kilchling, Eine Zauberformel, die den Terrorismus bannt? in: Max-Planck-Forschung 4/2001.
12 Brisard/Dasquié, Die verbotene Wahrheit; Artikel von Thomas Spencer in: History Network News (11. Februar 2002).
13 Washington Times (27. August 2002) Bericht von Bill Gertz.
14 Sunday Times (25. August 2002) Bericht von Nick Fielding.
15 International Herald Tribune (2. Oktober 2001) Bericht von Douglas Frantz; man vermutet, dass Pakistan über etwa ein Dutzend Kernwaffen und Spaltmaterial für ein weiteres Dutzend verfügt.
16 International Herald Tribune (22. Oktober 2001) Bericht von Bob Woodward.
17 International Herald Tribune (19. November 2001) Bericht von Bob Woodward.
18 International Herald Tribune (9. November 2001) Bericht von Michael R. Gordon.
19 International Herald Tribune (28. Dezember 2001) Bericht von Joseph Fitchett; ibid. (22. Januar 2002) Bericht von Thom Shanker.
20 Lothar Rühl, Vorstöße ins Leere, in: Frankfurter Allgemeine Zeitung (17. August 2002).

21 International Institute for Strategic Studies: Strategic Comment 8/1 (Januar 2002); Bin Laden behauptete in einem CNN-Interview von 1997, die Aideed-Leute seien von Al-Qaida ausgebildet worden.
22 International Herald Tribune (5. Dezember 2001) Bericht von Bob Woodward, Robert G. Kaiser und David H Ottaway.
23 Washington Post (21. August 2002) Bericht von Bradley Graham.
24 International Herald Tribune (10. Januar 2002) Bericht von Eric Schmitt und James Dao.
25 International Herald Tribune (12. Februar 2002) Bericht von Walter Pincus.
26 Coleen Rowley's Memo To FBI Director Robert Müller, in: Time Magazine (Mai 2002).
27 Fortune Magazine (27. Mai 2002) Bericht von Richard Behar; Washington Post (7. Juni 2002) Bericht von Dan Eggen.
28 Washington Post (9. November 2001) Bericht von Walter Pincus.
29 Washington Post (19. August 2002) Bericht von Walter Pincus.
30 New York Times (11. August 2002) Bericht von Thom Shanker und James Risen; New York Times (21. August 2002) Meinungsbeitrag von Lawrence J Korb und J. D. Tepperman.
31 International Herald Tribune (20. Februar 2002) Bericht von James Dao und Eric Schmitt.
32 Sec. 203 des Gesetzentwurfes «A Bill to Establish a Department of Homeland Security ...» Presseveröffentlichung des Weißen Hauses vom 18. Juni 2002 (im Internet unter *www. whitehouse. gov/news/releases/*); zur Bewertung, siehe International Institute for Strategic Studies, Strategic Comments 8/6 (6. August 2002).
33 Frankfurter Allgemeine Zeitung (30. Juli 2002) Bericht von Matthias Rüb.
34 International Herald Tribune (2. April 2002) Bericht von Emily Eakin.
35 Washington Post (27. September 2001) Kommentar von Jim Hoagland.
36 Michael P. Noonan/John Hillen, The Coming Transformation of the U.S. Military? in: Orbis (Spring 2002); International Institute for Strategic Studies, Strategic Comments 8/2 (March 2002) zum Thema «Defence Priorities in the Anti-Terrorism Campaign: Technology and Procurement».
37 Washington Post (9. August 2002) Bericht von Dan Priest; Christian Science Monitor (20. August 2002) Bericht von Faye Bowers.

Stefan Aust/Cordt Schnibben (Hrsg.), 11. September. Geschichte eines Terrorangriffs, Stuttgart 2002.

Robert Baer, See No Evil: The True Story of a Ground Soldier in the CIA's War on Terrorism, New York 2002.

Jean-Charles Brisard/Guillaume Dasquié, Die verbotene Wahrheit. Die Verstrickungen der USA mit Osama Bin Laden, Zürich 2002.

Bill Gertz, Breakdown. How America's Intelligence Failures Led to September 11, Washington, DC 2002.

Long War in the Making, in: Foreign Affairs vol. 81/1 (2002) S. 2–118 (mehrere Beiträge).

Loch K. Johnson, Bombs, Bugs, Drugs, and Thugs. Intelligence and America's Quest for Security, New York 2002.

Autoren

Christopher Allmand, Professor (em). für Mittelalterliche Geschichte, University of Liverpool

Pedro Barceló, Professor für Alte Geschichte, Universität Potsdam

Roger Engelmann, Historiker, Abteilung Bildung und Forschung beim Bundesbeauftragten für die Unterlagen des Staatssicherheitsdienstes der ehemaligen DDR

Gerhard Hirschfeld, Honorarprofessor für Neuere Geschichte, Universität Stuttgart, und Direktor der Bibliothek für Zeitgeschichte Stuttgart

Loch K. Johnson, Regents Professor of Political Science, University of Georgia

Hubertus Knabe, Wissenschaftlicher Direktor, Stiftung Gedenkstätte Berlin-Hohenschönhausen

Wolfgang Krieger, Professor für Neuere Geschichte, Universität Marburg

Wolfgang Kuhoff, Professor für Alte Geschichte, Universität Augsburg

Thomas Noetzel, Professor für Politikwissenschaft, Universität Marburg

Klaus Malettke, Professor für Neuere Geschichte (i. R.), Universität Marburg

Ernest R. May, Charles Warren Professor of American History, Harvard University

Albert Pethö, Historiker und Publizist, Wien

Jürgen Rohwer, Honorarprofessor für Militärgeschichte, Universität Stuttgart

Helwig Schmidt-Glintzer, Professor für Sinologie an der Universität Göttingen und Direktor der Herzog August Bibliothek Wolfenbüttel

Jakob Seibert, Professor für Alte Geschichte, Universität München

Yigal Sheffy, Reader in Political Science, Universität Tel-Aviv

Shlomo Shpiro, Lecturer in Political Science, Bar-Ilan University, Tel-Aviv

Maurice Vaïsse, Professor für Geschichte, Institut d'Études Politiques, Paris

Stefan Weiß, Privatdozent für Mittelalterliche Geschichte, Universität Augsburg

Friedrich Wilhelm, Professor für Indologie (i. R.), Universität München

Personenregister